日本交通史事典

トピックス 1868-2009

日外アソシエーツ編集部編

日外アソシエーツ

A Cyclopedic Chronological Table of Transportation in Japan

1868-2009

Compiled by

Nichigai Associates, Inc.

©2010 by Nichigai Associates, Inc.

Printed in Japan

本書はディジタルデータでご利用いただくことができます。詳細はお問い合わせください。

●編集担当● 町田 千秋
装 丁：浅海 亜矢子

刊行にあたって

　日本の交通は明治維新を機にめざましく発達し、人や物資の大量輸送を可能にすることで近代化に大きく貢献してきた。特に高度経済成長期以後は高速道路や新幹線の建設・整備が急速に進められ、物流面から経済成長に寄与した。現在、自動車産業は国の基幹産業の一つとなり、日本の鉄道網の安全性・正確さは世界でも類を見ないと言われる。その一方で公害や事故といった交通網の充実に伴う問題も多発しており、近年では安全面や環境面に配慮した新技術の開発や法整備が進められるなど、新たな流れも生まれつつある。このように、日本社会は交通と分かち難く結びついて発展してきた。交通の歴史はそのまま経済成長と戦後復興の歴史であり、交通史をひも解くことで日本の近現代を展望できるともいえるだろう。

　本書は、1868年（明治元年）から2009年（平成21年）までの142年間にわたる日本の交通に関する重要なトピックを収録した記録事典である。交通の主役が人力車や馬車から鉄道、自動車に移り変わっていく過程や、日米自動車摩擦や航空協定といった国際交渉、交通行政や法整備の推進、ハイブリッドカーやリニアモーターカーなどの新技術開発、交通に関連する各業界の動向に至るまで、幅広いテーマを収録し、明治以降の日本の交通史を概観できる資料を目指した。巻末には分野別索引と事項名索引を付し、利用の便をはかった。

　編集にあたっては誤りや遺漏のないよう努めたが、不十分な点もあるかと思われる。お気づきの点はご教示いただければ幸いである。

　本書が交通史についての便利なデータブックとして、多くの方々に活用されることを期待したい。

2010年1月

日外アソシエーツ

目　次

凡　例 …………………………………………………… (6)

日本交通史事典―トピックス1868-2009

　本　文 ……………………………………………………　1

　分野別索引 ………………………………………………　353

　事項名索引 ………………………………………………　407

凡　例

1．本書の内容

　　　本書は、日本の交通に関する出来事を年月日順に掲載した記録事典である。

2．収録対象
 (1) 鉄道、航空、自動車、船舶等の交通手段や交通行政、法整備、技術開発、業界動向、事故など、交通に関する重要なトピックとなる出来事を幅広く収録した。
 (2) 収録期間は1868年（明治元年）から2009年（平成21年）までの142年間、収録項目は4,536件である。

3．排　列
 (1) 各項目を年月日順に排列した。
 (2) 2日以上にわたる事項をまとめて取り上げる場合は、始まりの年月日を基準に排列した。
 (3) 日が不明な場合は各月の終わりに、月日とも不明または確定できないものは「この年」として各年の末尾に置いた。

4．記載事項

　　　各項目は、分野、内容を簡潔に示した見出し、本文記述で構成した。

5．分野別索引
（1）本文に記載した項目を分野別にまとめた。
（2）分野構成は、索引の先頭に「分野別索引目次」として示した。
（3）各分野の中は年月日順に排列し、本文における項目の所在は、見出しと年月日で示した。

6．事項名索引
（1）本文に掲載した項目に関連する用語、テーマなどを見出しとし、読みの五十音順に排列した。
（2）同一事項の中は年月日順に排列し、本文における項目の所在は、見出しと年月日で示した。

7．参考文献
　　本書の編集に際し、主に以下の資料を参考にした。
データベース「WHO」日外アソシエーツ
「読売年鑑」読売新聞社
「朝日年鑑」朝日新聞社
原田笹一郎『鉄道年表』（鉄道教育会,1939）
伊藤良平『日本航空史年表 証言と写真で綴る70年』（日本航空協会,1981）
湯浅光朝『コンサイス科学年表』（三省堂,1988）
倉島幸雄『日本乗合交通編年史』（たいせい,1995）
大久保邦彦,三宅俊彦,曽田英夫『鉄道運輸年表』（JTB,1999）
富塚清『日本のオートバイの歴史 二輪車メーカーの興亡の記録』（三樹書房,2001）
古川達郎『鉄道連絡船100年の航跡』（成山堂書店,2001）
三宅俊彦『日本鉄道史年表 国鉄・JR』（グランプリ出版,2005）
GP企画センター『日本自動車史年表』（グランプリ出版,2006）
災害情報センター『鉄道・航空機事故全史』（日外アソシエーツ,2007）
松下宏,桂木洋二『国産乗用車60年の軌跡』（グランプリ出版,2008）

1868年
（慶応4年/明治元年）

9.12　〔行政・法令〕駅逓規則制定 「駅逓規則」が制定された。

この年　〔人力車〕人力車が考案される 和泉要助、高山幸助、鈴木徳次郎が人力車を考案する。

1869年
（明治2年）

2月　〔馬車〕外国人による乗合馬車営業 ランガンとジョージが横浜―東京間で乗合馬車の営業を開始した。

2月　〔馬車〕乗合馬車営業の出願 横浜の下岡蓮杖他8名が横浜―東京間の乗合馬車営業を神奈川県裁判所に願い出た。吉田橋脇に官地を貸与して共同営業を許可された。

4月　〔行政・法令〕馬車規則を制定 東京府が馬車規則を制定。馬車渡世は横浜から築地居留地までの往復に限るとされ、それ以外の馬車の乗り入れは禁止された。

5月　〔馬車〕日本人による乗合馬車の営業開始 下岡蓮杖らが共同出資した「成駒屋」による乗合馬車が東京日本橋―横浜間に登場した。日本人経営の乗合馬車はこれが初めて。馬車は2頭立で6人乗りで、1名につき金3分、所要時間は4時間であった。1872年の汽車開通まで営業した。

7月　〔馬車〕横浜―箱根間の乗合馬車営業開始 外国人による横浜―箱根間の乗合馬車営業開始にならって、日本人経営による馬車営業も創業された。

10月　〔船舶〕東京―神戸間航路の開設 東京―横浜―大阪―神戸間に航路が開かれた。

11.22　〔行政・法令〕橋税徴収税則を制定 横浜の吉田橋の鉄橋への掛け替えに伴い、馬車その他に対する橋税徴収税則が定められた。国籍・身分に関わらず橋税として1銭を徴収した。

12.12　〔鉄道〕鉄道敷設計画を廟議決定 政府は鉄道建設の基本方針を廟議で決定。東京・京都間を結ぶ鉄道を幹線、東京―横浜間と琵琶湖畔―敦賀港間を支線として定めた。

この年　〔鉄道〕茅沼炭鉱軌道が開通 日本で最初の鉄道、茅沼炭鉱軌道が茅沼炭鉱からの運搬用路線として開通した。1866年より江戸幕府によって工事が始まったが、戊辰戦争の影響で中断されていたのを明治政府が引き継ぎ完成させたもの。

この年　〔馬車〕横浜―東京間に乗合馬車続々登場 日本人や外国人による乗合馬車が東京―横浜間に多数登場した。

| この年 | 〔馬車〕乗合馬車発着場の設置出願 綿屋喜八ら5名が真砂町の喜兵衛を差添人として日本橋箔屋町に東京の馬車発着場の設置を東京府に願い出た。 |
| この年 | 〔行政・法令〕関所が廃止 「関所廃止令」が出され、江戸時代より続いた関所が完全に廃止される。 |

1870年
（明治3年）

2月	〔馬車〕雑踏での馬車馳駆を禁止 東京府・神奈川県・品川県において、雑踏での馬車の馳駆が禁止される。
3月	〔人力車〕人力車の営業許可 和泉要助らが二輪車に木製の屋根を取り付けた人力車を製作、東京府から人力車営業の許可を得る。以後庶民の乗り物として人力車が全国に普及。
3月	〔自転車〕国産第1号の自転車 竹内寅次郎が三輪車の製造・販売の許可を東京府に申請し認められる。これが国産第1号の自転車と言われる。
4.19	〔鉄道〕民部・大蔵省に鉄道掛を設置 民部・大蔵省に鉄道掛が設けられた。日本初の鉄道行政機関として鉄道建設業務を統轄する。
4.25	〔鉄道〕東京―横浜間鉄道建設のための測量に着手 建築師長エドモンド・モレルの指導のもと、芝口汐留付近から測量が開始された。モレルは英国人鉄道技師。工部省の招聘を受けてこの年来日し、初代鉄道建築師長に就任した。
7.6	〔人力車〕4人乗り日除人力車の乗合営業許可 岩本町の源七による京橋―神奈川県生麦村間の4人乗り日除人力車営業願いが東京府から許可された。日本初の人力車による乗合交通公認である。その後路線を延長し、横浜本町まで往復した。
8.26	〔鉄道〕関西鉄道局設置 鉄道掛の出張所が大阪・神戸に設置された。
8.26	〔鉄道〕大阪―神戸間鉄道建設のための測量に着手 東京―横浜間に続き大阪―神戸間でも測量が開始される。
11.13	〔鉄道〕工部省が新設される 民部省から鉄道、造船、鉱山、製鉄、電信機、灯台などの部門を移管する形で工部省が設立された。殖産興業にかかわる事業を管轄した。
この年	〔馬車〕最初の国産馬車 東京と横浜の工人が共同で日本初の馬車を製造。塗料には漆が使用された。

1871年
（明治4年）

2月　〔船舶〕**利根川汽船会社開業** 利根川汽船会社が開業、深川万年橋―江戸川―関宿―中田間80キロを川蒸気船利根川丸が運行した。所要時間は往路11時間、復路6時間だった。

4.24　〔行政・法令〕**自家用馬車・人力車に車税が課される** 大蔵省は自家用の馬車・人力車に車税を賦課することを通達した。

4.25　〔行政・法令〕**道路修繕のための車税徴収** 諸車賃銀取り入れ高より3/100が道路修繕のための車税として徴収されることが決定。東京府が通達した。

5.24　〔道路〕**馬車、人力車所持者からも道路修繕費徴収** 諸官員華士族出身者で馬車・人力車を所有している者に対し、東京府下の道路修繕費を納付するよう通達された。

7月　〔鉄道〕**石屋川トンネル** 大阪―神戸間に石屋川トンネルが完成。前年1870年11月に掘削に着手していた。長さ61m、わが国初の天井川トンネルである。

7月　〔船舶〕**定期運送船就航** 東京―横浜間に定期運送船が就航。築地、霊岸島、永代橋を発着所とし、毎日2往復した。

8.2　〔鉄道〕**京都―大阪間の測量に着手** 京都―大阪間の測量が開始される。京都―大津間をブランデル、敦賀方面はウィンボルトが担当した。

9.9　〔馬車〕**運送馬車開業** 東京―高崎間に運送馬車が開業した。

9月　〔馬車〕**東京市内の馬車渡世が許可される** 横浜―築地の往復以外にも東京市内での馬車渡世が許可された。

1872年
（明治5年）

1.19　〔馬車〕**陸運会社設立** 1月10日に東海道伝馬所・助郷が廃止されたのに伴い、大蔵省令第2号により陸運会社が設立された。

2.28　〔行政・法令〕**鉄道略則公布** 太政官により鉄道略則が布告された。

3月　〔馬車〕**陸運元会社が創立される** 日本橋の飛脚問屋泉屋の吉村甚兵衛、支配人佐々木荘助が陸運元会社の設立を出願、1873年5月許可された。資本金は6万5千円。現在の日本通運株式会社の前身である。

4.11　〔行政・法令〕**馬車規則制定** 馬車利用者の増加を受け、東京府は馬車規則を制定した。

4.20	〔人力車〕**人力車渡世者心得規則制定** 人力車渡世者心得規則が制定された。車にいろは順の番号を付けることを定め、新車の背に絵模様などを描くことを禁じた。
4月	〔船舶〕**汽船就航** 霊岸島―横浜、浦賀行きの汽船が就航した。
5.15	〔馬車〕**高崎郵便馬車会社開業** 駅逓所轄の高崎郵便馬車会社が開業。東京―中山道の高崎間の通信交通の業務を駅逓寮から委任された。旅客の乗車と荷物の運送を行う。
5月	〔人力車〕**人力車貸与制度** 長野県が北国街道、中山道内の12の宿屋に人力車の貸与を布令した。
6.12	〔鉄道〕**鉄道品川―横浜間が仮開業** 1870年より建設が進められていた鉄道が品川―横浜間（現桜木町）23.8kmで仮開業。初日は1日2往復、翌日からは6往復の旅客列車が運行された。途中駅はなく、品川―横浜間の直通運転であった。
6.22	〔行政・法令〕**馬車営業免許道筋程限ノ事の布令** 馬車営業免許道筋程限ノ事の布令が京都府より出された。馬車、牛車、人力車などが行き違う際にはお互いに左に寄り、事故がないように気をつけることなどが書かれていた。
6月	〔馬車〕**東海道馬車のはじめ** 日本橋左門町泉屋甚兵衛宅に陸運元会社が設立された。北陸陸運元会社と合併し、神奈川―小田原間に東海道馬車として初の駅逓馬車を設置。業務は主に貨物運送業だった。
7.10	〔鉄道〕**川崎駅・神奈川駅が営業開始** 品川―横浜間に川崎停車場、神奈川停車場が設置され営業を開始した。
7.20	〔鉄道〕**駅構内での新聞販売を開始** 英国人記者ジョン・レディ・ブラックは自身が発行する新聞「日新真事誌」の停車場構内での販売を願い出て許可される。日本初の鉄道構内営業。
8月	〔人力車〕**人力車会所設立** 人力車を発明した和泉要助が日本橋新右衛門町に人力車会所を設立した。
10.1	〔鉄道〕**新橋停車場で飲食店が開業** 東京府京橋の上田虎之助が新橋停車場内に西洋食物店を開く。日本初の駅構内飲食営業である。
10.8	〔馬車〕**運輸馬車会社開業** 駅逓寮所轄の運輸馬車会社である東京宇都宮間馬車会社が、陸羽街道武州足立郡千住駅中組―野州河内郡宇都宮駅間に開業した。千住、粕壁など8カ所に中継所を置き、郵便物、一般貨物を輸送した。
10.14	〔鉄道〕**新橋―横浜間に鉄道が開通** 新橋―横浜間29.0kmが開通。明治天皇臨席のもと新橋停車場にて開業式典が開催され、横浜まで御召列車が運行した。翌日より1日9往復の列車が正式に運行される。所要時間は53分、表定速度は32.8km/h、運賃は上等が1円12銭5厘、中等が75銭、下等が37銭5厘。使用された鉄道車両はすべて英国から輸入されたもので、運転士もお雇い外国人であった。
10.25	〔馬車〕**東京―八王子間で乗合馬車営業** 東京と八王子各々に会所を設けて、東京―八王子間46キロに乗合馬車が運行された。片道4時間、平均時速12キロで、往復路に2頭引き馬車を各2輛置き、1日で往復した。
10月	〔馬車〕**隅田川四大橋の馬車、荷車の通行許可** 永代橋、新大橋、両国橋、大川橋からなる隅田川四大橋の馬車、荷車の通行が許可された。

11.8	〔馬車〕郵便馬車会社設立許可 京都―大阪間の郵便馬車会社設立が駅逓寮より許可される。
11月	〔馬車〕馬車会社営業開始 大阪府の鶴嶋紀四郎、京都府の米花小兵衛が出願し、認可を受けた京都大阪間馬車が営業を開始した。京都会社からは伏見経由橋本、大阪会社からは枚方経由橋本の2路線で、当初は郵便物のみ、1873年2月より乗客も乗せ、毎日2輛ずつ運行した。
12月	〔行政・法令〕神奈川県の人力車、馬車、馬税創設 人力車税、馬車税、馬税を神奈川県が創設した。1874年改正された。
この年	〔馬車〕総房馬車会社設立 総房馬車会社が設立される。本社を千葉市内に、支社を東京両国の広小路に置き、東京―千葉間を午前6時―午後3時の間に毎時1台ずつ馬車便を運行した。料金は1人35銭であった。
この年	〔馬車〕陸羽街道馬車会社設立出願 中山道郵便馬車会社の河津稜威と国府義諭が陸羽街道馬車会社の設立を出願。営業路線は福島―印旛県の境間で、二本松を初めとして10カ所を中継所とし、郵便物、一般貨物を輸送した。
この年	〔人力車〕東京の人力車が6万6千台に 東京市の人力車台数が6万6千台にのぼる。従来の駕籠は衰退した。
この年	〔人力車〕郵便人力車 駅逓寮が郵便配達に人力車を採用した。経路は品川―小田原、三島―吉原、奥津―島田、日阪―熱田、桑名―西京―大坂で、これ以外の地域は郵便脚夫によった。
この年	〔自転車〕大阪府が自転車取締綱令を制定 自転車を往来で乗り回す者が増えたことから、大阪府は通行人の妨害となるような運転を禁止する布令を出す。
この年	〔船舶〕汽船就航 霊岸島―清水、焼津間に汽船が就航した。
この年	〔船舶〕日本国郵便蒸気船会社設立 政府は日本国郵便蒸気船会社を設立。日本郵船の前身である。
この年	〔行政・法令〕宿駅人馬並人力車等取締規則制定 宿駅人馬並人力車等取締規則が制定された。

1873年
（明治6年）

1.30	〔行政・法令〕僕婢馬車人力車駕籠乗馬遊船等諸税規則制定 「僕婢馬車人力車駕籠乗馬遊船等諸税規則」が太政官布告により制定された。人力車・馬車の所有者、下男・下女を召し使う者など富裕層に対して課された奢侈税のひとつ。1875年廃止された。
2.8	〔馬車〕京都―大阪間に乗合馬車 京都―大阪間乗合馬車が開業した。
3月	〔船舶〕東京―鳥羽間に直通航路 東京―鳥羽間に直通航路が開設された。

5月	〔道路〕	日本橋改造に伴う車馬道、人道の分離 日本橋の改造を機に中央に車馬道、左右に人道が設けられた。西洋諸国に倣ったもの。
6月	〔船舶〕	陸運会社による3河川の水運開発 利根川、荒川、鬼怒川の水運を陸運会社が開発した。
7.7	〔行政・法令〕	道路橋梁修繕費の賦課 車等に対して従来の車税の他に道路橋梁修繕費が賦課された。
7月	〔馬車〕	鉄道寮が馬車営業希望者を募る 新橋など主な停車場で馬車営業希望者の募集が始まる。
8.2	〔行政・法令〕	河港道路修築規則を制定 大蔵省通達により河港道路修築規則が制定された。
8月	〔鉄道〕	馬車鉄道建設の申請 横浜の高島嘉右衛門と林和一が米国の鉄道馬車方式を取り入れ、新橋―浅草雷門間、九段下―両国橋間の馬車鉄道建設を東京府へ申請した。実地調査の結果、工事予定地に十分な広さがないことを理由に却下された。
9.15	〔鉄道〕	新橋―横浜間貨物営業開始 旅客営業に続き新橋―横浜間で貨物営業が開始された。定期1往復・不定期1往復を運転。
9月	〔鉄道〕	列車時刻表を販売 新橋―横浜間の各停車場で鉄道貨物運賃表と列車時刻表の販売が始まる。
11.7	〔馬車〕	皇太后、皇后の馬車横転事故 皇太后と皇后が同乗した馬車（ランドレー式2頭立）が赤坂の榎木坂付近で横転事故を起こした。馭者が怪我をしたが両陛下は無事。
11月	〔行政・法令〕	馬車、人力車等の番号制 京都府の馬車、人力車等に対して番号を付けることが布達された。
12.17	〔行政・法令〕	車馬道と人道の車税負担通達 車税負担について、道路中央の車馬道は東京府、左右の人道は地先地主負担とすることが通達された。
この年	〔馬車〕	横浜―小田原間に乗合馬車 横浜のジャッフレーが横浜―小田原間で馬車を週2回、1日2往復運行した。

1874年
（明治7年）

1.5	〔鉄道〕	新橋―京橋間に馬車鉄道が開通 新橋―京橋間に1月5日新しく馬車道が落成したのに伴い、同区間に馬車鉄道が開通した。
1月	〔鉄道〕	十三川橋梁 大阪―神戸間に十三川橋梁が完成。わが国初の鉄道鉄橋である。
5.11	〔鉄道〕	大阪―神戸間営業開始 大阪―神戸間32.7kmが開通。1日8往復運行した。
8.6	〔馬車〕	浅草雷門―新橋間に二階建乗合馬車が登場 浅草広小路の由良成正が経営する「千里軒」が浅草雷門―新橋間で馬車の営業を開始。同区間を3区間に分け1区

	1銭の運賃で運行した。輸送力を増強するため、二階建乗合馬車「オムニバス」を用いた。
9.14	〔馬車〕二階建馬車の運行が禁止される 二階建馬車の普及に伴い事故が多発。浅草寿町で死亡事故が起きたのを機に運行が禁止された。
11.17	〔行政・法令〕小荷物運送規則制定 工部省の布達により小荷物運送規則が制定された。
12月	〔馬車〕郵便物馬車逓送開始 東京―小田原間で陸運元会社社の郵便物馬車が逓送を開始した。

1875年
（明治8年）

2.20	〔行政・法令〕車税規則制定 車税規則が太政官布告により制定された。同規則により、馬車が2頭立以上が1カ月3円、一匹立は2円で、荷積馬車は1円を納税することになった。
2月	〔道路〕通運事業の一本化 諸陸運会社の解散に伴い、通運事業が陸運元会社に一本化された。陸運元会社は内国通運会社と社名を変更し、吉村甚兵衛が頭取、佐々木荘助が副頭取に就任した。
3.17	〔鉄道〕中山道の測量に着手 東京―京都の両市を結ぶ幹線鉄道建設計画に基づき、政府は中山道の測量を開始した。
4.8	〔行政・法令〕馬車・人力車その他諸事の営業心得の通達 事故の多発を抑止するため、東京府から馬車・人力車その他諸事の営業心得が通達された。人力車、馬車などがすれ違う際や出火時の道路の走行禁止、乗車の強制、駐車場所などへの注意と処分が定められていた。
5.6	〔道路〕八王子―神奈川間に馬車道開通 八王子駅管内を発展させることを目的として八王子―神奈川間に馬車道が開通した。開通に要した費用を償却するために八王子の六度市における物品売買に対して付加金を課す上申書が神奈川県令から内務卿大久保利通へ提出された。
5.26	〔鉄道〕大阪―安治川間営業開始 大阪―安治川間が開通。1日9往復運行した。
5月	〔鉄道〕初の国産旅客車 鉄道旅客車が神戸で製作される。走行部品は英国製だったが車体は国産木材が使用された。
8.18	〔鉄道〕列車内貸座布団営業 神奈川県の渡井八太郎に対し、京浜間列車内での貸座布団営業が許可される。営業料金は1ヶ月3円であった。

1876年
（明治9年）

6.12	〔鉄道〕大森停車場営業開始	品川―川崎間に大森停車場が設置された。
6月	〔行政・法令〕道路等級を廃し国道県道里道を定むる件公布	1873年に定められた河港道路修築規則の道路等級が廃止され、新しい道路制度に改正した「道路等級を廃し国道県道里道を定むる件」が公布された。
7.26	〔鉄道〕大阪―向日町間開業	大阪―向日町間36.6kmの営業が開始される。同時に両停車場間に高槻停車場が設置された。
7.27	〔馬車〕乗合馬車襲撃事件	堺の人力車夫などが、堺―大阪間の乗合馬車に対して乱暴を働くという事件が発生した。
8.9	〔鉄道〕吹田、茨木、山崎停車場が営業開始	大阪―高槻間に吹田停車場と茨木停車場、高槻―向日町間に山崎停車場が設置された。
9.5	〔鉄道〕向日町―大宮通仮停車場間開業	向日町―大宮通仮停車場間が営業開始。
12.1	〔鉄道〕新橋―品川間の複線化が完了	新橋―品川間が複線化され、両停車場の中間に田町仮駅が設置された。1日10往復運転。
この年	〔自転車〕三輪車が製作される	福島県の鈴木三元がかねてより開発中だった一人乗り三輪車「大河号」を完成させた。

1877年
（明治10年）

1.11	〔鉄道〕工部省鉄道局設置	鉄道寮が廃止し、かわって工部省鉄道局が設置された。
2.5	〔鉄道〕大阪―京都間全通	大宮通―京都間が開通。これによって大阪―京都間43.1kmが全線開通した。
2.6	〔鉄道〕京都停車場営業開始	大宮通仮停車場が廃止され、京都停車場が設置された。
2月	〔船舶〕外輪蒸気船が建造される	内国通運会社が外輪蒸気船の通運丸を石川島平野造船所で建造、隅田川で試運転を行った。通運丸は長さ約21.8メートル、幅約2.7メートル、深さ約1.36メートルで、20馬力気罐一基、平均時速6ノット内外であった。3ヶ月後より利根川水路などで使用が開始される。
5月	〔船舶〕蒸気船の使用開始	利根川水路などで内国通運会社が蒸気船の使用を開始した。
6.30	〔行政・法令〕馬車交通規則	東京府の馬車営業者へ馬車交通規則が通達された。同

		規則には馭者の年齢を20歳以上とし、届け出の義務、通行の際のスピードの出し過ぎ、酔っぱらい運転の禁止などが定められていた。
6月		〔船舶〕川蒸気船の運航開始 内国通運株式会社が蛎殻町―荒川筋―中山道戸田河岸間で川蒸気船の運行を開始した。
8.11		〔人力車〕六人乗人力車に対する営業税徴収伺い 小川錠吉が営業許可を得た六人乗人力車営業に関して、六人乗人力車が東京の美観を損ねることを恐れた府側が大蔵卿大隈重信に営業税徴収伺いを提出した。
11.26		〔鉄道〕六郷川鉄橋 蒲田―川崎間に全長約500mの六郷川鉄橋が完成した。わが国初の複線用鉄橋である。イギリス人土木技師ボイルの設計。
12.1		〔鉄道〕大阪―安治川間廃止 大阪―安治川間の営業が廃止される。
この年		〔馬車〕東京―船橋間に馬車便 東京―船橋間で馬車便が開通した。
この年		〔自転車〕貸し自転車業開業 横浜元町の石川孫右衛門がチリドル商会より輸入自転車16台を購入、貸し自転車業を始める。商店の丁稚や番頭に重宝され繁盛した。貸賃は1時間25銭だった。

1878年
(明治11年)

3.28		〔馬車〕浅草に馬車待合所設置 浅草広小路への馬車待合所の設置出願が千里軒社主の由良清麿によって出された。
3.28		〔自転車〕四輪大型自転車の出品 竹内寅次郎が大型四輪自転車を完成させ、東京府へ製造・販売許可を申請した。同年、この四輪自転車を使用した東京―高崎間の乗合営業許可を申請するが認められなかった。
4月		〔船舶〕川崎築地造船所開設 川崎正蔵が東京築地の官有地に川崎築地造船所を開設。1886年事業規模を拡大し、川崎兵庫造船所が操業を開始した。
8月		〔鉄道〕日本人が設計した最初の橋 京都―稲荷間に鴨川橋梁が完成。設計者は五等技手三村周。これが日本の技術者による設計の最初と言われる。
11.15		〔船舶〕東京湾汽船会社設立 新船松町将監河岸に有限会社東京湾汽船会社が設立された。

1879年
(明治12年)

3.1		〔馬車〕乗合馬車の取り締まり 東京警視庁本署が乗合馬車の定員を徹底させるよう

4.1	〔馬車〕浅草―宇都宮間で乗合馬車開通	浅草千里軒本社―宇都宮馬喰町2丁目山城屋間で乗合馬車が営業を開始した。距離にして26里半。
4.15	〔馬車〕新橋―小田原間に往復馬車営業	東京の新橋から小田原間での往復馬車営業が許可される。1頭立て、定員は5名であった。
5.1	〔馬車〕馬車輸送と郵便輸送を開始	内国通運会社が東京―高崎間で馬車輸送と郵便輸送を開始した。
5.3	〔馬車〕三輪荷馬車の運転許可	東京府が高山幸助らの願い出により、三輪荷馬車の運転を許可した。
8.2	〔行政・法令〕車税の変更	車税が国税から地方税へと変更される。二匹立馬車の税額は1円50銭、1頭立馬車の税額は1円だった。
8.18	〔鉄道〕京都―大谷間開業	京都―大谷間が営業開始。1日9往復を運転。
10.8	〔船舶〕蒸気船航路の開設	霊岸島新湊町―浦賀間に蒸気船航路が開設された。運賃は1人40銭。
10.21	〔馬車〕荷物運輸馬車	東京―高崎間の荷物運輸馬車営業の許可がおりた。
この年	〔自転車〕日本で最初の自転車製造所	梶野甚之助が横浜蓬莱町に梶野自転車製造所を開業、木製自転車の製造を始めた。日本初の自転車メーカーとされる。1916年頃まで営業した。

1880年
（明治13年）

2.26	〔鉄道〕馬車鉄道敷設の申請	実業家五代友厚らが東京府知事に馬車鉄道敷設を申請、同年11月10日に浅草―上野―新橋間で敷設が認められる。
7.14	〔鉄道〕大谷―馬場―大津間開業	大谷―馬場―大津間で営業開始。これにより前年に開通した京都―大津間がつながり、翌15日より10往復の列車が運転された。
8.25	〔人力車〕人力車夫会社の開業	新橋車夫会社が開業した。
8月	〔船舶〕蒸気船鴎丸	蒸気船鶴丸が南新堀2丁目地先―横浜海岸波止場間に就航した。
11.28	〔鉄道〕幌内鉄道開業	幌内鉄道手宮―開運町―札幌間が開業した。全国で3番目、北海道内では初の鉄道。
12.15	〔行政・法令〕馬車取締規則	8項目からなる馬車取締規制が公布された。明治14年1月1日に施行されるが、1年後の明治14年12月19日には大改正が加えられた。
12.28	〔鉄道〕東京馬車鉄道の設立	同年11月10日に浅草―上野―新橋間の市街馬車鉄道敷設の許可が下りたことを受け、この日東京馬車鉄道株式会社が設立される。谷本道貫が社長に就任した。

この年　〔道路〕馬車路線の延長　手塚五郎平が馬車会社千里軒から東京―宇都宮間の運輸馬車路線を受け継ぎ、白河―福島まで延長。橋本組の万里軒が仙台から乗り入れを行った。

1881年
（明治14年）

2月　〔人力車〕人力車乗合会社設立を出願　東京府芝区日陰町の三沢茂登右衛門らが人力車乗合会社設立を出願した。

3月　〔文化〕第2回内国勧業博覧会　第2回内国勧業博覧会で、東京府京橋区の川西富五郎が馬車を出品し有功賞牌三等を受賞。また、鈴木三元ほか3名が自転車を出品。東京府牛込区の村上清兵衛も馬車用馬具・軍靴を出品し同賞を受賞した。

4.1　〔馬車〕郵便・荷物輸送馬車の定期路線　内国通運会社が郵便および荷物輸送馬車の定期路線を東京―大阪間に開始した。

5.7　〔鉄道〕新橋―横浜間の複線化完了　鶴見―横浜間の複線化が終了。これにより新橋―横浜間全線の複線化が完了した。

6.11　〔鉄道〕幌内鉄道　幌内鉄道手宮―札幌間が開業。並列車・荷物列車各1往復が運転された。

6.29　〔馬車〕東京―千葉間で乗合往復馬車営業　東京―千葉間の乗合往復馬車営業が許可された。

8月　〔船舶〕霊岸島―木更津図間で汽船運行　霊岸島―木更津図間で汽船運行が開始された。

10月　〔自転車〕三元車　鈴木三元が新発明した4人乗り三輪車「三元車」の製造・販売願書を東京府へ提出した。

11.11　〔鉄道〕日本鉄道が発足　日本鉄道株式会社は政府からの「日本鉄道会社特許条約書」の下付を受け資本金2千万円で発足した。5月21日に旧岡山藩主池田章政ほか461名が連盟で創立願書を提出していたが、これが認められたもの。日本で最初の私設鉄道会社である。

12.7　〔行政・法令〕人力車取締規則　警視庁が人力車取締規則を制定した。

12.19　〔行政・法令〕馬車取締規則の改正　馬車取締規則の改正により、駅者は満20歳以上と定められた。

この年　〔自転車〕宮田製銃所設立　宮田栄助が東京京橋区木挽町に宮田製銃所を設立した。

1882年
（明治15年）

3.10　〔鉄道〕**金ケ崎―洞道口間、長浜―柳ケ崎間開業** 金ケ崎―洞道口間と長浜―柳ケ崎間で営業が開始された。

3.17　〔行政・法令〕**警視庁に車馬掛を設置** 警視庁に車馬掛が置かれた。各警察署の特殊巡査を営業掛38人、車馬掛48人、道路掛38人、衛生掛49人、刑事掛86人とした。

3.27　〔鉄道〕**馬車鉄道敷設工事が着工** 新橋―広小路間で馬車鉄道敷設工事が始まる。第一線は新橋停車場から上野公園、第二線は上野公園から浅草広小路、第三線は本町2丁目角より広小路までとした。

4.1　〔馬車〕**西北社の郵便物・旅客・貨物の馬車輸送を開始** 乗合馬車事業者が合同で設立した西北社により東京―高崎―前橋―坂本間で郵便物・旅客・貨物の馬車輸送が開始された。

5.1　〔船舶〕**太湖汽船会社が運航を開始** 琵琶湖大津―長浜間で太湖汽船会社汽船による旅客・貨物輸送が始まった。

6.20　〔行政・法令〕**馬車鉄道取締の通達** 警視総監通達により馬車鉄道取締が巡査本部警察署に通達された。新橋より本町2丁目にいたる運行営業について、時々車体・馬匹検査をし、車掌・駅者等へ鑑札を与えるとした。

6.25　〔鉄道〕**東京馬車鉄道が開業** 東京馬車鉄道が新橋―日本橋間で営業を開始した。日本初の馬車鉄道であり、日本初の私鉄。のちに東京電車鉄道株式会社となる。当時、この馬車は、手を上げればどこでも乗ることができた。

8.1　〔馬車〕**夜間馬車開業** 夜間馬車が東京から白河間に開業した。

10.2　〔鉄道〕**浅草―上野間に馬車鉄道が開通** 馬車鉄道が浅草―上野間で開通した。これにより、新橋―上野―浅草―浅草橋―本石町―日本橋―新橋を結ぶ約16kmの東京市内の馬車鉄道、循環線が完成した。

10.4　〔人力車〕**人力車夫懇親会の結成** 東京の馬車鉄道・乗合馬車の登場に伴い、人力車夫の生活擁護を目的とした人力車夫懇親会を奥宮健らが結成。馬車鉄道の廃止を訴えた。

11.13　〔鉄道〕**幌内鉄道** 幌内鉄道札幌―岩見沢―幌内間が開業した。これにより手宮―幌内間が全線開通。

11月　〔鉄道〕**長浜停車場が竣工** 同年3月10日に開業した長浜停車場の駅舎が竣工した。角石造り2階建ての英国式建築。1958年10月14日に現存する日本最古の駅舎として第1回鉄道記念物に指定された。

1883年
（明治16年）

4.1	〔馬車〕**往復乗合馬車出張所の設置** 浅草の馬車会社千里軒が宇都宮往復乗合馬車の出張所を馬喰町2丁目山越屋弥市方に設置、乗車券の販売などを始める。
5.1	〔鉄道〕**長浜―関ヶ原間開業** 長浜―関ヶ原間で営業を開始、1日3往復を運転。
6月	〔馬車〕**東京―宇都宮間で乗合馬車の営業開始** 宇都宮手塚舎経営の乗合馬車が東京―宇都宮間で営業を開始した。馬喰町を午前3時半と5時半に発車、宇都宮を午前4時と6時に発車した。
7.12	〔馬車〕**品川軒が開業** 馬車会社の品川軒が開業した。
7.28	〔鉄道〕**日本鉄道** 日本鉄道上野―熊谷間開業、1日2往復の列車を運転。
10.21	〔鉄道〕**日本鉄道** 日本鉄道が熊谷―本庄間で営業を開始した。
12.27	〔鉄道〕**日本鉄道** 日本鉄道本庄―新町間で営業を開始。
この年	〔馬車〕**東京―成田山間に乗合馬車が開業** 武内八郎右衛門が、東京と成田山を往復する乗合馬車を開業。東京側の起点は両国橋通り横山3丁目で、午前8時と8時半に発車し、運賃は片道一人80銭、往復1円50銭だった。
この年	〔人力車〕**人力車の激減** 馬車鉄道利用者の増加に伴い人力車が激減した。
この年	〔自転車〕**宮武外骨が三輪車を購入** 宮武外骨が神戸居留地のダラム商会より三輪車を購入。三輪車はイギリスのシンガー社製で価格は192円であったと言われる。

1884年
（明治17年）

3.30	〔鉄道〕**柳ヶ瀬隧道** 1352.0mの柳ヶ瀬隧道が完成し、大垣―敦賀間が開通。柳ヶ瀬隧道は当時の鉄道隧道としては日本最長であった。
3月	〔馬車〕**東京―水戸間に往復馬車便が開業** 水戸上市の改新舎本店が東京―常州水戸間に往復馬車便を開業。水戸を午前6時に発車し、東京に午後6時に到着した。料金は2円10銭だった。
4.16	〔鉄道〕**長浜―金ケ崎間開業** 長浜―金ケ崎間で営業を開始、1日3往復運転した。
5.1	〔鉄道〕**日本鉄道** 日本鉄道が新町―高崎間で開業。これにより上野―高崎間が全線開通した。
5.25	〔鉄道〕**関ヶ原―大垣間開業** 関ヶ原―大垣間で営業を開始、1日3往復運転した。
8.20	〔鉄道〕**日本鉄道** 日本鉄道高崎―前橋間で営業を開始、上野―前橋間が全線開通し

		た。所要時間は4時間11分。
8.27		〔鉄道〕馬車鉄道の停留場 市街横丁の前後、並四ツ辻の前後が馬車鉄道の停留所に決定した。
この年		〔鉄道〕日本鉄道 上野―高崎間に日本鉄道が開通した。この影響で中山道筋の長距離乗合馬車が衰退した。

1885年
（明治18年）

1.6		〔行政・法令〕国道の等級廃止・幅員規定 太政官布達第1号により国道の等級を廃止し、国道幅員は7間以上とした。さらに国道表の制定により国道44路線が規定されすべて日本橋が国内諸道の基点となった。
3.1		〔鉄道〕日本鉄道 日本鉄道品川―赤羽間が開業。新橋と赤羽が結ばれ、1日3往復、所要1時間15分の直通乗入運転が開始された。
3.28		〔人力車〕6人乗り・9人乗りの乗合人力車の許可出願 大工の長崎金石衛門が、6人乗り・9人乗りの人力車を開発、神奈川県庁に営業許可を願い出た。6人乗りは2人で、9人乗りは3人でひくものであった。
7.16		〔鉄道〕日本鉄道 日本鉄道大宮―宇都宮間が開業。
8.1		〔鉄道〕車内広告開始 東京馬車鉄道が新橋―日本橋間路線で車内広告を始めた。
8.29		〔船舶〕蒸気船の運行開始 隅田川機船株式会社が大川の川蒸気船の運行を開始。馬車鉄道の運賃が半区1銭であるのに対し、川蒸気船は1区1銭であった。
10.15		〔鉄道〕高崎―横川間開業 高崎―横川間で営業開始。
12.22		〔鉄道〕工部省廃止 太政官制の廃止に伴い工部省が廃止される。鉄道局は内閣直属となった。
12.29		〔鉄道〕阪堺鉄道開業 阪堺鉄道難波―大和川間が開業した。阪堺鉄道は日本鉄道と東京馬車鉄道に続く日本で3番目の民営鉄道事業者。1884年6月16日に大阪堺間鉄道として発足し、同年11月22日に阪堺鉄道と改称された。

1886年
（明治19年）

1.1		〔鉄道〕初の定期乗車券 新橋―横浜間で定期乗車券が導入される。上等・中等の旅客のみを対象としていた。

3.1	〔鉄道〕武豊―熱田間開業 武豊―熱田間が営業を開始。1日2往復を運転。
4.1	〔鉄道〕熱田―清洲間開業 熱田―清洲間が営業開始。2往復運転。
5.1	〔鉄道〕清洲―一ノ宮間開業 清洲――ノ宮間で営業を開始。また、熱田 ― 清洲間に名護屋駅が開業した。
5.21	〔馬車〕共同中牛馬会社仮本店を開設 各地の中牛馬会社を合同し、東京下谷に共同中牛馬会社仮本店が開設した。
6.1	〔鉄道〕一ノ宮―木曽川間開業 一ノ宮―木曽川間で営業開始。
6.14	〔行政・法令〕街路・乗合馬車・営業人力車・宿屋取締規則標準 内務省訓令により、街路・乗合馬車・営業人力車・宿屋取締規則標準が制定された。
8.5	〔行政・法令〕道路築造標準の告示 内務省が馬車交通に対応した道路築造標準を告示。その際、マカダム式舗装が採用された。
8.15	〔鉄道〕直江津―関山間開業 直江津―関山間が営業開始。1日2往復運転。
9月	〔行政・法令〕東京諸車製造業組合設立 京橋区内に東京諸車製造業組合が設立された。
10.1	〔鉄道〕日本鉄道 日本鉄道宇都宮―那須間開業、1日2往復運転。
12.1	〔鉄道〕日本鉄道 日本鉄道那須―黒磯間が開業、1日2往復運転。
この年	〔船舶〕霊岸島船松町―神奈川県三崎間航路開設 内国通運会社が霊岸島船松町―神奈川県三崎間航路を開設。

1887年
（明治20年）

1.21	〔鉄道〕大垣―加納間開業 大垣―加納間で営業を開始。1日3往復運転。
3月	〔馬車〕日本運輸株式会社創立 日本橋大伝馬塩町に日本運輸株式会社が創立された。
4.25	〔鉄道〕武豊―加納間全通 木曽川―加納間が営業開始したことにより、武豊―加納間が全線開通。
5.18	〔行政・法令〕私設鉄道条例公布 政府は幹線鉄道敷設に民間資本を活用するべく、私設鉄道条例を公布して私鉄会社の統制と監査に乗り出した。私設鉄道に関する最初の立法である。条例は41条から成り、私鉄の敷設には政府の免許状が必要であること、免許状下付後25年が経過すると政府に鉄道の買上権があることなどが定められていた。また軌間は1067mmと規定された。これ以後私設鉄道会社創設の出願が相次ぎ鉄道ブームが起きる。
7.11	〔鉄道〕横浜―国府津間開業 横浜―国府津間で営業開始、1日3往復運転。
7.16	〔鉄道〕日本鉄道 日本鉄道黒磯―郡山間が開業、1日2往復運転。
7月	〔鉄道〕碓氷馬車鉄道会社設立 碓氷馬車鉄道会社が設立された。翌1888年9月5日に

は坂本―軽井沢間が開通。鉄道が開通するまでの補助手段だったが、馬・施設の損傷が激しく経営は困難をきわめた。

12.15 〔鉄道〕日本鉄道 日本鉄道郡山―塩竈間が開業。上野―仙台を1日1往復、所要時間12時間20分で運転した。

この年 〔馬車〕総房馬車会社設立 旭軒と品川軒が合併して総房馬車会社を設立した。東京の両国―成田、千葉間を約30便運行した。

1888年
(明治21年)

1.9 〔鉄道〕山陽鉄道設立 山陽鉄道会社に免許状が下付される。

5.1 〔鉄道〕関山―長野間開業 関山―長野間で営業開始、1日2往復運転。

5.5 〔馬車〕東京乗合馬車会社設立 東京乗合馬車会社が設立された。両国・九段間・高輪・芝山・丸の内間を運行した。

5.7 〔馬車〕乗合馬車会社ヲムニビュスを設立 江木保夫ほか6名が発起人となり日本橋区に乗合馬車会社ヲムニビュスを設立した。市街及び近傍宿駅の往来便の運行を目的とし、営業期限は50年とした。

5.22 〔鉄道〕両毛鉄道 両毛鉄道小山―足利間が開業。1日3往復運転。

7月 〔馬車〕馬丁・駅者の年齢制限 東京府が満20歳以下の馬丁・駅者などを禁止。そのため乗合馬車が激減した。

7月 〔自転車〕帝国自転車製造所が開業 向山嘉代三郎が浅草で帝国自転車製造所を開業した。

8.15 〔鉄道〕長野―上田間開業 長野―上田間で営業が開始される。1日3往復運転。

9.1 〔鉄道〕大府―浜松間開業 大府―浜松間で営業開始。武豊線大府―武豊間を支線とする。名古屋―浜松間で1日3往復運行された。

10.1 〔鉄道〕小田原馬車鉄道が開業 国府津―箱根湯本間で小田原馬車鉄道が開業。職を奪われた箱根地方の馬車営業者と人力車夫の営業妨害行為が相次いだ。

10.28 〔鉄道〕伊予鉄道開業 伊予鉄道松山―三津浜間が開業した。伊予鉄道は1887年に小林信近が設立した中国・四国・九州初の鉄道会社。軌間762mmの軽便鉄道であった。

11.1 〔鉄道〕山陽鉄道 山陽鉄道兵庫―明石間が開業。1日5往復を運転。

11.15 〔鉄道〕両毛鉄道 両毛鉄道足利―桐生間が開業。1日3往復運行される。

12.1 〔鉄道〕上田―軽井沢間開業 上田―軽井沢間が営業開始。1日3往復運転。

12.23 〔鉄道〕山陽鉄道 山陽鉄道明石―姫路間が開業。

1889年
（明治22年）

1.16	〔鉄道〕水戸鉄道が営業開始	水戸鉄道小山―水戸間が開業。
2.1	〔鉄道〕国府津―静岡間開業	国府津―静岡間開業。新橋―静岡間は1日2往復、所要時間7時間5分で運行された。
3.8	〔馬車〕乗合馬車営業取締規則	乗合馬車営業取締規則が制定された。施行は明治23年1月1日。
3.15	〔鉄道〕電気車の設置許可	東京電燈会社社長矢島作郎が、米国スプレーク形に似た電動機を製造。内国勧業博覧会の開設中に上野公園内に鉄道の敷設と電気車の設置を出願し許可された。
4.11	〔鉄道〕甲武鉄道開業	甲武鉄道が新宿―立川間で営業を開始。1日4往復運転した。これに伴い、甲州街道筋の長距離乗合馬車は衰退した。
4.16	〔鉄道〕静岡―浜松間開業	静岡―浜松間で営業を開始した。
4月	〔行政・法令〕人力車営業取締規則	人力車営業取締規則が制定された。
5.14	〔鉄道〕大阪鉄道	大阪鉄道湊町―柏原間が開業、1日8往復運転。
5.23	〔鉄道〕讃岐鉄道	讃岐鉄道丸亀―琴平間が開業、1日8往復運転。
5月	〔馬車〕本所菊川町―九段下間で乗合馬車を運転	東京乗合馬車会社が本所菊川町―九段下間の往復運転を開始した。
6.6	〔鉄道〕東京馬車鉄道がオムニバスを運転	東京馬車鉄道会社が、オムニバス（乗合）の運転を開始した。
6.16	〔鉄道〕大船―横須賀間開業	大船―横須賀間で営業開始。1日4往復運転。
6月	〔鉄道〕東京市街鉄道の設立	東京市街鉄道会社が設立される。事務所は出雲町1番地に置いた。
7.1	〔鉄道〕東海道線、湖東線	東海道線新橋―神戸間が全線開通。1日1往復、所要時間は上りが20時間10分、下りが20時間5分であった。また、湖東線馬場―米原―深谷間、米原―長浜間が営業を開始。
7.1	〔船舶〕大津-長浜間航路が廃止	東海道線の全通により大津―長浜間の旅客・貨物輸送は廃止となった。
8.11	〔鉄道〕甲武鉄道	甲武鉄道立川―八王子間が開業。これにより新宿―八王子間が全線開通し、1日4往復運転した。
9.1	〔鉄道〕山陽鉄道	山陽鉄道兵庫―神戸間開業、1日9往復運転。
11.11	〔鉄道〕山陽鉄道	山陽鉄道姫路―龍野間が開業。
11.20	〔鉄道〕両毛鉄道	両毛鉄道桐生―前橋間開業。これにより小山―前橋間が全線開通。

- 17 -

11月	〔鉄道〕無軸道式乗合馬車が開通 品川―新橋間で無軸道式乗合馬車が運転される。品川馬車鉄道の前身。
12.10	〔鉄道〕北海道炭礦鉄道、幌内太―幾春別間開業 官営幌内鉄道は北海道初の鉄道であったが、経営難に苦しみ一部路線は未完成となっていた。炭砿鉄道事務所長村田堤は幌内鉄道の運営請負を出願し、1888年3月認可される。直後から幌内太―幾春別間の工事が開始され、この日開業。翌日より営業開始された。
12.11	〔鉄道〕九州鉄道開業 九州鉄道が博多―久留米間で営業を開始。九州初の鉄道である。1日3往復運転した。
12.15	〔鉄道〕関西鉄道開業 関西鉄道は滋賀・三重両県の都市を東海道線と結ぶために設立された。前年3月に設立の認可を得、この日、草津―三雲間で営業を開始した。
12.26	〔鉄道〕両毛鉄道 両毛鉄道利根川橋梁が完成。これにより両毛鉄道と日本鉄道が連絡し、12月26日から直通運転が始まった。
この年	〔馬車〕日本馬車会社設立 西梶元次らが資本金30万円で日本馬車会社を設立した。業務内容は、貸馬車、馬車製造・修理、貸馬、預かり馬など。

1890年
(明治23年)

1.1	〔行政・法令〕乗合馬車営業取締規則 乗合馬車営業取締規則が施行された。
2.19	〔鉄道〕関西鉄道 関西鉄道三雲―柘植間が開業。
3.1	〔鉄道〕九州鉄道 九州鉄道千歳川―久留米間が開業。
4.5	〔行政・法令〕蹄鉄工免許規則 蹄鉄工免許規則が制定された。
4.16	〔鉄道〕日本鉄道 日本鉄道岩切―一ノ関間が開業。
5月	〔文化〕第3回内国勧業博覧会 工学者藤岡市助は第3回内国勧業博覧会の会場で初めて電車を走らせた。また、皇族や大臣、新聞記者等を招いての試乗会も行われた。
6.1	〔鉄道〕日本鉄道 日本鉄道宇都宮―今市間が開業。
7.10	〔鉄道〕山陽鉄道 山陽鉄道龍野―有年間が開業。
8.1	〔鉄道〕日本鉄道 日本鉄道今市―日光間開業。これにより宇都宮―日光間が全線開通。
8.25	〔行政・法令〕軌道条例 軌道条例が定められた。
9.11	〔鉄道〕大阪鉄道 大阪鉄道柏原―亀瀬間が開業。
9.28	〔鉄道〕九州鉄道 九州鉄道博多―赤間が開業。
11.1	〔鉄道〕日本鉄道 日本鉄道一ノ関―盛岡間が開業。
11.15	〔鉄道〕九州鉄道 九州鉄道赤間―遠賀川間が開業。

12.1	〔鉄道〕山陽鉄道 山陽鉄道有年—三石間が開業。
12.25	〔鉄道〕関西鉄道 関西鉄道柘植—四日市間開業。これにより草津—四日市間が全線開通。
12.27	〔鉄道〕大阪鉄道 大阪鉄道王寺—奈良間が開業。
この年	〔自転車〕宮田製銃所工場が移転 宮田栄助が本所菊川町に自転車製造工場を移転。この工場で国産第1号のセーフティ型自転車が製造される。

1891年
（明治24年）

2.8	〔鉄道〕大阪鉄道 大阪鉄道稲葉山—王寺間が開業。
2.28	〔鉄道〕九州鉄道 九州鉄道遠賀川—黒崎間が開業。
3.1	〔鉄道〕大阪鉄道 大阪鉄道王寺—高田間が開業。
3.18	〔鉄道〕山陽鉄道 山陽鉄道三石—岡山間が開業。
4.1	〔鉄道〕九州鉄道 九州鉄道黒崎—門司間、久留米—高瀬間が開業。
4.25	〔鉄道〕山陽鉄道 山陽鉄道岡山—倉敷間が開業。
7.1	〔鉄道〕九州鉄道 九州鉄道高瀬—熊本間が開業。
7.5	〔鉄道〕北海道炭礦鉄道 北海道炭礦鉄道岩見沢—歌志内間開業。手宮から歌志内まで直通運転が開始される。
7.14	〔鉄道〕山陽鉄道 山陽鉄道倉敷—笠岡間が開業。
8.20	〔鉄道〕九州鉄道 九州鉄道鳥栖—佐賀間開業、4往復の列車を運転。
8.21	〔鉄道〕関西鉄道 関西鉄道亀山——身田間が開業。
8.30	〔鉄道〕筑豊興業鉄道開業 筑豊興業鉄道が若松—直方間で営業を開始した。
9.1	〔鉄道〕日本鉄道 日本鉄道盛岡—青森間開業、これにより上野—青森間が全線開通する。1日1往復運転した。
9.11	〔鉄道〕山陽鉄道 山陽鉄道笠岡—福山間が開業。
10.28	〔鉄道〕濃尾地震により東海道線不通 10月28日6時38分50秒、岐阜県本巣郡根尾村を震源とする地震が発生。推定マグニチュード8、7000名を超える死者・行方不明者を出した日本史上最大の直下型地震であった。この影響で東海道線は不通となり、復旧まで約半年を要した。翌年4月16日完全復旧。
11.3	〔鉄道〕山陽鉄道 山陽鉄道福山—尾道間が開業。
11.4	〔鉄道〕関西鉄道 関西鉄道一身田—津間開業、1日6往復運転。

1892年
(明治25年)

2.1	〔鉄道〕	北海道炭礦鉄道 北海道炭礦鉄道砂川―空知太間が開業。
2.2	〔鉄道〕	大阪鉄道 大阪鉄道亀ノ瀬―稲葉山間開業、湊町―奈良間が全線開通。
3.1	〔鉄道〕	日本鉄道が水戸鉄道を買収 水戸鉄道は1887年設立、1889年1月に営業を開始した。もともと日本鉄道社長の奈良原繁が社長を兼ねていたこともあり、1891年4月に日本鉄道への事業譲渡が決定、この日をもって買収された。
3月	〔鉄道〕	水戸馬車鉄道敷設計画が頓挫 水戸馬車鉄道の敷設計画が人力車夫らの反対にあい頓挫した。
5.1	〔鉄道〕	伊予鉄道 伊予鉄道三津―高浜間が開業。
6.21	〔行政・法令〕	鉄道敷設法公布 鉄道敷設法が公布される。全国(北海道以外)に敷設すべき鉄道予定路線を33区間規定するというもの。
7.20	〔鉄道〕	山陽鉄道 山陽鉄道尾道―三原間が開業。
8.1	〔鉄道〕	北海道炭礦鉄道 北海道炭礦鉄道室蘭―岩見沢間が開業。
9.1	〔鉄道〕	釧路鉄道 釧路鉄道標茶―跡佐登間開業。釧路鉄道は当初硫黄の輸送のために建設された専用鉄道であったが、旅客輸送に転用されることとなり、1891年に釧路鉄道株式会社が設立されていた。
10.28	〔鉄道〕	筑豊興業鉄道 筑豊興業鉄道直方―小竹間が開業。
11.1	〔鉄道〕	北海道炭礦鉄道 北海道炭礦鉄道追分―夕張間が開業。
この年	〔自転車〕	照井商店開業 東京下谷同朋町に照井商店が開業。特約店として輸入自転車のファースト号やワシントン号を輸入販売した。

1893年
(明治26年)

2.1	〔鉄道〕	日本郵船 日本郵船青森―函館―室蘭間航路が開設された。
2.7	〔鉄道〕	千住馬車鉄道会社開業 千住馬車鉄道会社が千住茶釜橋―越ヶ谷町で営業を開始した。
2.11	〔鉄道〕	筑豊興業鉄道 筑豊興業鉄道直方―金田間が開業。
4.1	〔鉄道〕	横川―軽井沢間開業 横川―軽井沢間が営業開始。4往復運転。
5.23	〔鉄道〕	大阪鉄道 大阪鉄道高田―桜井間が開業。

7.3	〔鉄道〕筑豊興業鉄道	筑豊興業鉄道小竹―飯塚間が開業。
10.27	〔鉄道〕電気鉄道の計画出願	実業家雨宮敬次郎他42名が東京に電気鉄道を敷設することを計画、願い出た。雨宮は後に東京市街鉄道の会長に就任した。
10月	〔鉄道〕日本郵船	日本郵船が青森―函館―室蘭間に定期航路を開設した。
12.3	〔鉄道〕山陽鉄道	山陽鉄道新川線兵庫―新川間が開業。
12.12	〔鉄道〕摂津鉄道開業	尼崎―伊丹間の馬車鉄道を軽便鉄道として改築し、新たに伊丹―池田間新線を敷設、両者をつなげて開業した。1日13便運行。
12.31	〔鉄道〕参宮鉄道開業	参宮鉄道は伊勢神宮への参拝客の輸送を目的に設立された私設鉄道会社。この日、津―宮川間で運行を開始した。
この年	〔自転車〕空気入りタイヤ自転車	宮田製銃所で日本国初の空気入りタイヤを使用した自転車が製作された。
この年	〔自転車〕自転車で神戸・東京間を旅行	森村明六・開作の兄弟がゴーマリー＆ジェフリー社製のオーディナリー型自転車で神戸から東京まで旅行した。森村兄弟は森村グループの創立者である6代市左衛門の長男・次男。
この年	〔自転車〕日本輪友会設立	日本輪友会が設立された。日本初の自転車倶楽部である。

1894年
（明治27年）

1.4	〔鉄道〕日本鉄道	日本鉄道尻内―八ノ戸間が開業。
6.10	〔鉄道〕山陽鉄道	山陽鉄道糸崎―広島間が開業。
7.5	〔鉄道〕関西鉄道	関西鉄道四日市―桑名間が開業。
7.20	〔鉄道〕総武鉄道開業	総武鉄道が市川―佐倉間で営業を開始。1日5往復運転した。総武鉄道は1889年1月設立。
7.26	〔鉄道〕播但鉄道開業	播但鉄道が姫路―寺前間で営業を開始した。播但鉄道は1893年設立。本社は東京市京橋区にあった。
8.11	〔鉄道〕九州鉄道	九州鉄道熊本―川尻間が開業。
8月	〔鉄道〕筑豊鉄道	筑豊興業鉄道が筑豊鉄道と改称する。
10.1	〔鉄道〕日本鉄道	日本鉄道八ノ戸―湊間が開業。
10.9	〔鉄道〕甲武鉄道市街線開業	甲武鉄道市街線新宿―牛込間が開業。1889年8月11日に新宿―八王子間を全線開通させた甲武鉄道は、市街地への路線延長を計画、1893年3月1日に仮免許状を得て工事を進めていた。
10.10	〔鉄道〕山陽鉄道	山陽鉄道が神戸―広島間で急行列車の運転を開始した。所要時間は8時間56分だった。

11.19	〔鉄道〕	**青梅鉄道開業** 青梅鉄道が立川―青梅間で営業を開始。あわせて立川駅、拝島駅、福生駅、羽村駅、小作駅、青梅駅が新設された。
12.1	〔鉄道〕	**奥羽北線開業** 奥羽北線が青森―弘前間で営業を開始。
12.9	〔鉄道〕	**総武鉄道** 総武鉄道市川―本所間が開業。
12.28	〔鉄道〕	**筑豊鉄道** 筑豊鉄道小竹―幸袋間が開業。筑豊鉄道は同年8月に筑豊興業鉄道から改名したもの。
この年	〔自転車〕	**石川商会創業** 横浜市で石川商会が創業。1900年より自転車の直輸入を開始した。アメリカ製のピアス号などを扱う。

1895年
(明治28年)

1.15	〔鉄道〕	**播但鉄道** 播但鉄道寺前―長谷間が開業。
1.28	〔鉄道〕	**九州鉄道** 九州鉄道川尻―松橋間が開業。
1.31	〔鉄道〕	**京都電気鉄道開業** 京都電気鉄道は琵琶湖疏水を利用した水力発電により、東洞院塩小路下ル―伏見下油掛間で電車の運行を開始した。距離約6.4キロメートル、定員は16人。日本初の電気鉄道である。
4.1	〔鉄道〕	**九州鉄道** 九州鉄道小倉―行事間が開業。
4.3	〔鉄道〕	**甲武鉄道市街線** 甲武鉄道牛込―飯田町間が開業。
4.5	〔鉄道〕	**筑豊鉄道** 筑豊鉄道飯塚―臼井間が開業。
4.17	〔鉄道〕	**播但鉄道** 播但鉄道長谷―生野間および姫路―飾磨間が開業。
5.5	〔鉄道〕	**九州鉄道** 九州鉄道佐賀―武雄間が開業。
5.24	〔鉄道〕	**関西鉄道** 関西鉄道名古屋―前ケ須間および桑名仮停車場―桑名間が開業。
5.28	〔鉄道〕	**大阪鉄道** 大阪鉄道天王寺―玉造間が開業。
8.15	〔鉄道〕	**豊州鉄道** 豊州鉄道行橋―伊田間が開業。
8.22	〔鉄道〕	**浪速鉄道開業** 浪速鉄道が片町―四條畷間で営業を開始する。1日10往復運転、所要時間は39分であった。浪速鉄道は寝屋川水運に代替する輸送機関として設立された私設鉄道会社で、1894年2月に免許を得ていた。
9.5	〔鉄道〕	**奈良鉄道開業** 奈良鉄道が七条―伏見間を開通させ営業開始する。
10.17	〔鉄道〕	**大阪鉄道** 大阪鉄道玉造―梅田間が開業。天王寺―梅田間で1日17往復運転する。
10.21	〔鉄道〕	**奥羽北線** 奥羽北線弘前―碇ヶ関間が開業。
11.3	〔鉄道〕	**奈良鉄道** 奈良鉄道伏見―桃山間が開業。

11.4	〔鉄道〕日本鉄道	日本鉄道土浦―友部間が開業。
11.7	〔鉄道〕関西鉄道	関西鉄道桑名―弥富間が開業した。弥富駅は前ケ須からの改称。
11.9	〔鉄道〕千住馬車鉄道	千住馬車鉄道会社が貨物輸送を開始した。同年6月26日に許可を得ていた。
12.30	〔鉄道〕甲武鉄道市街線	甲武鉄道市街線飯田町―新宿間が複線開通。
この年	〔鉄道〕人車鉄道開業	吉浜―熱海間において人車鉄道が開通した。人車鉄道とは人が客車や貨車を押して運行する鉄道。

1896年
（明治29年）

1.20	〔鉄道〕房総鉄道開業	房総鉄道蘇我―大網間が開業。
1.25	〔鉄道〕奈良鉄道	奈良鉄道桃山―玉水間が開業。
2.5	〔鉄道〕豊州鉄道	豊州鉄道伊田―後藤寺間が開業。
2.25	〔鉄道〕房総鉄道	房総鉄道蘇我―千葉間が開業。これにより千葉―大網間が全線開通、1日5往復運転した。
3.2	〔鉄道〕東京自動車鉄道会社設立	東京自動車鉄道会社が設立された。
3.12	〔鉄道〕小田原―熱海間の人車鉄道全通	小田原―吉浜間が開通し小田原―熱海間の人車鉄道が全線開通した。客車は8人乗りで、交替で3人の車夫が押した。
3.13	〔鉄道〕奈良鉄道	奈良鉄道玉水―木津間が開業。
4.18	〔鉄道〕奈良鉄道	奈良鉄道木津―奈良間が開業。これにより京都―奈良間が全線開通する。1日11往復運転した。
5.10	〔鉄道〕南和鉄道開業	南和鉄道が高田―葛間で運行を開始する。
7.15	〔鉄道〕北陸線敦賀―福井間が開業	官営鉄道敦賀―福井間が開通。北陸線と命名された。
8.1	〔鉄道〕釧路鉄道	釧路鉄道標茶―跡佐登間が営業を休止する。
8.1	〔鉄道〕東京馬車鉄道の停車所が定められる	従来東京馬車鉄道は乗り下りが自由であったが、この日より停車所が定められた。
9.7	〔鉄道〕汽車製造合資会社設立	鉄道庁長官を退任した井上勝が汽車製造合資会社を設立した。日本初の鉄道車両メーカーである。1899年大阪市西区島屋新田に工場が開設された。
9.18	〔鉄道〕日本車輛製造製造設立	鉄道車両製造会社日本車輛製造が名古屋市で設立された。
10.15	〔船舶〕川崎造船所設立	資本金200万円で株式会社川崎造船所設立。初代社長には

松方幸次郎が就任した。
10.25　〔鉄道〕南和鉄道　南和鉄道葛―二見間が開業。
11.21　〔鉄道〕九州鉄道　九州鉄道松橋―八代間が開業。門司―八代間が全線開通する。
12.25　〔鉄道〕日本鉄道　日本鉄道田端―土浦間が開業。上野―土浦―水戸間で直通運転が開始される。
この年　〔自転車〕セーフティー型自転車の輸入始まる　それまで主流だったオーディナリー型自転車に加え、セーフティー型自転車の輸入が始まった。オーディナリー型は前輪の車軸に直結したペダルを回すことで前進するタイプだったため極端に前輪が大きくなる傾向があり、転倒の危険が大きかったのに対し、チェーンにより後輪駆動するセーフティー型は安全性の面でも操作性の面でも優れていた。

1897年
（明治30年）

1.15　〔鉄道〕関西鉄道　関西鉄道柘植―上野間が開業。
1.19　〔鉄道〕成田鉄道開業　成田鉄道が佐倉―成田間で運転開始。
2.9　〔鉄道〕関西鉄道が浪速鉄道と城河鉄道を吸収合併　大阪進出を目指す関西鉄道は浪速鉄道を資本金と同額で買収。前後して、四条畷―木津の免許を取得（未着工）していた城河鉄道も買収し、大阪から名古屋に至る路線を手にすることになった。
2.15　〔鉄道〕京都鉄道開業　京都鉄道が二条―嵯峨間で営業を開始した。同時に二条駅、嵯峨駅が開業する。京都鉄道は京都から舞鶴までの鉄道敷設を目的に設立された私設鉄道会社である。
2.16　〔鉄道〕阪鶴鉄道が摂津鉄道を買収　摂津鉄道が阪鶴鉄道へ事業を譲渡。
2.21　〔鉄道〕讃岐鉄道　讃岐鉄道丸亀―高松間が開業。これにともない高松―琴平間が全線開通した。
2.25　〔鉄道〕日本鉄道　日本鉄道水戸―平間が開業。
2.25　〔鉄道〕日本鉄道経路変更　日本鉄道宇都宮―矢板間の経路が変更される。岡本駅・氏家駅が新設され、両駅を経由する新線が開通した。
4.17　〔鉄道〕房総鉄道　房総鉄道大網―一ノ宮間が開業。
4.27　〔鉄道〕京都鉄道　京都鉄道二条―大宮間が開業。
5.1　〔鉄道〕山陽鉄道　山陽鉄道広島―宇品間が開業。
5.1　〔鉄道〕総武鉄道　総武鉄道佐倉―成東間が開業。
5.4　〔鉄道〕中越鉄道開業　中越鉄道が黒田―福野間で運行を開始した。中越鉄道は米の生産地である富山県砺波地方と伏木港を結ぶことを目的として設立された私設会社。日本海側で最初に開業した鉄道会社である。

5.13	〔鉄道〕北越鉄道開業 北越鉄道が春日新田―鉢崎間で営業を開始した。
6.1	〔鉄道〕総武鉄道 総武鉄道成東―銚子間が開業した。これにより本所―銚子間が全線開通。
7.1	〔鉄道〕北海道炭礦鉄道 北海道炭礦鉄道輪西―室蘭間が開業。これにより手宮―室蘭間が全線開通した。
7.10	〔鉄道〕九州鉄道 九州鉄道武雄―早岐間が開業。22日には長与―長崎間が開業した。
7.15	〔鉄道〕豊川鉄道開業 豊川鉄道が豊橋―豊川間で運転を開始する。一週間後の7月22日に一ノ宮まで延長した。
7.26	〔船舶〕大村湾で船車連絡 九州鉄道会社が大村湾で船車連絡を始める。
8.1	〔鉄道〕北越鉄道 北越鉄道鉢崎―柏崎間が開業。
8.18	〔鉄道〕中越鉄道 中越鉄道福野―福光間が開業。
8.18	〔行政・法令〕鉄道作業局官制公布 通信省鉄道局の現業部門が独立し、鉄道作業局として設立された。
8.29	〔鉄道〕日本鉄道 日本鉄道平―久ノ浜間が開業。
9.20	〔鉄道〕北陸線 北陸線福井―小松間が開業。
9.20	〔鉄道〕北陸線 北陸線敦賀―金ヶ崎間で旅客営業が廃止された。
9.25	〔鉄道〕山陽鉄道 山陽鉄道広島―徳山間が開業した。京都―徳山間が結ばれ、急行が1日1往復した。所要時間は13時間4分であった。
9.25	〔鉄道〕豊州鉄道 豊州鉄道行橋―長洲間が開業。
10.1	〔鉄道〕九州鉄道と筑豊鉄道が合併 九州鉄道が筑豊鉄道を吸収合併する。
10.20	〔鉄道〕豊州鉄道 豊州鉄道後藤寺―豊国間および後藤寺―起行間が開業した。
10.31	〔鉄道〕中越鉄道 中越鉄道福光―城端間が開業。
11.10	〔鉄道〕日本鉄道 日本鉄道岩沼―中村間が開業。
11.11	〔鉄道〕関西鉄道 関西鉄道上野―加茂間が開業。
11.11	〔鉄道〕参宮鉄道 参宮鉄道宮川―山田間が開業。
11.16	〔鉄道〕京都鉄道 京都鉄道大宮―京都間が開業。
11.16	〔鉄道〕太田鉄道開業 太田鉄道が水戸―久慈川間で営業を開始した。
11.20	〔鉄道〕北越鉄道 北越鉄道柏崎―北条間および沼垂―一ノ木戸間が開業。
12.27	〔鉄道〕阪鶴鉄道 阪鶴鉄道池田―宝塚間が開業。
12.29	〔鉄道〕成田鉄道 成田鉄道成田―滑河間が開業。
12月	〔鉄道〕品川乗合馬車が品川馬車鉄道へと改称 品川乗合馬車が品川馬車鉄道と改称、品川―新橋間の軌道工事完成に伴い軌道輸送が開始された。
この年	〔鉄道〕宇都宮軌道運輸の開業 宇都宮軌道運輸が宇都宮の材木町―西原町間で人車鉄道を開業した。

この年　〔馬車〕初めての貸馬車屋　川西富五郎が新橋停車場で貸馬車屋の営業を開始した。貸馬車屋の嚆矢と言われるが需要は少なく、間もなく営業権は築地馬車商会に譲渡された。

1898年
(明治31年)

1.2 〔鉄道〕中越鉄道　中越鉄道黒田―高岡間が開業。これにより高岡―城端間が全線開通した。

1.20 〔鉄道〕九州鉄道　九州鉄道早岐―佐世保間および早岐―大村間が開業。

1月 〔鉄道〕客車に電灯が設置される　関西鉄道が全国で初めて客車内に電灯を設置した。

1月 〔自動車〕初めて国内に自動車が持ち込まれる　フランス人テブネによりフランス製自動車が持ち込まれた。4人乗りの石油エンジン自動車で最高速力は1時間30kmであった。

2.3 〔鉄道〕成田鉄道　成田鉄道滑河―佐原間が開業、佐倉―佐原間が全線開通する。

2.8 〔鉄道〕九州鉄道　九州鉄道臼井―下山田間が開業。

3.10 〔鉄道〕青梅鉄道　1895年12月28日より貨物線として利用されていた青梅鉄道青梅―日向和田間で旅客営業が開始された。

3.17 〔鉄道〕山陽鉄道　山陽鉄道徳山―三田尻間が開業。

4.1 〔鉄道〕京都―山田間で直通列車を運行　京都―山田間で列車の運行が開始された。官鉄、関西鉄道、参宮鉄道の三社乗り入れによる直通運転だった。山田駅はこの前年の1897年、参宮鉄道の延伸により開業。

4.1 〔鉄道〕北陸線　北陸線小松―金沢間が開業。

4.3 〔鉄道〕日本鉄道　日本鉄道中村―原ノ町間が開業。

4.5 〔鉄道〕西成鉄道開業　西成鉄道が大阪―安治川口間で営業を開始した。旅客営業は福島―安治川口間のみで、大阪―福島間は貨物営業だった。

4.11 〔鉄道〕紀和鉄道開業　紀和鉄道が五条―橋本間で営業を開始した。

4.12 〔鉄道〕関西鉄道　関西鉄道四條畷―長尾間が開業。

4.14 〔鉄道〕河陽鉄道　河陽鉄道柏原―富田林間が開業。

4.15 〔鉄道〕東海道線　東海道線馬場―大谷間が複線化された。

4.19 〔鉄道〕関西鉄道　関西鉄道加茂―大仏間が開業。

4.24 〔鉄道〕七尾鉄道開業　七尾鉄道が津幡―矢田新間で営業を開始した。ただし七尾―矢田新間は貨物営業のみであった。

4.25 〔鉄道〕豊川鉄道　豊川鉄道一ノ宮―新城間が開業。

5.4	〔鉄道〕紀和鉄道 紀和鉄道船戸―和歌山間が開業。	
5.6	〔鉄道〕名古屋電気鉄道が開業 名古屋電気鉄道が笹島町―愛知県庁門前間で営業を開始した。日本で二番目の電気鉄道である。	
5.11	〔鉄道〕奈良鉄道 奈良鉄道京終―桜井間が開業。	
5.11	〔鉄道〕日本鉄道 日本鉄道原ノ町―小高間が開業。	
5.20	〔鉄道〕豆相鉄道が開業 豆相鉄道が三島―南条間で開通、営業を開始した。	
6.4	〔鉄道〕関西鉄道 関西鉄道長尾―新木津間が開業。	
6.8	〔鉄道〕阪鶴鉄道 阪鶴鉄道宝塚―有馬口間が開業。	
6.10	〔行政・法令〕自動車取締規則 警視庁が自動車取締規則を制定した。	
6.16	〔鉄道〕北越鉄道 北越鉄道一ノ木戸―長岡間が開業。	
7.16	〔鉄道〕北海道官設鉄道 北海道官設鉄道上川線空知太―旭川間が開業。1896年に北海道鉄道敷設法が公布・施行され、北海道における鉄道敷設を道庁自ら行なうよう決定したことを受けて、工事が進められていた。	
7.26	〔鉄道〕岩越鉄道開業 岩越鉄道が郡山―中山宿間で営業を開始した。岩越鉄道は郡山・若松・新津を結ぶために1896年に設立された私設鉄道会社。	
8.7	〔鉄道〕伊万里鉄道開業 伊万里鉄道が伊万里―有田間で営業を開始。伊万里鉄道は陶磁器や石炭の伊万里港への輸送を目的に1895年設立された。	
8.12	〔鉄道〕北海道官設鉄道 北海道官設鉄道天塩線旭川―永山間が開業。	
8.23	〔鉄道〕日本鉄道磐城線 日本鉄道磐城線久ノ浜―小高間が開業、磐城線水戸―岩沼間が全線開通した。	
9.1	〔船舶〕山陽汽船 山陽汽船が徳山―門司間航路を開業。	
9.16	〔鉄道〕関西鉄道 関西鉄道新木津―木津間が開業した。これにより木津―片町間全線開通。	
10.1	〔鉄道〕南海鉄道が阪堺鉄道を合併 阪堺鉄道は1895年に新設された南海鉄道に合併される。	
11.1	〔鉄道〕北陸線 北陸線金沢―高岡間が開業。	
11.3	〔鉄道〕草加―千住間で馬車鉄道開業 馬車鉄道が草加―千住間において完成した。	
11.8	〔鉄道〕関西鉄道 関西鉄道放出―寝屋川間が開業。	
11.18	〔鉄道〕関西鉄道 関西鉄道寝屋川―網島間が開業。	
11.18	〔鉄道〕関西鉄道 関西鉄道加茂―新木津間が開業した。名古屋―網島間が全線開通し、1日6往復運転。	
11.25	〔鉄道〕北海道官設鉄道 北海道官設鉄道天塩線永山―蘭留間が開業。	
11.27	〔鉄道〕九州鉄道 九州鉄道大村―長与間が開業。鳥栖―長崎間が全線開通した。これにより、大村湾の船車連絡は廃止となった。	
12.1	〔鉄道〕唐津興業鉄道開業 唐津興業鉄道が大島―妙見―山本間で営業を開始した。	

唐津炭田と唐津港を結ぶために設立されたもの。

12.21	〔鉄道〕中国鉄道 中国鉄道が岡山市―津山間で営業を開始した。この路線の開通によりそれまで主流だった高瀬舟による旭川の舟運は衰退した。
12.27	〔鉄道〕北越鉄道 北越鉄道北条―長岡間が開業。
12.28	〔鉄道〕九州鉄道と伊万里鉄道が合併 九州鉄道は伊万里鉄道を吸収合併した。
この年	〔鉄道〕島田軌道が開業 人車鉄道島田軌道が静岡県の島田―向谷間で営業を開始した。
この年	〔自転車〕自転車取締規則布達 自転車保有台数が伸びる中、警視庁は自転車取締規則を布達。主に道路における自転車の使用について厳しく規定されていた。

1899年
(明治32年)

1.1	〔鉄道〕紀和鉄道 紀和鉄道船戸―舟戸間が開業。
1.21	〔鉄道〕大師電気鉄道 大師電気鉄道六郷橋―大師間が開業。同年4月、大師電気鉄道は京浜電気鉄道に社名変更した。
1.25	〔鉄道〕阪鶴鉄道 阪鶴鉄道有馬口―三田間が開業。
1.25	〔鉄道〕豊州鉄道 豊州鉄道香春―夏吉間が開業。
2.16	〔鉄道〕徳島鉄道開業 徳島鉄道が徳島―鴨島間で営業を開始した。
3.10	〔鉄道〕岩越鉄道 岩越鉄道中山宿―山潟間が開業。
3.20	〔鉄道〕北陸線 北陸線高岡―富山間が開業し、米原―富山間が全線開通する。
3.25	〔鉄道〕九州鉄道 九州鉄道金田―伊田間が開業。
3.25	〔鉄道〕阪鶴鉄道 阪鶴鉄道三田―篠山間が開業。
4.1	〔鉄道〕太田鉄道 太田鉄道久慈川―太田間開業。これにともない、水戸―太田間が全線開通した。
5.1	〔鉄道〕西成鉄道 貨物営業専用だった西成鉄道の大阪―福島間で旅客営業が開始された。
5.15	〔鉄道〕奥羽南線 奥羽南線福島―米沢間が開業。
5.21	〔鉄道〕関西鉄道 関西鉄道大仏―奈良間が開業。名古屋―奈良間が全線開通した。
5.25	〔鉄道〕阪鶴鉄道 阪鶴鉄道篠山―柏原間が開業。
5.25	〔鉄道〕山陽鉄道 山陽鉄道京都―三田尻間昼行急行307・312列車に食堂車の連結を開始した。
5月	〔鉄道〕河南鉄道が河陽鉄道を合併 営業不振に陥った河陽鉄道は事業を河南鉄道に

		譲渡、解散した。
5月		〔自動車〕電気自動車が輸入される 日本に初めて電気自動車が輸入される。米国製のプログレス三輪電気自動車。
6.13		〔鉄道〕唐津興業鉄道 唐津興業鉄道山本―厳木間が開業。
6.19		〔鉄道〕東京馬車鉄道が品川馬車鉄道を買収 東京馬車鉄道が品川馬車鉄道を吸収合併しし、路線を品川まで延長した。
6.21		〔鉄道〕奥羽北線 奥羽北線碇ヶ関―白沢間が開業。
7.10		〔鉄道〕豊州鉄道 豊州鉄道後藤寺―川崎間が開業。
7.15		〔鉄道〕岩越鉄道 岩越鉄道山潟―若松間が開業。
7.15		〔鉄道〕阪鶴鉄道 阪鶴鉄道柏原―福知山南口間が開業。
7.17		〔鉄道〕豆相鉄道 豆相鉄道三島―大仁間が全線開通。
7.25		〔鉄道〕東京馬車鉄道がセレポレー式軽便車を試運転 東京馬車鉄道がセレポレー式軽便車の試運転を行った。
8.10		〔行政・法令〕人力車夫らによる電車敷設反対運動 人力車夫400人が横浜市内電車敷設に反対し市会に乱入した。
8.15		〔鉄道〕京都鉄道 京都鉄道嵯峨―園部間が開業。京都―園部間が全線開通し、1日6往復の運行を開始した。
8.19		〔鉄道〕徳島鉄道 徳島鉄道鴨島―川島間が開業。
8.27		〔鉄道〕東武鉄道が開業 1897年11月1日に設立された東武鉄道は、この日北千住―久喜間で営業を開始した。
9.1		〔鉄道〕北海道官設鉄道 北海道官設鉄道十勝線旭川―美瑛間が開業。
9.5		〔鉄道〕北越鉄道 北越鉄道直江津―春日新田間が開業。直江津―沼垂間が全線開通した。
10.14		〔鉄道〕奈良鉄道 奈良鉄道奈良―京終間が開業。奈良―桜井間が全線開通した。
11.15		〔鉄道〕奥羽北線 奥羽北線白沢―大館間が開業。
11.15		〔鉄道〕北海道官設鉄道 北海道官設鉄道天塩線蘭留―和寒間および十勝線美瑛―上富良野間が開業。
11月		〔自転車〕日米商店創業 岡崎久次郎が東京京橋の竹川岸で日米商店を開業、アメリカ製懐中電灯の輸入販売を行う。翌年1900年10月よりアメリカ製レロイ自転車の輸入・販売を始めた。
12.13		〔鉄道〕房総鉄道 房総鉄道一ノ宮―大原間が開業。
12.23		〔鉄道〕徳島鉄道 徳島鉄道川島―山崎間が開業。
12.25		〔鉄道〕九州鉄道 九州鉄道宇土―三角間が開業。
12.25		〔鉄道〕唐津興業鉄道 唐津興業鉄道厳木―莇原間が開業。
12月		〔鉄道〕帝釈人車軌道が開業 帝釈人車軌道が東京金町―柴又間で営業を開始。柴又

帝釈天への参詣客輸送を目的に建設されたもので、東京都内唯一の人車鉄道。

この年　〔自転車〕岡本鉄工所設立　名古屋の岡本松造が岡本鉄工所を設立、自転車部品の製造を行う。

1900年
（明治33年）

1.24　〔鉄道〕尾西鉄道　尾西鉄道萩原――一ノ宮間が開業、弥富――一ノ宮間が開通した。

3.16　〔行政・法令〕私設鉄道法・鉄道営業法　私設鉄道法と鉄道営業法が制定された。私設鉄道法は民営鉄道の敷設・運営について規定した日本初の法律であり、後の地方鉄道法の前身。鉄道営業法は広く鉄道輸送のあり方を定めたもので、貨物輸送の規定を重点としていた。

4.8　〔鉄道〕日本初の寝台車　山陽鉄道大阪――三田尻間の夜行列車に1等食堂寝台車1244～1246が導入された。日本鉄道史上初の寝台車である。寝台の定員は16名、食堂車の定員は8名だった。3年後の1903年には2等寝台車の連結も開始される。

4.21　〔鉄道〕奥羽南線　奥羽南線米沢――赤湯間が開業。

4月　〔鉄道〕唐津鉄道　唐津興業鉄道が唐津鉄道と改称した。

5.1　〔鉄道〕東京電気鉄道設立　東京電気鉄道が設立された。資本金は80万円だった。

6.6　〔鉄道〕関西鉄道が大阪鉄道を吸収合併　大阪鉄道が関西鉄道へ事業を譲渡した。

6.10　〔鉄道〕東京市街鉄道と東京馬車鉄道に電気鉄道の敷設許可　内務省は東京市街鉄道と東京馬車鉄道双方に電気鉄道の敷設と営業を許可する。

6.21　〔行政・法令〕道路取締規制　道路取締規制を制定。以後左側通行が始まった。

6.30　〔鉄道〕房総鉄道　房総鉄道大網――東金間が開業。

7.8　〔鉄道〕京仁鉄道全線　京仁鉄道が京城――仁川間で全線開通。同年11月12日には西大門駅で開通式が行われた。京仁鉄道は朝鮮半島初の鉄道会社。1899年渋沢栄一らがアメリカ人モールスより鉄道敷設権を譲渡され、同年5月15日に京仁鉄道合資会社として設立したもの。

7.25　〔鉄道〕中央西線　中央西線名古屋――多治見間で運行が開始された。

8.1　〔鉄道〕北海道官設鉄道　北海道官設鉄道十勝線上富良野――下富良野間が開業。

8.2　〔鉄道〕七尾鉄道　七尾鉄道津幡口――津幡間が開業、津幡――矢田新間が全線開通した。

8.5　〔鉄道〕北海道官設鉄道　北海道官設鉄道天塩線和寒――士別間が開業。

8.7　〔鉄道〕徳島鉄道　徳島鉄道山崎――船戸間が開業。これにより徳島――船戸間が全線開通し、1日9往復運転した。

8.24　〔鉄道〕紀和鉄道　紀和鉄道船戸――粉河間が開業。

9.23	〔鉄道〕	豊川鉄道 豊川鉄道新城―大海間が開業。
9月	〔自動車〕	皇太子に自動車が献上される サンフランシスコの日本人会が皇太子(のちの大正天皇)御成婚祝いとして四輪自動車を献上した。しかし宮内省内に運転のできる者がいなかったことからこの献納車は倉庫内にしまい込まれ、後に有馬純篤から小柴大次郎(帝国自動車興業株式会社創立者)へと下げ渡されたという。
10.2	〔鉄道〕	東京馬車鉄道が東京電車鉄道へ改称 東京馬車鉄道が電気鉄道の特許を得、社名を東京電車鉄道へ改称。
10.3	〔自転車〕	自転車に鑑札を交付 自転車に鑑札を付けることが義務づけられた。
10.7	〔鉄道〕	奥羽北線 奥羽北線大館―鷹ノ巣間が開業。
11.1	〔鉄道〕	篠ノ井線 篠ノ井線篠ノ井―西条間が開業。
11.25	〔鉄道〕	紀和鉄道 紀和鉄道橋本―粉河間が開業したことにより、五條―和歌山間が全線開通する。
11.25	〔自転車〕	女子嗜輪会発足 女子による自転車倶楽部「女子嗜輪会」が発足、発会式が行われる。会員は7名で、その中には後のオペラ歌手三浦環も含まれていた。顧問は下田歌子が務めた。
12.1	〔鉄道〕	東海道線に暖房を設置 東海道線新橋―神戸間急行に蒸気暖房が導入された。
12.2	〔鉄道〕	北海道官設鉄道 北海道官設鉄道十勝線下富良野―鹿越間が開業。
12.3	〔鉄道〕	山陽鉄道 山陽鉄道三田尻―厚狭間が開業。
12.29	〔鉄道〕	中越鉄道 中越鉄道高岡―伏木間が開業。
この年	〔自転車〕	明治護謨製造所設立 明治護謨製造所が設立され、翌1901年より自転車のタイヤの製造を始める。1903年には日本最初の空気入りタイヤ試作品を陸軍に提供した。
この年	〔船舶〕	千住吾妻急行汽船会社設立 千住吾妻急行汽船会社が設立される。通称青蒸気が浅草吾妻橋から千住大橋の間を就航した。
この年	〔文化〕	流行歌「東海道」 「東海道」という鉄道唱歌が流行した。

1901年
(明治34年)

2.1	〔鉄道〕	京浜電気鉄道が開業 京浜電気鉄道が大森停車場前―六郷橋で営業を開始した。
2.2	〔鉄道〕	成田鉄道 成田鉄道成田―安食間が開業。
2.15	〔鉄道〕	奥羽南線 奥羽南線赤湯―上ノ山間が開業。
4.1	〔鉄道〕	成田鉄道 成田鉄道安食―我孫子間が開業。

1901年（明治34年）

4.11	〔鉄道〕奥羽南線 奥羽南線上ノ山―山形間が開業し、福島―山形間は全線開通。
5.27	〔鉄道〕山陽鉄道 山陽鉄道厚狭―馬関間が開業。これにより神戸―下関間は全線開通。
5.27	〔船舶〕関門航路開業 山陽鉄道神戸―下関間全通に伴い、徳山―門司間航路は廃止となる。かわって下関-門司間航路（関門航路）が開業した。
5.29	〔行政・法令〕車夫・馬丁の身なりの規制 車夫・馬丁等の裸足が警察庁により禁止される。ペスト予防・風俗改善のため。
6.10	〔鉄道〕鹿児島線 鹿児島線鹿児島―国分間が開業。
7.20	〔鉄道〕北海道官設鉄道 北海道官設鉄道釧路線釧路―白糠間が開業。
8.1	〔鉄道〕貨物支線 貨物支線大井連絡所―大崎間が開業。
8.1	〔鉄道〕中央東線 中央東線八王子―上野原間が開業。
8.23	〔鉄道〕奥羽南線 奥羽南線山形―楯岡間が開業。
8.29	〔鉄道〕播但鉄道 播但鉄道長谷―新井間が開業。
8月	〔馬車〕板橋―萬世橋間に乗合馬車 乗合馬車が板橋―萬世橋間に開通した。
9.1	〔鉄道〕中武馬車鉄道が全線開通 中武馬車鉄道入間川―扇町屋間および師岡―青梅間が開通し、青梅森下―入間川間が全線開通した。
9.3	〔鉄道〕北海道官設鉄道 北海道官設鉄道十勝線鹿越―落合間が開業。
10.21	〔鉄道〕奥羽南線 奥羽南線楯岡―大石田間が開業。
10.21	〔鉄道〕水戸鉄道が太田鉄道を吸収合併 太田鉄道は水戸鉄道に事業を譲渡した。
11.4	〔自転車〕自転車競走会 大日本双輪倶楽部主催により11月3日に、東京上野不忍池畔にて自転車競走会が開催された。主催のひとつ東京双輪商会会主の吉田真太郎は、日本最初のオーナードライバーで、大倉・石沢らと大日本自動車製造合資会社を設立した人物であった。
11月	〔自動車〕モーター商会設立 松井民治郎が東京銀座2丁目に自動車販売会社モーター商会を設立。
12.9	〔鉄道〕九州鉄道 九州鉄道飯塚―長尾間が開業。
12.15	〔鉄道〕官設鉄道に食堂車が登場 新橋―神戸間の急行列車2往復で食堂車の連結が開始された。食堂車の定員は12名。しかし逢阪山と箱根山越えの区間では食堂車の牽引ができず、新橋―国府津、沼津―馬場、京都―神戸間の各区間のみの営業だった。
12.21	〔鉄道〕関西鉄道 関西鉄道網島―桜ノ宮間開業。
この年	〔自動車〕日本最初のオーナードライバー 函館地方七飯の実業家・川田龍吉男爵が、アメリカ製の蒸気エンジン自動車を亜米利加ロコモービル会社日本代理店から購入した。この蒸気自動車は現在も保存・展示されており、国内に現存する最古の自動車と言われている。

1902年
（明治35年）

2.23	〔鉄道〕九州鉄道が唐津鉄道を吸収合併	唐津鉄道の事業が九州鉄道へ譲渡された。
3.1	〔鉄道〕成田鉄道	成田鉄道が上野―成田間で直通列車2往復の運転を始める。
4.5	〔自転車〕自転車競走会	金輪倶楽部主催の自転車競走会において東京双輪会主の吉田真太郎がクラジェーター車の運転を披露した。
4月	〔船舶〕宮島―厳島間航路	宮島渡航会社が宮島―厳島間航路を開業。
5.13	〔自動車〕三井呉服店が貨物自動車を導入	三井呉服店は呉服運搬用として貨物自動車をモーター商会へ発注。フランス製で価格は6,000円だった。
6.1	〔鉄道〕中央東線	中央東線上野原―鳥沢間が開業。
6.15	〔鉄道〕篠ノ井線	篠ノ井線西条―松本間が開業。
6.23	〔自動車〕モーター商会の開業	東京市京橋区銀座4丁目1番地でモーター商会が開業。自転車及び付帯事業として自動車の販売を行った。
7.21	〔鉄道〕奥羽南線	奥羽南線大石田―船形間が開業。
8.1	〔鉄道〕奥羽北線	奥羽北線能代―五城目間が開業。
10.1	〔鉄道〕中央東線	中央東線鳥沢―大月間が開業。
10.21	〔鉄道〕奥羽北線	奥羽北線五城目―秋田間が開業。
11.1	〔鉄道〕山陰・山陽連絡線	山陰・山陽連絡線境―御来屋間が開業。
12.10	〔鉄道〕北海道鉄道	北海道鉄道函館―本郷および然別―蘭島間が開業。
12.12	〔鉄道〕河南鉄道	河南鉄道柏原―長野間が開業。
12.15	〔鉄道〕篠ノ井線	篠ノ井線松本―塩尻間が開業したことにより篠ノ井―塩尻間全線開通。
12.21	〔鉄道〕中央西線	中央西線多治見―中津間が開業。
12.27	〔鉄道〕九州鉄道	九州鉄道小倉―戸畑―黒崎間が開業。
この年	〔鉄道〕東京馬車鉄道の最盛期	東京馬車鉄道は軌道延長33.6キロメートル、車両数300、馬数2,000頭に達した。
この年	〔自転車〕アサヒ号・パーソン号	宮田製銃所が商号を宮田製作所と改称。同年アサヒ号とパーソン号が発売される。アサヒ号は第5回内国勧業博覧会で自転車3等賞牌を受けた。

1903年
（明治36年）

1.15 〔鉄道〕鹿児島線 鹿児島線国分—横川間が開業。
1.29 〔鉄道〕関西鉄道 関西鉄道天王寺—湊町間路線の複線化が完成。
2.1   〔鉄道〕中央東線 中央東線大月—初鹿野間が開業。
3.1   〔鉄道〕北海道官設鉄道 北海道官設鉄道釧路白糠—音別間が開業。
3.1   〔文化〕第5回内国勧業博覧会 大阪にて第5回内国勧業博覧会が開催される。外国から各種自動車が出品され、入場者数は7月末までで530万人にのぼった。天皇、皇后、皇太子の観覧の際にはボーンがトレド車の運転を披露した。また博覧会参考館では蒸気自動車が出品された。
3.18 〔船舶〕山陽汽船 山陽汽船、尾道—多度津間および岡山—高松間航路を開業。
3.21 〔鉄道〕関西鉄道 関西鉄道天王寺—博覧会間が開業。
3.21 〔鉄道〕紀和鉄道 紀和鉄道和歌山—南海連絡終点間が開業。
3.21 〔鉄道〕南海鉄道 南海鉄道難波—和歌山市間が全線開通した。
3.25 〔鉄道〕北海道官設鉄道 北海道官設鉄道釧路線白糠—厚内間が開業。
4.1   〔鉄道〕日本鉄道 日本鉄道田端—池袋間が開業。同時に池袋駅が開業した。
5.1   〔鉄道〕山陽鉄道に2等寝台車が登場 山陽鉄道は1900年4月8日に日本で初めて1等寝台車を導入していたが、この日、京都—下関間の急行列車で2等寝台車の連結を開始した。初の2等寝台車である。
5.8   〔船舶〕山陽汽船が宮島航路を継承 山陽汽船が宮島渡航株式会社の宮島航路を継承。
6.1   〔鉄道〕山陽鉄道が播但鉄道を吸収合併 播但鉄道は業績悪化のため解散、山陽鉄道へ全路線の事業を譲渡した。
6.11 〔鉄道〕奥羽南線 奥羽南線船形—新庄間が開業。
6.11 〔鉄道〕中央東線 中央東線初鹿野—甲府間が開業。
6.28 〔鉄道〕北海道鉄道 北海道鉄道本郷—森間および山道—然別間、蘭島—小樽中央間が開業。7月1日には亀田—函館間が開通、函館を亀田に改称した。
6月   〔船舶〕尾城汽船設立 尾城汽船合資会社が小網町2丁目鎧河岸に設立された。
7.3   〔馬車〕内藤新宿北裏—九段偕行前間で乗合馬車開業 新宿—九段間で乗合馬車の営業が始まる。内藤新宿北裏から合羽坂、市ヶ谷見附、三番町を経て九段偕行前間まで毎日往復した。
8.20 〔行政・法令〕乗合自動車営業取締規則 愛知県が日本初の乗合自動車営業取締規制を定めた。
8.22 〔鉄道〕東京電車鉄道が新橋—品川駅前間で運転開始 東京電車鉄道が新橋—品川駅

	前間で運転を開始する。運賃は3銭、所要時間は1時間30分であった。同年11月25日には上野まで開通。これにより人力車夫らは大きな痛手を受けた。
8.25	〔バス〕名古屋自動車に営業許可 名古屋自動車に乗合自動車営業が許可された。名古屋市泥江町より、伝馬町、宮町、駿河町を経て、東門前町、東田町に至る道路と、泉1丁目町より、茶屋町、京町、中市場町、石町、鍋屋町、相生町、赤塚町を経て、坂上町に至る道路に限り許可された。6人乗り、10人乗りを運行。
8.28	〔鉄道〕山陰・山陽連絡線 山陰・山陽連絡線御来屋—八橋間が開業。
9.3	〔鉄道〕北海道官設鉄道 北海道官設鉄道天塩線士別—名寄間が開業。
9.5	〔鉄道〕鹿児島線 鹿児島線横川—吉松間が開業。
9.12	〔鉄道〕大阪市営電気軌道が運転開始 大阪市営電気軌道は日本初の公営電気鉄道。この日第1期線として花園橋—築港桟橋(築港線)を開業した。全線を4区間とし、旅客運賃は1区1銭であった。
9.15	〔鉄道〕東京市街鉄道が開業 東京市街鉄道が数寄屋橋—神田橋間で運転を開始した。
9.20	〔バス〕京都初の乗合自動車 二井商会が京都初の乗合自動車営業を始める。京都市堀川中立売—七条駅間および祇園間に、蒸気自動車を改造した6人乗りと2人乗りの車両を運行した。
9.29	〔行政・法令〕自動車取締規則 長野県が自動車取締規則を定めた。
10.1	〔鉄道〕奥羽北線 奥羽北線秋田—和田間が開業。
10.28	〔行政・法令〕自動車営業取締規則 愛知県に続いて京都府でも自動車営業取締規則が制定される。停車場のみでの乗降、市内での車両速度などを定めた。
10.31	〔鉄道〕関西鉄道 関西鉄道天王寺—博覧会間の路線が廃止となる。
11.3	〔鉄道〕北海道鉄道 北海道鉄道森—熱郛間が開業。
11.21	〔バス〕日本初のバス事業免許 10月28日に制定された京都府自動車取締規則により、6人乗りの車両運行が正式に許可された。許可された二井商会はわが国初のバス事業の免許を受けた。
12.14	〔鉄道〕九州鉄道 九州鉄道の久保田—莇原間が開業したことにより、現在の唐津線が全線開通する。
12.14	〔行政・法令〕乗合自動車営業取締規則 鹿児島県で乗合自動車営業取締規則が制定された。
12.15	〔鉄道〕中央東線 中央東線甲府—韮崎間開業。
12.20	〔鉄道〕山陰・山陽連絡線 山陰・山陽連絡線八橋—倉吉間が開業。
12.21	〔鉄道〕九州鉄道 九州鉄道川崎—添田間が開業。
12.25	〔鉄道〕北海道官設鉄道 北海道官設鉄道釧路線音別—浦幌間が開業。
12.27	〔鉄道〕呉線 官設鉄道呉線が海田市—呉間で開業した。呉線は広島と呉港を結ぶために新設されたもの。同時に矢野駅、坂駅、天応駅、吉浦駅、呉駅が新設される。
12.30	〔行政・法令〕乗合自動車営業取締規則 岡山県で全国で9番目となる乗合自動車営

12月	〔バス〕二井商会、第一自動車に改組 二井商会が経営難から第一自動車に改組された。
この年	〔鉄道〕伊豆箱根鉄道 伊豆箱根鉄道が路線敷設の免許を取得する。
この年	〔自転車〕ゼブラ自転車製作所設立 高橋長吉がゼブラ自転車製作所を設立。かねてより人力車に加え自転車部品を製造していたが、イギリス製のセンター号を改良して国産自動車ゼブラ号を開発した。
この年	〔自転車〕日米商店がスターリング号の独占販売権取得 アメリカ製自転車輸入販売業の日米商店がスターリング号の日本国内での独占販売権を取得、以後各地に特約店を置き、本格的に自転車販売業へ乗り出す。

業取締規則が制定された。

1904年
(明治37年)

1.1	〔鉄道〕博多湾鉄道 博多湾鉄道西戸崎―須恵間が開業した。博多湾鉄道は1900年設立。福岡県西戸崎と粕屋の石炭産地を結ぶために建設されたもの。
1.20	〔鉄道〕岩越鉄道 岩越鉄道若松―喜多方間が開業し、郡山―喜多方間が全線開通。
1.25	〔行政・法令〕鉄道軍事供用令公布 政府は鉄道軍事供用令公布、戦時の輸送体制について規程した。同年2月6日に日露戦争が勃発。
2.12	〔自動車〕モーター商会が合資会社となる モーター商会が銀座4丁目1番地にあった本店を1丁目6番地に移転し、合資会社となった。同年7月1日には芝区高輪南町40番地に移転する。
2.14	〔鉄道〕東海道線と山陽鉄道が戦時ダイヤに移行 ロシアとの開戦に際し、東海道線と山陽鉄道は軍に供用され軍用物資や兵の輸送のための戦時ダイヤに移行した。
3.15	〔鉄道〕山陰・山陽連絡線 山陰・山陽連絡線倉吉―松崎間が開業。
3.18	〔鉄道〕馬車鉄道が廃止される 東京市街鉄道浅草橋―雷門間が開業し、浅草まで全線開通。これにより馬車鉄道が姿を消した。
4.5	〔鉄道〕総武鉄道 総武鉄道本所―両国橋間が開業。
5.3	〔鉄道〕北越鉄道 北越鉄道の沼垂―新潟間が開業したことで、直江津―新潟間が全線開通した。
6.19	〔鉄道〕九州鉄道 九州鉄道吉塚―篠栗間が開業。
7.1	〔鉄道〕北海道鉄道 北海道鉄道亀田―函館間が開業。
7.18	〔鉄道〕北海道鉄道 北海道鉄道山道―小沢間が開業。
7.21	〔鉄道〕関西鉄道が紀和鉄道を買収 紀和鉄道は業績悪化にともない売却を決意。南海鉄道との間で合併の交渉が行われたが合意に至らず、1904年になって関西鉄道

		との間で売却契約が成立した。
7.26		〔鉄道〕東海道線と山陽鉄道が普通ダイヤに移行 東海道線と山陽鉄道は戦時ダイヤから普通ダイヤに復帰した。
8.12		〔鉄道〕北海道官設鉄道 北海道官設鉄道釧路線浦幌―豊頃間が開業。
8.21		〔鉄道〕奥羽北線 奥羽北線和田―神宮寺間が開業。
8.21		〔鉄道〕甲武鉄道が電車運行開始 甲武鉄道飯田町―中野間が電化され、電車と汽車の併用運転が開始された。電車の車体は国産で、電動機や各種装置はアメリカ製。また、ディスク型の自動信号機を設置された。甲武鉄道はのちに国有化されたため、これが国鉄最初の電車ということになる。
10.15		〔鉄道〕北海道鉄道 北海道鉄道歌棄―小沢間開業、函館―高島間全線開通。
10.21		〔鉄道〕奥羽南線 奥羽南線新庄―院内間が開業。
11.3		〔鉄道〕阪鶴鉄道 阪鶴鉄道福知―福知山間が開業し、現在の福知山線が全線開通する。
11.3		〔鉄道〕舞鶴線 舞鶴線福知山―新舞鶴間が開業。
11.10		〔鉄道〕七尾鉄道 貨物営業のみであった七尾鉄道七尾―矢田新間で旅客営業が開始された。
11.15		〔鉄道〕中国鉄道 中国鉄道岡山市―岡山間が開業。これにより現在の津山線は全線開通。
11.15		〔鉄道〕中国鉄道 中国鉄道岡山―総社―湛井間が開業。
11.24		〔船舶〕阪鶴鉄道 阪鶴鉄道が舞鶴―宮津間航路を開業。
12.1		〔鉄道〕山陽鉄道が讃岐鉄道を吸収合併 1903年の播但鉄道につづき、讃岐鉄道が山陽鉄道に買収される。
12.1		〔鉄道〕西成鉄道が官設鉄道に区間貸し渡し 西成鉄道は大阪―安治川口間の全区間を官設鉄道に貸し渡した。翌年4月1日安治川口―天保山間が開業するが、開業と同時に貸し渡される。
12.8		〔鉄道〕東京電気鉄道外濠線 東京電気鉄道外濠線が土橋―御茶ノ水間で電車運転を開始した。
12.9		〔鉄道〕関西鉄道が南和鉄道を吸収合併 南和鉄道は関西鉄道へ事業を譲渡した。
12.15		〔鉄道〕北海道官設鉄道 北海道官設鉄道釧路線豊頃―利別間が開業。
12.21		〔鉄道〕奥羽北線 奥羽北線神宮寺―大曲間が開業。
12.21		〔鉄道〕中央東線 中央東線韮崎―富士見間が開業。
12.31		〔鉄道〕甲武鉄道飯田町―御茶ノ水間で電車運転開始 甲武鉄道飯田町―御茶ノ水間が開業、複線で電車が運行される。
この年		〔自動車〕日本初の自動車工場 吉田真太郎が東京木挽町4丁目に日本初の自動車工場を創立した。
この年		〔自転車〕新家工業設立 新家熊吉が石川県山中町で新家工業を設立、木製リムの製

造を始める。

1905年
（明治38年）

1.1　〔鉄道〕京釜鉄道が全線開通　京釜鉄道が全線開通した。京仁鉄道と同様に渋沢栄一らがモールスから鉄道敷設権を譲り受け、建設をすすめていたもの。日露戦争の軍事物資輸送のために開通が急がれていた。

2.5　〔バス〕横川―可部間で開業式　広島県横川―可部間で自動車交通事業が開業し、山陽線横川駅の自動車停車場で開業式が行われた。

2.6　〔自動車〕モーター商会が解散　合資会社モーター商会が解散した。

2.8　〔鉄道〕関西鉄道が奈良鉄道を吸収合併　奈良鉄道は関西鉄道へ事業を譲渡した。

2.16　〔鉄道〕九州鉄道　九州鉄道篠栗線吉塚―篠栗間開通。

3.1　〔鉄道〕九州鉄道　九州鉄道香春―夏吉間の旅客営業が廃止された。

4.1　〔鉄道〕日本鉄道　日本鉄道日暮里―三河島間が開業。

4.1　〔鉄道〕北海道庁鉄道部が廃止される　北海道官設鉄道の敷設を進めてきた北海道庁鉄道部が3月31日をもって廃止され、かわって鉄道作業局札幌出張所が設置された。

4.5　〔鉄道〕九州鉄道　九州鉄道浦上―長崎間が開業。

4.12　〔鉄道〕阪神電気鉄道が開業　阪神電気鉄道が西梅田―神戸葺合間で営業を開始した。日本最古の都市間電気鉄道。

4.15　〔バス〕日本自働車会社、15路線の営業許可を受ける　日本自働車会社の営業区域23路線中、神田上野線、品川線、永代橋線、九段線、九段濠端線、一ツ橋浅草線、市ヶ谷線、芝麻布線、本郷線、浅草上野線、山手線外濠北線、山手線外濠南線、青山線、深川本所線、麻布線の15路線の営業が許可された。しかし株式が集まらず開業することのないまま、1907年12月17日の発起人会で解散が決定した。

4月　〔船舶〕阪鶴鉄道　阪鶴鉄道が舞鶴―境間航路を開業。

5.15　〔鉄道〕山陰・山陽連絡線　山陰・山陽連絡線松崎―青谷間が開業。

6.3　〔鉄道〕博多湾鉄道　博多湾鉄道須恵―新原間が開業。

6.12　〔バス〕有馬自動車が開業　兵庫で有馬自働車が設立され、鶴鉄道三田―有馬温泉間で往復乗合自動車を開業した。米国製ノックス12人乗りバス2台が導入され三田―有馬間は40分間、有馬―三田間は25分間で運転する。

6.15　〔鉄道〕奥羽北線　奥羽北線大曲―横手間が開業。

6月　〔バス〕日本橋―境間でバス営業　大阪自動車株式会社が日本橋―境間でバス運行を開始した。

7.5	〔鉄道〕奥羽南線 奥羽南線院内―湯沢間が開業。
8.1	〔鉄道〕北海道鉄道 北海道鉄道高島―小樽間が開業し、函館―小樽間は全線開通。北海道炭礦鉄道との連絡運転が行われた。
9.5	〔鉄道〕ポーツマス条約調印 アメリカ・ポーツマスにおいて日露戦争の講和条約が調印される。この条約により、日本は遼東半島の租借権などとともに長春以南の東清鉄道南部支線の割譲を受けることになった。
9.13	〔鉄道〕山陽鉄道 山陽鉄道厚狭―大嶺間が開業。
9.14	〔鉄道〕奥羽北線 奥羽北線横手―湯沢間が開業、福島―青森間が全線開通する。
10.12	〔鉄道〕桂・ハリマン協定 首相桂太郎はアメリカの鉄道経営者ハリマンと会談し、覚書を交換。内容は、ポーツマス条約で得た東清鉄道南部支線を日米共同で経営するというものであったが、外相小村寿太郎の反対により実行は保留となり、翌1906年1月に破棄された。
10.21	〔鉄道〕釧路線 釧路線利別―帯広間が開業したことにより、帯広―釧路間は全線開通。
10.28	〔鉄道〕東海道線が「凱旋運行」ダイヤに移行 日露戦争終結に伴い東海道線は「凱旋運行」ダイヤを実施。新橋―神戸間で食堂寝台車を連結した急行列車を1日2往復運転し、復員輸送に対応した。
11.25	〔鉄道〕中央東線 中央東線富士見―岡谷間が開業。
12.22	〔鉄道〕満洲に関する日清条約 外相小村寿太郎と袁世凱の間で満洲に関する日清条約（北京条約）が調印される。東清鉄道は完成から36年間、遼東半島はロシアと清との間で締結された遼東半島租借条約調印から25年間の条件で、日本に引き継がれることとなった。
12.24	〔鉄道〕京浜電気鉄道 京浜電気鉄道品川―神奈川間が全線開通した。京浜電気鉄道は1898年に大師電気鉄道株式会社として設立され、翌1899年に京浜電気鉄道株式会社に改称。関東で最初の電気鉄道会社である。
12.29	〔鉄道〕博多湾鉄道 博多湾鉄道新原―宇美間が開業したことにより、西戸崎―宇美間は全線開通。
この年	〔自動車〕磯部鉄工場の設立 自動車および蒸気汽罐などの製造販売社として合資会社磯部鉄工場が名古屋市に設立された。

1906年
（明治39年）

1月	〔鉄道〕満洲経営委員会発足 西園寺公望内閣は児玉源太郎を委員長とする満洲経営委員会を発足させた。
3.31	〔行政・法令〕鉄道国有法公布 政府は1906年鉄道国有法案を国会に提出、3月16日

に賛成243・反対109で可決された。同年3月31日公布。地方輸送を主目的とする一部路線を除き、鉄道を官設鉄道として一元化すると定めたものである。これに準拠し、同年中には北海道炭礦鉄道、甲武鉄道、日本鉄道、岩越鉄道、山陽鉄道、西成鉄道が、翌1907年には九州鉄道、北海道鉄道、京都鉄道、阪鶴鉄道、北越鉄道、総武鉄道、房総鉄道、七尾鉄道、徳島鉄道、関西鉄道、参宮鉄道の計17社2,812.0マイルが国有化された。これらの新しい国営鉄道網について、従来の官設鉄道と区別して国有鉄道と称した。

4.1	〔鉄道〕山陽鉄道 山陽鉄道新井―和田山間が開業、現在の播但線が全線開通。
4月	〔自動車〕有栖川宮が国産自動車を注文 有栖川宮威仁親王が東京自動車製作所に国産自動車を注文。
6.7	〔鉄道〕南満洲鉄道株式会社設立の勅令 勅令142号「南満洲鉄道株式会社設立に関する件」により会社の設立が公布される。総裁や理事は政府が任命するとされ、ほかにも業務は監事によって監視される、政府は事業に対し命令を発することができるなど、満鉄は国策会社として政府の強い影響下に置かれることとなった。
6.10	〔自動車〕東海自働車株式会社設立 東海自働車株式会社が設立され、静岡においてホワイト蒸気自動車6台で営業を開始する。しかし、間もなく馬車屋や人力車夫の妨害および沿道の商店の苦情に遭い営業停止に追い込まれた。
6.11	〔鉄道〕中央東線 中央東線岡谷―塩尻間が開業したことにより、八王子―塩尻間が全線開通。
7.1	〔船舶〕阪鶴鉄道 阪鶴鉄道が舞鶴―小浜間航路を開業。
7.13	〔鉄道〕南満洲鉄道設立委員の任命 満鉄設立委員81名が任命される。委員会には委員長児玉源太郎を筆頭に、大蔵省次官若槻礼次郎、日銀副総裁高橋是清、実業家渋沢栄一らが名を連ねていた。10日後の同月23日、児玉は脳溢血のため急逝。
8.1	〔鉄道〕三大臣命令書 満鉄の設立に関して、逓信大臣・大蔵大臣・外務大臣は「三大臣命令書」を出して業務内容を規定した。またこの日、後藤新平が総裁就任を承諾する。
9.11	〔鉄道〕東京鉄道株式会社設立 東京電気鉄道、東京市街鉄道、東京電車の三社が合併して、東京鉄道株式会社が設立された。
9月	〔船舶〕隅田川蒸気船の運賃値上げ 鉄道の開通以来、吾妻橋―永代橋間を運行する隅田川気船は乗客の減少に悩んでいたが、区間別の運賃を改定し2銭均一にすることで乗客を取り戻した。以後「2銭蒸気」と呼ばれる。
10.1	〔鉄道〕北海道炭礦鉄道と甲武鉄道を国有化 北海道炭礦鉄道と甲武鉄道が国有鉄道に買収される。
11.1	〔鉄道〕日本鉄道と岩越鉄道を国有化 日本鉄道、岩越鉄道が国有鉄道に買収される。
11月	〔馬車〕川口製車場創立 馬車および諸車製造販売会社川口製車場が設立された。
12.1	〔鉄道〕西成鉄道と山陽鉄道を国有化 西成鉄道と山陽鉄道が国有鉄道に買収される。山陽鉄道は同年11月27日に山陽汽船会社を買収していたため、国有鉄道は鉄道路線に加えて汽船航路をも継承することになった。

12.17	〔自動車〕日本自動車会社設立	6派合同による日本自動車会社が12月15日に設立された。資本金総額は千万円。創立常務委員は加藤政之助ら10名で、創立委員長は渋沢栄一。
12月	〔バス〕40人乗り乗合自動車の試運転	パリ自動車製造株式会社の代表でベルギー人のカータス男爵がバスを輸入し、新聞記者ら500人を招待して試運転を行った。バスは2階建てであったが、当日は2階を取り除き1階のみで35名を乗せた。
この年	〔鉄道〕伊豆箱根鉄道開業	伊豆箱根鉄道が営業を開始した。
この年	〔バス〕大阪自動車の売却	経営不振に陥った大阪自動車をシロスが買い受け、路線バス運行を行った。
この年	〔自転車〕高級自転車ラーヂ号	日米商店はイギリス製自転車ラーヂ号の取り扱いを開始した。1台280円からという当時としては破格の価格であったが、高級感を前面に出したプロモーションが功を奏し、半年間で約1500台を販売した。
この年	〔自転車〕藤田サドル設立	藤田サドルが設立された。自転車のサドルを製作する。

1907年
（明治40年）

2.19	〔行政・法令〕自動車取締規制制定	東京府警視庁が自動車取締規制を制定した。自動車取締規制の制定は全国で21番目。運転免許の提出などが定められた。
3.6	〔鉄道〕玉川電気鉄道が開業	玉川電気鉄道が渋谷道玄坂上—三軒茶屋間で運転を開始した。同年4月1日には三軒茶屋—玉川間が、8月11日には渋谷—道玄坂上間が開業。
3月	〔自動車〕発動機製造を設立	発動機製造株式会社が設立された。内燃機関の開発・製造を事業内容とし、大学教授も参加したベンチャー企業として大阪に設立されたもので、東京に所在する同名会社と区別するため、大阪の発動機製造を意味するダイハツと称された。
4.1	〔鉄道〕帝国鉄道庁開庁	通信省外局の鉄道作業局が廃止され、帝国鉄道庁に改組された。
4.1	〔鉄道〕南満洲鉄道の営業を開始	満鉄は野戦鉄道提理部から軽便鉄道の安奉線を含む路線1144キロと人員を引き継いで営業を開始した。この路線には日本式の狭軌、ロシア式の広軌、そして軽便鉄道の軌間が混在しており、世界標準軌である1435mm軌間への改築が重要な課題であった。
4.28	〔鉄道〕山陰西線	山陰西線青谷—鳥取間が開業。
4月	〔自動車〕国産ガソリン自動車第1号が完成	東京自動車製作所（吉田真太郎主宰）が製造した2気筒12馬力のガソリン自動車タクリー号が完成し、有栖川宮家に納入された。日本の自動車技術発展を願う同宮家の資金援助によるもので、これが国産ガソリン自動車第1号とされるが、部品の多くは輸入品だった。

5月	〔自転車〕一千哩道路競走	一千哩道路競走と称し大阪・日光間を往復する自転車レースが開催された。
7.1	〔鉄道〕九州鉄道と北海道鉄道を国有化	九州鉄道と北海道鉄道が国有鉄道に買収される。
8.1	〔鉄道〕京都鉄道、阪鶴鉄道、北越鉄道国有化	京都鉄道、阪鶴鉄道、北越鉄道が国有鉄道に買収される。
8.21	〔鉄道〕南海鉄道	南海鉄道難波—浜寺公園間が開業。
9.1	〔鉄道〕総武鉄道、房総鉄道、七尾鉄道、徳島鉄道を国有化	総武鉄道、房総鉄道、七尾鉄道、徳島鉄道の四社が国有鉄道に買収される。
9.1	〔鉄道〕南満洲鉄道	満鉄は路線を長春まで延伸させる。大連—長春を27時間30分で結んだ。
9月	〔自動車〕国産自動車の試運転	有栖川宮から1906年4月頃注文を受けた国産自動車を東京自動車製作所が製作し試運転した。
10.1	〔鉄道〕関西鉄道、参宮鉄道を国有化	関西鉄道、参宮鉄道が国有鉄道に買収される。
10月	〔自動車〕国産組立乗合自動車第3号車を運転	長崎市で開催された第2回九州府県連合水産共進会で、青木双信自動車所有の国産組立乗合自動車第3号車が運転される。
11.1	〔鉄道〕運賃改正	国有鉄道は買収した各社の運賃を種類別に統一し、全線に適用した。
12.1	〔鉄道〕大連—旅順間で広軌運転	満鉄は大連—旅順間の改軌工事を完了、本線に先駆けて運転を開始した。
12月	〔自動車〕貨物自動車営業を開始	帝国運輸株式会社が貨物自動車の営業を開始した。
この年	〔鉄道〕2階建電車の登場	大阪市電の九条花園—築港門間で2階建電車が運行された。
この年	〔バス〕日本初の2階建バス	東京オートモービルによって日本初の2階建バスが運転された。
この年	〔自動車〕ホワイト車の輸入	大阪自動車株式会社がホワイト車29台を輸入した。
この年	〔自転車〕東京勧業博覧会	上野で東京勧業博覧会が開催され、宮田製作所のアサヒスペシャル号とパーソン号が1等賞金牌を受けた。
この年	〔行政・法令〕自動車税の創設	東京府が自動車税を創設。一台につき30円を徴収、これが日本の自動車税のはじまりとなる。

1908年
(明治41年)

1月		〔自動車〕軍用自動車の初採用 ノーム軍用トラック2台が陸軍技術審査部長へ交付された。軍用自動車が陸軍に採用されたのはこれが初めて。
2.20		〔自動車〕帝国運輸自動車株式会社の設立 帝国運輸自動車株式会社が東京麹町区に設立された。わが国初のトラック運送会社である。
3.7		〔船舶〕青函航路開業 国鉄が青森―函館間航路の運航を開始した。蒸気タービン船比羅夫丸(1509トン)が就航。青森―函館間を4時間で結んだ。同年4月4日には田村丸(1509トン)が就航した。
4.5		〔鉄道〕山陰西線 山陰西線鳥取―鳥取間および米子―安来間が開業。
4.19		〔鉄道〕中央線 中央線御茶ノ水―昌平橋間の電化が完了、電車の運転が開始された。
4.20		〔鉄道〕台湾縦貫線が全線開通 台湾が日本領となった1896年以来建設が進められてきた台湾縦貫線の南北の路線が接続、全線開通した。同年10月24日に縦貫鉄道全通式が行われた。
5.29		〔鉄道〕満鉄全線で広軌運転開始 満鉄の改軌工事が完了し、全線広軌運転が開始された。これにより輸送力が増強される。
6.1		〔鉄道〕鹿児島線 鹿児島線八代―人吉間が開業。
7.1		〔鉄道〕鹿児島線 鹿児島線小倉―戸畑―黒崎間で複線開通。
9.23		〔鉄道〕横浜鉄道 横浜鉄道東神奈川―八王子間が開業。
10.1		〔鉄道〕喫煙車が登場 新橋―横浜、横須賀間の列車と新橋―横浜―国府津間の急行列車に初めて喫煙車が連結された。
10.8		〔鉄道〕山陰西線 山陰西線安来―松江間が開業。
10.27		〔鉄道〕南満洲鉄道 大連―蘇家屯間の複線化が完了。翌28日より、大連―長春間で欧亜国際連絡急行列車の運転が開始された。
10月		〔バス〕丹後自動車が乗合バス営業を開始 丹後自動車が京都府中郡峰山町で乗合バス営業を開始した。
10月		〔船舶〕南満洲鉄道が上海航路開設 南満洲鉄道が上海航路を開設。日本郵船より神戸丸を借り入れて運行した。
11.16		〔鉄道〕富山線 富山線富山―魚津間が開業。
11月		〔バス〕報知新聞社がホワイト蒸気自動車を導入 報知新聞社が大阪自動車株式会社からホワイト蒸気自動車3台を購入、運搬用のバスとして使用した。同社は前年の1907年6月23日にキャデラックを新聞配送用に購入している。
12.5		〔行政・法令〕鉄道院官制公布 政府は逓信省鉄道局と帝国鉄道庁を統合し内閣鉄道院を新設した。初代総裁は後藤新平。

12.15		〔自動車〕初の自動車による郵便物の配送　帝国運輸自動車株式会社が通信省とトラック3台の専属契約を結び郵便配送を開始。これにより自動車による郵便物の配送が始まった。
この年		〔自動車〕自動車遠乗会　有栖川宮威仁親王の提案で乗用車10台とトラック1台の遠乗会が実施された。有栖川宮はフランス製のダラックに乗った。
この年		〔オートバイ〕自動二輪用ガソリン・エンジンの開発　大阪の島津楢蔵が自動二輪用ガソリン・エンジンの製作に成功した。日本製ガソリンエンジンの最初である。
この年		〔自転車〕東京輪士会　日本初の自転車競技統括団体「東京輪士会」が設立された。

1909年
(明治42年)

1月	〔自動車〕国末第1号車が完成　東京・京橋区新栄町の山田鉄工所で機械職人林茂木らにより国産単気筒2人乗りの小型ガソリン自動車が完成した。タイヤ・チューブ以外は全て国産品を用いており、資金援助した国末金庫店の主人にちなんで国末第1号車と称された。
2.11	〔オートバイ〕山田輪盛館設立　山田光重が東京本郷にて自転車販売修理業山田輪盛館を設立した。のちには英国やドイツ製オートバイの輸入販売にも携わった。
4.1	〔鉄道〕蒸気動車の運転開始　関西線湊町―柏原間の路線に蒸気動車が導入された。
7.10	〔鉄道〕山陰東線　山陰東線八鹿―豊岡間が開業。
7月	〔航空〕臨時軍用気球研究会設立　陸軍、海軍、文部省が臨時軍用気球研究会を設立。気球、飛行船、飛行機の研究を開始し、先進国に委員を派遣。
8.5	〔船舶〕宮津湾内航路　宮津湾内航路が開業した。
8.7	〔鉄道〕安奉線工事を強行　日本政府は清国の権益下にある軽便鉄道安奉線の改軌工事を清の承諾を得ないままに断行。清政府は要求を認めざるをえず、同月19日に覚書を交わした。2年後の1911年11月1日に開通式が行われた。
9.5	〔鉄道〕山陰東線　山陰東線豊岡―城崎間が開業。
10.12	〔鉄道〕国有鉄道名称制定　鉄道院告示第54号によって国有鉄道の線路名称が制定された。
11.21	〔鉄道〕鹿児島線　矢岳第一トンネルが1908年に完成したことを受けて鹿児島線人吉―吉松間がこの日開業。これによって門司―鹿児島間の鹿児島本線が全線開通した。
11.22	〔自動車〕セール・フレザーが自動車販売に乗り出す　フォードの販売権を持つセール・フレザー株式会社が東京市麹町区八重洲1丁目1番地に本店を移し、自動車部を設け、本格的に自動車販売に乗り出した。
12.16	〔鉄道〕山手線で電車の運転が始まる　烏森―品川―上野間（山手線経由）および池

12.21	袋―赤羽間が電化、電車の運転が開始される。
12.21	〔鉄道〕**大分線** 大分線柳ヶ浦―宇佐間が開業。
この年	〔オートバイ〕**国産オートバイ第1号** 島津楢蔵は前年に開発したガソリン・エンジンを搭載して国産初のオートバイNS号を製作した。エンジン容量は400ccで電源は乾電池、自動負圧式吸入バルブ、キャブレター、イグニッションコイル、点火プラグは自作、リムやタイヤは輸入品を使用した。
この年	〔自転車〕**ダンロップが神戸に工場開設** イギリスのゴム・タイヤメーカーダンロップが兵庫県神戸に工場を設けた。日本初のタイヤ工場。
この年	〔自転車〕**丸石商会創業** 合資会社丸石商会が横浜市に設立され、石川商会の自転車輸入販売事業を引き継ぐ。

1910年
（明治43年）

1.15	〔自動車〕**初の電気自動車輸入** 東京電燈会社米国ベーカー社製の電気自動車を購入。わが国最初の乗用電気自動車であった。
3.10	〔鉄道〕**箕面有馬電気軌道が開業** 箕面有馬電気軌道が梅田―宝塚間および石橋―箕面間を同時開業させ、運転を開始した。
3.10	〔船舶〕**日本郵船が青函定期航路を廃止** 日本郵船が青森―函館間の定期航路を廃止した。これによって青函航路は国鉄のみの運航となる。
3.15	〔鉄道〕**兵庫電気軌道が開業** 兵庫電気軌道が兵庫―須磨間で営業を開始した。
3.25	〔鉄道〕**嵐山電気軌道が開業** 嵐山電気軌道が京都―嵐山間で営業を開始した。
3月	〔自動車〕**国末第2号車が完成** 東京・築地の国末金庫店工場で国産2気筒4人乗りの乗用車が完成した。山田鉄工所で試作に着手し、同工場へ作業を移転して林茂木らにより完成したもので、国末第2号車と称された。なお、同工場は築地自動車製作所、後に国末自動車製作所と称した。
4.15	〔鉄道〕**京阪電気鉄道が開業** 京阪電気鉄道が大阪・天満橋―京都・五条間で営業を開始した。同区間を1時間40分で結んだ。
4.21	〔行政・法令〕**軽便鉄道法** 軽便鉄道法が制定された。軽便鉄道を敷設するための手続きについて記したもので、条文はわずか8箇条に過ぎず、軌間や設備などの規定が非常に甘かったため、以後軽便鉄道ブームが起こった。
5月	〔バス〕**津―川原田間でホワイト蒸気式乗合自動車を運転** 尾崎鉄之助と山口安次郎所有のホワイト蒸気式乗合自動車が三重県の津―川原田間で営業運転を開始。大阪自動車株式会社が使用したものを購入し、改修、営業した。
6.25	〔鉄道〕**東海道本線** 東海道本線有楽町―烏森間が電化、電車運転が開始された。
7.13	〔鉄道〕**東武鉄道** 東武鉄道浅草―伊勢崎間が全線開通。

― 45 ―

8.25 〔鉄道〕舞鶴線 舞鶴線園部―綾部間が開業。

8月 〔バス〕南信自動車株式会社の設立 南信自動車株式会社が下伊那郡飯田町に設立された。クレメントバイヤー、ロイドの5台の車輛を用い、飯田―伊那間を運賃1円10銭で運行した。

8月 〔自動車〕東京瓦斯工業を設立 東京瓦斯工業が設立された。いすゞ自動車株式会社や日野自動車株式会社の前身の一つで、ガス器具の製造を事業内容とし、東京・深川に工場を所有した。1913年6月に電気関係部品などの製造に事業を拡大し、東京瓦斯電気工業と改称した。

9.4 〔自動車〕東京自働車製造所設立 小栗常太郎が東京自働車製造所を有楽町1丁目3番地に設立。22日後の同年9月26日には資本金20万円で東京自動車株式会社に組織を改変した。社長に神田商業銀行の福岡長平が就任。

9.15 〔鉄道〕東海道本線 東海道本線烏森―呉服橋間が複線化、電車運転が開始された。

9.22 〔鉄道〕網走線 網走線池田―淕別間が開業。

10.1 〔鉄道〕奉天駅が新築開業 南満洲鉄道奉天駅が開業した。赤レンガ建築で、設計は太田毅。2階は満鉄が経営するヤマトホテルとなっていた。

10.10 〔鉄道〕山陰西線 山陰西線荘原―出雲今市間が開業。

11.23 〔鉄道〕留萠線 留萠線深川―留萠間が開業。

12.19 〔航空〕徳川・日野両陸軍大尉が日本初の動力飛行に成功 徳川好敏大尉のアンリ・ファルマン機と日野熊蔵大尉のハンス・グラーデ機が、代々木練兵場で動力付き飛行機による日本初飛行に成功した(徳川大尉操縦のアンリ・ファルマン機：高度70m、距離3,000m、飛行時間3分間)。

この年 〔自転車〕東京自転車製作所設立 猪俣泰作が東京信濃町に東京自転車製作所を設立、実用新案登録のリム穴開け機で自転車用リムを製作した。

1911年
(明治44年)

3.15 〔馬車〕警視庁消防本部が蒸気ポンプ車を購入 警視庁消防本部が英国シャンド メーソン社から最新式の蒸気ポンプ車を4776円で購入した。

4.1 〔航空〕陸軍所沢飛行場開設 臨時軍用気球研究会(陸軍)が所沢に陸軍飛行場を開設。面積約76ha、滑走路400m。

4月 〔自動車〕快進社自働車工場を設立 橋本増治郎が東京・渋谷町大字麻布広尾に快進社自働車工場を設立した。国産自動車の開発・製造を目標に掲げ、資金稼ぎのために英国製乗用車スイフト号などヨーロッパ製自動車の輸入販売や自動車修理を行った。橋本は国費留学生として米国で自動車技術を学んだ経歴を持ち、本格的な知識を持つ技術者による自動車製造の先駆とされる。

5.1	〔鉄道〕中央東線	中央東線宮ノ越―中央西線木曽福島間が開業、中央本線昌平橋―名古屋間が全線開通。
5.4	〔鉄道〕鉄道院に鉄道博物館掛が置かれる	鉄道院に鉄道博物館掛が置かれ、資料の収集が開始された。
5.5	〔航空〕奈良原式2号機、国産機初飛行に成功	奈良原三次操縦の奈良原式2号機が、所沢で国産機として初飛行に成功。
5.23	〔鉄道〕瀬戸電気鉄道	瀬戸電気鉄道大曽根―土居下間が開業。同年10月1日には堀川―土居下間が開業し全線開通した。
5月	〔自動車〕甲号自動貨車が完成	陸軍大阪砲兵工廠で軍用自動貨車の第1号車が完成した。7月には第2号車が完成し、これらは甲号自動貨車と称された。トラックの国産化を目的とするもので、フランス製トラックのノームをモデルに陸軍技術審査部が設計し、1910年4月に試作が開始されていた。これが日本における自動車の軍事利用の始まりとされる。
7.11	〔自動車〕東京―大阪の自動車旅行	自動車販売業山口勝蔵が歌舞伎役者の市村羽左衛門一家とともに大阪までの自動車旅行に出発。11日に山口勝蔵商店を出発し、四日がかりで無事大阪に着いた。
7.16	〔鉄道〕大分線	大分線日出―別府間が開業。
7.21	〔鉄道〕参宮線	参宮線山田―鳥羽間開業し、亀山―鳥羽間が全線開通。
7.25	〔自動車〕自動車による日本全国周遊旅行	山口勝蔵はイタリア製フィアット車に新聞記者らを同乗させ、日本全国周遊5000マイル旅行を試みた。山中で事故に遭ったため、15府県の走破で中止となった。周遊日数は28日間。
7.27	〔バス〕鶴岡で乗合バス開業	山形県鶴岡で鶴岡自動車会社が創立。鶴岡―酒田間において乗合バスを運行した。
7月	〔自動車〕消防自動車の初輸入	大阪府がドイツより消防自動車を輸入。これが消防自動車輸入の最初とされる。
8.1	〔鉄道〕東京市電設立	東京市が東京鉄道を6450万円で買収、東京市電となる。東京市電気局を設置し営業を開始した。初の公営による公共輸送機関である。
8.10	〔バス〕平穏自動車運輸設立	平穏自動車運輸株式会社が設立される。東京自動車製作所が製作した乗合自動車を使って長野県の豊野―中野―湯田中間において乗合自動車業を開始した。
8.20	〔鉄道〕王子電気軌道が開業	王子電気軌道が大塚―飛鳥間で営業を開始した。
10.1	〔船舶〕関森航路	下関―小森江間航路ではしけによる貨車航送が開始された。日本初の鉄道車両航送である。
10.23	〔鉄道〕播但線	播但線福知山―和田山間、城崎―香住間が開業。
11.1	〔鉄道〕大分線	大分線別府―大分間が開業。
11.2	〔鉄道〕安奉線全線で広軌運転が始まる	安奉線全線の改築工事が完了、広軌運転が始まる。京城南大門―奉天間を週3回直通運転する「満鮮直通運転」が開始された。

11.21	〔鉄道〕南海鉄道	南海鉄道難波―和歌山市間で全線の電化が完了した。
11.28	〔タクシー〕タクシー会社設立願	米田穣他一名が警視庁にタクシー会社設立を願い出た。警視総監安楽兼道により同年12月16日設立が許可される。
この年	〔航空〕陸軍「会式」1号機完成、初飛行に成功	徳川好敏大尉が設計し、臨時軍用気球研究会が製作した陸軍初の国産軍用機「会式」1号複葉機が完成。初飛行に成功した。
この年	〔バス〕山田内宮―外宮間で路線バス開業	三重県宇治山田内宮―外宮間において路線バスが開業した。
この年	〔自動車〕ハイヤー業の開始	東京市銀座の自動車販売業山口勝蔵が京橋区にガレージを開設、英国や米国製の自動車とオートバイを輸入する一方でハイヤー業を開始した。

1912年
(明治45年/大正元年)

1.31	〔鉄道〕中央線に婦人専用車を導入	中央線に婦人専用車の連結が始まる。朝夕の混雑時間帯のみ使用された。
2.4	〔バス〕バス試験運転	新橋―上野―浅草間でバスが試験運転される。予算額は20万円で、約19台の自動車を購入、試験運転の結果によっては他の幹線も拡張するとした。
3.1	〔鉄道〕山陰本線	山陰本線香住―浜坂間が開業。
3.31	〔船舶〕舞鶴―境間航路	山陰本線開通に伴い、舞鶴―境間航路が廃止となる。
4.1	〔鉄道〕中央本線	中央本線昌平橋―万世橋間に電車専用線が開通。万世橋―中野間で電車運転が開始される。
4.1	〔鉄道〕万世橋駅開業	甲武鉄道は路線を都心へ延伸するにあたり、万世橋駅の営業を開始した。設計は東京駅と同じく辰野金吾、赤煉瓦造りで、食堂や会議室、バーなどを備えていた。
4月	〔自動車〕白楊社を設立	豊川順弥が東京・巣鴨に白楊社を設立した。当初は各種機械の製造工場として活動し、1915年から1917年にかけて豊川が視察・研究のため米国に滞在した後、本格的に自動車研究を開始した。
5.11	〔鉄道〕信越本線に電気機関車が登場	信越本線の横川―軽井沢間(碓氷峠区間)で電気機関車が導入された。
5.29	〔行政・法令〕警視庁が歩行者に対して通達	警視庁が歩行者は必ず人道(歩道)を通行するべきという通達を出した。
6.1	〔鉄道〕大社線	大社線出雲今市―大社間が開業。
6.15	〔鉄道〕山陽線、東海道線および満鉄でダイヤ改正	日本と満洲で同時に大規模な時

刻改正が行われ、山陽線・東海道線と満鉄の連絡運輸が実現される。関釜連絡船を経由し、69時間20分で新橋と長春を結んだ。

8.15　〔タクシー〕東京初のタクシーが開業　岡田秀男を取締役として7月10日に設立された日本初のタクシー会社、タクシー自働車株式会社が営業を開始した。運賃は最初の1哩が60銭、以後半哩毎に10銭、待賃5分毎に10銭だった。当初フォードT型6台でのスタートだったが、関東大震災直前には570台と世界有数のタクシー会社に成長した。

9.2　〔鉄道〕新発田線　新発田線新津―新発田間が開業。

10.5　〔鉄道〕網走線　網走線野付牛―網走間の開業により池田―網走間が全線開通した。

10.28　〔鉄道〕仙北軽便鉄道　仙北軽便鉄道小牛田―石巻間が開業。

11.1　〔鉄道〕岩内軽便線　岩内軽便線小沢―岩内間が開業。

11.3　〔鉄道〕京成電気軌道が開業　京成電気軌道が押上―江戸川間および曲金―柴又間で営業を開始した。

11.5　〔鉄道〕宗谷線　宗谷線恩根内―音威子府間が開業。

12.1　〔文化〕雑誌「自動車」が創刊される　日本自動車倶楽部が自動車専門雑誌「自動車」を創刊した。和文英文の両方を掲載した和洋混合雑誌。創刊号には自動車発展の様子や、日本自動車倶楽部設立の経緯などが掲載されていた。

12.17　〔バス〕京王電気軌道会社が乗合自動車事業を始める　乗合自動車の兼業許可が警視庁から京王電気軌道会社に下りた。同年7月にはタクシー自働車株式会社設立発起人の代議士小倉信近を社長とし、京王自動車株式会社が設立された。

この年　〔鉄道〕人車鉄道の最盛期　人車鉄道は全国で企業数13、路線延長123.1キロメートルとなり最盛期を迎えた。

この年　〔バス〕伊豆に乗合バス開通　伊豆の河津温泉―下田間に乗合バスが開通した。

この年　〔バス〕盛宮自動車創立　盛宮自動車株式会社が仙台に設立された。盛宮馬車株式会社を前身とする。

この年　〔バス〕和歌山県木本―成川間でバス開業　乗合バスが和歌山県木本―成川間において開業した。

この年　〔馬車〕目黒通りに乗合馬車　目黒権之助坂―玉川野毛間を乗合馬車が走行した。この乗合馬車路線は1919年に目黒乗合自動車に引き継がれた。

この年　〔自動車〕太田自動車製作所を設立　太田祐雄が太田自動車製作所を設立した。太田は1911年に太田工場を設立して航空関係の事業を行っていたが、これを改称して自動車整備や自動車用エンジン開発に事業を拡大した。

この年　〔自動車〕電気自動車ヴェヴァリーを販売　三井物産自動車部が米国製電気自動車ヴェヴァリーの販売を開始した。

1913年
（大正2年）

1.31	〔船舶〕関釜連絡船「高麗丸」「新麗丸」就航 下関—釜山間航路に高麗丸（3108トン）就航。4月5日には新麗丸（3108トン）が就航した。	
2.18	〔鉄道〕愛知電気鉄道が開業 愛知電気鉄道が伝馬町—大野間で営業を開始。同年8月31日には神宮前—常滑間が全線開通した。	
2.20	〔鉄道〕山口線 山口線小郡—山口間が開業。	
2月	〔バス〕濃飛自動車が乗合自動車を開業 濃飛自動車は岐阜市—小坂間で乗合自動車を開業。ドイツ製乗用車ローレライが使用された。	
2月	〔自動車〕自動車陳列場の新設 三井物産機械部は有楽町日比谷公園前に移転し、自動車陳列場も新設。修理や販売部門を修理工場経営の吉田真太郎に委託した。	
4.1	〔鉄道〕北陸本線 北陸本線青海—糸魚川間が開業、米原—直江津間が全線開通した。	
4.15	〔鉄道〕京王電気軌道が開業 京王電気軌道笹塚—調布間で営業を開始した。	
4.15	〔バス〕京王電気軌道が電車連絡用乗合バス開業 京王電気軌道が笹塚—調布間の電車運転開始と同時に電車連絡用乗合バスを開業。新宿—笹塚間、調布—国分寺間を運行した。乗合自動車が断続的に運用された最初の事例であったが、車両故障や事故等の不具合も多く、1915年2月に電車が新宿まで開通したのを受けて廃止された。	
4.20	〔鉄道〕越後鉄道 越後鉄道地蔵堂—出雲崎間が開業。柏崎—白山間が全線開通し、1日4往復運転した。	
4.20	〔船舶〕阿波国共同汽船 阿波国共同汽船徳島—小松島間開業。	
4.23	〔航空〕帝国飛行協会設立 設立準備中の帝国飛行協会が前年発足した日本航空協会と合併し、帝国飛行協会が設立された。	
4月	〔バス〕万歳自動車が乗合自動車開業 万歳自動車が千葉県初のバスとして、木更津—上総湊間に乗合自動車業を開業。国有鉄道及び北条線開業までの代行的存在だった。	
6.7	〔バス〕堀之内自働車設立 東京府豊多摩郡に堀之内自働車株式会社が設立された。乗合自動車を運転する目的であった。	
6.20	〔船舶〕舞鶴—小浜間航路 舞鶴—小浜間航路が民間に譲渡される。	
6月	〔バス〕仙台初の乗合自動車 仙台の盛宮自動車株式会社が乗合自動車を開業、盛岡—宮古間を定期運行した。これが東北初の乗合自動車と言われる。自動車の原価が1台9000円に対し、1年間の乗客収入797円という営業成績だったが、賃貸自動車などのアイディアで切り抜け、1923年頃から上昇に転じた。	
7.1	〔バス〕東京遊覧自動車の設立 東京遊働自動車株式会社が設立された。東京市内各	

— 50 —

		所の観光・遊覧を主な事業としたが他に自動車付属品の輸入販売も行った。
8.1		〔鉄道〕東海道本線 天竜川―浜松間の複線開通により東海道本線の複線化は完了した。
10.8		〔鉄道〕宮崎線 宮崎線谷頭―都城間が開業。
11.10		〔鉄道〕下富良野線 下富良野線滝川―下富良野間が開業。
12.20		〔鉄道〕多度津線 多度津線多度津―観音寺間が開業。
12.31		〔鉄道〕足尾鉄道 足尾鉄道沢入―足尾間が開業、これにより下新田―足尾間は全線開通。
12月		〔オートバイ〕旭号第3号車が完成 東京・本所区菊川町にある宮田製作所の工場で水冷直立型2気筒4人乗りの国産小型乗用車旭号第3号車が完成した。英国製トライアンフを模したもの。旭号は1914年春の東京大正博覧会で銀牌を獲得した。なお、同製作所は自転車メーカーで、自動車産業への進出を目指して1907年に第1号車を完成させたが、第3号完成の後に活動を休止した。
この年		〔バス〕佐渡初のバス 佐渡に最初のバスが走った。
この年		〔馬車〕鉄道開通による乗合馬車などの廃業 乗合馬車65輛、人力車1350輛、旅館39戸、客船63隻が東京―佐倉間の鉄道開通の影響を受けて廃業に至った。
この年		〔自動車〕人力製造業者が自動車業界に進出 人力製造業者の秋葉大助が自動車業界にも進出、大一自動車会社、葵自動車会社を経営した。同社はフォード、シボレー等の代理店を務めた。
この年		〔自動車〕東京瓦斯電気工業設立 東京瓦斯電気工業が設立された。同社は後に自動車工業と合併して東京自動車工業となった。

1914年
（大正3年）

2月		〔バス〕京王電気軌道の乗合自動車が休止 調布―国分寺間を走る京王電気軌道開業の乗合自動車が休止となった。
3.25		〔鉄道〕徳島本線 徳島本線川田―阿波池田間開業、これにより徳島―阿波池田間は全線開通。
3月		〔自動車〕DAT（脱兎）号が完成 快進社自働車工場でエンジンを含めて本格的に国産化された乗用車が完成した。同車は田健治郎・青山禄郎・竹内明太郎の3人のイニシャルを取ってDAT（脱兎）号と命名され、同年の東京大正博覧会で銅牌を獲得した。国産小型乗用車のはじめ。
4.22		〔鉄道〕長州鉄道 長州鉄道東下関―幡生―小串間が開業した。
4.30		〔鉄道〕大阪電気軌道が開業 大阪電気軌道が上本町―奈良間で営業を開始した。

1914年（大正3年）

4月	〔バス〕東京自働車製作所でバスが完成	東京自働車製作所で新設計の50馬力エンジンを搭載した16人乗りバスが完成した。同車は同年の東京大正博覧会で銀牌を獲得した。なお、同社はバスやトラックの製造を主要事業とし、1915年3月までにバス約16台とトラック6台を製造した。
5.1	〔鉄道〕東上鉄道が開業	東上鉄道が池袋―田面沢間で営業を開始した。池袋―下板橋間および川越―田面沢間は軽便鉄道、下板橋―川越間私設鉄道であった。
6.1	〔鉄道〕川内線	川内線串木野―川内町間が開業した。
6.13-14	〔航空〕第1回民間飛行大会	帝国飛行協会が鳴尾競馬場で第1回民間飛行競技会を開催。滞空部門では坂本寿一が31分22秒、高度部門では荻田常三郎が2,003mを記録して優勝。
7.21	〔鉄道〕両備軽便鉄道	両備軽便鉄道福山―府中間が開業。
9.18	〔バス〕東京遊覧自働車の廃業	1913年7月に創業した東京遊覧自働車株式会社が解散した。
9.20	〔鉄道〕酒田線	酒田線狩川―余目間が開業し、新庄―余目間が全線開通。
11.1	〔鉄道〕岩越線	岩越線野沢―津川間が開業、郡山―新津間全線開通。
11.1	〔鉄道〕村上線	村上線中条―村上間が開業し、新津―村上間が全線開通。
11.6	〔船舶〕「門司丸」就航	関門航路に門司丸（256トン）が就航した。
11月	〔航空・自動車〕自動車と飛行機が実戦参加	第一次世界大戦に参戦した日本と英国の連合軍が独国東洋艦隊の根拠地である青島を攻略した。その際に日本陸軍の国産軍用自動貨車とモーリス・ファルマン偵察・爆撃機、日本海軍のモーリス・ファルマン水上機が実戦に参加したが、日本軍における自動車や飛行機の実戦参加はこれが初めて。
12.10	〔船舶〕青函航路	青函航路ではしけによる鉄道車両の航送が開始された。
12.20	〔鉄道〕東京駅開業	1908年以来、東京丸之内にて建設が進められてきた東京中央停車場が、1914年12月18日に完成、同日に開業記念式典を行い、2日後の20日に開業した。東京駅と命名され、東海道本線と京浜電車の起点として利用される。駅舎は鉄筋赤煉瓦造り3階建て、両翼にドームを持つルネサンス様式で、総建坪9,545㎡。設計は辰野金吾と葛西万司であった。丸の内南口が乗車口、丸の内北口が降車口となっていた。東京駅開業に伴い呉服橋仮停車場は廃止。新橋停車場は汐留、烏森停車場は新橋と改称された。
12.24	〔鉄道〕酒田線	酒田線余目―酒田間開業、新庄―酒田間が全線開通した。
この年	〔バス〕乗用車を用いた乗合自動車開業	乗用車を用いた乗合自動車が初めて熊本県下で開業した。
この年	〔バス〕前向きシートのバス初運転	東京自動車製作所製の前向きシート乗合自動車（16人乗り、50馬力）が、愛媛県の八幡浜―松山間で運転された。福岡県の久留米―吉井間でも同形式の乗合自動車が走行した。
この年	〔バス〕路線バス事業の成立	路線バス事業が、愛知・徳島・長崎県で成立した。
この年	〔自動車〕「日本自動車倶楽部年鑑」創刊	日本乗用車倶楽部によって「日本自動車

倶楽部年鑑」が刊行された。

1915年
(大正4年)

2月	〔航空〕伊藤飛行機研究所創設	伊藤音次郎が千葉県稲毛海岸に伊藤飛行機研究所を創設。後進の指導と飛行機の製作にあたる。
4.15	〔鉄道〕武蔵野鉄道が開業	武蔵野鉄道が池袋—飯能間で営業を開始。当初は巣鴨駅を起点とする計画であったが東京府の指示により池袋駅が起点となった。
4.21	〔航空〕飛行船「雄飛号」完成	陸軍の飛行船「雄飛号」が完成。
5.25	〔鉄道〕満鉄線の租借期限延長	同年1月18日、日本政府は中国に対し21ヶ条要求を提出。そのうち第2号第1条が、旅順・大連の租借期限および南満洲鉄道安奉線の租借期限99年延長要求であった。交渉の結果中国政府はこれを受諾、租借期限の延長が決定した。
5月	〔自動車〕梁瀬商会を設立	梁瀬長太郎が個人経営による自動車輸入販売会社である梁瀬商会を設立した。梁瀬は三井物産で米国車ビュイックの輸入販売を担当していたが、同社が自動車の輸入販売から撤退することになったため、同商会を設立した。
6月	〔自動車〕ダット31型が完成	快進社自働車工場の国産乗用車ダット31型が完成した。同車は第2回国産振興展覧会で感謝状を授与された。
8.15	〔鉄道〕豊州本線	豊州本線幸崎—臼杵間が開業、大分—臼杵間を1日6往復運転した。
11.23	〔鉄道〕岩手軽便鉄道	岩手軽便鉄道岩根橋—柏木平間が開業、花巻—仙人峠間が全線開通した。
12月	〔航空〕陸軍航空大隊設立	臨時軍用気球研究会が解散し、陸軍航空大隊が設立される。
この年	〔バス〕愛知県でバス営業開始	愛知県岡崎—足助間を運行していた大竹馬車会社が大竹乗合自動車会社と改称し、バス営業を開始した。

1916年
(大正5年)

1.8	〔航空〕伊藤音次郎、東京訪問飛行に成功	伊藤音次郎が自作の「恵美」1号機で、民間初の東京訪問飛行に成功。
3.31	〔自動車〕護送自動車の使用開始	警視庁は、被疑者・囚人の護送用として、馬車に

4.1	〔鉄道〕	讃岐線 讃岐線観音寺—川之江間が開業。多度津—川之江間で1日7往復の運転を開始した。
4月	〔航空〕	海軍初の国産水上機横廠式が完成 横須賀海軍工廠で、中島機関大尉・馬越中尉の共同設計による海軍初の国産水上機横廠式が完成した。
7.5	〔鉄道〕	信濃鉄道 信濃鉄道仏崎—信濃大町間が開業したことにより、松本—信濃大町間全線開通。
10.25	〔鉄道〕	宮崎線 宮崎線青井岳—大久保—宮崎間が開業。
10.25	〔鉄道〕	豊州本線 豊州本線臼杵—佐伯間が開業。
10.27	〔鉄道〕	東上鉄道 東上鉄道池袋—坂戸間が開業。
10.31	〔鉄道〕	京王電気軌道 京王電気軌道新宿駅前—府中間が開業。
11.1	〔鉄道〕	宮地軽便線 宮地軽便線肥後大津—立野間が開業。熊本—立野間で1日5往復運転した。
11.17	〔鉄道〕	京浜間電車で電気暖房の使用が始まる 鉄道路線の電化が進んだことに伴い、ダルマストーブや蒸気暖房にかわって初めて電気暖房が設置された。
12.18	〔鉄道〕	京成電気軌道 京成電気軌道中山—船橋間が開業。
12月	〔自動車〕	ダット41号が完成 快進社自働車工場の直列4気筒15馬力の乗用車ダット41号が完成した。シリンダーブロックの一体鋳造、セルフスターター、バッテリー点火式など、市販に耐える高い技術力が注目を集めた。
この年	〔バス〕	高尾山乗合自動車の開通 高尾山乗合自動車が開通した。八王子駅前発着。
この年	〔自転車〕	国華号 宮田製作所が国産自転車国華号を製作した。
この年	〔自転車〕	大日本自転車設立 日米商店はイギリス・ラージウィットウォース社との間でラーヂ社国内製作協定を結んだのを機に、社名を大日本自転車と改めた。以後自社で自転車の製作を行う。

1917年
（大正6年）

2.24	〔バス〕	帝国乗合自動車興業の設立 帝国乗合自動車興業株式会社が設立された。社長に就任した小柴大次郎は宮内省の馬車製造に従事し、大正天皇即位式用馬車を製造したことで知られた人物。
3.7	〔鉄道〕	愛知電気鉄道 愛知電気鉄道神宮前—笠寺間が開業。
4.9	〔鉄道〕	兵庫電気軌道 兵庫電気軌道兵庫—明石間が開業。
4月	〔自動車〕	東京瓦斯電気工業が軍用自動貨車試作を開始 東京瓦斯電気工業が発動機部を発足させ、軍用自動貨車の試作を開始した。陸軍砲兵工廠の要請を受け、

		1916年に同工廠で試作された乙号の設計図を譲りうけてのことで、同社はこれを機に自動車産業に参入した。
5.7	〔船舶〕	宇高連絡船「水島丸」就航 宇野―高松間航路に水島丸（336トン）が就航した。
8月	〔自動車〕	三菱A型が完成 三菱造船の神戸造船所がイタリア製フィアット3-3A型をモデルとする乗用車三菱A型の試作を完成させた。1920年5月に名古屋に三菱内燃機製造が設立されたが、不採算のため1921年に生産が打ち切られた。累計生産台数は試作も含めて約30台。
9.16	〔鉄道〕	讃岐線 讃岐線川之江―伊予三島間が開業。
10.10	〔鉄道〕	平郡東線 平郡東線小川郷―平郡西線小野新町間開業。磐越東線平―郡山間が全線開通した。
11.1	〔鉄道〕	陸羽線 陸羽線鳴子―新庄線羽前向町間開業したことにより小牛田―新庄間が全線開通。
12.1	〔鉄道〕	釧路本線 釧路本線釧路―厚岸間が開業。
12.20	〔航空〕	飛行機研究所設立 海軍機関大尉中島知久平が退役後、群馬県太田に飛行機研究所を設立。1919年の第1回懸賞郵便大会で中島式4型6号機が優勝し、その性能が認められて陸・海軍の偵察機をそれぞれ118機、218機生産して経営基盤を固めた。
12月	〔航空〕	陸軍制式1号機完成 陸軍制式1号機が完成。
この年	〔バス〕	三浦三崎―横須賀間に乗合バス開業 平本兼太郎が三浦三崎―横須賀間に馬車と兼業で乗合バスを開業。4年後の1921年三浦自動車に買収された。
この年	〔バス〕	信濃鉄道他2社バス営業開始 全但交通、東海自動車、信濃鉄道がバスの営業を始めた。

1918年
（大正7年）

1.1	〔オートバイ〕	警視庁がオートバイを採用 交通事故増加に伴い、警視庁は初めて交通専務巡査100人を配置してオートバイ（赤バイ）を使用した。4年後の1926年には白バイになった。
1.25	〔鉄道〕	宮地軽便線 宮地軽便線立野―宮地間が開業し、熊本―宮地間で1日5往復運転する。
2.4	〔鉄道〕	箕面有馬電気軌道が阪神急行電鉄と改称 箕面有馬電気軌道が社名を阪神急行電鉄に変更。以後、大都市間を結ぶ路線の建設を進める。
3.25	〔行政・法令〕	軍用自動車補助法公布 軍用自動車補助法（法律第15号）が公布された。軍用に適したトラックを民間で保有し、有事の際に軍が徴用するため、ト

ラックの製造者・所有者に補助金を交付する内容。第一次世界大戦における自動車の軍事利用効果が大きかったことから制定された。欧州に倣った制度だが、製造者も補助金の交付対象とするのは日本独自のもの。

4.1 〔航空〕東大航空研究所開設 東京大学の附属機関として航空研究所開設。1945年12月研究所は廃止され、理工学研究所が研究施設を継承した。1958年4月、航空研究所再設置。

4月 〔バス〕岡山駅一方上間にバス 宇野三郎が岡山県最初のバス事業者として開業。所有の6人乗りフォードT型改良車を使用して岡山駅―方上間で運転を開始した。

4月 〔自動車〕女性初の自動車運転免許交付 栃木県の渡辺はまが女性としては初めて自動車運転免許を取得した。

6.1 〔鉄道〕足尾鉄道を国有化 1913年より国に借り上げられていた足尾鉄道下新田―足尾本山間が買収された。足尾線と改称。

6月 〔自動車〕発動機製造が軍用トラックを試作 大阪の発動機製造が陸軍の大阪砲兵工廠から軍用トラックの試作を依頼された。同社は民間自動車指導工場の指定を受け、陸軍が設計したトラック参考に試作を行った。

7.22 〔バス〕青バスの営業が許可される 東京市街自動車株式会社に対し、警視庁が東京市内の乗合自動車事業の営業を許可した。青バスの愛称で親しまれ、後に東京乗合自動車となった。

7月 〔航空〕川崎造船所、飛行機科を設置 川崎造船所が兵庫工場に飛行機科を設置。

8.25 〔鉄道〕宗谷線 宗谷線中頓別―浜頓別間が開業。

8.29 〔鉄道〕生駒鋼索鉄道が開業 生駒鋼索鉄道が鳥居前―宝山寺間で営業を開始した。宝山寺の参拝客の輸送を目的に建設された路線。

8月 〔自動車〕快進社を設立 株式会社快進社が設立された。快進社自動車工場を改組したもので、東京・北豊島郡長崎村に本社・工場を移転した。

9.21 〔鉄道〕陸羽西線 陸羽西線余目―鶴岡間が開業。

10.1 〔自動車〕東京市街自動車設立 東京市街自動車株式会社が渡辺勝三郎ら7名を取締役として、東京市有楽町に創設された。資本金は1000万円で、自動車の製造、販売、乗客輸送及び、東京市内、隣接郡部で乗客輸送、貨物搬運等運輸などを業務とした。

10月 〔バス〕東京乗合自動車設立 南伝馬町に東京乗合自動車株式会社が設立された。

11.10 〔鉄道〕小浜線 小浜線十村―小浜間が開業。

11月 〔自動車〕石川島造船所が自動車製造に参入 石川島造船所が自動車製造に参入するため、英国ウーズレー社の乗用車2種・トラック1種の東洋における独占製造・販売権を取得した。これに伴い、石井信太郎ほか6人が研修のため英国に8ヶ月間派遣された。

12.24 〔自動車〕堀之内自働車、東華自働車に名称変更 1913年6月設立の堀之内自働車が、東華自働車株式会社と改称した。のち1919年8月には東亜殖産株式会社となった。

この年 〔バス〕愛知県で5人乗りバス運転開始 5人乗りバスが愛知県下街道の端浪―駄知間

この年	〔バス〕信達軌道他2社がバス営業開始　東野自動車、浜松自動車、信達軌道がバス営業を開始した。
この年	〔オートバイ〕日本飛行機製作所設立　中島知久平と川西清兵衛が共同で日本飛行機製作所を設立。日本最初の飛行機専門会社である。

1919年
（大正8年）

1.11	〔行政・法令〕自動車取締令公布　自動車取締令が公布され、翌月2月15日施行された。同取締令によりバスを含む自動車の取締及び運転免許制度の全国統一化が図られる。同時に自動車取締令施行規則が制定され、各府県の自動車取締規則などが廃止された。
1.25	〔鉄道〕中央本線　中央本線中野—吉祥寺間の電化が終了。電車・列車の併用運転が開始された。
2月	〔バス〕板橋乗合自動車の本格営業　板橋乗合自動車が板橋—巣鴨間の4.5キロメートルで本格営業を開始した。
3.1	〔鉄道〕中央本線　中央本線東京—万世橋間で営業が開始された。以後、中央本線の起点は東京駅となる。
3.1	〔バス〕東京市内で乗合バスの運行開始　東京市街自動車の青バスが新橋—上野間（5.5キロメートル）で運行開始した。新橋—浅草雷門、浅草雷門—新橋の2路線で運行した他、米国製の車を用いた新橋循環コースも運行した。
3.11	〔鉄道〕佐久鉄道　佐久鉄道羽黒下—小海間が開業、小諸—小海間が全線開通した。
3.31	〔鉄道〕有馬鉄道を国有化　有馬鉄道三田—有馬間が国有化された。有馬軽便線と改称される。有馬鉄道は1913年に設立され、1915年開業と同時に鉄道院に借り上げられていた。
3月	〔鉄道〕河南鉄道が大阪鉄道と改称　河南鉄道は大阪市乗り入れを目指して社名を大阪鉄道に変更した。
3月	〔自動車〕TGE-A型貨物自動車が完成　東京瓦斯電気工業が1.5トン積みのTGE-A型貨物自動車を完成させた。米国リパブリック社製トラックを参考に、星子勇が中心となって独自開発したもので、TGEは社名のイニシャル。軍用自動車補助法の初の適用例となり、20台が生産された。
4.1	〔鉄道〕仙北軽便鉄道を国有化　仙北軽便鉄道小牛田—石巻間が買収され仙北軽便線と改称。
4.11	〔行政・法令〕道路法公布　道路法が公布され、11月5日には道路法施行令が制定された。

4.14	〔行政・法令〕陸軍航空部令公布	陸軍航空部令公布（4月15日施行）。所沢に陸軍航空学校が創設される（1924年陸軍飛行学校に改編）。
4.15	〔航空〕中島式5型複葉機、陸軍制式機として採用	陸軍航空部が合資会社日本飛行機製作所に中島式4型20機を発注。同社は4型の一部を改良した中島式5型として納入し、陸軍制式機として採用された。日本人設計による初の量産機。最終的には118機を量産し、同社は初の民間飛行機工場となった。
5.24	〔鉄道〕北条線	北条線那古船形―安房北条間が開業、これにより北条線蘇我―安房北条間が全線開通。
6.1	〔鉄道〕小田原電気鉄道が開業	小田原電気鉄道が箱根湯本―強羅間で営業を開始した。小田原電気鉄道は1896年に小田原馬車鉄道から改称。1900年に全線電化を完了していた。
7.6	〔鉄道〕陸羽西線	陸羽西線鶴岡―舞鶴間が開業。
8.1	〔船舶〕関森航路	関森航路で自航船による貨車航送が開始された。
9月	〔道路〕上野広小路に信号標板を設置	警視庁が「止レ・進メ」と表示した木製回転交通信号台を上野広小路に設置した。
10.1	〔鉄道〕1等車を縮減	ほとんどの区間に連結されてきた1等車が、主要幹線の急行や直行列車の一部に限って使用されることとなった。1等車の需要が減少したため。
10.10	〔船舶〕宇高航路	宇高航路ではしけによる貨車航送が始まる。
10.30	〔自動車〕玉川自動車の設立	東京府豊多摩郡に玉川自動車株式会社が設立された。
10月	〔航空〕第1回懸賞郵便大会	帝国飛行協会主催第1回東京―大阪間懸賞郵便飛行大会が開催された。優勝は佐藤要蔵飛行士の中島式4型6号機（6時間58分）。
11.4	〔航空〕陸軍省に臨時航空委員会設置	パリ条約加盟・調印にあたって民間航空を指導監督する行政機関が必要となり、陸軍省の中に臨時航空委員会を設置。のち航空局として陸軍省、通信省の外局を経て、1924年11月通信省の内局となった。
12.6	〔行政・法令〕道路構造令、街路構造令	道路構造令及び街路構造令が制定された。車道と歩道の分離、街路の構成要素や用いる材料などについて規定したもの。
12月	〔航空〕中島飛行機製作所設立	日本飛行機製作所が解散し、新たに中島飛行機製作所を設立。
12月	〔バス〕板橋自動車がバス事業を開始	板橋自動車が市電の巣鴨終点から志村兵器庫前間でバス事業を開始した。
12月	〔自動車〕実用自動車製造を設立	実用自動車製造が大阪に設立された。久保田鉄工所など大阪の実業家が出資したもので、資本金は100万円。ウィリアム・ゴーハムが設計した前一輪・後二輪の2人乗りオート三輪車を年間500台生産できる本格的な設備を有したが、走行安定性の悪さから事故が発生するなど、販売実績は振わなかった。
この年	〔航空〕川崎造船所、サルムソン式2A2型機の国産化に着手	前年7月兵庫工場に飛行機科を設置した川崎造船所が、フランスのサルムソン式2A2偵察機の国産化に着手する。

この年	〔航空〕陸軍、サルムソン式2A2型機を制式採用 陸軍がサルムソン式2A2型機を制式機に採用。同機は後に乙式1型偵察機と呼ばれるようになる。
この年	〔バス〕各地でバス営業開始 諏訪自動車、伊那自動車、旭東自動車、四万馬車合資会社がバス営業開始。壱岐・淡路島にもバスが開通した。
この年	〔バス〕権之助坂—玉川野毛間乗合馬車路線の買収 バス営業者によって東京の権之助坂—玉川野毛間の乗合馬車路線が買収された。
この年	〔バス〕蒸気式乗合自動車の運行 箱根富士屋ホテルの創立者山口仙之助が国府津—箱根町間で米国製ホワイト（蒸気式乗合自動車）の運行を開始した。
この年	〔自動車〕京都市自動車営業組合設立 自動車営業組合が京都市で発足。149台の自動車と150名の組合員によって組織されていた。
この年	〔自動車〕北信自動車設立 北信自動車株式会社が長野県に設立された。

1920年
（大正9年）

1月	〔自動車〕東洋コルク工業を設立 東洋コルク工業が広島に設立された。マツダ株式会社の前身で、当初は冷蔵庫用やワインの栓などのコルク製造を主要事業とした。マツダの事実上の創業者とされる松田重次郎は取締役として同社に参画、1921年に2代社長に就任し、1927年に東洋工業へ社名変更した。
2.2	〔バス〕日本初のバスガール 東京市街自動車で女性車掌、通称バスガールの乗務が開始された。
2月	〔航空〕川西機械製作所設立、飛行機部設置 中島飛行機製作所に出資していた川西清兵衛が川西機械製作所を設立。飛行機部を設置し、川西式K-1型の生産を始める。
2月	〔自動車〕梁瀬自動車に改組 梁瀬商会が梁瀬自動車に改組された。株式会社ヤナセの前身で、小規模ながら、シボレーなどの乗用車のノックダウン生産を行った。
5.15	〔航空〕三菱内燃機製造設立 三菱造船から分離・独立し、三菱内燃機製造株式会社設立。1928年5月、三菱航空機に社名変更。
6月	〔鉄道〕満鉄、経営難のため人員整理 戦後不況のため経営悪化に陥った満鉄は大規模な人員整理を行うことを決定。1926年4月までに人員12,000人を削減する。
7.16	〔鉄道〕阪神急行電鉄 阪神急行電鉄十三—神戸間および塚口—伊丹間が開業。
7.22	〔鉄道〕東武鉄道と東上鉄道が合併 東武鉄道と東上鉄道が対等合併。社名は東武鉄道となった。
7.23	〔鉄道〕横浜港駅で旅客営業開始 1911年以来貨物駅として使用されていた横浜港荷扱所を横浜港駅として開業。日本郵船の横浜—サンフランシスコ航路に接続するボート・トレインが東京駅と横浜港駅の間で運行された。

7.31	〔行政・法令〕航空局官制公布 航空事業指導と奨励保護のため、勅令第244号を以って航空局官制公布（8月1日施行）。日本の航空行政がスタートする。
8.2	〔バス〕三越呉服店の送迎車 三越呉服店は顧客送迎用に2.5トンのパッカードを購入し、25人乗りバスとして東京駅との間を運行した。さらに翌1921年には30人乗りバスを、1929年にはガーフォードなど計9台を購入、東京駅間の往復は1日平均500回、送迎人数は12,000～15,000人に上った。
8.15	〔鉄道〕軽便枕 清水幹次が3等客への軽便枕賃貸営業を願い出て許可される。軽便枕は座席の背もたれに取り付ける簡易枕で、使用料は1回30銭だった。
8.26	〔行政・法令〕原動機取締規則 婦人への運転免許受験資格が付与され、原動機取締規則が制定された。
9.1	〔鉄道〕中越鉄道を国有化 中越鉄道の伏木―高岡―城端間、伏木―氷見間、能町―新湊間が国有鉄道に譲渡される。それぞれ城端線・氷見線・新湊線と改称された。
9月	〔自動車〕東京石川島造船所が自動車工場を建設 東京石川島造船所が東京・深川に自動車工場（深川分工場）を建設した。同工場はウーズレー社から技術指導員を招聘し、A9型乗用車を生産した。
10.21	〔鉄道〕熱海線 熱海線国府津―小田原間が開業。東京―小田原間で直通運転が行われた。
12.16	〔行政・法令〕道路取締令の改正公布 道路取締令が改正公布され、左側通行や歩車道の区分など通行方式の全国統一が図られた。
この年	〔バス〕西肥自動車バス営業開始 西肥自動車がバス営業を開始した。

1921年
（大正10年）

2月	〔航空〕三菱内燃機製造、艦上機の設計開始 三菱内燃機製造が英ソッピース社よりスミス技師らを招聘し、海軍の注文による艦上機の設計を開始。同年10月2日、10年式艦上戦闘機第1号機が完成し、英ジョルダンの操縦で公開初飛行が行われた。
3.27	〔鉄道〕犬飼軽便線 犬飼軽便線犬飼―三重町間が開業。
4.1	〔鉄道〕北大阪電気鉄道が開業 北大阪電気鉄道が十三―豊津間で運転を開始する。同年10月26日に豊津―千里山間が開業した。
4.8	〔行政・法令〕航空取締規則公布 航空取締規則が公布され、飛行機に堪航証明が必要となる。堪航証明第1号は川西式K-1型。
4.9	〔行政・法令〕航空法制定公布 パリ条約に準拠し、航空法を制定。法律54号を以って公布（1927年6月1日施行）。航空機の検査、登録、乗員、航空運送、飛行場等の規定が置かれ、戦後廃止されるまでの間、日本の民間航空に関する根本法規となった。

4.14	〔行政・法令〕軌道法公布	軌道法が公布され、1924年1月1日に施行された。
5.11	〔鉄道〕信越本線、蒸気機関車を廃止	信越本線横川―軽井沢間の蒸気機関車運転が廃止される。電気機関車の運転を開始した。
5.28	〔行政・法令〕道路維持修繕令公布	道路維持修繕令が公布された。
6.21	〔鉄道〕讃岐線	讃岐線伊予土居―伊予西条間が開業。
6月	〔自動車〕軍用自動車調査委員会を設置	陸軍省に軍用自動車調査委員会が設置された。日露戦争の戦訓に基づき、自動車を人員・物資の輸送に使用することを目的とした。
7.1	〔鉄道〕上越南線	上越南線新前橋―渋川間が開業。
7.17	〔鉄道〕京成電気軌道	京成電気軌道船橋―千葉間が開業し、千葉線は全線開通。
8.5	〔鉄道〕釧路本線	釧路本線西和田―根室間の開業に伴い、釧路本線は根室本線と改称した。
9.2	〔鉄道〕阪神急行電鉄	阪神急行電鉄宝塚―西宮北口間が開業。
9.25	〔鉄道〕大湊軽便線	大湊軽便線陸奥横浜―大湊間が開業し、野辺地―大湊間が全線開通。
9.29	〔バス〕代々木乗合自動車の設立	東京府豊多摩郡に代々木乗合自動車株式会社が設立された。後に三角橋―渋谷駅、三角橋―幡ヶ谷、三角橋―淡島間、八幡下―渋谷駅間の4路線を運行する。
10.5	〔鉄道〕名寄本線	名寄西線上興部―名寄東線興部間が開業、名寄本線名寄―中湧別間が全線開通する。
10.11	〔鉄道〕宮崎本線、細島軽便線	宮崎本線美々津―富高間と細島軽便線富高―細島間が開業。
10.14	〔鉄道〕鉄道博物館開館	鉄道50周年記念事業の一つとして、鉄道博物館が東京駅北口高架下に10日間限定で開館した。
11.5	〔鉄道〕留萠線	留萠線留萠―増毛間が開業したことにより、深川―増毛間が全線開通。
11月	〔航空〕海軍、10年式艦戦を制式採用	海軍が三菱内燃機製造の10年式艦戦を初の国産制式戦闘機として採用。翌1922年1月海軍10年式艦上偵察機、同年8月には海軍10年式艦上攻撃機の第1号機が完成した。
11月	〔自動車〕4輪ゴーハム乗用車を生産	実用自動車製造が4輪ゴーハム乗用車の生産を開始した。不評だったオート三輪車からモデルチェンジしたもので、累計約100台が生産され、1923年に生産打ち切りとなった。
12.1	〔鉄道〕鹿児島本線	鹿児島本線赤間―東郷間の複線開通で門司―鳥栖間が複線開通。
12.1	〔鉄道〕小田原電気鉄道	小田原電気鉄道鋼索線下強羅―上強羅間が開通。
12月	〔自動車〕アレス号の試作が完成	白楊社が国産乗用車アレス号の試作を完成した。蒔田鉄司を中心に開発したもので、空冷780ccと水冷1610ccの2種が存在し、1922年3月の平和博覧会で銀賞を受賞した。

この年　〔バス〕相武自動車開業　相武自動車がバス営業を開始した。

1922年
（大正11年）

2.11　〔鉄道〕宮崎本線　宮崎本線富高—南延岡間が開業。

3.5　〔鉄道〕東北本線　東北本線栗橋—中田間の複線開通で上野—宇都宮間が複線開通。

3月　〔自動車〕平和博覧会を開催　平和記念東京博覧会が東京・上野公園で開催された。乗用車アレス号、ダット41型トラック、TGE-B型トラックなどの国産自動車が出品され、注目を集めた。

4.11　〔行政・法令〕改正鉄道敷設法公布　「鉄道敷設法」改正法が公布され、旧鉄道敷設法と北海道鉄道敷設法は廃止された。旧法で予定された幹線の建設がほぼ完成したことから、地方路線の拡大を目的として制定されたもの。新たな予定線として149路線があげられた。

4.21　〔自動車〕帝国自動車学校設立　帝国自動車学校が文部大臣の認可を受け東京市外駒沢町に設立された。

5.1　〔鉄道〕宮崎本線　宮崎本線南延岡—延岡間開業。

5.18　〔船舶〕関釜連絡船「景福丸」就航　下関—釜山間航路に景福丸（3619トン）が就航した。

6.4　〔航空〕日本航空輸送研究所設立　伊藤飛行機研究所出身の井上長一が、堺市大浜海岸に日本航空輸送研究所を設立。1938年2月、国策会社大日本航空株式会社の設立と同時に吸収・合併。

6.27　〔バス〕東京市街自動車が東京乗合自動車株式会社に改称　東京市街自動車が東京乗合自動車株式会社へと商号を変更した。乗合自動車部、遊覧乗合自動車部、実用自動車部で構成されていた。

6.30　〔鉄道〕陸羽西線　陸羽西線象潟—羽後本荘間が開業。

7月　〔航空〕陸軍立川飛行場開設　陸軍立川飛行場開設。飛行場面積約1,485,000m²。同年11月各務原の飛行第2大隊で訓練が進められていた部隊が立川に移動、乙式1型を主力とする偵察機隊・飛行第5大隊となる。

10.6　〔鉄道〕池上電気鉄道が開業　池上電気鉄道が池上—蒲田間の支線で営業を開始した。池上本門寺への参拝客の輸送を目的として設立されたもの。

10.13　〔鉄道〕「鉄道記念日」制定　1872年10月14日に新橋—横浜間に鉄道が開通したことを記念して、10月14日を「鉄道記念日」と制定。1993年までこの名称が使われたが、1994年国鉄の民営化を機に「鉄道の日」と改称された。

10月　〔鉄道〕琴平参宮電鉄が開業　讃岐電気軌道株式会社は社名を琴平参宮電鉄に変更。同月22日に丸亀通町—善通寺を開通させ営業を開始した。

11.1	〔鉄道〕宗谷線 宗谷線鬼志別―稚内間が開業、旭川―稚内間が全線開通した。
11.12	〔船舶〕関釜連絡船「徳寿丸」就航 下関―釜山間航路に徳寿丸(3619トン)が就航。
11.15	〔航空〕日本航空輸送研究所、定期航空開始 日本航空輸送研究所が堺―徳島、高松へ日本初の民間定期航空を開始。使用機は海軍払い下げの横廠式水上機と伊藤式飛行艇。週1〜2往復で郵便、貨物、新聞を輸送した。1925年より週3往復運航となる。
11.20	〔鉄道〕中央本線 中央本線吉祥寺―国分寺間の複線化・電化工事が完成した。
12.20	〔鉄道〕小浜線 小浜線若狭高浜―新舞鶴間の開業により、敦賀―新舞鶴間が全線開通。
12月	〔自動車〕ウーズレーA9型乗用車の第1号車が完成 石川島造船所の深川分工場でウーズレーA9型乗用車の第1号車が完成した。しかし、同車は採算の見通しが立たず、少数が製造されたのみで生産打ち切りとなった。代わりにウーズレーCP型1.5トン積みトラックが生産されることになり、同車が軍用保護自動車に指定された。
この年	〔バス〕新潟で乗合自動車会社が開業 新潟市街自動車会社が1919年式フォードT型を使い、新潟駅を中心に乗合自動車を営業した。1926年にはフォードに加えシトロエンを、1928年には米製のグラハムブラザーズも用いた。車掌はすべて17―25歳の女性だった。

1923年
(大正12年)

1.11	〔航空〕東西定期航空会、東京―浜松―大阪線開設 1月10日、朝日新聞社が東西定期航空会を設立。翌11日、浜松を中継地として東京―大阪間の定期航空路線を開設。使用機は中島式5型。毎週水曜日に大阪と東京(洲崎)から郵便物等の航空輸送を実施。1926年にはドイツ製ドルニエ・コメット旅客機(乗客4名)を就航させた。1923年9月に関東大震災で洲崎格納庫を焼失し、立川飛行場に移転。以後、1929年3月まで毎週3往復の定期航空を実施した。
1月	〔バス〕隅田乗合自動車が開通 隅田乗合自動車の軽便バスが浅草花川戸―隅田村間で開通した。バスが隅田川を渡るのはこれが初めて。
2.1	〔鉄道〕鳳来寺鉄道 鳳来寺鉄道長篠―三河川合間が開業。
3.11	〔鉄道〕目黒蒲田電鉄が開業 目黒蒲田電鉄が目黒―丸子間で営業を開始。同年11月1日には蒲田線目黒―蒲田間が全線開通し、目蒲線と称した。
3.12	〔船舶〕関釜連絡船「昌慶丸」就航 下関―釜山間航路に昌慶丸(3619トン)が就航。景福丸、徳寿丸の姉妹船である。
3.20	〔鉄道〕大阪電気軌道 大阪電気軌道が西大寺―橿原神宮前間で開業。

4.1	〔鉄道〕関釜連絡船	下関—釜山間航路に景福丸・徳寿丸・昌慶丸が就航し輸送能力が整備されたことを受け、客貨混載便を廃止。旅客便2往復を昼航8時間、夜航9時間に短縮した。
4.1	〔鉄道〕山口線	山口線津和野—石見益田間が開業し、小郡—石見益田間が全線開通。
4.13	〔鉄道〕大阪鉄道が大阪市内乗り入れ開始	大阪鉄道道明寺—大阪天王寺間が全線開通、大阪鉄道は大阪市内乗り入れを開始した。路線は全線電化・複線化されており、日本初の直流1500V電源が用いられていた。
4.22	〔自動車〕自動車大競走会の開催	自動車大競走会が自動車保護協会主催の元、洲崎埋立地で開催された。
4月	〔航空〕日本航空(川西)設立	川西機械製作所の川西竜三が資本金200万円で日本航空株式会社を設立。
5.1	〔船舶〕稚泊航路開業	稚内—大泊間航路が開業。対馬丸が就航し、隔日1往復運航した。
7.12	〔航空〕日本航空、大阪—別府—福岡線開設	日本航空が大阪—別府—福岡の定期航空を開始。使用機は川西式水上機、横廠式水上機。
8.4	〔鉄道〕琴平参宮電鉄	琴平参宮電鉄善通寺—琴平間が開業。
8.8	〔鉄道〕愛知電気鉄道	愛知電気鉄道神宮前—東岡崎間が開業。
8.19	〔鉄道〕神戸姫路電気鉄道が開業	神戸姫路電気鉄道が兵庫—姫路駅前間で営業を開始。大阪鉄道に続き、日本で二番目に直流1500V電化が採用された。
8.27	〔自動車〕東京実用自動車株式会社設立	東京実用自動車株式会社が東京市麹町区に設立された。資本金は25万円。大型・小型・電気自動車による旅客の輸送、貨物自動車営業、自動車及び付属品の売買を行う。
8.31	〔鉄道〕生保内線	生保内線神代—生保内間が開業。
9.1	〔鉄道〕関東大震災による鉄道被害	午前11時58分32秒に発生した関東大震災により、鉄道は甚大な被害を被る。熱海線根府川駅では下り真鶴行き列車が土石流によりホームごと海中に落下し、112名が死亡、13名が負傷した。
9.1	〔自動車〕関東大震災と自動車業界	石川島造船所の深川分工場が罹災した。同社は直ちに工場の再建に着手し、新佃島の月島工場に生産設備を移転、ウーズレーCP型トラックを生産した。また、当時米国に滞在していた梁瀬自動車の梁瀬長太郎は震災・復興による自動車需要の急増を見越してビュイックとシボレーの2車2000台を発注、第1便500台と共に帰国し、同社飛躍の機会を得た。
10.6	〔バス〕市営による乗合自動車営業を決議	関東大震災により市電が大きな被害を受けたことから、復旧までの市民の足確保のための応急措置として、東京府会は200万の予算で乗合自動車業の市営を決議した。トラック仕様のフォードT型に仮設の座席を取り付けて運行した。
10.28	〔鉄道〕東海道本線復旧	関東大震災により大きな被害を受けた東海道本線が全線復旧した。
11.1	〔鉄道〕目黒蒲田電鉄	目黒蒲田電鉄目黒—蒲田間が全線開通。

12.5	〔鉄道〕吉野鉄道 吉野鉄道吉野口―橿原神宮前間が開業。同時に全線電化が完了した。
12.15	〔鉄道〕日豊本線 豊州本線重岡―宮崎本線市棚間が開業。豊州本線と宮崎本線をあわせて日豊本線と改称した。
12.26	〔鉄道〕山陰本線 山陰本線三保三隅―石見益田間が開業し、山口線との連絡運転を開始した。
この年	〔航空〕川崎造船所、陸軍サルムソン偵察機の国産化第1号機を完成 陸軍よりサルムソン2A2偵察機（乙1式型偵察機）の試作命令を受けた川崎造船所が、国産化第1号機を完成させる。
この年	〔自動車〕リラー号が完成 実用自動車製造が新設計の4輪乗用車リラー号を完成させた。ゴーハム設計の従来車に代わる物で、後藤敬義を中心とする日本人が設計し、ボディとホイール周りを変更したトラックも生産された。
この年	〔自動車〕鐘ケ淵自動車商会設立 貨物自動車会社の鐘ケ淵自動車商会が設立された。
この年	〔自動車〕八王子―高尾山間に乗合自動車 八王子駅―高尾山麓間に乗合自動車が開通した。
この年	〔オートバイ〕メグロ号 メグロ製作所が4サイクル500cc単気筒OHV（オーバー・ヘッド・バルブ）型オートバイ「メグロ号」を製作した。OHV方式を採用したオートバイとしては日本初。

1924年
（大正13年）

1.18	〔バス〕東京市営バスが開業 東京市が1区10銭の区間制で市営乗合自動車の営業を開始した。前年9月に発生した関東大震災で東京市電が被害を受けたことから、復旧までの代替輸送機関として開通したもの。当初路線は東京駅―巣鴨、東京駅―中渋谷の2系統で運行。18馬力、11人乗り、44車両編成。車掌なしのワンマン運転だった。
2.1	〔鉄道〕名古屋鉄道 名古屋鉄道一ノ宮―起間が開業。
2.11	〔鉄道〕讃予線 讃予線伊予桜井―今治間が開業。
3.16	〔バス〕東京市営乗合自動車（東京市営バス）の全路線開通 東京市営バスの予定営業全路線が本格的な都市内交通機関として開通した。運転系統数20、路線長148キロメートル、停留所数は220。1日平均乗客数は約54,000人だった。
3.23	〔鉄道〕美禰線 美禰線於福―正明市間が開業。
3月	〔自動車〕ウーズレーCP型トラックが完成 石川島造船所自動車部がウーズレーCP型軍用保護自動車の試作2台を完成させた。同車は1927年までに240余台が生産され、主に軍用に用いられた。

1924年（大正13年）

4.12	〔鉄道〕宮津線 宮津線舞鶴―宮津間開業、同時に舞鶴―海舞鶴間の旅客営業と舞鶴―宮津間航路は廃止された。
4.12	〔鉄道〕九州鉄道 九州鉄道福岡―久留米間が開業。
4.20	〔鉄道〕羽越北線 羽越北線羽後亀田―陸羽西線羽後岩屋間が開業。
4月	〔バス〕東京市営バス 東京駅から洲崎間に市営バスが開通した。
5.21	〔船舶〕日本初の車載客船「翔鳳丸」就航 青森―函館間の航路に車載客船翔鳳丸が就航した。鉄道車両を積載した旅客船としては日本最初のもので、後の鉄道連絡船の原型となった。
6月	〔バス〕大阪乗合自動車が再運行 大阪市内のバスは1907年8月以降に姿を消していたが、大阪乗合自動車が再運行を開始させた。路線は大阪全市内に及び、車体が青く塗られていたことから青バスと呼ばれた。
7.23-31	〔航空〕「春風号」日本一周飛行に成功 毎日新聞社が国産機の耐久力試験を目的に、日本航空の川西式6型水上機「春風号」で日本一周飛行を実施。7月23日、後藤勇吉飛行士、米沢峰樹機関士、長岡記者が大阪木津川尻飛行場を出発。7月31日、同飛行場に安着。航程4,395km、飛行時間33時間48分、平均時速130km。
7.31	〔鉄道〕羽越線 羽越線鼠ヶ関―村上間が開業し、新津―秋田間全線開通。
10.15	〔鉄道〕犬飼線 犬飼線朝地―豊後竹田間が開業。
11.1	〔航空〕石川島飛行機製作所設立 東京石川島造船所が東京・月島に資本金100万円で株式会社石川島飛行機製作所を設立。1928年4月、陸軍航空本部の指定会社となり、八八式1型偵察機99機を受注。同年12月1番機を納入。のちに制式機として採用された自社設計の95式1型練習機（キ9）は、「赤トンボ」の愛称で第二次大戦末期まで使用された。
11.1	〔船舶〕青函連絡船「松前丸」就航 翔鳳丸につづき青函航路に車載客船松前丸が就航した。翔鳳丸は浦賀船渠、松前丸は三菱造船長崎造船所の竣工であった。
11.15	〔鉄道〕横黒線 東横黒線大荒沢―西横黒線陸中川尻間が開業し、横黒線黒沢尻―横手間が全線開通。
11.15	〔鉄道〕高知線 高知線日下―高知間が開業。
11.25	〔航空〕航空局、逓信省の内局に 逓信省官制の改正により、航空局が逓信省の内局となる。
11月	〔バス〕東京市営バスが女子車掌を大量採用 女子車掌400名の採用を東京市電気局が発表、応募者は547名に上った。
11月	〔自動車〕オートモ号が完成 白楊社が国産乗用車オートモ号を完成させた。震災直後に開発に着手したもので、同社のアレス号の空冷980ccエンジンをオーバーヘッドバルブ型に改良したエンジンを搭載した。同社はトラックを含めて約230台を生産したが、輸入車より安価な価格設定をした結果、1台当たり約1000円の赤字だったという。
12.20	〔バス〕東京市営バスに女子車掌が乗務 女子車掌67名が東京市営バスに乗務開始した。赤襟に紺サージの制服から赤襟嬢と呼ばれ親しまれた。1924年12月26日まで

― 66 ―

12.30		に、女子車掌は361名となった。
12.30		〔船舶〕青函連絡船「飛鸞丸」就航 青函航路に車載客船飛鸞丸が就航した。竣工は浦賀船渠。
この年		〔バス〕国産バス第1号 1893年設立の東京石川島造船所が、英国ウーズレー社と提携し国産第1号の乗合バス、ウーズレーを製作した。
この年		〔バス〕乗合自動車による生徒送迎 甲州街道乗合自動車が、深大寺林間学校―京王電気軌道調布駅間でバスによる児童の送迎を開始した。
この年		〔バス〕新宿駅甲州街道口―東京市営多磨墓地間に民間直通バス開通 新宿駅甲州街道口から東京市営多磨墓地間の甲州街道を民間の直通バスが開通した。停留所が28もある長大路線で、料金は60銭だった。
この年		〔バス〕東京市街バスが女子車掌を採用 東京市営バスに続き、東京市街バスも女子車掌の採用を始める。25名が採用され乗務を開始した。白襟嬢と呼ばれ親しまれた。
この年		〔バス〕東京婦人労働組合結成 東京婦人労働組合が乗合自動車女子車掌200余人により立ち上げられた。
この年		〔タクシー〕1円均一タクシーの登場 大阪市内を1円均一の料金で走るタクシーが登場した。
この年		〔自動車〕ダット軍用保護自動車が完成 快進社がダット軍用保護自動車（750キロ積みトラック）を完成させ、陸軍の検定に合格した。1922年に試作完成したが検定不合格となった車を改良設計したもの。
この年		〔自動車〕自動車取締令を改訂 自動車取締令が改訂され、小型自動車の規定が設けられた。主に二輪車・三輪車を対象とし、エンジンが350ccまたは3馬力以内、全長8尺以内、全幅3尺以内、積載量50貫以内で、従来通り無免許とされた。
この年		〔自動車〕登録自動車1万台突破 東京警視庁登録の自動車が1万台を突破した。人力車の1千番台をイロハに標記させたことから、自動車体後部にイの字を1万台の番号として標記させた。
この年		〔オートバイ〕目黒製作所設立 鈴木高次が目黒製作所を設立。翌年より村田延治が共同経営者となる。

1925年
(大正14年)

2.11		〔バス〕乗合自動車の運賃改定 東京市乗合自動車の運賃が1区7銭の区間制となった。
2月		〔自動車〕日本フォード自動車を設立 米国のフォード社が日本フォード自動車を横浜に設立した。資本金は400万円。関東大震災後の交通機関復興のためフォードT型シャシーが大量輸入されたことを契機に設立されたもので、アジアにおける拠

	点としてフォードT型をノックダウン生産し、6月に販売を開始した。
3.24	〔鉄道〕玉南電気鉄道が開業 玉南電気鉄道が府中―東八王子間で営業を開始した。玉南電気鉄道は1926年12月1日に京王電気軌道に合併された。
3.25	〔鉄道〕熱海線 熱海線湯河原―熱海間が開業。
3.30	〔鉄道〕志布志線 志布志線大隅松山―志布志間が開業し、都城―志布志間全線開通。
5.5	〔鉄道〕京阪電気鉄道 京阪電気鉄道札ノ辻―浜大津間が開業。
5.15	〔自動車〕第二実用自動車設立 第二実用自動車が資本金120万円で東京市下谷区北稲荷町46番地に設立。事業内容は自動車及付属品・運転用品等販売および建物賃貸と自動車による運輸業。
6.1	〔鉄道〕長州鉄道幡生―小串間を国有化 国有鉄道は長州鉄道幡生―小串間を小串として買収した。
7.10	〔鉄道〕東武鉄道 東武鉄道池袋―寄居間が全線開通。
7.11	〔鉄道〕北条線 北条線太海―安房鴨川間が開業し、蘇我―安房鴨川間全線開通。
7.17	〔鉄道〕全国で一斉に自動連結器取換 機関車の連結器を交換する工事が本州で一斉に実施される。それまで主流だったねじ式連結器は連結と解放に時間がかかり、また作業中の事故が多発するなど問題が多かったことから、鉄道院は1919年以来自動連結器への交換を計画していた。交換工事の日は本州は7月17日、九州は3日後の7月20日と定められ、それぞれわずか1日で作業を完了した。
7.25	〔航空〕「初風」「東風」が訪欧飛行に出発 朝日新聞社の訪欧親善機「初風」「東風」（フランス製ブレゲー19A2型）の2機が、東京・代々木を出発。シベリア航空路を経て、ヨーロッパ主要各国を訪問した。操縦士：安辺浩、河内一彦。機関士：片桐庄平、篠原春一郎。
7.30	〔鉄道〕南海鉄道 南海鉄道九度山―高野山間が開業。
7.31	〔鉄道〕宮津線 宮津線宮津―丹後山田間が開業。これにより宮津湾内航路は廃止となった。
7月	〔バス〕横須賀自動車発足 横須賀自動車商会と横須賀市街乗合自動車が合併して横須賀自動車が発足し、乗合自動車の営業を開始した。車種はフォードT型を使用した。
7月	〔自動車〕快進社が解散 快進社が経営悪化のため解散、合資会社ダット自動車商会に改組された。本社・工場を東京・長崎村に移転し、バス営業を主要事業とする傍ら、ダット号の試験や改良を行った。
8.1	〔船舶〕青函航路 青函航路で自航船による貨車航送が開始された。
8.29	〔バス〕東京実用自動車・第二実用自動車の解散 東京実用自動車及び第二実用自動車が、東京乗合自動車と合併し解散した。合併により、東京乗合自動車の資本金は245万円となった。
8.30	〔鉄道〕山陽本線 山陽本線松永―尾道間の複線開通により、神戸―広島間は全線で複線化が完了した。

9.4	〔自動車〕玉川自動車が解散 1919年10月に設立された玉川自動車株式会社が、株主総会の決議により解散した。
10.28	〔鉄道〕常磐線 常磐線藤城—佐貫間複線開通により、日暮里—平間は全線で複線化が完了した。
11.1	〔鉄道〕山手線の環状運転始まる 東北本線神田—上野間が開通。これにより、山手線で東京—渋谷—池袋—上野—東京の環状運転が開始された。また、京浜電車は東京—上野間で延長開業。
11月	〔自動車〕オートモ号を輸出 白楊社がオートモ号を上海に輸出した。国産自動車を輸出した初の事例とされる。また、日本国内でも同車がタクシーなどに用いられるなど、この頃が同社の最盛期だった。
12.13	〔鉄道〕東海道本線に電気機関車登場 東海道本線の東京—国府津間と横須賀線大船—横須賀間で電気機関車が導入された。
12.15	〔鉄道〕七尾線 七尾線七尾—和倉間が開業。
12.15	〔バス〕遊覧乗合自動車営業開始 東京乗合自動車が遊覧乗合自動車の営業を開始した。
12.22	〔バス〕日東乗合自動車の設立 東京府荏原郡世田ケ谷町に日東乗合自動車が設立された。自動車一般乗合運輸事業及び之に関する付帯事業を目的とし、資本金は3万5千円。運行区間は、中渋谷豊沢—世田ケ谷役場前間だった。
この年	〔鉄道〕鉄道博物館、永楽町へ移転 鉄道博物館が呉服橋架道橋付近に移転して再開、一般公開を開始する。当初入館料は無料だった。
この年	〔バス〕各地でバス営業開始 山形市街自動車、下津井電鉄、井笠鉄道バスが営業を開始した。
この年	〔バス〕東京市営バスがウーズレーCP採用 東京市営バスが1924年式ウーズレーCPを採用した。東京石川島造船所がウーズレー自動車から製造権を取得して製作した国産第1号車で、定員は24名。前後輪には、雨水飛散防止の棕櫚の泥よけ使用が義務づけられていた。1928年まで使用された。
この年	〔タクシー〕埼玉県下でタクシー業開始 埼玉県北埼玉郡の飯島豊作が県下でタクシー業を開始した。シボレー3台とフォード1台で営業し、埼玉県タクシー業の草分け的存在となった。
この年	〔自動車〕ウエルビー商会がオート三輪車を生産 大阪の川内松之助のウエルビー商会(後の山合製作所)がオート三輪車の製造販売を開始した。英国から輸入したJAPエンジンを搭載したもので、リアに荷台を装備したオート三輪トラックの始まりとされる。
この年	〔オートバイ〕エーロ・ファースト号 島津楢蔵がエーロ・ファースト号の試作品を完成。エンジンは単気筒4サイクル633ccで再度バルブ方式。最高速度は40km/hだった。発表に先立ち、1923年2月から3月にかけて鹿児島—東京間を19日間で走破することに成功した。

- 69 -

1926年
（大正15年/昭和元年）

4.22　〔バス〕宮崎市街自動車が設立　宮崎市街自動車株式会社が設立され、乗合自動車の運行を開始した。

4.24　〔鉄道〕東京駅と上野駅に自動券売機を設置　東京駅と上野駅に入場券の自動券売機が設置された。機械はドイツ製で、コインバー方式であった。

5.12　〔鉄道〕神中鉄道　神中鉄道二俣川―厚木間が開業。

6.20　〔自転車〕日本人がツール・ド・フランスに初出場　川室競が日本人として初めてツール・ド・フランスに個人参加した。同日第1ステージで棄権。翌1927年にも出場するがこの時もリタイアに終わった。

7.21　〔鉄道〕川内線　川内線米ノ津―水俣間が開業。

8.14　〔鉄道〕軽便枕営業を廃止　3等客車内での軽便枕賃貸営業が廃止された。

9.13　〔航空〕日本航空、初の国際定期便を開設　日本航空が初の国際定期便となる大阪―京城―大連線の営業を開始。使用機は川西7B型。

9.23　〔鉄道〕山陽本線で特急列車が脱線・転覆　東京発下関行特急列車が山陽本線安芸中野―海田市間で脱線、死者34名、重軽傷者39名を出す事故となった。集中豪雨の影響で築堤が崩れていたため。木造客車の脆弱性が犠牲者を多く出した要因のひとつとされ、以後鋼製車両が導入されるきっかけとなった。

9.25　〔鉄道〕天塩線　天塩北線幌延―天塩南線兜沼間が開業。天塩北・南両線を接続し天塩線と改称した。

9月　〔自動車〕ダット自動車製造を設立　実用自動車製造とダット自動車商会が合併し、ダット自動車製造が設立された。資本金は40万5000円で、工場は実用自動車製造の大阪・南恩加島工場。資金力のある実用自動車製造がダット軍用保護自動車を生産することで、自動車メーカーとしての事業展開を図るもの。間もなく橋本増治郎が引退し、後藤敬義を中心に新車開発が進められることになった。

10.1　〔鉄道〕名古屋鉄道　名古屋鉄道犬山―新鵜沼間が開業。

10.15　〔鉄道〕北九州鉄道　北九州鉄道南博多分岐点―博多間が開業し、博多―東唐津間全線開通。

12.1　〔鉄道〕京王電気軌道　京王電気軌道が玉南電気鉄道を合併。

12.24　〔鉄道〕京成電気軌道　京成電気軌道酒々井―成田花咲町間が開業。

この年　〔航空〕川崎造船所、「八七式重爆撃機」の試作機を完成　川崎造船所が日本初の全金属製爆撃機「八七式重爆撃機」の試作機2機を完成（設計は独・ドルニエ社）。

この年　〔バス〕各地でバス営業開始　十和田電鉄、川中島自動車、神中鉄道、富士山麓電気鉄道がバス営業を開始した。

この年	〔バス〕高幡乗合自動車	立川駅―高幡駅間で乗合自動車の運行を開始した。
この年	〔バス〕新発田市街乗合自動車が営業開始	新発田市街乗合自動車がフォードT型でバス営業を開始した。
この年	〔バス〕大阪市にバス経営認可	大阪市がバス経営の認可を受けた。
この年	〔タクシー〕料金1円タクシー登場	東京市内に料金1円のタクシーが登場した。
この年	〔自転車〕合資会社宮田製作所設立	宮田製作所が合資会社宮田製作所に改組する。

1927年
（昭和2年）

1月　〔自動車〕日本ゼネラル・モーターズを設立　日本ゼネラル・モーターズが大阪・大正区鶴町に設立された。資本金は800万円で、4月に工場が本格的に稼働。ノックダウン生産されたフォード・シボレーの販売台数が輸入車を上回るようになり、保有台数の増加から補修部品の生産工場なども増加し、自動車産業隆盛の契機となった。

2.7　〔鉄道〕大正天皇大喪列車を運転　1926年12月25日に大正天皇が崩御、翌2月7日に新宿御苑において斂葬の儀が行なわれ、8日に多摩陵に埋葬された。この時新宿御苑から東浅川まで運転されたのが大喪列車である。新宿御苑仮停車場と東浅川仮停車場は大喪列車の発着のために開設された臨時の駅だったが、新宿御苑仮停車場がやがて廃止されたのに対し、東浅川仮停車場は皇室専用の駅として1960年まで使用された。

2.26　〔バス〕大阪市が乗合自動車営業開始　前年に乗合自動車営業の許可を得た大阪市は、阿倍野橋―平野間4.8キロメートルで営業を開始した。車輛は7両。車体が銀色だったため、大阪乗合自動車の青バスに対して銀バスと呼ばれた。

3月　〔自転車〕自転車税廃止運動　上野自治会館で「自転車税撤廃全国大会」が開催された。

4.1　〔鉄道〕小田原急行鉄道　小田原急行鉄道新宿―小田原間が開業し、小田原線は全線開通する。運賃は初乗り大人5銭、小児3銭であった。

4.3　〔鉄道〕讃予線　讃予線伊予北条―松山間が開業。

4.16　〔鉄道〕西武鉄道　西武鉄道東村山―高田馬場間が開業。

4.18　〔バス〕日本乗合自動車協会　日本乗合自動車協会が設立された。

4月　〔航空〕日本航空機関士会発足　日本で始めて誕生した航空機関士10名が、日本航空機関士会を結成。戦後1951年、全日本航空整備協会として再発足。

5月　〔自動車〕石川島造船所がウーズレー社との提携を解消　石川島造船所がウーズレー社との提携を解消した。同社は乗用車の業績不振を受けて軍用トラックに主要事業を転換し、後に独自設計した国産トラックはスミダと命名された。

6.1	〔鉄道〕愛知電気鉄道	愛知電気鉄道神宮前―吉田間が全線開通。
6.1	〔鉄道〕京王電気軌道	京王電気軌道新宿駅前―東八王子間が全線開通。
6.1	〔鉄道〕陸奥鉄道を国有化	国有鉄道は陸奥鉄道川部―五所川原間の鉄道を五所川原線として買収。
6.8	〔船舶〕青函航路	青函航路でのはしけによる鉄道車両の航送が廃止される。
6.23	〔航空〕帝国飛行協会、太平洋横断飛行計画を発表	帝国飛行協会が日本人の日本製飛行機による太平洋横断飛行計画を発表。川西機械製作所に使用機の設計・製作を発注し、1928年2月29日川西式12型「桜号」が完成。試験飛行の結果K-12型の2号機を製作することになるが、それも不許可となり、計画は中止された。
7.9	〔航空〕日本航空輸送会社設立準備委員会設置	閣議で日本航空輸送会社設立準備委員会を設置。渋沢栄一会長、井上準之助副会長ほか4委員を任命。
7月	〔航空〕東西定期航空会、旅客輸送を開始	東西定期航空会が川崎ドルニエ・ワール旅客機で旅客輸送を開始。
8.1	〔鉄道〕苫小牧軽便鉄道・日高拓殖鉄道を国有化	国有鉄道は苫小牧軽便鉄道苫小牧―佐瑠太間と日高拓殖鉄道佐瑠太―静内間鉄道を買収。両線をあわせて日高線と改称した。
8.26	〔行政・法令〕自動車営業取扱方	逓信省は自動車営業の取扱方を各地方局長に訓令した。
8.28	〔鉄道〕東京横浜電鉄	東京横浜電鉄丸子多摩川―渋谷間開通。渋谷―神奈川間の直通運転が始まり、東横線と称された。
9月	〔自動車〕東洋工業に社名変更	東洋コルクが東洋工業と社名変更した。機械関係の事業に参入するため定款を改訂したことに伴う措置で、削岩機や兵器部品などの製造を手掛け、1929年には佐世保と呉にある海軍工廠の指定工場となった。
10.1	〔鉄道〕越後鉄道を国有化	国有鉄道は越後鉄道を越後線として買収した。
10.15	〔鉄道〕満蒙五鉄道建設協定	満鉄総裁山本条太郎は張作霖と鉄道交渉を行う。その結果、満蒙五線の建設を満鉄が請け負い資金も提供することが決定。
10.17	〔鉄道〕鹿児島本線	肥薩線湯浦―川内本線水俣間が開業。肥薩線は鹿児島本線へ編入された。
11月	〔自転車〕国産ラーヂ号をラーヂ覇王号と改称	大日本自転車は自社製のラーヂ号を「ラーヂ覇王号」と改称し販売を開始した。名称変更はイギリス製ラーヂ号の輸入を打ち切ったことを受け商標権問題を解消するためであったが、翌1928年6月にはさらに「冨士覇王号」に改称された。
12.1	〔鉄道〕水戸鉄道を国有化	国有鉄道は水戸鉄道水戸―太田間および上菅谷―常陸大宮間を買収、大郡線を編入して水郡線と改称した。
12.26	〔鉄道〕伊那電気鉄道	伊那電気鉄道駄科―天竜峡間が開業し、辰野―天竜峡間が全線開通した。
12.30	〔地下鉄〕東京地下鉄道銀座線が開業	東京地下鉄道が上野―浅草間で運転を開始した。料金は10銭均一。東洋で初めての地下鉄である。

この年	〔バス〕各地でバス営業開始 祐徳自動車、鞆鉄道、神姫自動車、摂津自動車、関東自動車、千曲自動車がバス営業を開始した。
この年	〔バス〕熊本市と佐世保市で市営バスが開通 熊本市と佐世保市で市営バスが開通した。熊本では市営乗合自動車の運行開始によって800人の人力車夫が救済を要求し、救済金10,000円が支払われた。
この年	〔バス〕長野温泉自動車が設立 長野温泉自動車株式会社が創立された。
この年	〔自動車〕ダット41型軍用保護自動車を生産 ダット自動車製造がダット41型軍用保護自動車7台を生産した。その後、同車を改良設計したダット51型の生産が開始され、同社では1930年までの4年間に362台の軍用保護自動車を生産した。
この年	〔オートバイ〕キャブトン号 愛知県のみづほ自動車製作所はオートバイ「キャブトン号」を製作。350ccの4サイクル単気筒エンジンを搭載していた。

1928年
（昭和3年）

2.3	〔鉄道〕名古屋鉄道 名古屋鉄道須ヶ口—新一ノ宮間が開業。
2.25	〔鉄道〕熱海線 熱海線小田原—熱海間で電化工事が完了した。
5.9	〔バス〕京都市バス開通記念披露 京都市バスが出町柳—植物園間で運行を開始し、京都市岡崎公会堂で開通記念式典が開催された。
5月	〔バス〕京都に名所遊覧バス 京都市が名所遊覧バスの運行を開始した。
6.17	〔鉄道〕池上電気鉄道 池上電気鉄道五反田—蒲田間が全線開通。
6.18	〔鉄道〕高野山電気鉄道が開業 高野山電気鉄道高野下—神谷が開業。翌1929年4月21日には極楽橋まで延長開業し、鉄道線は全線開通した。さらに1930年には鋼索線が開業して極楽橋—高野山間が結ばれた。
7月	〔バス〕菖蒲田乗合自動車設立 菖蒲田乗合自動車が設立され塩釜から菖蒲田間及び多賀城駅—菖蒲田間で運行を開始した。同区間は1936年に仙台市街自動車に買収された。
9.10	〔鉄道〕長輪線 長輪西線静狩—長輪東線伊達紋別間が延伸開業。長輪西線と長輪東線をあわせて長輪線と改称した。
10.15	〔鉄道〕東海道本線 東海道本線神奈川—保土ヶ谷間の経路を変更し、新線上に横浜駅を移転・開業した。
10.20	〔航空〕日本航空輸送設立 資本金1,000万円で国策航空会社・日本航空輸送株式会社が設立された。1938年に国際航空と対等合併し、国策会社・大日本航空に移行。後の日本航空の前身である。
10.25	〔鉄道〕伯備線 伯備南線備中川面—伯備北線足立間が延伸開業し、伯備線倉敷—伯耆大山間が全線開通。伯備南線は伯備北線を編入し伯備線に改称した。

10.30	〔鉄道〕	上越南線 上越南線後閑―水上間が開業。
11.5	〔航空〕	川西航空機設立 川西機械製作所の飛行機部が川西航空機株式会社として独立。
11.5	〔行政・法令〕	自動車運送の監督権の所管省庁の変更 勅令により自動車運送の監督権が逓信省から鉄道省へ管轄変更された。11月27日「一定の路線に拠り自動車を以てする運輸営業に関する件」が鉄道省訓令第1号として達達された。
11.15	〔鉄道〕	奈良電気鉄道が開業 奈良電気鉄道が昭和天皇の即位大典に合わせて京都―西大寺間で営業を開始した。
11.22	〔鉄道〕	宮城電気鉄道 宮城電気鉄道陸前小野―宮電石巻間が開業したことにより、仙台―宮電石巻間が全線開通。
11.28	〔鉄道〕	神戸有馬電気鉄道が開業 神戸有馬電気鉄道湊川―電鉄有馬間が開業（有馬線）。1ヶ月後の12月18日には湊川―三田間（三田線）が開業した。
11月	〔鉄道〕	新京阪鉄道 11月1日、新京阪鉄道天神橋―京都西院間が開業。8日後の同月9日には桂―嵐山間が開業した。
11月	〔バス〕	横浜市営乗合自動車がフォードで運行開始 横浜市営乗合自動車が運行を開始。1928年式のフォードが使用された。
12.2	〔鉄道〕	豊肥本線 宮地線宮地―犬飼線玉来間が開業、これによって豊肥本線熊本―大分間が全線開通した。宮地―熊本間は豊肥本線に編入、立野―高森間は高森線として分離された。
12.8	〔船舶〕	稚泊連絡船「亜庭丸」就航 稚内―大泊間航路に砕氷貨客船亜庭丸が就航した。
12.26	〔鉄道〕	宗谷本線 宗谷本線稚内―稚内港間が開業。
12.28	〔鉄道〕	各務原鉄道 各務原鉄道長住町―新鵜沼間が開業し、全線開通。
この年	〔鉄道〕	日本初のトロリーバス走行 兵庫県の新花屋敷温泉土地会社が花屋敷―新花屋敷間2キロメートルで無軌条電車（トロリーバス）を運行させた。日本初のトロリーバスである。
この年	〔バス〕	ウーズレーの車名を「スミダ」に変更 国産バス第1号車ウーズレーの車名をスミダに変更した。1924年に石川島造船所が英国ウーズレー社と提携して製作したもの。
この年	〔バス〕	各地でバス営業開始 亀の井自動車、岡山市街乗合自動車、岡山電気軌道、神戸電鉄、名古屋鉄道、駿豆鉄道、日立電鉄が、バス営業を開始した。
この年	〔バス〕	甲州街道乗合自動車が創立 京王電気軌道株式会社の出資により甲州街道乗合自動車会社が設立された。京王線沿線を16台のバスで運行した。
この年	〔バス〕	小豆島・対馬にバス開通 小豆島・対馬にバスが開通した。
この年	〔自動車〕	蒔田鉄司が日本自動車に入社 秀巧舎の蒔田鉄司が大倉喜七郎が出資する日本自動車にスカウトされた。ニューエラ号オート三輪車の好評を受けてのことで、これにより同車の製造販売が日本自動車に移管した。その後、蒔田は同社の技術開発責任者として活躍した。

この年　〔オートバイ〕JAC号　日本自動車の蒔田鉄司がオートバイ「JAC号」を試作した。空冷2サイクル250ccエンジンを搭載。

1929年
（昭和4年）

1.5　〔鉄道〕大阪電気軌道　大阪電気軌道布施―桜井間が開業。

1.30　〔鉄道〕伊勢電気鉄道　伊勢電気鉄道が四日市―桑名間で営業を開始した。複線で1500V直流電源が採用されていた。

3.5　〔鉄道〕中央本線　中央本線国分寺―国立間の電化が完了した。

3.29　〔鉄道〕大阪鉄道　大阪鉄道大鉄阿倍野橋―久米寺間が開業。

3.30　〔航空〕日本航空、定期路線権を日本航空輸送に譲渡　日本航空が大阪―福岡間定期路線権を日本航空輸送に譲渡。日本航空は解散。

3.31　〔航空〕東西定期航空会、定期路線権を日本航空輸送に譲渡　東西定期航空会が東京―大阪間定期路線権を日本航空輸送に譲渡。東西定期航空会は解散。

4.1　〔航空〕日本航空輸送が郵便・貨物輸送を開始　日本航空輸送が東京―大阪、大阪―福岡、蔚山―京城―大連間の郵便・貨物輸送を開始。当初の使用機はサルムソン2A2。

4.1　〔鉄道〕小田原急行鉄道　小田原急行鉄道原町田―片瀬江ノ島間が開業し、江ノ島線は全線開業。

4.15　〔鉄道〕房総線　房総線上総奥津―北条線安房鴨川間が開業。

4.28　〔鉄道〕讃予線　讃予線讃岐財田―徳島線佃間が開業し、徳島線との連絡が始まる。

5.9　〔航空〕箱根、福岡、亀山に航空無線電信局開設　民間航空輸送の本格化に伴い、悪気流の難所とされた箱根、鈴鹿越えの安全のため、箱根と亀山に航空無線電信局を設置。東京・大阪両無線電信局を経由して立川（後に羽田）、木津川尻飛行場に気象情報、上空通過報を通報した。一方、福岡航空無線電信局は当初から名島水上飛行場に設置された。

5.25　〔バス〕大阪電気軌道が乗合自動車の営業開始　大阪電気軌道が乗合自動車の営業を開始した。ダット自動車製造の1929年式ダット61型を使用した。

5月　〔自動車〕石川島自動車製作所を設立　石川島造船所が自動車部門を分離独立させて石川島自動車製作所を設立した。資本金は25万円で、軍用保護自動車および派生車である軍用特殊車両・民間用特殊車両・バスを主要事業とし、スミダ各型式の国産自動車を生産した。

6.16　〔鉄道〕中央本線　中央本線国立―立川間で電化工事が完了。

6.19　〔鉄道〕富士山麓電気鉄道が開業　富士山麓電気鉄道が大月―富士吉田間で営業を開始した。

6.20	〔鉄道〕東北本線 東北本線日暮里―尾久―赤羽間が複線開業。
6月	〔自動車〕ダット61型が軍用保護自動車資格を取得 ダット自動車製造のダット61型トラックが軍用保護自動車資格を取得した。2社合併による同社設立後では初めてとなる資格取得で、後に同社・石川島自動車製作所・東京瓦斯電気工業が軍用保護3社と呼ばれるようになった。
7.1	〔航空〕日本航空輸送、大阪―上海線の就航開始 日本航空輸送が水上機で大阪―上海線の就航を開始。
7.15	〔航空〕日本航空輸送、旅客輸送開始 日本航空輸送がアメリカから輸入したフォッカー・スーパー・ユニバーサル旅客機で、東京―大阪―福岡間の旅客輸送を開始した。その後暫くは中島製国産スーパーとオランダから輸入したフォッカー7b/3mで輸送力を増強。大阪―福岡線では中島スーパー水上機、川崎ドルニエ・ワール旅客飛行艇を使用した。
7.30	〔バス〕自動車会社の合併 東京乗合自動車が京浜乗合自動車を合併した。
8.9	〔バス〕日本乗合自動車協会 日本乗合自動車協会が社団法人として認可された。
9.1	〔鉄道〕青梅電気鉄道 青梅電気鉄道二俣尾―御岳間が開業し、立川―御岳間が全線開通した。
9.10	〔鉄道〕武蔵野鉄道 武蔵野鉄道飯能―吾野間が開業。
9.15	〔鉄道〕特急列車に愛称 旅客減少に悩む鉄道省は、鉄道活性化事業の一環として、東京発着・下関行きの特別急行列車の愛称を一般公募で募集。1等と2等を連結した1・2列車は「富士」、3等を連結した3・4列車は「櫻」と名づけられた。日本初の列車愛称である。
9.25	〔鉄道〕軽便枕営業が復活 1926年8月14日以来廃止となっていた3等客向け軽便枕賃貸営業が国有鉄道の直営で復活した。
9月	〔自動車〕ニューエラ号が完成 日本自動車が新開発の350cc4サイクルエンジンを搭載したオート三輪車ニューエラ号を完成させた。従来のニューエラ号は英国JAP製エンジンを搭載していたが、これにより純国産化を達成。速やかに同車の販売が開始され、完成度の高さから好調なセールスを記録した。
9月	〔自動車〕自動車国産化に関する諮問 政府が国産振興委員会に対し、自動車工業を樹立する具体的な方策について諮問した。国際収支の赤字を受けて国産振興を図る方針が示され、米国資本が大半を占める自動車の国産化が急務とされてのこと。
10.1	〔鉄道〕東武鉄道 東武鉄道杉戸―東武日光間が開通し、東武日光線が全線開通した。日本で初めて電車による100km以上の長距離運転を行う。
10月	〔船舶〕宇高連絡船「第1宇高丸」就航 宇高航路に自航船第一宇高丸が就航した。
11.7	〔鉄道〕トレインマーク制定 特別急行列車「富士」「櫻」にトレインマークが掲げられた。
12.7	〔鉄道〕筑豊本線 筑豊本線筑前内野―原田間が開業。長尾線を編入し、筑豊本線若松―原田間が全線開通した。
12.20	〔鉄道〕目黒蒲田電鉄 目黒蒲田電鉄大井町―二子玉川間が開業。

この年	〔鉄道〕東京駅八重洲口開設	東京駅に八重洲口が開設された。
この年	〔バス〕各地でバス営業開始	九州電気鉄道、土佐電鉄、六甲山乗合、阪神国道自動車、静岡電気鉄道、立川自動車、上信電鉄、頚城鉄道がバスの営業を開始した。鹿児島、若松、徳島、松江の各市では市営バスが開業。また、八丈島でもバスの運行が始まった。

1930年
(昭和5年)

2.1	〔鉄道〕国産ガソリン車が初めて国鉄に登場	ガソリンエンジンを動力とする国産ガソリン動車(キハ5000形)が東海道本線大垣―美濃赤坂間で運転を開始した。
2月	〔バス〕乗合自動車運行開始	名古屋市が、乗合自動車の運行を開始した。1929年式シボレーで、20人乗り、26馬力。二重屋根で前後2カ所に乗降口があった。
2月	〔自動車〕小型自動車の規格を改訂	内務省が小型自動車の規格を改訂した。無免許で運転出来る小型車は主に二輪車・三輪車を対象としていたが、エンジン排気量が4サイクルで500cc以内、2サイクルで350cc以内と大型化、車両寸法も拡大され、小型四輪車が普及するようになった。
3.19	〔鉄道〕長崎本線	長崎本線長崎―長崎港間が開業。
3.27	〔鉄道〕八戸線	八戸線陸中八木―久慈間が開業し、八戸尻内―久慈間が全線開通。
3.29	〔鉄道〕特急「富士」に鋼製展望車を導入	特急「富士」用にスイテ37000(スイテ38)形スイテ37010(スイテ39)形の鋼製展望車が導入された。
4.1	〔鉄道〕宗谷本線、北見線	天塩線を宗谷本線に編入、音威子府―幌延―稚内港を宗谷本線とした。また、音威子府―浜頓別―稚内間を北見線と改称した。
4.1	〔鉄道〕湘南電気鉄道が開業	湘南電気鉄道黄金町―浦賀間および金沢八景―湘南逗子で営業を開始した。翌1931年には日ノ出町まで延伸開業し、京浜電気鉄道延長線との相互直通運転が行われた。
4.1	〔鉄道〕鉄道省が全線でメートル法実施	鉄道省はそれまでのヤードポンド法を廃止し、メートル法を導入した。
4.1	〔鉄道〕予讃線	讃予線高松―南郡中間と多度津―阿波池田間を予讃線と改称した。
4.5	〔船舶〕宇高航路	宇高航路で自航船による貨車航送が開始された。
4.22	〔バス〕市電争議に青バス従業員が参加	青バス従業員らが市電争議に参加した。尾崎行雄らが争議に「調停法」適用を説いたことにより、25日に終決した。
4.28	〔航空〕日本学生航空連盟発足	学生航空スポーツ振興のため、東西朝日新聞社を母体に日本学生航空連盟が発足。1932年財団法人化。1934年海洋部、1935年グライダー部を結成。1940年に大日本飛行協会に統合されるまで、全国の大学、高専の学生を対象に活動した。

1930年（昭和5年）

4月	〔自動車〕	オート三輪トラック用エンジンが完成 大阪の発動機製造がオート三輪トラック用の500ccガソリンエンジンを完成させた。景気悪化から新事業進出を企図し、生産が拡大しつつあったオート三輪トラックに照準を合わせて開発されたもので、当時主流だった輸入エンジンに匹敵する高性能エンジンだった。
6.16	〔鉄道〕	阪和電気鉄道 阪和電気鉄道和泉府中―阪和東和歌山間が開業したことにより、阪和天王寺―阪和東和歌山間が全線開通。
6月	〔バス〕	夕張乗合自動車が開業 夕張乗合自動車が開業した。車種は1929年式フォードA型。
8.15	〔鉄道〕	特急「富士」車内で飲料販売開始 特急1・2列車「富士」展望車内で飲料品の販売が始まった。
9月	〔バス〕	神戸市で乗合自動車運行開始 神戸市が乗合自動車の運行を開始した。
10.1	〔鉄道〕	超特急「燕」運転開始 東海道本線東京―神戸間で「燕」の運転が開始された。1・2・3等客車および洋食堂車を連結。東京―大阪間を「富士」を2時間短縮する8時間20分、東京―神戸間を9時間で走り、「超特急」と称された。
10.16	〔鉄道〕	高崎線 高崎線新町―倉賀野間複線開通し、高崎線大宮―高崎間の複線化がすべて終了。
10月	〔自動車〕	ダットソンが完成 ダット自動車製造が後藤敬義の設計による新型4気筒500ccガソリンエンジンを搭載した小型乗用車の試作を完成させた。1ヶ月にわたるテストの後、設計変更を加えた第2号車が完成。この小型乗用車はダット号の部品を多く使用していたことからダットソンと命名され、後のダットサンの原型となった。
11.1	〔バス〕	名古屋で電気バスが導入される 電気バスを、名古屋市営バスが取り入れた。湯浅電池製造他2社の製作によるもので、蓄YNK式で16人乗り、13馬力、時速は35キロメートルだった。
12.11	〔鉄道〕	作備線 作備東線中国勝山―作備西線岩山間が開業、作備東線に作備西線して作備線津と改称した。
12.20	〔鉄道〕	大阪電気軌道、参宮急行電鉄 大阪電気軌道および参宮急行電鉄は上本町―山田間で運転を開始した。
12.20	〔鉄道〕	中央本線 中央本線立川―浅川間で電車の運行が開始される。
12.20	〔バス〕	省営自動車岡多線 省営自動車岡崎―多治見間と瀬戸記念橋―高蔵寺間が開業。バス7両・トラック10台で運行した。国鉄バスの第1号である。
12.20	〔自動車〕	自動車による旅客貨物の運輸営業開始 愛知県岡崎―多治見駅間、瀬戸記念橋―高蔵寺間において、鉄道省が自動車による旅客貨物の運輸営業を開始した。これが省営バス（後の国鉄バス）の始まりである。初の国産バスT・G・Eが就行した。
12.25	〔鉄道〕	伊勢電気鉄道 伊勢電気鉄道新松阪―大神宮前間が複線で開通し、桑名―大神宮前間は全線開通。
この年	〔航空〕	新潟市営飛行場開業 新潟市営飛行場が開業した。後の新潟空港。

この年	〔バス〕各地でバス営業開始 島原鉄道バス、一畑電鉄、日ノ丸自動車、白浜自動車、山陽電軌、京成電気軌道、羽後鉄道が営業を開始した。また、札幌市で市営バスの運行が始まった。
この年	〔自動車〕木炭自動車の試運転 木炭自動車の試運転が開始された。
この年	〔オートバイ〕SSD号 広島の宍戸兄弟が350cc・500cc型オートバイSSD号を製造販売した。
この年	〔道路〕日本初の信号機が登場 東京の日比谷交差点で信号機の使用が開始される。色灯レンズに「トマレ」「チウイ」「ススメ」と書かれたもので、アメリカ・レイノルズ社製の製品。

1931年
(昭和6年)

2.1	〔鉄道〕初の3等寝台車 東海道本線東京—神戸間急行13・14、19・20列車に初めて3等寝台車が連結される。
3.1	〔自動車〕ブリッヂストンタイヤ株式会社設立 日本足袋株式会社タイヤ部が独立し、ブリッヂストンタイヤ株式会社が福岡・久留米市に設立された。地下足袋やゴム底靴などを製造していた日本足袋の石橋正二郎がタイヤ需要の拡大を見越して設立したもので、純国産タイヤやチューブを生産した。
3.31	〔鉄道〕京阪電気鉄道 京阪電気鉄道西院—京阪京都間が開通し、天神橋—京阪京都間は全線開通。
3月	〔自動車〕京三号トラックが完成 京三製作所の鶴見工場で水冷単気筒500ccエンジンを搭載した500キロ積み小型トラック京三号が完成した。同社は鉄道用信号機などの電気部品製造会社で、12月に京三自動車商会を設立して自動車の製造販売事業に進出した。
4.1	〔鉄道〕中央本線に電気機関車導入 中央本線八王子—甲府間旅客列車に電気機関車が導入された。
4.1	〔行政・法令〕自動車交通事業法公布 自動車交通事業法が公布された。法律第52号。1933年10月1日に実施。
5.5	〔自動車〕三輪自動車の生産開始 発動機製造株式会社が498CCの三輪自動車の生産を本格的に開始した。
5.14	〔航空〕ユンカースA-50「日米号」水上機が太平洋横断飛行に出発 報知新聞社主催で北太平洋横断飛行を目指す吉原清治飛行士の「報知日米号」ユンカース・ユニオール水上機の出発式が、開場前の羽田飛行場で挙行された。
5.25	〔鉄道〕東武鉄道 東武鉄道業平橋—浅草雷門間が開業。東武鉄道の浅草雷門駅乗り入れに際し、松屋百貨店が駅ビルテナントとして入店した。

5.29	〔航空〕**「青年日本」号、訪欧飛行に出発**	法政大学航空部の栗村盛孝と熊川良太郎教官が、石川島R-3型陸上機「青年日本」号で羽田飛行場から訪欧飛行に出発。8月31日ローマ着。飛行距離13,671km、飛行時間126時間53分。
6.10	〔バス〕**乗合自動車の料金改定**	東京市電気局乗合自動車が乗合自動車の料金を改定する。1系統2区間制で1区10銭、2区15銭とした。3区制の青バスも1区7銭から1区5銭と改定した。
7.4	〔鉄道〕**日本初の有料道路**	京浜電気鉄道は大船—片瀬間で日本初の有料道路事業を開始した。
8.11	〔鉄道〕**東武鉄道**	東武鉄道新栃木—東武宇都宮間が開業。
8.25	〔航空〕**羽田東京飛行場開場**	東京市蒲田区羽田江戸見町、六郷川河口近くの埋立地52.8万m²の用地の約半分が整備され、国費で設置した初の公共用民間飛行場・羽田東京飛行場が開場。日本航空輸送が定期便の発着を開始した。滑走路は長さ300m、幅15m。1938年には75.9万m²、800m滑走路2本の近代空港となる。
9.1	〔鉄道〕**清水トンネル開通**	群馬県の水上と新潟県の越後中里を結ぶ上越線清水トンネル（全長9.7キロ）が完成。それまで日本海側と太平洋側を結ぶ路線は難所の碓氷峠のある信越本線まわりか、磐越西線経由であったが、清水トンネルの開通によって新潟—上野間の所要時間は約4時間も短縮された。同時に上越南線水上—上越北線越後湯沢間が開業、上越線新前橋—宮内間が全線開通した。
9.18	〔鉄道〕**柳条湖事件**	午後10時20分頃、中華民国の奉天北方約7.5kmの柳条湖で南満洲鉄道の線路が爆破された。満洲事変の発端となった事件である。直後に現場を通過した大連行き急行列車は問題なく運行した。
9.20	〔鉄道〕**釧網線**	釧網線川湯—網走本線札鶴間が開業、東釧路—網走間は全線開通した。
11月	〔バス〕**日本乗合自動車協会**	日本乗合自動車協会に東京支部が置かれる。当時の東京横浜電鉄社長五島慶太が顧問となった。
12.15	〔航空〕**中島飛行機設立**	欧米機の導入、国産化を進めてきた中島飛行機製作所が中島飛行機株式会社となる。以後、終戦まで九七式戦、九七式艦攻、隼、疾風など高性能の傑作機を生産。1945年8月の終戦で富士産業と改称。1955年、財閥解体後の主要5社が富士重工業となった。
12.26	〔鉄道〕**湘南電気鉄道、京浜電気鉄道**	湘南電気鉄道と京浜電気鉄道延長線が接続され、横浜—浦賀間で相互直通運転が開始された。
この年	〔鉄道〕**満鉄が初の営業赤字**	満鉄は不況のため業績が悪化し、1931年度の営業収支は340万円の赤字となった。
この年	〔バス〕**各地でバス営業開始**	林田自動車、昭和自動車、三重乗合、小湊鉄道、鹿島参宮、常総鉄道、南部鉄道がバスの営業を開始した。
この年	〔自動車〕**太田自動車製作所の小型トラックが完成**	東京・神田岩本町の太田自動車製作所が水冷2気筒サイドバルブの500ccエンジンを搭載した小型トラックの試作を完成させ、同車の製造販売のための資金集めを開始した。1930年2月の小型自動車規格改訂を受けてのこと。

1932年
(昭和7年)

3.10 〔自動車〕標準形式自動車5種の試作完成 商工省が石川島自動車製作所・ダット自動車製造・東京瓦斯電気工業の協力を受け標準形式自動車5種の試作を完成させた。その1つに都市近郊用として、32人乗り標準形式自動車X型70馬力自動車がある。

3.31 〔鉄道〕東京横浜電鉄 東京横浜電鉄渋谷―桜木町間(東横線)が全線開通する。

3月 〔自動車〕商工省標準形式自動車が完成 商工省標準形式自動車であるトラック2種とバス3種が完成した。商工省自動車工業確立調査委員会の決定に基づき、製造の基礎となる標準規格として、鉄道省と軍用保護自動車メーカー3社が共同設計したもの。

4.1 〔鉄道〕京都市にトロリーバスが登場 京都市電気局は四条大宮―西院間で無軌条電車(トロリーバス)の運転を開始した。都市交通機関としては初のトロリーバス。

7.1 〔鉄道〕因美線 因美北線智頭―因美南線美作河井間が開業し、鳥取―津山間は全線開通。因美北線が因美南線を編入し因美線と改称された。

7.1 〔鉄道〕総武本線 総武本線御茶ノ水―両国間が延伸開通、電車運転を開始した。

7.15 〔鉄道〕東北本線 東北本線蕨―大宮間が開通。

7月 〔バス〕京成電軌が隅田乗合バスを買収 京成電軌が隅田乗合バスを買収し墨堤2系統の営業を開始した。

8.10 〔鉄道〕宮津線 宮津線丹後木津―峰豊線久美浜間が開業した。峰豊線と峰山線を編入し、舞鶴―豊岡間が宮津線として全線開通。

8.30 〔自動車〕ガソリン不買運動 東京自動車業組合連合会は石油6社協定によるガソリン値上げに反対して赤貝印ガソリンの不買を決議した。翌31日、加盟23組合及び組合参加自動車13,500台が不買を決行。同年9月26日にはガソリン値上げ反対デモが行われた。10月14日に東京自動車業組合連合会が石油6社側提出の妥協案を承認し、休車指令を取り消した。これによりガソリン争議が終結する。

9.26 〔航空〕満洲航空設立 日満合弁の航空会社・満洲航空株式会社が満洲国初の法人として誕生。

10.1 〔鉄道〕横浜線 横浜線東神奈川―原町田間で電車運転が始まる。

10.1 〔鉄道〕石北線 石北西線中越―石北東線白滝間が延伸開業。これに伴い上越・奥白滝・上白滝駅が新設される。また、石北東線遠軽―白滝間と湧別線野付牛―遠軽間を編入し、新旭川―野付牛間を石北線と改称した。

10.1 〔鉄道〕南満洲鉄道 大連―新京間を走る急行列車が「はと」と名付けられる。満鉄の列車としては初の愛称。

10.14 〔自動車〕ガソリン争議が終結 石油6社側提出の妥協案を承認し、東京自動車業組合連合会が、休車指令を取り消した。これによりガソリン争議が終結した。

11.1	〔鉄道〕瀬棚線	瀬棚線今金―瀬棚間が開業し、国縫―瀬棚間は全線開通。
11.5	〔鉄道〕広尾線	広尾線大樹―広尾間が開業し、帯広―広尾間は全線開通。
11.8	〔鉄道〕紀勢西線	紀勢西線南部―紀伊田辺間が開業。
12.6	〔鉄道〕国都線	国都東線大隅大川原―国都西線霧島神宮間が開業し、都城―隼人間全線開通。国都東線、国都西線、志布志線、肥薩線を編入して日豊本線と改称した。
この年	〔鉄道〕東京でトロリーバス試運転	東京市電のトロリーバスの試運転が芝浦で実施された。
この年	〔バス〕各地でバス営業開始	堀川自動車、関東乗合、士別軌道、新潟合同自動車がバスの営業を開始した。また、尾道市では市営バスの運行が開始された。
この年	〔バス〕国産中型バス運行開始	国産の鉄道省営中型バス（石川島自動車製作のスミダT・G・E）が運行を開始した。
この年	〔バス〕最初のキャブオーバーバスが完成	林自動車製作所が運転席をエンジンの上に設置した形式のバスを完成させた。最初のキャブオーバーバスである。
この年	〔バス〕三菱のバス1号車が完成	三菱のバス1号車を三菱神戸造船所が完成させた。1932年式ふそうB46型、100馬力のガソリンエンジンバスで、鉄道省営バスに使われた。

1933年
（昭和8年）

1月	〔地下鉄〕地下鉄のトンネル工事着工	東京地下鉄は京橋川河底のトンネル工事に着工した。
2.9	〔鉄道〕南満洲鉄道、国有鉄道の経営・建設受託	満洲国政府は鉄道法を公布し、鉄道の原則国有化、鉄道の収用などを規定した。これに伴い、収用された在来鉄道の経営と新線の建設が満鉄に委託された。
2.16	〔鉄道〕城東線	城東線天王寺―大阪間の電化が完了、電車の運転が開始された。
2.24	〔鉄道〕山陰本線	山陰本線須佐―美禰線宇田郷間が開業。山陰本線京都―松江―幡生間が全線開通する。
2月	〔自動車〕小型自動車の規格を改訂	自動車取締令が改正された。これにより小型自動車の規格が4サイクルエンジンで750cc以下に大型化され、車両寸法も拡大し、4人乗りが認められた。また、引き続き無免許での運転が可能とされた。
3.11	〔鉄道〕成田線	成田線笹川―松岸間が開業。
3.15	〔鉄道〕総武本線	総武本線両国―市川間で電車の運行が開始される。
5.6	〔航空〕羽田飛行場の夜間用着陸照明灯完成	夜間郵便定期航空のため、羽田飛行場

5.8	〔タクシー〕円タク駐車場登場 銀座に円タクの駐車場が登場。これにより「ナガシ」の姿が消えた。
5.20	〔地下鉄〕大阪地下鉄が開業 大阪地下鉄1号線梅田—心斎橋間が開業（御堂筋線）。日本初の公営地下鉄である。
6.1	〔鉄道〕芸備鉄道を国有化 国有鉄道は芸備鉄道備後十日市—備後庄原間を庄原線として買収した。
7.1	〔鉄道〕阿波鉄道を国有化 国有鉄道は阿波鉄道撫養—古川間・池谷—鍛冶屋原間鉄道と阿波中原—新町間航路を買収した。
8.1	〔鉄道〕宇和島鉄道を国有化 国有鉄道は宇和島鉄道宇和島—吉野生間鉄道を宇和島線として買収した。
8.1	〔鉄道〕帝都電鉄 帝都電鉄が渋谷—井の頭公園間で営業を開始。翌1934年4月1日には吉祥寺まで延伸開業し、渋谷線が全線開通した。
8.18	〔行政・法令〕自動車取締令の改正 内務省令によって「自動車取締令」が改正された。小型・特殊・普通の三免許制及び仮免許制の新設などを規定したもので、11月1日に実施された。
8月	〔自動車〕太田自動車製作所の新型小型トラックが完成 太田自動車製作所が水冷4気筒サイドバルブの750ccエンジンを搭載した小型トラックを完成させた。同年2月の小型自動車規格改正を受けてのことで、1936年に同社が高速機関工業に改組されるまでに、乗用車とトラックあわせて60〜70台が生産された。
9.1	〔鉄道〕両備鉄道を国有化 国有鉄道は両備鉄道両備福山—府中町間鉄道を福塩線として買収した。
9.15	〔鉄道〕中央本線 中央本線御茶ノ水—飯田町が開通、東京—中野間で急行電車の運転が開始された。
9月	〔自動車〕豊田自動織機製作所自動車部が発足 豊田自動織機製作所に自動車部が設置され、同社常務の豊田喜一郎が部長に就任した。設置決定は同年12月だが、以前より密かに自動車開発の準備が進められており、9月に遡っての発足とされた。同部が後にトヨタ自動車株式会社に発展した。
10.1	〔鉄道〕愛媛鉄道を国有化 国有鉄道が愛媛鉄道長浜町—大洲間と若宮—内子間を買収。
10.1	〔行政・法令〕自動車交通事業法が施行 自動車交通事業法が施行された。バス事業間の競争が過熱したことを受け、法に則った総合的な交通体制を確立するため。1931年4月1日に公布。
11.4	〔鉄道〕準急列車「黒潮号」が運行開始 紀勢西線紀伊田辺—阪和天王寺間に準急列車「黒潮号」を新設。和歌山県の白浜温泉へ向かう観光客の輸送を主な目的としており、紀伊田辺と阪和天王寺を2時間40分で結んだ。
12.5	〔行政・法令〕市営電車と市営バスの連絡運輸を認可 東京市営電車と市営バスの連絡運輸を鉄道省が認可し、21日に実施された。

12.10	〔鉄道〕上野公園駅開業	京成電気軌道上野公園駅が開業した。現在の京成上野駅。
12.20	〔鉄道〕紀勢西線	紀勢西線紀伊田辺―紀伊富田間が開業。
12.27	〔鉄道〕神中鉄道	神中鉄道厚木―横浜間が全線開通。
12.26	〔自動車〕自動車製造を設立	自動車製造が設立された。日産自動車株式会社の前身で、鮎川義介の意向により日本産業と戸畑鋳物が出資して設立。横浜市神奈川区守屋町の埋立地20万坪を購入して工場を建設し、当初は日本GM向けの自動車部品生産を企図したが、同社との提携関係を樹立できず、ダットサン生産を主要事業とした。
この年	〔航空〕住友金属工業プロペラ製造所、金属プロペラの製造開始	住友金属工業プロペラ製造所が金属プロペラの製造を開始。以後終戦まで陸海軍向けに生産し、最盛期には年間3万3,000本を製造した。
この年	〔自動車〕自動車工業株式会社と協同国産自動車設立	石川島自動車がダット自動車と合併して自動車工業株式会社を設立した。また、東京瓦斯電気工業と共同出資し、いすゞの共同販売会社の協同国産自動車を設立した。
この年	〔オートバイ〕「アサヒ号」商品化	宮田製作所は「アサヒ号」を商品化した。2サイクル175cc単気筒エンジン搭載。2年後の1935年より量産体制に入った。
この年	〔自転車〕松下電器が自転車用ダイナモランプ発売	松下電器具製作所が「ナショナル発電ランプ」を発売した。自転車用のダイナモ方式ランプ。

1934年
（昭和9年）

3.31	〔鉄道〕軽便枕営業廃止	3等客車内での軽便枕の営業が廃止された。
4.2	〔自動車〕薪自動車の試運転開始	陸軍開発の薪自動車の試運転が開始された。試運転は宣伝も兼ねて東海道で実施された。
4月	〔航空・自動車〕三菱造船が三菱重工業に改称	三菱造船が三菱重工業に改称した。6月には三菱航空機を合併し、名古屋航空製作所と東京機器製作所に改組した。なお、当時は主に神戸造船所がバスやトラックの生産を行っていた。
6.1	〔鉄道〕秋田鉄道を国有化	国有鉄道は秋田鉄道大館―陸中花輪間を花輪線として買収。
6.1	〔鉄道〕大阪駅高架化	東海道本線大阪駅高架工事完成、高架線ホームの使用を開始。
6.21	〔地下鉄〕東京地下鉄道銀座線	東京地下鉄道銀座―新橋間が開通し、浅草―新橋間は全線開通。
6月	〔航空〕三菱重工業発足	三菱造船と三菱航空機が合併し、三菱重工業株式会社が発足。
6月	〔自動車〕日産自動車に改組	自動車製造が日産自動車に改組された。社長は鮎川義

介で、資本金は日本産業が全額出資。日本GMとの提携に失敗し、同社向け自動車部品製造から独自の自動車生産に方向変換したことに伴う社名変更だった。

7.1 〔鉄道〕新宮鉄道 新宮鉄道新宮—紀伊勝浦間鉄道を買収、紀勢中線新宮—紀伊勝浦間とする。

7.3 〔航空〕名古屋飛行場開場 名古屋港を埋め立てた10号地に名古屋飛行場が開場。

8.1 〔鉄道〕簸上鉄道を国有化 国有鉄道は簸上鉄道宍道—木次間鉄道を木次線として買収。

8.16 〔鉄道〕越美南線 越美南線美濃白鳥—北濃間が開業し、美濃太田—北濃間は全線開通。

9.1 〔鉄道〕佐久鉄道を国有化 国有鉄道は佐久鉄道小諸—小海間を小海北線として買収。

9月 〔自動車〕豊田自動織機製作所のエンジンが完成 豊田自動織機製作所自動車部の初のガソリンエンジンである直列6気筒A型エンジンが完成した。シボレーエンジンを参考に開発されたもので、目標出力に達しなかったため改良が加えられ、1935年3月に65馬力を記録した。

10.1 〔航空〕日本航空輸送、名古屋飛行場に寄港開始 日本航空輸送の東京—大阪線のうち、1往復が名古屋飛行場に寄港を開始。

10.6 〔鉄道〕八高線 八高南線小川町—八高北線寄居間の開業に伴い、八高南線に八高北線を編入して八高線と改称した。

10.11 〔航空〕日本飛行機設立 海軍用航空機の生産を目的に、日本飛行機株式会社が設立された。第2次大戦中は水上偵察兼爆撃機「瑞雲」をはじめ、最盛期には月産300機を生産。終戦直前にはロケット戦闘機「秋水」を生産した。戦後1949年5月2日、企業再建整備法に基づく第2会社日飛モータースとして再スタート。1953年新日本飛行機、1956年日本飛行機に改称した。

10.25 〔鉄道〕1等・2等寝台車で浴衣貸し出し 1等・2等寝台車で浴衣の貸し出し業が開始される。「寝衣券」を発行し1着10銭で旅客に貸し出した。

10.25 〔鉄道〕高山本線 高山線飛騨小坂—高山間と飛越線坂上—高山間が開業したことに伴い、飛越線を高山線に編入して高山本線と改称。岐阜—富山間が全線開通した。

11.1 〔鉄道〕特急「あじあ」号 南満洲鉄道大連—新京間で特急「あじあ」号の運転が開始された。流線形のパシナ形蒸気機関車を採用し、大連—新京間701kmを8時間30分で運行した。最高速度は120km/h。欧米のディーゼル急行には遠くおよばなかったものの、蒸気機関車牽引の客車としてはアジアで最速の列車であった。

11.15 〔鉄道〕久大線 久大線日田—大湯線天ケ瀬間が開業。久大線が大湯線を編入し、久留米—大分間全線開通。

12.1 〔鉄道〕山陽本線 岩徳東線岩国—岩徳西線高水間の開業に伴い、岩徳東・岩徳西両線が山陽本線に編入された。また、麻里布—柳井—櫛ヶ浜間を柳井線として山陽本線から分離した。

12.1 〔鉄道〕丹那トンネル開通 東海道本線の熱海駅—函南駅間に丹那トンネルが完成、これによって国府津—沼津間が全線開通した。総延長は7,804mで、複線トンネル

としては当時の日本で最長であった。

12.1 〔鉄道〕長崎本線 有明東線多良―有明西線湯江間の開業に伴い、有明東・有明西両線を長崎本線に編入。また、肥前山口―早岐間は佐世保線、早岐―諫早間は大村線と改称された。

12.4 〔鉄道〕水郡線 水郡南線磐城棚倉―水郡北線川東間が開業、水戸―安積永盛間が全線開通。これに伴い水郡北線を水郡南線に編入して水郡線と改称した。

12.19 〔鉄道〕紀勢東線 紀勢東線三野瀬―尾鷲間が開業。

12月 〔バス〕最初のディーゼルバスが登場 日本最初のディーゼルバス（ちよだ空冷式）が都営バスとして登場した。

12月 〔自動車〕ダットサンの量産開始 日産自動車はアメリカのグラハム・ページ社から工業設備を買収。これにより小型自動車ダットサンの量産が開始される。

この年 〔バス〕「すみだ」が「いすゞ」に改称 自動車工業株式会社が製作したバス「すみだ」は、商工省の標準形式車として「いすゞ」に車名を改名した。いすゞBX45型は自動車工業と東京瓦斯電気工業が共同販売した。

この年 〔バス〕三菱ふそうボンネットバスが就行 日本国有鉄道中国地方自動車局に三菱ふそうボンネットバス（B46型）が就行した。

この年 〔オートバイ〕あいこく号 東京モーター用品製造組合がオートバイ「あいこく号」を製作。エンジンは蒔田鉄司製作の空冷2サイクル250ccエンジンを使用した。

1935年
（昭和10年）

3.1 〔鉄道〕北九州鉄道 北九州鉄道山本―伊万里間が開業し、博多―伊万里間は全線開通。

3.20 〔鉄道〕高徳本線、阿波線 高徳本線引田―坂西間、阿波線吉成―徳島線佐古間が開業。

4.29 〔鉄道〕名岐鉄道 木曽川橋梁の完成に伴い、名岐鉄道新一宮―笠松間が開通、押切町―新岐阜間が全線開通した。

5.25 〔鉄道〕佐賀線 佐賀線佐賀―筑後大川間が開業し、佐賀―矢部川間は全線開通。

5月 〔自動車〕トヨダA1型試作乗用車が完成 豊田自動織機自動車部のトヨダA1型試作乗用車が完成した。同社初の自動車で、豊田喜一郎を中心に開発され、同社のA型エンジンを搭載していた。その後、中部地方の山岳地帯でテストが行われた。

7.30 〔鉄道〕七尾線 七尾線穴水―輪島間が開業し、津幡―輪島間は全線開通。

8.6 〔鉄道〕伊万里線 伊万里線志佐―平戸口間が開業。

8月 〔自動車〕トヨダG1型トラックが完成 豊田自動織機自動車部のG1型トラック第1

号車が完成した。A1型試作乗用車と同じA型エンジンを搭載し、フレームなどはフォードを参考に開発された。11月には東京・芝浦にある同社ガレージで官庁とトラック業者を招いて同車の発表会が行われ、同月に販売部が発足し、12月には名古屋の販売店日の出モータースで発表会が開催された。その後、試作段階のまま同車の販売が開始されたが、トラブルが多発したという。

9.1 〔鉄道〕南満洲鉄道 1935年の北満鉄路の買収に伴い、特急「あじあ」のハルビンまでの延長運転が始まった。パシナ形蒸気機関車に替わりより軽量なパシサ形蒸気機関車が採用された。

9.11 〔船舶〕関釜航路開業 山陽汽船が下関―釜山間連絡航路（関釜航路）を開業。

9.29 〔鉄道〕大船渡線 大船渡線大船渡―盛間が開業し、一ノ関―盛間は全線開通。

10.3 〔鉄道〕札沼線 札沼南線石狩当別―札沼北線浦臼間が開業したのに伴い、札沼北線を札沼南線に編入して札沼線と改称した。桑園―石狩沼田間が全線開通。

10.6 〔鉄道〕予讃本線 予讃本線下灘―伊予長浜間、内子線五郎―新谷間が開業。

10.18 〔行政・法令〕大型自動車による貸切営業取扱方について 鉄道省が「大型自動車による貸切営業取扱方について」を各地方長官宛に通達した。大型貸切自動車の免許方針を明確にするため。

10.30 〔鉄道〕大阪市営高速軌道 大阪市営高速軌道梅田―難波間が開業。

11.24 〔鉄道〕三呉線 三呉線三津内海―呉線広間が開業。三呉線が新規開業区間および呉線を編入し呉線と改称、三原―呉―海田市が全線開通した。

11.28 〔鉄道〕徳島本線 徳島本線三縄―高知線豊永間が開業。これに伴い高知線を改称し、予讃本線多度津―阿波池田間および徳島本線阿波池田―三縄間を編入して多度津―須崎間を土讃線とした。

11月 〔バス〕ふそうBD46型バスが完成 三菱重工業のふそうBD46型バスが完成した。2月に完成したSHT6型70馬力予燃焼室式自動車用高速ディーゼルエンジンを搭載しており、日本初のディーゼルエンジン搭載バスだった。

12月 〔自動車〕日本デイゼル工業を設立 日本デイゼル工業が東京・麹町に設立された。資本金は600万円。2サイクルディーゼルエンジン搭載トラックを製造する独国のクルップ社と技術提携し、国産化を目指した。その後幾度かの社名変更を経て、現在の日産ディーゼル工業株式会社となった。

この年 〔航空〕堺水上飛行学校開校 日本航空輸送研究所が堺から大阪に本社を移し、乗員養成のため堺水上飛行学校を設立。

この年 〔バス〕バス車内暖房と車体広告開始 暖房付バスが運転開始。車体広告も始まった。

この年 〔バス〕東都乗合自動車が設立 東都乗合自動車が設立された。板橋乗合自動車の路線を受け継いだもので、板橋・赤羽周辺で乗合自動車を運行した。

この年 〔バス〕防長交通バス 防長交通バスが営業を開始した。

この年 〔オートバイ〕陸王 ハーレーダビッドソンの輸入を行っていた三共傘下の日本ハーレーダビッドソンモーターサイクルは、本社からライセンスを得てハーレーダビッドソンの国内生産を開始。翌1936年、完成した製品を陸王と命名。これに伴

い、社名も三共内燃機と改称、さらに1937年には「陸王内燃機株式会社」となった。

1936年
(昭和11年)

2.29	〔交通全般〕**2.26事件の影響** 青年将校らが1483名の兵を率い「昭和維新断行・尊皇討奸」を掲げて起こしたクーデター未遂事件、いわゆる2.26事件が起こる。この影響で市内の汽車・電車・バスなど一切の交通および市外通信が禁止された。
2月	〔自動車〕**木炭自動車の製造開始** 石油不足に対応するため、木炭ガスを燃料にした木炭自動車の製造が開始された。
3.25	〔鉄道〕**指宿線** 指宿線指宿―山川間が開業し、西鹿児島―山川間全線開通。
3.30	〔鉄道〕**国鉄EF55形電気機関車落成** 鉄道省はEF55形電気機関車を日立製作所、日本車輌製造・東洋電機、川崎造船所・川崎車両に発注、計3両が製造された。流行の流線形を取り入れた直流用電気機関車。「富士」や「燕」の牽引に使用され、その形状から「カバ」「ドタ靴」などと呼ばれて親しまれた。
3.31	〔鉄道〕**モハ52形** 流線形モハ52形電車の使用が開始される。東海道本線で急行列車として使用された。
4.8	〔鉄道〕**姫津線** 姫津東線佐用―姫津西線美作江見間が開業し姫路―東津山間が全線開通。姫津西線を姫津東線に編入し姫津線と改称した。
4.25	〔鉄道〕**鉄道博物館、万世橋駅構内へ移転** 鉄道博物館が永楽町から神田須田町の万世橋駅構内へ移転した。博物館施設には万世橋駅の旧駅舎の基礎が利用された。
4月	〔自動車〕**高速機関工業に改組** 太田自動車が高速機関工業に改組された。三井物産が同社の技術力に注目して資本注入したもので、6月に東京・東品川に新社屋と工場が建設され、小型自動車オオタ号の生産を開始。新工場の年産能力は3000台に達し、同社は一躍有力メーカーに成長した。
5.29	〔行政・法令〕**自動車製造事業法** 自動車製造事業法が公布された。国内自動車産業の保護育成を目的とするもので、自動車の大量生産は国内資本50%以上の企業にのみ許可されることになり、それまで生産数の大半を占めていた日本フォードと日本GMが排除された。また、許可会社に対しては所得税の軽減、外貨の優先使用、陸軍によるトラックの優先買い上げなどの優遇措置が取られた。同法により自動車の純国産化が進展する一方、海外からの技術導入が困難となり低品質に悩まされ続けることになった。
6.6	〔航空〕**福岡第一飛行場(雁の巣)開場** 福岡第一飛行場(雁の巣)が開場。滑走路東西780m、南北800m。1945年の敗戦まで日本航空輸送、大日本航空のアジア各地への中継飛行場として繁栄した。
7.1	〔鉄道〕**阿南鉄道を国有化** 国有鉄道は阿南鉄道中田―古庄間鉄道を買収、牟岐線に

	編入した。
7.30	〔鉄道〕五能線 能代線陸奥岩崎―五所川原線深浦間が開業。能代線に五所川原線を編入して五能線と改称した。機織―川部間が全線開通。
7月	〔航空〕石川島飛行機製作所、立川飛行機に改称 1930年3月に工場を立川に移転した石川島飛行機製作所が、立川飛行機株式会社に改称。陸軍の主力航空機工場として九七式直接協同偵察機、九七式戦闘機などを製作。
8.1	〔鉄道〕岩手軽便鉄道を国有化 国有鉄道は岩手軽便鉄道花巻―仙人峠間鉄道、仙人峠―大橋間索道を買収。
8.19	〔鉄道〕食堂車に冷房を導入 特急「富士」・「燕」用食堂車スシ37850に初めて冷房装置が搭載された。
8.31	〔鉄道〕米坂線 米坂東線小国―米坂西線越後金丸間が開業、米沢―坂町間は全線開通。米坂西線を米坂東線に編入して、米坂線と改称した。
9.1	〔バス〕東京乗合自動車がストライキ 東京乗合自動車の従業員70人がストライキを起こす。10月2日終決した。
9.19	〔自動車〕豊田自動織機製作所と日産自動車が許可会社に 自動車製造事業法に基づき豊田自動織機製作所と日産自動車が許可会社に認定された。
9月	〔自動車〕自動車製造事業法の許可会社を指定 商工省が豊田自動織機製作所と日産自動車を自動車製造事業法に基づく許可会社に指定した。両社は事前に同法案の情報を入手して準備を進めており、大方の予想通り最初に指定を受けることになり、両社が自動車メーカーとしての地位を確立させることになった。
9月	〔自動車〕日本フォードと日本GMの生産台数を制限 自動車製造事業法に基づき、日本フォードと日本GMの生産台数が制限された。国産化の進展を目的とする措置で、11月には完成車・エンジン・自動車部品の輸入関税が引き上げられ、両社によるノックダウン生産が一層困難となった。
10.1	〔鉄道〕佐世保鉄道を国有化 国有鉄道は佐世保鉄道を松浦線として買収した。
11.1	〔鉄道〕東京横浜電鉄 東京横浜電鉄が東横乗合自動車を合併。翌1937年12月1日には目黒自動車運輸および芝浦自動車を合併した。
11.16	〔船舶〕関釜連絡船「金剛丸」就航 下関―釜山間航路に鉄道連絡船金剛丸が就航した。冷暖房設備とベルト・コンベアを搭載、また、世界で初めて船内電力をすべて交流化した。下関―釜山間を7時間30分~7時間45分で運航した。
12.11	〔鉄道〕常磐線 常磐線日暮里―松戸間の電化が完了した。
この年	〔バス〕各地でバス営業開始 日田自動車、熊延鉄道、長崎自動車、九州合同バス、山陽電鉄が営業を開始した。また、佐賀市と浜松市に市営バスが開通。神戸市では定期観光バスの運行が開始された。
この年	〔自動車〕薪炭自動車普及協会 薪炭自動車(木炭自動車)普及協会が設立された。
この年	〔オートバイ〕リツリン号 大阪の栗林部品店がオートバイ「リツリン号」を製作した。4サイクル500ccエンジン搭載。
この年	〔自転車〕新冨士覇王号発売 大日本自転車は冨士覇王号のギアを改良し新冨士覇王

号として販売開始した。翌1937年からは販売実績を3年で2倍にする3ヶ年計画を始動。

1937年
(昭和12年)

1.31	〔船舶〕関釜連絡船「興安丸」就航	下関―釜山間航路に金剛丸型第2船として興安丸が就航した。速度は当時最速の23ノットを記録。終戦直後には在外邦人の引揚船として使用された。
2.1	〔鉄道〕名古屋駅が移転	名古屋駅が落成、現在の位置に移転した。移転・高架化に伴いホームは2面5線から4面8線に拡張された。
4.6	〔航空〕「神風号」が訪欧飛行に出発、飛行時間の国際新記録を樹立	朝日新聞社の「神風号」(飯沼正明操縦士、塚越賢爾機関士)が、英国王ジョージ6世の戴冠式とヨーロッパ主要国親善訪問のため、立川飛行場を出発。途中12着陸して4月9日(現地時間)ロンドンのクロイドン飛行場に到着。東京―ロンドン間15,357kmを94時間17分56秒、実飛行時間51時間19分23秒で飛行し、国際新記録を樹立。機体に三菱「雁」型高速通信機、発動機に中島製550馬力を用いた純国産機「神風号」によるこの記録は、日本の航空技術の高さを世界に知らしめた。
4月	〔自動車〕東京自動車工業を設立	東京自動車工業が設立された。同月9日に石川島自動車製作所とダット自動車製造が合併して設立された自動車工業が社名変更したもの。1934年頃から陸軍主導で両社と東京瓦斯電気工業自動車部の3社合併が模索されており、同自動車部を合併するための準備としての社名変更だった。
5.7	〔自動車〕東京市に旅客自動車運輸事業を譲渡	東京市に山手線以東の旅客自動車運輸事業が譲渡された。譲渡された区間は22.62キロメートルにおよんだ。
5.20	〔航空〕国際航空設立	満洲航空の永淵三郎と独ルフト・ハンザが日独連絡航空路の開拓を図り、満洲航空の子会社として資本金500万円で国際航空株式会社設立。1938日本航空輸送と対等合併し、国策会社・大日本航空となる。
6.1	〔鉄道〕信濃鉄道を国有化	国有鉄道は信濃鉄道松本―信濃大町間鉄道を買収し大糸南線に編入した。
7.1	〔鉄道〕芸備鉄道を国有化	国有鉄道は芸備鉄道広島―備後十日市間鉄道を買収、三神線に芸備線と改称した。
7.1	〔鉄道〕特急「鴎」	東海道本線の東京―神戸駅間に特別急行列車「鴎」を新設した。
7.7	〔自動車〕日中戦争が勃発	盧溝橋事件が発生し、これを契機に日中戦争が勃発した。開戦に伴い豊田自動織機製作所と日産自動車に大量の軍用トラックが発注され、両社は生産体制拡充を迫られることになった。
8.10	〔鉄道〕日高線	日高線浦河―様似間が開業し、苫小牧―様似間は全線開通。
8.20	〔鉄道〕三信鉄道	三信鉄道大嵐―小和田間が開業、三河川合―天竜峡間全線開通。

東海道本線豊橋―中央本線辰野間の連絡運転が始まる。

8月　〔自動車〕トヨタ自動車工業を設立　トヨタ自動車工業が設立された。豊田自動織機製作所の自動車部を分離独立させたもので、資本金は1200万円。豊田利三郎が社長、豊田喜一郎が副社長に就任した。陸軍の増産要請に応じるため、愛知県挙母に新工場を建設することに伴う措置。

8月　〔自動車〕東京自動車工業が東京瓦斯電気工業自動車部を合併　東京自動車工業が東京瓦斯電気工業自動車部を吸収合併した。9月には自動車工業と東京瓦斯電気工業が設立した販売会社である協同国産自動車を吸収合併した。同社はいすゞ自動車の前身で、この後、トヨタ自動車工業と日産自動車がガソリンエンジントラックを、同社がディーゼルエンジントラックを生産する3社体制が構築されることになる。

10.1　〔鉄道〕北九州鉄道を国有化　国有鉄道は北九州鉄道博多―伊万里間を買収し国鉄筑肥線と改称した。

10.10　〔鉄道〕東海道本線　東海道本線京都―吹田間の電化が完了。京都―明石間で電車の運転が開始された。

10月　〔船舶〕大島航路　大畠―小松間航路が開業。

11.10　〔鉄道〕仙山線　仙山東線作並―仙山西線山寺間が開業、同時に電化完了。仙山西線を仙山東線に編入して仙山線と改称した。

11.18　〔航空〕川崎航空機工業発足　川崎造船所の航空機部門が独立し、川崎航空機工業株式会社として新発足。太平洋戦争中には二式複座戦闘機「屠龍」、三式戦闘機「飛燕」などの傑作機を製作した。

12.1　〔鉄道〕南満洲鉄道附属地行政権の委譲　満洲国の治外法権撤廃に伴い、南満洲鉄道の行政権も満洲国に委譲された。ただし、土地の所有権は引き続き満鉄が保有した。

12.1　〔自動車〕ガソリンの節約　省営自動車およびガソリンカーの運行回数を減らしガソリンの節約を実施。

12.12　〔鉄道〕宮之城線　宮之城線薩摩大口―薩摩永野間が開業し、川内町―薩摩大口間は全線開通。

12.12　〔鉄道〕山野西線　山野西線久木野―山野東線薩摩布計間が開業。

12.12　〔鉄道〕木次線　木次線八川―備後落合間が開業し、宍道―備後落合間は全線開通。

12.15　〔鉄道〕日中戦争勃発を受け準急列車の運航を削減　日中戦争開戦に伴い、日本は戦時体制に入る。軍用列車の運行拡大に対応するため各地で準急列車を休止または廃止とした。

12.28　〔地下鉄・バス〕東京乗合自動車と東京地下鉄道会社が合併　東京乗合自動車と東京地下鉄道会社との合併案が可決される。1938年4月1日に実施された。

12.30　〔バス〕東京市バスに木炭車が登場　東京市バスに木炭車が登場した。ガソリンの入手が1937年の秋頃から難しくなったため、代替燃料の木炭が使用できるように開発したもの。定員は35名だった。

この年　〔航空〕東京航空計器設立　東京計器製作所の航空計器部門が独立し、川崎市木月に東京航空計器株式会社設立。1939年～1941年、陸海軍共同管理工場に指定され、国内最大の航空計器類メーカーとして終戦まで大量生産にあたる。1945年終戦と同時に本社を狛江に移転し、東京計器と改称して民需品の生産を開始。1953年再び東京航空計器に改称。以来、航空機用計器のほか試験機、地上訓練機や民需応用製品の開発・生産・販売を行なう。

この年　〔鉄道・バス〕ストライキが続発　2月4日に京成バスがストライキを起こしたのを皮切りに、東京郊外の電鉄・バスの賃上げ争議が相次ぐ。5月7日、罷業を指導したとして東京交通労働組合幹部30人余が検挙される。争議は6月18日まで続いた。

この年　〔バス〕ディーゼルバスの製造を開始　日本デイゼル工業がドイツのクルップ社と技術提携し、ディーゼルバスの製造を開始した。

この年　〔バス〕各地でバス営業開始　大分バス、両備バス、金剛自動車、川崎鶴見臨港バス、下北バスが営業を開始。また、新潟合同自動車が佐渡に進出した。

この年　〔自動車〕ダットサン生産がピークに　4月に累計1万台目となるダットサンが完成し、祝賀会が開催された。7月には月産1000台を突破し、この年の生産台数は過去最高の8353台を記録した。他の国産車を圧倒する売れ行きで、この頃がダットサン生産のピークだったが、翌年には国家総動員法に基づき生産中止となった。

この年　〔自動車〕自動車所有台数5万台突破　普通自動車所有台数が5万台を突破し、戦前の最高記録を更新した。一方、人力車数は1,204台と減少。馬車の数は0台となった。

この年　〔オートバイ〕くろがね号　日本内燃機社がオートバイ「くろがね号」を製作した。4サイクル2気筒V型1296ccの大型車であった。設計者は蒔田鉄司。

1938年
(昭和13年)

3.7　〔バス〕木炭乗合自動車が登場　東横電鉄のバス路線で木炭乗合自動車の実用が始まった。

3.12　〔バス〕乗合自動車にダイヤ導入　乗合自動車は従来操車制であったが、この日よりダイヤ制が実施されることとなった。

4.1　〔鉄道〕支那事変特別税　日中戦争の戦費を賄うため政府は支那事変特別税を設定、汽車、電車、自動車、汽船の乗客に通行税を賦課した。

4.2　〔行政・法令〕陸上交通事業調整法が公布　陸上交通事業調整法が公布された。8月1日施行。乱立傾向にあった鉄道やバス事業者など交通機関の整理・統合を促進することを目的として制定されたもの。同法に基づき、東京市内の地下鉄は帝都高速度交通営団に、路面電車とバスは東京市営に、民営のバスおよび電車は東京横浜電鉄・武蔵野鉄道・東武鉄道・京成電気軌道の4グループへ整理統合することが決定した。

4.23-29	〔航空〕国際航空のハインケルHe-116型2機、ベルリン―東京間南方コースで飛行時間新記録	国際航空がドイツから輸入したハインケルHe-116型長距離輸送機2機(東郷号、乃木号)が、ベルリン―東京間南方コース15,340kmを143時間42分で連絡する新記録を達成。
5.1	〔行政・法令〕揮発油及重油販売取締規則	揮発油及重油販売取締規則が商工省より公布され、配給切符制が実施された。
5.2	〔行政・法令〕代用燃料利用者に奨励金	商工省はガソリンから木炭へと燃料を転向した者に奨励金を支払うことを決定した。
5.15	〔航空〕航研機、周回飛行の世界記録を樹立	藤田雄蔵少佐ら3名が搭乗した東大航空研究所試作長距離機が、木更津を離陸。太田―平塚―銚子間11,651kmの周回飛行に成功し、62時間22分49秒、10,000kmの平均速度186.1km/hの世界記録を樹立した。
6.26	〔鉄道〕関西急行電鉄	関西急行電鉄は関急名古屋駅への乗り入れを開始、これにより江戸橋経由で桑名―名古屋間が全線開通する。
6月	〔航空〕阪神飛行学校設立	(財)阪神航空協会が大阪市中河内郡大正村に阪神飛行学校を開設。校舎、格納庫などを含む飛行場の大きさは約33万㎡。阪神飛行場拡張のため飛行学校は2年余りで解散させられたが、1940年7月までの5期にわたり102人の操縦学生と13人の技術科学生を卒業させた。
7月	〔バス〕木炭車への移行	石油不足のため、東京地下鉄の青バスに木炭車が導入され始める。
8月	〔自動車〕乗用車の製造を禁止	商工相の通達により、乗用車の製造が原則的に禁止された。5月に施行された国家総動員法に基づき、不要不急の生産が制限されたことに伴う措置。なお、この頃には「ガソリンの一滴は血の一滴」といわれるほど燃料需給が逼迫していた。
9.15	〔鉄道〕日本食堂株式会社設立	食堂車や駅構内の食堂を営業していた伯養軒、精養軒、東松亭、みかど、東洋軒、共進亭の6社が共同で日本食堂を設立。10月1日より営業を開始した。
10.1	〔鉄道〕南満洲鉄道	南満洲鉄道は釜山―北京間に直通特急列車「大陸」の運転を開始した。
10.1	〔鉄道〕富士身延鉄道と白棚鉄道を借り上げ	国有鉄道は富士身延鉄道富士―甲府間と白棚鉄道白河―磐城棚倉間を借り上げた。
10.10	〔鉄道〕古江線	広軌への改軌工事を終えた古江西線を古江東線へ編入し、古江線と改称した。これにより志布志―古江間は全線開通。
12.1	〔航空〕大日本航空設立	民間航空輸送政策推進のため日本航空輸送と国際航空が対等合併し、大日本航空株式会社設立。
12.15	〔鉄道〕伊東線	伊東線網代―伊東間の電化が完了し、熱海―伊東間は全線開通。
12月	〔自動車〕日本自動車製造工業組合を設立	日本自動車製造工業組合が設立された。国家総動員法に基づき、自動車用資材の割り当てなど戦時体制を確立するための措置で、これにより自動車産業が政府・軍部の統制下に置かれることになった。

この年	〔鉄道〕南満洲鉄道の乗客数が急増 微増を続けていた南満洲鉄道の乗客数が急激に増加。前年の3600万人から6000万人まで飛躍した。その後も順調に増加を続け、1941年には1億人を突破した。
この年	〔バス〕バス会社合併 大阪市営バスと大阪乗合バス、東京地下鉄道と青バスが合併した。
この年	〔バス〕岩国市営バス開業 岩国市営バスが開業した。
この年	〔自動車〕外国車の輸入禁止 外国車の輸入が禁止された。
この年	〔自転車〕日本初の自転車専用道路 東京市板橋区志村に日本初の自転車専用道路が建設された。12mの車道と3mの歩道に挟まれた3.5mの専用道路であった。

1939年
（昭和14年）

1.15	〔自動車〕木炭車が奨励される ガソリン節約強化のため、自家用車の木炭車への転換が勧告された。
2.6	〔鉄道〕予讃本線 予讃本線伊予平野—八幡浜間が開業。
3.8	〔行政・法令〕自動車用タイヤ・チューブ配給統制規制 自動車タイヤ及びチューブの切符制配給を警視庁が開始する。10月には自転車用タイヤ・チューブについても配給制が始まった。
4.1	〔航空〕ゼロ戦の原型が完成 三菱重工業設計・製作による海軍零式艦上戦闘機の原型・12試艦戦第1号機が完成。海軍の主力戦闘機となり、21型、32型、52型、62型が生産された。生産総機数10,430機。増槽タンクを備え、航続距離を飛躍的に伸ばした。52型：全幅11m、全長9.1m、重量2.7t、最大速力565km/h、航続距離1,500km。
4.1	〔航空〕中央航空研究所設置 中央航空研究所が設置される。
4.11	〔行政・法令〕大日本航空株式会社法公布 大日本航空株式会社法公布（5月11日施行）。
4.17	〔鉄道〕華北交通株式会社設立 日中戦争により占領された中国華北地方の交通の便を図るため、華北交通株式会社が設立された。日中合弁の中国特殊法人だが実質的には日本の国策会社であった。本社は北京。鉄道とバスの運行を行った。
4.30	〔鉄道〕華中鉄道株式会社設立 日中戦争により占領された中国の鉄道のうち華中地域の運営を行うため華中鉄道株式会社が設立された。本社は上海。
7.1	〔鉄道〕九州鉄道 九州鉄道栄町—大牟田間が開通、これによって九鉄福岡—大牟田間は全線開通した。
7.6	〔航空〕ゼロ戦、海軍による初のテスト飛行 海軍が三菱重工業設計・製作による零式艦上戦闘機の最初のテスト飛行を行う。実践初参加は1940年8月の中国戦線。

8.26-10.20	〔航空〕「ニッポン号」世界一周飛行に成功　8月26日、親善使節大原武夫、機長中尾純利ら7名が搭乗する毎日新聞社の「ニッポン号」が羽田から世界一周親善飛行に出発。翌日札幌飛行場を離陸し、北太平洋横断の最難コース4,340kmを15時間48分で飛行し、アラスカ・ノームに着陸。カナダ、米国、中米、中南米へと翼を延ばし、大西洋を横断して欧州を訪問（途中第2次世界大戦が勃発し、ロンドン・ベルリン・パリの訪問は中止）。56日間52,860km、飛行時間194時間、20ヶ国を訪問し、10月20日南方コースで帰国した。「ニッポン号」は海軍の96式陸上攻撃機（三菱双発機）を長距離機に改造したもの。
8.31	〔航空〕特殊法人大日本航空設立　大日本航空株式会社法による特殊法人大日本航空株式会社設立。出資は政府3,725万円、民間6,275万円。
11.15	〔鉄道〕戦時体制強化のためダイヤ改正　戦争の激化に伴う輸送需要の高まりに対応するため、中国大陸への旅客輸送、および軍需工場への動員輸送のため通勤列車と急行列車が増発された。
11.15	〔鉄道〕土讃線　土讃線須崎—土佐久礼間が開業。
12.1	〔航空〕川崎造船所、川崎重工業に改称　川崎造船所が川崎重工業株式会社に社名変更。
12.14	〔鉄道〕牟岐線　牟岐線阿波福井—日和佐間が開業。
12.20	〔行政・法令〕木炭配給統制規則を公布　木炭配給統制規則を農林省が公布。25日に施行された。
12月	〔自動車〕フォード車の国産化に合意　トヨタ自動車工業・日産自動車と日本フォードが合弁会社設立で合意し、契約の仮調印が行われた。自動車製造事業法などによりフォードの活動が制限されたことから、フォード車の国産化を企図したものだが、日米関係の悪化に伴い本構想は立ち消えとなった。
12月	〔自動車〕日本フォードと日本GMが生産中止　日本フォードと日本GMが生産を中止した。自動車製造事業法などによる活動制限に加え、戦時体制確立のため乗用車の生産禁止と軍用トラックの国産車使用が決定されたことによるもの。
この年	〔航空〕日本航空輸送研究所などの輸送部門解散　日本航空輸送研究所、日本海航空、東京航空、安藤飛行機研究所の輸送部門が解散。大日本航空に吸収・合併される。
この年	〔バス〕バス事業を譲渡　東武鉄道が、バス事業を東武乗合へ譲渡した。
この年	〔バス〕各地でバス営業開始　中国鉄道がバス営業を開始する。また、鹿児島県桜島で町営バスの運行が始まった。

1940年
(昭和15年)

1.29	〔鉄道〕西成線列車脱線火災事故　西成線安治川口駅構内で下り桜島行きの「気1611列車」がポイント切り替えの誤操作により脱線、ポイントから約60mの島屋踏切

で車輪が踏切の敷石に乗り上げ横転した。その衝撃でガソリンタンクが破損、漏洩したガソリンに蓄電池回路の短絡火花が引火して3両目が炎上。車両内には沿線の軍需施設へ通勤する乗客が多数乗っており、死者189名、軽重傷者69名を出す大惨事になった。日本の鉄道火災事故としては史上最大の死者を出した。

2.1　〔行政・法令〕陸運統制令、海運統制令公布　陸運統制令と海運統制令が公布された。1938年に制定された国家総動員法にもとづき陸上および海上の物資輸送に国家が直接統制を加えるというもの。

3.23　〔鉄道〕乗車制限開始　軍事輸送を優先するため一部急行列車で乗車制限が実施された。鉄道省は不要不急の旅行を自粛するよう呼びかけた。

5.1　〔鉄道〕小田原急行鉄道と帝都電鉄が合併　小田原急行鉄道が帝都電鉄を吸収合併する。

8.8　〔鉄道〕紀勢西線　紀勢西線江住―紀勢中線串本および新宮―紀伊木本間が開業。

8.31　〔鉄道〕日満中連絡運輸規則　日満中連絡運輸規則が制定される。同年10月1日より施行された。

10.1　〔航空〕大日本飛行協会設立　政府方針により帝国飛行協会が各民間航空団体を統合、大日本飛行協会設立。

12.1　〔鉄道〕駅入場券販売中止　多客のため東京駅をはじめとする主要駅で入場券の販売を停止した。翌1月10日まで。

12.1　〔鉄道〕南海鉄道と阪和電気鉄道が合併　阪和電気鉄道が南海鉄道に吸収合併される。以後、旧阪和電気鉄道の路線は南海鉄道の「山手線」として運営された。

この年　〔鉄道〕紀元2600年　1940年は神武天皇即位紀元（皇紀）2600年にあたるとして、国内ではさまざまな記念行事が行われた。伊勢神宮や明治神宮への参拝が奨励され、参拝客の大量輸送に対応するため臨時列車が運行される。伊勢神宮、橿原神宮参拝回遊券として「紀元2600年記念乗車券」も発売された。

この年　〔鉄道〕弾丸列車計画　3月25日、東京と下関を結ぶ新幹線の工事予算が第76議会にて成立。9月には鉄道省が「東京・下関間新幹線建設基準」を制定し、1954年開通を目標に「十五ヶ年計画」が立てられた。

この年　〔バス〕青森市営バス開業　青森市で市営バスが運行を開始した。

1941年
（昭和16年）

2.15　〔鉄道〕急行列車を増発　東海道や山陽線で急行列車を増発。運転本数は戦前最高となった。

2.28　〔鉄道〕南武鉄道五日市線　南武鉄道が五日市鉄道を吸収合併、南武鉄道五日市線となった。

3.7	〔行政・法令〕**帝都高速度交通営団法公布**	帝都高速度交通営団(営団地下鉄)の設立を目的に帝都高速度交通営団法が公布された。
4.1	〔鉄道〕**南海鉄道山手線**	南海鉄道が阪和電気鉄道を吸収合併、南海鉄道山手線となった。
4.5	〔鉄道〕**横浜線**	横浜線原町田―八王子間の電化が完了した。
4月	〔自動車〕**東京自動車工業がヂーゼル自動車工業に社名変更**	東京自動車工業がヂーゼル自動車工業に社名変更した。トヨタ自動車工業と日産自動車に次ぐ第3の許可会社に認定されたことを受け、ディーゼルエンジントラックの量産体制を整えるための措置で、陸軍の意向により自動車用ディーゼルエンジンの生産が同社に集約されることになった。
5.1	〔鉄道〕**西成線で電車運転開始**	西成線大阪―桜島間の電化が完成し、電車の運転が開始された。西成線では前年1月29日のガソリンカー脱線火災事故以来、電化工事が前倒しで進められていた。
5.1	〔鉄道〕**富士身延鉄道と白棚鉄道を国有化**	1938年以来国有鉄道に借り上げられていた富士身延鉄道と白棚鉄道が買収された。それぞれ身延線、白棚線と改称。
7.4	〔地下鉄〕**帝都高速度交通営団設立**	1941年3月に公布された帝都高速度交通営団法に基づき、帝都高速度交通営団が設立された。東京地下鉄道及び東京高速鉄道の路線を譲り受け、地下都市交通事業を継承する。
7.15	〔行政・法令〕**乗合自動車路線の譲渡**	陸上交通事業調整法に基づき、山手線内側の旧市内の乗合自動車路線を東京市に譲渡することが決定した。
7.16	〔鉄道〕**3等寝台車廃止**	3等寝台車が廃止される。また、食堂車の連結も大幅に削減された。
8.7	〔行政・法令〕**ガソリン配給の停止とその影響**	アメリカの対日石油輸出禁止の措置により、政府はガソリンの配給を停止した。全自動車の代燃化方針と同時に路線バスの並行路線は大幅に削減されることとなった。10月1日には乗合自動車におけるガソリンの使用が全面的に禁止される。
8.21	〔鉄道・バス〕**朝夕急行制が実施**	市電・市バスおよび18バス会社が交通緩和政策のため朝夕急行制を実施した。
8月	〔航空〕**石川島航空工業設立**	石川島造船所の航空発動機部門が分離・独立し、石川島航空工業株式会社設立。
9.3	〔自動車〕**全国乗合自動車運送事業組合連合会**	社団法人日本乗合自動車協会が解散。その後「自動車交通事業法」に基づく全国乗合自動車運送事業組合連合会が設立された。
10.10	〔鉄道〕**幌加内線**	幌加内線朱鞠内―名雨線初茶志内間が開業。
10.28	〔鉄道〕**志布志線**	志布志線油津―北郷間が開業。
10.30	〔地下鉄・バス〕**地下鉄、バスの買収案可決**	東京市議会において東京地下鉄、東京環状バス、大東亜遊覧バス3社の買収案が可決される。
11.15	〔行政・法令〕**陸運統制令改正**	政府は前年に公布された陸運統制令を全面的に改正

し、輸送統制の一層の強化に乗り出した。これにもとづき私設鉄道会社22社が買収された。

12月 〔自動車〕日産自動車の生産台数が戦前最高に 日産自動車が過去最高となる月産2250台、トヨタ自動車工業も過去最高となる月産2066台を記録した。また、日産自動車の年間生産台数は1万9688台で、戦前では同社の最高記録。その大半は軍用トラックだった。

この年 〔バス〕各地でバス営業開始 長野電鉄、南国交通バス、宇野自動車、弘南バスが乗合バス営業を開始した。また、秋田市と呉市で市営バスの営業が始まった。

この年 〔自転車〕自転車部品製造業者の統合 国家総動員法に基づき、自転車部品製造業者1348社は113社に整理統合された。自転車の生産台数は前年の125万台から20万台以下に激減。翌1942年以降は工場のほとんどが軍需工場に転換・供用され、終戦時には生産台数2万台まで落ちこんでいた。

1942年
（昭和17年）

1.31 〔バス〕市バス路線を譲渡 陸上交通事業調整法に基づき、東京市に市内バス路線が譲渡された。

2.1 〔鉄道・バス〕電車・バスの系統統合 東京市電気局が東京地下鉄の城東線と城東自動車を買収統合。東京市内の電車・民間バスが33系統に統合された。

2月 〔航空〕海軍、二式飛行艇を制式採用 海軍が川西航空機の二式飛行艇（二式大艇）を制式採用。同機は1938年8月に十三試大型飛行艇として設計に着手し、1940年12月に完成。1941年3月26日海軍に納入され、技術・運用試験を経て制式採用となった。設計にあたっての海軍の要求性能は最大速度444km/h、巡航速度333km/h、航続力7,408km。終戦までに167機（うち36機は輸送飛行艇「晴空」）が生産された。同機を設計した技術陣は研究を重ね、戦後、飛行艇PS-1、US-1を開発。

2月 〔自転車〕ブリッヂストンタイヤ、日本タイヤ株式会社に改称 英語の社名は改めるようにとの軍部の要請により、ブリッヂストンタイヤは日本タイヤ株式会社に改称した。

5.1 〔鉄道〕東京急行電鉄 陸上交通事業調整法に基づき東京横浜電鉄が小田急電鉄・京浜電気鉄道を合併し、東京急行電鉄（大東急）が成立した。

5月 〔自動車〕日野重工業を設立 ヂーゼル自動車工業の日野製作所が分離独立し、日野重工業が設立された。日野自動車の前身で、星子勇ら旧東京瓦斯電気工業系技術者の多くが同社に移籍した。日野製作所は主に戦車や戦車用ディーゼルエンジンなど軍用特殊車両を生産しており、陸軍の意向に基づく措置だった。

7.1 〔鉄道〕関門鉄道トンネルが開通 下関—門司間を結ぶ海底トンネル建設工事および電化工事が終了。下り本線で試験運行を兼ねて貨物列車の運行を開始した。世界

初の海底鉄道トンネルである。

7.1 〔鉄道〕牟岐線 牟岐線日和佐―牟岐間が開業。

7.9 〔船舶〕関森航路が廃止 関門トンネルの開通によって連絡船による貨物輸送は中止、関森航路は廃止された。関門航路は運航回数を53往復から30往復に削減して存続した。

8.21 〔バス〕全国バス事業の統合 鉄道省は全国バス事業の統合を決定。1116社が154社となった。

9.27 〔船舶〕関釜連絡船「天山丸」就航 下関―釜山間航路に天山丸が就航した。

9月 〔鉄道〕西日本鉄道 9月19日、九州電気軌道が福博電車、九州鉄道、博多湾鉄道汽船、筑前参宮鉄道を合併。同月22日に社名を西日本鉄道と変更した。以後、九州電気軌道は北九州線、福博電車は福岡市内線、貝塚線は宮地岳線、筑前参宮鉄道は宇美線と改められた。

この年 〔バス〕各地でバス営業開始 西日本電鉄、広島電鉄、京福電鉄、大東急、徳島バス、群馬バスがバス営業を開始。また、仙台市、三原市で市バスの運行が始まった。

1943年
（昭和18年）

2.15 〔鉄道〕「臨戦ダイヤ」実施 「臨戦ダイヤ」として鉄道の時刻改正が実施される。東京―神戸間特急「鴎」をはじめ急行列車、準急列車、普通列車が大幅に削減された。

2.28 〔鉄道〕特急「あじあ」運転休止 軍用列車を増発するため、南満洲鉄道大連発の特急「あじあ」とハルビン行き夜行が運転休止となった。

3.29 〔鉄道〕小野田鉄道を国有化 国有鉄道は小野田鉄道を戦時買収。小野田―小野田港間を小野田線とした。

4.12 〔船舶〕関釜連絡船「崑崙丸」就航 下関―釜山航路に崑崙丸が就航した。

4.26 〔鉄道〕宇部鉄道を国有化 国有鉄道は宇部鉄道を戦時買収。小郡―宇部―西宇部間は宇部東線、宇部港―宇部間・宇部港―居能―新沖山間・宇部港―沖ノ山新鉱間などは宇部西線と改称した。

4.26 〔鉄道〕小倉鉄道を国有化 国有鉄道は小倉鉄道を戦時買収し、東小倉―添田間を添田線とした。

5.20 〔船舶〕宇高航路 宇高航路ではしけによる貨車航送が廃止される。

5.25 〔鉄道〕播丹鉄道と富士地方鉄道を国有化 国有鉄道は播丹鉄道と富山地方鉄道を戦時買収した。

6.1 〔バス〕東京市バス料金の値上げ 東京市のバス料金が値上げされる。区間制を系統制に変更し、一系統10銭とした。

6.28	〔鉄道〕産業セメント鉄道、鶴見臨港鉄道を国有化 国有鉄道は産業セメント鉄道全線、鶴見臨港鉄道を戦時買収した。
7.1	〔鉄道〕急行制度改正 それまでの特急列車を「第一種急行」、急行列車を「第二種急行」と変更した。
7.1	〔鉄道〕有馬線 有馬線三田―有馬間、牟岐線羽ノ浦―古庄間、田川線西添田―庄間が営業休止。
7.15	〔船舶〕博釜航路開業 博多港―釜山間航路が開業し、1日1往復運航された。
7.26	〔鉄道〕豊川鉄道、鳳来寺鉄道、三信鉄道、伊那電気鉄道、北海道鉄道を国有化 国有鉄道は豊川鉄道、鳳来寺鉄道、三信鉄道、伊那電気鉄道、北海道鉄道を戦時買収した。
9.1	〔鉄道〕川俣線、宮原線 川俣線松川―岩代川俣間と宮原線恵良―宝泉寺間で営業休止。
10.1	〔鉄道〕「決戦ダイヤ」実施 戦局の悪化を受け、「決戦ダイヤ」と称した鉄道時刻大改正を実施。旅客列車の大幅な削減、急行列車の速度低下を行い、貨物列車を増発した。これにより第1種急行「燕」が廃止される。
10.1	〔鉄道〕京阪神急行電鉄が発足 阪神急行電鉄が京阪電気鉄道を合併、京阪神急行電鉄として発足した。
10.5	〔船舶〕崑崙丸が撃沈される 下関港を出発し釜山に向かっていた鉄道連絡船崑崙丸は、午前1時15分頃沖の島東北約10海里の海上で米潜水艦の魚雷攻撃を受けて沈没した。死者・行方不明者は乗員655名中583名にのぼった。
10.26	〔鉄道〕常磐線土浦駅構内で列車衝突 常磐線土浦駅の裏1番線に到着し切り離された機関車がポイント切り替えミスにより立ち往生、そこに貨物列車が衝突、脱線し横転、旅客列車も衝突した。客車3両目が橋からぶら下がった状態で後部デッキに浸水、4両目は転落・水没した。死者は乗客107名、職員3名。水没した4両目の乗客約80名のうち死者約50名。
11.1	〔鉄道〕鍛治屋原線 鍛治屋原線板西―鍛治屋原間で営業を休止。
11.1	〔行政・法令〕運輸通信省設置 鉄道省が廃止され、運輸通信省が設置された。
11.1	〔行政・法令〕航空局、運輸通信省の内局に 通信省、鉄道省が合併し、運輸通信省が発足。航空局は同省の内局となる。
この年	〔バス〕各地でバス営業開業 鹿児島交通バス、奈良交通バス、福島県南交通バス、十勝バスなどがバス営業を開始。また、函館市・山口市に市営バスが開通した。

1944年
(昭和19年)

1.3	〔船舶〕有川桟橋航送場開業 函館港に青函航路有川桟橋航送場が開業。

4.1	〔鉄道〕	「決戦非常措置要綱」実施 1944年1月25日に閣議決定された決戦非常措置要綱に基づき鉄道ダイヤの改正を行う。第一種急行列車「富士」が廃止され、さらに一等車、寝台車、食堂車も全廃された。
4.1	〔鉄道〕	横須賀線 横須賀線横須賀―久里浜間が開業。
4.1	〔鉄道〕	食堂車の営業が全廃 戦争の激化により食堂車が廃止され、替わりに列車内やホームで弁当が販売された。
4.1	〔鉄道〕	南武鉄道、青梅電気鉄道を国有化 国有鉄道は南武鉄道と青梅電気鉄道を戦時買収、それぞれ南武線、青梅線とした。
4.7	〔バス〕	全国乗合旅客自動車運送事業組合連合会 全国乗合旅客自動車運送事業組合連合会が解散し、全国乗合旅客自動車運送事業組合連合会が設置された。これ以降、戦時統合によりバス事業者数が激減した。
5.1	〔鉄道〕	南海鉄道、宮城電気鉄道、西日本鉄道を国有化 日本国有鉄道は南海鉄道、宮城電気鉄道、西日本鉄道を戦時買収した。
5.10	〔鉄道〕	最初の女性車掌 名古屋鉄道に初めて女性車掌が勤務につく。太平洋戦争の影響で男性職員が不足したため。
6.1	〔鉄道〕	近畿日本鉄道 関西急行鉄道と南海鉄道が合併し、近畿日本鉄道が設立された。
6.1	〔鉄道〕	相模鉄道、中国鉄道、飯山鉄道を国有化 国有鉄道は相模鉄道、中国鉄道、飯山鉄道を戦時買収した。
6.15	〔鉄道〕	奥多摩電気鉄道を国有化 国有鉄道は奥多摩電気鉄道を戦時買収した。
9.1	〔鉄道〕	名古屋鉄道 名古屋鉄道新岐阜―豊橋間が全線開通した。
9.9	〔鉄道〕	関門鉄道トンネルが複線化 山陽本線下関―門司間関門鉄道トンネルの上り本線が完成。複線運転が開始された。
10.11	〔鉄道〕	「戦時陸運非常体制」実施 戦時陸運非常体制と称して鉄道のダイヤ改正を行う。急行列車の更なる削減を実施し、貨物列車と勤労人員輸送のための通勤列車を増発した。
10.11	〔鉄道〕	山陽本線、岩徳線 柳井線岩国―柳井―櫛ヶ浜間全線の複線化が完了した。この区間を山陽本線と改称し、従来の山陽本線を岩徳線と改称した。
10.11	〔鉄道〕	東海道本線 東海道本線南荒尾信号場―新垂井―関ヶ原間下り線が開業。
11.15	〔鉄道〕	東北本線 東北本線岩切―陸前山王―品井沼間別線が開業、岩切―陸前山王間はあわせて複線化も行われた。
この年	〔航空〕	小牧飛行場開場 陸軍小牧飛行場が開場した。
この年	〔バス〕	各地でバス営業開始 北海道中央バス、茨城交通バス、近鉄バスなどが営業を開始した。

1945年
（昭和20年）

1.2	〔鉄道〕長野原線	長野原線渋川―長野原間が開業、貨物線として使用された。
1.25	〔鉄道〕渡島海岸鉄道を国有化	国有鉄道は渡島海岸鉄道森―渡島砂原間を買収、函館本線に編入した。
3.1	〔鉄道〕松浦線	松浦線佐々―相浦間が開業、実盛谷―四ツ井樋間は廃止。
3.10	〔鉄道〕鉄道博物館休館	太平洋戦争激化のため鉄道博物館が休館。
4.1	〔鉄道〕旅客及び手荷物運送規則改正	旅客運賃の大幅値上げが行われた。
5.19	〔航空〕航空局、運輸省の内局に	運輸省が発足し、航空局は同省内局となる。
6.1	〔鉄道〕函館本線	函館本線軍川―渡島砂原間が開業。
6.20	〔鉄道〕予讃本線	予讃本線八幡浜―宇和島線卯之町間が開業。
6.20	〔船舶〕関釜航路と博釜航路が事実上消滅	戦局の悪化による対馬海峡の閉鎖と空襲で被害を受けたことにより鉄道連絡船の運航が困難になる。関釜航路と博釜航路は事実上消滅した。
6.25	〔鉄道〕京成電鉄	京成電気軌道が京成電鉄に社名変更した。
7.7	〔航空〕ロケット戦闘機「秋水」、第1回目の試験飛行で墜落	日本飛行機のロケット式局地戦闘機「秋水」が、第1回目の試験飛行で墜落。
7.14	〔船舶〕青函連絡船、空襲により壊滅的な被害	青函航路はアメリカ海軍艦載機の爆撃を受け、352人が死亡、8隻が沈没、2隻が擱座炎上、2隻が損傷という壊滅的な被害を被った。
7.28	〔船舶〕天山丸が撃沈される	天山丸は午後2時頃、大社港から隠岐諸島へ向けて就航中であったが、西ノ島三度崎灯台沖で米軍戦闘機の攻撃を受け炎上。2日後の30日午前5時30分頃日御崎沖約26km付近で沈没した。
8.7	〔航空〕国産ジェット攻撃機「橘花」が初飛行に成功	中島飛行機の純国産ジェット攻撃機「橘花」が初飛行に成功。高度600m、約11分間。
8.13	〔船舶〕稚泊連絡船が避難輸送を実施	ソ連軍の樺太侵攻を受けて、稚泊航路では避難民の緊急輸送が行われる。同月24日の稚内到着便が最後の運航となった。
8.15	〔自動車〕敗戦と自動車業界	太平洋戦争が終結したこの日、トヨタ自動車工業の赤井久義副社長が東京滞在中の豊田喜一郎に代わり幹部社員を招集し、民間用自動車生産再開の決意を表明した。前日に工場が空襲に遭ったが被害は軽微で、生産再開への障害は少なかった。日産重工業は臨時休業として社員のみが出社した。同社は工場や施設の多くを空襲で焼失していた上、残存施設も大半が占領軍に接収されることになった。鐘淵デイゼル工業は機械を疎開させていたため工場が無人の状態になっていたが、機械の輸送を開始してトラックの生産計画を立てる一

方、在庫資材でフライパンやアルミ鍋の製造を開始した。鈴木式織機は空襲と1944年12月の東海沖地震で工場が被災しており、終戦を受けて全従業員を解雇した。その後、本社を浜松から高塚工場に移転し、再就職した従業員により農耕具・シャベル・ペンチ・電気コンロなどの製造を開始した。

8.15　〔行政・法令〕復興運輸本部を設置　第二次世界大戦終結に伴い、運輸省内に復興運輸本部が設置された。

8.24　〔鉄道〕国鉄八高線多摩川鉄橋で列車正面衝突　八高線多摩川鉄橋上で、上り第6列車と下り第3列車が正面衝突。両列車の機関車は互いに食い込んで押し潰され、下り第3列車の客車1両目は、炭水車の下敷きになって潰され、上り第6列車の客車1両目はほとんど粉砕されて川に落下した。この事故による死者は104名、行方不明者20名。

8月　〔航空〕日本初のジェットエンジン「ネ20」、海軍に納入　石川島重工業が特攻機「橘花」搭載用として日本初のジェットエンジン「ネ20」5基を生産し、海軍に納入。

9.12　〔航空〕GHQ、羽田飛行場ほか各地飛行場接収　連合国軍総司令部（GHQ）が羽田飛行場など各地の飛行場を接収した。

9.22　〔鉄道〕武蔵野鉄道が西武鉄道を吸収合併　武蔵野鉄道は西武鉄道を吸収合併、西武農業鉄道と改称した。

9.30　〔鉄道〕南満洲鉄道に閉鎖命令　GHQにより、満鉄をはじめとする外地機関に即時閉鎖命令が出された。

9月　〔航空〕富士産業に改称　中島飛行機が富士産業に社名変更し、本社を東京・丸の内に移転した。終戦に伴う措置で、11月には財閥解体の指定を受け、各地に存在した同社工場は個別に民需転換を模索することになった。

9月　〔鉄道〕連合軍鉄道司令部（RTO）設置　連合国軍最高司令官総司令部（GHQ）第3鉄道輸送司令部（MRS）の下に地区司令部（DTO）と鉄道司令部（RTO）が設置され、日本の鉄道は連合軍の指導下に置かれた。

9月　〔自動車〕自動車関連各社が操業を再開　太平洋戦争終戦を受けて、自動車関連各社が操業を再開した。東洋工業は工場の被害が軽微だったため、三輪トラック生産再開の準備を進めると共に、在庫資材を利用して自転車の製造を開始した。発動機製造は大阪工場が空襲で大打撃を受けており、疎開させていたオート三輪生産設備を被害の少ない池田工場に輸送して生産を再開。なお、同工場は賠償指定工場とされ、民需転換を図ることになった。日野重工業は終戦に伴い工場を閉鎖して解散の準備を進めていたが、民需転換による再建に方針転換。9月30日に一旦解散した後、10月1日に全従業員の三分の一を再雇用して鍋・釜・農耕具などを生産をする一方、接収を免れた施設による自動車生産再開の準備を開始した。ヂーゼル自動車工業はトラックやバスの製造販売を中心に農耕具や船舶用エンジンの製造などを行う民需転換方針を策定した。なお、同社工場は空襲の被害が小さかった。

10.8　〔航空〕大日本航空、解散決議　大日本航空が同日をもって解散を決議。

10月　〔航空〕緑十字飛行実施　敗戦により8月24日以降日本国籍機の一切の飛行が禁止される中、GHQの許可を受けて戦後処理連絡飛行（緑十字飛行）が実施された。

10月	〔自動車〕自動車製造事業法を廃止	自動車製造事業法が廃止された。終戦に伴い、戦前の法律の見直しが行われたことによるもの。
11.10	〔航空〕大日本飛行協会解散	大日本飛行協会が解散した。
11.18	〔航空〕GHQ、SCAPIN 301（航空禁止令）発令	GHQが「民間航空廃止ニ関スル連合軍最高司令官指令覚書」（SCAPIN 301）を発令。12月31日を限りに日本人による一切の航空活動を禁止し、航空局は廃止となる。
11.20	〔鉄道〕戦後初のダイヤ改正	時刻改正が行われ、東京以西各線で4往復、東京以北で3往復の急行列車が復活した。
12.1	〔バス〕都バス料金改正	都営バスの料金が改正され、1系統10銭から20銭に値上げされた。
12.20	〔鉄道〕復員列車	帰郷する復員兵のために復員列車が運行された。
12.21	〔航空〕航空機製造事業法廃止	航空機製造事業法が廃止される。
12月	〔鉄道〕列車の運行数を削減	冬季の暖房需要の増加によって石炭が不足したことから、15日に列車の第一次削減を実施。旅客列車は50％、貨物列車は31％削減された。20日にはさらに20％、24日には13％が削減され、輸送力は戦時中を下回った。
12月	〔自動車〕自動車配給要綱を制定	運輸省が自動車（新車）配給要綱を制定した。自動車の配給統制を復活させるもので、新車を一般用・自家用・小運送用・官庁用に区分し、都道府県別・鉄道局別に割り当てたが、生産台数が少ないことから民間の入手は困難だった。
12月	〔自動車〕日本自動車製造工業組合を設立	日本自動車製造工業組合が設立された。自動車産業の統制を目的とした戦前の組織に代わる協議会で、豊田喜一郎が会長に就任し、民需転換や自動車生産の認可などについてGHQとの折衝に当たった。後に自動車工業会と改称し、更に日本小型自動車工業会と合併して現在の日本自動車工業会になった。
この年	〔バス〕各地でバス営業開始	宇部市営バスが開業。また、大分交通バス・山梨交通バス・信南交通バスが営業を開始した。
この年	〔オートバイ〕軍用オートバイの生産休止	敗戦に伴い、軍用オートバイの生産が中止される。

1946年
（昭和21年）

1.1	〔航空〕逓信院電波局航空保安部発足	占領軍の航空活動のため、前年末に廃止された運輸省航空局に代わって逓信院電波局内に航空保安部が設置される。
1.11	〔鉄道〕旅客列車復活	東海道・山陽本線に14本の旅客列車が復活。また、貨物列車も増発された。

1.25	〔文化〕交通文化博物館開館　戦争の激化のため閉鎖されていた鉄道博物館が交通文化博物館開館と改称して再開。同時に運輸省から日本交通公社に移管された。
1.31	〔鉄道〕連合軍専用列車運行　1945年12月にGHQから出された連合軍専用列車の要請を受け、東海道本線・山陽本線の東京―門司間で「Allied Limited」の運転を開始した。輸送手段の不足に日本人が苦しむ中、連合軍専用列車には優先的に良い車両が提供された。
2.19	〔自動車〕昭和天皇が日産重工業を視察　昭和天皇が横浜の日産重工業本社工場を視察した。同社は既に生産再開を果たしており、復興の模範として全国巡幸の最初の訪問地に選ばれたもの。また、この日に日産重工業従業員組合が結成され、1947年に日産重工業労働組合と改称した。
2.25	〔鉄道〕旅客列車の第2次復活　旅客列車が増発され昭和20年11月頃の運行数まで復帰した。
2月	〔バス〕電気乗合バス試作　中島製作所、湯浅蓄電池製造、名古屋自動車工業の三社共同で、電気乗合バスの試作が再開された。
3.1	〔鉄道〕鉄道運賃体制を改定　これまで鉄道運賃は旅客基本賃率と特別賃率の2本建制であったが、これを廃し基本賃率1本立てに改正した。同時に運賃値上げを実施、旅客約1.5倍、貨物約3倍となった。
3.15	〔鉄道・バス〕都電・都バス運賃値上げ　都電・都バスが1系統20銭から40銭に値上げした。
3月	〔自動車〕日野産業に改称　日野重工業が日野産業に社名変更した。民需転換に伴う措置で、10月には社長の松方五郎が公職追放となり、専務の大久保正二が後任社長となった。
4.1	〔自動車〕自動車営業復活　東京都が自動車営業を復活した。
4.25	〔船舶〕大島連絡船が国鉄に移管される　大島航路が山口県営から国鉄に移管され、国鉄鉄道連絡船となる。
4月	〔自動車〕関東電気自動車製造創立　関東電気自動車製造が設立された。
5.1	〔船舶〕仁堀航路　仁堀航路仁方―堀江間航路が開業。
5月	〔自動車〕鐘淵デイゼル工業が民生産業に改称　鐘淵デイゼル工業が民生産業に社名変更した。民需転換に伴う措置で、社長の城戸季吉は公職追放となり、同社特別管理人の児玉復太郎が社長に就任した。
7.1	〔航空〕逓信省航空保安部設置　逓信院を廃止して逓信省を設置。航空保安部は逓信省航空保安部となる。
7.1	〔鉄道〕急行列車内での弁当販売復活　東京―門司間および上野―青森間の急行列車内で弁当の販売が再開された。
7.1	〔船舶〕有川-小湊間航路　有川―小湊間航路が開業。戦車揚陸艦（LST）による貨車航送が開始された。
7.11	〔航空〕GHQ、5通信所の設置・運営指示　GHQが名古屋、熊野、鹿児島、福岡、大島の5通信所の設置・運営を指示。

7月	〔行政・法令〕運賃許可権が物価庁所管に	物価統制令の施行により、運賃の認可権が物価庁所管に移った。
8月	〔オートバイ〕富士産業が「ラビット」発売	富士産業がアメリカのパウエル式スクーターを手本に日本最初のスクーター「ラビット」を発売した。エンジンは空冷4サイクル単気筒・135cc。
10月	〔自動車〕本田技術研究所を設立	本田宗一郎が静岡県浜松市山下町に本田技術研究所を設立した。内燃機関や各種工作機械の開発・製造を目的とし、本田技研工業株式会社の前身となった。
11.16	〔鉄道〕西武鉄道	西武農業鉄道が西武鉄道と改称。
12月	〔オートバイ〕新三菱重工が「シルバーピジョン」発売	新三菱重工が米国サルスベリー社製モーターグライドをモデルに「シルバーピジョン」C-10型を開発・発売する。エンジンは強制空冷4サイクル、113cc。富士産業のラビットと人気を二分した。
この年	〔航空〕米空軍、航空管制を開始	敗戦後、日本に進駐した米空軍航空通信隊がジョンソン・センターと板付センターで航空管制を開始。1952年、両者は入間基地に統合され、全国を一元的に管制する東京センターとなる。
この年	〔バス〕阪急バス、西武自動車	阪急バス、西武自動車が設立された。
この年	〔オートバイ〕ビスモーター	みづほ自動車製作所はバイクモーター「ビスモーター」を発売した。2サイクル、62cc、1.5馬力で、自転車の後輪に取り付けて駆動させた。
この年	〔行政・法令〕陸運管理局設置	陸運管理局が運輸省内に設置された。

1947年
(昭和22年)

1.4	〔鉄道〕旅客列車を大幅削減	石炭の不足から大幅な列車の削減が行われる。急行列車、準急列車、二等車は全廃された。
2.15	〔鉄道・バス〕都電・都バスの運賃値上げ	都電・都バスの区間制が復活。運賃は前回改定時の40銭から1区50銭に値上げされ、1区増すごとに50銭加算となった。同年6月には1区1円、9月にはさらに1区2円区間制に値上げされた。
2.25	〔鉄道〕八高線高麗川駅手前カーブで列車脱線、転覆	八高線の東飯能駅─高麗川駅間で、約1,500人の乗客を乗せた八王子発高崎行き列車が急カーブにさしかかった際、ブレーキが作動せず、2両目と3両目の間の連結器が外れ3両目から後ろの4両が進行方向の右側に振り飛ばされ脱線、内4、5、6両目が高さ約5mの築堤下の麦畑に転落大破した。列車は超満員で屋根の上にまで人が乗っているという状況で、この事故により184名が死亡、50名近い負傷者を出した。戦後の列車事故最大の死者数。

4.1	〔鉄道〕上越線	上越線高崎―水上間の電化が完了した。
4.24	〔鉄道〕急行列車と2等車復活	急行列車と2等車の運転が再開され、東京―門司間急行列車などが復活した。
5.5	〔鉄道〕中央線急行電車に婦人子供専用車	終戦直後の中央線では乗車率が300％を越えることも珍しくなかったため、この大混雑から女性と子供を守る目的で婦人子供専用車両が連結された。同年9月からは京浜東北線にも導入された。
5.31	〔バス〕東武鉄道がバス部門を合併	東武鉄道が系列会社である東武自動車を合併、以後同社のバス事業を継承する。
5月	〔自動車〕トヨタ自動車工業が累計10万台達成	トヨタ自動車工業の創業以来の累計自動車生産台数が10万台を突破した。戦後の資材不足などのため、当時の生産能力は大型トラックが月産1500台、小型トラックが同100台だった。
6.25	〔バス〕都バスと民営バスの相互乗り入れ開始	東京都との協定により、都バスと近郊民営バスの相互乗り入れが開始した。これにより都心と郊外との直通中距離輸送が実現し、都バスと京成バスが東京駅から市川駅間を結んだ。
6.29	〔鉄道〕急行、準急列車の復活	東京―大阪間急行など幹線の急行列車、準急列車が運転を再開した。
6月	〔自動車〕東京電気自動車を設立	東京電気自動車が設立された。資本金は19万5000円。立川飛行機の自動車部門が分離独立したもので、1949年たま電気自動車、1951年たま自動車を経て、1952年にプリンス自動車工業株式会社に社名変更した。
7.6	〔船舶〕宇高連絡船「紫雲丸」就航	宇高航路に紫雲丸（1,449トン）が就航した。
8月	〔自動車〕戦後初のダットサン乗用車が完成	日産重工業の吉原工場で戦後初となるダットサン乗用車が完成した。当時はトラックの生産を主要事業としていたが、乗用車の生産準備に入っており、エンジンは戦前と同じ722ccの物を搭載していた。
10.1	〔鉄道〕上越線電化完了	上越線石打―長岡間が電化開通、これによって上越線全線の電化が完了した。
10.8	〔鉄道〕名阪特急の運転を開始	近畿日本鉄道が大阪上本町―名古屋間で特急列車の運転を開始した。戦後初の特急。1日2往復、同区間を4時間3分で運転した。
11.8	〔行政・法令〕道路交通取締法公布	道路交通取締法が公布された。施行は1948年1月1日。信号の「赤=止まれ」、「青=進め」が初めて法令として明文化される。同法の公布により、道路取締令、自動車取締令は廃止された。
11.21	〔船舶〕青函連絡船「洞爺丸」就航	青函航路に洞爺丸（3,898トン）が就航した。国鉄がGHQの指導のもと建造した車載客船のひとつ。
12.16	〔行政・法令〕道路運送法公布	道路運送法が公布された。これに伴い自動車交通事業法が廃止された。
12.26	〔鉄道〕京王帝都電鉄	戦時中に東京急行電鉄株式会社に併合されていた京王帝都電鉄・小田急電鉄・京浜急行電鉄・株式会社東横百貨店が独立した。
この年	〔バス〕各地でバス営業開始	国際興業バスが営業を開始した。また、名鉄はバス直

営を開始する。

この年　〔自転車〕旅客軽車営業取締規則　東京都内に輪タクが急増したことから、政府は旅客軽車営業取締規則を制定した。日本における輪タク営業は同年2月1日、関東尾津組が東京で2人乗りの輪タク営業を東京で始めたのが最初とされる。営業当初は24キロ10円、その後10月には20円に値上げされ、1キロごとに10円の加算となっていた。

1948年
（昭和23年）

1.1　〔鉄道〕連合軍旅客列車・専用客車取扱手続　連合軍旅客列車・専用客車取扱手続が施行される。

1.5　〔鉄道〕名鉄瀬戸線で脱線・横転事故　名古屋鉄道瀬戸線で、約5分遅れで瀬戸駅を出発した上り第950急行列車が遅れを回復するため加速を続け、三郷駅—小幡駅間にある「大森カーブ」に差しかかった際、付随車が右カーブ外側に傾斜して下り線軌道上に横転、次いで電動車も横転した。この事故による死者は34名。重軽傷153名。

3.31　〔鉄道〕近鉄奈良線花園駅、急行列車が先行電車に追突　近鉄奈良線生駒駅で、満員の大阪・上本町六丁目駅行き712急行電車（3両編成）が花園駅を発車した直後の774普通電車（瓢箪山駅発上本町六丁目駅行き2両編成、乗客約130人）に追突、712急行電車の先頭車両が774普通電車の後部車両に食い込んだまま約85～100m進んで停止し、大破した。この事故による死者は49名（乗客48名と車掌1名）。走行中に手動でドアを開けて飛び降りた乗客が2名いたが1名は死亡。負傷者は272名だった。

5.16　〔鉄道〕名古屋鉄道　名古屋鉄道新岐阜—豊橋間で直通特急電車の運転を開始する。同区間を所要2時間5分で運行した。

6.1　〔鉄道〕京浜急行電鉄　東京急行電鉄の第3会社として京浜急行電鉄が設立され、営業を開始する。

6.1　〔鉄道・バス〕都電・都バス運賃値上げ　都電・都バスの運賃2円を、1区3円50銭区間制に値上げした。2ヶ月後の8月1日には1区6円区間制となった。

6.28　〔鉄道〕福井地震　16時13分29秒福井県坂井郡丸岡町付近を震源とする大地震が起こり多くの建物が倒壊、死者・行方不明者は3,769名にのぼった。戦後の地震では阪神・淡路大震災に次ぐ被害状況で、震度階に「震度7」が加えられるきっかけになった。この地震により北陸本線も甚大な被害を受け、復旧まで約2ヶ月を要した。

7.1　〔鉄道〕戦後初の白紙ダイヤ改正　国鉄は戦後初の白紙改正を実施。急行列車・準急列車が増発され、また石炭事情の良い時に限り運転される「不定期列車」も新設された。

8.6	〔鉄道〕**東武鉄道**	連合軍専用列車の一部を開放する形で東武鉄道浅草―東武日光間で特急電車の運転が開始された。名阪特急に続いて2番目の運行開始。
9.1	〔文化〕**交通博物館**	交通文化博物館は交通博物館と改称された。
9.16	〔鉄道〕**アイオン台風**	襲来したアイオン台風による土砂災害で、山田線平津戸―蟇目間合計約45キロメートルが寸断、不通となった。この路線は前年のキャサリン台風でも茂市―蟇目間が寸断されるなど大きな被害を受けていた。復旧工事が始まるまでには4年を要し、ついに完全復旧を果たしたのは6年後の昭和29年11月21日であった。
9.28	〔バス〕**日本乗合自動車協会発足**	社団法人日本乗合自動車協会が発足した。佐藤栄作を会長とする。
9月	〔自動車〕**本田技研工業を設立**	本田技研工業が浜松市板屋町に設立された。本田技術研究所を継承したもので、資本金は100万円。本田宗一郎以下10人足らずの小さな町工場だった。
10.16	〔鉄道〕**小田急電鉄**	小田急電鉄新宿―小田原間で特急電車の運転が開始される。週末のみの運転で所要時間は100分であった。
10月	〔自動車〕**自動車工業基本対策を発表**	商工省が自動車工業基本対策を発表した。経済復興5ヶ年計画に基づき、新車需要には国産車の増産で対処するとの内容で、輸入を制限して国内メーカーを育成しようとするものだが、消費者に高価格低性能の国産車購入を強いることにもなった。
10月	〔自動車〕**自動車輸入を開始**	戦後の自動車輸入が開始された。当時は全ての輸出入外国為替および金融取引についてGHQの承認が必要で、輸出入管理を管掌する貿易庁と輸入実務受託契約を結ぶ形が取られ、海外メーカーの販売権を獲得したニューエンパイヤー、梁瀬自動車、安全自動車、日新自動車が輸入事業を開始した。
11月	〔自動車〕**日産重工業の5ヶ年計画**	日産重工業が5ヶ年計画を立案した。月産台数を初年度800台・2年度1000台に増加させ、1950年の新モデル登場を目指すと共に、将来的にはトラックから乗用車に重点を移すとの内容だが、ストライキなどもあって計画は達成されなかった。
12月	〔自動車〕**日野産業が日野ヂーゼル工業に改称**	日野産業が日野ヂーゼル工業に社名変更した。直前に企業再建整備計画により資本金を400万円に減資したが、1949年3月に2500万円に増資。最優秀指定工場として米軍から優先的に受注するなど業績は好調で、7月には1億円に増資して生産設備を拡充。1949年の不況を最も安定した経営で乗り切ることになった。
この年	〔自動車〕**自動車生産5ヵ年計画**	自動車生産5ヵ年計画が開始された。
この年	〔オートバイ〕**「シルバーピジョン」C-21発売**	キックスターター付きのシルバーピジョンC-21型が発売される。エンジンが向上し148cc・出力3馬力。

1949年
（昭和24年）

2.1 〔鉄道〕東海道本線 東海道本線沼津―静岡間で電化工事が完了。

3.19 〔バス〕はとバス富士号の運転開始 都内遊覧のはとバス富士号の運転を新日本観光が開始した。料金は3時間半で250円であった。

4.24 〔鉄道〕奥羽本線 奥羽本線福島―米沢間で電化工事が完了。

5.10 〔行政・法令〕揮発油税復活 1943年にガソリンが配給制になって以来廃止されていた揮発油税が復活。当初は従価制であった。

5.20 〔鉄道〕東海道本線 東海道本線静岡―浜松間で電化工事が完了。

6.1 〔航空〕航空保安庁設置 逓信省航空保安部が電気通信省の外局として航空保安庁に昇格。札幌、三沢、仙台、入間川、新潟、立川、横田、羽田、焼津、名古屋、大阪、岩国、防府、美保、高松、芦屋、福岡に航空保安事務所を設置。

6.1 〔鉄道〕常磐線 常磐線松戸―取手間で電化工事が完了。

6.1 〔鉄道・バス〕都電・都バス値上げ 都電・都バスが1系統6円から8円に、1区6円が10円区間制に値上げされた。

7.1 〔バス〕学割バス 都営バスが学割バスを運行開始した。

7.6 〔鉄道〕下山事件 国鉄総裁下山定則が7月5日東京都千代田区で行方不明となり、6日足立区の常磐線線路上で轢死体で発見された。解剖の結果死後に轢かれたものとして他殺説が有力となった。下山氏の当日の足跡の聞込み調査、交友関係を含めた捜査、および所持品の捜索が続けられたが決定的なものは発見されず、捜査は行き詰まり、自殺とも他殺とも結論づけられないままとなった。

7.15 〔鉄道〕三鷹事件 夜9時45分頃、中央線三鷹駅の車庫から空電車7台が突然走り出し、前3台が車止めを突破、改札口と階段、駅前交番を粉砕した後民家1戸を半壊して停車した。跳ね飛ばされるなどして乗降客ら4人が死亡、7名が重傷を負った。何者かが発車させたものとして、おりからの人員整理反対闘争を行っていた労組員が疑われ、17日に2名、その後8月1日に7名が逮捕された。いずれも黙秘を通したが、証拠が固まったとして先に逮捕されたうち1名、後に逮捕された全員が電車転覆致死罪および共同正犯として起訴された。

7月 〔自動車〕ヂーゼル自動車工業がいすゞ自動車と改称 ヂーゼル自動車工業がいすゞ自動車と社名変更した。創業以来の商標名を社名とし、資本金を1億5000万円に増資したが、改組などは行われなかった。

8.17 〔鉄道〕松川事件 東北本線松川―金谷川間のレールの継目板および枕木の犬釘が何者かによって外され、走行中の青森発上野行き上り列車が突如脱線・転覆、乗務員3人が死亡する事件が起きた。捜査当局は労働組合関係者の犯行と断定、国鉄と東芝の労組幹部ら20名が逮捕・起訴される。一審では死刑5人を含む全員が有

	罪判決を受けたが裁判が進むにつれて被告らの無実が明らかになり、1963年の差戻審では全員無罪が確定した。
8月	〔自動車〕トヨタ自動車工業の生産方式改革 トヨタ自動車工業が生産方式の改革に着手した。機械工場長大野耐一の指導により、一人の作業者が複数の加工機械を受け持つ方式、加工完了時や不具合発生時に自動的に機械が停止するシステムが導入された。後にカイゼンの名で世界に普及するトヨタ生産方式の第一歩となった。
8月	〔自動車〕日産自動車と改称 日産重工業が日産自動車に社名変更した。同社は1944年に日産自動車から日産重工業へ社名変更していたが、戦時中のイメージを払拭するため旧名に復することになった。なお、同社はトラック生産が軌道に乗る一方、販売台数が伸びずに赤字が続いていた。
9.15	〔鉄道〕国鉄ダイヤ改正 国鉄はダイヤ改正を実施。東京―大阪間で特急「へいわ」が運行を開始し、特急列車が復活した。戦後初の国鉄特急。東京―大阪間を9時間で結んだ。特急列車以外にも急行列車・準急列車の大増発がなされた。
9.30	〔バス〕東急電鉄、代燃車を廃止 東急電鉄は路線バスの代燃車を廃止し、全ての車両を液体燃料車とした。
10月	〔鉄道〕トロリーバス敷設出願 新たな路線計画として、東京都交通局は無軌条電車（トロリーバス）敷設を出願した。
11月	〔航空〕タチヒ工業設立 企業再建整備法により、立川飛行機の第二会社としてタチヒ工業株式会社設立。資本金2,000万円は立川飛行機の現物出資。1952年新立川航空機に改称。
11月	〔自動車〕たま電気自動車と改称 東京電気自動車がたま電気自動車に社名変更した。2月のブリヂストンによる資本注入を受けてのことで、社名変更と同時に工場を府中から三鷹に移転し、月産台数が70台に強化された。
11月	〔自動車〕トヨタSD型の生産を開始 トヨタ自動車工業がSD型小型乗用車の生産を開始した。同車はSB型トラックのフレームに乗用車用ボディを装備したもので、ボディは手叩きによる板金製。当初は月産10台だったが、後に拡大された。なお、生産は関東電気自動車製造に委託されたが、後に同社はトヨタ資本を受け入れ、トヨタの有力車体工場となった。
12月	〔バス〕モノコックボディ・リアエンジンバス 富士重工業が国産で初のモノコックボディ・リアエンジンバスを完成。以後量産される。
12月	〔自動車〕トヨタ自動車工業に協調融資 トヨタ自動車工業が各銀行からの協調融資により倒産の危機を脱した。同社はドッジラインによる不況で極度に経営が悪化していたが、同社の倒産は中京地方の経済に深刻な影響を及ぼすとして、日本銀行支店長の高梨壮夫の呼びかけにより協調融資が実施された。
12月	〔行政・法令〕自動車生産制限の解除 GHQが自動車生産制限を解除した。
この年	〔航空〕新明和興業を設立 新明和興業株式会社が設立された。二式飛行艇や紫電改戦闘機などを製作した川西航空機株式会社の後身にあたり、戦後は民需産業への転換に成功。1960年に新明和工業株式会社に社名変更し、同年に日立製作所の系

列化に入った。同社が製作した航空機にPS-1対潜哨戒飛行艇、US-1救難飛行艇などがある。

この年　〔バス〕各地でバス営業開始　湘南交通バス、滋賀交通バス、相模鉄道、東海汽船、阪東自動車がバス営業を開始。また荒尾市、鳴門市、伊丹市、岐阜市で市営バスが開業した。

この年　〔オートバイ〕本田技研工業が一貫生産を開始　本田技研工業がオートバイの車体とエンジンの一貫生産を開始した。

1950年
（昭和25年）

1.30　〔鉄道〕80系電車　中間電動車方式を採用した80系電車が国鉄に登場。「湘南型電車」と呼ばれた。

1月　〔自動車〕三菱重工業が解散　三菱重工業が解散した。GHQの財閥解体指令によるもので、地域ごとに分割され、東日本重工業（資本金7億円）、中日本重工業（同13億円）、西日本重工業（同9億円）の3社が設立された。

3.1　〔鉄道〕湘南電車運転開始　東海道本線東京—沼津間で通称「湘南電車」の運転が開始された。80系車両が導入され、緑色とオレンジ色のツートーンカラーの塗装で親しまれた。

3.14　〔鉄道〕国鉄最初の「民衆駅」　国鉄豊橋駅が竣工した。駅舎を国鉄と地元が共同で建設し駅舎に商業施設を設ける「民衆駅」としては国鉄で最初のもの。

4月　〔バス〕都バス循環路線の新設　都バスが東京駅—月島3丁目間に全線1区10円の循環路線を新設した。

4月　〔自動車〕トヨタ自動車販売を設立　トヨタ自動車販売が設立された。協調融資の条件として販売部門の分離独立を要求されたためで、販売部門責任者で乗務だった神谷正太郎が社長に就任した。

4月　〔自動車〕トヨタ争議　トヨタ自動車工業が1600人の希望退職者募集、蒲田・芝浦工場閉鎖などの会社再建案を発表した。協調融資の条件として銀行側から人員整理を要求されたためだが、1949年の労使交渉で賃金引き下げと交換に人員整理を行わないとの合意がなされていたため組合側が猛反発し、3ヶ月にわたる労働争議が勃発した。

4月　〔自動車〕自動車の配給統制を撤廃　自動車の配給統制が全面的に撤廃された。自動車生産の増加に伴う措置で、車両価格の統制も解除され、各社が独自に価格設定しての自由競争が始まった。しかし、外国メーカーとの実力差は明白で、輸入制

限による国内メーカー保護が行われた。また、地方税法が改正され、自動車取得税と自動車税の市町村付加税を廃止し、自動車税の標準税率化が定められた。

4月　〔船舶〕**水上バス航行の再開**　吾妻橋—両国間で隅田川汽船株式会社が水上バスの航行を再開した。向島—浅草—両国間を船賃片道20円であった。

5月　〔自動車〕**民生産業が解散**　民生産業が企業再建整備法により解散した。ブルドーザー製造部門は鐘淵デイゼル工業を設立してトラックやバスの製造を行うことになり、自動車製造部門は日産自動車の出資を受けて同社の子会社である民生デイゼル工業を設立することになった。

6.1　〔鉄道〕**「つばめ」「はと」に女子乗務員**　特急「つばめ」と「はと」に女子乗務員が勤務。ミスつばめ、ミスはとと呼ばれた。

6.22　〔鉄道〕**京浜急行車両火災**　6月22日午前6時48分、京浜急行追浜発品川行き上り準急電車が横浜市金沢区富岡町湘南富岡第2トンネルの約100メートル手前で、最前部モーターから発火した。6名が重傷、64名が軽傷。車両の老朽化が原因。

6.26　〔航空〕**GHQ、SCAPIN 2106通告**　GHQが「日本国内航空輸送事業運営に関する覚書」(SCAPIN 2106)を通告。日本乗り入れ7航空会社のうち、1社に日本国内路線を認可する旨が通達される。当時日本に乗り入れていたのはノースウェスト航空、パンアメリカン航空、英国海外航空、カナダ太平洋航空、フィリピン航空、カンタス航空、中華航空の7社。

6月　〔自動車〕**トヨタ争議が終結**　トヨタ自動車工業の労働争議が終結した。社長の豊田喜一郎と副社長の隈部一雄が引責辞任し、豊田の要請を受けた豊田自動織機社長の石田退三が新社長に就任した。

6月　〔自動車〕**神谷正太郎が渡米**　トヨタ自動車販売社長の神谷正太郎がフォード社との提携交渉および自動車市場視察のために渡米した。独力での量産乗用車開発は困難としてフォード社との技術提携を構想するトヨタ自動車工業社長の豊田喜一郎に同調したもの。朝鮮戦争勃発のため提携は見送られたが、将来の自動車輸出を構想する契機となった。

7.15　〔鉄道〕**東海道線**　東海道線沼津—静岡間で電車の運転を開始した。

7月　〔自動車〕**軽自動車の車両規定を改訂**　軽自動車の車両規定が改訂され、二輪・三輪・四輪の区別が新設された。三輪・四輪では4サイクルエンジンが排気量300cc以下、2サイクルエンジンでは200cc以下、電気モーターでは出力2kw以下とされ、車両寸法も変更された。

8.1　〔鉄道〕**国鉄地方組織改正**　国鉄は従来の鉄道局および管理部を廃止して管理局を設置、運輸支配人と営業支配人を置いた。

8.1　〔鉄道〕**小田急電鉄**　小田急電鉄は箱根登山鉄道箱根湯本まで乗入を開始した。特急のスピードアップが図られ、新宿—小田原間を80分、新宿—箱根湯本間を95分で運転した。

9.1　〔鉄道〕**京阪電気鉄道**　京阪電気鉄道は天満橋—三条間で特急電車の運転を開始した。

9月　〔自動車〕**東日本重工業がカイザー・フレーザー社と提携**　東日本重工業と米国カイザー・フレーザー社がヘンリーJ型セダンの日本での組立・販売契約を締結した。

完成した車は駐留軍の将兵・軍属などにドルで販売すると共に東南アジアなどへ輸出する契約で、外貨獲得も期待された。1951年6月に生産が開始されたが販売は振るわず、カイザー・フレーザー社の倒産により1954年9月に生産中止となった。

10.10　〔鉄道〕釜石線　釜石西線足ヶ瀬—陸中大橋間が開業。釜石線に釜石東線を編入し釜石線と改称、花巻—釜石間が全通した。

10月　〔航空〕航空交通管制官第1期生、米国へ派遣　航空交通管制業務移管に向け、航空交通管制官第1期生を米国に派遣。翌1951年6月、彼らの修得した管制業務をもとに日本人の訓練を開始する。

10月　〔バス〕つばめマーク制定　つばめマークが国鉄バスのシンボルとして制定された。

11.2　〔鉄道〕急行列車の愛称設定　国鉄は本庁で急行列車の愛称を「明星」「彗星」「阿蘇」「霧島」「雲仙」「筑紫」「安芸」「みちのく」「北斗」「青葉」「日本海」「北陸」と設定。「流星」は「明星」に、「ひばり」は「安芸」に改名された。

11.7　〔バス〕バスが断崖から転落　11月7日午後6時半頃、乗客71名を乗せた高知県土佐山田・大栃間の国鉄バスが、香美郡美良布町橋川野駅手前1キロの地点で、7メートルの断崖から物部川に転落、31名が死亡、27名が重傷。

11.18　〔鉄道〕京都駅火災で焼失　11月18日午前4時40分、国鉄京都駅正面2階東寄り配電室から出火した。全市の消防が出動したが水利が悪く、駅主要部を焼失した。損害額は2億円とされた。アイロンの不始末が原因。

11.19　〔鉄道〕中央本線　新宿—甲府間で電車の運転が開始された。

12.12　〔航空〕航空保安庁、航空庁に改称　航空保安庁が運輸省の外局となり、航空庁と改称。

12.14　〔鉄道〕急行列車が安全線に突っ込む　12月14日、午後0時7分青森発常磐線まわり上野行きの急行「みちのく」が、東北本線有壁・花泉間の信号所の安全線に突っ込み、機関車、小荷物車、郵便車、一等寝台車が脱線転覆、二等車2両が脱線した。郵便係らと一等乗客ら36名が重傷を負った。原因は連動標識の誤り。

12.26　〔鉄道〕片町線　片町線四條畷—長尾間が電化、電車の運行が開始された。

この年　〔バス〕各地でバス営業開始　広島郊外バス、沖縄バス、加越能バス、小田急バス、群馬中央バス、斜里バスが営業開始。また、川崎市・苫小牧市で、市営バスの運行が始まった。

この年　〔行政・法令〕自動車割当配給制度の廃止　石油燃料の消費が緩和され、自動車割当配給制度が廃止された。

この年　〔行政・法令〕全日本交通安全協会　全日本交通安全協会が設立された。交通安全の推進を目的とする。

1951年
（昭和26年）

1.30 〔航空〕GHQ、日本資本による国内航空運送事業認可の覚書 飛行機の製作・運航・所有・組み立てを除く営業のみを条件に、GHQが日本資本による国内航空会社設立を許可。同年3月31日までに、日本航空（発起人総代：旧大日本航空取締役・藤山愛一郎、資本金1億円）、日本航空（総代：参議院議員尾崎行輝、旧大日本航空乗員関係者が母体）、日本航空輸送（代表：東急・鈴木幸七、資本金1億円）、国際運輸（代表：波多野元二、資本金1,000万円、国際自動車航空部が独立）、日本航空輸送（代表：元立川飛行機パイロット・青木春男、資本金1億円）の5社が国内航空運送事業の免許を申請した。

2.5 〔鉄道〕70系電車 モハ70形・クハ76形電車が落成、横須賀線に導入された。

2.15 〔鉄道〕東海道線 東海道線東京―浜松間で直通運転が開始される。

2月 〔自動車〕トヨタ自動車工業の5ヶ年計画 トヨタ自動車工業が生産設備近代化5ヶ年計画を策定した。大規模な投資により老朽設備の更新、生産ラインや生産管理の合理化、作業環境の改善などを行い、月産能力を3000台に増強する計画で、朝鮮特需による好景気の追い風を受けた。

4.24 〔鉄道〕京浜東北線桜木町駅で電車炎上 桜木町駅手前の場内信号機そばで吊架線の碍子を交換する作業ミスから電気火花が発生。架線が断線された状態で下り第1271B電車が横浜駅を出発し、渡り線に進入した際、電気火花が発生、車両の天井部に着火した。1両目の乗客のほとんどが車内に閉じ込められたまま死亡。2両目は天井すべてと1両目に最も近い側の引戸付近の客室まで延焼した。この事故による死者は106名。窓からの脱出時に負傷した乗客のうち8名が後に死亡した。

5.7 〔航空〕2つの日本航空が合流、新会社設立へ 国内航空運送事業の免許申請は5社競願となったが、免許交付は1社のみ。航空庁は5社の長所を生かし、短所を補わせる観点から藤山愛一郎を代表とする日本航空に他の4社が合流するよう行政指導を行なう。公聴会後、統合話が進み2つの日本航空（代表はそれぞれ藤山愛一郎、尾崎行輝）が合流し、新会社を設立することになる。

5.22 〔航空〕日本航空、国内定期航空運送事業の営業免許 日本航空（代表：藤山愛一郎）が国内定期航空運送事業の営業免許を受け、東急系の日本航空輸送（代表：鈴木幸七）がこれに合流。

6.1 〔バス〕日本初のワンマンカーバス 日本初のワンマンカーバスが大阪市営バスの今里―阿倍野間で運行開始した。

6.1 〔行政・法令〕各道路法の施行 道路運送法、道路運送法施行法、道路運送車両法、道路運送車両法施行法が施行された。

6月 〔行政・法令〕外国自動車譲受規則を施行 外国自動車譲受規則が施行された。登録指定自動車販売店が駐留軍関係の自動車の払い下げを受け、中古車として販売する制度。自動車輸入が厳しく制限される中で、外国製自動車を入手する道を開く

1951年（昭和26年）

ものだった。

8.1	〔航空〕日本航空設立 資本金1億円で日本航空株式会社設立。会長・藤山愛一郎、社長・柳田誠二郎。
8.28	〔バス〕貸切バス転落 8月28日、山梨県八代郡石和町の笛吹堤防に山梨交通の貸切バスが転落し、2人が死亡、49人が重軽傷を負った。
8月	〔自動車〕軽自動車の車両規定を改訂 軽自動車の車両規定が改訂された。三輪・四輪では4サイクルエンジンが360cc以下、2サイクルエンジンが240cc以下となるなど、エンジン排気量が拡大された。更に1954年10月に4サイクルと2サイクルの区別が廃されて一律360cc以下とされ、軽四輪自動車の普及を促すことになった。
8月	〔自転車〕日米富士自転車株式会社設立 大日本自転車が日米富士自転車と改称した。
10.11	〔航空〕日航、ノースウェスト航空と委託運航契約締結 日本航空がノースウェスト航空と委託運航契約を締結。
10.13	〔鉄道〕観光バスが機関車と激突 10月13日、栃木県佐野市の両毛線富田・佐野駅間踏切で、観光バスが機関車と激突し、7人が死亡、33人が重軽傷を負った。
10.25	〔航空〕再開1番機が飛ぶ 再開1番機として日本航空のチャーター機・マーチン202「もく星号」が、羽田飛行場から大阪を経て福岡へ。ノースウェスト航空への委託運航で、日本航空が営業部門を実施する形で戦後国内航空輸送が再開した。
10月	〔自動車〕ダイハツBEEを発売 発動機製造が三輪乗用車ダイハツBEEを発売した。従来の三輪乗用車がオート三輪トラックの荷台をシードなどで覆ったタイプだったのに対し、同車は当初から乗用車として開発されたものだった。1952年には生産中止となり、生産台数も多くはないが、戦後を代表する自動車の一つとして知られる。
10月	〔自動車〕トヨペットSF型を発売 トヨタ自動車工業がトヨペットSF型小型乗用車を発売した。SD型を改良して乗り心地を向上させたモデルで、主にタクシーとして用いられた。
11.3	〔鉄道〕電車とバスが衝突 11月3日、千葉県津田沼・船橋間の踏切で、国鉄の京成バスが衝突し、6人が死亡、12人が重軽傷を負った。
11.3	〔バス〕バス火災 11月3日、愛媛県東宇和郡貝吹村の県道で、国鉄バスが乗客の映画フィルムに引火して全焼、31人が焼死し、18人が重軽傷を負った。
12.1	〔オートバイ〕本田技研工業がドリーム号E型を開発 本田技研工業は1949年発売の2サイクル・98cc二輪車「ドリーム号D型」に続き、4サイクル・146cc「ドリーム号E型」を発売した。ホンダ初の4サイクルエンジン搭載車。
12.25	〔鉄道・バス〕都バス・都電運賃値上げ 都バス・都電運賃が、1系統8円から10円、1区10円から15円に値上げされた。
12月	〔自動車〕発動機製造がダイハツ工業と改称 発動機製造がダイハツ工業に社名変更した。単なるエンジンメーカーから脱却したことを受けて商品名のダイハツを社名としたもので、1950年代から1960年代にかけてオート三輪車の2大メーカーとして東洋工業とシェア争いを展開した。

この年　〔バス〕各地でバス営業開始 東陽バス、那覇交通バス、沢タクシー、根室交通バス、ニセコバスが営業を開始した。また、明石市が市営バスを開業した。札幌では定期観光バスの運行が始まる。

この年　〔自動車〕薪炭利用代燃車の許可期限 薪炭利用代燃車の許可が1951年限りと定められた。

この年　〔オートバイ〕ラビット号の新モデルが続々登場 富士産業はラビットスクーターS-25型（148cc）、S-48型（200cc）を相次いで発売。

この年　〔自転車〕日本タイヤ、ブリヂストンタイヤ株式会社に 日本タイヤはブリヂストンタイヤ株式会社に改称した。

この年　〔船舶〕海運輸送実績 汽船の船腹は149万トンで、最盛期である1941年の約4割である。前年度の月平均輸送量137万トンと比較すると、1月は122.6％増と好調にスタートし、6月には123.1％のピークを迎えたが、後半は景気後退の影響を受け、12月は106.6％に終わった。陸運に比べ景気後退の影響を強く受け、特に国内輸送は国鉄への乗換傾向が顕著であった。機帆船は前半は好調で5月に前年月平均比168.2％の大幅増加を見せたが後半は停滞し、年末から下降傾向に転じた。

1952年
（昭和27年）

2月　〔自動車〕プリンス号が完成 たま自動車が小型自動車プリンス号を完成させ、3月に展示会が開催された。皇太子明仁親王の立太子礼にちなんで命名されたもので、セダン・トラックの他にライトバン・ピックアップも作られた。エンジンは富士精密工業が開発した1500ccガソリンエンジンで、同社初のガソリンエンジン搭載車であると同時に、小型自動車の上限である1500ccエンジンを搭載した初の国産車でもあり、好調なセールスを記録した。

3月　〔鉄道〕国鉄貨物輸送実績 1950年度の月平均貨物輸送量は1万1346トンであったが、1951年度の月平均貨物輸送量は、3月に118.5％と急増したのを皮切りに増加し、10月には125.9％のピークに達した。駅頭在荷も常に200万トンを超えていたが、後半に深刻化した経済不況により、繊維貿易関係の倒産が続出、11月には200万トンを割り、1952年3月末には122万トンと正常化したが、輸送成績としては終止良好で不況の影響は大きくなかった。

3月　〔鉄道〕国鉄輸送施設統計 1952年3月末現在、国鉄の路線延長は前年比44キロ増の1万9850キロ。車両数は貨車10万9500、機関車は前年比14両減の5444、客車は前年比37量増の1万1437両。客車は前年の桜木町での車両火災を受け、木製小型車から鋼性大型車へ転換が図られた。機関車も旧型蒸気機関車に替わり新型電気機関車を補充する方針がとられた。4月1日からは高崎線が電化、信濃川や千谷発電所の竣工や遮断機の軌条交換の励行など、老朽化・損耗した施設の保守、改善、復元措置がとられている。私鉄の総延長は前年比205キロ増の7803キロ。

1952年（昭和27年）

3月	〔鉄道〕国鉄旅客輸送実績 1951年上半期の前年比較では、旅客数は定期外は7.3％、定期では23％増。定期は、雇用増加、学生数の増加、11月の運賃値上げを見越して購入した客が多かったことなどが原因としてあげられる。12月までの累計輸送量の対前年比較では、定期外旅客は5％、定期旅客は17.1％の増。大勢としては旅客輸送は増加傾向にあるが、定期外旅客の増加が鈍いのは一般大衆の購買力減退が反映したものと見られた。
4.3	〔航空〕日航、パイロット要員を米国に派遣 日本航空が富永運航課長、糸永運航課員の2名を米オクラホマ民間航空局訓練所に派遣。
4.9	〔航空〕日航「もく星」号が三原山に墜落 日本航空の東京・福岡間の定期航空機マーチン202型もく星号が4月9日午前、千葉県館山上空を通過後消息を絶ち、10日大島三原山山腹で散乱した機体が発見された。この事故により乗客33名と乗員4名全員が死亡。犠牲者の中には八幡製鉄の三鬼隆社長や漫談家大辻司郎らも含まれていた。
4.20	〔鉄道〕宇部線、小野田線 宇部線宇部—小野田線居能間に新線が開業した。
4.20	〔バス〕バスが学校の石門に激突 4月20日、栃木県日光町馬返・日光間の東部バスが、日光小学校石門に激突し、2人が死亡、40人が軽傷を負った。
4.28	〔航空〕国際航空の主権、日本側に返還 日米安保条約が発効。国際航空の主権が日本側に返還され、自主運航が可能となる。
4月	〔航空〕日本観光飛行協会発足 サンケイ新聞社前田久吉社長を理事長に、組合法人日本観光飛行協会が発足。同年7月、資本金5,000万円で株式会社日本観光飛行協会設立。1953年9月航空機使用事業の免許を受け、翌年4月よりセスナ、DH・ビーバーで運送業務を開始した。
4月	〔航空〕民間航空会社自主運行再開 民間航空会社は1950年国内航空運送事業例公布により一部が解除され、1952年4月から平和条約の発効とともに自主運行が再開された。国内航空事業として認可されていたのは定期航空として日本航空、不定期航空として日本航空と青木航空、航空機使用事業としては青木航空、日本ヘリコプター輸送、極東航空など15社。運行路線は東京と大阪、福岡、札幌の間でそれぞれ1日2往復。輸送実績は旅客10万6600人、貨物は21万6200キロ。
4月	〔自動車〕パワーフリー号が完成 鈴木式織機がパワーフリー号エンジンを完成させた。ダブル・スプロケット・ホイールや2段変速などの画期的な技術が盛り込まれており、同社初の自転車補助動力用エンジンとして発売され、1954年までに1万2500台が生産された。
4月	〔オートバイ〕ポインター・エース発売 新明和興業がポインター・エースを発売。
5.1	〔鉄道〕京成電鉄 京成電鉄京成上野—京成成田間で特急電車の運転が開始された。
5.15	〔航空〕日航、パイロット要員の国内訓練開始 日本航空がパイロット要員1期生20人を対象に、千葉県茂原飛行場で戦後初の国内訓練を開始。訓練にはセスナ170が使用された。
5.20	〔鉄道〕東京都内初のトロリーバス開通 上野池之端—亀戸駅間に都内最初のトロリーバスが開通した。その後次々路線が増え、全営業キロ数を47.583キロメート

		ルまで延長した。
5月		〔バス〕初の夜間バス　初の夜間バスが国鉄広浜線広島―浜田間で運行された。
5月		〔自動車〕三菱の名が復活　財閥商号の使用禁止令が解除されたことに伴い、東日本重工業が三菱日本重工業、中日本重工業が新三菱重工業、西日本重工業が三菱造船と社名変更した。財閥解体により三菱重工業を分割した3社全てが、新社名に三菱の名を冠したことになる。
6.18		〔鉄道〕跨線橋の羽目板が破れる　6月18日、東京の国鉄日暮里駅跨線橋の羽目板が破れ、上にいた人が線路上に転落し、進行中の電車にはねられて8人が死亡、4人が重軽傷を負った。
6月		〔バス〕乗合バス休止路線の復旧促進　石油統制が撤廃され、乗合バス休止路線の復旧が促進された。
6月		〔自動車〕ガソリン統制を解除　自動車用石油製品割当規則が廃止された。これに伴い7月1日にガソリンの統制が解除され、自動車用資材に対する統制が全廃された。
7.1		〔航空〕羽田飛行場が日本側に返還、東京国際空港に改称　羽田飛行場が接収解除され、正式に日本側に返還。Haneda Air Baseから運輸省航空局所管の東京国際空港となった。初代空港長は、戦前毎日新聞社の「ニッポン号」で世界一周を果たした中尾純利。
7.1		〔航空〕日本航空整備設立　日本航空とノースウェスト、トランスオーシャンの共同出資で日本航空整備株式会社設立。両外国資本が資本金5,000万のうち4割を負担し、社長、専務は日本航空社長・柳田誠二郎と専務・松尾静麿が兼務。日航と日航整備の一体的運営を期し、自主整備を開始する。1963年10月日航と正式に合併し、同社の整備本部として発展的解消を遂げる。
7.3		〔航空〕東京国際空港管理規則制定　東京国際空港管理規則が制定された。
7.15		〔行政・法令〕航空法公布施行　航空法公布施行。これを機に、翌1953年にかけて民間航空関係者16社が国際・国内の定期航空運送事業、不定期航空運送事業、航空機使用事業の免許申請を提出。定期航空は日本航空、極東航空、日本ヘリコプター輸送、不定期航空では青木航空など11社、使用事業では前記の航空会社のほか東京航空など12社が免許を受ける。国内の定期航空は日本航空が国内幹線、極東航空と日本ヘリコプター輸送が大阪で二分したルートを担当した。
7.16		〔行政・法令〕航空機製造法公布施行　航空機製造法が公布施行された。
7.21		〔鉄道〕立ち往生のトラックに電車が衝突　7月21日、東京都大田区の国鉄蒲田駅構内の第1踏切で、相模鉄道のトラックと、砂利を満載したトラックが踏切の狭隘で立ち往生していたところに、国鉄鶴見行きの電車が衝突、トラック2台が下敷きとなり、電車は脱線、さらにスパークした火花がトラックのガソリンに引火してトラックが焼けた。1人が死亡、6人が重軽傷。
7月		〔自動車〕代燃車の製造不許可　ガソリン統制が廃止されたことにより、代燃車の製造が不許可となった。
8.1		〔航空〕航空審議会設置　運輸省設置法により、航空審議会が設置される。委員は委員長を含む25名以内の学識経験者・有職者などで構成。航空関係事業の拡充・発

	達などの方策について調査審議を行ない、運輸大臣からの諮問に対して答申を行なう。
8.1	〔航空〕航空庁が航空局に改組、運輸省の内局に 航空庁が航空局に改組。運輸省の内局となり、監理部、技術部が設置される。
8.1	〔航空〕通産省、重工業局に航空機課設置 通産省が重工業局に航空機課を設置する。
8.1	〔行政・法令〕許可所管の変更 運賃認可権が経済安定本部から運輸省所管となり、運輸大臣認可制になった。
8.11	〔航空〕日米航空協定調印 日米航空協定調印、日本初の2国間航空協定を締結した。1953年9月15日発効。
8月	〔鉄道〕路面電車からトロリーバスへの転換に関する意見書 首都建設委員会は東京都区内の交通渋滞を緩和し、乗降客の安全を図るために、路面電車からトロリーバスへの転換を東京都に提案した。
9.6	〔航空〕青木航空運航開始 GHQ覚書による国内戦免許請願に敗れた元立川飛行機パイロット・青木春男が、同年4月青木航空株式会社を設立。使用事業第1号を認可され、セスナ170-Bで運航を開始する。
9.8	〔バス〕田園調布線路線バス 東急電鉄、田園調布線の路線バスが開始された。大森駅―等々力駅間および東玉川―田園調布駅―尾山台駅間、9.85キロメートルであった。
9.13	〔航空〕日本航空宣伝協会設立 資本金1,000万円で株式会社日本航空宣伝協会が設立された。翌1953年2月使用事業、1954年4月不定期航空事業免許。この間、富士航空、三富航空と改称。1955年10月富士産業航空、1956年6月富士航空に改称。1964年日本国内航空に合併・吸収された。
9.20	〔航空〕日航、国内定期航空運送事業免許 日本航空に国内定期航空運送事業免許が交付される。
9.21	〔航空〕日本ヘリコプター輸送、極東航空、国際航空に航空機使用事業免許 日本ヘリコプター輸送、極東航空、国際航空の3社に航空機使用事業免許が交付される。
9.30	〔航空〕戦後国産機第1号「タチヒ号」練習機完成 航空機製造事業法の施行に伴い、新立川航空機が戦後国産機第1号R-52型「タチヒ号」練習機を完成。R-52型軽飛行機（JA-3017）の他、R-53型軽飛行機（JA-3070）、RHM型軽飛行機（JM-3094）を開発した。
9月	〔航空〕国際線免許申請3社競願 日本航空、大阪商船、飯野海運の3社が国際線の免許を申請。同年11月航空審議会の答申で国際線の免許は当面1社に絞る考えが示され、1953年新たに設立された特殊法人・日本航空株式会社が国際線を運営することになる。
9月	〔バス〕国産バス初輸出 国産バスがタイに初めて輸出された。
10.16	〔バス〕バス休止路線が全線復旧 戦時中からのバス休止路線を東急電鉄が全線復旧した。
10.25	〔航空〕日航、自主運航開始 日本航空がDC-4で自主運航を開始。マーチン202は

11.6	〔航空〕	**国連、日本のICAO加盟承認** 国連が日本のICAO（国際民間航空機関）加盟を承認。
11.12	〔航空〕	**航空審議会、「わが国民間航空の再建方策」について運輸大臣に答申** 航空審議会が「わが国民間航空の再建方策」について運輸大臣に答申。国際線の免許は当面1社に絞り、国内線は全国を2ブロックに分けて各ブロックに1社の方針を示す。
11月	〔自動車〕	**プリンス自動車工業と改称** たま自動車がプリンス自動車工業に社名変更した。プリンス号の好評を受けてのことで、社名変更の他に、同車増産のため三鷹工場の隣接地を取得して新工場が建設された。
12.26	〔航空〕	**極東航空設立** 関西財界の支援を受け、資本金1億5,000万円で極東航空株式会社設立。中心は1922年に日本航空輸送研究所を設立した井上長一専務。ローカル線を運航していたが、経営難で行政指導を受け、1957年10月日本ヘリコプター輸送と合併。同年12月全日本空輸が誕生する。
12.27	〔航空〕	**日本ヘリコプター輸送設立** 元朝日新聞編集局長・美土路昌一、同航空部次長・中野勝義を中心に、資本金1億5,000万円で日本ヘリコプター輸送株式会社設立。ダブ、ヘロン、DC-3などでローカル線を運航していたが、経営難で行政指導を受け、1957年10月関西の同タイプの極東航空と合併。同年12月全日本空輸が誕生する。
この年	〔バス〕	**各地でバス営業開始** 網走バス・宗谷バスが営業開始。また、倉敷市が市営バスを開業した。
この年	〔オートバイ〕	**三光工業が「ジェット号」を試作** 三光工業がオートバイ「ジェット号」の試作品を発表。三光工業は元富士重工の社員によって1951年に設立された。
この年	〔行政・法令〕	**バス非常扉設備法** バス非常扉設備法が制定された。

1953年
（昭和28年）

1.12	〔航空〕	**航空機生産審議会、「ジェット航空機の試験研究」について答申** 航空機生産審議会が「ジェット航空機の試験研究」および「航空機工業に関する試験研究」について通産大臣に答申する。
1.19	〔航空〕	**戦後初の日本人操縦士による事故** 1月19日、おおとり会所属の飛行機新潟号が、東京港で訓練中に墜落し、1人が死亡、操縦士2人が負傷した。おおとり会は技術養成のための組織で、日本人が操縦する飛行機の事故としてはこれが戦後初となる。
1月	〔自動車〕	**本田技研工業が移転** 本田技研工業が本社と営業所を東京都中央区八重洲へ移転した。また、埼玉県大和町新倉に3万坪の土地を取得して大和工場の建設

を開始した。1952年11月には資本金を1500万円に増資すると共に大量の機械を購入しており、一連の設備投資は企業規模からすると破格のものだった。

1月　〔自転車〕自転車用ランプの製品比較　日本発電ランプ工業会が通産省からの依頼によりヨーロッパ製ランプと国産ランプの比較を行う。これにより、国産ランプが輸入物と比べて遜色ない品質・性能を持っていることが証明され、この年のランプの輸出量は前年比2倍にまで増加した。

2.4　〔航空〕大和航空、富士航空に航空機使用事業許可　大和航空と富士航空の2社が航空機使用事業を許可される。

3.21　〔オートバイ〕名古屋TTレース　名古屋市とその周辺都市の公道を利用した約233kmのコースで「全日本選抜優良軽オートバイ旅行賞パレード」が開催された。警察からの指導によりパレードと銘打ってはいたが、実質的にはオートバイによるレースであった。参加メーカーは19社、参加車両は57台。日本製オートバイの普及と耐久性向上を目的としていたため、部品類は全て日本製を使用することが参加条件とされた。

3月　〔鉄道〕国鉄輸送実績　1952年度の国鉄輸送人員は34億2700万人で前年比3％減、貨物は1億5200万トンで前年比6％減。朝鮮動乱景気の中だるみや炭労ストの影響で荷動きが緩慢になったもの。11月には石炭の荷動きが激減し、列車の運行削減が行われた。53年1月15日の旅客運賃、2月1日からの貨物運賃の値上げにより、収入面では前年度比増。

3月　〔自動車〕ダイヤモンド・フリー号を発売　鈴木式織機が自転車補助動力用エンジンのダイヤモンド・フリー号を発売した。パワーフリー号を改良した2サイクル60ccエンジンで、排気量は原動機付き自転車の規定の上限にあたり、パワーフリー号に続いて好評を博した。

3月　〔自動車〕ルノー4CVの第1号車が完成　日野デーゼル工業がルノー4CVの第1号車の組立を完成させた。同車は仏国の国民車と称される小型乗用車で、750cc21馬力エンジンを搭載。同社はルノー社と提携し、新工場を建設すると共に販売会社の日野ルノー販売を設立しており、4月に販売を開始した。ダットサンとほぼ同額でトヨタSH型より10万円安い価格設定もあり好評を博し、主にタクシーとして用いられた。

3月　〔自動車〕東京トヨペットを設立　トヨタ自動車販売が東京トヨペットを設立した。同社の販売網は地方で日産自動車より優位に立つ一方、東京をはじめとする大都市圏では劣勢を強いられていたため、首都での販売強化のために子会社が設立された。

4月　〔自動車〕やまと自動車を設立　いすゞ自動車と英国ルーツモーター社の共同出資によりやまと自動車が設立された。ヒルマン・ミンクス小型乗用車の販売会社で、当初ルーツモーター社は自社による組立・販売を企図したが、通産省が外国資本による自動車関連会社設立を認めず、いすゞ自動車と提携した。10月に東京・大森工場で第1号車が完成し、11月に発売された。

4月　〔自動車〕オースチンA40型の第1号車が完成　日産自動車がオースチンA40型の第1号車の組立を完成させた。英国オースチン社との提携によるもので、同車の生産のため鶴見に新工場が建設された。同車は1200cc42馬力エンジンを搭載し、小型

乗用車の中では上級車に位置していた。

5.4 〔航空〕中日本航空設立 セスナ170型2機で、東海初の民間航空会社として中日本航空株式会社創業。1960年、名鉄と中日新聞が経営参加。1965年2月、政府方針により定期部門を全日空に譲渡し、小型機による事業に専念。1970年、名古屋空港の整備点検事業を開始する。

5.14 〔バス〕バスまつり バス創業50周年を記念し、バスまつりが、日比谷公会堂、帝国ホテルで行われた。記念式典・祝賀会をはじめ全国で関連行事が開催された。

5.20 〔航空〕FAI、日本航空協会の加盟承認 FAI（国際航空連盟）が日本航空協会の加盟を承認。戦前は帝国飛行協会が加盟していた。

5.20 〔鉄道〕観光バスと機関車衝突 5月20日、愛知県の東海道線共和・大高間で観光バスと機関車が衝突し、3人が死亡、32人が重軽傷を負った。

5.21 〔鉄道〕バスと電車が衝突 5月21日、栃木県の東武線葛生町踏切で、修学旅行の中学生を乗せたバスと電車が衝突し、1人が死亡、50人が重軽傷を負った。

5.29 〔航空〕極東航空、日本ヘリコプター輸送に不定期航空運送事業免許 極東航空、日本ヘリコプター輸送の2社が不定期航空運送事業の免許を受ける。

5月 〔自動車〕トヨタ自動車工業技術部主査室が発足 トヨタ自動車工業技術部に主査室が設置された。同社戦後初の乗用車専用車両の開発責任者になった中村健也の下にボディ・シャシー・エンジン・デザインなど各部門の担当者を集め、開発全体を統括する組織としたもので、日本の自動車開発におけるチーフエンジニア制の先駆となった。同時に設計課がシャシー・ボディ・エンジンの3課に分割され、各課の強化が図られた。

5月 〔自動車〕日産争議 全日本自動車産業労働組合日産自動車分会が日産自動車に対し賃上げなど8項目からなる要求書を提出した。会社側も強硬姿勢を取り、6月に行われた労使交渉は決裂。7月には分会側が頻繁にストライキを行い、会社側がロックアウトで対抗するなど事態が泥沼化した。

5月 〔オートバイ〕カブ号F型を発売 本田技研工業が自転車補助動力用エンジンのカブ号F型を発売した。同社専務藤沢武夫の発案による全国の自転車店にダイレクトメールを発送するなどの販売戦略、白いタンクと赤いエンジンというデザインなどで人気を集めた。

6.27 〔自動車〕交通事故多発 6月27日の1日だけで、東京都内の交通事故は38件に達し、合計3人が死亡、6人が重傷、16人が軽傷。特に幼児の犠牲が多かった。

6.30 〔航空〕北日本航空設立 北海道内の運輸交通の便を図るため、道商工会議所が中心となって北日本航空株式会社設立。資本金5,500万円、社長は当時北海道電力社長の山田良秀。セスナ2機で使用事業を主として営業を開始し、1957年7月札幌—女満別—西春別線から路線運航を開始。1962年4月、道外路線として札幌—秋田線の認可を受ける。1964年日東航空、富士航空と合併し、日本国内航空として新発足。

7.1 〔航空〕ICAO、日本の加盟を承認 ICAO（国際民間航空機関）が日本の加盟を承認。

7.8 〔鉄道〕通勤電車が正面衝突 7月8日、西鉄宮地岳線の新宮・三苫間で、上下通勤電

車が正面衝突し、3人が死亡、39人が負傷した。

7.12 〔オートバイ〕第1回富士登山レース 毎日新聞社主催でオートバイレース「富士登山レース」が開催された。コースは富士宮市の浅間神社から富士宮登山道2合目までの約27km。最高位は昌和であったが、点火装置が「出場は実用の標準車のみとする」というルールに牴触し失格となった。これ以後、富士登山レースは1956年まで毎年夏期に開催されたが、主催者や参加規定はその都度変更された。

7.15 〔航空〕富士重工業設立 事務部門として存続していた富士産業(旧・中島飛行機)と、同社から分離した富士自動車工業・富士工業・宇都宮車輌・大宮富士工業の4社が共同出資し、富士重工業株式会社を設立。本社は東京都新宿区に置かれ、資本金は5000万円。当時はスクーター・鉄道車両・汎用製品などを主力としていた。なお、富士精密は資本関係が異なることから同社設立に参加しなかった。翌1954年、米国ビーチ・エアクラフト社と技術提携して初等練習機T-34の生産を開始。同機をベースにLM、KM、T-3などの国産機を開発。1962年以後は防衛庁向け航空機を生産する一方、民間機の開発にも取り組み、総合輸送機器メーカーとして発展。

7.20 〔航空〕日本空港ビルディング設立 日本空港ビルディング株式会社設立。資本金1億5,000万円。日本独自の空港ターミナルビルの民営方式が開始される。設立後、同社はただちに東京国際空港ターミナルビルの建設に着手し、1955年5月営業を開始した。

7.21 〔鉄道〕東海道線 東海道線浜松―名古屋間の電化が完了した。

7.23 〔航空〕日本ジェットエンジン設立 1953年、純国産ジェットエンジン試作の方針が確立。補助金の分散を防ぐため共同研究が要請され、石川島重工業、富士重工業、三菱重工業、富士精密工業が発起会社となって日本ジェットエンジン株式会社が設立された。のち1956年、川崎航空機工業が参加し5社となる。

8.1 〔行政・法令〕日航法公布施行 特殊法人に国際線を独占的に運営させ、国が援助育成すべきであるという航空審議会の答申に基づき、「日本航空株式会社に関する法律」(日航法)が公布施行される。

8月 〔自動車〕新三菱重工業自動車部が発足 新三菱重工業が本社に自動車部を設置した。同社は当時オート三輪・バス・トラックなどを生産しており、乗用車開発へ向けての措置だった。

9.1 〔航空〕熊本飛行場発足 運輸省告示により、熊本飛行場(旧陸軍飛行場)発足。

9.17 〔航空〕日航、IATA加盟 日本航空がIATA(国際航空運送協会)に加盟。71社目。

9.21 〔自動車〕日産争議が終結 日産自動車の労働争議が終結した。同争議は5月に始まり、全日本自動車産業労働組合日産自動車分会と会社側の双方が強硬姿勢を取ったことから泥沼化していたが、分会から分裂して結成された日産自動車労働組合と会社側の交渉妥結、衆参両院での参考人質疑などを経て、分会側の全面敗北に終わった。これ以後、争議解決に活躍した川又克二の社内での発言権が増大していった。

9月 〔自動車〕トヨペット・スーパーRH型を発売 トヨタ自動車工業のトヨペット・スーパーRH型乗用車が発売された。SH型の車体に後に発売されるクラウン用に

開発した直列4気筒1500cc48馬力のR型エンジンを搭載したもので、走行性が著しく向上。主にタクシーに用いられ、神風タクシーという言葉を生んだ。また、SK型トラックの車体に同エンジンを搭載したRK型トラックも発売された。

10.1 〔航空〕日本航空株式会社新発足 10月1日、旧日航の出資10億と政府出資10億の資本金で、日本航空株式会社が新発足した。旧日航の業務を引き継ぎ、東京と大阪、札幌間の国内線および54年2月からは東京とサンフランシスコ、沖縄にそれぞれ週2往復の国際線の定期運行を開始した。しかし国際線開設に伴う出資増などのため3月期決算では約2億9300万の赤字、8月には倍額増資を行い、10億円の政府出資が決定したが、10億の市中調達は株価の低迷などから困難となった。

10.8 〔航空〕日本、ICAOに加盟 国際民間航空条約（シカゴ条約）が日本で発効し、61番目の加盟国としてICAO（国際民間航空機関）に加盟。日本航空界が国際社会復帰を果たす。

10.15 〔航空〕極東航空、日本ヘリコプター輸送に定期航空運送事業免許 極東航空、日本ヘリコプター輸送の2社が定期航空運送事業の免許を受ける。

10月 〔自動車〕ヒルマン第1号車が完成 いすゞ自動車の東京・大森工場でヒルマン・ミンクス小型乗用車の第1号車が完成した。英国ルーツモーター社との提携によるもので、当初は月産100台ペースで生産された。ボディ製作などは新三菱重工業が担当した。

11.23 〔航空〕日航、太平洋線第1回試験飛行 太平洋線開設に先立ち、日本航空がDC-6B「シティ・オブ・トーキョー」で東京―ウェーク―ホノルル―サンフランシスコ線の第1回試験飛行を行なう。

11.30 〔航空〕東亜航空設立 東亜航空株式会社設立。資本金1,000万円、社長・松田幸士。1957年不定期事業免許。1960年8月、不二サッシ工業の資本参加を受けて資本金1億円となり、デハビランド・ヘロン5機を購入して不定期路線の主力機とする。1962年定期航空事業免許。1971年日本国内航空と合併し、東亜国内航空となる。

12.3 〔航空〕西日本空輸設立 九州の地元3大企業・九州電力、西日本鉄道、西日本新聞の共同出資で西日本空輸株式会社設立。資本金1,500万円。同月15日、航空機使用事業免許を受ける。1960年九州電力の送電線空中架線実用化、1962年には送電線建設資材輸送に日本で初めて成功した。

この年 〔航空〕航空産業の再出発 日本の航空産業は、米空軍機のオーバーホールなどで1952年春から再出発してきた。川崎航空機工業は1953年7月、戦後初の本格的な全金属製機KAL1型連絡機、翌54年2月にKAL2型練習機を完成させた。1953年7月、旧中島の系列5社により富士重工業が設立され、保安庁向け練習機ビーチT34型メンターの製作権を購入、暫時国産化に向かう方針。またこの月、ジェットエンジンの開発を行う日本ジェットエンジン株式会社が石川島重工業、富士工業、富士精密工業、新三菱重工業の4社により設立された。

この年 〔航空〕住友金属工業プロペラ部、航空機器の製造修理を再開 住友金属工業プロペラ部が航空機器の製造修理を再開。1956年には脚や油冷却器などの製造を開始し、航空機器事業部として組織を拡充した。

この年 〔航空〕日飛モータース、米海軍と航空機修理契約を締結 日飛モータースが戦後日

本で初めて米海軍と航空機修理契約を締結し、航空機事業を再開。社名を新日本飛行機に改称した。

この年　〔バス〕阿寒バス開業　阿寒バスが開業した。

この年　〔自動車〕安全車体工業株式会社設立　1936年設立の安全自動車のボディ部門が独立し、安全車体工業株式会社として設立された。主に宣伝車を中心に製作した。

この年　〔オートバイ〕トーハツPK53型発売　東京発動機株式会社が自社設計の車体による本格的なオートバイ、PK53型を発売した。2ストローク単気筒98cc。2年後の1955年には販売業績日本一を記録した。

1954年
（昭和29年）

1.1 〔バス〕バスが崖から転落　1月1日、長野県南安曇郡安曇村で、乗鞍岳行きバスが20メートルの崖から転落し、3人が死亡、18人が重軽傷を負った。

1.17-2.14 〔航空〕日航、太平洋線開設披露日米親善招待飛行　日本航空が太平洋線開設披露東京―サンフランシスコ間日米親善招待飛行を実施。

1.20 〔地下鉄〕営団地下鉄丸ノ内線　帝都高速度交通営団丸ノ内線池袋―御茶ノ水間が開業。

2.1 〔航空〕川崎航空機工業設立　川崎岐阜製作所、川崎都城製作所、川崎機械工業の3社が合併し、再び川崎航空機工業株式会社設立。以後、T-33練習機、P2V-7対潜哨戒機、C-1輸送機などの開発・ライセンス生産を行い、ヘリコプターの生産数では国内一を誇った。1969年4月、川崎重工業に吸収合併。

2.2 〔航空〕東亜航空に航空機使用事業免許　東亜航空が航空機使用事業免許を受け、セスナ1機で宣伝・遊覧・薬剤散布飛行などを開始する。

2.2 〔航空〕日航、太平洋線定期運航を開始（初の国際線）　2月2日、日本航空のサンフランシスコ第1線便が羽田を出発した。機体はDC6B型「シティ・オブ・トーキョー」。ウエーキ島及びハワイ経由で所要時間は30〜31時間、週2回運行する。第1便の有料乗客は5人だったが、4月には一便あたり平均32人と向上した。2月5日には東京・沖縄路線も就航した。

2.5 〔航空〕日本ヘリコプター輸送、定期便運航開始　日本ヘリコプター輸送が東京―名古屋―大阪線定期便の運航を開始。

2.15 〔航空〕ベル47-D1型ヘリコプター国産1号機、保安庁に納入　川崎航空機工業がベル47-D1型ヘリコプター国産1号機の組み立てを完了し、保安庁に納入。

2.21 〔航空〕日本初の飛行機自殺　2月21日、極東航空遊覧機が大阪府中河内郡の田んぼの中に炎上しながら墜落した。乗っていた3人のうち乗客が死亡、乗員2人が重傷を負った。しかし乗客が多額の保険金をかけていたことが判明し、3月25日、大阪地検は自殺行為と疑われるとした。日本で飛行機を使った自殺はこれが初めて。

2.24	〔航空〕	川崎航空機工業、T-33A、F-94C製作に関する権利・技術援助契約を締結 川崎航空機工業が米ロッキード海外航空機サービスとT-33A、F-94C製作に関する一切の権利・技術援助契約を締結。
2.26	〔航空〕	全日本航空事業連合会設立 公共の福祉のため航空事業に関する諸般の調査・研究を行い、航空事業の健全な発展を促すことを目的に、全日本航空事業連合会が任意団体として発足。会長は日本航空社長・柳田誠二郎。1962年10月任意団体としての全航連を発展的に解消し、翌1963年8月社団法人として再発足した。
2月	〔自動車〕	すばるP-1が完成 富士重工業の太田製作所で四輪乗用車P-1が完成した。百瀬晋六らが先進技術を導入して開発した小型FR車で、1955年にすばると命名された。富士精密製1500cc45馬力エンジンの売り込みを受けて試作されたもので、後に独自開発の1500cc直列4気筒エンジンを搭載。資金不足から生産設備を調達出来ずに市販化が断念され、数台がタクシーとして用いられるに留まった。
3.1	〔航空〕	極東航空、大阪―岩国線を開設 極東航空が大阪―岩国線を開設、デハビランド・ダブで運航を開始する。
3.1	〔航空〕	日本ヘリコプター輸送、東京―名古屋―大阪線を開設 日本ヘリコプター輸送が東京―名古屋―大阪線を開設、デハビランド・ヘロンで運航を開始する。
3.14	〔鉄道〕	修学旅行バスと電車が衝突 3月14日、横浜市鶴見区の京浜急行滝坂踏切で、修学旅行のバスと電車が衝突、学童1人が死亡、16人が重軽傷を負った。
3.21	〔鉄道〕	車両火災 3月21日、常磐線上野発松戸行き6両電車が北千住駅を出て間もなく、2両目の車体が爆音とともに炎上した。60人の乗客のうち、30人が混乱のため重軽傷を負った。
3.30	〔鉄道〕	可部線 可部線布―加計間が開業。
3月	〔オートバイ〕	本田技研工業がマン島TTレースに進出 本田技研工業が世界的なオートバイレースであるマン島TTレースへの出場を宣言した。当時の経営状態は順調とはいえず、世間の反応は賛否両論だったが、社内を結束させる効果をもたらした。1959年に125ccクラスに初参戦し、1961年に初優勝を果たした。
4.1	〔鉄道〕	城東線 城東線全線の複線化が完了した。
4.1	〔バス〕	都営バスが貸切バスの営業開始 都営バスが貸切バスの営業を開始した。
4.16	〔航空〕	東大生産技術研究所、AVSA計画を策定 糸川英夫教授ら東大生産技術研究所の14人がAVSA計画を策定。1965年にロケット旅客機第1号機を飛ばし、1975年には太平洋横断25分の超高空ロケット旅客機を実現する計画だった。
4.20	〔自動車〕	第1回全日本自動車ショウ 第1回全日本自動車ショウが東京・日比谷公園で開幕した。自動車メーカー各社の宣伝部の協議により開催されたもので、会期は29日まで。部品メーカーも含めて254社が参加し、展示車輌は267台。入場者数は事前予想を上回る54万7000人に達した。
4.21	〔航空〕	青木航空、八丈島への不定期路線認可 青木航空が東京―八丈島間の不定期航空運送事業を許可される。
4.26	〔行政・法令〕	「国鉄バスと民営バスの調整について」勧告 運輸省自動車局長から社団法人日本乗合自動車協会長および国鉄自動車局長に対し、強調和解勧告「国

1954年（昭和29年）

鉄バスと民営バスの調整について」が通達された。同年6月1日に日本乗合自動車協会会長が、9月1日には国鉄自動車局長が勧告を受諾した。

4.28　〔航空〕富士航空、南日本航空、大和航空、北陸航空に不定期航空運送事業免許　富士航空、南日本航空、大和航空、北陸航空の4社が不定期航空運送事業の免許を受ける。

4月　〔自動車〕プリンス自動車工業と富士精密工業が合併　プリンス自動車工業と富士精密工業が合併、社名は富士精密工業となった。

5.8　〔鉄道〕脱線し民家へ突入　5月8日、東武鉄道大師線の終点大師駅前で、2両連結の電車が脱線、踏切の横断道路に乗り上げて30メートル暴走して民家へ突入した。数人が重軽傷を負った。

5月　〔自動車〕コレダ号を発売　鈴木式織機のコレダ号CO型が発売された。同社初のオートバイで、4サイクル90ccエンジンを搭載。1955年1月に原付第2種が125ccに引き上げられたことを受け、125ccエンジンを搭載したST型やCOX型も発売された。

6月　〔自動車〕鈴木自動車工業と改称　鈴木式織機が鈴木自動車工業に社名変更した。同社は耐久性が高い織機の製造販売では発展が難しいとの判断に基づき自動車産業に参入しており、将来的な四輪車の開発も見据え、コレダ号の発売にタイミングを合わせての改称となった。

7.1　〔航空〕航空大学校設立　1954年4月1日の運輸省設置法改正に伴い、同省附属機関として航空大学校が設立された。

7.11　〔自動車〕トラックが川に転落　7月11日、新潟県南魚沼郡三国村で、トラックが100メートル下の川に転落し、乗っていた山岳会のメンバー14人のうち3人が死亡、11人と他の3人が重軽傷を負った。

7.16　〔航空〕戦後初の国産航空機エンジン完成　川崎航空機工業神戸製作所が、戦後初の国産航空機エンジンKAE-240を完成。

7月　〔航空〕航空技術審議会設置　内閣総理大臣の諮問機関として、総理府内に航空技術審議会が設置される。

7月　〔自動車〕カンバン方式を導入　トヨタ自動車工業が生産方式を改善した。組立工場に大量の部品在庫が置かれている状況を改め、生産ラインの在庫を最小化することでコスト削減を図るもので、工場長の大野耐一が米国ロッキード社のジェット機工場にヒントを得て考案した。これがジャストイン生産システム（カンバン方式）の始まりである。

8.10　〔航空〕日本観光飛行協会、不定期航空運送事業免許　日本観光飛行協会が不定期航空運送事業免許を受け、水上機を使用して遊覧飛行を開始。

8.24　〔鉄道〕DD11形ディーゼル機関車　国鉄DD11形ディーゼル機関車が落成。国鉄初の液体式ディーゼル機関車。

8.26　〔鉄道〕キハ01形気動車　キハ10000（キハ01）形気動車（レールバス）が落成した。バス用のディーゼルエンジンを搭載した二軸車。木原線で使用開始された。

9.25　〔航空〕青木航空機遭難　9月25日、羽田から北海道に向かった青木航空のビーチクラフトD18型機が羽田を発ったまま消息を絶った。10月9日、福島県南会津郡結能

— 128 —

岬で大破した機体を発見、乗員6人全員が死亡。

9.26　〔船舶〕**青函連絡船洞爺丸事故** 9月26日、台風15号の中を午後6時39分に函館を出発した青函連絡船洞爺丸が、函館湾の七重浜沖で座礁、10時26分に転覆した。乗員乗客1331人のうち、1132人が死亡、40人が行方不明となった。59年2月9日、高等海難審判庁で開かれた第2審は、1審同様国鉄側の過失で人災であるとした。国鉄側は3月9日、東京高裁に提訴。

10.1　〔航空〕**航空大学校開校** 基幹要員の操縦士育成を目的とする航空大学校が宮崎市に開校し、その訓練飛行場として宮崎飛行場が再開。第1回本科10人(2ヶ年期間)、専修科操縦科8人(6ヶ月期間)の学生で開校・入学式を挙行した。初年度の予算額は1億1,530万円。日本の飛行機操縦者の養成は戦後10年近く途絶えており、1952年に日本の航空活動再開後も、操縦できる人材は限られていた。戦前からの技術者の再教育を行う専修科と新人養成の本科からなり、55年1月には専修科から第一期生が卒業した。

10.1　〔自転車〕**日本サイクリング協会** 日本自転車産業協議会が中心となり日本サイクリング協会を設立。レジャーあるいはスポーツとしてのサイクリング推進を目的としていた。

10.7　〔バス〕**国鉄バスが転落** 10月7日、佐賀県藤津郡で国鉄バスが急カーブでハンドルを取られ、15メートル下の谷間に転落、13人が死亡、23人が重傷、45人が軽傷を負った。

10.8　〔船舶〕**相模湖事故** 10月8日、神奈川県津久井郡相模湖上で、修学旅行の中学生ら78人を乗せた遊覧船内郷丸が沈没、生徒22人が死亡した。内郷丸は定員19人のところを船体改造して35人乗りとしたが無許可であり、原因は定員過剰。海難審判は55年3月4日、船主の業務上過失と船長の運行上の過失によって発生したとして勧告処分を言い渡した。

10.24　〔バス〕**トレーラーバスが沼に転落** 10月24日、三重県度会郡二見町で、観光トレーラーバスが前の三輪車を追い越そうとして3メートル下の沼に転落、乗客71人のうち13人が死亡、35人が重軽傷を負った。

10.25　〔航空〕**日航、三沢・名古屋・岩国への寄航を中止** 日本航空が三沢・名古屋・岩国への寄航を中止。日本ヘリコプター輸送と極東航空が同地への寄航を開始した。

10.25　〔航空〕**日航、東京―福岡線の直行便運航開始** 日本航空が東京―福岡線にダグラスDC-6Bを就航させ、直行便の運航を開始。これにより、東京―札幌線3便(冬期2便)、東京―大阪線3便、東京―大阪―福岡線2便、東京―福岡線1便の運航体制が確立した(1955年当時)。

11.10　〔航空〕**阪神飛行場、接収解除** 八尾市の阪神飛行場の接収解除、運輸省管理が決定する。

11.14　〔バス〕**国鉄バスが日本乗合自動車協会に入会** 同年4月26日の運輸省の勧告により、国鉄バスが日本乗合自動車協会に正式入会した。

11.30　〔航空〕**極東航空、大阪―福岡―宮崎線定期航空許可** 定期航空許可を受け、極東航空が大阪―福岡―宮崎線を開設。宮崎飛行場が民間空港としてスタートする。

12.13 〔航空〕航空審議会、「民間航空事業の振興方策」について答申 日本航空の国際線が不振を続け、運輸大臣の諮問を受けた航空審議会が「民間航空事業の振興方策」について答申。民間航空事業に対する政府助成の強化を主眼とし、通行税の免除、資金調達援助、国際航空運送事業への補助金交付、飛行場整備の方針を示した。

12.16 〔航空〕日本空港リムジン設立 東京国際空港ターミナルビルのオープンに先立って各航空会社からリムジンサービス実施の要望が寄せられ、日本空港ビルディングを中心に日本空港リムジン株式会社設立。羽田を中心とする内外航空旅客、乗員の輸送サービスを担当する。1971年10月東京空港交通に改称。

この年 〔航空〕航空技術研究所設立決定 航空技術の遅れを取り戻すためには、研究目標と方針を確立し、大規模研究施設を持つ共同研究機関が必要であるという視点から、1954年7月、総理府の付属機関として航空技術審議会が誕生し審議を行ってきた。その結果に基づき、6カ年計画で73億円の予算をかけ航空技術研究所が設立されることとなった。設立準備に当たる初年度となる1955年度は1713万5000円の予算が国会を通過した。

この年 〔航空〕日航赤字助成策 日本航空は1954年度、国内線で411万円、国際線で836万円、計1247万円の赤字を計上した。政府は55年度予算で3500万円の国際路線への補助金を計上するほか、通行税2割のうち1割を減税するなどの助成策を講じた。日航では6月1日から国内路線の運賃値上げを実施する。

この年 〔航空〕日航輸送実績 1954年年度上半期の旅客数は14万7657人で利用率は75.7％、貨物は30万3000キロ、下半期は旅客12万2085人、利用率71.8％、貨物37万キロとなった。54年度国際線の旅客数は1万220人、利用率52.9％, 貨物は17万2000キロ。運行面では翌55年2月4日から東京・沖縄間を香港まで延長。

この年 〔バス〕各地でバス営業開始 高槻市に市営バスが開通。また、新潟交通バスが佐渡、三重交通バスが伊勢・志摩の定期観光バスを開業した。

この年 〔バス〕官庁街連絡バス 官庁街連絡バスの運行が、国際自動車の一部買収により開始された。同年12月都心循環線、都心横断線の開通により廃止された。

この年 〔オートバイ〕山田輪盛館がHOSK（ホスク）号を発表 山田輪盛館がHOSK（ホスク）号を発表した。山田輪盛館は輸入オートバイ販売業の傍らオートバイの部品製作を行い好評を得ていたが、これをもとに完成車の生産に参入したもの。HOSKの語源は、開発に携わったH（堀）、O（大関）、S（清水）、K（木村）のイニシャル。

この年 〔オートバイ〕本田技研工業がジュノオKB型発売 本田技研工業がスクーター「ジュノオKB」を発売した。ボディにFRP（強化プラスティック）を使用するなど、独創性の高さが注目された。

1955年
（昭和30年）

1.2 〔バス〕スキーバスが崖から転落 1月2日、長野県小県郡菅平スキー場付近で、ス

	キーからの帰り客64人を乗せた国鉄バスが10メートル下の崖下に転落し、1人が死亡、17人が重軽傷を負った。運転手の酒酔い運転が原因。
1.11	〔航空〕**日本航空整備協会設立**（社）日本航空整備協会設立。前身は全日本航空整備協会。1979年8月、日本航空技術協会に改称。
1.20	〔鉄道〕**電車が脱線、転落** 1月20日、長野県の国鉄飯田線門島・田本間で、2両編成の電車が線路上の土砂崩れに乗り上げて脱線、天龍川に転落した。5人が死亡、31人が重軽傷。
1月	〔自動車〕**ダットサン110型セダンを発売** 日産自動車のダットサン110型セダンと120型トラックが発売された。戦前から生産されていたダットサンを全面的にモデルチェンジしたもので、旧来の860ccエンジンを搭載していたものの、シャシーやボディは新設計だった。排気量の違いもあって同時期に発売されたクラウンと競合することもなく、好調なセールスを記録。トヨタ自動車工業と日産自動車が乗用車分野の2強の座を確立した。
1月	〔自動車〕**トヨペット・クラウンを発売** トヨタ自動車工業の小型乗用車トヨペット・クラウンとトヨペット・マスターが発売された。両車ともR型1500ccエンジンを搭載し、前者がオーナー用、後者がタクシー用とされたが、実際には前輪独立懸架などの新技術を導入したクラウンにトラブルが発生した場合の保険として、旧来の技術を用いた信頼性の高いマスターを同時開発したものだった。発売後、クラウンはトラブルを生じることもなく、海外の技術水準に追いついた初の国産車といわれる程の成功を収めたため、マスターは1年で生産中止となった。
2.1	〔鉄道〕**周遊割引乗車券（周遊券）** 国鉄は周遊割引乗車券の発売を開始。いくつかの条件を満たせば乗客が自由に旅程を設定できるというもの。
2.6	〔鉄道〕**電車とバスが衝突** 2月6日、群馬県碓氷郡松井田町の信越線の踏切で、スケート客を乗せた遊覧バスが上野行き準急と衝突した。5人が重傷、17人が軽傷。この際運転手が行方不明となったが8日に碓井川から遺体で見つかった。
2月	〔オートバイ〕**ヤマハYA-1発売** 日本楽器製造は最初のオートバイヤマハYA-1を発売。空冷2サイクル単気筒・123ccエンジン搭載。同機はこの年7月10日の第3回富士登山レースで優勝を果たした。
3.22	〔鉄道〕**最初の気動車準急** 名古屋—湊町間の準急1往復に気動車を導入。最初の気動車準急である。
4.1	〔航空〕**富士重工業、富士工業など5社を吸収合併** 富士重工業が富士工業など5社を吸収合併し、本格的に営業開始。資本金8億3,050万円。
4.11	〔バス〕**バスが転落** 4月11日、佐賀県藤津郡の県道で、47人を乗せたバスが前の三輪車を追い越そうとして7メートルの崖から転落し、2人が死亡、25人が軽傷を負った。
5.1	〔鉄道〕**米軍トレーラーと列車が衝突** 5月1日、静岡県内の東海道線原・東田子の浦間の植田踏切で、修学旅行生らを乗せた臨時急行列車が踏切で停車中の米軍の大型トレーラーに衝突した。機関車と列車5両が脱線し、トレーラーの積み荷のペイントが散乱、引火して全焼したが、死者はなく、軽傷31人で済んだ。

1955年（昭和30年）　　　　　　　　　　　　　　　　　　　　　　　　　日本交通史事典

5.7　〔自動車〕第2回全日本自動車ショウ　第2回全日本自動車ショウが東京・日比谷公園で開幕した。会期は18日までで、232社が参加し、展示車輌は191台。入場者数は前回を大きく上回る78万4800人に達した。

5.11　〔船舶〕紫雲丸事件　午前6時56分、香川県高松沖4キロの地点で、修学旅行の学童370人と一般乗客943人を乗せた国鉄宇高連絡線紫雲丸が、折からの濃霧に視界を遮られ、貨車航送船第三宇高丸と衝突、紫雲丸が横転沈没し、第3宇高丸も船首に穴をあけた。学童100人を含む160人が死亡、8人が行方不明となった。高松地検は両船の過失と断定。

5.14　〔バス〕バスが川に転落　5月14日、岩手県北上市の飯豊橋で、修学旅行の小学生、父兄ら51人を乗せた観光バスが前から来た自転車を避けそこねて10メートル下の川に転落、12人が死亡、31人が重軽傷を負った。

5.15　〔航空〕東京国際空港ターミナルビル完成　東京国際空港のターミナルビルが完成（24,000㎡）。日本初の官民総合による近代ターミナルビルが誕生した。オープンは5月20日。

7.1　〔オートバイ〕ヤマハ発動機株式会社設立　日本楽器製造のオートバイ製造部門が独立してヤマハ発動機株式会社が設立された。

7.8　〔航空〕阪神飛行場、正式に運輸省へ移管　戦後米軍に接収された八尾市内の阪神飛行場が返還され、正式に運輸省へ移管される。

7.11　〔航空〕航空技術研究所開設　同年航空技術審議会の答申した「関係行政機関の共用に供する航空技術研究機関の設置に関する基本方針」に基づき、総理府に航空技術研究所開設。

7.19　〔行政・法令〕「都市交通審議会令」公布　「都市交通審議会令」公布。地下鉄など交通網建設計画促進のため。

7.20　〔鉄道〕東海道線　東海道線稲沢―米原間の電化が完了した。

7.22　〔行政・法令〕日航法改正　前年12月の航空審議会による「民間航空事業の振興方策」についての答申を受け、日本航空株式会社法改正。助成の目的を明確化して限度を拡大する一方、監督規制を強化する措置がとられた。

7月　〔自動車〕ヤマハ発動機を設立　ヤマハ発動機が設立された。日本楽器製造のオートバイ部門を分離独立させたもので、資本金は3000万円。生活を豊かにする遊びに関する機械機械製造を目指し、スポーツ性のあるオートバイを製造販売した。

8.5　〔航空〕川崎航空機工業、T-33ジェット練習機国産化契約に調印　川崎航空機工業がロッキード社とT-33ジェット練習機国産化契約に調印。

9.30　〔航空〕日本ヘリコプター輸送、名古屋―小松間不定期路線認可　日本ヘリコプター輸送の名古屋―小松間不定期路線が認可される。

9月　〔オートバイ〕本田技研工業が二輪車生産台数トップに　本田技研工業が二輪車生産台数で国内1位となった。業界では後発だったが、高い理想を掲げての技術開発、大規模な設備投資、レース参加などの野心的な取り組みでトップ企業に躍り出た。二輪車の大規模な量産体制を構築して成功したのは、世界でも同社が初めてとされる。

― 132 ―

10.3　〔航空〕極東航空のハンドレページ・マラソン、一時運航停止　運輸省航空局が主翼リベットにゆるみを生じた極東航空のハンドレページ・マラソンに対し、一時耐空証明効力停止措置を行なう。10月29日解除。これを機に、経営難にあった極東空港と日本ヘリコプター輸送の合併気運が高まる。

11.10　〔航空〕国産ジェット・エンジンJO-1完成　日本ジェットエンジンが国産ジェット・エンジンJO-1を完成し、一般公開。

11月　〔バス〕国鉄バス1万キロメートル突破　国鉄バスの営業キロ数が1万キロメートルを突破した。

11月　〔自転車〕第1回浅間高原レース　第1回全日本オートバイ耐久ロードレース（浅間高原レース）が開催された。全国規模のオートバイレースとしては日本初のもので、有力メーカーがこぞって参加し、500ccと350ccの2部門で本田技研工業が優勝した。

12.15　〔航空〕日航、DC-8を4機発注　日本航空がジェット旅客機・ダグラスDC-8の購入を決定、4機を発注する。JT-4Aエンジン付DC-8-32、33型のインターコンチネンタル型で、通算では78、83、91、113号機にあたる。

この年　〔航空〕宮崎飛行場、自主管制を開始　宮崎飛行場が日本人による初の自主管制を開始。

この年　〔航空〕国産ジェット機への道　日本のエンジン製造及び修理の実績は日本全体で50億円に届かず、世界最大の飛行機会社アメリカのダグラス社の3300億円には遠く及ばない。川崎航空機工業、新三菱重工業がジェット機の部品製作やオーバーホールに着手して注目された。自衛隊用の小型ジェット機の試作を富士重工業、新三菱重工業、新明和工業の3社が行うことになり、日本の航空産業の本格的復活、ジェット機完全国産化への期待が高まった。

この年　〔鉄道〕国鉄予算と経営調査会設置　国鉄は55年度予算に新線建設費30億を決定、また電化費50億円を計上し、56年秋頃までに大阪駅までの電化を完了する計画とした。30年5月に発生した宇高連絡船紫雲丸沈没事故などを契機とし、国鉄の機構及び経営内容の再検討を求める声が高まり、運輸省内に国鉄経営調査会が設置された。

この年　〔バス〕羽田空港へのバス便開設　モノレールの開業に先立ち、東京駅八重洲南口—羽田空港間に京浜急行電鉄のバス便が開設された。

この年　〔バス〕各地でバス営業開始　種子島交通バス、奄美交通バス、名士バスがバス事業を開始した。

1956年
（昭和31年）

1.4　〔航空〕ジェット中間練習機国産計画の使用エンジン決定　防衛庁がジェット中間練

習機国産計画の使用エンジンを国産J-3型に決定する。

1.8 〔バス〕**市営バスが電車と衝突** 1月8日、横浜市鶴見区京浜急行鶴見踏切で、横浜市営バスが子安発品川行上り電車と衝突、バスの乗客4人が即死、7人が重傷、10人が軽傷を負った。

1.12 〔鉄道〕**国鉄経営調査会答申案提出** 1950年6月に発足した国鉄経営調査会は1956年1月12日、国鉄の経営形態と財政再建に関する答申案を吉野運輸相に提出した。経営形態については、公共企業体の携帯を存続しつつ、外部起用理事を含む意志決定機関の設置や、監督を運輸省とすることなどを提案。財政再建については、未収運賃回収のための措置の協力化、幹線の電化とディーゼル化による合理化、外郭団体の整理統合などを提案。

1.13 〔航空〕**川崎航空機工業、ジェットエンジン研究部を新設** 川崎航空機工業がジェットエンジン研究部を新設する。

1.16 〔航空〕**T-33ジェット練習機国産1号機完成** 川崎航空機工業がT-33ジェット練習機国産1号機を完成し、公開飛行を行なう。

1.29 〔鉄道〕**東海道線で事故2件** 1月29日、東海道線岐阜駅構内で、佐世保発東京行上り「西海」が停車中の貨車に衝突、乗客1000人が将棋倒しになったが重傷者はなかった。同日、呉発東京行貨物が丹那トンネル内で脱線し、東海道線は上下線とも半日にわたり普通になった。

1月 〔自動車〕**オオタ自動車工業が破綻** オオタ自動車工業が会社更生法を申請し、ただちに保全命令を受けた。小型自動車の製造販売を事業としたが、企業規模が小さいためコスト削減が難しく、経営破綻に追い込まれた。トヨタ自動車工業や日産自動車などの大手メーカーが躍進する一方、小規模メーカーが淘汰される時代に入ったことを示す事例とされる。

2.1 〔鉄道〕**運賃値上げ** 地下鉄15円が20円、トロリーバス15円が20円、都電10円が13円に値上げされた。

2.2 〔鉄道〕**庄内事件** 京阪神急行宝塚線服部駅―庄内駅間で朝のラッシュ時に電車故障があり電車が立往生した。この際、乗客の取扱いに怒った乗客ら1000人が庄内駅と線路に座り込んで電車の進行を妨害、大阪府警から機動隊が出動する騒ぎとなった。かねてより阪急宝塚線の輸送力は並走する神戸線に大きく劣ると言われており、これに不満を持っていた乗客の怒りが爆発して起きた事件と見られる。

3.15 〔鉄道〕**田川線** 田川線彦山―彦山線大行司間が開業。

3.20 〔鉄道〕**3等寝台車** 3等寝台車が15年ぶりに復活、東海道本線の急行列車に連結された。

3月 〔自動車〕**トヨタ自動車工業の新設備投資計画** トヨタ自動車工業が生産設備近代化5ヶ年計画を完了し、月産1万台体制構築を目指す新たな設備投資計画に着手した。高性能な自動機械を導入することで生産台数の増加とコスト削減を図る内容。資金の一部は米国からドル建てで調達されたが、これが自動車メーカーとしては初の外資借款となった。

4.1 〔航空〕**八尾飛行場開場** 阪神飛行場が八尾飛行場と改称して開場。京阪神地区唯一

の民間小型機用飛行場（陸上自衛隊と共用）として利用される。

4.1 〔バス〕バスが川に転落 4月1日、山梨県南巨摩郡鰍沢町で、山梨交通バスが20メートル下の富士川に転落、1人が死亡、71人が重軽傷を負った。

4.15 〔鉄道〕白新線 白新線葛塚—信越本線沼垂間が開業。

4.16 〔道路〕日本道路公団発足 日本道路公団が発足。道路計画の推進機関として、有料道路の整備と維持管理に当たる。交付金、資金運用部融資、一般民間資金の計80億円を資金とし、継続箇所の促進を図るとともに、新規道路建設に着手する。

4.20 〔自動車〕第3回全日本自動車ショウ 第3回全日本自動車ショウが東京・日比谷公園で開幕した。会期は29日までで、展示方式が従来の企業別から乗用車・トラック・バス・三輪車・オートバイなどの種類別に変更された。267社が参加し、展示車両は247台。会期が短縮されたこともあり、入場者数は前回より少ない59万8300人だった。

4.20 〔行政・法令〕空港整備法公布施行 空港整備法公布施行。航空運送の用に供する公共用飛行場のみを対象に、空港の設置、管理、経費負担等の統一的基準を定めるべく航空法とは別に制定された。空港を第1〜3種に分けて管理主体を明確にし、費用負担割合は道路・港湾等の制度を参考に制定。同年7月10日空港整備法施行令が公布され、7月14日運輸省が第1種に東京国際空港、第2種に稚内、高松、大村の3空港を指定した。

4.23 〔行政・法令〕軽油引取税法の成立 軽油引取税法が成立した。これにより、税額は1キロリットル当たり6000円となった。

5.7 〔鉄道〕南海電鉄車両火災 5月7日、南海電鉄高野線細川・神谷間のトンネルで極楽寺発難波行き急行3両連結車が出火、車両が火に包まれ、車内灯が消え大混乱となった。1人死亡、重傷3人、軽傷37人。

5.19 〔航空〕航空技術研究所、科学技術庁の附属機関に 科学技術庁が発足。航空技術研究所は同庁附属機関となる。

5月 〔船舶〕三井船舶欧州航路同盟加入 1951、52年に欧州航路同盟加入申請を拒否されたため三井商船は1953年から盟外配船を強行してきた。石川一郎らが調停を図ることになり、斡旋案を同盟に提案。5月にスエーツ同盟議長が来日、日本側斡旋案を基に、寄港地・積荷の制限、日本郵船に対する下請配船機関を5年とするなどの条件付きで三井船舶の同盟加入を承認した。

6.3 〔航空〕通産省、「民間輸送機工業育成5ヵ年計画」立案に着手 通産省が「民間輸送機工業育成5ヵ年計画」の立案に着手。

6.25 〔鉄道〕国鉄理事会、監査委員会発足 1月12日の国鉄経営調査会の国鉄の経営形態と財政再建に関する答申を受け、運輸省は「国鉄方の一部改正法案」を提出、6月25日、国鉄に理事会と監査委員会が発足した。理事会は最高意志決定機関で、予算、事業計画、資金計画、資金の借入と鉄道債券の発行、決算、長期借入金と鉄道債券の償還計画、業務上の規則などの決定を任務とする。監査委員会は国鉄の業務全般を客観的に監査、総裁、運輸大臣に意見を提出する。

6.29 〔航空〕国産ジェットエンジンJ-3完成 日本ジェットエンジンが国産ジェットエンジ

1956年（昭和31年）

ンJ-3を完成させる。

6月 〔航空〕琉球列島内に定期便開設 沖縄旅行社が台湾CAT航空社機をチャーターして運航を開始する（週2便）。

7.1 〔航空〕航空技術審議会、科学技術庁の附属機関に 航空技術審議会が科学技術庁設立により総理府から同庁に移管され、科学技術庁長官の諮問機関となる。航空技術に関する重要事項について同長官の諮問に対し合理的な答申を行い、必要に応じて意見を述べる。1978年5月電子技術審議会と合併、航空・電子等技術審議会となる。

7.11 〔航空〕国産ジェット中間練習機に富士重工T1F1の採用決定 防衛庁が国産ジェット中間練習機に、富士重工設計T1F1の採用を決定。

8.1 〔行政・法令〕旅客自動車運送事業等運輸規則 旅客自動車運送事業の適正な運営を確保することにより、輸送の安全と旅客の利便を図ることを目的として、旅客自動車運送事業等運輸規則が制定された。

8.15 〔航空〕科学技術庁、遷音速風洞建設を決定 総額60億円の航空技術研究所第一次6ヵ年計画の一環として、科学技術庁が遷音速風洞の建設を決定（1960年10月完成）。同計画は小型超音速機、大型ジェット輸送機を製作し、6年後には日本の航空技術を世界水準に到達させることを目標に研究施設・設備の整備を行うというもので、1955年航空技術審議会の答申した「関係行政機関の共用に供する航空技術研究機関の設置に関する基本方針」に沿って策定された。この計画で整備された空気力学、機体、原動機研究、計測関係の設備は、のちYS-11等の開発に有効に活用された。

8.31 〔航空〕福岡給油施設設立 米軍管理下にあった板付飛行場（のち福岡空港）におけるハイドラント式給油施設設置のため、マイナミ貿易を中心に払込資本金300万円で福岡給油施設株式会社設立。1972年4月米軍から空港全域が日本政府に返還されるにあたってPOL施設の空港内移設を図り、翌1973年8月に完成した。

9.27 〔鉄道〕地盤のゆるみから列車が転落 9月27日午前7時20分頃、国鉄関西本線関・加田間で、進行中の客車のうち1台が地盤のゆるみから加川に転落、3人が遺体で発見され、数人が行方不明となった。台風15号の余波で豪雨が降っていた。

9月 〔航空〕通産省、中型輸送機国産化計画を省議決定 中型輸送機国産化計画とそれに要する1956年度以降の予算要求について、通産省が正式に省議決定。大蔵省との交渉の結果、1957年度分として鉱工業技術研究補助金から3,500万円が交付されることになる。

10.1 〔航空〕新三菱重工業名古屋航空機製作所発足 新三菱重工業から航空機部門が分離独立し、新三菱重工業名古屋航空機製作所が発足。

10.3 〔航空〕国産小型連絡機LM-1第1号機完成 富士重工業が国産小型連絡機LM-1第1号機を完成、防衛庁に納入。

10.15 〔鉄道〕参宮線六軒駅で列車脱線、衝突 伊勢神宮大祭の影響で朝からダイヤが乱れていた国鉄参宮線で、名古屋発鳥羽行き下り快速243列車が臨時停車の信号を無視して安全側線に乗り込み、停止線を乗り越えて機関車2両と客車2両が脱線転覆、1両が脱線した。そこに上り快速246列車が進入し、本線を塞いでいた下り快

速列車の1両目客車と衝突。上り快速246列車の機関車2両が脱線転覆、下り快速243列車1両目客車は押し潰された。この事故で下り列車に乗っていた修学旅行の高校生ら乗客乗員41人が死亡、96名が負傷した。

10月　〔行政・法令〕国鉄からの輸送力転換を通達　運輸省から各陸運局に対し、国鉄からトラックや海運への輸送力転換に関する通達が出された。国鉄は人員輸送能力の増強を優先しており、非効率的な輸送状態もあって増加し続ける貨物輸送に対処できないためで、道路整備が進められてトラック輸送が重要性を増すことになった。

11.4　〔航空〕日航、初の五輪選手団空輸　日本航空がメルボルンオリンピック参加選手団空輸のため、東京—メルボルン間特別飛行を実施。往復航ともDC-4、DC-6Bで各3便（復航は12月3日）。

11.10　〔航空〕日本ジェットエンジン、5社出資が決定　日本ジェットエンジンの5社出資（石川島重工業、新三菱重工業、富士重工業、富士精密、川崎航空機工業）による経営が決定。

11.19　〔鉄道〕高崎線　高崎線熊谷—高崎間、上越線高崎—水上間で電車の運転を開始した。

11.19　〔鉄道〕東海道本線　東海道本線関ヶ原—京都間で電車の運転が開始される。

12.28　〔航空〕日本ヘリコプター輸送と極東航空、合併仮契約に調印　1953年10月より定期航空分野に進出した日本ヘリコプター輸送と極東航空の経営状況が厳しく、また1955年10月の航空審議会で国内ローカル線の運航は1社が適切との意見が表明されたことから、両社が合併交渉を開始。仮契約書に調印した。

12月　〔オートバイ〕ポインター・エースⅥ　新明和興業がオートバイの新モデル、250ccポインター・エースⅥを発売。これ以後同社製品は2サイクルに転向する。

この年　〔航空〕国際航路進出　外国との定期航路は1952年まで米軍制約下にあったが、講和条約成立後急成長してきた。1953年頃からニューヨーク線とインド・パキスタン線が発達してきたが、賠償条約成立に伴い、1955年頃からバンコク、カナダ、サイゴン、カンボジア各国への定期航路が次々に開設された。

この年　〔鉄道〕緊急輸送対策推進委員会　1956年度は経済が非常に活況で、貨物輸送が驚異的な伸びを示した。在荷が8月下旬に在荷を突破すると、10月には160万トン、12月には200万トンに達した。国鉄は月間1500万トンの輸送を実施するも輸送が追いつかず、運輸省は10月に「緊急輸送対策連絡会議」を設置、貨物の海上・トラックへの分散を図った他、国鉄でも「緊急輸送対策推進委員会」を設けて貨車の緊急増補などを実施した。

この年　〔オートバイ〕ラビットスクータースーパーフロー　富士重工業はラビットスクーターの新モデル、スーパーフロー101型を発表。液体トルクコンバーターとセルダイナモを採用したことで、動力・加速性能が向上した。

この年　〔船舶〕定期船運賃引上　不定期線運賃の急騰を受け、ニューヨーク航路同盟は盟外配船を行い価格競争を強いられてきたイスブランセン社と協定し、8月から10%運賃を引上げた。また、中南米航路同盟は8月から10%、欧州航路同盟は極東積み欧州向けの運賃を9月から15%引上げた。

— 137 —

この年　〔船舶〕不定期線運賃急騰　海上運賃市況は1954年下期から好転、1955年度には不定期線を中心に急騰した。イギリス海運集会所発表の、世界不定期線運賃指数は、1953年平均を100とすると1955年10月には148.9をマーク、さらにその後も高騰して1956年6月には162.2をマークした。

この年　〔道路〕道路計画　1956年1月末現在、全国自動車保有台数は147万台で、前年3月末より14万台の大幅増。道路は1、2級国道の実延長2万4000キロのうち、自動車交通不能区間が300キロ、未改良区間が1万6400キロあった。道路の整備は1954年の道路整備5カ年計画に基づいて行われてきたが、1956年度は道路整備に重点を置き、前年度比80億円増の346億円の予算を計上した。

1957年
（昭和32年）

1.17　〔航空〕日本航空機操縦士協会が発足　日本航空機操縦士協会が発足した。当初は任意団体で、1976年7月27日に運輸相から社団法人としての認可を受けた。認可当時の会員数は159人で、航空安全問題、航空技術の向上、航空知識の普及などを目的に活動を行い、会誌「PILOT」を発行している。

1.27　〔航空〕高松飛行場完成　高松飛行場が完成した。

2月　〔自動車〕トヨタと日産が値下げ　トヨタ自動車が乗用車と小型トラックの全車種を、日産自動車がオースチン、ダットサン乗用車、ダットサントラック、ニッサンジュニアを値下げした。ダットサンセダンは75万円から65万円になったが、1953年のモデルであるDB4型（88万円）と比較すると、大幅に性能が向上した上に23万円も安くなったことになる。

3.1　〔航空〕空港グランドサービス設立　航空再開後、日本航空整備が航空機整備作業とランプサービスを行なっていたが、予測されるランプサービス部門の増大に対処するため、関連会社として空港グランドサービス株式会社設立。以来企業規模を拡大し、国内主要空港でグランドハンドリング業務を実施。

3.10　〔航空〕大分空港開港　大分空港が開港した。

3.20　〔航空〕石川島重工業、ジェットエンジン専門の田無工場開設　石川島重工業がジェットエンジン専門工場として田無工場を開設。以後、主として米英のライセンスによる航空自衛隊主力機用エンジンの生産に従事する。

3月　〔鉄道〕国鉄ストで処分　3月23日、国鉄は抜打ちストを行った。16日にいったん妥結した国鉄労組の賃金交渉において、大蔵省の反対のため、23日に支払われるはずだった業績手当が至急停止となったことを発端とした。業績手当は大蔵省が認めていなかった事実上のヤミ給与で、大蔵省は直ちにこれを撲滅するための予算措置の準備に入ることになる。政府は3月11日、12日のストを指導した小柳委員長他23名を解雇、全国で705人が罰棒、戒告、訓告を含む処分を受けた。

4.1　〔航空〕宮崎空港開港　宮崎空港が開港した。

4.1	〔鉄道〕国鉄運賃値上げ実施	国鉄は1956年10月に18％の運賃値上げを申請、これに対し運輸審議会は57年1月に値上げ率15％を答申した。政府は値上げ率を13％と決定し、4月1日から実施された。国鉄は老朽化した施設の改善による輸送の増強と安全化をはかるとしており、このための5カ年計画に必要な6000億円の資金の一部を値上げによる増収でまかなう。
4.1	〔鉄道〕東海道本線	東海道本線浜松―豊橋間で電車の運転が開始された。
4.3	〔航空〕日本航空国際線増便	4月3日、日本航空は東京発ホノルル経由サンフランシスコ行を、週4往復から5往復に増便した。9月には福岡・香港線週2往復を新設、10月には東京・沖縄・香港線3往復をバンコクまで延長した。
4.12	〔船舶〕第5北川丸沈没事故	4月12日、広島県三原市鷺浦町300メートルの沖合で、芸備商船の定期船第5北川丸が全速力で航行中に操舵を誤り、佐木島虎丸礁に乗り上げて大破、沈没した。乗船者237人のうち80人が死亡、33人が行方不明となった。原因は難所として知られている現場で、船長が入社してまだ1ヶ月の少年に舵を取らせていたため。
4.13	〔鉄道〕南満洲鉄道法定清算が完了	南満洲鉄道の法定清算が完了した。
4.22	〔航空〕仙台空港開港	仙台空港が開港した。
4.22	〔航空〕名古屋空港ビルディング設立	空港ターミナルビル建設のため、名古屋空港ビルディング株式会社設立。資本金5,000万円。
4.25	〔行政・法令〕高速自動車国道法公布	高速自動車国道法が公布された。高速道路の建設、整備、管理に関して定めたもの。
4月	〔自動車〕プリンススカイラインを発売	富士精密工業の小型乗用車プリンススカイラインが発売された。1500cc60馬力(後に70馬力に改良)エンジンを搭載し、トレー型フレームとデファレンシャル装置の固定化が特徴で、高級志向を前面に出した車だった。現在も生産されている日産スカイラインの初代にあたる。
4月	〔自動車〕日本内燃機製造が日本自動車工業と改称	日本内燃機製造がオオタ自動車工業を吸収合併し、日本自動車工業に社名変更した。両社とも経営が行き詰まり、東急グループが資本を注入して再建に乗り出したもので、オオタ自動車工業製の直列4気筒エンジンを日本内燃機製造のくろがねオート三輪車に搭載した新モデルが生産されることになった。
4月	〔道路〕日本初のバス専用道路	国鉄白棚線の代行輸送のため、日本初のバス専用道路が開設された。
4月	〔行政・法令〕高速自動車国道法などを公布	国土開発縦貫自動車道建設法、高速自動車国道法、道路整備特別措置法の一部を改正する法律が公布された。また、閣議で国土開発縦貫自動車道建設審議会の設置が了承された。
5.1	〔航空〕輸送機設計研究協会設立	「中型輸送機国産化計画」の設計開発の中心として、(財)輸送機設計研究協会設立。「タービンエンジン搭載の1,200m滑走路で使用可能な60人乗りの双発機」を狙い、協会内に設置された技術委員会が基本仕様を決定。共同設計室に新三菱重工業、川崎航空機工業、富士重工業、新明和工業、日本飛行機、昭和飛行機の機体6社と、住友金属、島津製作所、日本電気、東京計

器、東芝、東京航空計器、三菱電機の部品7社から技術者が出向して基本設計が行われた。1959年以後、中型輸送機国産開発事業は日本航空機製造に委ねられ、協会の研究を基礎に日本発の国産輸送機YS-11が完成。

5.9 〔自動車〕**第4回全日本自動車ショウ** 第4回全日本自動車ショウが東京・日比谷公園で開幕した。会期は19日までで、278社が参加し、展示車両は268台。各メーカーが綺麗に塗装されたデラックス仕様車を展示した他、メカニズムを展示する工夫も始められた。入場者数は52万7200人だった。

5.17 〔鉄道〕**常磐線急行が転覆** 5月17日午後8時45分、福島県双葉郡の常磐線大野・長塚間の陸橋で、下り急行北上が脱線・転覆し、3人が死亡、43人が重軽傷を負った。事故の直前に現場の陸橋下を通ったトラックの積載物が陸橋の橋桁にぶつかり、橋桁が曲がっていたための事故と見られた。

5.30 〔鉄道〕**国鉄鉄道技術研究所が新幹線構想を発表** 戦後復興に伴い東海道線の更なる輸送力向上が求められる中、国鉄鉄道技術研究所は「超特急列車、東京—大阪間3時間への可能性」と題して新幹線構想を発表した。在来線とは別ルートで広軌新線を建設すれば東京—大阪間を3時間で運転することが可能であると主張するもの。5日後の同月30日には鉄道技術研究所創立50周年記念講演会において同テーマの講演が行われた。

6.20 〔鉄道〕**中央線に老幼優先車が登場** 中央線と京浜東北線電車は2等車を廃止して老幼優先車を導入する。老人と幼児を混雑から守ることを目的としていたが、中央線では翌年、京浜東北線では3年後に廃止となった。

7.1 〔航空〕**5飛行場の交通管制権、日本側に返還** 松島、浜松、美保、築城、鹿児島の各飛行場の交通管制権が米空軍から日本側に返還され、自主運用を開始。

7.1 〔航空〕**鹿児島空港開港** 鹿児島空港が開港した。

7.20 〔航空〕**日航、夏期深夜便「オーロラ便」営業開始** DC-4の稼働率向上と深夜航空旅客の開拓を図り、日本航空が東京—札幌線に夏期深夜割引「オーロラ便」を開設。運賃は15%割安で、8月20日までの1ヶ月間の季節運航。地球観測年を記念し、北国に因んで「オーロラ便」と名づけられた。1967年日本国内航空に移譲。

7月 〔航空〕**運輸省技術部航務課管制係、管制課に昇格** 管制業務を扱う運輸省技術部航務課管制係が、技術部管制課に昇格。以後、管制業務の日本への移管が急速に進む。

7月 〔バス〕**全国初のバスセンター** 広島に全国初のバスセンターが建設された。

7月 〔自動車〕**トヨペット・コロナST10型を発売** トヨタ自動車工業のトヨペット・コロナST10型が発売された。クラウンに続く2番目の小型乗用車で、1000ccS型エンジンを搭載。生産中止となったマスターの設備を遊ばせないために急遽開発されたもので、クラウンやマスターからの部品流用が多く、垢抜けないデザインでだるまコロナと呼ばれた。

8.15 〔鉄道〕**大糸南線** 大糸南線中土—大糸北線小滝間が開業した。

8.19 〔行政・法令〕**国鉄自動車局、中・長距離路線へ進出** 国鉄自動車局が国鉄自動車の基本方針を発表し、中・長距離路線へ進出を表明した。

8月		〔自動車〕ミゼットDKA型を発売 ダイハツ工業のミゼットDKA型が発売された。250cc10馬力エンジンを搭載した小振りな三輪トラックで、軽自動車免許で運転できた。当時は四輪トラックの普及により三輪トラックの需要が低下していたが、同車は個人商店向けの安価で手軽な自動車として人気を集め、軽三輪トラックの隆盛をもたらした。
9.1		〔航空〕日本人機長による初の東京一ホノルル間無着陸試験飛行 日本航空がDC-6B「シティ・オブ・フクオカ」で、日本人機長(富永五郎操縦士)による初の東京一ホノルル間無着陸試験飛行を実施。
9.5		〔鉄道〕交流電化 仙山線仙台一作並間で電気機関車を運転。仙山線では1955年以来交流電化の試験運転が行われてきたが、この日ついに営業運転が開始された。
9.15		〔航空〕名古屋空港ビル完成 全国で2番目の空港ターミナル・名古屋空港ビルが完成(総床面積2,358m²)。
9.20		〔鉄道〕小田急3000形(SE)電車 東海道線大船一平塚間および函南一三島間において小田急3000形電車による高速度試験が行われ、最高時速145kmを記録した。当時の狭軌としては世界最速。
9.30		〔航空〕日航機が不時着炎上 9月30日、日本航空大阪発東京行き「雲仙号」が伊丹空港を離陸直後高度約300メートルで左エンジンから火を噴き、飛行場付近の田んぼに不時着した。機体は大破炎上したが、乗員乗客55人のうち3人が重傷、4人が軽傷を負ったものの、あとは全員脱出した。12月27日の運輸省発表によると燃料関係の故障によるものと見られた。
10.1		〔航空〕伊丹飛行場の航空管制業務、日本に移管 伊丹飛行場の航空管制業務が日本側に移管される。
10.1		〔鉄道〕初の寝台専用列車 東京一長崎間特急「さちかぜ」、東京一大阪間「彗星」の運転が開始された。「彗星」は最初の寝台専用列車である。
10.1		〔鉄道〕日田線、田川線 日田線香春一田川線伊田間の短絡線が開業した。
10.1		〔船舶〕青函連絡船「十和田丸」就航 青函航路に十和田丸(6,148トン)が就航した。
10.14		〔鉄道〕日本初のモノレール 東京都営懸垂式鉄道上野動物園一同分園間が開通した。常設のものとしては日本初のモノレール。首都交通のテストケースの一つとして設計敷設されたもの。
10.19-20		〔オートバイ〕第2回浅間高原レース 浅間牧場地内に建設された1周9.351kmのコースにおいて、第2回浅間高原レースが開催された。ライト、ウルトラライトではヤマハが、ジュニア級はホンダが優勝。2サイクル車の活躍がめざましく、優れた速度性能をアピールした。
10.26		〔船舶〕全日海スト 1957年3月、全日海は船団連に最低賃金制の改定を要求、5月、組合は船主案を不満として船員中央労働委員会に調停を申請した。調停案は9月25日に提示されたが双方ともこれを拒否し、10月26日からストに入った。11月2日、船中労務委員長の斡旋案で解決。
10.30		〔航空〕日本ヘリコプター輸送と極東航空、合併契約に調印 1956年12月に交渉を開始した日本ヘリコプター輸送と極東航空が、合併契約に調印。

11.13	〔バス〕日本急行バス設立の決議 日本急行バス設立が、大阪で開催の全国バス事業者大会で決議された。
11.15	〔地下鉄〕名古屋市営地下鉄が開業 名古屋市営地下鉄が名古屋―栄町間で営業を開始した。
11.25	〔鉄道〕通勤電車が転落 11月25日、三重県員弁郡員弁町で三重交通北勢線電車が脱線し、3メートルの崖下に転落した。通勤・通学客250人のうち3人が即死、167人が重軽傷を負った。
11.26	〔航空〕日本初の国産ジェット中間練習機T1F2の開発成功 富士重工業が日本初の国産ジェット中間練習機T1F2の第1号機を完成。
11月	〔航空〕大田区に航空機騒音の防音工事費支払い 同年、東京国際空港周辺の小・中学校で航空機騒音のため授業が妨げられる事態が発生。11月、特損法に基づき特別調達庁から大田区に2校の防音工事費137万4,000円が支払われた。この間に運輸省、東京都、大田区、文部省が共同で実施した空港周辺騒音調査が航空機騒音調査の始まりとなる。
11月	〔鉄道〕遊覧モノレール運行開始 上野動物園内の遊覧モノレールの運行が開始した。首都交通のテストケースとして設計敷設された。制作費1両900万円であった。
11月	〔自動車〕マツダMAR型三輪トラックを発売 東洋工業のマツダMAR型三輪トラックが発売された。1005ccエンジンを搭載し、快適な運転環境を求める声に応じて四輪トラック並みの装備を施した、三輪トラックとしては高級な仕様だった。
12.1	〔航空〕全日本空輸設立 日本ヘリコプターと極東航空の両社が合併し、全日本空輸として発足した。日本ヘリコプターは東京・大阪、東京・名古屋・大阪、東京・三沢・札幌の3路線、極東航空は大阪・岩国・福岡路線を就航していたがいずれも赤字で、経営合理化による再建を目指す。
12.1	〔鉄道〕両毛線 両毛線新前橋―前橋間の電化が完成。上野―前橋間で電車運転が開始された。
12.18	〔航空〕T1F1-801国産ジェット練習機、試験飛行に成功 富士重工業がT1F1-801国産ジェット練習機の試験飛行に成功。
12.18	〔航空〕東亜航空に不定期航空運送事業免許 東亜航空が不定期航空運送事業免許を受け、翌1958年3月よりビーチクラフト機で鹿児島―種子島線を開設。
12.26	〔鉄道〕近畿日本鉄道特急列車にシートラジオを導入 近畿日本鉄道近畿2250系電車にイヤホンを用いてラジオ番組を聴取できる「シートラジオ」が導入された。
この年	〔航空〕航行距離激増 1957年度には国際線が東京・サンフランシスコ間を1往復増便し、週5往復とし、国内線も全線で増便が行われた。これにより1957年度の全有償距離は国内線376万マイル、国際線455万マイルとなり、前年度比国内線16％、国際線27％増。
この年	〔鉄道〕国鉄5カ年計画 1957年から始まった国鉄の5カ年計画は、完成すると1956年に比べ、輸送力は旅客139％、貨物134％に増強され、東京や大阪付近の電車区間の混雑は20～30％緩和されるとした。計画の概要は、（1）輸送量の多い線区のうち1665キロを電化、国鉄の電化区間を3760キロとする。電化されない地区は必

要によりディーゼル機関車を投入。(2)複線化、複々線化を1377キロで施行、操車場・信号場の設備を改良し、あい路の打開、通勤輸送の緩和を図る。(3)車両を増備。

この年　〔バス〕国産初の空気バネつきバスの開発　民生ディーゼル工業と国鉄の共同開発により、国産初の空気バネ付バスが登場した。

この年　〔バス〕八丈島に町営バス運行　八丈島で町営バスが運行を開始した。

この年　〔オートバイ〕ラビットS-601型発売　富士重工業はラビットスクーターの新モデルS-601型を発売。スクーターとしては最も大馬力のモデルであり、最高速度となる100km/hを記録した。

この年　〔船舶〕不定期線運賃の変動　1954年下半期から好転した値上げ運転市況は56年も引き続き上昇傾向で、イギリス海運集会所発表の世界不定期線運賃指数は年間平均157となった。特に、エジプト紛争のためスエズ運河が通行不能になったため、11月には171.4、12月は、189.4と高騰。しかし57年になるとアメリカ予備船隊の繋船解除とスエズ運河再開の見通しから低落し、3月には145.4となった。

この年　〔文化〕流行歌「東京のバスガール」　コロムビア・ローズの歌う「東京のバスガール」が東京で流行した。

1958年
(昭和33年)

1.19　〔航空〕T1F2ジェット練習機初飛行　富士重工業が宇都宮飛行場でT1F2ジェット練習機の初飛行に成功。

1.26　〔船舶〕南海丸遭難　乗員乗客166人を乗せた南海汽船紀伊航路の南海丸が紀伊水道で沈没した。船は28日に淡路島潮崎沖、水深47メートルの海底で発見された。乗員乗客は全員が死亡し、3月20日までに159人の遺体が収容された。

2.24　〔航空〕富士航空、鹿児島―種子島線を開設　富士航空が鹿児島―種子島間に不定期航空路を開設。

2.25　〔バス〕関門トンネルへのバス運行免許　関門トンネルの開通に先立ち、山陽電気軌道・国鉄バス・西鉄のバス運行が許可された。

2.26　〔航空〕日本観光飛行協会、日東航空に改称　日本観光飛行協会が日東航空株式会社に改称。1964年4月、富士航空、北日本航空と合併し、日本国内航空として新発足。

2.27　〔地下鉄〕地下鉄が初の脱線　2月27日、東京地下鉄青山一丁目・赤坂見附間で、回送車が上野に向かう途中、3両連結の最後部車両の車軸が折れて脱線し、9時間計204本が運休した。地下鉄が脱線するのは、1929年9月の渋谷・浅草間全線開通以来初。

3.1　〔航空〕全日空、極東航空と合併　新会社・全日本空輸が極東航空と正式に合併（資

本金6億円)。旧両社の路線を継承し、国内線を主力とする定期航空会社として新たに業務を開始。

3.15　〔航空〕伊丹飛行場、大阪空港に改称　伊丹飛行場が大阪空港に改称。

3.18　〔航空〕大阪空港、日本に全面返還　終戦以来、米極東空軍の輸送航空隊基地として接収されていた大阪空港(伊丹飛行場)が日本政府に返還。民間空港としてスタートする。

3.22　〔航空〕ソ連、日ソ間航空路開設の申入れ　国内事情からシベリア上空は外国機に開放出来ないとして、ソ連が日本政府にハバロフスク―東京間航空路の開設を申入れる。同年6月18日、日本政府は東京―モスクワ間(または以遠間)の同時乗入れを条件とする旨回答。

3月　〔航空〕日航の赤字解消　1958年の日航の旅客車数は国内線が前年比5%増、国際線が43%増。日航は発足以来5カ年の累積赤字を解消し、1958年度決算では約4億5000万円の純益を上げ、政府出資機関としては初めての5%配当を行った。

3月　〔自動車〕スバル360が完成　富士重工業の軽乗用車スバル360が完成し、発表会が開催された。4人乗りで走行性能も良好な、従来の軽自動車とは一線を画す完成度の高い車で、軽四輪自動車のカテゴリーを確立させた。5月に発売され、42万5000円という安価な価格設定もあって人気を集めた。

3月　〔道路〕関門トンネル完成　1937年から21年かけて、関門トンネルが完成した。延長3461メートルで当時の水底トンネルとしてはイギリスのマーシー・トンネル(4629メートル)に次ぎ、海底トンネルとしては世界最大。世界有数の有料道路となる。総工費76億円。工事期間中に53人が殉職した。日本で最初のルーフシールド工法によるトンネルで、換気処理は一酸化炭素をのぞく設計で、立杭に検出器を設置している。

4.1　〔航空〕東大航空研究所再設置　国立学校設置法の一部改正により理工学研究所が廃止となり、東京大学に航空研究所が再設置される。1964年4月、東大宇宙航空研究所に吸収。

4.14　〔鉄道〕東北本線　東北本線大宮―宇都宮間で電気機関車および電車による運転が開始された。

4.24　〔航空〕輸送機設計研究協会、YS-11の試作計画を発表　輸送機設計研究協会が中型輸送機YS-11の構想をまとめ、試作計画を発表。

4.25　〔鉄道〕臨時急行「ひかり」　博多―小倉―別府間で臨時気動車急行「ひかり」の運転が始まる。日本初の気動車急行列車。同年5月1日に豊肥本線経由熊本まで延長された。

4月　〔航空〕日ソ航空協定交渉　4月、ソ連が「日ソ航空協定」交渉を申し入れたが、日本政府がソ連の条件が東京・ハバロフスク間となっているのに対し、モスクワへの乗り入れが認められるなら交渉に応じても良いとの消極的姿勢を示した。

4月　〔航空〕日米航空交渉　4月、日米航空協定付表の改定交渉が始まった。米国は現行の週5便を週7便にしたいと希望、日本側はロサンゼルス乗り入れを要求して対立。

4月　〔船舶〕貨物運賃協定　4月、日本・アメリカ太平洋岸、日本アメリカ大西洋岸定期

	航路同盟は貨物運賃の協定を結んだ。安値競争を防ぐため、中立機関を設置、違反者には大幅な罰金を科した。
4月	〔船舶〕不況対策特別委員会設置へ ICS（国際海運会議所）とILO（国際労働機構）の会議に日本の船主協会の山県会長が船主側代表として出席、日本が提案した国際規模による不況対策特別委員会の設置が承認され、委員としての資格を得た。
5.7	〔鉄道〕エドモンド・モレル記念碑除幕式 桜木町駅で「エドモンド・モレルの碑」の除幕式が行われる。モレルは明治時代新橋―横浜間に鉄道敷設がされた時、技術指導にあたったイギリス人鉄道技師。
5.8	〔航空〕国際線新航路 5月8日、新路線としてバンコク・シンガポール間の定期航空が開始された。
5.10	〔行政・法令〕航空機工業振興法公布 航空機工業振興法が公布される。
5.21	〔航空〕中央航空設立 中央航空株式会社設立。1975年7月ヤコウ航空を吸収合併し、竜ヶ崎飛行場の管理・整備業務を継承。1978年12月新中央航空が設立され、翌年2月航空事業譲渡・譲受の認可を得た同社が中央航空の事業を継承した。
5月	〔航空〕航空機工業審議会を設置 航空機工業審議会が設置された。航空機工業振興法に基づく通産相の諮問機関で、委員は学識経験者と関係行政機関職員で構成され、通産省機械産業情報局航空機武器課が庶務を担当。1978年9月に航空機・機械工業審議会（航空機工業部会）に改組された。
5月	〔鉄道〕国鉄が貨物配車減 1933年に入って、産業界の不振から貨物の配車要請が急減した。5月の在荷は前年同期比1/3～1/4となる50万トンとなった。国鉄は対策として5月の連休を皮切りに、5000両に上る貨車の留置を全国に指令した。
6.1	〔鉄道〕修学旅行専用電車 品川―京都間に修学旅行専用電車が登場し、同区間を7時間4分で運行した。電車による長距離運転は最初の試みであった。
6.3	〔船舶〕日ソ定期航路開設 5月に日ソ定期航路の開設交渉が行われ、6月3日に調印した。日本・ナホトカ間、日本・オデッサ間で就航。ナホトカ航路は日ソとも年間12航海ずつ、3500～4000トンの船を使用し、日本側寄港地は横浜、神戸、広畑、門司、八幡、舞鶴、鶴が、伏木、新潟、函館、小樽。オデッサ航路は年間6航海、寄港地は黒海沿岸の各港。
6.30	〔航空〕東京国際空港返還式 東京国際空港が全面返還され、返還式が行われた。
7.1	〔航空〕東京国際空港の管制業務、日本に移管 東京国際空港の航空交通管制権が日本に移管される。
7.1	〔鉄道〕近畿日本鉄道にビスタカーが登場 近畿日本鉄道上本町―宇治山田間で2階建て展望車付き特急電車（ビスタカー）の運転が始まった。
7.25	〔航空〕日本航空整備、DC-7C機体オーバーホールを完了 日本航空整備が初のDC-7C機体オーバーホールを完了（7月8日～）。
7月	〔自動車〕スーパーカブを発売 本田技研工業のスーパーカブが発売された。クラッチ操作をなくすなど運転しやすい作りのオートバイで、搭載する4サイクル50ccエンジンは耐久性と経済性に優れ、2年間で100万台以上が生産された。同シリーズは現在も生産されており、世界で最も多く生産されたオートバイとして知られ

ている。

8.12　〔航空〕全日空下田沖墜落事故　名古屋・小牧空港へ向けて出発した全日空25便ダグラスDC-3（機長、副操縦士、スチュワーデスの乗員3人、乗客30人）が羽田空港に引き返す途中、ジャイロ計器不作動により自機の姿勢を維持できなくなり海上に墜落した。翌日、利島北北西約14.7kmの海上で破片多数を発見された。18遺体が収容されたが、15名は不明のまま捜査が打ち切られた。

8.14　〔鉄道〕米軍トレーラーが特急に衝突　8月14日、山陽本線南岩国・岩国駅間の踏切で、博多発京都行き上り特急「かもめ」10両編成に、米軍岩国海兵隊のトレーラーが衝突、3両が脱線転覆、2両が脱線した。2人が重傷、4人が軽傷。原因はトレーラー側の不注意だが、運転していた軍曹は11月5日無罪となった。59年2月、広島鉄道局は米軍に約2700万の補償請求を出した。

9.10　〔鉄道〕真岡線折本・寺内・西田井駅を業務部外委託　国鉄真岡線折本・寺内・西田井の三駅の業務を地元の民間業者に委託する。

9.14　〔航空〕日本航空少年団結成　日本航空少年団結成。「青少年に対し航空に関する知識の普及および技術の向上を期し、併せて科学の振興を図り身心の練磨と徳性を涵養する」ことを目的とする。

9.15　〔航空〕小牧飛行場全面返還　小牧飛行場が日本に全面返還される。10月18日、名古屋空港に改称。

9.17　〔鉄道〕特急「こだま」落成　特急「こだま」用20系（151系）電車が完成。日本初のビジネス用長距離電車列車である。

10.1　〔鉄道〕国鉄ダイヤ改正（サンサントオ）　東京―博多間で20系客車（ブルートレイン）を投入した特急「あさかぜ」の運転が開始される。全車固定編成で冷暖房を完備しており、「走るホテル」と称された。また東京―鹿児島間では特急「はやぶさ」の運転が開始される。東京―大阪間特急「さくら」は廃止された。

10.10　〔鉄道〕特急「はつかり」　上野―青森間に特急「はつかり」が新設され、青森―鹿児島間が特急列車で結ばれる。東京以北へ向かう特急列車はこれが初めて。

10.10　〔自動車〕第5回全日本自動車ショウ　第5回全日本自動車ショウが東京・後楽園競輪場で開幕した。会期は20日までで、302社が参加し、展示車両は256台。開催に合わせて新モデルが登場するようになるなど、自動車の進歩を実感できるショウになった。入場者数は51万9400人だった。

10.14　〔鉄道〕鉄道記念物　1号機関車、1号御料車、弁慶号、旧長浜駅舎、汐留駅を第1回鉄道記念物に指定。鉄道記念物は鉄道記念物等保護基準規程によって定められた基準に従い国鉄総裁が指定するもの。

10.18　〔鉄道〕羽幌線　羽幌線初山別―天塩線遠別間が開業。

11.1　〔鉄道〕特急「こだま」の運行を開始　東京―大阪・神戸間でビジネス電車特急「こだま」の運転が開始される。初の電車による特別急行。1日2往復、東京―大阪を6時間50分、東京―神戸を7時間20分で結んだ。

12.1　〔鉄道〕東急電鉄がステンレスカーを導入　東急電鉄東横線でステンレス製の5200系電車の使用が始まる。電車としては日本初のステンレスカー。

12.22	〔航空〕J-3ジェットエンジン、テスト飛行 大阪空港上空で、J-3ジェットエンジン（日本ジェット・エンジン製作）のテスト飛行実施。
12.26	〔鉄道〕私鉄運賃15.3％引上げ 大手私鉄13社の運賃は、1953年以降据え置かれており、物件・人件費の値上がりにより経営内容が悪化していた。1958年12月26日から東武16.1％、京王18.8％、名鉄14.1％、京阪20.8％、阪神17.4％、京浜13.5％、翌59年1月21日から西武16.1％、京成16.3％、小田急13.7％、東急4.3％、阪急15.2％、それぞれ引上げた。
この年	〔バス〕TGEちよだ 国鉄バス第1号車に「TGEちよだ」が使用された。
この年	〔バス〕初の冷房バス登場 国鉄関門急行線に日本で初めて冷房設備のあるバスが運行開始した。道路線は鉄道を補完する長距離路線の嚆矢ともなった。
この年	〔船舶〕海運不況、係船24隻に 不況の深刻化に伴い、58年1月の神戸近海汽船の宮光丸を皮切りに係船が漸増し、59年5月までに累計24隻、9万4636トンに上った。
この年	〔船舶〕船主協会の不況対策 1958年、船主協会は不況対策特別委員会を設置、検討の結果以下の結論を出した。（1）余剰船腹の係船や戦標線のスクラップ化を促進、企業経営の合理化を図る。（2）同一航路内の過当競争を防ぐため、航路を調整する。（3）船主の経費節減の徹底。（4）日本海運は借入金が多いことや固定資産税が重いことが経営基盤を弱くしているため、借入金の肩代わり、減税特典などを要請する。
この年	〔道路〕高速道路建設 1960年度末の完成を目指す名古屋・神戸間の高速道路建設が、世界銀行からの借款を合わせて58年度から始まった。日本道路公団ではこの他、神奈川県の湯本・箱根間14キロの路線を始め、16路線の継続工事、58年度から8路線の新規事業に着工する。
この年	〔道路〕道路整備10カ年計画 道路整備10カ年計画は、総額1兆9000億円の計画が始まった。初年度となる58年度は1100億円を充てる。

1959年
（昭和34年）

3.12	〔航空〕川崎航空機工業、T-33の生産完了 川崎航空機工業がT-33ジェット練習機210機の生産を完了する。
3.15	〔地下鉄〕営団地下鉄丸ノ内線全線開通 帝都高速度交通営団丸ノ内線霞ケ関―新宿間が開業し、池袋―新宿間が全線開通した。
3.26	〔航空〕全日空、東京―大阪間直行便免許 全日本空輸の経営基盤強化と安全運航体制確立のため、運輸省が同社の国内幹線参入を認可。東京―大阪間直行便の免許を受ける。
3月	〔自動車〕マツダK360を発売 東洋工業のマツダK360軽三輪トラックが発売された。ダイハツ工業のミゼットに対抗して開発されたもので、エンジン排気量・車

1959年（昭和34年）　日本交通史事典

両寸法とも軽自動車の規定の上限ぎりぎりで、装備も軽自動車としては豪華なものだった。ミゼットと人気を二分し、6月には600ccモデルであるマツダT600が発売された。

3月　〔道路〕一兆円の道路整備5カ年計画　政府は道路整備5カ年計画を閣議決定、1962年度までに総資金1兆円で道路整備を強く推進することになった。一兆円のうち地方単独事業は1900億円、国の試作に基づく事業規模は8100億円。国道、府県道を通じて6500キロを改良、6500キロを舗装するほか、初の高速自動車国道小牧・西宮間を完成する。

3月　〔道路〕国内の道路の状況　1959年3月末現在の総延長に対する道路改良率は、1、2級国道で40.4％、主要地方道で37.2％、都道府県道で18％。舗装率は1、2級国道で24.7％、主要地方道10.6％、都道府県道では4.6％。

4.1　〔鉄道〕テレホンセンター設置　東京駅にテレホンセンターが設置され、電話での旅客案内が開始される。

4.6　〔鉄道〕列車が転覆　4月6日、兵庫県神崎郡の国鉄播但線生野・長谷駅間の真名谷トンネル北入口で、7両編成の臨時列車が脱線転覆し、機関車と全部3両が大破した。機関士と助士が死亡。老朽化したトンネルでばい煙のため乗務員が意識を失い、列車が暴走したものとみられる。

4.15　〔行政・法令〕自動車ターミナル法公布　自動車ターミナル法が公布された。バスターミナルをはじめとする自動車ターミナルの適正な運営と自動車輸送の発展を目的とする。

4.20　〔鉄道〕修学旅行用電車「きぼう」「ひので」　修学旅行用電車として品川―京都間に「ひので」、品川―京都・大阪・神戸間に「きぼう」が新設された。日本初の修学旅行専用電車である155系電車が使用された。

4.20　〔鉄道〕東海道新幹線着工　技師長島秀雄の指導の下、東海道新幹線が着工され、熱海で東海道新幹線起工式が行われた。10月には最難関とみられる新丹那トンネルの起工式が行われた。

4月　〔航空〕日航と全日空が提携　全日空機の事故を機に、日航と全日空は4月、資本提携を行った。日航が全日空に対し現金出資1億円と、現物出資としてヘロン3機を提供。また、航空技術者の再訓練などの技術援助にも当たる。

4月　〔自動車〕ミゼットMPA型を発売　ダイハツ工業のミゼットMPA型軽三輪トラックが発売された。輸出用に開発されたデラックス仕様車で、305cc12馬力エンジンを搭載。米国に800台が輸出され、国内でもDKA型と併売された。

5.15　〔鉄道〕電車が脱線・衝突　神奈川県茅ケ崎市の東海道線茅ケ崎駅西200メートルの踏切近くで、下り貨物列車の前33両目から12両が脱線、うち9両が折り重なって転覆し、貨物線と本線の上下線などに乗り上げた。そこへ上り湘南電車が衝突して1両目が脱線、修学旅行帰りの中学生ら59人が重軽傷を負った。貨物車の後軸車輪が折れたため。

5.22　〔鉄道〕東北線　東北線宝積寺―黒磯間の電化工事が終了。7月1日には黒磯―白河間でも交流電化が完了した。

- 148 -

5.28　〔航空〕東京国際空港拡張工事起工式　東京国際空港の拡張工事北側第1工区の工事が始まり、エプロン、ターミナルビルなども逐次増改築整備が行われた。

5月　〔航空〕日航、ロス乗入れへ　東京・サンフランシスコ線をロサンゼルスまで延長することが決定した。東京発ホノルル経由ロス行きは往便20時間35分、復便24時間5分で、週3便の運航を開始。6月には東京・シェミア・アンカレジ・シアトル線が、週2便で就航した。これにより米国東海岸の都市へ直行できる他、これまでノースウェスト1社だけだった南北太平洋戦のアメリカ向け貨物を日航でも輸送できるようになった。

6.1　〔航空〕日本航空機製造設立　航空機工業振興法に基づき、国産輸送機の設計・試作・製造を目的として、政府と民間による共同出資で日本航空機製造株式会社設立。資本金78億円(うち政府出資は42億円)。新たに機体6社(新三菱重工、川崎航空機工業、富士重工業、新明和工業、日本飛行機、昭和飛行機)から集められた新設計陣が輸送機開発設計協会時代の国産旅客機第1号・YS-11(中型ターボ・プロップ機)の基本設計を見直し、計画を改定。同機は1962年8月初飛行に成功し、1965年3月~1974年2月までの間に182機が生産された。1967年以降、同社は中型輸送機XC-1の設計・試作や次期民間輸送機YX開発を担当。

6.14　〔鉄道〕国電ガード上で乗客がはねられる　6月14日、国鉄京浜東北線の田町・品川間でレールの破損を発見され、運転を見合わせた。復旧の見込みがたたず、浜松町・田町間で止まっていた電車の乗客が待ちくたびれて騒ぎだしたため、車掌が車外に誘導してガードを渡っていたところ、品川駅発の横須賀線上り電車がスピードを落とさず通行し、4人が車輪に巻き込まれて即死、5人が重傷を負った。6月、この車掌と横須賀線の運転手が送検された。

6月　〔自動車〕日野ヂーゼル工業が日野自動車工業に改称　日野ヂーゼル工業が日野自動車工業に社名変更した。これに先立つ4月には、日野ヂーゼル販売が日野ルノー販売を吸収合併して日野自動車販売に社名変更した。

6月　〔オートバイ〕アメリカン・ホンダ・モーターを設立　本田技研工業がロサンゼルスにアメリカン・ホンダ・モーターを設立した。スーパーカブをはじめとする製品を大々的に輸出するための販売会社で、ナイセストピープル・キャンペーンを展開して二輪車はアウトローの乗り物というイメージを払拭し、大きな成功を収めた。

6月　〔オートバイ〕本田技研工業がマン島TTレースに参戦　本田技研工業が英国で開催される国際的なオートバイレースであるマン島TTレースに初出場した。河島喜好監督以下、技術者13人、ライダー5人、マシン5台からなるチームが数ヶ月前からマン島に乗り込んで準備にあたり、125ccクラスで6~8位となりチームメーカー賞を受賞した。

6月　〔船舶〕国内旅客船公団発足　6月、国内旅客船公団が発足した。旅客船の新造、老朽船の改造を目的とし、政府出資2億円、資金運用部資金3億円で、59年度には新造42隻、改造3隻を予定した。初代理事長は島居辰次郎。

7.1　〔航空〕航空交通管制業務、全面的に日本に返還　終戦以来、米空軍AACS部隊が運用していた日本周辺地区の航空管制センター(埼玉県入間川)業務が日本側に移管され、運輸省に航空交通管制本部が発足。名実ともに空の主権を回復する。

7.3　〔航空〕大阪空港、大阪国際空港に改称　政令改正により、大阪空港が第1種空港と

1959年（昭和34年）

して国際空港に昇格。大阪国際空港と改称する。

7.15　〔鉄道〕紀勢本線 紀勢東線三木里―紀勢線新鹿間の開業に伴い、両線を統合して紀勢本線と改名。紀勢本線のうち多気―鳥羽間を参宮線とした。

7.20　〔鉄道〕特急「平和」、「さくら」に改称 東京―長崎間特急「平和」（1958年10月に「さちかぜ」から改称）を「さくら」と改称。20系客車による運行を開始した。

7.27　〔鉄道〕「こだま」形電車高速度運転試験 東海道本線金谷―藤枝間で151系「こだま」形電車の高速度運転試験が行われた。7月31日には時速163km/hを記録。この運転試験がのちの東海道新幹線開通につながる。

7月　〔道路〕首都高速道路公団発足 7月、首都高速道路公団が発足した。このままでは1970年にはマヒ状態になると言われる東京都区部の自動車交通に関して、自動車専用有料高速道路の建設と、維持管理に当たる。

8.22-24　〔オートバイ〕第3回浅間高原レース 第3回浅間高原レースが開催された。第2回と同じ専用コースで行われたが、路面状態が良くなかったためスピードは出ず、欧米並みの全舗装コースの建設が叫ばれることとなった。

8月　〔自動車〕ブルーバード310型を発売 日産自動車の乗用車ブルーバード310型が発売された。乗用車とトラックの両モデルが存在するダットサンに代わり、乗用車専用モデルとして開発されたもので、1000cc34馬力エンジンを搭載しており、1200cc43馬力エンジンを搭載したP310型も発売された。オースチン社との提携で得られた技術を投入し、従来にない大規模な走行テストを行った結果、完成度の高い車として好評を博した。

8月　〔自動車〕元町工場が操業開始 トヨタ自動車工業の元町工場が操業を開始し、本社工場とあわせて月産1万台体制が実現した。同工場は日本初の乗用車専門工場として建設され、当時の月産能力は5000台だが、計画段階から将来的に1万台へ増強することが想定されていた。

9.6　〔航空〕航空騒音への関心高まる パンアメリカン航空（PAA）が、太平洋線定期便ジェット化1番機としてサンフランシスコ―ホノルル―東京線に就航させたボーイング707が東京国際空港に到着。以後、騒音問題への関心が高まる。

10.10　〔航空〕全日空、東京―札幌線直行便の運航開始 全日本空輸がコンベア440で東京―札幌線直行便を開設、運航を開始する。

10.16　〔航空〕警視庁、初のヘリコプター配備 警視庁がベル47G型ヘリコプター「はるかぜ号」を採用。警察活動にヘリコプターによる諸活動が加わり、世界で7番目の警察航空が誕生する。1964年4月、正式に警視庁航空隊が発足。以後、道府県警察にも航空隊が配備される。

10.24　〔自動車〕第6回全日本自動車ショー 第6回全日本自動車ショーが東京・晴海の国際貿易センターで開幕した。会期は11月4日までで、初の室内開催となり、展示スペースも大幅に拡大した。303社が参加し、展示車両は317台。入場者数は65万3000人だった。

10月　〔航空〕ジェット機就航 1958年10月、大西洋で英国海外航空のコメット、米国のパン・アメリカ航空のボーイング707型機の両ジェット機が就航、59年春からコメッ

― 150 ―

トが東京乗入れを行う。日航、ノースウェスト、パン・アメリカン、スカンジナビア航空は60年から、オランダ航空は61年からDC8を、カンタス、エア・フランス、インド国際航空が60年から707を、スイス航空が61年から880を東京に乗入れさせる計画。これに対応するため、東京空港のA滑走路を2895メートルに延長する他、3200メートルの新滑走路の建設が決定された。

11.7 〔鉄道〕京浜急行とトラック衝突 11月7日、横浜市鶴見区の京浜急行生麦駅北方の花月第3踏切で、立ち往生していたトラックにラッシュで満員の品川発浦賀行き下り特急電車が衝突、トラックは大破した。電車も前部を大破し、電車の乗客5人が死亡、22人が重軽傷を負った。

11.17 〔バス〕バス優先通行権の申し入れ バスの公共性の高さから、優先通行権を認めるよう運輸省が警察庁に申し入れを行った。

11.27 〔鉄道〕近畿日本鉄道名古屋線の改軌工事完了 軌間1067mmだった近畿日本鉄道名古屋線の改築工事が完了、標準軌の1435mmに広軌化された。

12.1 〔鉄道〕京成電鉄全線の改軌工事完了 都営地下鉄1号線と京成電鉄・京浜急行電鉄の相互直通運転開始に向けて、京成電鉄では軌間を1372mmから1435mmに改軌する工事が進められていたが、この日京成上野―日暮里間の工事終了をもって全線の広軌化が完了した。

12.9 〔航空〕東京フライトキッチン設立 機内食の調理・搭載業務を行うため、東京フライトキッチン株式会社設立。日本航空、エール・フランスの資本参加を得て、東京空港サービスの機内食部から分離独立した。1964年6月東京航空食品、1989年12月ティエフケーに改称。

12.12 〔鉄道〕近畿日本鉄道名古屋―大阪上本町間で特急電車の直通運転が開始 11月の軌間改築工事完了によって伊勢中川駅での乗り換えが不要となったことに伴い、10100系ビスタカーによる名阪間直通特急の運転が開始された。

12月 〔自動車〕貿易為替自由化対策委員会が発足 自動車工業会の貿易為替自由化対策委員会が発足した。1950年代末期から欧米で日本の為替・輸入統制政策への批判が高まり、政府が貿易自由化の方針を打ち出したことによるもの。1960年に政府が易為替自由化大綱を策定して自由化が始まり、1965年に自動車産業が完全に自由化された。

この年 〔鉄道〕国鉄輸送成績過去最高 1959年度の国鉄は、運輸成績で旅客、貨物とも過去最高となった。59年9月22日と、60年6月1日のダイヤ改正で、旅客列車で8.3%、貨物で5.4%、輸送力が増強されたため。また、59年9月22日には日光線が電化され、電気機関車、電車気動車の増発による準急、急行の運転などスピードとサービスが向上した。

この年 〔バス〕スクールバス補助制度の新設 自治体所有のスクールバスに対し、文部省が補助制度を新設した。

この年 〔バス〕各地でバス営業開始 仙南交通バス、北都交通バスがバスの営業を開始した。

この年 〔オートバイ〕ヤマハYDS-1発売 ヤマハ発動機はヤマハYDS-1を発売。空冷2サイクル2気筒・246ccエンジン搭載。レース向きロードスポーツ車として売り出された。

この年　〔船舶〕海運不況戦後最悪の決算　海運市況の低迷、金利負担、用船料の引き下げなどから海運各社の決算は悪化の一途をたどり、58年9月期決算は運行主力13社で22億1400万、輸送船主力8社で2億6200万、貸船主力32社は10億9100万円の純欠損となった。59年3月期決算では運行主力が2億2600万、貸船主力が9億9000万の純欠損。また、59年の期末船舶消却不足が合計618億1200万円と前期末比100億円以上増加した。

この年　〔船舶〕政府の海運助成措置　1959年度の海運助成予算請求は利子補給の復活に23億円、三国間輸送奨励15億円を主としていたが、このうち三国間輸送奨励金4億6000万円だけが通っている。また自民党が6月、開銀金利の1分5厘棚上げを決定。

この年　〔道路〕1959年度国道整備状況　静岡県の新宇津谷トンネルが4億6000万円で完成、岡崎・名古屋間32キロを改良舗装。広島市内の旭橋が6億5000万円をかけて完成。群馬・新潟間の三国トンネルが開通したほか、第2阪神国道の工事も大きく進んだ。

この年　〔道路〕1959年度地方道整備状況　補助事業として行われた地方道の整備は、1959年度には80億1900万円の事業が449キロを対象に実施された。埼玉・群馬県間の志賀坂峠、新潟の地蔵峠、島根・広島県境道路、愛媛の八幡浜トンネル、高知の伊豆田トンネル、福岡・佐賀県間の三ツ瀬峠など。

この年　〔道路〕中央自動車道案　名神高速道路と結ぶ東京からの高速自動車道は、東海道案と中央同案の2案が議員立法で国会に提出された。12月に発表された中央道の試算では、全長が295キロ、トンネルや橋梁が全延長の40.7%を占める。予想される費用は3200億円で、トンネル工事費が全体の50%あまりを占め、1キロあたりの建設費は名神道路の約2倍に及ぶ。東京小牧間の走行時間はトラックで約5時間、乗用車で約4時間。

この年　〔道路〕日本道路公団の事業　1959年当初の予算額225億円に対し、147億円が実施された。名神高速道路東伏見・山科地区の京都バイパスの工事が進行中で、瀬田川橋、鴨川、桂川橋などの建設に着手。その他横浜新道、真鶴道路、阪名道路など8路線を完成した。

1960年
(昭和35年)

2.1　〔鉄道〕MARS-1 列車座席予約装置MARS (Magnetic-electronic Automatic Reservation System)-1が東京駅ほか6駅に登場、東京—大阪間の特急列車の座席予約業務が開始される。国鉄鉄道研究所の穂坂衛が中心になって開発し日立製作所が製作した。

2月　〔航空〕名古屋空港設置告示　名古屋空港の設置告示。管理者は運輸大臣。航空自衛隊(小牧基地)と民間航空が使用し、民間航空部分を名古屋空港と称する。同年4月第2種空港に指定。2005年中部国際空港開港に伴い飛行場に指定変更、正式名

称「名古屋飛行場」となる（愛称「県営名古屋空港」）。

3.1 〔鉄道〕東北本線 東北本線白河—福島間で交流電化が完了した。

3.1 〔鉄道〕列車内電話使用開始 近畿日本鉄道名古屋—大阪間の特急電車で車内電話の使用が開始された。

3.16 〔航空〕名古屋空港滑走路上で全日空機と自衛隊機衝突 3月16日、愛知県の名古屋空港に着陸した羽田発名古屋行き全日空25便JA5018機（DC3型旅客機）が、主滑走路から空港タワーに向かって滑走中に、離陸しようとした航空自衛隊第3航空団司令部のF86Dジェット機と衝突、ジェット機が大破炎上、全日空は右翼と後部座席、尾翼をもぎ取られた。旅客機の乗員乗客3人が死亡、5人が重傷、5人が軽傷。見習い管制官がDC3の位置を誤認してF86Dに離陸許可を与えたため、業務上過失致死傷容疑で逮捕された。

3月 〔自動車〕トヨタ自動車工業とフォード社が提携交渉 トヨタ自動車工業と米国フォード社が合弁会社設立に関する交渉を行った。トヨタ側はフォード社の資本提供を受けて国内に工場を建設することを企図したが、フォード側は資本提供だけでなく経営参加を要求。最終的な合意に至らず、1950年に続いての提携失敗となった。

4.1 〔航空〕大阪国際空港に国際線就航 大阪国際空港に国際線乗入れ第1便、キャセイ・パシフィック航空（CPA）DC-6Bが香港から到着。

4.10 〔鉄道〕私鉄運賃値上げ 東京の地下鉄を運営する帝都高速度交通営団は、池袋・新宿間の完全開通後、全線で収支が不均衡となり、4月10日、初乗り20円から25円へ運賃値上げを行った。また、伊勢湾台風の損害を受けた名古屋鉄道、近畿日本鉄道も4月13日から運賃を改定した。

4月 〔自動車〕コロナPT20型を発売 トヨタ自動車工業の乗用車コロナPT型が発売された。1957年発売のST10型からのモデルチェンジで、直列4気筒1200ccOHVエンジンやシャシーなどのほとんどが新規開発。発売1ヶ月前からティーザーキャンペーンを展開して注目を集めたが、先進的な機構の採用が裏目に出て機械トラブルが多発し、コロナは弱いというイメージが定着した。

4月 〔自動車〕ニッサン・セドリックを発売 日産自動車の小型乗用車ニッサン・セドリックが発売された。オースチンの後継モデルで、独自開発のG型直列4気筒1500ccOHVエンジンを搭載。ブルーバードとの差別化のために高級車を志向しており、「小公子」の主人公の名を取ってセドリックと命名され、都市部で人気を集めた。

4月 〔自動車〕鈴鹿製作所が発足 本田技研工業の鈴鹿製作所が発足した。スーパーカブの好評を受けて、同車増産のため三重県鈴鹿市に21万坪の土地を取得して建設されたもの。また、当初より四輪車部門への参入計画に基づいて設備が導入され、後に四輪車の主力工場となった。

6.1 〔鉄道〕国鉄ダイヤ改正 東京—大阪間特急「つばめ」「はと」を151系電車に置き換え「第1つばめ」「第2つばめ」とした。これにより、同区間の所要時間は7時間30分から6時間30分に短縮された。また、日本初の電車急行「せっつ」が東京—大阪間に新設された。

1960年（昭和35年）

6.1	〔鉄道〕国鉄運賃制度改正	国有鉄道運賃法の改正案が国会で可決され、6月から実施された。旅客では(1)3等級を2等級とする。(2)基礎運賃の遠距離てい減制を4地帯制から2地帯制とし、1キロあたり2円40銭から1円20銭と改正。(3)準急、急行、特急料金引き下げ。貨物では東急12等級を10等級とした。
6.3	〔航空〕日航、大阪経由香港線の運航開始	日本航空の大阪─香港線（東京─香港線の大阪寄港）が運航を開始する。
6.22	〔航空〕日航、深夜便「ムーンライト」の運航開始	日本航空が東京─福岡線深夜割引「ムーンライト」便の運航を開始。3ヶ月間の季節運航として始められたが、好調な客況で年間を通じて常設されることとなった。使用機種はDC-7C（64人乗り）。翌1961年10月より大阪寄港を開始し、東京─大阪─福岡便となる。1967年4月、オーロラ便に続き日本国内航空に譲渡。
6.25	〔行政・法令〕道路交通法公布	道路交通法が公布された。「道路における危険を防止し、その他交通の安全と円滑を図り、及び道路の交通に起因する障害の防止に資することを目的とする」。同年12月20日施行。
6月	〔地下鉄〕私鉄運賃値上げ	名古屋市営地下鉄と大阪市営地下鉄はそれぞれ、延長線の開業により初乗り15円から20円に値上げした。
6月	〔自動車〕日産自動車がデミング賞を受賞	日産自動車がデミング賞の実施賞を受賞した。同賞は品質管理を中心に、原料の節約、機械とその操作の能率などを含め、工場を総合的に評価するもので、自薦による候補者の中から選出される。立候補に際して、同社に品質管理委員会が設置された。また、1965年にはトヨタ自動車工業が同賞を受賞した。
6月	〔オートバイ〕鈴木自動車工業がマン島TTレースに参戦	鈴木自動車工業がマン島TTレースに初出場した。本田技研工業に続いての参戦で、チームの全車が完走し、ブロンズレプリカ賞を受賞した。
7.1	〔鉄道〕列車等級、2等級に	従来の1等を廃止し、2・3等をそれぞれ1・2等とした。
7.7	〔航空〕三ツ矢航空設立	三ツ矢航空株式会社設立。前身である三ツ矢タクシー航空部時代の1959年4月、不定期航空運送事業を免許。2地点間輸送エア・タクシーとして調布─宇都宮、調布─館山間などを運航した。1967年9月1日、東邦航空に改称。
7.15	〔航空〕全日空バイカウント744、東京─札幌線に就航	全日本空輸が英国からリースしたバイカウント744を東京─札幌線に導入。日本初のターボ・プロップ機による運航を開始する。
7.19	〔行政・法令〕自動車審議会設置	運輸省は自動車審議会を設置して自動車行政の改善方策を諮問することとなった。
7月	〔自動車〕本田技術研究所を設立	本田技術研究所が設立された。本田技研工業の研究開発部門を分離独立させたもので、目先の業績に左右されない研究環境の確保を目的とする。本田技研工業の年間売上高の一定比率が委託研究費として同社に支払われ、その範囲内で組織を維持運営するという独特の制度が採用された。
8.12	〔航空〕日航のジェット1番機DC-8「富士号」、サンフランシスコ線に就航	日本航

空のジェット1番機DC-8「富士号」がサンフランシスコ線に就航開始。発注から運航開始までの4年9ヶ月の間に、訓練総量18万6,000人時、延べ人員2,600名の規模で訓練が実施された。

8.18 〔航空〕**日航のDC-7、東京―札幌線に就航** 前月ターボプロップ機・バイカウント744を導入した全日空に対抗し、国際線用機材の国内導入を決定した日本航空がDC-7で東京―札幌線の就航を開始。

8.18 〔鉄道〕**置き石で列車転覆** 山陽線松永・尾道間で13歳の少年が線路に置き石し、これに乗り上げた長崎発大阪行きの急行貨物列車が18両脱線し、うち14両が転覆した。12月3日、岡山鉄道局は少年の母親に損害賠償として6646万円を請求したが、徴収不能として翌年1月、結局全額免除となった。

8.20 〔鉄道〕**特急「こだま」に列車公衆電話を設置** 東海道本線特急電車「こだま」内に列車公衆電話が設置される。列車公衆電話は1957年に近鉄が導入していたが、国鉄の車両に設置されたのはこれが初めて。

9.10 〔鉄道〕**函館本線爆破事件** 北海道函館本線鹿部・銚子口間を走行中の札幌発函館行上り急行「石狩」の前方で突然爆発が起こった。列車は爆風のため機関車と客車を損害した。現場で負傷した元陸上自衛隊員が部隊の爆薬を盗んで仕掛けたもので、61年3月31日、懲役15年の判決が出た。

9.15 〔鉄道〕**キハ80系気動車** キハ80系気動車が落成、同年12月10日、上野―青森間特急「はつかり」に導入された。日本における初の特急形気動車。

9.16 〔航空〕**「日本の航空50年」展開催** 東京・池袋の西武百貨店で、日本航空協会主催「日本の航空50年」展開催。

9.18 〔航空〕**日本の航空50年記念航空ページェント開催** 東京国際空港で、日本の航空50年記念航空ページェント開催。徳川大尉が初飛行に成功したアンリ・ファルマン機も米国から返還され、公開展示された。

9.20 〔航空〕**航空50年記念切手発売** 航空50年記念切手発売(800万枚)。同日「日本の航空50年祝賀式典」が開かれ、1910年初飛行に成功した徳川好敏氏の表彰が行われた。

9.26 〔航空〕**北陸エアターミナルを設立** 北陸エアターミナルが設立された。小松空港の空港ターミナルビルを運用する会社で、ビルは1961年6月に建設された。1973年にジェット化に対応して増改築され、1978年にはトライスター就航に対応して拡張工事が行われた。

10.9 〔鉄道〕**デラックスロマンスカー登場** 東武鉄道が特急「けごん」「きぬ」に1720形デラックスロマンスカーの使用を開始。「デラ」の愛称で親しまれた。

10.10 〔航空〕**航空技術研究所、遷音速風洞完成** 科学技術庁航空技術研究所が、6ヵ年計画の一環として建設していたマッハ0.8〜1.4の遷音速風洞が完成。

10.25 〔自動車〕**第7回全日本自動車ショー** 第7回全日本自動車ショーが東京・晴海の国際貿易センターで開幕した。会期は11月7日までで、294社が参加し、展示車両は358台。一般にも手が届きそうな安価な車両が増えたことから大いに盛り上がり、入場者数は81万2400人に達した。

10.29　〔船舶〕連絡船転覆　大分県の蒲江港・越田屋間の定期連絡船第3満恵丸が、桟橋を離れて間もなく港内で転覆、中学生・教師ら283人が海中に投げ出された。5人が死亡、7人が負傷。定員28人の10倍もの乗客を乗せていたもので、船長を4ヶ月の業務停止処分とした。

11.1　〔鉄道〕仙山線　仙山線全線で電化が完了。仙台―作並間は交流、作並―山形間は直流。

11月　〔自動車〕日野自動車工業の長期計画　日野自動車工業が長期計画を策定した。主な内容は東京・日野の本社工場敷地内への乗用車専用工場建設、東京・西多摩郡羽村に85万平方キロの土地を取得しての小型車量産用工場の建設など。

11月　〔自動車〕豊田中央研究所が発足　トヨタ自動車工業の豊田中央研究所が発足した。豊田グループ10社の総合研究機関として設立された、基礎技術の研究と将来に備えた長期的な技術研究をする組織で、将来的には個人ユーザーが中心になるとの見通しに基づいて研究開発が進められた。

12.1　〔航空〕石川島播磨重工業設立　1853年創立の石川島造船所に起源をもつ石川島重工業と播磨造船所が合併し、石川島播磨重工業株式会社が発足。

12.2　〔鉄道〕試験電車が小型バスと衝突　東海道線鶴見・新子安間の滝坂踏切で、平塚行の架線試験電車が踏切を渡ろうとした小型バスに衝突、9人が死亡、9人が重軽傷を負った。開閉機が遅かったことが原因。

12.4　〔地下鉄〕東京都交通地下鉄1号線が開業　東京都交通地下鉄1号線が押上―浅草橋間で開業。京成電鉄と相互直通運転を開始した。隅田川の川底を地下鉄が初めて走ることとなった。

12.10　〔鉄道〕「はつかり」設計変更へ　日本初のディーゼル特急として東北本線を走る「はつかり」は7月15日までに13回も事故を起こしたため、国鉄で調査の結果、動力構造の一部設計変更を行うことを決定した。

12.19　〔航空〕日本の航空50年記念日、苗木植樹式　東京・代々木公園内の航空記念碑前で、米ノースカロライナ州知事から贈られた楓・松の植樹式が日本航空協会・東京都共催で行われる。苗木は人類初飛行の地・ライト記念碑付近のもの。

12.26　〔航空〕東京国際空港騒音対策委員会、第1回会合開催　運輸省が設置した東京国際空港騒音対策委員会の第1回会合が開催された。

12.29　〔鉄道〕東北本線　東北本線黒磯―福島間で電車の運行がはじまる。

12月　〔航空〕羽田周辺航空機爆音被害防止協議会発足　大田区と品川区の住民100万人が加盟した「羽田周辺航空機爆音被害防止協議会」が発足。航空機騒音問題が社会問題化する。

12月　〔自動車〕日産ディーゼル工業に改称　民生デイゼル工業が日産ディーゼル工業に社名変更し、日産自動車専務の原科恭一が社長に就任した。同社は1950年以来日産自動車が資本参加し、日産グループのディーゼル車両部門として業績を伸ばしており、新社長就任に伴い量産体制確立が推進されることになった。

この年　〔航空〕ローカル線の需要が増大し、競願問題に　1960年頃からローカル線の需要が急速に増加。全日空と他6社（北日本航空、日本遊覧航空、日東航空、富士航空、

日本交通史事典　　　　　　　　　　　　　　　　　　　　　　　　　　　　　　1960年（昭和35年）

　　　　　　東亜航空、中日本航空）が路線網の拡充・新型機導入を運輸省に次々と申請し、
　　　　　　競願問題が生じる。
この年　〔航空〕国際線輸送実績3割増　国際的な経済の好調、渡航制限の緩和、8月にDC-8
　　　　　　型ジェット機が太平洋全線および一部東南アジア線に就航し輸送量が増大したこ
　　　　　　とから、1960年度の旅客輸送量は前年比31%増となる11万2000人、総輸送量でも
　　　　　　前期比30%の大幅増を記録した。
この年　〔航空〕新明和興業が新明和工業に　新明和興業は新明和工業に社名変更した。
この年　〔航空〕稚内空港供用開始　稚内空港が供用を開始した。
この年　〔航空〕日本航空躍進　日航の輸送状況が、IATA（国際航空運送協会）加盟88社のう
　　　　　　ち15位に浮上した。60年1月にはダグラスDC-8型機を追加発注、3月には中距離
　　　　　　ジェット機コンベアー88013機を発注した。4月1日からはフランス航空と北極まわ
　　　　　　り欧州線の共同運行を開始した。また、国内線にもDC-7などを導入した。
この年　〔鉄道〕国鉄輸送記録更新　1960年度の国鉄の輸送成績が過去最高を記録した。60年
　　　　　　6月1日、61年3月1日のダイヤ改正で、前年同日比旅客6.5%、貨物3.8%の輸送力増
　　　　　　強が図られたため。
この年　〔バス〕越後交通バス　越後交通バスがバス事業を開始した。
この年　〔バス〕神戸市がマイクロバスを導入　神戸市はマイクロバスを路線バスに導入。同
　　　　　　時に電照式バス停留所標識が採用された。
この年　〔オートバイ〕ヤマハがSC-1型スクーターを発売　ヤマハがSC-1型スクーターを発
　　　　　　売。強制空冷2サイクル175ccエンジン搭載。
この年　〔船舶〕海運会社に利子補給再開　1960年度、3年ぶりで利子補給が再開された。対
　　　　　　象になったのは53社で、運行主力13社、油送船主力会社8社、貸船主力会社32社。
　　　　　　補給額は10億円で、3国間輸送奨励は6億9000万円。
この年　〔船舶〕国内旅客船の状況　8月1日現在、旅客船は定期航路が1236、不定期航路が
　　　　　　603。大部分が本土周辺の離島と本土間、もしくは離島相互間、または陸上交通
　　　　　　の困難な地点を結ぶ。2740隻が就航しており、60年度は旅客1億87万人、貨物426
　　　　　　万トンを輸送した。
この年　〔船舶〕国内旅客船公団の活動　1959年度に発足した国内旅客船公団は、新造客船33
　　　　　　隻の運造と、200総トンの改造を行った。1960年度には政府出資2億円と、資金運
　　　　　　用部資金借入金5億円の計7億円で、40～50隻、4600総トンの建設改造を行う。
この年　〔道路〕1級国道の整備状況　1960年度には一般道路事業費の約36%、翌61年度には
　　　　　　約37%が投入され、未改良区間の改築、バイパス建設に重点を置く。また、1級国
　　　　　　道には直轄管理を行う指定区間を設定した。
この年　〔道路〕2級国道の整備状況　1960年度の総事業費は86億円で、うち50億円で179キ
　　　　　　ロが改良された。踏切除去は8カ所、橋梁整備は126橋で23億円、舗装新設は329
　　　　　　キロを39億円かけて実施。とくに北海道の2級国道は直轄工事として事業費46億
　　　　　　円で行われた。また、北海道は直轄工事として約46億円が実施された。
この年　〔道路〕一般有料道路整備状況　1960年度は前年からの継続工事となる20路線の建設
　　　　　　を実施、京葉、北九州、高野山など7路線を完成し、箱根バイパス、若戸橋などの

― 157 ―

建設を継続。榛名、白浜、別府阿蘇、中の谷トンネルの4路線に着工した。

この年　〔道路〕地方道の整備状況　1960年度の本州の地方道整備総事業費は約271億円で、99億円は472キロの改良工事、6億円が20カ所の踏切除去、74億円が421橋の橋梁整備、52億円で435キロを舗装した。また、北海道については約64億円の事業を実施した。

この年　〔道路〕道路整備5カ年計画　道路整備5カ年計画の3年目に当たる1960年度には、計画量の約20%が実施された。61年度からは新道路整備5カ年計画として、高速道路、オリンピック街路、重要幹線の整備に重点を置き、2400億円の事業を実施する。

この年　〔道路〕日本道路公団の事業　1960年度の日本道路公団は324億円で継続事業と新規事業を計画していたが、用地買収に手間取り、213億円の実施にとどまった。名神高速道路は京都市山科工区と、瀬田川、鴨川、桂川、藻川、猪名川の長大橋の建設を完了した。

1961年
（昭和36年）

1.5　〔航空〕住友精密工業設立　住友金属工業の航空機器部門が分離し、住友精密工業株式会社設立。プロペラ、脚のほかフラップ・アクチュエーターなどの操縦系統機器をはじめ、各種航空機用機器の製造を行う。

1.13　〔鉄道〕ダンプカーが電車と衝突　東海道線保土ヶ谷・戸塚間の秋葉踏切で、ダンプカーと東京行湘南電車が衝突、ダンプカーは約50メートル引きずられて大破、電車は最前部1両が脱線して傾いた。さらにここに横須賀行電車が激突し、またダンプカーを約200メートル引きずった。乗客と運転手の7人が死亡、16人が重傷、79人が軽傷を負った。ダンプカー運転手は無免許で、一時停車を怠ったため。

1.17　〔鉄道〕小田急線がダンプカーと衝突　小田急線和泉多摩川駅・登戸間の第2号踏切で、新宿発下り普通電車とダンプカーが衝突、電車は前2両が脱線し、1両は和泉多摩川鉄橋から8メートル下の河原に転落、1両は河原へ逆立ちとなり、ダンプカーは大破炎上した。ダンプカーの運転手が即死、重軽傷21人。

2月　〔自動車〕富士精密工業がプリンス自動車工業に社名変更　富士精密工業が社名をプリンス自動車工業に変更した。

3.1　〔航空〕日本農林ヘリコプター設立　農林省の航空機を利用した農林水産業の近代化推進政策に呼応し、日本農林ヘリコプター株式会社設立。使用事業、不定期事業の免許を取得し、農林病害虫空中防除を主要業務とする。1969年基地を昭島市から川越市に移し、1974年運輸省から正規ヘリポートの許可を受けた。

3.14　〔航空〕全日空、国内全線ジェット化計画を発表　全日本空輸がジェット化5ヵ年計画第一期として15機を購入。1963年までに国内全線をジェット化する計画を発表した。

3.17　〔鉄道〕中央本線　中央本線東京―高尾間の「急行電車」は「快速電車」と改称された。

3.28　〔地下鉄〕営団地下鉄日比谷線が開業　帝都高速度交通営団日比谷線が南千住―仲御徒町間で開業。

3.29　〔鉄道〕名阪特急ノンストップ化　近畿日本鉄道中川短絡線が開通、名阪甲特急がノンストップで運行されるようになった。名阪乙特急は従来どおり伊勢中川駅でスイッチバックを行う。

3月　〔バス〕高速バス第1号　日本で初の本格的な高速バス1号車、日野RX10型が国鉄によって開発された。

3月　〔オートバイ〕二輪メーカーが海外進出　オートバイメーカーの海外進出が活発化した。スーパーカブで世界市場へ乗り出していた本田技研工業に続き、ヤマハ発動機がインドへ進出し、鈴木自動車工業が英国事務所を開設。また、宮田製作所がオランダのハーゲンマイヤー社と技術提携した。

4.1　〔鉄道〕網走本線を分割　網走本線を分割、池田―北見間は池北線、旭川―網走間を石北本線と改称した。

4.6　〔鉄道〕国鉄運賃制度改正　国鉄の運賃が改定された。内容は、旅客では（1）普通運賃を、300キロまで1キロあたり2円40銭から2円75銭に、300キロ以上1円20銭を1円35銭に引上げ。（2）1等の2等に対する倍率を2倍から1.68倍に引き下げなど。貨物は基礎賃率を15％引上げ、計算経路を一部修正。

4.17　〔航空〕広島空港ビルディング設立　広島県、地元財界など16社の出資を受け、広島空港ビルディング株式会社設立。資本金8,000万円。同年9月15日、広島空港開港と同時に営業を開始した。

4.24　〔航空〕羽田空港で発のジェット機事故　日本航空のサンフランシスコ発ジェット旅客機「箱根号」が羽田空港A滑走路に着陸した際、滑走路の北端を約30メートル越え、排水溝に両車輪を突っ込んで機種と左翼の一部および胴体下部と前車輪を大破した。乗員乗客は全員救出された。羽田空港でジェット機が事故を起こしたの初めて。

4.25　〔鉄道〕大阪環状線　西成線西九条―関本線天王寺間が開業。城東線、西成線を合わせ大阪環状線とした。

4.25　〔船舶〕宇高連絡船「讃岐丸」就航　宇高航路に讃岐丸（1,828トン）が就航。

4月　〔自動車〕コンテッサ900を発売　日野自動車工業の小型乗用車コンテッサ900が発売された。同社が開発した初の乗用車で、独自開発の直列4気筒900cc35馬力OHVエンジンを搭載。同エンジンを搭載したトラックであるブリスカも発売された。また、ルノー4CVも引き続き販売された。

4月　〔自動車〕自動車貿易を一部自由化　トラック・バスの完成車およびオートバイの貿易が自由化された。電気製品・繊維製品の輸出が好調なことから、米国などに自動車関係の貿易自由化を求められ、その第一弾として実施されたもの。

4月　〔自動車〕物品税法を一部改正　物品税法が一部改正され、小型乗用車の課税基準が改訂された。2000cc以下の自動車の税率が20％から15％に引き下げられ、これを

1961年（昭和36年）

受けて日産自動車・トヨタ自動車工業・プリンス自動車工業が1900ccクラス乗用車の値下げを発表した。

5.29　〔航空〕日米航空協定改定交渉開始　世界一周線開設のため日本航空の米国東海岸乗入れと以遠権を追加すべく、日本側の申入れにより日米航空協定の第一次改定交渉開始。米国側はニューヨーク以遠権を認めず、日本側はこれを不満として交渉を中断。

5月　〔自動車〕自動車メーカーの3グループ化構想　通産省が自動車メーカーを3グループ化する構想を打ち出した。貿易自由化に備えて自動車産業を育成するためのもので、各メーカーの事業を量産乗用車・特殊車（高級車・スポーツカーなど）・軽自動車のいずれかに限定することで過当競争を防ごうとしたが、量産車メーカーに指定されたトヨタ自動車工業・日産自動車の2社以外は強く反発した。

5月　〔自動車〕名神高速道路で走行試験　建設中の名神高速道路で自動車メーカー各社による走行試験が行われた。道路公団の好意によるもので、通常では不可能な3キロにわたる直進走行試験が実施され、高速走行をテストする絶好の機会となった。トヨタ自動車工業のコロナとクラウン、日産自動車のブルーバードとセドリック、プリンス自動車工業のスカイラインなどが参加したが、いずれも時速100キロ前後で異常な振動を発する結果となった。

6.1　〔鉄道〕国鉄の電化進む　山陽本線小郡―下関間の直流電化、鹿児島本線門司港―久留米間の交流電化完成。また、常磐線上野―勝田間では電車の運転が開始された。

6.6　〔航空〕日航、北回り欧州線開設　日本航空が北回り欧州線を開設し、自主運航を開始。DC-8-32型で東京からアンカレッジ経由でコペンハーゲンに就航。コペンハーゲンに置かれた駐在クルーが、このルートを専門に飛行した。

6.11　〔航空〕青木航空、藤田航空に改称　新しく資本参加を得て、青木航空が藤田航空株式会社に改称。

6.12　〔航空〕長崎航空設立　長崎県の離島振興策として、地方自治体・県内有力企業が参加して長崎航空株式会社設立。資本金5,000万円。不定期航空運送事業・航空機使用事業免許を受け、翌1962年旧大村空港で営業を開始。1963年大村―福江線の定期運送事業免許を受け、デハビランド・ダブで運航開始。1962年9月全日空の系列下に入り、1967年には定期路線を同社に移譲。以後、航空機使用事業を中心に営業活動を行う。

6.12　〔鉄道〕名鉄にパノラマカーが登場　モ7000系が名古屋鉄道豊橋―新岐阜間で運行開始。運転室を2階に配置し、1階前面を客席とした日本初の前面展望車であり、「パノラマカー」の愛称で親しまれた。

6月　〔自動車〕パブリカUP10型を発売　トヨタ自動車工業の小型乗用車パブリカUP10型が発売された。1955年の国産車構想を契機に大衆車として開発されたもので、空冷水平対向2気筒700ccエンジンを搭載し、徹底的なコスト削減と走行性能の向上を両立し、軽自動車並みの38万9000円という低価格を実現。しかし、貧相なイメージが定着してしまい販売は振るわなかった。

6月　〔オートバイ〕本田技研工業がマン島TTレースで初優勝　本田技研工業がマン島TTレースの125ccクラスと250ccクラスで1位から5位までを独占した。先進技術

をふんだんに投入し、英国紙に「物真似ではない時計のような精巧なエンジン」と賞賛されるマシンを作り上げ、参戦3年目にして伝統的な欧州メーカーを圧倒した。また、同年の世界GPレースでも125ccクラスと250ccクラスでメーカーチャンピオンとなり、1962年のTTレースでも両クラスで優勝した。

7.1 〔バス〕新宿―奥多摩湖間にバス運行 新宿―奥多摩湖間72キロメートルにバス路線が新設された。

7.5 〔鉄道〕南海電気鉄道でズームカー運行開始 南海電気鉄道が南海高野線橋本駅―極楽橋駅間で20000系車両通称ズームカーの運行を開始した。

7.12 〔航空〕全日空バイカウント828、東京―札幌線に就航 全日本空輸が国内線ジェット化計画の一環として自社購入したバイカウント828を東京―札幌線に導入、就航を開始する。

7.17 〔行政・法令〕車両制限令公布 車両制限令が公布された。これにより市街地道路通行の車種が制限されることとなった。翌1962年2月1日施行。

7.28 〔航空〕航空技術研究所、超音速風速洞完成 航空技術研究所の吹出し式超音速風洞が完成。防衛庁予算として計上されていたものを航空技術研究所に移し替えて建設された。

9.15 〔航空〕広島空港開港 広島空港が開港。全日本空輸が大阪―広島線の運航を開始する。

9.25 〔航空〕日航、国内線ジェット機初就航 日本航空が純ジェット・コンベア880を東京―札幌線に導入。1日1往復で就航を開始する。

10.1 〔鉄道〕国鉄ダイヤ大改正(通称「サンロクトオ」) 国鉄は1957年に打ち出した「第一次5ヶ年計画」に基づき、大幅なダイヤ改正を行った。特急列車が大幅に増強され、「富士」「はと」「おおとり」「第2ひびき」「みずほ」「うずしお」「みどり」「へいわ」「まつかぜ」「ひばり」「つばさ」「白鳥」「おおぞら」の13の特急列車が新設された。これまで東海道―九州に偏っていた特急の運行が北海道を含む他の地方にまで拡大され、全国的な特急網が形成される。特急は18本から52本へ、急行は126本から226本へ、準急は400本から448本へと増発された。

10.25 〔航空〕日航のコンベア880、東京―福岡線に就航開始 日本航空の東京―福岡線で、週1往復がコンベア880に切り替えられた。

10.25 〔自動車〕第8回全日本自動車ショー 第8回全日本自動車ショーが東京・晴海の国際貿易センターで開幕した。会期は11月7日までで、303社が参加し、展示車両は375台。従来の国産車にはないスタイリッシュなスポーツカーが注目を集め、入場者数は95万2100人に達した。

10.26 〔鉄道〕別大線電車埋没事故 大分交通の別大線亀川行1両の電車が、大分市仏崎の山沿いの急カーブを進行中、高さ5メートル、幅20メートルの崖が崩れ、土砂約2000立方メートルが落ちた。電車は中央部の天井がつぶれ、67人の乗員乗客全員が生埋めになった。31人が死亡、36人が負傷。前夜来の雨で地盤が緩んだもの。

10.30 〔航空〕北海道空港設立 千歳空港に乗り入れる民間航空機の増加に伴ってターミナルビル建設の気運が高まり、北海道空港株式会社設立。1963年4月1日ターミナル

1961年（昭和36年）

ビルが完成し、本格的に営業を開始。のち機材の大型化と旅客の増加に伴い、また1972年の札幌冬期オリンピックに備えて増改築を実施。

10月　〔道路〕新道路5カ年計画　総事業費2兆1000億円の新道路5カ年計画が10月に決定された。内訳は一般道路1兆3000億円、有料道路4500億円、地方単独事業費3500億円。その目標は、（1）名神高速道路の完成、東海道幹線自動車国道、中央高速自動車国道の着工、その他の国土縦貫自動車道の調査。（2）1級国道の整備を完了し、2級国道は今後10年間で全路線の整備を完了する。（3）首都高速道路の建設完了、阪神高速道路着工、第3京浜道路完了。

11月　〔道路〕踏切道改良促進法実施　自動車交通量の激増、列車の増便などにより踏切における道路交通の能率が阻害されているとして、第39回国会で踏切道改良促進法が成立、11月に施行された。指定された踏切道の改良について、道路管理者側と鉄道側が経費を負担する。1962年2月と4月の2回にわたり、立体交差化145、踏切保安施設の整備2055カ所が指定された。

12.7　〔鉄道〕国鉄新宿駅南口火災　国鉄新宿駅南口の第1ホーム改札口付近から出火、木造1部2階建て駅舎、荷物受け所、京王・小田急両電鉄事務所など1240平方メートルを全焼した。2500名の客は全員避難した。建物の損害額は2512万円。

12.10　〔鉄道〕伊豆急行　伊豆急行伊東—伊豆急下田間が開業。

12.29　〔鉄道〕特急「さくら」追突　国鉄山陽本線西宇部・小野田間の有帆川鉄橋東1キロの地点で、東京発長崎行き特急「さくら」に山口発博多行ディーゼル準急「あきよし」が追突。「さくら」の最後部13両目と「あきよし」の4両目が脱線し、5人が重傷、27人が軽傷を負った。「あきよし」運転士の不注意が原因で、業務上過失致傷容疑で逮捕された。

この年　〔航空〕ローカル空港の整備　利尻、秋田、八丈島、種子島の各空港が完成した。

この年　〔航空〕釧路空港供用開始　釧路空港が供用を開始した。2006年10月、「たんちょう釧路空港」の愛称を使用開始。

この年　〔航空〕国際線輸送量4割増　6月の北回りヨーロッパ線就航、9月の東南アジア線へのジェット機コンベア880型導入などにより、1961年度の国際線旅客輸送量は15万100人で前年度比35％増、総輸送量は前期の45％増と大幅に増加した。

この年　〔航空〕全日空赤字解消　全日空は61年7月にバイカウント828型3機、フレンドシップF-27型3機のジェットプロップ機を導入、旅客数は前年度比86％増、貨物は72％増を記録。創業以来の累積赤字2億8000万円の赤字を一気に解消する純利益3億6000万円を上げた。

この年　〔航空〕日航国内線輸送量4割増　日航国内線は国際線ジェット化による余剰機の投入と、季節便・定期路線の増便やジェット機の運航などの結果、旅客数は15万100人で前年度35％増、総輸送量では前年度比43％の大幅増を記録した。

この年　〔航空〕函館空港開港　函館空港開港が開港する。

この年　〔鉄道〕国鉄の電化状況　1960年10月の姫路・宇野間に続き、この年5月には東北線上野・仙台間が無煙化、6月には常磐線砦・勝田間、山陽北九州小郡・久留米間で電化が完成、日本初の交・直流両用電車が走るようになった。

— 162 —

この年	〔鉄道〕国鉄輸送成績過去最高を更新	1961年度の国鉄運輸成績は過去最高を記録した前年をさらに上回り、最高記録を更新した。前年10月に実施した国鉄史上最大規模となるダイヤ改正、未電化路線へのディーゼル特急の導入などのスピードアップ策や、レジャーブームによる列車の増発などが背景にある。
この年	〔鉄道〕東海道新幹線整備状況	1964年完成を目指して工事は順調に進行した。用地買収はすでに全区間の60%に当たる300キロを確保、トンネル、橋梁、高架とも工事は予定通り進行した。また、最大の難所とされる新丹那トンネルは61年6月までに70%掘り進んだ。
この年	〔鉄道・地下鉄〕私鉄運賃一斉値上げ	割引率の高い定期旅客の割合が増加、収入が伸び悩む反面、人件費の増大、輸送力増強工事のための利子負担、減価償却費の増加などから収支が悪化、多くの事業者が運賃を改定した。改定をしたのは函館市、仙台市、東京都、名古屋市、大阪市、鹿児島市の公営鉄道、帝都高速度交通営団、相模鉄道ほか58社の中小私鉄。
この年	〔バス〕国鉄バスのワンマン運転開始	運輸省がワンマンバスの認可基準を策定。8月には松山—高知間で国鉄バス(マイクロバス)のワンマン運転が開始された。
この年	〔バス〕長距離バス開始	国内最初の長距離バスが、東京・長野県湯田中間、261キロで運転を開始した。翌62年8月には東京・山形路線389キロ、東京・仙台路線353.7キロ、東京・会津若松間295.2mキロが運転を開始した。
この年	〔バス〕北海道拓殖バス	北海道拓殖バスが営業を開始した。
この年	〔船舶〕国内旅客船公団の業務状況	国内旅客船公団は4月に特定船舶整備公団となり、戦漂船の代替建造により貨物船業務も行うことになった。1961年度は資金運用部資金の借入7億円で新造客船28隻の建造と、借入金8億円で戦漂船の代替建造により貨物船8隻を建造。
この年	〔道路〕1級国道の整備状況	1961年度は647億円が投資された。大部分は直轄事業で、名四国道他19カ所の長大橋や長大トンネルで59億円の事業がなされたほか、立体交差事業は82カ所で行われた。
この年	〔道路〕2級国道の整備状況	1961年度の総事業費は308億で、うち234億円が補助事業、北海道は74億円が直轄事業として実施された。道路改良事業としては踏切道改良など129億円をかけ415キロが改良された。舗装は事業費81億円で598キロを行った。
この年	〔道路〕一般有料道路整備状況	前年度からの継続事業として京葉道路など24路線の工事を継続。霧島道路、音戸橋、箱根バイパスを完成。新規事業としては吹ヶ峠道路、乙女道路、境橋、通岡峠道路、天草連絡道路の5路線の工事に着工。
この年	〔道路〕日本道路公団の事業	名神高速道路の建設は1961年度、円明寺、下植野高架と塔ノ森高架を完成、木曽川、長良川、揖斐川の三大長橋の下部工事を終えた。西宮尼崎・栗東一宮間の建設資金として11月に国際復興開発銀行との間に調印した4000万ドルの借款が62年1月に発効、21億円の借入を実施した。

1962年
（昭和37年）

1.17　〔航空〕東京国際空港ターミナルビル拡張工事起工　日本空港ビルディングが東京国際空港ターミナルビル拡張工事の起工式を行い、本館CIQブロックを中心に元始ターミナルビルの3倍を超える大増改築工事（76,000m²）を開始。

1.21　〔文化〕大阪交通科学館　大阪環状線全通記念事業の一環として開館準備が進められてきた大阪交通科学館が、大阪弁天町駅隣にオープンした。東京神田須田町の交通博物館の姉妹館であるが展示コンセプトは交通博物館とは異なり、鉄道技術・科学の現在とこれからに重点が置かれた。

1.23　〔地下鉄〕営団地下鉄荻窪線　帝都高速度交通営団荻窪線新宿―荻窪間が全線開通。

2月　〔航空〕東亜航空、定期航空運送事業免許　東亜航空に定期航空運送事業免許交付。以後コンベア240、YS-11と機材の大型化を図り、西日本をネットするローカル・エアラインとして活躍。

3.8　〔航空〕航空議員懇談会設立　航空界の振興に寄与することを目的に、航空議員懇談会が発足。両院議員91名が参加し、日本航空協会内に事務局を設置して定例的に航空界代表者との懇親を行った。1978年、既に役割を終了したとして解散。

4.20　〔鉄道〕東北本線　東北本線松島―品井沼間が廃止になる。

4.23　〔航空〕石川島播磨重工業、J-3ジェットエンジン納入　石川島播磨重工業がJ-3ジェットエンジンを防衛庁に納入。

5.3　〔鉄道〕常磐線三河島駅事故　5月3日午後9時37分頃、常磐線三河島駅構内で、田畑発内郷行き下り貨物列車が引き込み線の本止めに突っ込み、機関車・貨車2両が下り線側に脱線して傾いた。ここへ進行してきた上野発松戸行きの下り電車が衝突、上り線側に2両が横倒しとなった。6分後、混乱した乗客が線路に出ているところへ松戸発上野行き上り電車が時速50キロで突っ込み、乗客を次々とはねて下り電車に激突、前5両が脱線、うち3両が転覆、とくに最前部と2両目は転落した。160人が死亡、430人が重軽傷を負った。そもそもの原因は下り貨物列車の機関車乗務員が信号を確認せず安全線に突入したことだが、上り電車の進入までの6分間に防護措置を怠ったことがさらに事故を大きくしたとして、機関士らが起訴された。

5.21　〔鉄道〕中央本線　中央本線上諏訪―辰野間で電車運転が開始された。

5.30　〔行政・法令〕交通基本問題調査会　内閣に交通基本問題調査会が設置された。

5.31　〔鉄道・地下鉄〕営団地下鉄日比谷線、東武伊勢崎線　帝都高速度交通営団日比谷線北千住―南千住間および仲御徒町―人形町間が開業。東武伊勢崎線との間で相互直通運転が開始された。

5月　〔航空〕岡山空港ビルディング設立　岡山空港のターミナルビルとして、岡山県・岡山市・地元財界の出資で岡山空港ビルディング株式会社が設立された。同年10月13日、岡山空港開港と同時にターミナルビルがオープンした。

5月	〔道路〕国道の昇格	5月、16路線2955キロを1級国道に、33路線3067キロを2級国道に昇格、整備を急ぐ。1級国道は57路線1万2849キロ、2級国道は169路線1万5194キロとなった。
6.1	〔行政・法令〕自動車の保管場所の確保等に関する法律公布	自動車の保管場所の確保等に関する法律が公布された。第一条には「自動車の保有者等に自動車の保管場所を確保し、道路を自動車の保管場所として使用しないよう義務づけるとともに、自動車の駐車に関する規制を強化することにより、道路使用の適正化、道路における危険の防止及び道路交通の円滑化を図ることを目的とする。」とある。1963年5月31日全面施行となった。
6.10	〔鉄道〕国鉄ダイヤ改正	北陸トンネル開通および、信越本線高崎―横川間や山陽本線三原―広島で直流電化が完成した事を受け、ダイヤ改正が実施された。東京―大阪間特急「つばめ」が広島まで延長され、上越線初の特急「とき」が上野―新潟間で運転開始。また、特急「白鳥」の速度向上が図られた。
6.17	〔自動車〕トヨタ自動車工業が累計100万台	トヨタ自動車工業が創業以来の累計生産台数100万台を達成し、ラインオフ式が挙行された。国内メーカーとしては初の快挙で、25日に従業員への感謝の夕が、26日には総理大臣などを招待して記念式典が開催された。
6.26	〔鉄道〕新幹線試作車テスト開始	東海道新幹線は鴨宮・綾瀬間に約30キロのモデル先駆が整備され、6月26日、試作電車の試運転を開始、10月31日には最高時速200キロを記録、1938年3月30日には電車としては世界最高の256キロをマークした。
7.1	〔鉄道〕東北本線	東北本線利府―松島間が廃止される。
7.11	〔航空〕YS-11第1号機完成	新三菱重工業小牧工場でYS-11第1号機が完成。
7月	〔航空〕日航と全日空、提携強化のため協議会設置	航空の安全確保、過当競争排除と業界内の提携強化を図り、運輸省の指導で日本航空と全日本空輸の間に提携強化のための協議会が設置された。
8.1	〔バス〕長距離路線バスの開業	東北急行バスが東京―山形・仙台・会津若松各区間で長距離路線バスの運行を開始した。
8.30	〔航空〕YS-11、初飛行に成功	日本航空機製造のYS-11第1号機が、小牧で初のテスト飛行に成功する。
9.1	〔鉄道〕赤穂線	赤穂線伊部―東岡山間が開業し、相生―東岡山間は全線開通。
9.7	〔航空〕全日空と東亜航空、業務提携発表	全日本空輸と東亜航空が運航・営業面での業務提携を発表。
9月	〔自動車〕グロリアS40型を発売	プリンス自動車工業の高級乗用車プリンス・グロリアS40型が発売された。初代グロリアからのモデルチェンジだが、機構的には初代スカイラインをモデルチェンジしたもので、直列4気筒1900ccエンジンを搭載。1963年6月には日本初の直列6気筒2000ccOHCエンジンを搭載したグロリア・スーパー6が発売され高級車としてのブランドを確立したが、景気後退もあって販売は振るわなかった。
9月	〔オートバイ〕鈴鹿サーキットが完成	三重県鈴鹿市にある国際レーシングコース鈴

鹿サーキットが完成した。全長は6.004km。同年11月にはオープニングレースとして第1回全日本選手権ロードレースが開催された。

10.1 〔鉄道〕国鉄ダイヤ改正 東京―熊本間不定期特急「みずほ」および東京―大阪間不定期急行「あかつき」が定期列車に格上げされた。急行「フェニックス」は宮崎―小倉―西鹿児島に延長。

10.1 〔鉄道〕常磐線 常磐線勝田―高萩間で交流電化が完了。電車の運転が開始される。

10.10 〔バス〕外国人観光客のバス輸送 都営バスはオリンピック開催期間中の外国人観光客のバス輸送を開始した。

10.13 〔航空〕岡山空港開港 岡山空港が開港した。

10.25 〔自動車〕第9回全日本自動車ショー 第9回全日本自動車ショーが東京・晴海の国際貿易センターで開幕した。会期は11月7日までで、284社が参加し、展示車両は410台。国内市場の拡大と競争激化を反映し、各メーカーがスポーツカーや高級車などの目玉商品を展示。入場者数は104万9100人で、初めて100万人を突破した。

10月 〔自動車〕ダットサン・フェアレディ1500を発売 日産自動車のスポーツカーのダットサン・フェアレディ1500が発売された。1960年には輸出専用車であるフェアレディが全日本自動車ショウに出品されていたが、国内販売に際してはブルーバード310型をベースに新型が開発された。直列4気筒1500cc71馬力エンジンを搭載し、リアに横向きシートを装備した3人乗りの洗練された車で、日本を代表するスポーツカーとなった。

10月 〔自動車〕自動車保有台数500万台 自動車保有台数が500万台を突破した。1955年頃から主要メーカーの販売台数が前年比20～30%と急増しており、敗戦から20年足らずでの記録達成となった。

11.1 〔鉄道〕私鉄の運賃値上げ 割引率の高い定期旅客の増加、人件費の増大と工事費の利子負担、減価償却費の増加などで収支の均衡を欠いているとして、大手私鉄14社（東急、西武、東武、京成、京王帝都、京浜急行、小田急、名鉄、近鉄、阪神、阪急、南海、西鉄）は平均10%の運賃値上げを実施した。その他富士急他25の中小私鉄が平均20%、札幌、東京都、神戸、熊本など8市の公営鉄道が平均18%の値上げ。

11.16 〔航空〕第2国際空港建設方針が決定 政府が閣議で東京近郊の第2国際空港建設方針と調査の実施を決定。

11.19 〔航空〕全日空機訓練機墜落 愛知県西加茂郡の松林に、訓練飛行中の全日空のバイカウントJA8202機が墜落、乗員4人が死亡した。エンジンに不具合があった際の非常時対応の訓練中だった。

11.21 〔航空〕東京第2国際空港の基本構想発表 運輸省航空局が東京第2国際空港の基本構想を発表。

11.28 〔鉄道〕北海道鉄道記念館 日本の鉄道開業85周年記念事業にあわせて北海道鉄道記念館が開館した。

11.29 〔鉄道〕貨物列車が正面衝突 羽越本線羽後本庄・雨後岩谷間で貨物列車が正面衝突し、一方の機関車が炎上して2人が死亡、一方の乗員3人が負傷した。

11月		〔オートバイ〕第1回全日本選手権ロードレース 鈴鹿サーキットにて第1回全日本選手権ロードレースが開催された。鈴鹿サーキットのオープニングレースであった。50cc、125cc、250cc、350ccクラスでホンダ車が優勝する。
12.18		〔航空〕YS-11完成披露・公開試験飛行実施 東京国際空港でYS-11の完成披露・公開試験飛行実施。
12.29		〔航空〕全日空と藤田航空、合併覚書に調印 全日本空輸と藤田航空が合併覚書に調印。
12月		〔行政・法令〕特定産業振興臨時措置法 通産省産業構造調査会・乗用車製作特別小委員会が国産乗用車の国際競争力向上策の中間答申を出した。来るべき貿易自由化に備え、製造コスト削減と効率的な生産体制を実現するため、メーカー乱立による過当競争を防ごうとする内容。同答申に基づき、特定産業振興臨時措置法（特振法）が立案された。
この年		〔航空〕ローカル空港の整備 屋久島、大島、佐渡、福江、対馬の各空港が完成した。
この年		〔航空〕航空会社の業務提携 過当競争を恐れた政府の主導で各社の業務提携や集約統合がすすめられ、1962年8月に日航と全日空間で業務提携が結ばれたほか、全日空は東亜航空と8月に、中部日本航空と9月に業務提携を行った。12月には全日空と藤田航空が合併、翌63年3月には北日本、富士、日東の3社が合併を決めた。
この年		〔航空〕国際空港の整備 総工費84億円で1959年度から進められてきた東京国際空港の拡張整備は、計画通り1963年度での完成が見込まれることとなった。大阪国際空港も既設滑走路1800mに平行して3000mの滑走路新設のため、62年度は22億800万円の国庫債務負担行為額が決定した。
この年		〔航空〕第2東京国際空港建設計画 羽田の東京国際空港の拡張整備が完成しても、1968～71年には発着能力が限界になると予測され、新たな国際空港の建設が必要となった。新空港は第1期工事として1971年までに4000mの滑走路2本、その後第2期工事として3000mの滑走路3本をもつ施設とし、63年8月、候補地として千葉県の浦安と茨城県霞ヶ浦があがった。
この年		〔航空〕東京国際空港、騒音防止措置を講じる 東京国際空港で午後11時～翌朝6時までジェット機の原則的発着禁止、陸岸部の上空を避ける騒音軽減運航方式を設定。
この年		〔航空〕日航国際線概況 7月にはジャカルタ線が延長、10月には南回り欧州線などの施策で輸送量は増加、62年度の旅客輸送量は19万7157人で前年度比30.7%増、貨物と合わせた総輸送量では前年度比20%増となった。
この年		〔航空〕日航国内線概況 10月からダグラスDC-6B、DC-7C、コンベア880F型を投入、旅客輸送量は前年度比17%増の123万8580人、有償トンキロは7482万9000トンキロと19%増。
この年		〔鉄道〕国鉄の第2次5カ年計画 1961年度から開始された第2次5カ年計画は、経済成長に追いつけなかったことや三河島駅での事故から保安対策の強化が急務となったことなどから2691億円の追加予算が必要となった。62年度は北陸本線敦賀・今庄間などで193.3キロの複線化、山陽本線三原・広島間、信越線高崎・横川間、赤穂線などで255.1キロの電化を完成した。

この年　〔鉄道〕新幹線予算不足　第2次5カ年計画による補正により954億円を追加し、工事費は2926億円となったが、1962年末の段階で不足が明らかとなり、国鉄は1963年5月21日、874億円の不足を運輸省に報告。運輸大臣の命令により特別監査を実施した国鉄監査委員会は、不足額が妥当であるとの報告書を提出した。

この年　〔バス〕マイクロワンマンバス　国鉄は、広浜―雲芸線にマイクロ・ワンマンバスを採用した。

この年　〔バス〕各地でバス営業開始　福島交通バス、宮城バス、常磐急行バスが営業を開始した。

この年　〔船舶〕特定船舶整備公団の事業概況　1962年度、特定船舶整備公団は出資金・資金運用部資金計7億円で旅客船24隻を建造、貨物船については資金運用部資金借入金に石炭鉱業合理化事業団からの資金を合わせて投入することになり、計20億7000万円で一般貨物船10隻、石炭専用船3隻を建造。また、この年から港湾荷役用の艀及び引船の建造も行うことになり、借入金5億で艀を建造した。

この年　〔道路〕2級国道の整備状況　1962年度総事業費は341億6036万円（うち国費267億4983万円）で延長342キロを改良、464キロを舗装、196の橋を架け替えた。

この年　〔道路〕地方道の整備　1962年度の総事業費は518億円で、656キロを改良、567キロを舗装、694の橋を整備した。

1963年
（昭和38年）

2.5　〔鉄道〕伊豆箱根鉄道が路面電車の営業を廃止　伊豆箱根鉄道経営の路面電車島津線が営業廃止となった。代行バスの運行は電車用のプラットホームをそのまま使用した。

2.26　〔船舶〕ときわ丸衝突沈没　神戸港外苅藻島南3キロで、乗員乗客66人を乗せた宝海運の貨客船「ときわ丸」の船尾に、大同海運の貨物船「りっちもんど丸」がT字型に衝突、「ときわ丸」は船体を大破して沈没し、「りっちもんど丸」は船首を小破。船長ら19人が救助されたが47人が死亡。両船に操舵の誤りがあった。

2.28　〔鉄道〕貨物列車が脱線　信越本線越後岩塚駅構内で42両の貨物列車が安全側線の車止めの砂に乗り上げ、機関車と貨車35両が脱線し、うち17両が転覆した。2名が負傷。手前のトンネルでばい煙に巻かれて意識を失った機関士を介抱していて起こったもの。

3.28　〔航空〕宮崎空港ビル竣工　宮崎空港ビルが完成した。

3.30　〔鉄道〕新幹線試験走行　新幹線試作電車の試験走行が実施され、時速256kmを記録した。

3月　〔航空〕大阪国際空港周辺の騒音調査実施　大阪国際空港周辺の騒音調査が行われ、防衛施設庁の補償基準と照合するなど騒音問題発生防止の準備が始められる。

3月	〔自動車〕マツダ車が累計100万台	東洋工業のマツダ車が累計生産台数100万台を達成した。三輪トラックが大半を占めるが、1960年代に入ってからは四輪車が増加。9月にはライバルのダイハツ工業も累計100万台を達成した。
4.1	〔航空〕航空技術研究所、航空宇宙技術研究所に改称	科学技術庁が航空技術研究所を航空宇宙技術研究所に改称、ロケット部を新設。
4.1	〔航空〕千歳空港ターミナルビル完成	千歳空港で民間航空ターミナルビルが完成。
4.4	〔鉄道〕北陸本線	北陸本線福井―金沢間で電気運転が開始される。
4.16	〔鉄道〕京浜電気鉄道	京浜電気鉄道天満橋―淀屋橋間が開業。
4.20	〔鉄道〕国鉄ダイヤ改正	北陸本線の福井―金沢間の交流電化が完了したことに伴い、ダイヤ改正が行われる。大阪―金沢間の電車急行「ゆのくに」「加賀」をはじめ急行・準急の新設、増発が行われた。
4月	〔鉄道〕京王線新宿地下駅へ乗り入れ開始	京王帝都電鉄京王線の新宿地下駅が開業し、16日より乗り入れが開始された。
4月	〔道路〕道路整備5カ年計画改定へ	建設省は4月、1964年を初年度とする新道路整備5カ年計画の策定に着手した。経済成長による交通量の増大、新産業都市建設促進に見合った道路網整備、低開発地域における道路整備の立ち遅れが所得格差是正を妨げていること、大都市と周辺の交通難が市民生活のあい路になっていることなどが計画改定の理由。
5.1	〔航空〕日東航空「つばめ号」墜落事故	日東航空の大阪発徳島行き定期便デ・ハビランド・アッター型水陸両用機「つばめ号」が、兵庫県淡路島灘の端鶴羽山の南斜面に墜落炎上、乗客9人が死亡、乗員2人が重傷。濃霧で視界が悪かった。
5.1	〔鉄道〕常磐線	常磐線高萩―平間で交流電化が完了、電気運転が開始された。
5.2	〔自動車〕第1回日本グランプリ	2日から3日にかけて、第1回日本グランプリレースが鈴鹿サーキットで開催された。日本で開催された初の国際格式のレースで、本田技研工業傘下のクラブであるJASAが主催。スポーツカーレース6クラスとGTカーレース3クラスが行われ、出場者のほとんどが市販車にわずかな改良を加えたものだった。レースへの関心は高く、2日間の観客数は延べ20万人以上に達した。また、本田技研工業に利用されることを警戒した各社が消極的な姿勢を見せる中、積極的に参加したトヨタ自動車が出場全種目で優勝。その結果を普及し始めたばかりのテレビなどで大々的に宣伝し、売上増加に結びつけた。
5.8	〔鉄道〕日南線	日南線南宮崎―北郷間の開業によって南宮崎―志布志間が全線開通。
5.15	〔航空〕航空交通管制本部、新庁舎に移転	東京・東久留米に新庁舎が完成し、航空交通管制本部が現入間基地から移転。
6.1	〔鉄道〕国鉄ダイヤ改正	上野―長岡間準急「ゆきぐに」や上野―新潟間準急「越後」が急行に格上げされる。
6.17	〔鉄道〕京阪神急行電鉄	京阪神急行電鉄大宮―河原町間が開業。
7.15	〔航空〕東京国際空港国際線ターミナルビル拡張工事落成式	東京国際空港ターミナルビルの新本館を含む国際線部分が完成。落成式が挙行される。

1963年（昭和38年）

7.15　〔鉄道〕信越線　信越線軽井沢―長野間の電化が完了し、横川―軽井沢間新線が一部開業。

7.16　〔道路〕名神高速道路一部供用開始　日本最初の高速道路である名神高速道路、尼崎・栗東間約71キロが完成、供用が開始された。

8.17　〔航空〕藤田航空機八丈富士墜落事故　八丈島発羽田行き藤田航空のデハビランドDH-114-1Bヘロン型機が八丈島北部の八丈富士9合目の北西斜面に墜落し炎上した。この事故で乗員3名（機長、副操縦士、客室乗務員）、乗客16名、計19名全員が死亡。

8.17　〔船舶〕みどり丸沈没　沖縄本島と久米島を結ぶ定期貨客船みどり丸が沈没し、85人が死亡、27人が行方不明となった。現場は潮流の激しい難所で、気圧の谷の通過に伴う強い横波に回復能力を失い転覆したもの。

8月　〔船舶〕海運再建法制定　2つの海運再建法が制定、施行された。「海運企業再建整備法」は、外航船舶建造資金を開銀から借りている海運企業に対し、条件付きで開銀借入金の利子支払いを5年間猶予するもの。「利子補給法の改正法」は外航船舶建造融資における船主の負担金利について、利子補給率の限度を一定分引上げることを規定する。

9.14　〔航空〕ICAO航空法国際会議、東京条約に調印　ICAO航空法国際会議が「航空機内で行われた犯罪その他ある種の行為に関する条約」（東京条約）を作成。航空機内での犯罪に関し、航空機登録国による裁判権の設定および行使、機長の権限、ハイジャックが起きた場合の締約国による機長に対する援助付与義務などを規定。日本、米国、英国など16ヶ国が調印した。1969年12月4日発効。日本の加入は1970年5月。

9.30　〔鉄道〕横川―軽井沢間新線開通　横川―軽井沢間の新線が開通し、それまでのアプト式登坂機構は廃止されEF63形電気機関車による粘着運転方式が採用された。

9月　〔自動車〕ブルーバード410型を発売　日産自動車の乗用車ブルーバード410型が発売された。1000cc45馬力または1200cc55馬力エンジンを搭載し、ボディはモノコック構造。モデルチェンジに際してイタリアのカロッツェリアのピニンファリーナにデザインが依頼され、欧州車的なスマートな車となったが、小型タクシーの規格に収まるよう車両寸法が小さめにされたこともあり、販売実績では1964年発売の新型コロナに遅れを取ることになった。

10.1　〔航空〕東京国際空港、深夜・早朝ジェット機発着禁止　旅客機のジェット化が急速に進み、羽田への進入コース直下にあたる大田区立大森第五小学校周辺で夜間ジェット騒音規制を求める住民運動が起こる。この運動は大井、品川方面にも広がり、東京国際空港で深夜・早朝ジェット機の発着規制が開始される。

10.1　〔航空〕日航、日本航空整備と合併　日本航空が日本航空整備を吸収合併。合併後の資本金は136億8,900万円。日航整備は日航の整備本部として発展的に解消。

10.1　〔鉄道〕京王帝都電鉄　京王帝都電鉄は新宿―京王八王子間で特急電車の運転を開始した。

10.1　〔鉄道〕国鉄ダイヤ改正　横川―軽井沢間新線開通とアプト式運転廃止に伴うダイヤ改正が実施される。東海道本線、東北・奥羽線などでは急行の増発と準急の格上

げが行われ、大幅な速度向上が図られた。

10.7 〔船舶〕海造審OECD部会答申 日本のOECD加盟をふまえ、運輸省が8月5日、海運造船合理化審議会へ諮問した結果、OECD対策部会を作るなど、海運対策の強化を図ることになった。海造審OECD対策部会は10月7日、計画造船の融資比率の引上げ、開銀の償還据置期間延長、予約制度の拡充などを綾部運輸相に答申。運輸省はこれを受けて63年度の第19次計画造船の融資条件を変更した。

10.26 〔自動車〕第10回全日本自動車ショー 第10回全日本自動車ショーが東京・晴海の国際貿易センターで開幕した。会期は11月10日までで、287社が参加し、展示車両は441台。イタリアのカロッツェリアなど海外のデザイナーに依頼したショーモデルが多数登場した他、ロータリーエンジン搭載車が話題となり、新型乗用車の試乗会も催された。入場者数は121万6900人。

10.30 〔航空〕札幌航空交通管制所開所 同年4月に札幌航空保安事務所に設置された札幌管制所が栄町の新築庁舎に移転し、開所した。

10月 〔自動車〕ホンダS500 本田技研工業のホンダS500が発売された。同車の四輪自動車第2弾となる小型スポーツカーで、レース用エンジン並みの高性能な機構を持つ直列4気筒500ccDOHCエンジンを搭載し、二輪車同様に後輪をチェーンで駆動する方式を採用。後にエンジンを大型化したS600やS800が発売され、ライトウェイトスポーツカーとして人気を博し、同社のイメージアップに貢献した。

11.1 〔航空〕全日空、藤田航空を吸収合併 全日本空輸が藤田航空を吸収合併。

11.9 〔鉄道〕鶴見事故 神奈川県の東海道線新子安・鶴見駅間で、進行中の下り貨物列車の後部3両が脱線、最後部と2両目が転覆、3両目が東海道旅客上り線にはみ出した。ここへ横須賀線上り電車が衝突、電車は1両が海側、1両が山側へ飛び出して脱線、海側へ飛び出した電車が横須賀線下り電車の4両目と5両目に直角に突き刺さるように激突、4両目は大破、5両目は車体をもぎ取られた。161人が死亡、119人が重軽傷。64年7月、神奈川県警は運転士・機関士ら7人について、刑事上の責任は認められないとして業務上過失致死容疑で書類送検した。

11.18 〔航空〕総合政策研究会、「航空政策への提言」を発表 総合政策研究会(有沢広巳会長)が、民間の立場から航空行政確立の必要性を訴える「航空政策への提言」を発表。航空行政や航空会社のあるべき姿をとりまとめ、東京第2国際空港建設、乗員養成などについて具体的な方向を提示した。

11月 〔自動車〕スカイライン1500を発売 プリンス自動車工業の小型乗用車スカイライン1500が発売された。1962年のグロリア発売を受けて新型スカイラインは小型車化され、新開発の直列4気筒1500ccG型エンジンを搭載。国会で特振が審議中だったことから、通産省が発売を見合わせるよう圧力をかける一幕もあったが、発売後はメンテナンスフリーが話題となり、各社がメンテナンスフリーに取り組む契機となった。

12.11 〔航空〕新東京国際空港候補地 運輸大臣の試問を受けて新東京国際空港の候補地と規模を検討していた航空審議会が答申をまとめた。規模については長さ4000メートルの滑走路を持つ2300ヘクタール程度とし、候補地については千葉県富里村付近が最適で、茨城県霞ヶ浦周辺については防衛省との調整が可能であれば適当、浦安沖は航空管制上の見地から適当とは言えないとした。しかし答申直後の閣議

1963年（昭和38年）

で、候補地については運輸省だけでなく政府全体として再検討すべきとの意見が強まり、答申は白紙に戻され、関係閣僚会議に決定がまかされることになった。

12.25　〔航空〕日東航空、富士航空、北日本航空が合併契約書に調印　小規模航空会社の営業不振が続き、政府・運輸省が合併による企業基盤強化を奨励。大阪に基地を持つ日東航空、鹿児島を基地とする富士航空、北海道の北日本航空の3ローカル航空路線会社の合併を要望し、合併を条件として東京—高松—大分—鹿児島の長距離路線を免許。北日本航空の運営する札幌—三沢—仙台—東京路線とあわせて日航、全日空に続く第3の全国的航空会社設立構想が設定され、3社が合併契約書に調印。新社名は日本国内航空と決定する。

この年　〔航空〕国内空港開業状況　1963年度には富山、岡山、花巻、奄美大島の各空港が開業、翌64年には山形空港が開業した。

この年　〔航空〕日本航空機製造、YS-11の販売活動を開始　日本航空機製造が営業部門を設置し、YS-11の本格的販売活動を開始。1965年、量産1号機がユーザーに引き渡された。

この年　〔航空〕富士航空、最長ローカル路線を開設　富士航空が当時最長のローカル路線・東京—高松—大分—鹿児島線を開設。

この年　〔航空〕民間機、軍用機ともにジェット化が進む　1959年に初めてジェット機が就航して以来、その数は年を追って増加。1964年には東京国際空港に発着する国際定期便の殆どがジェット化された。軍用機においてはさらに顕著で、1955年には約10機だった自衛隊のジェット機保有数は1963年には約800機に激増した。

この年　〔鉄道〕私鉄運賃値上げ　花巻電鉄など8社が10～30％の運賃値上げを行った。大手14社は前年11月の値上げにより、収入の伸びは前年並みとなった。

この年　〔バス〕各地でバス営業開始　芦有開発、大阪空港交通バス、西東京バスがバス営業を開始した。

この年　〔バス〕整理券方式のワンマンバス　神奈川中央交通により整理券方式のワンマンバスが運行された。

この年　〔船舶〕OECD、日本の造船業界を警戒　造船業の不況対策を検討するOECD工業委員会特別作業部会が5月からの1年間に、5回にわたって開かれた。日本代表は運輸省藤野船舶局長が出席。ヨーロッパ諸国からは日本造船業の低賃金や政府援助などから警戒する声が上がり、締め付けを行おうとする動きも見られたが、日本の賃金制度は付加的な給与を合わせれば低くはないこと、政府から造船業に対する助成措置がないことなどを強調、警戒を緩めた。

この年　〔道路〕1級国道の整備　1962年度は整備事業費731億円で、改築延長1776キロの工事を実施した。名四国道名古屋四日市間、第2阪神国道、尼崎神戸間を完成、供用を開始した。63年4月には2級国道15路線2955キロが1級国道に昇格、1級国道の総延長は1万2935キロとなった。

この年　〔道路〕1級国道の直轄管理　1962年度の直轄指定区間延長は4325キロ、維持費29億7100万円、修繕費51億9400万円で実施。63年度は指定区間を683キロ追加し、全延長5008キロに対し、維持費34億3900万円、修繕費44億1000万円で実施。

- 172 -

この年　〔道路〕高速道路整備計画 10月、東名高速道路について、静岡・豊岡間の整備計画を、東京・小牧間を一本化した計画に改めて施行命令が出された。中央自動車道東京富士吉田線は4.9％が進行。東京・新潟間については7月に「関越自動車道建設法」が施行された。その他の自動車道では64年6月、一宮・礪波間の建設について「東海北陸自動車道建設法」が施行された。

この年　〔道路〕新道路整備5カ年計画 第3次道路整備5カ年計画の3年目として、一般道路事業2936億円、有料道路事業1061億円、地方単独事業1120億円の事業を実施。道路改良率は1級国道73.6％、2級国道43.5％、主要地方道48.6％一般都道府県道22.5％。舗装率は1級国道で62.0％、2級国道29.1％、主要地方道20.8％、一般都道府県道7.6％。

この年　〔道路〕日本道路公団の事業 1957年から工事を進めてきた名神高速道路小牧・西宮間のうち、尼崎・栗東間70.9キロを完成、7月16日から日本の道路政策史上初の高速自動車国道として開通した。東海道幹線自動車国道は東京・厚木間、湯比地すべり地区関係区間を、中央自動車道は府中・八王子間を重点的に工事中。一般有料道路は17路線の継続工事のうち、63年度中に中の谷峠道路、白浜道路、吹ヶ岬道路、境橋、大山道路、通岡道路の6路線を完成、日光道路第2いろは、東伊豆道路、小田原厚木道路などに着手。

1964年
（昭和39年）

1.4　〔鉄道〕青梅線電車炎上 東京・立川の国鉄立川駅構内に停車中の下り電車に、米軍用ガソリンを満載したタンク車が衝突、電車前部の連結器がタンク車の下部に突っこんでタンクを破壊、ガソリンが流出したところに電車下部のヒューズがスパークして引火。電車4両とタンクが燃え、流れるガソリンで付近の商店街に延焼し、12店1650平方メートルを全焼した。

1.5　〔鉄道〕京福電車正面衝突 京都京福電鉄鞍馬線貴船口駅・二ノ瀬駅間で、上り電車と下り電車が正面衝突して双方ともに炎上し、17人が重傷、60人が軽傷を負った。下り電車の運転士が待ち合わせ発車を怠ったもの。

1.13　〔航空〕日航と全日空、ボーイング727の共同決定を発表 運輸省から幹線機材の機種統一を勧告された日本航空と全日本空輸が、協議のうえ次期国内幹線用近距離ジェット旅客機にボーイング727-100（米）の採用を決定し、同時発表。他候補としてはトライデント（英）、カラベル（仏）、BAC-111（英）の3機種が上がっていた。

1.22　〔航空〕全日空、ボーイング727購入契約に調印 全日本空輸がボーイング727型3機の購入と1機のチャーター契約に調印。

2.11　〔航空〕東京国際空港C滑走路供用開始 東京国際空港で、A滑走路に平行するC滑走路の供用開始（滑走路長3,150m、幅60m）。

2.18　〔航空〕日東航空旅客機墜落 大阪国際航空発徳島行日東航空のグラマン・マラード

水陸両用機が、大阪国際空港の南西1キロの田んぼに墜落し、乗客乗員10人のうち2人が死亡、9人が重傷。気化器の凍結により機関の変調が起こったため。

2.23 〔鉄道〕MARS-101 列車座席予約装置MARS-101の運用が開始された。前作MARS-1と同様に日立製作所の製作によるものだが処理能力をさらに発展させ、座席予約に加え切符の発券も可能となった。日本初のリアルタイムオンライン予約システムである。

2.27 〔航空〕大分空港で富士航空機墜落 富士航空の鹿児島発コンベア240型旅客機が、大分空港で着陸に失敗、空港東側の河原に墜落し、機体は100m四方に散乱した。乗員4名(機長、副操縦士、客室乗務員2名)のうち客室乗務員2名、乗客37名のうち18名が火傷で死亡、22名が負傷。操縦していた機長見習いの副操縦士が接地目測を誤ったもの。

2月 〔自動車〕コンパーノ・ベルリーナ800を発売 ダイハツ工業のコンパーノ・ベルリーナ800が発売された。オート三輪市場の縮小を受け、生き残りをかけて四輪車市場へ参入するために開発された同社初のセダンタイプの乗用車。直列4気筒800cc41馬力エンジンを搭載し、デザインはイタリアのカロッツェリアのビニアーレに依頼したものだった。

3.22 〔鉄道〕大阪環状線が環状運転を開始 大阪―福島駅間の複線化が完了し、大阪環状線全線の複線化が完成。西九条駅の高架化に伴い高架工事完了、環状運転が開始される。

3.26 〔鉄道〕日本鉄道建設公団発足 2月26日に成立した「日本鉄道建設公団法」に基づいて発足。政府出資5億円、国鉄出資180億円を資本金とし、新線建設、建設した鉄道施設の国鉄への貸付け、譲渡、これらの施設の災害復旧工事などを行う。

3.27 〔航空〕ホンダエアポート設立 創設者本田宗一郎の「人類の夢である大空への憧れを青少年に実現させてやりたい」という趣旨により、民間航空の発展とスカイ・スポーツの育成を目的にホンダエアポート株式会社設立。航空機使用事業、不定期運送事業免許を取得し、荒川河川敷に滑走路を設置。飛行訓練に重点を置き、科学的な教習内容を組込んで短時間操縦免許取得の実績をあげる。1970年3月15日、本田航空に改称。

4.1 〔航空〕海外渡航自由化 日本人の海外渡航が自由化。渡航は1人につき年1回、持出し外貨は500米ドルまで。この年の日本人海外渡航者数は12万7,749人で、大部分は自由化以前から続いていた業務渡航者(前年の渡航者数は10万74人)。のち自由化5年目にして観光旅行者数が業務渡航者数を上回る。

4.1 〔航空〕東大宇宙航空研究所設立 東京大学宇宙航空研究所設置。航空研究所は宇宙航空研究所に吸収された。

4.1 〔船舶〕海運業界再編 海運企業再建整備法の施行規則により、集約計画と償却不足解消計画を実施するための整備計画の提出期限が1963年12月20日と定められ、企業集約の動きが活発化。整備計画審議会から合併の相手となる会社は従来運行主力会社または輸送船主力会社と限るとの発表があったこともあり、大規模な合併が要請され、6グループが64年4月1日に発足した。

4.15 〔航空〕日本国内航空設立 過当競争防止と小規模航空会社の赤字経営解消のため、

政府の新しい航空体制確立方針に基づく勧奨により日東航空、富士航空、北日本航空が対等合併。資本金34億8,000万円で日本国内航空株式会社が設立され、3社の航空事業を継承。設立と同時に幹線運航権が認められる。1971年東亜航空と合併し、東亜国内航空となる。

4月　〔自動車〕クラウン・エイトを発売　トヨタ自動車工業の普通乗用車クラウン・エイトが発売された。当時米国の主流だったV型8気筒エンジンの開発に成功したことを受け、同社初の普通車として生み出されたもので、クラウンのボディを大型化して2600ccOHVエンジンを搭載した。

4月　〔自動車〕ベレット1600GTを発表　いすゞ自動車がスポーツタイプの小型乗用車ベレット1600GTを発表した。クーペスタイルで、ツインキャブ1600cc88馬力エンジンを搭載。日本車として初めてGT（グランツーリスモ）を名乗り、最高時速180キロと圧倒的な運動性能を誇った。11月に発売され、マニアなどの人気を集めた。

5.7　〔鉄道〕国鉄基本問題調査会発足　国鉄の第3次6カ年計画や資金調達を調査・審議するための機関として日本国有鉄道基本問題懇親会が政府内に設置された。総理府総務副長官を座長とし、経済企画、大蔵、農林、通産、運輸、建設各事務次官と国鉄副総裁をメンバーとし、学識経験者15人を招いて意見交換を行う。

5.10　〔船舶〕青函連絡船「津軽丸」就航　青函航路に津軽丸が就航した。青函連絡船で最初の自動化船。青森―函館間を3時間50分で結び「海の新幹線」と呼ばれた。

5.11　〔鉄道〕柳ヶ瀬線　北陸本線新疋田―敦賀間の複線化で柳ヶ瀬線木ノ本―敦賀間が営業廃止。

5.15　〔航空〕日航、ボーイング727を6機発注　日本航空がボーイング727型6機を発注。

5.15-26　〔航空〕日ソ定期航空路開設交渉　日ソ定期航空路開設については、日本は東京・モスクワ間相互乗入れを主張。ソ連のシベリア上空閉鎖を受け、63年10月24日、「日航がソ連機を乗員付きでチャーターし、日航のマークをつけて就航」する暫定協定を提案。64年5月15～26日に来日したミコヤン副首相は暫定案について、「日航とアエロ・フロートが」「両社のマークをつけて」と修正し、日本もこれに同意した。しかし1年後のシベリア上空の解放の条件にソ連側が難色を示し、交渉は休会。

5.19　〔鉄道〕根岸線　根岸線桜木町―磯子間が延伸開業。横浜―桜木町―磯子を根岸線とする。

5.25　〔航空〕全日空のボーイング727、東京―札幌線に就航　全日本空輸がボーイング社からリースしたボーイング727（N68650）が、東京―札幌線で就航開始。

5.28　〔鉄道〕国鉄第3次長期計画　国鉄は第2次計画を打ち切り、65～71年を対象とした第3次輸送力増強長期計画を発表した。全国の主要幹線、準幹線を複線化・電化して輸送力増強を図るとともに、大都市周辺の通勤ラッシュの緩和に重点を置く。総投資額は2兆9000億円で、第2次計画を倍以上上回り、国鉄始まって以来最大規模。うち1兆2500億円を主な幹線の複線化に、5200億円を東京周辺の通勤対策へあて、東京外環、湾岸の貨物線の敷設、中央・総武線の複々線化などを図る。

5月　〔鉄道〕国鉄103系電車　山手線に103系電車が導入される。駅間距離の短い線区向けに開発された直流通勤用電車。これ以後国鉄における通勤用標準車両として量

産された。

5月　〔自動車〕第2回日本グランプリ　第2回日本グランプリ自動車レース大会が鈴鹿サーキットで開催された。JAF主催による初の国際レースで、メーカー各社がレースチームを編成して本格的に参戦。全9レースが行われ、メインのフォーミュラレースでナイトのブラバムが優勝した他、GT2レースでポルシェ904に挑んで2位となったスカイライン2000GTが人気を集めた。

6.1　〔航空〕大阪国際空港にジェット機乗入れ　大阪国際空港のジェット機乗入れが許可され、タイ航空のカラベルが到着した。

6.1　〔航空〕日本国内航空のコンベア240就航開始　日本国内航空のコンベア240が大阪―富山―新潟―秋田―函館―札幌線に就航。

6.22　〔航空〕第2次日米航空交渉開始　第2次日米航空協定改定交渉が開始されるが、不成功に終わる。

6月　〔航空〕日航のコンベアCV-880、大阪国際空港に就航開始　日本航空のコンベアCV-880が大阪国際空港に就航を開始。周辺住民の騒音問題への関心が高まる。

6月　〔自動車〕三菱重工業を設立　三菱重工業が設立された。財閥解体により設立された三菱日本重工業・新三菱重工業・西日本重工業の3社が合併したもので、資本金は791億円余、在籍人員は8万3000人強。自動車関係の製作所は5つを数え、競争力強化のために各製作所の役割分担が明確化された。

7.7　〔鉄道〕東海道新幹線の名称が決定　東海道新幹線の列車名を特急は「こだま」、超特急は「ひかり」と命名。

7.25　〔鉄道〕山陽本線　山陽本線広島―小郡間で電気運転が開始された。

7月　〔航空〕エア・アメリカ社、琉球列島内航空事業開始　米エア・アメリカ社に事業許可がなされ、C-46型機とビーチクラフト機で琉球列島内航空事業を開始。

8.6　〔航空〕日米航空交渉一時休会　ニューヨーク乗入れ及び以遠への権利取得へ向け、日本は1961年協定付表の改定交渉を行ったが、日本側の中部太平洋経由ニューヨーク及び以遠乗入れをアメリカが拒否して休会。日本は64年5月16日再度交渉を申し入れ、6月22日に実現したが、交渉は再び難航、8月6日また一時休会となった。

8.12　〔船舶〕青函連絡船「八甲田丸」就航　青森―函館間航路に新造第2船八甲田丸（8,313トン）が就航。

8.23　〔鉄道〕中央本線　中央本線甲府―上諏訪間で電気運転が開始される。

8.25　〔航空〕YS-11に型式証明交付　YS-11が運輸省の型式証明を取得し、航空工業界の総力を結集した開発作業が完結。1965年9月7日、FAAの型式証明取得。

8.29　〔地下鉄〕営団地下鉄日比谷線　帝都高速度交通営団日比谷線北千住―中目黒間が全線開通。

9.1　〔行政・法令〕道路交通法大改正　ジュネーブ条約への加盟に伴い道路交通法の大改正が行われた。国際運転免許証制度や優先道路の導入、通行区分の改定などが行われた。また、追越のために道路中央をあけておくキープレフトの原則がすべて

の道路に適用されることとなった。

9.4 〔バス〕バス各社、名神高速バスの免許を得る 日本最初の高速道路である名神高速道路の完成に伴い、国鉄バス、日本高速、日急バスの3社にハイウェイバス免許が交付された。

9.9 〔航空〕YS-11、東京オリンピックの聖火輸送 東京オリンピックの聖火リレーのため、全日本空輸がYS-11で那覇―札幌間特別飛行を実施。

9.14 〔航空〕総合政策研究会、「ゆきづまる東京国際空港」を発表 総合政策研究会が「ゆきづまる東京国際空港―新国際空港の建設を急げ」と題する提言を発表。

9.17 〔鉄道〕東京モノレール開業 東京オリンピックの開催を控え東京国際空港(羽田空港)からの旅客輸送に対応するため、浜松町―羽田間を直結する東京モノレールが建設された。開会式目前のこの日に開業。運賃は片道250円だった。

9.26 〔自動車〕第11回東京モーターショー 第11回東京モーターショーが東京・晴海の国際貿易センターで開幕した。イベント名が全日本自動車ショウから変更され、会期は10月9日まで。274社が参加し、展示車両は598台。グランプリレースの影響などでスポーティな車が増え、エンジン出力や最高速度への関心が高まった。入場者数は116万1000人だった。

9.28 〔鉄道〕東北本線 東北本線安達―松川間の複線化が完成。

9月 〔自動車〕トヨペット・コロナRT40型を発売 トヨタ自動車工業の乗用車トヨペット・コロナRT40型が発売された。海外市場に通用する高性能車を目指して開発されたもので、トラブルが続出した旧モデルの反省から堅実な機構を採用。1500cc2R型エンジンを搭載し、デザインは欧米で学んだ同社デザイナーが担当した。排気量・車両寸法ともブルーバードを上回るが価格差はほとんど無く、ブルーバードを凌ぐ販売実績を挙げた。

10.1 〔航空〕日航のコンベア880、東京―大阪―福岡線に就航 日本航空のコンベア880が東京―大阪―福岡線に就航開始。

10.1 〔鉄道〕国鉄ダイヤ改正 東海道新幹線東京―新大阪間開業に伴うダイヤ改正が実施された。東海道本線の昼行特急列車は全廃、急行列車も大幅に削減された。また、新幹線開業と同時に山陽本線全線の電化が完了し、「つばめ」「しおじ」など5本の特急と2本の急行が新設された。

10.1 〔鉄道〕東海道新幹線開業 1959年4月20日に起工した東海道新幹線は、64年7月25日に全線が完成、テスト走行を経てこの日開業した。路盤が固まっていない部分があったことから徐行運転を行う。このため、当初「ひかり」東京・新大阪間の所要時間は3時間の予定であったが4時間で運行した。「こだま」の所要時間は5時間。

10.1 〔行政・法令〕新幹線安全法 最高時速210キロで走る新幹線は置き石などのいたずらが大事故になる恐れがあるとして、「東海道新幹線鉄道における列車運行の安全を妨げる行為の処罰に関する特例法」が施行された。列車運行の安全を確保する設備を壊したりした場合は5年以下の懲役または5万円以下の罰金、線路内に立ち入っただけでも1年以下の懲役もしくは5万円以下の罰金。

10.31 〔船舶〕関門連絡船が廃止 関門航路下関―門司港間で運航が廃止された。関門鉄道

トンネル開通の影響と、民間航路への旅客移行が進んで需要が減少したため。

10月 〔航空〕大阪国際空港騒音対策協議会発足 大阪国際空港騒音対策協議会が発足し、夜間飛行の禁止、テレビ受信料減免、騒音補償制度立法化要求などを提出。東京と同様の措置が講じられた。

10月 〔自動車〕ファミリアセダンを発売 東洋工業の小型乗用車ファミリアセダンが発売された。先進的なオールアルミ製の直列4気筒782ccエンジンを搭載し、これに先立つ4月にはファミリアワゴンが発売されていた。コンパクトで高性能なファミリーカーとして人気を博し、後に2ドアセダンや1000ccクーペなどが発売された。

11.23 〔鉄道〕作業員が新幹線にはねられる 静岡県磐田市西貝さきの東海道新幹線下り路線で、10人の作業員が路床の突き固め作業中に、静岡発新大阪行き下り「こだま」207号にはねられ、5人が即死、1人が重傷、4人が軽傷。見張り員が列車の進行を見逃したもの。

12.1 〔航空〕帯広空港開港 帯広空港が開港した。

12.23 〔地下鉄〕営団地下鉄東西線が開業 帝都高速度交通営団東西線が高田馬場―九段下間で営業を開始した。

12.29 〔航空〕全日空、YS-11を3機発注 全日本空輸が日本航空機製造のYS-11を3機発注。航空会社初の発注となる。

この年 〔航空〕近距離航空研究会が発足 近距離航空研究会が発足した。1977年、研究対象をゼネラル航空の全分野に拡大し、ゼネラル航空研究会と改称した。なお、ゼネラル航空とは軍用航空・定期航空・チャーター航空を除く全ての民間航空の総称である。

この年 〔航空〕航空産業概況 観光渡航の自由化など解放体制に入ったことを受け、太平洋便の増便など既設路線の強化と、海外販売網の充実に主力が注がれ、各国との航空交渉も活発化した。国内線では幹線のジェット化、ローカル線の大型化が進み、戦後初の国産中型機YS-11も登場した。国際線の旅客需要は順調だが、国内線は東海道新幹線とのシェア争いが注目された。

この年 〔航空〕国内線は新幹線にシェア奪われる 切符のカード化、電子予約装置の設置などの合理化と旅客サービスの向上を図り、1964年度の実績では国内の旅客需要は幹線で前年度比12%増、ローカル線で34%増。しかし下半期は東海道新幹線の開通で旅客需要が停滞、ジェット機の投入や運行ダイヤ調整などの対抗策を講じたが前年同期を下回る実績にとどまった。

この年 〔航空〕神町空港供用開始 神町空港が供用開始。翌1965年、山形空港に名称変更。

この年 〔航空〕大阪国際空港、拡張整備事業開始 大型ジェット機の就航、1970年開催の大阪万国博覧会による需要増大に対処するため、大阪国際空港の大規模拡張整備事業が開始される。1970年完成を目途に、A滑走路(1,820m)に平行するB滑走路(3,000m)の建設、エプロン増設、ターミナル地区・整備地区・航空保安施設の整備などが行われた。

この年 〔鉄道〕国鉄の電化・複線化事業 1964年度は第2次5カ年計画の最終年度に当たり、複線・電化工事には75億円を投資、東北本線、中央本線、北陸本線、上越線など

この年	〔鉄道〕蒸気機関車生産ゼロ 国鉄の整備計画を支えに、1964年度の車両生産数は前年度比25％増。電車、電気機関車の増加に対し、蒸気機関車は初めて生産ゼロを記録した。
この年	〔鉄道〕中小私鉄の路線廃止 熊延鉄道、尾道鉄道の全線など地方の中小私鉄の赤字路線、鉄道14件、軌道9件が廃止された。沿線人口の減少、バス路線の進出、施設の老朽化などが赤字化の原因として挙げられる。
この年	〔鉄道〕鉄道建設公団の工事 鉄道建設公団はこの年、能登線石川県穴水・蛸島間全線と、根岸線横浜市桜木町・大船間、美幸線北海道美深町・枝幸町の一部を建設、国鉄に貸与した。1965年度からは総額7800億円の10カ年計画で、全国に65の新線を建設する。
この年	〔バス〕各地でバス営業開始 九州国際観光バス、琉球バスが営業を開始した。
この年	〔自動車〕自動車業界中国進出 この頃から、自動車業界の対共産圏、特に中国向け輸出の動きが注目された。トヨタが5月に来日した中日貿易促進委員会主席と会談したのを始め、いすゞ、プリンス、日野、ダイハツ各社が中国市場の検討を始めた。
この年	〔自動車〕乗用車業界の動き 自動車業界は輸入自由化にむけ、量産大勢を整えるべく大規模な設備投資を実施する一方、国際価格にあわせて1964年秋、一斉値下げを行った。しかし外車の日本進出も具体化し、値下がり傾向が続いた。また、国内需要の大幅な伸びや輸出車としても成長する余地があるとして、64年はじめ頃から1000～1500ccクラスの乗用車生産に重点を置くようになった。
この年	〔自転車〕日本初の乗用車用ラジアルタイヤ ブリヂストンタイヤが日本で初めて乗用車用のラジアルタイヤを開発する。
この年	〔船舶〕渡し舟廃止 佃大橋の完成により、江戸時代から続いた佃島の渡し舟が廃止された。渡し舟は朝6時から夜10時まで、1日64回往復していた。

1965年
(昭和40年)

1.20	〔航空〕日航、ジャルパックの発売開始 日本航空がパッケージツアー「ジャルパック」の発売を開始。海外旅行の大衆化が始まる。
2.1	〔航空〕全日空、中日本航空の定期部門を吸収 政府方針により、全日本空輸が中日本航空の定期路線部門を吸収。
2.14	〔航空〕全日空貨物機が遭難 午前3時50分、貨物を積載し伊丹空港を離陸した全日空のDC-3型機が、午前4時25分に愛知県知多半島の河和レンジ上空通過後に消息を絶った。1年10ヶ月後の1966年12月29日に南アルプス中ノ尾根山山頂付近で機

1965年（昭和40年）

体の残骸と乗員2名の遺体が発見された。

2.16　〔航空〕日本空港動力設立　日本航空、全日本空輸を中心に、東亜国内航空の協力を得て運輸省航空局の指導で日本空港動力株式会社設立。航空機用諸動力の供給と空港内諸施設の保守管理を行なう。

2.16　〔バス〕都営バスがワンマンカー導入　都営バスがワンマンカーの運転を開始した。

2.19　〔航空〕MU-2A、型式証明取得　三菱重工業のMU-2Aが型式証明を取得。

2月　〔自動車〕スカイライン2000GT-Bを発売　プリンス自動車工業の乗用車スカイライン2000GT-Bが発売された。1964年の第2回日本グランプリで活躍したスカイラインGTをベースにした高性能セダンで、直列6気筒2000cc125馬力エンジンを搭載。少量生産車ながら人気を博し、9月には扱いやすい105馬力エンジンを搭載したGT-Aが発売された。

3.1　〔航空〕日本国内航空、東京—福岡、東京—札幌線の運航開始　日本国内航空がコンベア880で東京—福岡、東京—札幌線の運航を開始。幹線乗入れは3社となる。

3.8　〔航空〕日本国内航空、YS-11チャーター契約に調印　日本国内航空が日本航空機製造からのYS-11チャーター契約に調印。

3.30　〔航空〕YS-11量産初号機納入　日本航空機製造がYS-11を航空自衛隊に2機、運輸省に1機引き渡す。

4.1　〔航空〕日本国内航空のYS-11、定期便就航開始　日本国内航空のYS-11が東京—徳島—高知線に就航。国産機の定期便が初めて就航した。

4.10　〔航空〕日航のジャルパック第1便が出発　日本航空のジャルパック第1便が出発。ヨーロッパ主要都市をめぐる16日間のツアーに26人が参加。この年のジャルパック年間総取り扱い旅客数は2,192人。

4月　〔航空〕全日空自社購入のボーイング727、東京—札幌線に就航　同年3月より全日本空輸が自社購入したボーイング727の引渡しが開始され、4月から東京—札幌線に就航。10月からは東京—大阪線を全便ボーイング727で運航した。

4月　〔自動車〕トヨタスポーツ800を発売　トヨタ自動車工業初のスポーツカーであるトヨタスポーツ800が発売された。パブリカをベースにエンジンを800cc45馬力にチューンアップしたライトウェイトスポーツカーで、良好な走行性能と秀逸なデザインで若者を中心に圧倒的な人気を集めた。

5.20　〔鉄道〕新幹線自由席特急券発売開始　新幹線に自由席が設置され、新幹線自由席特急券の発売が開始された。

5.20　〔鉄道〕中央本線　中央本線新宿—松本間の電化が完了。辰野—塩尻間および篠ノ井線塩尻—南松本間で電気運転が開始された。

5月　〔航空〕福岡地区管制所、福岡航空保安事務所福岡管制所に組織変更　板付RAPCON内に設置されていた福岡地区管制所が、福岡航空保安事務所福岡管制所に組織変更。

5月　〔自動車〕日産・プリンス合併　5月末、自動車大手の日産とプリンスが、1941年末までをめどとする合併覚え書きに調印した。金融系列を超えた最大の合併となる。

— 180 —

6.2	〔航空〕	新東京国際空港公団法制定 新東京国際空港公団法制定（1966年7月7日施行）。空港建設地決定が難航していたため、公団の設立日は別に政令で定めるものとする。
6.18	〔航空〕	総合政策研究会、「航空の国際収支に関する提言」を発表 総合政策研究会が「航空の国際収支に関する提言」を発表。
6.30	〔船舶〕	青函連絡船「摩周丸」就航 青函航路に新造船摩周丸（8,327トン）が就航。
7.1	〔鉄道〕	中央本線 新宿―松本間の電化が完成。気動車急行「第2アルプス」「第3アルプス」「第1上高地」「第2上高地」「第2白馬」が電車化された。
7月	〔道路〕	名神高速道路が全線開通 小牧IC-一宮IC開通により、名神高速道路は全線190キロが完成した。
8.1	〔航空〕	日航のボーイング727、就航開始 日本航空のボーイング727が東京―大阪―福岡線に就航開始。
8.5	〔鉄道〕	「たかやま」運転開始 名古屋鉄道神宮前―高山間に準急気動車「たかやま」が運行開始される。
8.8	〔航空〕	札幌航空交通管制所、運用開始 三沢地区を統合し、札幌航空交通管制所が運用を開始。
8.12	〔航空〕	国産軽飛行機FA-200、初飛行に成功 富士重工業の国産軽飛行機FA-200（4座単発機）1号機が宇都宮飛行場で初飛行に成功。愛称「エアロスバル」。軽量化、低価格化に設計上の苦心をはらい、安定操縦性に優れたレジャー、スポーツ用機。1966年3月型式証明取得。アメリカのビーチ、セスナ、パイパーのビッグ3による寡占に挑み、量産に成功。1978年末までに約170機の輸出を含む293機を生産した。シリーズとしてFA-200-160と180、180AOがある。
8.17	〔自動車〕	完成乗用車を自由化 通産省は完成自動車の自由化を10月1日から実施と決定した。日本の自動車産業に競争力がついたとし、自由化しても完成車については影響がないと判断したもの。エンジンなど主要部品の自由化は見送った。
8月	〔自動車〕	トヨタ2000GTが完成 トヨタ自動車工業のトヨタ2000GTが完成した。ヤマハ発動機との提携によりGTタイプのレーシングカーとして開発され、DOHCエンジン・四輪独立懸架・四輪ディスクブレーキなどの高度なメカニズムを搭載。レース用に少数が生産されたに留まり、100台以上の生産というGTカーの公認条件を満たせず、日本グランプリでは純レーシングカーと同じカテゴリーのレースに出場して惨敗。しかし、純レーシングカーが出場しない耐久レースでは圧倒的な強さをみせつけた。
9.1	〔行政・法令〕	道路交通法改正 改正道路交通法施行。高速道路における自動二輪車のヘルメット着用と2人乗り禁止が規定された。
9.18	〔航空〕	MU-2B、型式証明取得 三菱重工業のMU-2Bが型式証明を取得。
9.20	〔航空〕	全日空のYS-11「オリンピア」初就航 全日本空輸のYS-11「オリンピア」が大阪―高知、大阪―松山線に初就航。
9.24	〔鉄道〕	みどりの窓口 10月1日の国鉄ダイヤ大改正を前に、全国の主要駅152152駅と交通公社83営業所に「みどりの窓口」が開設された。窓口にはMARSシステム

が配置され、座席予約業務を請け負った。

9.30 〔鉄道〕北陸本線 北陸本線泊―糸魚川間で電気運転が開始された。

10.1 〔鉄道〕国鉄ダイヤ大改正 鹿児島本線熊本、北陸本線糸魚川、東北本線盛岡の電化完了に伴いダイヤ改正が実施される。東海道新幹線「ひかり」は6往復、「こだま」は3往復増発され、東海道在来線の優等列車は更削減された。山陽本線・東北本線では特急列車「しおかぜ」「やくも」などの新設・増発が行われた。

10.29 〔自動車〕第12回東京モーターショー 第12回東京モーターショーが東京・晴海の国際貿易センターで開幕した。会期は11月11日までで、243社が参加し、展示車両は642台。乗用車輸入自由化直後の開催で、海外の車も展示された。モータリゼーションの進展でショーへの関心も高く、入場者数は過去最高の146万5800人に達した。

10月 〔自動車〕本田技研工業がF1初優勝 本田技研工業がF1メキシコGPレースで優勝した。四輪車のF1レースでは苦戦が続いていたが、エンジン性能の影響が大きい高地レースで初勝利を得た。ドライバーはリッチー・ギンザー。

11.1 〔鉄道〕東海道新幹線スピードアップ 東海道新幹線はダイヤ改正と電車のスピードアップを実現、東京・新大阪間の所要時間をひかりは3時間10分、こだまは4時間と約1時間短縮した。また、1966年6月12日には開業以来の利用者が5000万人を突破した。

11.24 〔航空〕大阪国際空港、深夜・早朝ジェット機発着禁止 大阪国際空港で深夜・早朝（23：00～6：00）のジェット機発着を禁止。

12.28 〔航空〕日米航空協定改定交渉調印 第3次日米航空交渉で合意成立。翌年11月より日本航空のニューヨーク経由世界一周線が可能となる。

この年 〔航空〕航空業界再編 日本国内航空が極度の経営難に陥り、再編成の問題が持ち上がった。中村運輸大臣は1965年10月、航空審議会に「我が国航空事業の在り方」を諮問。国際線1社、国内線2社で運営するものとし、日航は国際線本意に運営し、国内航空を支援するとともに一体化を進めるなどの答申が年末に提出されたが、航空会社の思惑の違いもあってまとまらなかった。中村運輸大臣は石坂泰三経団連会長に斡旋を依頼、翌6月24日、日航と国内航空の両社が、国内航空の幹線運営の日航への委任と、71年4月までの合併を内容とする覚え書を交換して決着した。

この年 〔航空〕国内の空港整備すすむ 東京国際空港は総事業費55億円で第2期整備計画を開始、この年は8億80万円でエプロン工事、照明施設整備などを行った。大阪国際空港は現在の滑走路に平行して3000メートルの滑走路を新設する計画で、この年は33億9400万円で基礎工事と用地買収を進めている。また、発着回数の増加と大型機の発着に対応するため、鹿児島空港が64年から、函館、広島、松山、熊本、仙台の各空港が65年から滑走路の延長工事を開始。その他、中標津、三宅島、松本、壱岐の空港が完成した。

この年 〔航空〕新東京国際空港進展せず 新東京国際空港の建設候補地について、運輸、建設、農林、大蔵、防衛、外務、自治の各相からなる関係閣僚会議は、航空審議会答申が候補地として挙げた千葉県富里町、茨城県霞ヶ浦、不適当とした千葉県浦安

沖の他、羽田空港拡張、木更津沖、東京湾や浜名湖・琵琶湖の埋立て案なども検討したが、結局答申通り富里、霞ヶ浦の2地区にしぼられた。しかし富里は1500戸以上の立退き、霞ヶ浦は百里基地との調整が問題となり、結局結論は出なかった。

この年　〔航空〕全日空事業概況　新路線の開発が活発で、東京と岡山・高松・松山・高知・三宅島などを結ぶ9路線を開設、全部で39路線となった。輸送実績は旅客260万1871人で前年比18％増、純利益は1億1235万となった。また、66年7月には新たに仙台・札幌、東京・福井、東京・宇部間の3路線を開設。

この年　〔航空〕日航国際線概況　ジャルパックがヒットして、1965年度の輸送旅客数は前年度39％増の46万2000人となった。運行の主力はDC-8型機14機で、1966年4月には北回りヨーロッパ線にアムステルダム経由便を開設。6月にはボーイング747型機3機の購入を決め、契約を取り交わした。

この年　〔鉄道〕国鉄第3次長期計画　計画初年度となる1965年度は3220億円の工事を実施した。東北本線、北陸本線、鹿児島線など380キロを電化、電化率を20.4％としたほか、御殿場線、両毛線などのローカル線の電化も始まった。複線化は東北本線、上越線など10線区298キロで実施した。また、安全対策としては66年3月までに自動列車停止装置を全線に設置。その他注目される事項としては、66年4月28日に中央線と地下鉄東西線が相互乗入れを開始したことが挙げられる。

この年　〔鉄道〕在来線における国鉄の技術革新　在来線では時速100キロ以上の高速ボギー貨車、レールそのものがモーターの回転子になるリニアモーターカーの試作、列車間隔自動制御装置、ダイヤ自動記録装置、自動改札などの開発が進められている。また、1963年の鶴見事故の教訓から、信号機と連動する列車脱線検知装置が65年8月までに東海道線鶴見・横浜間など22カ所に設置された。

この年　〔鉄道〕新幹線における国鉄の技術革新　新幹線の列車集中制御装置CTCは、路線内の全列車の現在位置を示す表示板と、全部の駅の転轍機、信号機を遠隔操作する制御盤からなり、これまで運転指令員と駅との間で有線電話と列車運行表をたよりに行われてきた運転指令を、指令員一人でできる仕組み。また制限速度を超えると自動的にブレーキが作用するATC、高速運転による横揺れを防ぐダイヤフラム式のバネなどが採用されている。

この年　〔鉄道〕新幹線の営業順調　前年10月1日に営業を開始した東海道新幹線は開業当初から車両・架線事故が続出、また梅雨に入ると路盤沈下や築堤の崩壊が相次いだ。6月27日には集中豪雨で始発から上下線37本が運休、ダイヤは終日混乱した。しかし1日の平均乗降客数は6万人と営業成績は好調。

この年　〔鉄道〕日本鉄道建設公団の事業　北海道の美幸、白糠、辺富内の各線と、秋田、岩手の生橋線、石川の能登線、福岡の樺原線、神奈川の根岸線などが完成した。

この年　〔バス〕各地でバス営業開始　関東鉄道、立山黒部観光バス、四国急行バス、西谷自動車がバス営業を開始した。

この年　〔自転車〕ミニサイクルが登場　軽快車の車輪を小型化し改良したミニサイクルが登場。従来自転車に馴染みの薄かった主婦層を中心にヒットし、1960年代後半から1970年代前半にかけて快調な売れ行きを見せた。

この年　〔船舶〕21次計画造船　当初の150万総トンから180万総トンに増加、計画造船とし

てはこれまでにない規模となった。政府は7月、当初予算の561億円に280億円を追加することを決定。

この年 〔船舶〕外航船舶の建設計画 1964年度の邦船の積み取り比率は輸入44.5%、輸出50.8%と、輸送力不足から海運国際収支の赤字が拡大。政府は1月、64～68年度中に743万総トンの外航船舶を建造し、邦船の積み取り比率を輸入55%、輸出63%まで引上げることを目標とした。計画造船は64年度121万総トン、65年度150万総トン、66年度177万総トンの計画とした。

この年 〔船舶〕造船に関するOECD特別作業部会 日本の造船業に脅威を感じたOECDは、理事会直属機関として造船の各国協調問題を検討する特別作業部会を設けた。6月の検討会では日本に対する規制を意図とした協調案が議論されたが、7月の作業部会では各国造船業の強調のあり方について新しい協調機構を設けることとした。

この年 〔道路〕国道の整備状況 4月1日、従来の1級国道と2級国道が統合され一般国道となった。このうち旧1級国道は1891億円で951キロが改良され改良率87%、1522キロが舗装されて舗装率79%となった。旧一級国道の整備がある程度進んだことから、この年以降は旧2級国道の整備が進むこととなる。

1966年
(昭和41年)

1.19 〔航空〕名古屋空港と名瀬空港、国際空港に指定 名古屋空港、名瀬空港が国際空港に指定される。

1.20 〔鉄道〕私鉄の運賃値上げ 大手私鉄14社と帝都高速度交通営団が平均20.2%の運賃値上げを実施した。都市人口増加に伴い、混雑緩和のための輸送力強化、安全保守のための設備投資や工事が進むにつれ、減価償却費、人件費が経営を圧迫しはじめたため。

1.21 〔航空〕日ソ航空協定調印 1965年10月から翌年1月の日ソ航空交渉で、シベリア経由首都相互乗り入れと以遠権を認め合うことで合意。1月21日、モスクワで日ソ航空協定調印(1967年3月3日発効)。日本航空のシベリア経由東京—欧州間最短路線運航の道が開かれる。

2.1 〔自動車〕LPGにも課税開始 道路整備事業はガソリン税などを主な財源としてきた。ここ数年タクシーなどがコスト低減のため無税のLPG(液化石油ガス)を使用する場合が多くなったことなどから税収が伸び悩み、政府は1965年12月に石油ガス税法を制定、自動車燃料として使用するLPGについては課税対象とし、税収の半分は国、半分は都道府県の道路整備財源に充てることになった。税率はキロ17.5円だが、暫定措置として3年かけ、3段階に分けて実施する。

2.4 〔航空〕全日空羽田沖墜落事故 乗員乗客133人を乗せ午後6時5分に千歳空港を発った羽田行全日空ボーイング727型ジェット旅客機が、7時1分に千葉上空を過ぎ、有視界飛行に移る報告を最後に消息を絶った。付近を飛行中の日航機や、東京湾航

日本交通史事典　　　　　　　　　　　　　　　　　　　　　　　　1966年（昭和41年）

　　　　行中の船舶から「火の玉のようなものが落下するのを見た」との報告が相次ぎ、
　　　　海上保安庁、全日空本社が捜索の結果、羽田の東南東14キロの東京湾にバラバラ
　　　　になった機体が沈んでいるのを発見。乗員乗客133名全員が死亡した。1機あたり
　　　　の犠牲者は当時の航空史上最大。政府は2月5日に調査団を設置、復元テストなど
　　　　の結果をふまえ、3月31日に事故は人為的ミスによるものとの公式見解を発表
　　　　した。
3.1　〔船舶〕宇高連絡船「伊予丸」就航　宇高航路に伊予丸（3,083トン）就航。
3.2　〔航空〕FA-200、型式証明取得　運輸省航空局が富士重工業のFA-200に型式証明を
　　　　交付。
3.2　〔航空〕名古屋空港国際線第1便が出発　名古屋空港国際線第1便、日本航空の台北行
　　　　き特別便が出発。
3.4　〔航空〕カナダ太平洋航空機墜落事故　3月4日午後8時15分頃、乗客乗員72人を乗せ
　　　　東京・羽田国際空港のC滑走路に着陸しようとしたカナダ太平洋航空402便DC-8
　　　　型ジェット旅客機が濃霧のため着陸に失敗、滑走路南端の防潮堤に激突・炎上し
　　　　た。主翼から飛び散った燃料をかぶる、機体から滑走路に投げ出されるなどして
　　　　64人が死亡した。機長の高度誤認が原因とされた。
3.5　〔航空〕英国海外航空機空中分解事故　午後2時10分頃、富士山1合目太郎坊付近のク
　　　　ヌギ林にイギリス海外航空会社のボーイング707型旅客機が墜落・炎上し、乗員
　　　　乗客124人全員が死亡した。同機は、4日午後羽田空港着の予定だったが濃霧のた
　　　　め6時に福岡に着陸、一晩待機した後5日午後0時44分に羽田に到着、機体の整備
　　　　をせず1時58分に香港に向け離陸した。当初計器飛行計画を提出していたが、出
　　　　発直前に有視界飛行に切り替えて許可を得、通常の飛行コースでは通らない富士
　　　　山・小牧経由のコースをとっていた。7月5日、運輸省の事故調査団は乱気流によ
　　　　る空中分解との結論を出した。
3.5　〔鉄道〕国鉄運賃値上げ　国鉄は、1965年から実施している第3次長期計画の資金を
　　　　賄うため、10月25日、運賃改定を中村運輸大臣に申請、11月26日に日本国有鉄道
　　　　運賃法改正法案として国会に提出された。66年3月4日に参院で可決され、翌日か
　　　　ら旅客21.3％、貨物12.3％の値上げが実施された。
3.7　〔航空〕カナダ太平洋航空機と英国海外航空機の事故技術調査団設置　2日連続で発
　　　　生した大事故で日本の空港施設や航空交通管制に対し外国から疑念が寄せられ、
　　　　運輸省がカナダ太平洋航空機と英国海外航空機の事故原因究明のため「事故技術
　　　　調査団」を設置。団長は守屋富次郎東大名誉教授。
3月　〔航空〕福岡管制所、新庁舎に移転　米軍基地に同居していた福岡航空保安事務所福
　　　　岡管制所が、福岡市奈多に新築された庁舎に移転。
4.1　〔鉄道〕東京急行電鉄田園都市線　東京急行電鉄田園都市線溝ノ口―長津田間が開業。
4.20　〔鉄道〕自動列車制御装置（ATS）　1962年の三河島事故をきっかけに国鉄では自動
　　　　列車制御装置（ATS）の導入が進められてきたが、この日全線において設置が完了
　　　　した。以後、国鉄の全列車がATSによる運転となる。ATSは列車が信号機の指示
　　　　を無視して進行しようとした時に警告を与えたり、非常ブレーキを自動的に動作
　　　　させたりして事故を防ぐ装置。

－ 185 －

1966年（昭和41年）

4.27	〔航空〕鹿児島交通、東北産業航空、北海道航空に航空機使用事業・不定期航空事業免許　鹿児島交通、東北産業航空、北海道航空の3社に航空機使用事業・不定期航空事業を免許。
4.28	〔鉄道〕中央本線　中央本線中野—荻窪間の高架化が完了。これに伴い中央本線荻窪—営団東西線竹橋間の直通運転が開始された。
4月	〔自動車〕ダットサンサニーを発売　日産自動車の小型乗用車ダットサンサニーが発売された。1000cc56馬力ハイカムシャフトOHVエンジンを搭載した2ドアセダンで、モータリゼーションの急速な進展に伴い安価な大衆車として開発された。年内に月間販売台数1万台を突破するなど好評な売れ行きを示し、自動車の大衆化を印象付けた。
5.14	〔鉄道〕中央本線　中央本線瑞浪—名古屋間で電気運転が開始された。
5.20	〔航空〕3航空交通管制部制発足　運輸省設置法改正により、札幌・東京・福岡の3航空交通管制部制が発足した。
5.30	〔航空〕北海道航空設立　4月27日に航空機使用事業・不定期航空事業の免許を受け、北海道唯一の航空会社として北海道航空株式会社設立。産業航空分野で業績をあげ、1972年より測量部門にも進出。1979年東急傘下より離れ、東日本フェリーグループに参加。
6.16	〔航空〕日航、ボーイング747を仮発注　日本航空がボーイング747を3機仮発注（9月22日正式契約）。
6.16	〔航空〕琉球民政府、日航と全日空に航空路開設協力を申し入れ　琉球民政府が日本航空と全日本空輸に沖縄本島、宮古島、石垣島間航空路開設協力を申し入れる。
6.22	〔航空〕日航、琉球諸島内航空路の引受けを回答　日本航空が琉球諸島内航空路の引受けを回答。
6.23	〔航空〕航空政策研究会発足、「航空機乗員養成への提言」を発表　総合政策研究会（会長・有沢広巳）の研究・提言を基礎に、姉妹団体として航空政策研究会（会長・木村秀政）が発足。「航空機乗員養成への提言—パイロット養成センターの新設をはかれ」を発表。学識経験者を中心とする中立的民間団体として、民間航空の進歩と航空政策確立のため活動する。
7.1	〔航空〕日本国内航空、幹線運航権を日航に委託　同年春の連続航空機事故を契機に航空界再編成が急速化し、政府指導のもと日本航空との合併を前提に日本国内航空が幹線運航権を同社に委託。
7.4	〔航空〕新東京国際空港建設地が三里塚に決定　1965年11月、候補地の一つ茨城県霞ヶ浦は地質調査の結果不適当と判明し、政府は18日千葉県富里地区を内定し発表した。しかし富里地区は農業地区であり、建設には1500戸の農家が立退かなければならず、地元を中心に猛烈な反対運動が起こった。また友納千葉県知事も内陸空港のデメリットが大きいことを理由に運輸相に再検討を要請、正式決定はできないまま年を越えた。66年6月22日、佐藤首相と友納千葉県知事が話合い、空港面積を予定の半分以下に縮小、敷地を三里塚御料牧場を中心とすることに改めて決着し、7月4日、正式に決定した。翌7月5日、「新東京国際空港の位置を定める政令」が公布施行される。

7.11　〔航空〕大阪ハイドラント設立　大阪国際空港内に航空給油設備を施設し、石油製品の貯蔵・保管・管理・給油事業を行うことを目的に、大阪ハイドラント株式会社設立。主要株主はマイナミ貿易、日本航空、全日本空輸、東亜国内航空など。

7.15　〔航空〕関西国際空港ビルディング設立　大阪国際空港整備計画の一環としてターミナルビルなど諸施設の建設が望まれ、大阪市、大阪府、兵庫県、神戸市と関西財界を基盤として関西国際空港ビルディング株式会社が発足。同年11月よりターミナルビルなど諸施設の建設に当たり、1967年4月外国貨物ビル、1968年12月国内貨物ビル、1969年2月ターミナルビルの供用を開始した。2005年7月、大阪国際空港ターミナル株式会社に改称。

7.25　〔道路〕国土縦貫自動車道整備計画　東北・中央・中国・九州・北陸の5縦貫自動車道のうち1540キロについて1965年10月に基本計画が決定、このうち1010キロに関する整備計画が、国土開発縦貫自動車道建設審議会で承認された。瀬戸山建設相は道路公団に対し直ちに施行命令を出した。

7.30　〔航空〕新東京国際空港公団発足　7月6日に「新東京国際空港公団法の施行期日を定める政令」が制定され、同月30日新東京国際空港公団が正式に発足（成田努総裁）。

7月　〔鉄道〕物資別専用貨車登場　貨物の物資別輸送の一環として、自動車、小麦、飼料などの専用貨車による輸送が始まった。10月には九州と東京・大阪市場間を最高時速100キロで結ぶ高速鮮魚特急が運転された。下関・東京市場間を、これまでの31時間30分から18時間10分に大幅に短縮。

8.26　〔航空〕日本航空羽田空港墜落事故　東京国際空港で離陸滑走中の日本航空の訓練機コンベア880が擱座・炎上。操縦士技能試験の試験官・乗員5人が死亡した。

8.30-9.7　〔航空〕日航、ニューヨーク乗入れと世界一周線テスト飛行実施　日本航空がサンフランシスコ―ニューヨーク、更にニューヨーク―ロンドンの大西洋横断世界一周線の試験飛行を実施。

8月　〔自動車〕日産自動車とプリンス自動車工業が合併　日産自動車とプリンス自動車工業が合併した。通産省の自動車業界再編政策とプリンス自動車工業の経営不振を背景に、日産自動車が同社を吸収合併したもの。急激な組織改変は行われず、同社はプリンス事業部として存続し、プリンス自動車販売は日産プリンス自動車販売に社名変更した。

9.8　〔航空〕日航、世界一周線開設を発表　日本航空が世界一周線の開設を発表（1967年3月6日開設）。

9.30　〔鉄道〕新狩勝トンネル開通　新狩勝トンネル開通に伴い、根室本線落合―新得間の新線が営業を開始した。

9月　〔自動車〕排出ガス規制を実施　運輸省が自動車の有害排出ガスの規制を実施した。新型車の排出ガスの一酸化炭素濃度を3％以下とする内容で、既に米国カリフォルニア州などで実施されていることから輸出車は対策済みで、国内車もエンジンの改良で対応可能だった。1969年9月に2.5％以下に規制が強化された。

9月　〔オートバイ〕本田技研工業がGPメーカーチャンピオンに　本田技研工業がオートバイの1966年度世界GPロードレースの5クラス全てでメーカーチャンピオンを獲

得した。5クラス完全制覇は同レース史上初めて、しかも最終戦を待たずしての快挙達成と、圧倒的な強さを見せつけた。

10.1 〔鉄道〕日豊本線 日豊本線小倉—新田原間の交流電化が完成。

10.7 〔航空〕航空審議会、「航空保安体制を整備するため早急にとるべき具体的方策」について答申 航空審議会が諮問第12号「航空保安体制を整備するため早急にとるべき具体的方策」について運輸大臣に答申。同年発生した全日空、カナダ太平洋航空、英国海外航空の一連の航空機事故を受け、航空保安政策を樹立し早急に実施すべきであるとし、航空行政組織の拡充・整備が必須要件と指摘した。

10.20 〔鉄道〕田沢湖線 田沢湖線赤渕—田沢湖間が開業し、田沢湖線盛岡—大曲間が全線開通。橋場線・生保内線は田沢湖線に編入された。

10.24 〔航空〕三菱重工業、川崎航空機工業に航空機用エンジン製造許可 通産省が三菱重工業にアリソンT63、川崎航空機工業にライカミングT53の生産を許可。石川島播磨重工に加え、航空機用エンジンメーカー3社体制となる。

10.26 〔自動車〕第13回東京モーターショー 第13回東京モーターショーが東京・晴海の国際貿易センターで開幕した。会期は11月8日までで、245社が参加し、展示車両は732台。1000ccクラスの大衆車が多数展示され、軽自動車も増加。入場者数は150万2300人だった。

10月 〔航空〕全日空、大阪—宮崎線にボーイング727を導入 全日本空輸が大阪—宮崎線にボーイング727を導入。ローカル空港ジェット化の先鞭をつける。

10月 〔自動車〕オートバイに強制保険 交通事故の被害者を守るため、オートバイにも強制保険が実施された。

10月 〔自動車〕日野とトヨタが提携 日野自動車工業・日野自動車販売がトヨタ自動車工業・トヨタ自動車販売と業務提携した。当初トヨタ側は難色を示したが、日野側が乗用車部門から撤退することで合意が成立。日野側は中・大型のバス・トラック事業に特化し、小型トラックのブリスカはトヨタ側に移管された。

11.1 〔航空〕東京消防庁、航空隊を設置 東京消防庁が機械部管理課に航空隊を設置し、消防航空が発足。翌1967年4月、1号機シュド・アルウェットⅢ型ヘリコプター「ちどり」が運航を開始した。

11.3 〔航空〕東京国際航空宇宙ショー開催 航空自衛隊入間基地で、第1回東京国際航空宇宙ショー開催（日本航空工業会、日本航空協会、朝日新聞社共催）。アジア地区初の国際航空ショーで、11月6日までの4日間の入場者数78万人。日米が参加して入間で地上と飛行展示、航空工業館1棟で開かれ、宇宙関係は別会場で東京、北九州、大阪の巡回展示。第2回（1968年）は日、米、英、仏、ソ連が参加。第5回（1976年）～第7回（1983年）は日本航空工業会と航空振興財団の共催、第8回（1991年）以降は日本航空工業会単独で開催。

11.12 〔航空〕日航、ニューヨーク乗り入れ開始 日本航空がDC-8-55でニューヨーク線の運航開始。世界一周線最後の関門となっていたニューヨーク乗り入れが実現する。

11.13 〔航空〕全日空松山沖墜落事故 午後8時30分頃、愛媛県の松山空港で、大阪発松山行き全日空533便YS11型機が着陸に失敗、伊予灘に突っ込み、乗客乗員50人全員

が死亡した。この日は悪天候でダイヤが混乱していた。

11.30　〔鉄道〕北陸本線 北陸本線沓掛信号場―新疋田間が複線開通し、米原―富山間が複線化。

11月　〔鉄道〕私鉄もATS設置へ 1966年9月の東武伊勢崎線とバスの衝突、11月の近鉄大阪線の電車同士の信号無視による衝突など、大手私鉄に事故が続いたことを受け、運輸省は都市周辺の私鉄に対し自動列車停止装置ATSの設置を指示した。また、67年4月南海本線での電車とダンプの衝突事故を受け、危険な踏切の総点検、整備が政府の指示で行われた。

11月　〔自動車〕カローラKE10型を発売 トヨタ自動車工業の小型乗用車カローラKE10型が発売された。経済性・運動性能・乗り心地・豪華さなど、いずれかの要素に特化するのでなく、全ての面で一定水準以上を達成する「80点主義」をコンセプトに開発された大衆車で、1100cc60馬力ハイカムシャフトOHVのK型エンジンを搭載。ライバルのサニーに対する優位性を主張する「プラス100ccの余裕」キャンペーンを展開し、1968年12月には輸出車を含めて月産3万台を達成した。

12.12　〔鉄道〕特急「あずさ」 中央本線新宿―松本間に電車特急「あずさ」が新設された。同区間を3時間57分で運行。

12月　〔自動車〕いすゞ自動車と富士重工業が提携 いすゞ自動車と富士重工業が業務提携に合意した。自動車業界の競争が激化する中、生産車種の競合が少ない両社が提携することで競争力強化を目指したもの。引き続き新型車開発、部品・材料の購入などについて交渉が続けられたが、1968年5月に提携が解消された。

この年　〔航空〕旭川空港開港 旭川空港が第三種空港として開港。

この年　〔航空〕宇部空港開港 山口県営宇部空港が開港した。

この年　〔航空〕国産航空機の輸出増大 三菱重工のMU-2がアメリカに27機、日本航空機製造のYS-11は3機がアメリカに、1機がフィリピンに、1機がペルーに輸出された。66年9月にアメリカで開催されたYS-11の展示会も成功を収めた。

この年　〔航空〕成田空港反対闘争 地元に一言の説明もないまま決定された成田空港建設に対し、三里塚の農民が三里塚空港反対同盟を結成、隣の山武郡芝山町の反対同盟と連合して三里塚・芝山連合空港反対同盟を結成。1967年、成田市を訪問した大橋運輸相を阻止しようと京成成田駅駅長室に閉じ込めるなどの抵抗運動を展開した。また、少年行動隊、老人行動隊が結成され、家族ぐるみの反対運動へ発展した。しかし68年2月に三派系全学連が加わると様相が一変、2月26日の「空港反対決起集会」には約2000人が参加、中核派などが角材などで警官隊と激しく衝突し、多数の負傷者を出した。

この年　〔航空〕日航国際線運行概況 DC8型機16機、CV880型7機で23路線週79便を運航。海外セット旅行のジャルパックについで小グループの企画ジャルキットを発足させた。輸送旅客数は64万5000人で前年比39%増、貨物は1億1034万トンで52%増。

この年　〔航空〕福岡空港国際線に外国航空会社が乗り入れを開始 従来日本航空1社が就航していた福岡空港の国際線に大韓航空、キャセイ・パシフィック航空が乗り入れを開始。国際空港として新発足した。

- 189 -

この年　〔鉄道〕山陽新幹線着工決定　東海道新幹線に接続し、新大阪岡山間を結ぶ山陽新幹線は1965年8月18日に建設を申請、9月9日に認可され、66年5月31日、駅とルートが認可された。既設の新大阪駅、岡山駅間に、新神戸、西明石、姫路、相生の4駅を新設、総延長は約160キロで、うち55キロがトンネルとなる。7月1日、山陽新幹線建設部、山陽新幹線工事局が発足、総工費1700億円で71年度完成を目指す。

この年　〔バス〕バスの輸送量頭打ち　バスの輸送量は乗合が99億3800万人で前年比0.8％増、貸切1億7346万人で3.9％増、自家用は6億8237万人で29％増。順調に伸びてきていた乗合バスの輸送量の増加がここへ来て頭打ちとなり、自家用の伸びが目立つ年となった。

この年　〔自動車〕マイカー時代の幕開け　乗用車メーカー10社が相次いで800〜1000ccクラスの大衆車への進出を計画。1965年末には三菱のコルト800、鈴木のフロンテ800が発表された。66年4月、日産がサニーをスタンダード41万円と当時の価格水準を下回る価格で発売、業界に衝撃を与えた。5月、富士重がスバル1000を発売、6月には三菱がコルト800の価格を引き下げた。10月にはトヨタがカローラをスタンダード43万2000円で発売、このクラスの大衆車は値下げ競争に突入した。

この年　〔自動車〕公害問題への取組み　4月、衆議院産業公害対策特別委員会は排気ガスの規制を決議、運輸省は9月1日から排気ガス中の一酸化炭素含有量を3％以下に規制する措置をとった。これを受け、各メーカーは新車に防止装置を取り付けることになった。

この年　〔自動車〕自動車業界再編成　8月1日に日産自動車とプリンス自動車が合併、資本金、販売店数とも業界1となった。国内シェア拡大と国際競争力増強を狙う。10月にはトヨタと日野の業務提携が成立、12月には富士重工といすゞの業務提携が成立した。

この年　〔自動車〕自動車製造200万台へ　国内景気の不況に伴い、普通トラックの需要が減退、1965年度の自動車生産台数は187万6000台で前年比10.2％増にとどまった。66年に入ると普通トラックの需要が回復、1月から6月の総生産台数が107万を超え、年間総生産台数200万台突破への期待が高まった。

この年　〔自動車〕世界第2位の自動車生産国へ　1966年の自動車生産台数は228万台で、イギリスの202万台を抜き、アメリカの1036万台、西ドイツの310万台に次ぐ3位につけた。68年1〜4月累計では93万4600万台を記録、西ドイツを16万台引き離してアメリカの310万5000台に次ぐ2位となった。

この年　〔自動車〕大衆車価格競争へ　日産サニーに始まり三菱コルト、富士重工スバルに続いた1000ccクラス乗用車の低価格化は秋のトヨタカローラ登場で決定的となり、さらに軽自動車業界に及んだ。11月にダイハツ、翌年4月にはホンダが参入。特にホンダN360は31万3000円という低価格で、富士重工、三菱に値下げを強いた。ホンダは軽量二輪車でも低価格路線を展開、ヤマハ、鈴木、川崎航空機などが値下げを余儀なくされた。

この年　〔道路〕一般国道の整備状況　事業費2259億円で2529キロメートルの舗装と、1513メートルの改良が行われ、年度末で舗装率69％、改良率72％となった。

この年　〔道路〕一般有料道路の進捗状況　日本道路公団の一般有料道路は、京葉道路船橋区間の一部、名四道路、天草5橋の3路線が供用を開始、大川橋、参宮道路、越路橋

— 190 —

		の3路線は無料解放された。
この年		〔道路〕一般有料道路整備状況 道路公団は1965年度、210億円の事業費で18路線の継続事業を実施、第三京浜、京葉第2期、日光第2いろは坂、富士山麓道路などが完成した。特に第3京浜は日本初となる6車線の高速道路として注目された。66年度は事業費193億円で15路線の継続工事に加え、東名阪、札幌など7路線に新規着工したほか、天草パールラインを完成させた。
この年		〔道路〕高速自動車国道の整備状況 東名高速道路東京・小牧間は1965年度末までに累計791億円で用地の48％を取得、66年度には63％の確保を予定。中央高速道路東京・富士吉田間は、66年度末までに全用地の84％が確保できる見込みとなった。

1967年
（昭和42年）

2.1		〔鉄道〕水戸線 水戸線小山―友部間で電気運転が開始された。
2.10		〔自動車〕東京特殊車体設立 東京特殊車体が設立された。安全自動車の一部門が独立したもの。救急車やバスボディ、移動採血車、レントゲン車、放送中継車の製造などを手掛けた。70年代に入ってからはスーパーバス、ライオンバス、路面清掃車などをも生産。
3.6		〔航空〕日航、世界一周線を開設 前年11月に米大陸横断のニューヨーク線を開設した日本航空が、大西洋を横断する世界一周線を開設。西回り第1便が東京国際空港を出発した。翌3月7日、東回りも就航開始。当時、世界一周線を持つ企業は米国企業を除いてわずかに英・豪2社のみだった。
3.22		〔航空〕政府、空港整備5ヵ年計画予算1,150億円を閣議了解 1966年の連続航空事故をきっかけに空港・航行援助施設整備の重要性が再確認され、政府が第1次空港整備5ヵ年計画を閣議了解。1967年から1972年までの5年間に1,150億円（新東京国際空港関係分を除く）の事業を行い、その財源の一部として航空機乗客の通行税率を5％から10％に引上げ、また新東京国際空港整備計画を早急に検討することとした。空港整備を一元的に推進するための事実上日本初の長期計画で、空港整備が航空政策の一環として明確に位置づけられた。
3月		〔鉄道〕山陽新幹線着工 山陽新幹線の起工式が兵庫県赤尾市で行われ、5月、六甲トンネルから着工した。1971年の完成を目指す。
4.1		〔航空〕福岡空港ビルディング設立 地元自治体、財界、国内航空会社の協力でターミナルビル建設・運営の主体となる福岡空港ビルディング株式会社設立。設立と同時にターミナルビル建設に着手し、1969年4月国内・国際線共用第1ターミナルビルが完成した。1974年4月第2ターミナルビル、1981年4月第3ターミナルビルの供用開始。
4.1		〔鉄道〕トラックに急行電車が衝突 大阪府泉南群の南海電鉄本線の踏切上で、立ち往生していたトラックに難波発和歌山行き急行電車が衝突、電車は炎上したト

ラックと一緒に付近の鉄橋下の河原へ転落した。電車の乗客ら5人が死亡、24人が重傷、172人が軽傷を負った。大阪府警察本部はトラックの運転手を業務上過失致死、運転室に子どもを連れ込んでいた電車運転士を業務上過失危険罪の疑いで逮捕。

4月　〔航空〕モスクワ線就航　シベリア上空を解放できないというソ連側の事情から、日航とアエロフロートがソ連民間航空局からTU114型を乗員付きでチャーターする共同運行方式でスタートした。週1便。所要時間は往路が11時間25分、復路が10時間35分。4月から7月の平均利用率は東京初82.5%モスクワ初57%で、予想を上回った。

5.30　〔自動車〕マツダ・コスモスポーツを発売　東洋工業のマツダ・コスモスポーツが発売された。2ローターL10A型110馬力ロータリーエンジンを初めて搭載したスポーツカーで、最高時速は180キロ。累計生産台数は1176台で、国際的なツーリングカーレースでも活躍。ロータリーエンジンの実用性を証明すると共に、マツダブランドのイメージアップに大きく貢献した。

5月　〔自動車〕トヨタ2000GTを発売　トヨタ自動車工業のスポーツカーのトヨタ2000GTが発売された。レーシングカーとして開発され耐久レースで活躍した同車を市販化したもので、2000cc150馬力DOHCエンジン・5速MT・四輪独立懸架・四輪ディスクブレーキなどを装備。価格はクラウンやセドリックの最高級仕様車の約2倍の238万円だが、これでも採算を度外視した価格設定だった。

6.1　〔航空〕航空振興財団設立　運輸大臣の認可を受け、(財)航空振興財団設立。航空行政、団体、企業との関係を密にして諸事業を行ない、航空界振興に寄与している。

6.1　〔船舶〕造船外資完全自由化は見送り　外資審議会は2万重量トン以上の造船業について「外資の進出が多分に予想される」として、資本の自由化を50%にとどめることを答申した。20万トン重量以下の造船は10%自由化業種となった。

6.12　〔航空〕日本初の航空機事故損害賠償判決　大阪地裁が日東航空「つばめ号」淡路島墜落事故(1963年5月1日)で、日本初の航空機事故損害賠償判決を下す。

6.15　〔鉄道〕磐越西線　磐越西線郡山―喜多方間で電気運転が開始された。これに伴い、7月1日より上野―会津若松および上野―喜多方間で急行「ばんだい」の運転が開始される。

6.20　〔航空〕南西航空設立　日本航空と琉球有力企業の提携による合弁会社として南西航空株式会社設立。同社のコンベア240が那覇空港に到着する。

6.22　〔航空〕事故技術調査団、英国海外航空機空中分解事故の調査報告を提出　事故技術調査団が富士山頂の乱気流調査を行ない、英国海外航空機空中分解事故について調査報告を提出。富士山の風下に存在した並ないし激しい乱気流に遭遇した英国海外航空機が、設計制限荷重を著しく越える突風荷重を受けて事故になったものと推定した。

6月　〔自動車〕自動車保有台数1000万台　自動車保有台数が1000万台を突破した。このうち四輪車が約883万5000台。当時の人口は1億人強で、10人に1人が自動車を保有していたことになる。また、乗用車の販売台数が急増し、商用車との比率が逆転する時期でもあった。

7.1	〔行政・法令〕琉球列島航空規則施行 琉球列島内における民間航空機の「琉球列島航空規則」施行。南西航空が那覇—久米島、那覇—石垣、石垣—与那国、那覇—宮古、宮古—石垣、那覇—南大東線を開設。
7.3	〔鉄道〕中央線 中央線東京—高尾間で特別快速電車の運転が開始された。
7月	〔航空〕航空整備5ヵ年計画「航空の長期展望」発表 運輸省が総合的な航空政策を立案した「航空の長期展望」を発表。(1)国際線は市場の開拓と路線網の拡充により旅客シェアを現在の2.4%から4%に高める。(2)国内線はジェット化を進めるとともに運賃値下げで「航空の大衆化」を図る。(3)新東京国際空港の建設と、東京・大阪の両国際空港の拡張を急ぎ、主要ローカル空港を航空機のジェット化に対応させる。(4)航空管制空域を再編成し、保安体制を強化する。(5)航空大の養成規模の増大・年限延長で乗員養成制度を改善。
7月	〔鉄道〕東海道新幹線累積乗客数 東海道新幹線の開業からの乗客数が延べ1万人を超えた。
8.1	〔行政・法令〕航空機騒音防止法公布 公害対策基本法を受け、「公共用飛行場周辺における航空機騒音による障害の防止等に関する法律」(航空機騒音防止法)が公布される。
8.3	〔行政・法令〕公害対策基本法公布施行 公害対策基本法公布施行。事業者、国、地方公共団体の責務を明らかにして公害対策に取組むことを決め、大気汚染、水質汚濁、騒音に関して環境基準を設け、防止計画を設定することを定める。
8.8	〔鉄道〕米軍燃料輸送列車事故 米軍用ジェット燃料JP-4積載タンク車17両と車掌車1両の計18両編成の下り貨物列車に、中央線の上り線を走行してきた上り貨物列車が衝突、脱線。タンク車からジェット燃料が流出し、衝突火花により着火、炎上した。
8.20	〔鉄道〕常磐線 常磐線は全線で電化を完了。
8月	〔自動車〕ダットサン・ブルーバード510型を発売 日産自動車の小型乗用車ダットサン・ブルーバード510型が発売された。旧モデルの販売実績がコロナの後塵を拝したことから大幅なモデルチェンジが施され、四輪独立懸架となった。エンジンは新開発の直列4気筒OHCタイプで1300ccと1600ccの2種。先進技術の投入とスーパーソニックラインと呼ばれるデザインで人気となった。
8月	〔自動車〕トヨタ1600GTを発売 トヨタ自動車工業の乗用車トヨタ1600GTが発売された。レース用エンジンを市販用に改造した1600cc110馬力DOHCを搭載し、ボディは3代目コロナ・ハードトップをベースとする。性能バランスの良いスポーツセダンとして人気を集め、ツーリングカーとしての公認に必要な生産台数をクリア。レースでは排気量で上回るスカイライン2000GTを凌ぐ活躍を見せた。
8月	〔行政・法令〕ダンプ規制法 1966年秋から67年夏にかけ、道路運送車両法などの改正で、運行記録計、速度表示装置、2重ブレーキ構造の採用などが義務づけられ、67年8月「ダンプ規制法」が国会で成立した。
9.8	〔航空〕日本フライング・サービス設立 日本フライング・サービス株式会社設立。翌1968年5月使用事業免許。事業は航空機使用事業、不定期航空運送事業、航空機および装備品の3部門。

1967年（昭和42年）

9.28 〔鉄道〕新清水トンネル開通 新清水トンネルが開通し上越線湯檜曽―土樽間は複線化。上越線は全線で複線電化を完了した。

9月 〔航空〕次期ジェット機生産 第3次防衛力整備計画に基づく次期ジェット練習機TXと次期ジェット輸送機CXの生産について、TXは三菱重工、CXは日本航空機製造が受注、基本設計に入った。次期対潜しょう戒艇として新明和工業が開発していたPX-Sは10月に第1号機が初飛行に成功。民間用輸送機YXの開発は1968年から開始された。

9月 〔自動車〕3代目クラウンを発売 トヨタ自動車工業の小型高級乗用車3代目クラウンが発売された。タクシー・法人の他に富裕層の個人需要をターゲットに、振動や騒音を抑える新機構を導入するなど乗り心地重視の設計で、デザインも高級感を前面に出したものとなった。「白いクラウン」のキャッチコピーで人気を博し、日本を代表する高級車となった。

10.1 〔航空〕東京航空局、大阪航空局設置 運輸省設置法が改正され、本省所掌業務のうち現場業務の統括的事務を分掌する東京航空局、大阪航空局設立。本省・地方部局を通じて長期的視野に立った総合的航空行政の遂行が可能となる。

10.1 〔鉄道〕日豊本線 日豊本線小倉―幸崎間の交流電化を完了。

10.1 〔船舶〕宇高連絡船「阿波丸」就航 宇高航路に阿波丸（3,082トン）が就航。

10.10 〔航空〕成田空港測量開始 大橋運輸相は1月23日、空港公団から申請された「新東京国際空港工事実施計画の認可申請」を認可、建設計画が開始された。10月10日には空港用地の外郭測量を開始、杭の打ち込みが行われた。反対派は無抵抗の抵抗で作業を阻止したが、負傷者は出なかった。

10.14 〔鉄道〕オート・エクスプレス 国鉄は自動車回送旅客付随自動車料金切符を発売、新宿―京都梅小路間でカートレイン「オート・エクスプレス」を運行した。

10.26 〔自動車〕第14回東京モーターショー 第14回東京モーターショーが東京・晴海の国際貿易センターで開幕した。会期は11月8日までで、235社が参加し、展示車両は655台。OHCエンジン、四輪独立懸架、スポーツセダンなどが人気を集めた。入場者数は140万2500人だった。

10.29 〔航空〕PX-S飛行艇初飛行 富士重工業、日本飛行機などの協力を得て新明和工業のPX-S飛行艇が完成。神戸沖で初飛行を行なう。

11.30 〔航空〕長崎航空、定期路線を全日空に移譲 航空路線再編成の一環として、運輸省の行政指導により長崎航空が定期路線部門を全日空に移譲。

11月 〔自動車〕ダイハツ工業がトヨタと提携 ダイハツ工業がトヨタ自動車工業・トヨタ自動車販売と業務提携した。貿易自由化や激化する競争への対応策としてダイハツ側が申し入れたもので、パブリカやライトエースの受託生産、小型車開発における共用部品使用などが実施された。

12.1 〔航空〕日航のオーロラ便、日本国内航空に移譲 日本航空の深夜割引オーロラ便が日本国内航空に移譲される（翌年1月1日より運航開始）。

12.20 〔鉄道〕大糸線 大糸線信濃森上―南小谷間で電化が完成。

12.25 〔バス〕桜新町―東京駅間に高速バス運行 東急高速通勤バス渋谷線が桜新町―東京

― 194 ―

	駅間で運行を開始した。翌1968年6月21日には等々力―東京駅丸の内南口間でも運行が始まる。
12.27	〔航空〕航空機騒音防止法適用第1号 運輸省航空局が航空機騒音防止法適用第1号として、東京・大阪両国際空港周辺の小中学校10校などに騒音防止対策事業費3億円の配分を決定。
この年	〔航空〕YS-11輸出好調 日本航空機製造が開発し、6社共同で生産された純国産双発ターボプロップ中型旅客機YS-11がペルー、ブラジル、アルゼンチン、フィリピンなどに計11機輸出された。10月にはアメリカの航空会社ビードモーガン社へ10機の契約が成立、国内航空用としての性能が高く評価されたものと推測された。
この年	〔航空〕空港整備5ヶ年計画を策定 1967年度より空港整備5ヶ年計画を策定することが決定された。将来需要などを踏まえて計画的に空港などを整備するためのもので、第1次5ヶ年計画は総額1150億円に達したが、大量・高速輸送時代に対応するため同計画を4年で切り上げ、1971年2月5日に総額6500億円の第2次5ヶ年計画が閣議決定された。
この年	〔航空〕新東京国際空港 1966年7月に千葉県成田市三里塚御料牧場を敷地とすることが閣議決定し、30日に新東京国際空港公団が発足。地元では条件賛成派と反対派に別れて反対運動が起こったが、67年8月14日、友納千葉県知事との斡旋で開かれた大橋運輸相との第3次階段で条件賛成派からは協力回答が出され、用地買収問題は大きく前進した。
この年	〔航空〕世界一周路線就航 日航は3月、大西洋線週7便のうち週2便をロンドンまで延長し、南・北回り欧州線と結んで、英海外航空BOACに続き世界1周線を実現。しかしロンドンへの週7便への実現には見通しが困難であった。このためパリ便を増加して欧州便と結ぶことを考え、8月14日から始まった日仏航空協定の改定交渉が22日妥結、1968年4月から世界1周便を毎日運行できるようになった。
この年	〔航空〕東京国際空港、拡張事業に着手 1967年度から1971年度までを計画期間とする第1次空港整備5ヵ年計画開始。第1種空港である東京国際空港では、B滑走路の延長（1,560mから大型ジェット機が就航可能な2,500mに。着工：1968年）、国際線到着ビル新設、エプロン増設、CIQ施設拡張などの整備事業に着手。
この年	〔航空〕日航IATA第8位へ 日航は5月にクアラルンプール線、11月にマニラ線を開設、1968年7月にはニューヨーク・パリ線週5便を開設、大西洋線毎日運行を実現した。輸送旅客数は80万2000人で前年度比24％増。輸送実績では国際航空運送協会IATA加盟101社中8位となった。
この年	〔鉄道〕国鉄概況 8月末現在の電化率は21.3％、複線化率18％。保有車両数では蒸気機関車に替わり、電気機関車、ディーゼル機関車、電車、気動車の割合が増加。とくに電車保有台数は4月に1万両を突破、イギリスを抜いて世界1となった。列車無煙化率は81％。1966年度の旅客輸送量は68億4200万人で前年比2.9％減、初めて減少したが、都市部の定期旅客、東海道新幹線など幹線の優等列車の利用客は増加している。貨物も前年比2.1％減。運賃値上げの他、自動車、船舶、航空機など輸送に関する国鉄の独占性が薄れてきたためと考えられた。
この年	〔鉄道〕国鉄旅客輸送数 旅客輸送量は9億2300万人で前年比1.3％増。貨物は5500ト

1967年（昭和42年）

ンで1.8％増。旅客は主に京浜、阪神、中京の通勤客の増加によるもの。しかし営業収入に対し、人件費、減価償却費など資本関係の費用の累積増が大きく、国鉄は収支としては941億円の赤字を出した。

この年　〔バス〕各地でバス営業開始　千歳バス、南四国急行バス、日本水郷観光自動車がバス営業を開始した。

この年　〔バス〕奈良観光バスが乗合事業を廃止　奈良観光バスが乗合事業を廃止した。以後、観光バス専業会社となる。

この年　〔自動車〕自動車の資本自由化は見送り　二輪車は67年7月から100％資本自由化されているが、自動車の場合は量産規模、技術開発力の点で欧米先進メーカーに立ち後れているとして、当面見送られた。

この年　〔自動車〕自動車国内市場　1000～1100ccクラスの乗用車が販売台数の30.8％を占め、1300～1500ccの小型乗用車に迫った。軽自動車も前年の16％から23.7％に伸びた。中・大型車と小型車の中間を狙い、10月にいすゞ自動車が1600ccの「フローリアン」を発売、日産が68年3月に1800ccの「ローレル」を発表した。

この年　〔自動車〕自動車生産世界第2位へ　軽自動車を含む自動車生産台数が314万6486台となり、西ドイツを抜いて世界第2位となった。輸出も好調で前年の41.7％増となる36万2245台。アメリカは12月に開かれた民間代表による日米自動車会談以来エンジンの輸入自由化、資本の自由化などを迫った。

この年　〔自動車〕自動車輸出好調に　生産の11％に相当する25万台が輸出された。規模としてはイタリアに次ぐ第6位ではあるが、先進国向け輸出の増加が特徴。主な輸出先はアメリカ、オーストラリア、南アフリカなど。輸出力増強はメーカー各社の目標の一つで、66年頃からオーストラリア、メキシコ、ペルー、韓国などで各社が組立て工場を設立している。

この年　〔道路〕1級国道整備完了へ　この都市を初年度とする第5次道路整備5カ年計画が1968年3月に閣議決定された。総事業費6兆6000億円で、うち一般道路事業費が3兆5000億円、有料道路事業費が1兆80000億円、地方単独事業費が1兆1000億円。一般道路事業のうち、旧1級国道は1970年度中に1次改築を完了できる見込みとなった。

この年　〔道路〕高速自動車国道の進捗状況　中央、東北、中国、九州、北陸の高速自動車国道は1966年7月に1010キロメートルについて整備計画が定められ、67年度は調査費4億円、建設費100億円で事業が進められた。

この年　〔道路〕第5次5カ年計画　交通需要の伸びが予想より早いことから第4次5カ年計画は見直しを余儀なくされ、1967年度を初年度とする総額6兆6000億円の第5次5カ年計画が策定された。

― 196 ―

1968年
（昭和43年）

1.26 〔航空〕運輸省、東京国際空港滑走路延長計画などで東京都に協力要請 運輸省が東京国際空港滑走路延長計画、調布空港返還問題などで東京都に協力を要請。

1.27 〔鉄道〕日比谷線神谷町駅で車両火災 営団地下鉄日比谷線神谷町駅で、中目黒駅行き列車（6両編成）の1両が電気系統の故障により炎上。営団職員8名と消防士3名の計11名が負傷。運輸省は地下鉄車両を対象として車体、内装、塗料に至るまで不燃または難燃化を規定する新しい不燃化基準（A-A基準）を制定した。

1月 〔鉄道〕ガスタービンの研究 ディーゼル機関に比べて20分の1の軽量で、寒いときでも始動が早く、燃費もいいため、鉄道車両の原動機としてガスタービンが注目されるようになり、日本鉄道車両工業協会はヘリコプターエンジンを使用して基礎研究を始めた。難点はコスト高だが、量産化により低価格化できるものと期待された。

1月 〔自動車〕日米自動車会談ホノルル会議 アメリカは自動車の資本自由化、エンジンの輸入自由化などを強く要請、特に大統領選挙を控えて自由化要求は強まった。6月1日、日本政府は1969年からのエンジン輸入枠拡大、中古車輸入自由化、乗用車の関税引き下げなどを提案したがアメリカは不満を示し、ガット関税貿易一般協定への提訴をほのめかした。

2.1 〔航空〕日本国際航空貨物輸送業者協会設立 日本国際航空貨物輸送業者協会（IAFA）設立。前身は1954年設立の日本IATA代理店協会。1961年8月同協会より分離して日本IATA貨物代理店協会となり、1968年2月1日、日本国際利用航空運送事業者協会（1963年1月設立）と合併してIAFAとなった。発足当時のメンバーは31社、会長は日本通運が担当。

2月 〔道路〕本州・四国連絡橋候補地 建設省と日本道路公団は本州・四国連絡架橋のルート別工事費と工事期間の試算結果をまとめた。ルートは5つ候補があり、工費と工期を検討した結果、小島・坂出、尾道・今治、神戸・鳴門の3ルートが有力候補となった。建設省と鉄道公団は引き続き経済効果などの積算に当たり、最終候補地を決定する。

3.4 〔航空〕事故技術調査団、カナダ太平洋航空機墜落事故の調査報告を発表 事故技術調査団が、カナダ太平洋航空機墜落事故の原因を「機長の判断の誤り」とする調査報告書を発表。

3.14 〔航空〕大田区議会、東京国際空港B滑走路延長に対し反対決議 騒音公害が問題化していた地元大田区議会が、東京国際空港のB滑走路延長に対し、騒音公害を倍加するとして反対決議を行なう。中央省庁の長の再三の往訪などにより理解が得られ、数ヶ月後に反対決議を撤回。

3.18 〔航空〕箱根航空路監視レーダー完成 箱根辰沢山（標高890m）に、1962年より3ヵ年計画で建設していた航空路監視レーダー施設が完成。経費総額4億6,000万円。

1968年（昭和43年）

公称使用距離360kmで、関東一円および大島一名古屋間の航空路をほぼカバーする。レーダー本体にパラメトロン増幅器を使用し、特定速度の航空機の影像消失を防止する二重スタガー方式を採用している。5月15日供用開始。

3.28 〔鉄道〕総武本線 総武本線千葉―成田線成田間で電気運転が開始された。

3.29 〔航空〕防衛庁のバッジ・システム完成 防衛庁が第2次防衛力整備計画の重点項目の一つとして採用したバッジ・システム（自動防空警戒管制組織）が完成。全国24ヶ所のレーダー網とコンピュータを連動して目標を敵・味方に識別し、位置を測定してデータを要撃戦闘機、対空ミサイルに伝達し、誘導から撃破、帰還までを自動的に行なう。システムは米国ヒューズ社のTAWCSを採用。翌1969年3月より運用を開始した。

4.6 〔航空〕新東京国際空港任意買収成立 遅れていた新東京国際空港の用地買収問題交渉は、条件賛成派4団体と新空港公団との間に合意が成立、覚書が交わされた。買収予定地の670ヘクタールのうち520ヘクタールについては任意買収の見通しが立った。

4.7 〔鉄道〕神戸高速鉄道開業 神戸高速鉄道は神戸市にターミナルを持つ阪急、阪神、山陽、神戸電鉄の路線を接続するため1958年に設立された。神戸市および乗り入れ四社の出資による第三セクターである。この日より東西線・南北線が開業し各路線からの乗り入れ・相互直通運転が始まった。

4.27 〔鉄道〕御殿場線 御殿場線国府津―御殿場間で電気運転が開始される。

4月 〔航空〕アメリカ民間航空大量乗入れ PAAが北部、NWAとTWAが中部、貨物専用のFTが北・中部の各太平洋線への新規乗入れを認められた。日航は国際競争力の一層の強化を求められることになった。

4月 〔航空〕新東京国際空港公団、用地交渉の締結調印をほぼ完了 新東京国際空港公団は、発足後まず初めに空港敷地に予定されている成田市三里塚地区の用地買収に着手。全体1,065haのうち、確保が必要な民有地は約600ha、所有者約800名、敷地内で生計を営む地主300世帯以上。千葉県知事は土地収用法による強制取得を目的とする代執行を行なわない方針を打ち出し、公団は任意買収による譲渡を余儀なくされる。1968年4月、大多数の土地所有者と用地交渉の締結調印にこぎつけ、新空港建設が漸く軌道に乗りはじめる。

4月 〔自動車〕ローレルを発売 日産自動車の小型乗用車ローレルが発売された。セドリックとブルーバードの間隙を埋める高級サルーンとして開発されたが、旧プリンス自動車工業系のG18型1800ccエンジンを搭載し、生産も当初は旧プリンス系の村山工場で行われた。

4月 〔道路〕一般有料道路整備状況 日本道路公団の一般有料道路は64路線が開通している。地方公共団体の有料道路は43路線が開通している。地方道路整備の一環として、道路整備特別措置法に基づく有料道路の建設に、国が無利子の資金を融資する制度が68年度に新設され、初年度の貸付金は1億円の見込です。

5.25 〔鉄道〕篠栗線 篠栗線篠栗―筑豊本線桂川間が開業し、篠栗線吉塚―桂川間は全線開通。

5月 〔鉄道〕山陽新幹線試作車 山陽新幹線の試作車を日本車輛と川崎車両が受注。軽合

― 198 ―

金製で当時の新幹線運車より2トン軽い7トンとし、車輪を大型化して高速性を増す一方、加速制御に半導体を用いる。最高時速250キロを出す予定。

5月　〔自動車〕いすゞ自動車が富士重工業との提携解消　いすゞ自動車が富士重工業との業務提携を解消した。いすゞ自動車のメインバンクである第一銀行と三菱銀行との合併交渉が進展し、第一銀行がいすゞ自動車に対して三菱重工業自動車部との合併を指示したため。しかし、最終的にはいずれの合併も実現しなかった。

6.21　〔鉄道〕京浜急行電鉄　京浜急行電鉄品川―泉岳寺間が開業。

6.21　〔地下鉄〕東京都交通局地下鉄1号線　東京都交通局地下鉄1号線押上―泉岳寺間が開業。

6.21　〔バス〕東急高速通勤バス　等々力―東京駅丸の内南口間の東急高速通勤バスが運行開始された。

7.1　〔鉄道〕御殿場線　御殿場線御殿場―沼津間で電気運転が開始される。御殿場線国府津―沼津間は全線で電化を完了。

7.1　〔鉄道〕小田急電鉄新宿―御殿場間を電車化　1955年の開業以来気動車で運転されていた小田急電鉄新宿―御殿場間の連絡準急が電車化された。

7.1　〔行政・法令〕交通反則通告制度　道路交通法の改正により、交通反則通告制度が導入される。自動車または自動二輪車を運転中の軽微な交通違反について、反則行為の事実を警察官・交通巡視員に認められた者が、一定期日までに法律に定められた反則金を納付すれば公訴を免れるという制度。自動車の普及に伴って道路交通法違反の件数が増加したため、検察や裁判所の負担を軽減することを目的として制定された。

7.13　〔鉄道〕房総西線　房総西線千葉―木更津間電車運転開始。

7.16　〔鉄道〕御茶ノ水駅電車追突事故　御茶ノ水駅で、中央線下り豊田行き電車(10両編成、乗客約800人)に、後続の高尾駅行き電車が追突。150名が負傷した。事故原因は後続運転士の制限速度オーバーとブレーキ操作遅れという人的ミスとされた。

7.21　〔鉄道〕東北本線　東北本線野内―青森間で線路変更が行われる。これに伴い浪打駅・浦町駅が廃止された。

7月　〔自動車〕自動車取得税　自動車取得税が実施された。税率は3%。同税は奢侈税の性格が強く、4月に東名高速道路が一部開通して名神高速道路と接続されるなど、自動車の新規購入者が増加する中での実施は議論を呼んだ。また、同時に交通違反の切符制も実施された。

8.7　〔航空〕新東京国際空港のマスタープラン答申　新東京国際空港計画委員会が新東京国際空港のマスタープランを答申。約1,065haの敷地にA滑走路(長さ4,000m、幅60m)と平行するB滑走路(2,500m、幅60m)、横風用C滑走路(3,200m、幅60cm)の3本を設置。3本の滑走路に囲まれた地域約300haに旅客および貨物ターミナルなどを配置し、C滑走路南側約100haには航空機整備施設を配置。第1期計画ではA滑走路とこれに対応する諸施設を建設。旅客ターミナルは床面積14万m²で、年間国際線出入旅客540万人の取扱が可能。チェックイン・カウンターは羽田の64に対し、南北両棟合計132が用意される。

― 199 ―

8.16	〔鉄道〕中央本線 中央本線中津川―瑞浪間で電車の運転が開始された。
8.22	〔鉄道〕東北本線 東北本線盛岡―青森間で電気運転が開始され、東北本線全線の電化が完成した。
8.28	〔鉄道〕函館本線 函館本線小樽―滝川間で電気運転が開始される。
8月	〔航空〕航空公害防止協会を設立 航空公害防止協会が設立された。設立当初は東京・大阪両国際空港に関するテレビ受信障害防止対策の実施や各種航空公害の実態調査を行ったが、ジェット化の進展に伴い、1972年の福岡空港をかわきりに事業対象となる空港が増加していった。また、対象空港の駐車場経営、公園の整備、幼稚園・学校・公民館への器材寄贈などの事業も行っている。
8月	〔自動車〕日米自動車会談 日本側が提出した、エンジンなどの輸入枠増加及び将来的な輸入自由化、大型乗用車関税の引き下げなどを内容とする覚書に対し、アメリカは既存メーカーとの提携が認められていない、資本自由化時期が明示されていないなどを不満とした。
9.8	〔鉄道〕仙山線 仙山線作並―山形間で直流電化を交流に切り替え、仙山線全線の交流電化が完成する。
9.29	〔鉄道〕都営トロリーバス全線廃止 上野公園―今井間、池袋―亀戸間を運行していた都営トロリーバス事業が全線廃止された。
9月	〔鉄道〕奥羽本線 22日、奥羽本線福島―米沢間で直流電化から交流電化への切り替えが実施される。翌23日に米沢―山形間の交流電化が完成、電気運転が開始された。
9月	〔自動車〕コロナ・マークIIRT60型を発売 トヨタ自動車工業の小型乗用車コロナ・マークIIRT60型が発売された。コロナのモデルチェンジとして開発され、エンジン排気量が1800ccに増加し、車両寸法も大型化されるなど、高級感を前面に出していた。クラウンと旧型コロナの中間に位置する新モデル（後のマークII）とされ、旧型コロナと併売された。
10.1	〔鉄道〕シルバー周遊乗車券を発売 国鉄はシルバー周遊乗車券を発売。結婚記念日を記念して旅行する旅客を対象としたもの。
10.1	〔鉄道〕季節列車 「不定期列車」の名称が「季節列車」と改称された。
10.1	〔鉄道〕国鉄ダイヤ白紙改正（ヨンサントオ） 国鉄はヨンサントオと命名して白紙ダイヤ改正を実施。東北線をはじめ各地で電化と複線化が進んだことを受け、輸送体制強化とスピードアップを図ったもの。設定列車キロを旅客5万キロ、貨物3万キロに増やし、旅客特急の最高時速120キロ、地域急行貨物列車増発などを行った。また「ひかり」で5往復、「こだま」で上り11本、下り10本が増発されるなど、特急列車・急行列車の運行数は大幅に増加した。一方、電化の推進に伴い蒸気機関車は各地で大幅に削減された。しかし事故で運輸省の警告を受けたり、労働争議などもあり、予想していた効果を上げることはできなかった。
10.26	〔自動車〕第15回東京モーターショー 第15回東京モーターショーが東京・晴海の国際貿易センターで開幕した。会期は11月11日までで、246社が参加し、展示車両は723台。全体的に落ち着いた雰囲気のショーとなり、展示車両の中には市販車

	ながら観客が触れたり乗り込んだり出来る物もあった。入場者数は151万1600人だった。
10月	〔自動車〕日産自動車と富士重工業が提携　日産自動車と富士重工業が業務提携した。1969年に富士重工業がサニークーペの受託生産を開始し、日産自動車が同社への影響力を持つようになった。
11.5	〔航空〕日本交通公社、日本通運と業務提携　日本交通公社と日本通運が業務提携を締結調印。翌1969年1月から両社でパッケージ旅行「ルック」を発売、4月7日公式第1便が出発した。
11.21	〔航空〕日航、モーゼスレークジェット乗員訓練所を開設　大型ジェット機訓練量の増大に伴い、日本航空が国外訓練基地の設置を決定。米国ワシントン州モーゼスレーク市のグラウトカウンティ空港に決定し、モーゼスレークジェット乗員訓練所を開設した。米軍の北方第一線基地であった同空港は、大型機用滑走路2本（13,500フィート、10,000フィート）のほか小型機用2本を持ち、大格納庫を完備する理想的な訓練空港だった。
11.23	〔航空〕サンフランシスコで日航機不時着　乗客乗員107人を乗せた東京発ニューヨーク行きの日本航空DC-8型機がサンフランシスコ空港で着陸に失敗、滑走路から1.6キロ手前で海水に触れ、サンマテオ湾内に不時着した。水深3メートルと浅かったため、全員無事だった。
11.23	〔鉄道〕山陽電鉄衝突事故　山陽電鉄本線の下り普通電車が、中八木駅を通過、約700メートル進んでから気づいた運転士が後尾車両の運転台に移って逆行、500メートルまで引返したところで後続の普通電車の進行に気づいたがブレーキが間に合わず衝突。両電車の前後部が大破、後続電車の運転士が即死、双方の乗客81人が重軽傷を負った。居眠り運転が原因。
12月	〔自動車〕いすゞ117クーペを発売　いすゞ自動車のスペシャリティカーの117クーペが発売された。イタリアのカロッツェリアのギア社にデザインを依頼した高級ファミリーカーのフローリアン（1967年10月発売）がベースで、ギア社所属のデザイナーであるジュウジアーロのオリジナルデザインが欧州各地のショーで好評を博したことから開発された。1600ccDOHCエンジンを搭載した高級スポーツクーペで、少量限定生産された。
この年	〔航空〕国内線概況　日航は空港からレンタカーを使えるサービスや青少年向けの割引制度を全路線に拡大するなどサービスの積極化を図り、旅客数243万1000人で前期比30％増。全日空は旅客数303万3000人で前年度比35％増で、創立以来最高額となる純利益12億2457万円を出した。13億を越える前期累積赤字を減額させ、ようやく回復に向かう。
この年	〔鉄道〕鉄道車両の資本自由化と業界再編　鉄道車両は1967年7月の資本自由化措置で外資比率50％まで認められる業種に指定された。政府は68年度に客車、貨車業界を機械振興臨時措置法の対象業種に指定、共同事業や合併、グループ化を進める他、合理化投資には日本開発銀行の融資を行うとした。自由化時代に対応して67年3月に東急車両が帝国車両を合併、川崎車両も川崎重工との合併が決定した。
この年	〔鉄道〕路面電車廃止進む　東京では路面電車と地下鉄の切替が進み、路面電車は8月までに全路線の約30％が廃止された。大阪、名古屋、横浜などでも地下鉄化が

1968年（昭和43年）

進められ、7月に横浜で初めての地下鉄工事が開始された。

この年　〔地下鉄〕地下鉄増車　大手私鉄14社、帝都高速度交通営団、東京都、大阪市などの地下鉄はこの年、通勤輸送力強化のため大幅な増車を行った。

この年　〔バス〕オートマチック車バスの試作　群馬中央バスがオートマチック車を試作開発した。

この年　〔バス〕各地でバス営業開始　東日本急行バス、奈良交通、能登島バスが営業を開始した。

この年　〔バス〕座席指定特急バス　名鉄が座席指定特急バスの運行を開始した。

この年　〔オートバイ〕スクーターの生産を終了　富士重工業がスクーターの生産を打ち切り、以後は四輪車の生産に専念する。軽自動車の普及などにより、スクーターの需要が減少したため。三菱、ヤマハ、本田もすでに生産を打ち切っており、富士重工業の打ち切りをもって日本国内のスクーター生産は完全に終了した。

この年　〔船舶〕コンテナ輸送時代へ　1966年にアメリカのシーランド社が大西洋航路にコンテナ船用船を就航させた。コンテナは荷役作業の短縮、海陸一貫輸送などで輸送コストを大幅に下げることができるため、日本でも大手海運6社が建造を始めた。6月に日本郵船の箱根丸が日本・北米間に就航したのを皮切りに、11月までに6隻が運行を開始した。

この年　〔船舶〕海運収支赤字額過去最悪　日本船の貿易貨物輸送量は1億7645万トンと前年比19%増だが、日本船積み取り比率は輸出が36.4%、輸入が47.7%。日本船主が用船した外国船も含めた積み取り比率は輸出54.3%、輸入59.4%で。外国船用船料などの影響で海運国際収支は8億8600万ドルと過去最高の赤字額を記録。

この年　〔船舶〕造船、30万重量トン時代へ　海運業界は世界的に船の大型化、専用船化、高速化を求めるようになった。三菱重工業と石川島播磨重工業の両社で31万2000重量トンの世界一の超大型タンカーが完成した。

この年　〔船舶〕大型ドックの建設進む　船が大型化するのに対応して造船業界は大型ドックの建設を進めた。6月に三井造船千葉工場に最大建造能力50万重量トンの日本最大の大型ドックが完成した。

この年　〔道路〕高速道路整備概況　1967年12月に中央道の調布・八王子間、68年4月に東名道の東京・厚木間、富士・静岡間、岡崎・小牧間がそれぞれ部分開通した。また、仙台・盛岡間などの整備計画が決定、青森・鹿児島間の路線建設計画がほぼ決まった。

この年　〔道路〕踏切道の改良　1961年11月に踏切道改良促進法が施行されて以来、277カ所が立体交差化、62カ所が構造の改良、2210カ所が保安設備の整理を指定され、それぞれ実施された。とくに保安施設の整備については62年8月の南武線踏切事故を契機に全国の無人踏切の一掃を目指し、幅員2m未満の踏切は整理統合、2m以上の踏切には警報機を整備する計画を強力に推進した。

1969年
（昭和44年）

1.7　〔航空〕日航、代理店とジャルパック設立構想を発表　日本航空が代理店約50社とジャルパック設立構想を発表。

2.1　〔航空〕大阪国際空港新ターミナルビルオープン　大阪国際空港整備計画の一環として、関西国際空港ビルディングが建設にあたった新ターミナルビルがオープン。

2.13　〔鉄道〕伯備線保線作業員、触車事故　伯備線上石見駅—生山駅間で、軌道床をタイタンパーで突き固める作業を実施する予定だった米子保線区上石見線路分区の作業員が、遅れてきた下り臨時普通列車943D（岡山発米子行き、4両編成ディーゼルカー）に接触、作業員6名が死亡した。

2月　〔航空〕日ソ航空交渉妥結　東京で開かれた日ソ航空交渉は、（1）ソ連は日本の自主運行が68年3月末までに実現されることを認める。（2）60年の万博のために両国共同貨物チャーター便をハバロフスク線に運航する。（3）ハバロフスク・日本間空路開設を引き続き検討する。として妥結。シベリア解放に成功した。

2月　〔自動車〕スカイライン2000GT-Rを発売　日産自動車の乗用車スカイライン2000GT-Rが発売された。スカイラインGT-Bの後継として、ツーリングカーレースへ投入するために開発され、搭載するDOHC4バルブのS20型160馬力エンジンは当時としては驚異的な性能を誇った。5月にJAFグランプリレースにデビューし、トヨタ1600GTから王座を奪還した。

3.1　〔航空〕TCATを設立　東京シティ・エアターミナル株式会社が設立された。新東京国際空港建設決定に伴い設立されたもので、1972年3月に首都高速道路に直結する箱崎インターチェンジ内に航空会社各社のチェックイン機能と空港行きリムジンバスのサービス機能を併せ持つシティターミナル施設が竣工した。

3.1　〔地下鉄〕営団地下鉄東西線　帝都高速度交通営団東西線中野—西船橋間が全線開通。

3.5　〔バス〕熊本交通センター　熊本県庁の跡地を利用して熊本交通センターが開設された。日本最大のバスターミナル。

3.12　〔交通全般〕交通機関、大雪でマヒ　台湾の東に発生した低気圧が発達しながら日本に近づき、大陸からの寒気を呼び込んだため、関東以西の太平洋側は大雪となった。東京では積雪量が30センチとなり、3月の積雪としては観測開始以来最大となった。このため東海道新幹線はじめ国鉄、私鉄、バスなど交通機関は運休・遅延が続出、東京国際空港も閉鎖された。

3.26　〔航空〕航空自衛隊のバッジ・システム、正式運用開始　航空自衛隊のバッジ・システム（指揮所・府中）が正式運用を開始。

3.27　〔バス〕日本バス協会　（社）日本乗合自動車協会は（社）日本バス協会へと名称変更を申請し、3月28日に認可、4月1日からの実施となった。

3.29　〔地下鉄〕帝都高速度交通営団東西線　帝都高速度交通営団東西線東陽町—西船橋間

1969年（昭和44年）

が開業し、中野—西船橋間が全線開通する。荻窪—西船橋間で中央線との相互乗り入れが開始された。

3月 〔バス〕調布—河口湖間に高速バス 中央高速道路の開通に伴い、調布—河口湖間で富士急行及び京王帝都の高速バス運転が開始された。同年6月には東名高速道路の全線開通により国鉄高速バスが開業、東京から京都経由大阪行きの夜行バス「ドリーム号」が就行した。

4.1 〔航空〕川崎重工業新発足 川崎重工業株式会社が川崎車輌と川崎航空機工業を吸収合併し、陸・海・空に事業を展開する総合機械メーカーとして新発足。

4.4 〔航空〕旅行開発（JCT）設立 ジャルパックの運営を行う旅行開発株式会社設立。日本初のホールセーラーが誕生する。

4.8 〔鉄道〕中央線、東西線 中央線荻窪—三鷹間の複々線化が完成。これによって東西線との相互乗り入れ区間を三鷹—津田沼間まで延長した。

4.25 〔鉄道〕新幹線三島駅開業 新幹線三島駅開業。これに伴い「こだま」の所要時間は東京—新大阪間で4時間10分となった。

4月 〔航空〕福岡空港第1ターミナルビル完成 福岡空港の国内・国際線共用第1ターミナルビルが完成。鉄骨造3階建、延べ面積18,142㎡、施設規模・乗降旅客数年間200万人を設定。

4月 〔航空〕米航空会社大量参入 1968年5月に出された米国航空会社新規乗入れの勧告は12月にジョンソン大統領が裁断したが、69年1月、ニクソン大統領はこれを撤回、4月に以下を決定した。(1)中部太平洋線就航中のパンアメリカンにニューヨーク日本間大圏コースを追加。(2)北回り大圏コース就航中のノースウェストに中部太平洋線を追加。(3)貨物専用のフライング・タイガーに中部太平洋線を新規認可。(4)トランス・ワールドに香港・沖縄・ハワイ線を認可。ノースウェストは8月から、パンアメリカンも9月から新路線運行を開始。

5.10 〔鉄道〕グリーン車 国鉄は運賃改定を行う。従来の等級制による1等を廃止し旅客運賃を一本化、従来の1等車を利用する際には運賃・特急、急行料金の他にグリーン料金を支払うというもの。

5.26 〔道路〕東名高速道路全面開通 1962年4月に着工、総工費3425億円で、東名高速道路346キロが全線開通した。

5.30 〔船舶〕延べ払い金利統一 輸出船の受注が支払い条件の緩和競争になっていることから、3年前から国際的に延べ払い輸出の信用条件の統一が話し合われて来たが、このたびOECD理事会で具体策が決まった。(1)注文主が頭金20％以上を負担する。(2)返済期間は8年以下。(3)金利は6％以上。(4)1969年7月以降の新規契約分から適用。

5月 〔航空〕航空輸送部会を設置 社団法人日本海上コンテナ協会技術委員会の下部機関として航空輸送部会が設置された。各種航空コンテナについての技術的検討、国際規格・関連規格の検討などを目的とするもので、空陸海一貫輸送用航空コンテナに関する諸調査、試作、実用化試験などを行った。

5月 〔自動車〕ホンダ1300を発売 本田技研工業の小型乗用車ホンダ1300が発売された。

当初は4ドアセダン車が、1970年2月には2ドアクーペが発売された。高性能な空冷直列4気筒1300ccエンジンを搭載したFF車で、放熱性を高めるためにアルミ合金を多用し、DDACという二重空冷システムを採用。販売は伸び悩み、同社の四輪車市場参入は失敗に終わった。

6.22　〔鉄道〕駅構内でタンク車脱線　東京渋谷駅構内の山手貨物線下り本線で、26両編成の下り貨物列車が徐行中、後ろからブレーキがかかった。点検したところ、渋谷駅山手線内回りホームの目の前で重油を満載した10両目と、14両目から24両目までの11両が脱線していた。ポイント切替部分が折れており、列車がこのポイントを通過しているときに折れたもの。脱線した12両のうち10両がタンク車で重油・軽油・灯油などを満載しており、大惨事になる可能性があった。

6.25　〔航空〕膳棚山で南紀航空機墜落　大阪空港から広島に向け飛行していた和歌山県の南紀航空のセスナ機が岡山市西方で消息を絶った。捜索の結果、28日に広島県の瀬戸内海国立公園野呂山高原の膳棚山山腹に墜落しているのが発見された。乗員乗客5人のうち1人が重傷、4人が遺体で見つかった。

6月　〔航空〕日航新路線要求へ　ニクソン決定に伴い、ワシントンでの日米航空交渉で、日本は日航の大圏コース開設とシカゴ乗入れなどを要求、アメリカ側はチャーター専門航空の日本乗入れ便数制限の撤廃を求めて対立、交渉は中断して9月に東京で再開されることになった。

6月　〔鉄道〕鉄道建設審議会方針　鉄道建設審議会は、国鉄が申請している山陽新幹線岡山・博多間の着工を議決するとともに、他の国鉄新幹線網整備のために次の国会で立法措置をとること、1970年を目標に閣議決定された新全国総合開発計画に盛られた全線7200キロの基本ルートを決めること、立法の中に財源措置を盛り込むことなどを決めた。財源については、田中角栄自民党幹事長が、自動車への新規課税を財源に充てる構想を明らかにした。

6月　〔自動車〕朝日新聞の欠陥車報道　朝日新聞に日産自動車とトヨタ自動車工業の欠陥車に関する記事が掲載された。両社がブレーキやステアリングのトラブル発生を隠蔽したとの米国紙記事を報じたもので、運輸省による事情聴取やリコール車総合対策の発表などを経て、自動車メーカーに欠陥車の公表が義務付けられることになった。

6月　〔道路〕全国初のリバーシブルレーン　リバーシブルレーンが東京の青梅街道に全国で初めて導入された。渋滞緩和のため3車線以上の道路においてピーク時ごとに中央線（センターライン）の位置をずらし、交通量の多い車線を増やすというもの。

7.11　〔鉄道〕房総西線　房総西線木更津―千倉間の電化が完成。

7月　〔航空〕次期民間輸送機　YS-11に次ぐ次期民間輸送機YXの基本構想を日本航空機製造が発表した。116人乗りでジェットエンジン3基を搭載、航続距離1540キロ、離着陸距離1480メートルで、同型外国機種に劣らない性能を備えているが、全日本空輸などは乗客数をもっと増やすべきとの修正要求を出した。73年春に試作機を完成し、74年から販売する計画。

8.20　〔鉄道〕都区内最後の蒸気機関車「さよなら運転」　両国―勝浦間を走る蒸気機関車C57105が最後の運転を行う。両国駅にて「さよなら出発式」が行われた。

8.24	〔鉄道〕信越本線 信越本線直江津―宮内間で電気運転が開始され、信越本線高崎―新潟間は全線で電化を完了した。
8.24	〔鉄道〕赤穂線 赤穂線播州赤穂―東岡山間で電気運転が開始され、相生―東岡山間は全線で電化を完了した。
8月	〔航空〕成田空港建設用地の強制収用へ 政府の新空港建設実施本部は反対派の土地2.2ヘクタールを土地収用法を発動して強制収用することを決定、9月、空港公団が坪川建設相に土地収用法に基づく事業認定を申請、12月に認定された。1970年11月、空港公団は建設省に対し公共用地取得に関する特別措置法に基づき、特定公共事業認定を申請、12月28日に申請通りに認定された。
8月	〔船舶〕海運造船合理化審議会答申 海運造船合理化審議会は海上コンテナ輸送体制について答申し、政府の財政措置の必要性、コンテナ埠頭の新設などを求めた。4月末から東京で開かれた万国海法会第28回総会は、コンテナ輸送円滑化のために陸上・海上を通じた複合運送積荷証券を作る条約案「東京ルール」を採択。
9.29	〔鉄道〕北陸本線 北陸本線糸魚川―直江津間の電化が完成、また浦本―有間川間、谷浜―直江津間が複線開通した。
9.30	〔鉄道〕函館本線 函館本線小樽―旭川間全線の複線および交流電化が完了した。
9月	〔航空〕航空交渉 10月にかけて行われたアメリカとの航空交渉で、日航のグアム乗入れと、東京・アンカレッジ・ニューヨーク大圏コースの開設が認められた。また、シベリア路線開設決定を受け、70年1月12日から東京でスウェーデン、デンマーク、ノルウェーとの交渉が東京で行われ、3国指定航空会社SASが71年3月28日からシベリア路線に乗入れることになった。
10.14	〔バス〕鉄道記念物 国鉄バス第1号が鉄道記念物に指定された。
10.18	〔航空〕全日空羽田沖墜落事故の「機体構造上の墜落原因」報告 山名正夫明大教授が、1966年2月4日に発生した全日空ボーイング727羽田沖墜落事故の「機体構造上の墜落原因」を報告。
10.24	〔自動車〕第16回東京モーターショー 第16回東京モーターショーが東京・晴海の国際貿易センターで開催された。会期は11月6日までで、256社が参加し、展示車両は722台。高速道路整備に伴う高速走行への関心の高まりや欠陥車問題などを受け、技術展示に力が入れられた。入場者数は152万3500人だった。
10月	〔航空〕全日空、ボーイング727-200導入 ボーイング727-100を合計8機購入し国内幹線のジェット化を推進してきた全日本空輸が、航空需要の増大に伴い長胴型のボーイング727-200を導入。
11.1	〔航空〕ジャルパック・ジョイ発売開始 バルク商品「ジャルパック・ジョイ」発売開始。
11.4	〔バス〕中距離深夜バスの運行開始 都心繁華街から各方面にむけての中距離深夜バスが、東京都区内の民営バス事業者により運行開始された。銀座帰宅バスと呼ばれ、都営バスは2路線を担当した。
11.5	〔航空〕日ソ航空交渉妥結 日ソ航空交渉妥結。1970年3月28日より、シベリア経由欧州線を日航の自主運航に切り替えることとなる。

11月		〔鉄道〕国鉄再建に10年計画　国鉄は1968年度末に2821億円の赤字を出した。68年11月、国鉄財政再建推進会議は方策についての意見書を中曽根康弘運輸相に提出した。69年度からの10年間で黒字回復を目指し、運賃値上げ、政府資金金利の棚上げ、国鉄自体の経営合理化、国鉄財政再建促進法制定などを内容とする。これを受けて政府は国鉄財政再建債408億円を国鉄に貸し付けた。運賃値上げのための国鉄運賃法改正案、国鉄財政再建促進特別措置法案は国会審議の焦点となったが5月9日に成立した。また経営合理化のための赤字路線廃止については地元の反発が強く、難しい道のりとなる。
11月		〔自動車〕フェアレディZを発売　日産自動車のスポーツカーのフェアレディZが発売された。フェアレディのモデルチェンジだが、開発コンセプトを一新し、クローズドボディ2ドア2シーターのGTカーとなった。国内仕様はスカイライン2000GT-Rと同じ2000ccS20型エンジンを、輸出仕様車は直列6気筒2400ccSOHCのL24型を搭載し、1971年11月に輸出仕様車が国内販売された。
11月		〔船舶〕海水油濁に関する国際条約　ブリュッセルで政府間海事協議機関IMCO主催の会議が行われ、「海水油濁事故が発生した場合における公海上での措置に関する条約」と「海水油濁民事責任条約」の2条約が採択された。前者は油濁の損害の拡大を防止するために、沿岸国が公海上で外国船に必要な措置をとりうることを明文化。後者は油濁事故の被害者に対する責任は常に油を流出させたタンカーの船主が負うこととする。日本は国内法との関係で問題があるとして加盟を保留した。
12.7		〔航空〕中央模型飛行場オープン　埼玉県吉川町江戸川河川敷20,000㎡の敷地に、日本模型航空連盟の中央模型飛行場が誕生。模型飛行機専用の飛行場で、一般への開放を前提に管理・運営を行なう。
12.9		〔鉄道〕クレーン車が電車に衝突　群馬県館林市の東武伊勢崎線多々良・館林間の警報機付き無人踏切で、60トン型トラッククレーン車が上り準急電車に衝突、電車は前3両が脱線、うち最前部1両が転覆して車体が割れ、踏切の反対側で電車の通過を待っていた乗用車3台とトラック1台におおいかぶさった。クレーン車は80メートル引きずられ、その上に電車の最前部が乗り上げた。電車の運転士とクレーンの運転手2人、乗客2人とトラックの2人の7人が死亡し、138人が重軽傷を負った。
12.16		〔航空〕大阪国際空港騒音訴訟提訴　大阪国際空港周辺住民28人が、同空港の騒音規制と慰謝料を請求して大阪地裁に提訴。夜9時から朝7時までの航空機発着禁止、過去5年間の騒音被害賠償として1人65万円、将来については昼間騒音が65ホン以下になるまでの間1人あたり毎月11,500円の支払いを請求した。
12.20		〔地下鉄〕営団地下鉄千代田線が開業　帝都高速度交通営団千代田線が北千住—大手町間で営業を開始した。
12月		〔自動車〕コルトギャランを発売　三菱重工業の新型小型乗用車コルトギャランが発売された。搭載するサターンエンジンは新開発の直列4気筒OHCで、1300cc95馬力と1500cc105馬力の2種。同社初のスポーティセダンとして好評を博し、1970年5月に2ドアハードトップ、11月にはギャランGTOが発売された。
この年		〔航空〕海外旅行ブーム　日本交通公社と日本通運が「ルック」を発売。「ジャルパック」も日本航空から独立した旅行開発が遂行することとなり、ホールセラー

とリテーラーが分離。また政府が外貨枠を700ドルに上げ、年1回の出国制限を撤廃。ヨーロッパ便にバルク運賃が適用され、団体航空運賃が大幅に割引かれたことなどから、海外渡航者数は前年の1.5倍の50万人となった。

この年　〔航空〕外国機の乗入れ増加　1968年8月にマレーシア・シンガポール航空、69年4月にサバナ・ベルギー航空が東京に、BOACとルフトハンザ・ドイツ航空が大阪に乗入れを開始した。

この年　〔航空〕航空再編成交渉　1966年に閣議了解された航空再編成方針に従い、全日空と東亜は68年末から合併交渉を始めたが合併比率で折り合いがつかず、話合いは難航。69年4月に全日空の役員人事問題で交渉が一時中断、8月に原田運輸相が両社首脳に対し8月中にめどを付けるよう要望した。

この年　〔航空〕国内航空会社の概況　日航は1968年9月にバンクーバー線、69年9月にシドニー線を開設。68年度の純利益12億円の好成績だったが今後の競争激化、資金需要の増大は楽観を許さない。全日空は69年6月からボーイング727型機を初めてローカル線に投入。68年度の純利益は9億円で、66年の羽田・松山事故以来の累積赤字を解消した。

この年　〔航空〕民間機輸出好調　1965年から販売を開始したYS-11は69年7月までに通産121機を引き渡したが、うち輸出が半数を占める。三菱重工の6〜9人乗り小型多用途機MU-2は5月までの6年間に93機を輸出、受注済みのものも13機。

この年　〔鉄道〕国鉄概況　1968年10月柳津線を新設。輸送実績は定期旅客47億420万人で4.5%減、普通旅客21億2600万人で4.4%増。定期値上げが影響したとみられる。69年5月10日の旅客運賃値上げと同時に単一運賃制が採用され、旧1等車がグリーン車として利用料金をとることになった。5月27日石田総裁が勇退、磯崎叡副総裁が6代目総裁に就任。

この年　〔鉄道〕私鉄概況　156社が営業キロ6815キロ。川崎市営電車が4月、秋田中央交通が7月に廃止された一方、東京・大阪・名古屋の地下鉄や臨海工業地帯の貨物船の建設は盛んだった。また、事故の続発を受け、運輸省は68年12月に山陽電鉄、69年8月に京成電鉄に対し特別監査を実施した。7月、西鉄が自動車部門の比重が高いことを理由に日本民営鉄道協会を脱退。

この年　〔鉄道〕脱線事故　5月17日、東海道線函南・三島間の谷田トンネルの函南側入口で、下り貨物列車42両編成の30、31両目が脱線。6月8日、東海道線函南・三島間の観音松トンネル函南側入口付近で、下り貨物列車49両編成の13両目から27両目までの15両が脱線・転覆、28両目から32両目までと34両目が脱線した。6月16日、根室本線白糠西庶路間で、下り貨物列車19両編成の後部5両が脱線、うち2両が転覆した。いずれも競合脱線と断定された。

この年　〔鉄道〕電車試作テスト　国鉄は山陽新幹線用試作電車を完成し、走行テストを始めた。また在来線の速度向上に向け、振子式電車を開発した。営団地下鉄はチョッパ制御方式試作電車のテストを終え、大量発注に踏み切った。日本鉄道車両工業協会が中心になって進めてきたガスタービン動車は、前年度の車両台上試験に引き続き、上越東線上で試験車による走行試験を実施した。

この年　〔鉄道・地下鉄〕私鉄・地下鉄運賃値上げ　1968年12月の国鉄旅客運賃15%値上げ方針がはっきりすると、大手私鉄14社及び東京の営団地下鉄が、普通・定期両運賃

の平均26％値上げを申請した。大手私鉄は4月に提出した定期35％値上げ申請を中曽根運輸相に押さえられており、4月に定期値上げを実施した国鉄と不均衡を生じていること、輸送力増強5カ年計画の資金調達が難しいことなどを理由とした。その他、69年にはトラックも値上げを申請した。

この年　〔バス〕代替車両購入費補助制度　廃止路線の代替バス車両購入費補助制度が発足した。

この年　〔自動車〕欠陥車問題　ニューヨーク・タイムズ紙の記事を発端に、欠陥車が密かに回収・修理されていることが明らかになった。6月12日運輸省に報告された欠陥車は58件、245万6544台に上り、うち115万7745台が未回収となっていた。運輸省は欠陥車の公表などの対策を指示、日本自動車工業会は「自動車安全対策協議会」を設置、8月末までに今わかっている欠陥車の回収を終えることにした。

この年　〔自動車〕自動車の概況　5月末の自動車登録台数は973万2799台で前年同期比21.9％増。うち自家用車は431万7996台で32.6％増。1970年春からは自動車登録の電算機化が決定。

この年　〔自動車〕自賠責保険料値上げ　夏、自動車損害賠償責任保険の保険料値上げが具体化、大蔵省案として2.72倍の引き上げ案が示された。

この年　〔船舶〕海運再建整備計画完了　1954年に海運企業集約とともに始まった海運再建整備計画は、64年9月末の償却不足629億円と借入金約定延滞額934億円を69年3月期までに解消、計画は所期の目的を果たして終了した。日本の商船保有量は3月末現在2033万総トンとなり、世界第3位の船腹量となった。

この年　〔船舶〕大型ドック建造相次ぐ　船の大型化に合わせてドックの建設も進んだ。6月に日本鋼管津工場の60万トンドックが完成、三井造船千葉工場の50万トンドックを上回る日本最大のドックとなった。その他石川島播磨呉造船、住友重機械工業、三菱重工業長崎造船所などに大型ドックが建設中・計画中。しかしヨーロッパ造船業界の大型ドックの建造も順調で、近い将来追い上げを受けるとの懸念も高まった。

この年　〔船舶〕日本も30万重量トン時代へ　1968年から69年にかけ、三菱重工と石川島播磨重工業が30万重量トンを越えるタンカーを製造し、アメリカの会社に引き渡してきたが、69年春、東京タンカーがこれを上回る36万7000重量トンのタンカーを石川島播磨重工業に発注した。

この年　〔道路〕本州四国連絡橋と青函トンネル　本州四国連絡架橋は、運輸省は児島・坂出ルートを道路・鉄道併用橋、明石・鳴門ルートを道路橋か併用橋とみており、建設省とともに本四連絡架橋公団を新設して着工する方針。青函トンネルについては、日本鉄道建設公団の技術調査委員会が69年5月「掘削は技術的に可能」との結論を出した。

1970年
（昭和45年）

1.20 〔鉄道〕踏切警手の怠慢で事故 千葉県市川市の京成電鉄京成八幡駅構内の警手遮断機付き踏切で、上り電車にトラックが衝突、トラックは15メートル引きずられて大破炎上、電車1両目が脱線した。トラックに乗っていた2人が死亡、電車の乗客5人が負傷した。踏切警手が前夜、駅内で助役らと酒盛りして寝込み、遮断機をおろし忘れたため。

2.16 〔鉄道〕国鉄財政再建10カ年計画 国鉄理事会は国鉄財政再建10カ年計画を決定した。内容は(1)1978年までに3兆7000億円の設備投資を行い収益力を高める。(2)10年間に自然退職する職員12万人に対し、補充は6万人にとどめる。(3)駅の4割を無人化・廃止する。(4)新幹線鉄道網と全国フレート・ライナー網を整備する。など。国鉄諮問委員会から勧告された地方赤字路線の廃止は地元の反発が強く、「道路輸送への転換が適切なものは転換を推進する」という努力目標にとどまった。計画案は即日橋本運輸相に申請され、運輸相は福田蔵相と協議の上19日に承認した。

3.1 〔鉄道〕国鉄ダイヤ改正 大阪万博開幕に備えたダイヤ改正が行われる。「ひかり」の編成16両化や「こだま」の増発など、輸送力強化が図られた。

3.1 〔バス〕バスレーンの導入 路線バス優先通行（バスレーン）が玉川通りと目黒通りにおいて初めて実施された。

3.6 〔道路〕第6次道路整備5カ年計画 1970年度から総投資額10兆3500億円で第6次道路整備5カ年計画を進めることを閣議が了解した。高速道1900キロの供用を図り、首都高速道150キロ、阪神高速道130キロを完成し、名古屋でも建設に着手する。一般国道については3000キロを再改修するとした。

3.15 〔航空〕横浜航空を設立 横浜航空が設立された。経営基盤強化のために学校法人横浜訓盲学院の航空事業分野を分離したもので、分離前は遊覧飛行や阿寒―弟子屈間の旅客輸送（2地点間運行）などを行っていた。分離後も北海道・新潟の各地で2地点間運航を行ったが、1974年11月29日に日本近距離航空株式会社に吸収された。

3.20 〔船舶〕大島丸就航 大島航路にカーフェリー大島丸（267トン）が就航。

3.28 〔航空〕日航シベリア線自主運行開始 1969年10月28日から11月5日、日ソ航空交渉がモスクワで開かれ、それまでアエロフロートと共同運行していた日本航空の自主運行を3月28日から開始することで合意、この日第1号となる日航機が飛び立った。日ソ航空交渉で、日本はモスクワ以遠地としてロンドンとパリを確保、これにより北極まわりヨーロッパ線に比べ3時間短縮される。

3.30 〔鉄道〕ミキサー車が警報無視して衝突 山口県豊浦郡の国鉄山陰本線川棚温泉・小串間の高砂踏切で、下り普通列車にコンクリートミキサー車が衝突、7両編成の前部1両目が横転し大破、2、3両目が脱線した。約400人の乗客が将棋倒しとなり、4人が死亡、28人が重軽傷。ミキサー車の運転手も死亡した。ミキサー車が踏

	切警報を無視したため。
3.31	〔航空〕よど号ハイジャック事件 赤軍派学生が東京発福岡行き日本航空ボーイング727「よど号」をハイジャックし、北朝鮮・平壌に強制着陸させた。日本初のハイジャック事件。
4.8	〔地下鉄〕地下鉄工事で500人死傷 午後5時40分頃、大阪市の市道天六・守口線の地下鉄谷町線延長工事で、大阪ガスの職員がガス漏れを修理中に大音響とともにガスが爆発。周辺の7つのマンホールからは高さ10メートルの火柱が上がり、地下鉄建設工事のために路面に敷いてあったコンクリートの覆工板約100枚が爆風とともに吹っ飛び、作業員や通行人が爆風をまともに受けたり覆工板の下敷きになったりした。またマンホールから吹き出した火は道路を埋めて家屋にも燃え移り、30戸、2000平方メートルを焼いた。死者78人、重軽傷423人。中圧管の接合部分からガスが漏れて地下鉄トンネル内に充満、車のエンジンのスパークが引火して爆発したもの。
4.10	〔航空〕全日空整備設立 全日本空輸と新明和工業の合弁により、航空機整備専門会社として全日空整備株式会社設立。航空機修理事業の認可を受け、全日空の全面的協力と新明和からの技術者転入により整備体制を確立。全日空機の運航支援を主眼に稼働を開始した。のちFAA、RPCAAのリペアステーションライセンスを取得。
4.12	〔行政・法令〕本州四国連絡橋公団法 本州四国連絡橋公団法が成立、5月20日から施行された。本州と四国の間に有料道路と鉄道を建設するための公団を設立することを定める。明石・鳴門、児島・坂出、尾道・今治の各ルートについて調査、着工順位を決めて建設工事に当たる。初代総裁には富樫凱一・前日本道路公団総裁が就任。
5.11	〔航空〕京都で世界初の国際空港会議開催 国際空港管理者協議会（AOCI）、西ヨーロッパ空港協会（WEAA）、国際民間空港協会（ICAA）の3団体主催で、世界初の国際空港会議が京都国際会議場で4日間にわたり開催され、世界27ヶ国200余名が参加。政府機関には国際民間航空機関（ICAO）、航空企業には国際航空運送協会（IATA）があるのに対し、空港当事者間ではAOCI、WEAA、ICAAの3団体が別個に空港管理にあたっていたため、3団体主催で国際会議を開くことにより空港側の国際的な統一展開を図った。また、世界の空港の共通問題であるジャンボ機導入に伴う問題や、航空機騒音対策などについて話合いがもたれた。
5.13	〔行政・法令〕全国新幹線鉄道整備法 「全国新幹線鉄道整備法」が成立し6月18日に施行された。国土の総合的開発をはかるため、新幹線による鉄道網を整備することと定める。運輸相が鉄道建設審議会に諮問して建設計画を定め、建設は国鉄または日本鉄道建設公団が行い、建設資金の助成を国が配慮することとなっている。
5.18	〔行政・法令〕ハイジャック防止法公布 よど号ハイジャック事件を機に制定された「航空機の強取等の処罰に関する法律」（ハイジャック防止法）が公布される。6月7日施行。
5.18	〔鉄道〕ドア開けたまま8キロ暴走 国鉄総武線上り普通電車が幕張駅を出発し、次の津田沼駅に近づいた際、進行方向右側のドアが10両全部で開いた。車掌と運転士がドアを閉める捜査をし、ブレーキをかけたがいずれも効かず、3つの駅を通

過、次の駅を通り過ぎたところでパンダグラフを下げて電流を遮断、やっと止まった。ラッシュ時間前で運転間隔があいていたため先発電車との追突などの惨事は免れ、乗客700人にけがはなかった。5両目と6両目の元留管空気ホースと電気カップラーにそれぞれ小鉄片が一つずつ刺さっていたための事故。

5月　〔自動車〕2代目カローラを発売　トヨタ自動車工業の大衆乗用車2代目カローラが発売された。旧モデルに比べて車体が大型化しエンジンも1200ccになるなど、国民生活が豊かになるのに合わせて豪華さを前面に出すモデルチェンジが行われた。車種のバリエーションも多く、中身は同じだが販売チャンネルが異なる姉妹車のスプリンターも発売された。

6.19　〔船舶〕日本初の国際フェリー就航　前年に設立された関釜フェリー株式会社が「フェリー関釜」の運航を開始。下関港と釜山港が海路で結ばれた。

6.24　〔行政・法令〕運輸審議会発足　運輸省設置法第5条に基づき、運輸大臣の諮問機関として運輸審議会が発足。委員定員は会長を含む7名で、うち1名は運輸事務次官。運輸事業の運賃変更・認可事業の免許、休廃止の許可など運輸省設置法第6条規定事項のうち運輸大臣の措置にかかるものについて諮問を受けて答申を行ない、必要に応じて運輸大臣に対し勧告を行なう。

6.25　〔航空〕航空政策の基本方針再編成へ　橋本運輸相は運輸政策審議会の初総会を開き、「今後の航空政策の基本方針」を諮問した。1966年5月の閣議了承事項で東亜航空と全日空が合併することになっていたが、航空需要の増大から東亜航空が合併に難色を示しており、諮問に先立って橋本運輸相と福永一臣自民党航空対策特別委員会との間で、これまでの航空政策を根本的に改めることで意見が一致していた。

6.29　〔船舶〕47万トンタンカー建造へ　運輸省は、石川島播磨重工がイギリスのグロブティック・タンカー社から受注した世界最大の47万7000重量トンタンカーの建造を許可した。許可条件として、造船所側に船体構造の安全性を十分とること、衝突予防装置を備えたレーダーの設置を義務づけたほか、タンカーの運航会社には原油積載中の日本寄港中は鹿児島県の喜入港に限ること、防災対策の運輸省への報告義務など義務づけた。

6月　〔自動車〕三菱自動車工業を設立　三菱自動車工業が設立された。自動車事業に専念するため三菱重工業から分離独立したもので、自動車事業本部、名古屋・川崎・水島の3ヶ所の自動車製作所、京都製作所の一部が同社に移管された。資本金は299億円、従業員は約2100人で、三菱重工業副社長で自動車自動車事業本部長の佐藤勇二が社長に就任した。

7.1　〔航空〕日本航空のジャンボジェット機が就航　日本航空の太平洋線（東京—ホノルル線）にボーイング747ジャンボジェット機が就航、翌2日には東京—ホノルル—ロサンゼルス線に就航した。プロペラ機の7倍以上、数年前に導入したDC-8ジェット機の3倍の収用力を有する同機が日本航空の主力機となったことに高度経済成長が追い風となり、大量・高速輸送時代が幕を開けた。

7.1　〔航空〕日本航空開発を設立　日本航空が出資したホテル運営会社である日本航空開発株式会社が設立された。資本金は30億円で、日本航空の就航地・世界の主要都市・観光地・リゾート地に国際的なホテル網を構築した。

7.2　〔船舶〕100万トンタンカー開発諮問　橋本運輸相は運輸技術審議会に100万重量ト

ンタンカーの建造技術開発の方法を諮問した。タンカー大型化が著しく、イギリスなどで研究が始められていることなどを受けたもの。

7.30 〔航空〕**YX計画開発費国負担へ** 次期民間輸送機YXについては、1969年7月に日本航空機製造が116人乗りのYX-33計画を発表したが、メーカー側からの小さすぎるとの批判に頓挫。12月の日航製の社長退陣と数ヶ月後の東海林武雄社長就任により振出しに戻った。メーカー側の不満は開発費負担が大きすぎること、YS-11の生産代金が長期手形で事実上未払いになっていることなどにあった。7月30日、通産省の諮問機関航空機工業審議会は、YXの開発費は国が全額負担とし、YS-11の赤字を早期に解消すべきとの答申をまとめた。116人乗りのYX-33は150〜180人乗りとして最終案作製に入った。

8.1 〔船舶〕**コンテナ競争激化** アメリカの有力コンテナ船運行会社、マトソン・ナビゲーション社は極東航路への配船を中止した。1967年9月に世界の海運会社に先駆けて太平洋航路でのコンテナ輸送を始めた海運会社だが、ベトナム軍需輸送の激減、邦船6社を含む他社との競争に敗れたもの。

8.2 〔道路〕**歩行者天国** 警視庁は、池袋・新宿・浅草・銀座の繁華街において休日の車両通行を禁止し、車道部分を含めた道路全体を歩行者用道路とする歩行者天国を都内で初めて実施した。

8.18 〔船舶〕**大型ドック建設許可** 運輸省は三菱重工が申請していた長崎県西彼杵郡の香焼島の100万トンドックの建造を認可した。幅500メートル、長さ970メートルで、25万重量トン級の船舶を3隻同時に建造でき、100万重量トンタンカーも建造可能。完成すれば世界一の大型ドックとなる。建設資金は280億円、9月16日に起工式を行い、完成予定は1972年9月。

8.20 〔鉄道〕**鹿島線** 鹿島線香取―鹿島神宮間が開業。

9.1 〔鉄道〕**鹿児島線** 鹿児島線門司港―鹿児島間全線で交流電化が完成。

9.15 〔鉄道〕**呉線** 呉線三原―海田市間で電気運転が開始された。

10.1 〔鉄道〕**関東最後の蒸気機関車が引退** 足尾・八高・高島各線で蒸気機関車が廃止された。これにより関東地方の蒸気機関車はすべて引退。

10.1 〔鉄道〕**国鉄「ディスカバー・ジャパン」キャンペーンを開始** 国鉄が「ディスカバー・ジャパン」と題した個人旅行拡大キャンペーンを行う。キャンペーン開始に合わせてミニ周遊券が発売された。

10.1 〔鉄道〕**中村線** 中村線土佐佐賀―中村間が開業したことにより、窪川―中村間が全線開通。

10.9 〔鉄道〕**東武線で踏切事故** 埼玉県加須市の東武伊勢崎線花崎駅南200メートルの踏切で、6両編成の準急電車とダンプが衝突。ダンプは電車の下敷きになり、電車の1から3両目まで脱線した。ダンプの運転手と乗客4人が死亡、223人が重軽傷を負った。

10.16 〔行政・法令〕**自動車新税に対する反対運動** 日本武道館で自動車新税反対の全国総決起大会が開催され、日比谷までデモ行進を行った。

10.30 〔自動車〕**第17回東京モーターショー** 第17回東京モーターショーが東京・晴海の国

― 213 ―

際貿易センターで開幕した。会期は11月12日までで、274社が参加し、展示車両は792台。7ヶ国33社と海外メーカーが本格的に参加した初のショーとなった他、公害対策や電気自動車など技術面での新たな動きも見られた。入場者数は145万2900人だった。

10月　〔自動車〕チェリーE10型を発売　日産自動車の新型乗用車チェリーE10型が発売された。旧プリンス自動車工業系技術者が開発したもので、同社初のFF車となった。エンジンはサニーと同じで、直列4気筒OHV1000ccと1200ccの2種。1978年のモデルチェンジに際してパルサーと改名された。

11月　〔オートバイ〕鈴木自動車工業がロータリーエンジンを開発　鈴木自動車工業がドイツのアウディNSU社およびバンケル社との間でロータリーエンジン技術導入に関する契約を締結した。1973年に世界初のロータリーエンジン・オートバイであるRE-5を完成させ、1974年11月に輸出を開始したが、燃費の悪さやオイルショックの影響などから販売は振るわなかった。

12.12　〔航空〕ボイスレコーダー搭載を義務化　運輸省航空局が操縦室音声記録装置（ボイスレコーダー、CVR）搭載の義務化を決定した。航空機の操縦室内の会話や地上航空管制官との交信内容などを記録する装置で、事故発生時の状況把握や原因解明のための有力な資料となるもの。

12月　〔自動車〕カリーナとセリカを発売　トヨタ自動車工業の乗用車カリーナとセリカが発売された。シャシーは共通で、前者は小型車市場におけるスポーティカー需要を狙ったラグジュアリーカー、後者は大々的に販売された日本初のスペシャリティカーだった。

この年　〔航空〕外務省、数次旅券を観光客に発給　リピーターの増加に伴い、外務省がそれまで業務渡航にのみ発行していた数次旅券を観光目的の旅客にも発給。有効期間を2年から5年に延長した。

この年　〔航空〕空港整備特別会計を設置　1970年度より空港整備特別会計を設置することが決定された。受益者負担の原則を取り入れて空港整備事業および空港の維持運用に関する経理を一般会計から切り離すためのもの。また、増大する空港整備事業費や環境対策事業費に対応するため、1971年8月以降に航空援助施設利用料・航空機燃料税・特別着陸料が創設された。

この年　〔航空〕新空港整備5カ年計画　1969年度の国内航空需要は旅客1212万人で前年度43%増。東京・大阪両空港はパンク状態となり、万博と夏休みが重なった1970年7、8月は18%が着陸待ち30分以上となるなど利用者の不満を生んだ。運輸相は67年度から始めた空港整備5カ年計画を打ち切り、71年度を初年度とする新しい空港整備5カ年計画を作成することにした。

この年　〔航空〕日航、収益大幅低下　国内航空4社の決算で、日本航空はジャンボジェット機の導入や成田空港への設備新設などで出費がかさみ、経常利益が前年度比で34.2%減った。全日本空輸はまずまず。旧日本国内航空は初めて黒字を計上。旧東亜航空は経常利益が前年度比25.6%の減となった。

日本交通史事典　　　　　　　　　　　　　　　　　　　　　　　　1970年（昭和45年）

この年　〔鉄道〕運輸省試算、償却前で赤字　1969年度の国鉄決算は償却前利益は600億円だが、1300億円の赤字で、年度始めの推定額を大きく上回った。さらに運輸省試算では1971年度には償却まで700億円の赤字を計上し、償却後には2900億円の赤字に達するとなった。このため運輸省はローカル線全線2万キロの半分について、国、地方公共団体、国鉄が欠損を負担する「赤字の地方負担」を検討し始めた。

この年　〔鉄道〕国鉄再建案に労使対立　国鉄は再建10カ年計画が決定すると、国鉄労組、動力車労組、鉄道労働組合に対し、4月から合計3万人の職員を減らすという第1次合理化案を示した。国労・動労は直ちに反対声明を出すとともに、中小駅廃止の地域住民と共闘態勢をとるという強い反対姿勢を表明した。

この年　〔鉄道〕国鉄予算　財投から3400億円、一般会計から利子補給38億7400万円、財政再建補助金83億6593万円が支出され、1970年度の工事経費はほぼ国鉄の要求通りの3950億円が確保された。

この年　〔地下鉄〕地下鉄建設費50％補助　大都市交通対策の一環として、建設費の50％を国と地方公共団体が補助することになった。

この年　〔バス〕各地でバス営業開始および廃止　中国バスと宮城交通バスがバス営業を開始した。一方、三浦交通バス・雄別鉄道・寿都鉄道はバス事業を廃止。

この年　〔バス〕全国初の老人無料乗車券　明石市営バスが全国で初めて老人無料乗車券を発行した。

この年　〔自動車〕自動車の概況　5月末現在での自動車登録台数は1141万4193台で前年同月比17％増。小型二輪、軽自動車を含めた総数は1696万3788台。自動車の排気ガス公害が注目され、2月20日の閣議で8月1日から中古車の一酸化炭素排出規制がアイドリング時で濃度5.5％以下に抑えられた他、新型車はブローバイガス還元装置をつけることが義務づけられた。12月10日からは軽自動車とLPG車も規制対象に加えられた。

この年　〔自動車〕自動車資本自由化へ　自動車業界は政財界の要請にようやく応え、資本自由化の時期を半年繰り上げて1971年春実施を了承した。外資の出資比率は50％までで、既存メーカーとの合弁は認めず、現金出資による新設合弁に限る、また、既存メーカーとの合弁は政府の個別審査の対象とするなどの条件を付けた。

この年　〔自動車〕自動車新税構想に猛反対　自民党が道路財源として軽自動車に2万円、小型乗用車に3万円、トン積みトラックに7万円などの新税課税を計画、日本自動車工業会は国内の新車販売台数に大きく影響し、業界不振を招くと猛反対した。

この年　〔行政・法令〕運輸技術審議会、運輸政策審議会、地方交通審議会　運輸技術審議会、運輸政策審議会および地方交通審議会が運輸省の附属機関として設置された。

1971年
（昭和46年）

2.1 〔鉄道〕五日市線 五日市線武蔵五日市—武蔵岩井間で旅客営業が廃止された。

2.5 〔航空〕第2次空港整備5ヶ年計画 第2次空港整備5ヶ年計画が閣議決定された。ジェット機化や高度経済成長を背景とする大量・高速輸送時代に対応するため第1次計画を4年で切り上げて策定したもので、総額6500億円。同計画に基づき、地方の基幹空港のジェット化や地方空港への増便が行われた。なお、1970年にローカル線のシェアが初めて幹線を上回っている。

2.11 〔鉄道〕国鉄酒飲み運転で衝突事故 栃木県内の東北本線を走行中の貨物列車に、前を走っていた上野発の急行「ばんだい6号あづま2号」がバックして衝突、貨物列車の機関車が脱線した。急行列車を運転していた機関士が飲酒に酔ったまま勤務、途中居眠りしたのが原因。

2.21 〔航空〕全日空の国際チャーター便が就航 全日空の国際チャーター第1便が香港へ向けて出発した。同社が近距離国際チャーター分野への参入方針を発表したのは1970年10月21日で、11月に閣議で同分野への進出を認められていた。同社にとってはこれが国際線進出の第一歩であり、日本の国際チャーター輸送の幕開けともなった。

3.4 〔鉄道〕富士急行、トラック衝突暴走脱線事故 富士急行大月線月江寺駅の富士吉田駅方にある緑ヶ丘第2踏切内に小型トラックが遮断機を突破して進入、そこへ走行してきた河口湖発大月行き急行電車（2両編成、乗員乗客約100人）が衝突した。急行は下り勾配を暴走し、4駅を通過して脱線、後ろの1両は線路脇の土手に激突・横転した。この事故による死者は17名、重軽傷者は68名にのぼった。

3.7 〔鉄道〕吾妻線 吾妻線長野原—大前間で電気運転が開始される。

4.1 〔鉄道〕3新幹線工事始まる 橋本登美三郎運輸大臣は、磯崎叡国鉄総裁と篠原武司日本鉄道建設公団総裁に対して、東北・上越・成田新幹線と青函トンネル工事に着手するよう指示。1970年代後半の完成を目指す。

4.19 〔航空〕世界の航空会社の中国乗り入れ激化 米国最大の航空会社のユナイテッド航空が中国路線（日本中継）開設を、米民間航空局に申請、22日にはアメリカン航空も申請した。すでにカナダは乗り入れの内諾を得ていると言われている。日本航空も、中国に対し積極的に接近し始めた。

4.20 〔鉄道〕国鉄103系電車 山手・中央・総武・京浜東北・常磐線で103系電車への置き換えが進められた。

4.20 〔地下鉄〕営団地下鉄千代田線 帝都高速度交通営団千代田線綾瀬—北千住間が開業。国鉄常磐緩行線我孫子駅まで相互直通運転を開始する。

4月 〔自動車〕資本自由化 自動車産業の資本自由化が実施され、国内メーカーと海外メーカーの資本提携が可能となった。自由化されたのは自動車製造、車体または

付随車製造、部品または付属品製造、自動車用検査機器などの7業種で、同時に完成車・エンジン・部品などの関税が引き下げられた。

5.15　〔航空〕東亜国内航空を設立　東亜航空と日本国内航空が合併し、東亜国内航空株式会社が設立された。資本金は95億2500万円。翌日にはストライキのため同社の124便が欠航する波乱の幕開けとなったが、日本航空・全日空に続く第3の航空会社として発展し、1988年に日本エアシステムと改称した。

5月　〔航空〕次の民間輸送機計画（YX）は国際共同開発　通産省の諮問機関である航空工業審議会は、次期民間中型ジェット旅客機YXの開発において「国際共同開発もやむなし」と中間答申を出した。技術的に遅れている日本では一国開発は無理との意見も多く、また世界の航空機業界も共同開発が増えていたことによる。

6.1　〔道路〕**1971年度道路整備施工命令**　1971年度中に着工する国土開発幹線自動車網の8道11区間、延べ555kmの整備計画（事業費4110億円）がまとまり、建設審議会に諮問、即日答申を得た。完成すると、1985年までに建設する7600kmのうちの42％が使用できる。

6.2　〔航空〕ハバロフスク線運航スタート　ソ連（ハバロフスク）と日本（新潟）を結ぶ空のローカル線の運航が開始された。新潟空港拡張までは羽田空港から飛ぶ（1972年4月予定）。

6月　〔自動車〕日産工機と改称　東急機関工業が日産工機に社名変更した。1970年8月に日産自動車が同社の発行済み全株式を取得して子会社化したことに伴う改称で、主に旧プリンス自動車工業系の技術者が幹部となってエンジン生産を行った。

7.1　〔鉄道〕京浜電気鉄道特急に**3000系車両導入**　京浜電気鉄道特急で3000系車両の使用が開始された。日本で初めてカラーテレビを設置したことから「テレビカー」の愛称で呼ばれた。

7.1　〔鉄道〕房総西線　房総西線千倉―安房鴨川間で電気運転が開始される。

7.3　〔航空〕東亜国内航空「ばんだい号」墜落事故　札幌発函館行き東亜国内航空63便YS-11A-227型「ばんだい」号が、悪天候の中函館空港の位置を誤認し、横津岳西側の谷あいの急峻な山腹に激突した。機長、副操縦士、客室乗務員2名、乗客64名の計68名全員が死亡した。この事故と、同月30日に起きた全日空機雫石衝突事故とをきっかけに、第2次空港整備計画の一部が繰り上げ実施、空の過密化も大きな問題となり、航空法の抜本的な改正が行われることになった。

7.28　〔行政・法令〕新しい総合交通体系決まる　運輸政策審議会（中山伊知郎会長）は新しい交通体系のあり方を検討していたが、1985年を目標にした基本的な方向をまとめ、丹羽喬四郎運輸大臣に答申。鉄道・自動車・航空・海運を相互に補い合うようにしようとする計画で、特に鉄道の役割を重視した。

7.30　〔航空〕全日空機雫石衝突事故　午後2時2分頃、岩手県雫石上空で札幌（千歳空港）発東京行きの全日空58便（ボーイング727）と訓練中の航空自衛隊第1航空団松島派遣隊所属のF86F戦闘機が空中衝突、両機とも墜落した。自衛隊機の乗員は脱出に成功したが、全日空機の乗客155人・乗員7人は全員死亡した。刑事裁判・民事裁判の結果、自衛隊機の責任がより重いが、全日空機にも相応の過失責任があると認定された。事故の根本的な原因は狭い国土の上空で民間航空路と自衛隊訓練

1971年（昭和46年）

空域が隣接して設定されていたことであり、後に国土上空の訓練空域を廃止して洋上に移転する処置が取られた。

8.1 〔航空〕**往復割引航空運賃廃止** 滑走路延長工事や航空保安施設整備のための財源に当てるため、航空会社負担の航行援助施設利用料を新設。乗客にも負担させることになり往復割引運賃制度を廃止した。

8.3 〔鉄道〕**函館本線** 函館本線美唄―南美唄で旅客営業が廃止される。

8.16 〔バス・タクシー〕**バス・タクシーで答申** 大都市交通におけるバス・タクシーのあり方について、運輸政策審議会（中山伊知郎会長）が答申案をまとめた。この案では、バスを都市交通の最優先とし、路線の再編や増便などして便利な乗り物にし、タクシーは免許制を廃止するなどの対策をあげた。

8.19 〔航空〕**大阪国際空港のVOR/DMEが完成** 大阪国際空港のVOR（超短波全方向式無線標識施設）/DME（距離測定装置）が完成し、その運用が開始された。従来のNDB（無指向性無線標識）に比べて格段に安定した高精度の情報提供が可能で、航空機の安全運行に大きく寄与した。また、同施設はドプラ方式のVORにカウンターポイズ方式を取り入れた日本最初の事例で、宮崎・熊本・大分・松山・羽田の各空港のVORの原型となった。

8.20 〔鉄道〕**唐津線** 唐津線山本―岸嶽間で旅客営業が廃止される。

8.25 〔鉄道〕**奥羽本線** 奥羽本線秋田―青森間で電気運転が開始された。

8.29 〔鉄道〕**只見線** 只見線只見―大白川間が開業。

8.30 〔鉄道〕**山陽新幹線1972年3月開業** 国鉄が、山陽新幹線（新大阪―岡山）の開業を1972年3月15日と決めた。10月からは試運転が始まる。

8月 〔自動車〕**ブルーバードU610型を発売** 日産自動車の乗用車ブルーバードU610型が発売された。走行性能を重視した旧モデルに対し、豪華さや高級感を重視する「道具から家具へ」とのコンセプトに基づいてスタイルを一新。車体が大型化され、1600ccまたは1800ccのエンジンを搭載した。1973年1月に姉妹車のバイオレット710型が発売されたが、両車とも販売は振るわなかった。

9.10 〔自動車〕**米ビッグ3と提携** 本格的な国際競争時代へ突入 6月に資本提携が認可された米3大自動車メーカーの一つクライスラーと三菱自動車との合弁企業が正式に発足した。9月3日には、GM（ゼネラルモーターズ）といすゞ自動車との資本提携が認可。フォードも、東洋工業と資本提携を交渉中。

10.1 〔鉄道〕**奥羽本線** 奥羽本線秋田―青森間電化完成、到達時分の短縮、牽引定数を向上。

10.6 〔鉄道〕**岡山県で急行列車が火事** 岡山県の山陽線で、京都発長崎行きの急行列車から火災が発生。客車1両が丸焼け、乗客1人が焼死した。乗客が捨てたたばこの火が原因。

10.16 〔航空〕**新大分空港が開港** 新大分空港が開港した。大分空港は1957年3月の開港で、それに先立つ1956年12月17日に大分航空株式会社が設立されていたが、新空港の開港に関連して大分航空ターミナル株式会社へと改称し、資本金も設立当初の300万円から1億9200万円に増強された。

10.20	〔自動車〕ノーカーデーの提案 八王子市長が、大気汚染の抑制と交通渋滞の緩和を目的として、毎週水曜日の自動車利用の自粛と公共交通機関の利用を呼びかけた。全国に先駆けた「ノーカーデー」運動の提案である。
10.25	〔鉄道〕近鉄大阪線列車衝突青山トンネル事故 大阪上本町発近鉄名古屋行き下り特急電車(4両編成)が近鉄大阪線青山トンネル内を走行中、自動列車停止装置(ATS)故障のため誤停止。ブレーキが効かない状態で下り勾配を暴走し、脱線転覆、枕木の上を走って総谷トンネル内に突入した。これに対向してきた賢島発京都、難波行き上り特急電車(7両編成)が正面衝突、下り乗客96名、上り乗客396名のうち25名が死亡した。約300名が負傷。
10.29	〔自動車〕第18回東京モーターショー 第18回東京モーターショーが東京・晴海の国際貿易センターで開幕した。会期は11月11日までで、267社が参加し、展示車両は755台。排出ガス対策など公害への関心が高まった影響で市販を前提とする自動車が増えた他、安全で無公害な都市交通システムとして開発中のCVSが話題となった。入場者数は135万1500人。
10月	〔鉄道〕修学旅行列車が廃止 1959年以来運行されてきた修学旅行列車「きぼう」が16日に、「ひので」が25日に廃止となった。新幹線による修学旅行が一般的となったため。
11.14	〔鉄道〕青函トンネル起工式 本州と北海道を結ぶ海底トンネル「青函トンネル」の起工式が北海道渡島支庁福島町で行われた。
11.20	〔バス〕低床式バス 都営バスが低床式バスを導入した。新宿区に5台、杉並区に3台。
11.28	〔鉄道〕東北・上越新幹線起工式 東北・上越新幹線起工式が1都7県で行われた。
12.15	〔鉄道〕京王帝都電鉄井の頭線 京王帝都電鉄井の頭線渋谷―吉祥寺間で急行電車の運転を開始。同区間を17分で運行した。
12.16	〔地下鉄〕札幌市交通局地下鉄 札幌市交通局地下鉄北24条―真駒内間が開業。
12.17	〔行政・法令〕国鉄、抜本的な改善必要 政府は、臨時総合交通問題閣僚協議会で「総合交通体系のあり方」を決定し、1972年度からの政策に盛り込まれることになった。そのなかでも国鉄再建はもっとも重要な課題であった。
12.26	〔鉄道〕世知原線、臼ノ浦線 世知原線肥前吉井―世知原間、臼ノ浦線佐々―臼ノ浦間で旅客営業が廃止された。
この年	〔航空〕YS-11生産中止決定 YS-11機販売での赤字問題を抱えている日本航空機製造は、YS機の生産を1972年度末までと決めた。赤字総額は200億円を超えるといわれているが、その大部分を、政府が負担する。
この年	〔航空〕空港用地強制収用代執行 成田空港予定地の強制収用は2月22日～3月6日、第1次代執行。反対派は老人や学童らも阻止行動に参加し、逮捕者461人、双方の負傷者606人。7月26日、27日の駒井野の農民放送塔の強制収用に続き、9月16日～20日、第2次代執行。神奈川県機動隊が反対派に襲撃されて3人が死亡、初の犠牲者となる。また、初めて民家の住宅が収用され、空港周辺は反対派のゲリラ活動が相次ぎ騒然となった。
この年	〔航空〕国産ジェットエンジン開発 1971年度から通産省が「航空機用ジェットエン

ジンの研究開発」を大型プロジェクトにとりあげ、推力7トンクラスの高性能ファンジェットエンジン開発を開始。8月2日に通産省工業技術院が石川島播磨重工・三菱重工・川崎重工の3社とジェットエンジン開発委託契約を締結した。

この年　〔バス〕バス営業開始と廃止　大富士開発、茨城オート、利賀村営バスがバス営業を開始した。一方東日本観光バスと北丹鉄道はバス事業を廃止。

この年　〔バス〕バス優先レーン　「道路交通法」第20条の2および「道路標識・区画線及び道路標示に関する命令」327の3を根拠法令として、バス優先レーン（路線バス等優先通行帯）が規定された。優先レーンでは路線バス以外の車両も走行することができるが、路線バス接近時は速やかに道を譲らなければならないとする。

この年　〔バス〕深夜バス　東武バスが深夜バスの運行を開始した。

この年　〔自動車〕日本自動車メーカー、中国進出へ　日本の各自動車メーカーが中国に多くに関心を寄せている。春の交易会参加は日野自動車、日産ディーゼル、トヨタ自動車の3社のみだったが、秋にはホンダ技研、鈴木自動車、ヤマハ発動機が参加。7月に日産ディーゼル原科恭一社長、9月にトヨタ自動車グループ首脳が訪中。中国市場への期待がうかがえる。

この年　〔自転車〕富士アメリカ設立　日米富士自転車が富士アメリカを設立、輸出販売台数を増加させる。

この年　〔船舶〕外航船舶建造計画改定　世界の貿易量が、新海運政策の策定時の予想を大幅に上回る見通しになり、これまでの邦船の積取率では、原材料等を輸入に頼る日本経済の発展が滞ってしまうためため、外航船舶の計画を2050万総トンから2800万総トンに改定した。

この年　〔行政・法令〕新道路整備計画設定　第6次道路整備5ヵ年計画は順調に進んだ。しかし政府は、各界から高速道の延長の要望や地方道整備の必要性などから、第8次道路整備5ヵ年計画（初年度1973年度）を設定する意向を示した。

1972年
（昭和47年）

1.16　〔鉄道〕鍛治屋原線　鍛治屋原線板野―鍛治屋原間が営業を廃止した。

1.28　〔鉄道〕特急「オリンピア」　札幌オリンピック開催に合わせ、東京と札幌を結ぶ臨時特急「オリンピア」が運行された。臨時電車特急「オリンピア1号」で上野から青森へ移動、青函連絡船を経て臨時気動車特急「オリンピア2号」に乗り換え、札幌に到着するというもの。

2.1　〔鉄道〕細島線　細島線日向市―細島間の旅客営業が廃止された。

2月　〔航空〕共立航空撮影を設立　航空測量用の垂直写真を主要事業とする共立航空撮影株式会社が設立された。パシフィック航業と八洲測量の運行事業部門を継承したもので、企業規模の小さい航空測量企業各社が単独で全国的な撮影体制を構築・

		維持するのは困難なため、同社が設立された。
2月		〔船舶〕日中造船交流活発 船舶輸出へ 日立造船の対中国への貨物船輸出商談がまとまった。6月には中国の造船工業視察団が来日。8月には三菱グループ訪中団の一員として三菱重工の古賀繁一社長も訪中した。
3.1		〔鉄道〕三国線 三国線金津―三国港間の営業が廃止された。
3.1		〔鉄道〕篠山線 篠山線篠山口―福住間の営業が廃止された。
3.15		〔航空〕TACTを設立 東京エアカーゴ・シティ・ターミナル株式会社が設立された。新東京国際空港建設決定に伴い、航空貨物の物流と通関業務を効率的に行うために設立されたもので、資本金は18億円。貨物ターミナルは市川市原木に建設された。
3.15		〔鉄道〕コムトラックシステムの導入開始 山陽新幹線に新幹線運行管理システム（通称コムトラック）を導入、一部で使用を開始した。世界初の列車運行管理システムである。
3.15		〔鉄道〕山陽新幹線新大阪―岡山間開業、国鉄ダイヤ改正 山陽新幹線新大阪―岡山間の開業に伴い、ダイヤ改正が実施された。在来線では山陽本線で岡山伊東の優等列車は大幅に削減される一方、山陽新幹線に接続する列車が増発された。
3月		〔自動車〕フォード・東洋工業 提携白紙に フォードと東洋工業は2年間にわたり提携交渉をすすめてきたが、折り合いがつかず、白紙に戻すことになった。米ビッグ3のGMはいすゞと、クライスラーは三菱との提携が1971年にスタートした。
3月		〔自動車〕保安基準改正 自動車の保安基準が改正された。アイドリング時のCO排出量を5.5%から4.5%に削減し、HC放出を抑制するため燃料蒸発ガス抑止装置の装備を義務付けるといった公害対策が導入された他、車高制限が3.5メートルから3.8メートルに変更され、乗用車への衝撃吸収ハンドル装備が義務化された。
4.1		〔鉄道〕宇品線 宇品線広島―上大河間で旅客営業を廃止。
4.1		〔鉄道〕業界再編第一弾 川崎重工と汽車製造合併 1970年から提携関係にあった両社だが、汽車製造の再建が困難となり合併を発表。これにより東京・兵庫の2工場を閉鎖。合併後のシェアは国鉄需要に対してトップに。
5.2		〔鉄道〕3新幹線建設決定 運輸省は、東北・北海道線、北陸線、九州線の3線を新幹線建設の調査線に指定した。着工は1974年度、1979～1980年度完成予定。
5.14		〔鉄道〕川俣線 川俣線松川―岩代川俣間で旅客営業を廃止。
5.15		〔航空〕羽田で日航機が暴走 東京・羽田空港を離陸しようとしていた福岡行きの日航機の左第1エンジンの出力が低下、機体のバランスがくずれエンジンから火を吹きながら暴走。右主翼を引きずった状態でようやく停止した。奇跡的に大惨事には至らなかった。
5.30		〔航空〕横浜航空機が墜落 横浜航空のセスナ402が北海道樺戸郡の山腹に墜落し、乗客乗員10人全員が死亡した。本事故により小型機を用いた離島・辺地への近距離航空輸送の安全と安定を確保する必要性が再認識され、10月20日に運輸相が「離島・辺地の航空輸送を確保するための方策について」航空審議会に諮問、12月28日に答申が行われ、1974年3月13日に日本近距離航空が設立された。

6.12	〔航空〕コンコルドが来日 英仏共同開発の超音速旅客機コンコルドが来日した。運用試験の一環として、またセールス・デモンストレーションを兼ねて6月2日に英国を出発し、アジア各地を経由して東京国際空港に到着したもので、同空港で2回の招待飛行を行い、15日に離日した。また、1979年6月27日には東京サミットに出席するジスカール・デスタン仏大統領を乗せたコンコルドが同空港に飛来した。
6.14	〔航空〕日本航空ニューデリー墜落、炎上事故 東京発バンコク・ニューデリー経由ロンドン行き日本航空471便DC-8-53型機が、ニューデリー・パラム国際空港への着陸進入中に滑走路手前約23.4kmのジャムナ河の堤防に接触して墜落、炎上。86名と、地上で護岸工事をしていたインド人4名が死亡した。1952年10月25日の自主運航開始以来初めての死亡事故となった。
6.16	〔行政・法令〕国鉄運賃改正法廃案 1969年度から行っている国鉄再建10ヵ年計画を、国鉄の企業努力を3本柱とするものに練り直し、「国鉄運賃法及び日本国有鉄道再建促進特別措置法の一部改正案」を国会に提出した。衆議院では可決されたものの、参議院では審議未了で廃案。
6.23	〔鉄道〕日暮里駅で追突事故 東京の日暮里駅ホームで、京浜東北線大宮行き電車に山手線内回り電車が追突。原因は、山手線電車の運転士が黄色信号にもかかわらず減速せず、またATS（列車自動停止装置）の異変ブザーを故障と勘違いしたため。
7.1	〔航空〕運輸相示達 国内航空路線に関する新見解を示す運輸相示達が発表された。日本航空・全日空・東亜国内航空の定期航空3社の事業分野を定めて過当競争を防ぎ、共存共栄を図るもので、日本航空は国内幹線と国際線の運航を、全日空は国内幹線とローカル線および近距離国際チャーターの運営を主事業とし、東亜国内航空にも将来的に国内幹線でジェット機を運用することを認める内容。
7.1	〔鉄道〕大手私鉄、値上げ申請 東武、小田急、近鉄など私鉄大手の12社が、運賃の値上げ申請をした。前回の値上げは1970年10月。
7.12	〔船舶〕海員ストで大損害 5月14日から90日間に及ぶ海員ストが出した損害は大きく、運輸省によると直接額は中核6社だけでも249億円にものぼり、石油業界などでは原油不足から一部操業停止をしたところも出た。
7.15	〔航空〕航空運賃値上げ 航空3社は貨物を含む全路線の料金を平均9.5％上げた。1973年度には燃料税率が上がるため、1973年9月には再値上げされる。
7.15	〔バス〕立川にバス専用道路 立川駅へ向かうバス路線においてバス専用道路が実施される。路線バス以外の通行を認めないことによって交通渋滞解消とバスのスムーズな運行を図った。
7月	〔航空〕1974年度以降にエアバス導入 政府は、日本航空、全日空、東亜国内航空3社の国内線の運航体制などの方針を決めた。国内線へのエアバスなど大型機導入時期も1974年度以降と決めた。
7月	〔自動車〕シビックを発売 本田技研工業の小型大衆乗用車シビックが発売された。前後ともストラット式の四輪独立懸架を採用したFF2ボックスの2ドアセダンで、直列4気筒1200ccエンジンを搭載。他社が高級・高性能路線を取る中で、経済性・合理性を売り物にした。販売は好調で、9月に3ドアハッチバックで装備を充実さ

せたGLが発売された。

8.1　〔航空〕ジャンボジェットが国内線に就航　日本航空の東京―沖縄（那覇空港）線にボーイング747LRジャンボジェット機が就航した。国内線へのジャンボジェット機就航はこれが初めて。また、5月15日に沖縄が本土復帰して間もなくのことであり、那覇空港を幹線空港と位置づける結果にもなった。

8.1　〔航空〕東亜国内航空がジェット化　東亜国内航空の東京―大分線に同社初のジェット機となるボーイング727-100が就航した。その後、同社の各路線でYS-11からの機種転換が進められたが、同機は既に製造中止となった旧式機だったため、1973年1月31日にマクドネル・ダグラスDC-9の採用が決定された。

8.1　〔鉄道〕公営交通料金値上げ　政府は、東京の営団地下鉄と横浜、名古屋、京都、神戸の市電などの公営交通料金の値上げを認可した。但し、3年間の料金据置きが条件。

8.1　〔バス〕公営バス料金値上げ　政府は横浜、名古屋、京都、神戸の各市バスについて3年間の料金据置きを条件に運賃値上げを認可した。

8.5　〔鉄道〕羽越本線、白新線　羽越本線新津―秋田間および白新線新発田―新潟間で電気運転を開始した。

8.12　〔航空〕日本―中国、テスト飛行　待望の日本・中国間の航空路開設に向けて、日航と全日空機によるテスト飛行が行われた。また16日の上海行き臨時便には、日航の朝田静夫社長と全日空の若狭得治社長も乗った。

8.18　〔自動車〕自動車排気ガス問題規制強化　米国では1970年に自動車の排気ガスを規制する法律（マスキー法）が制定され、自動車メーカーの排ガス規制強化に対する努力を義務付けられたが、光化学スモッグ問題があがっている日本でも、大気部会自動車公害専門委員会が、1975年には自動車排出ガス量を現在の1割に減らそうという中間報告を提出。

8月　〔鉄道〕貨車生産集約化　鉄道車両業界の集約化を推進してきた運輸省は、まず貨車生産を集約することにした。5グループ11社で生産していたものを、3グループ9社にし、中心3社のみが貨車生産、6社は下請けを担当するというもの。

9.14　〔航空〕日本航空機が北京へ特別飛行　自民党訪中団を乗せた日本航空のDC-8機が東京（羽田）から上海を経由して北京へ至る特別飛行を行った。25日には田中角栄首相・大平正芳外相らを乗せた日本航空のDC-8機が東京から北京へ直行する特別飛行を行い、29日に日中共同声明が署名されて国交正常化が実現した。なお、これに先立つ8月11日に日本航空機と全日空機が東京―上海間の試験飛行を、16日には日本公演を終えた上海舞劇団を乗せた日本航空機が東京―上海間の特別飛行を行っている。

9月　〔自動車〕4代目スカイラインを発売　日産自動車の乗用車4代目スカイラインが発売された。プリンス自動車工業の吸収合併後初のモデルチェンジで、車体が大型化され、エンジンは直列4気筒OHCの1600ccおよび1800cc、直列6気筒SOHCの2000ccを搭載。「ケンとメリーのスカイライン」の広告で知られ、好調なセールスを記録した。

10.1　〔自動車〕若葉マーク　改正道路交通法の施行に伴い初心運転者標識（若葉マーク）

が導入された。普通自動車一種運転免許の取得後1年を経過しない運転者に対し、同じ標識を運転する車両の前後に掲示する義務が課せられる。

10.2 〔鉄道〕浦上線 浦上線喜々津―浦上間開業の新線を長崎本線に編入した。

10.10 〔鉄道〕梅小路蒸気機関車館開館 日本の鉄道開業100周年を記念して京都市下京区に梅小路蒸気機関車館が開館した。設備は梅小路機関区の扇形庫を利用し、蒸気機関車の動態保存を目的とする。

10.23 〔自動車〕第19回東京モーターショー 第19回東京モーターショーが東京・晴海の国際貿易センターで開幕した。会期は11月5日までで、218社が参加し、展示車両は559台。安全性や公害問題が話題の中心となり、ガスタービンなどの新動力が注目を集めた。入場者数は126万1400人だった。

10.30 〔航空〕全日空がトライスターを導入 全日空が新型エアバス（ワイドボディ機）としてロッキードL-1011トライスターを発注した。1973年12月に1号機が引き渡されるなど、合計21機が導入され、1974年3月10日に国内幹線の主力機として就航した。その後、1976年2月4日に同機導入を巡る大規模汚職（ロッキード事件）が発覚した。

10.30 〔航空〕日航はボ社、全日空はロ社に決定 日本航空と全日本空輸は、1974年度から国内線に導入する大型旅客機を発表した。日航はジャンボ機改良型のボーイング747-SR、全日空はロッキードL1011。

11.6 〔鉄道〕北陸本線北陸トンネル 急行列車の食堂車火災 敦賀駅・南今庄駅間の北陸トンネルを通過中の大阪発青森行き下り急行「きたぐに」11両目の食堂車から出火。前方の1～10両目にいた乗客29名と指導機関士の計30名が死亡した。死因は一酸化炭素中毒による。負傷者は714名。

11.8 〔船舶〕宇高連絡船「かもめ」就航 宇野―高松間航路にホバークラフト「かもめ」（22.8トン）が就航、宇野―高松間を23分で就航した。

11.9 〔鉄道〕長崎新幹線建設 鉄道建設審議会が総会で、新幹線の基本計画に長崎新幹線を入れるように答申。

11.12 〔バス〕都営バスがハイブリットバス導入 都営バスにおいて初めてハイブリットバスの運行が開始された。また都営バスの系統表示が番号式から駅名式へと変更された。

11.28 〔航空〕日本航空シェレメチェボ墜落事故 コペンハーゲン発モスクワ経由羽田行き日本航空446便DC-8-62型機がモスクワ・シェレメチェボ空港を離陸直後に急降下、墜落し炎上した。乗客乗員76名のうち、運航乗務員6名、客室乗務員2名、日本航空職員1名、乗客53名、計62名が死亡。ソ連の調査委員会は「パイロットの操作ミスが原因」と発表した。大事故が続いた日航に、佐々木秀世運輸大臣は「拡大主義が原因だ」とし経営姿勢の修正を求めた。

12.6 〔航空〕世界一周路線運休 日航は運輸相の指示により、大西洋路線（ロンドン―ニューヨーク―サンフランシスコ）の運航を休止した。この路線の平均利用率は50%をかなり下回り、赤字路線だった。

12.16 〔地下鉄〕横浜市交通局地下鉄線 横浜市交通局地下鉄線上大岡―伊勢佐木長者間が

開業。

12月	〔自動車〕マスキー法をクリア 本田技研工業のCVCCエンジンが米国の大気浄化法改正案第2章(マスキー法)の規制値をクリアしたと認定された。同法は自動車排出ガス中のCO・HC・NOx削減を義務付けるもので、規制値は達成不可能と言われるほど厳しかった。これが世界初の認定で、同社の技術力を世界にアピールすることになった。
この年	〔航空〕YS機製造赤字385億円 1972年3月に生産が終了したYS-11型機だが、日本航空機製造の赤字額が当初の予想を大幅に上回る385億円になる見通し。1971年12月の円大幅切り上げによる為替差損などの影響による。赤字処理対策の結論は出ず難航。
この年	〔航空〕YX開発暗礁に 基本構想が決まっていた次期民間中型ジェット旅客機YXの開発だが、1972年度予算で2億円(要求額33億円)しか認められず、ボーイング社との共同開発案はご破算となった。その後ロッキード社も共同開発を提案してきたが、日本企業が条件に猛反発するなどし、再び暗礁に乗り上げた。
この年	〔航空〕釧路空港ビルを設立 釧路空港ビル株式会社が設立された。釧路空港は1961年の開港で、ジェット化に伴う高速大量輸送に対応するため同社が設立され、1973年7月16日に空港の工事が完了した。1978年には空港ビルの増改築が行われた。
この年	〔鉄道〕トロリーバスが姿を消す 国内最後のトロリーバスが横浜市で廃止され、日本のトロリーバスはすべて姿を消した。
この年	〔鉄道〕新幹線の支障事故増加 1972年度の国鉄運転事故白書によると、運転事故は前年度より増えて特に新幹線の運転支障事故は前年度の99件を大きく上回り168件となった。
この年	〔バス〕各地でバス営業開始 鹿児島空港リムジンバス、南海白浜急行バス、大山町営バス、下甑村営バス、西表島交通バスが営業を開始した。
この年	〔自動車〕ロータリー・エンジン導入活発化 日産が1973年秋からのロータリー・エンジン搭載車の販売計画を打ち出し、トヨタも同じ時期に東洋工業製のロータリー・エンジンを導入し販売することになった。三菱、いすゞなども導入の意向。
この年	〔船舶〕欧州造船界、協調申し入れ 日本の大型タンカーに市場を独占されることを懸念しているヨーロッパ造船界から、クラコウEC大型船評価会議長らが来日し、日本の設備投資継続に対し譲歩を迫った。
この年	〔船舶〕大型ドック建造ブーム 大型ドックの建造が盛ん、日立造船は超大型タンカーを年6隻ペースで建造できる工場の建設を始めた。三井造船や函館ドックなどもそれに続いている。一方、三菱重工や住友重機の大型ドックは操業を開始した。ドック過剰との声も造船業界内部から上った。

1973年
（昭和48年）

1.30　〔鉄道〕新幹線騒音対策　国鉄は新幹線の騒音対策について、中央公害対策審議会が環境長官に答申した暫定基準に基づいて改善計画を決め、新谷寅三郎運輸大臣に提出した。

1月　〔行政・法令〕外航海運対策　海運造船合理化審議会は、1972年9月の運輸省からの諮問を受け今後の外航海運政策について答申。その内容は、建造量と融資条件、また国際的に深刻化している省資源問題を踏まえての対策等について審議を始めること。

2.23　〔鉄道〕成田線で脱線事故　千葉県佐原市にある国鉄佐原線の踏切で、8両編成の気動車とダンプカーが衝突した。気動車は前から6両目まで脱線、乗客58人が重軽傷を負った。ダンプカーの運転手は即死。この踏切は大型車両の通行を禁止していた。

2月　〔航空〕YS-11型機の販売終了　1972年3月で生産が終了したYS-11型機だが、最後の5機の納入先がようやく決まった。

2月　〔自動車〕ランサーを発売　三菱自動車工業の小型乗用車ランサーが発売された。エンジンは1200cc、1400cc、1600の3種で、車種は4ドアセダンを中心に12種。同社のギャランより一回り小さく、カローラやサニーと同クラスの大衆車。7月には110馬力DOHCエンジン搭載の1600GSRが登場し、ラリーレースで活躍した。

2月　〔自動車〕低公害車とアメリカで認定　低公害車開発に力を注いでいる自動車業界だが、本田技研のCVCCエンジンと東洋工業のロータリーエンジンが、米国環境保護局の走行テストにおいて低公害車と認められた。

3.31　〔船舶〕フェリーと貨物船が衝突　豊後水道で航行中のフェリー「うわじま」（935トン）にリベリア国籍の貨物船（1万7715トン）が衝突、「うわじま」の乗客28人が重軽傷を負った。

3月　〔航空〕ボーイング社とYX開発　民間輸送機開発協会は米ボーイング社と、次期民間輸送機YXを共同開発する方針を決め、1973年度中に行う事業（市場調査や開発計画など）の覚書に調印した。

3月　〔航空〕調布飛行場を全面返還　東京都調布飛行場が全面的に返還された。同飛行場は1941年3月に完成し、戦時中は陸軍が使用し、終戦後は米軍に接収された。民間航空再開に伴い1954年8月に一部地域が返還され、1955年9月に米軍管理下で共同使用が認められた。同空港は東日本唯一の小型機専用飛行場であり、産業航空・離島航空・自家用航空などに広く利用されている。

4.1　〔航空〕民間輸送機開発協会が発足　財団法人民間輸送機開発協会が発足した。YS-11に続く次期民間輸送機（YX）開発を目的とするもので、三菱重工・川崎重工・富士重工がボーイング社の新型民間航空機（ボーイング767）開発計画に参加、3社から新明和工業など国内各社へ部品製造が発注され、技術水準の向上に貢献し

4.1	〔鉄道〕**阪急電鉄**	た。なお、同機は1981年9月26日に初飛行、1982年9月8日に就航した。 京阪神急行電鉄が阪急電鉄に社名変更。
4.1	〔鉄道〕**篠ノ井線**	篠ノ井線塩尻―篠ノ井間全線で電化が完了。
4.1	〔鉄道〕**武蔵野線**	武蔵野線府中本町―新松戸間が開業した。
4.9	〔鉄道〕**根岸線**	根岸線磯子―大船間が開業し、横浜―大船間は全線開通。
4月	〔船舶〕**フェリー航路増加**	新規航路の開設や既設航路のフェリー化により、フェリー航路数が前年より24航路増えた。とりわけカーフェリーの大型化が顕著で、1万2000総トンを超えるフェリーも現れた。
4月	〔行政・法令〕**日中航空路開設暗礁**	国交が樹立した日中両国はまず航空協定からと3月上旬から交渉を始めたが、台湾の存在を認めない中国と、旅客需要が多い台湾路線を廃止することはできないとする日本側とは、話し合いが平行線に終わり、暗礁に乗り上げた。
5.10	〔行政・法令〕**米国、貨物専用機便を要求**	東京で開かれた日米航空交渉で米国は、貨物専用チャーター機便の要求をしてきた。しかし海上輸送への影響が大きいため日本側は拒否。
5.15	〔航空〕**国産ジェットエンジン1号が完成**	通産省工業技術院が開発した国産ジェットエンジンFJR710/10の試作第1号機が完成した。1971年度に開始された「航空機用ジェットエンジンの研究開発」第1期計画に基づくもので、同エンジンの運転研究などを行った後、1976年度に第2期計画が開始された。
5.19	〔船舶〕**瀬戸内海でフェリー炎上**	播磨灘を航行中の四国中央フェリー「せとうち」から出火、海上保安部などが消火活動したが大爆発を起こし沈没。3隻のゴムボートで脱出した乗客は、関西汽船「六甲丸」によって全員が救助された。
5.27	〔鉄道〕**中央西線**	中央西線塩尻―中津川間で電気運転が開始された。
5月	〔船舶〕**川崎重工が初のLNG船受注**	川崎重工が米ゴダス・ラーセン社から初めてのLNGタンカーの注文を受けた。造船世界一を誇っていた日本だが、LNGタンカーについては技術的な遅れなどもありこれまで受注を取れなかった。
6.29	〔行政・法令〕**第7次道路整備5ヵ年計画決定**	政府は1970年度からの第6次計画を第7次と改めることを決めた。骨子は国土開発幹線自動車道や都市高速道路の供用、一般国道のほか市町村の生活道路・自動車道の整備など。
6月	〔航空〕**立川工場、新立川航空機に返還**	終戦以来、立川基地の重要施設として米軍に接収されていた新立川航空機の立川工場が返還される。
7.1	〔航空〕**国際航空運賃値下げ**	日本発の国際航空運賃を約4%値下げした。これは米ドルの10%切り下げや、その後の為替差益の還元が目的で、日航と日本に乗り入れている外国航空会社30社が実施したもの。
7.13	〔航空〕**全日空機ニアミス続く**	鹿児島発東京行きの全日空機が、東京発鹿児島行きの全日空と宮崎市上空で対向、回避のため急上昇した。しかし今度はそのすぐ真上を那覇発大阪行きの全日空機が追い抜いていった。全日空機のニアミス報告は7月までで9件に上った。

1973年（昭和48年）

7.20　〔航空〕ドバイ日本航空機ハイジャック事件　パリ発アムステルダム経由東京行きの日本航空404便（ボーイング747）が北海上空でパレスチナ解放人民戦線（PFLP）と日本赤軍にハイジャックされた。犯人グループは同機をドバイ国際空港・ダマスカス国際空港を経てリビアのベンガジ空港に着陸させ、人質を解放した後に機体を爆破し、リビア当局に投降した。

7.24　〔鉄道〕東武鉄道日光線全線複線化　東武鉄道日光線の合戦場以北の路線は戦時中にレールを供出したため単線となっていたが、この日30年ぶりに全線複線へと復帰した。

8.1　〔航空〕ハイジャック等防止対策連絡会議を設置　総理府内にハイジャック等防止対策連絡会議が設置された。ドバイ日本航空機ハイジャック事件の発生を受けてのことで、29日に同会議でハイジャック等防止対策要綱が策定された。

8.1　〔鉄道〕キヨスク　鉄道弘済会売店がキヨスクと改称される。

8.10　〔航空〕国内線運賃は値上げへ　日航、全日空、東亜国内航空の3社が、国内線航空運賃の値上げを運輸省に申請。航空機燃料税の倍増、人件費や諸物価高騰の理由から値上げ率は平均22.9％。

8.27　〔鉄道〕東海道線貨物列車が脱線　横浜市神奈川区の国鉄東海道線の滝坂踏切付近で、42両編成の貨物列車が脱線転覆した。このため東海道貨物線、東海道線、京浜東北線、横須賀線、横浜線の一部が不通になり、首都圏の大動脈が完全にマヒした。

9.1　〔鉄道〕伊勢線　伊勢線南四日市―津間が開業。

9.15　〔鉄道〕中央線にシルバーシートが登場　国鉄中央線の快速および特別快速の車両に優先席が設置された。新幹線0系電車用のシルバーの布地を利用したことから、「シルバーシート」の名前で呼ばれた。

9.20　〔鉄道〕関西本線　関西本線奈良―湊町間で電車運転が開始された。

9.26　〔鉄道〕東金線　東金線大網―成東間で電化が完了。

9.28　〔鉄道〕成田線　成田線成田―我孫子間で電化が完了。

10.30　〔自動車〕第20回東京モーターショー　第20回東京モーターショーが東京・晴海の国際貿易センターで開幕した。会期は11月12日までで、215社が参加し、展示車両は690台。20周年記念の特別展示「くるまの歩み」が行われたが、直前に発生したオイルショックの影響で、毎年開催は今回が最後となった。入場者数は122万3000人。

10月　〔行政・法令〕航空事故調査委員会設置法　航空事故調査委員会設置法が制定された。これを受けて1974年1月11日に常設の運輸省航空事故調査委員会が発足した。なお、従来は運輸省航空局が事故調査を行っており、重大事故が発生した場合、その都度政府が運輸省職員や民間有識者などからなる事故調査団を編成していた。

11.1　〔バス〕中東戦争のバス業界への影響　前月勃発した第四次中東戦争の影響で一般物価が高騰したことから、政府は総需要抑制策を実施、バス業界も軽油削減問題に直面した。

11.17　〔バス〕九州高速バス「ひのくに号」が運行開始　九州自動車道熊本IC―鳥栖IC間開通に伴い、西日本鉄道および九州産交バスが高速バス「ひのくに号」の運行を

- 228 -

開始した。九州最初の高速バス。

11.20 〔道路〕本州―四国 架橋着工延期 政府は総需要抑制の立場から、1973年10月に着手認可した本州四国連絡橋の着工延期を決定した。

11.27 〔地下鉄〕東京都交通局地下鉄6号線 東京都交通局地下鉄6号線高島平―三田間が全線開通。

11月 〔行政・法令〕新幹線建設の基本計画決定 運輸省は、1985年度末までに建設する新・新幹線の基本計画を決めた。新たに12路線(北海道、羽越奥羽、中央、北陸、中京、山陰、中国、四国、九州など)3540キロを新設。

12.22 〔行政・法令〕国民生活安定緊急措置法・石油需給適正化法 第四次中東戦争の影響で石油価格が高騰したことを受け、政府は「国民生活安定緊急措置法」及び「石油需給適正化法」(法律第122号)を制定して石油および石油関連物資の価格と需給の調整をはかった。

12.26 〔鉄道〕大阪・関西線で脱線 大阪の国鉄関西線で6両編成の普通電車が脱線転覆した。運転士のスピードの出し過ぎが原因。乗客3人が死亡し、107人が重軽傷を負った。

12.30 〔鉄道〕京成スカイライナー 京成電鉄でAE特急スカイライナーが運転開始。スカイライナーの名称は全国の小学生からの公募により決定したもの。京成上野―京成成田間をノンストップで運行した。

12月 〔航空〕航空機騒音に係る環境基準 環境庁が航空機騒音に係る環境基準を制定した。旅客機のジェット化などによる高速大量輸送に伴う騒音問題の深刻化に対応するための措置。

12月 〔鉄道〕国鉄運賃値上げ延期 1973年の国会で国鉄運賃値上げ法案が可決され1974年3月末からの値上げが決定していたが、政府は石油危機による狂乱物価対処のため公共料金などの値上げの一時凍結を決め、国鉄運賃の値上げは1974年10月まで延期されることとなった。

12月 〔バス〕電気バス登場 電気バス(バッテリー車)が、排気ガス対策の実験車として、神戸市営バスに導入された。

この年 〔航空〕航空機のニアミス続く 飛行機のニアミスが続いている。1973年10月24日に沖縄で、米軍機と全日空機。10月30日には新潟で、全日空機と東亜国内航空機。1974年1月6日、函館沖で日航機と全日空機。2月12日には山口県岩国で米軍機と全日空機がニアミスしている。

この年 〔航空〕日航、コンコルド発注取消し? 日航は、騒音や経済性に問題があるとして超音速機コンコルドの正式発注の期限切れを機に取消す意向であったが、開発社である英仏両国が改良を条件に年末までの期限延長を求めたためそれを受け入れた。

この年 〔バス〕ハイブリット式電動バスの導入 ハイブリット式電動バスを、東京都交通局が導入した。

この年 〔バス〕各地でバス営業開始 神戸フェリーバス、千葉海浜交通、大成輸送、八尾町営バスが運行を開始した。

1974年（昭和49年）

この年　〔バス〕住宅地バス路線の補助制度　新住宅地のバス路線開設運行費補助制度が新設された。

この年　〔自動車〕自動車業界の概況　1973年の自動車生産は史上空前の好調ぶりだったが、10月の石油危機により一変した。1974年に入り大衆車の価格が20％弱上がった上に、4月からは自動車取得税、5月からは同重量税が上がり急速に販売が落ち込んだ。

この年　〔船舶〕海上の安全対策強化　5月19日播磨灘で起きたフェリーの火災沈没事故を受けて、政府は安全対策を強化した。全旅客船へ特別操練と総点検の指示、発航前検査の励行、運航管理体制の強化、安全教育の徹底、点検や整備などについて強力に指導した。

この年　〔道路〕福岡市でリバーシブルレーン導入　福岡県警察本部は交通渋滞解消のためリバーシブルレーンを実施、1979年までに福岡市内5区間に導入された。

この年　〔行政・法令〕辺地空路専門を設立と答申　これまで離島や辺地の航空路は小規模の航空会社で不定期かつ細々と運航されていたが、諮問を受けた航空機審議会が「地方公共団体と航空会社が共同出資し専門会社を設立して、短距離離着陸機を主体に定期運航すべき」と答申。

1974年
（昭和49年）

1月　〔自動車〕車両価格引き上げ　オイルショックによる原材料価格高騰を受け、自動車メーカー各社が車両価格の引き上げを実施した。引き上げ率は日産自動車とトヨタ自動車が平均10％程度で、他メーカーが5～12％程度。

2.25　〔バス〕都心循環ミニバス　都心循環ミニバスが都営バスに導入された。1983年まで運行。

2月　〔航空〕大阪国際空港騒音訴訟、大阪地裁判決　大阪国際空港騒音訴訟で大阪地裁判決。緊急時を除く夜10時から朝7時までの発着禁止、過去の騒音被害については世帯あたり最高57万円、平均45万円の支払いを命じた。将来については国の努力による改善が見込まれるとして認めなかった。

3.1　〔鉄道〕予土線　予土線岩井―江川崎間が開業。

3.12　〔航空〕18歳の少年がハイジャック　東京発沖縄行きの日航機に学生風の男が乗り込み、167億円などを要求。7時間後、日航職員に変装した警官により逮捕。犯人は18歳の少年で、乗客乗員426人は全員無事だった。

3.13　〔航空〕日本近距離航空を設立　日本近距離航空が設立された。1972年5月30日の横浜航空機事故を契機に、小型機による離島・辺地への近距離航空輸送の安全と安定を確保するために設立されたもので、資本金は6億円。同年中に北海道の6路線と新潟―佐渡線の計7路線の運行を開始した。なお、横浜航空は1974年11月29日

3.13	〔鉄道〕	日豊本線 日豊本線幸崎―南宮崎間で交流電化が完了。
3月	〔鉄道〕	新幹線公害訴訟 名古屋市南部の住民が東海道新幹線の騒音振動で苦しんでいるとして、国鉄を相手取り、名古屋地裁に訴訟を起こした。建設予定の新幹線に対しての訴訟は成田と山陽で起きているが、既存路線に関しての住民訴訟は初めて。
3月	〔道路〕	高速道路1000キロ突破 開通から10年目の1973年に1000キロを突破した高速道路だが、1974年3月末には15道、1213.9キロまで達した。
4.15	〔航空〕	大阪国際空港周辺整備機構が発足 大阪国際空港周辺整備機構が発足した。1967年には航空機騒音防止法が制定され、空港周辺の騒音公害対策が行われていたが、1970年にB滑走路の運用が開始されるなどジェット機による同空港周辺の騒音公害が深刻化、同機構の発足に至った。
4.20	〔航空〕	国交回復記念日に初飛行 日中航空路開設の時期を、日中国交正常化2周年にあたる9月29日を目標とすることに決めた。そのための交渉に入る。
4.20	〔航空〕	日中航空協定 北京で日中航空協定が締結された。前文、本文19条、末文および付属書からなり、日本機の北京・上海への乗り入れ、中国機の東京・大阪への乗り入れなどを内容とする。同協定に基づき、9月29日に日本航空と中国民航が日中間に初の定期便（東京―大阪―上海―北京線）を開設した。
4.21	〔行政・法令〕	台湾路線が休止 日中航空協定が締結されたため政府は、その際の合意事項により日本航空の台湾路線就航の停止を発表。それに対し台湾側が直ちに、日本台湾路線の停止を表明、休止した。
4月	〔自動車〕	暫定税率 暫定税率が実施された。オイルショックを受けて創設されたもので、自動車取得税・揮発油税・地方道路税が増税された。5月には自動車重量税にも暫定税率が導入されるなど、ガソリン価格が高騰する中でドライバーには大きな負担となった。
5.1	〔バス〕	バスに優先席 身障者や高齢者のための優先座席が都営バスに設けられた。
5.24	〔行政・法令〕	日中航空協定発効 交渉が難航していた日中航空協定だが、4月20日に北京で小川平四郎駐中国大使と姫鵬飛外相との間で調印。国会の承認を経て発効された。
5月	〔船舶〕	計画造船制度存続か 外航海運政策あり方についての審議会が本格的に始まった。1974年度に期限切れを迎える政府資金融資制度と利子補給が柱の計画造船制度の存廃問題が最大の焦点となった。
6.1	〔鉄道〕	小田急電鉄 小田急電鉄新百合ヶ丘―小田急永山間が開業。
6.25	〔鉄道〕	常磐線で脱線、転覆 東京足立区の常磐線で貨物列車が突然脱線し、転覆した。この列車には爆薬カートリットを積んだ貨車が連結されていたが幸い爆発しなかった。朝の通勤時間にあたったため通勤客約15万人に影響が出た。
6月	〔自動車〕	3点式シートベルトの設置義務化 運輸省の車両保安義務が改定され、1975年（昭和50年）4月1日以降生産の運転席・助手席には腰と胸を固定する三点式シートベルトの設置が義務付けられることとなった。例外としてオープンカー

		など一部車両には従来の二点式シートベルトが認められた。
6月		〔船舶〕スライド船価時代へ 1973年日本造船工業会が、異常なインフレ対策として今までの「固定船価」方式から欧州で多く採用されている「スライド船価」採用推進の方針を固めたが、石川島播磨重工業がユーゴスラビアのタンカー会社と「スライド船価」で契約した。
6月		〔行政・法令〕排気ガス問題で対決 いわゆる日本版マスキー法50年規制に対して、自動車メーカー各社は適応可能と表明していたが、環境庁の51年規制の聴聞会では、各社とも「技術的に目標値達成はムリ」と表明、トヨタと日産は、環境基準そのものが厳しすぎると主張。延期の可能性が強まった。
7.2		〔鉄道〕東武鉄道伊勢崎線複々線化 東武鉄道は伊勢崎線北千住―竹ノ塚間6.3キロの複々線化を関東の民間鉄道で初めて完成させた。
7.8		〔行政・法令〕日中海運協定交渉始まる 日中海運協定の締結交渉が東京で始まった。戦後は1952年以後相互に自由航行の実績はあるが、これを条文の上で公式化するもの。
7.15		〔航空〕名古屋市上空でハイジャック 大阪発東京行きの日航機が名古屋市上空で、若い男に乗っ取られた。犯人は拘置中の赤軍派の釈放と北朝鮮行きを要求したが、翌16日整備士に変装し機内に乗り込んだ警官に取り押さえられた。乗客は全員無事。
7.17		〔航空〕関西国際空港の建設地が決定 航空審議会が関西国際空港の建設地を泉州沖に決定した。1971年9月20日に運輸省が「関西新空港計画に関する調査概要」を発表、10月13日に丹羽運輸相が空港の場所と規模について同審議会に諮問してから3年近くが経過していた。
7.20		〔鉄道〕湖西線 東海道本線山科駅から北陸本線近江塩津駅までの74.1キロに国鉄湖西線が開業、電化完了した。1967年の着工以来7年かかっての開通。
7.20		〔鉄道〕私鉄運賃、値上げ実施 私鉄14社の運賃が値上げされた。普通運賃は申請通りの値上げ幅だが、この実施でも1974年度は14社で615億円の赤字が見込まれるとして再値上げを申請する動きがある。
7.20		〔船舶〕宇高連絡船「讃岐丸」就航 宇高航路に讃岐丸（3,088トン）が就航。
8.20		〔航空〕日本航空宇宙工業会が発足 社団法人日本航空宇宙工業会が発足した。1952年7月28日に設立された航空工業懇談会を起源とし、1953年2月9日に航空工業会と改称、1954年5月24日には航空機部品懇話会と合併して日本航空工業会となった。1974年6月30日に日本ロケット開発協議会の宇宙部門の事業を継承し、今回の改組となった。
8.27		〔バス〕都営バスがワンマンバス化 都営バスが全車両のワンマンバス化を実施した。
8月		〔航空〕国内航空運賃値上げ 石油危機による影響で、日本航空、全日本空輸、東亜国内航空が国内航空運賃の値上げを1973年8月に申請していたが、全線平均41.8％アップに修正して再申請し認可された。
8月		〔航空〕次期旅客機開発、中短距離機へ変更 航空機工業審議会が総会で、YXの開発計画を「日米2ヶ国」から「日米伊の3ヵ国共同」、機種は「短距離機」から「中

	短距離機」へそれぞれ変更することを正式に了承した。
9.5	〔鉄道〕新幹線「ひかり」で食堂車の営業を開始 山陽新幹線博多駅開業とそれに伴う乗車時間の延長に備え、「ひかり」に食堂車が連結され営業が開始された。従来の新幹線は乗車時間が短かったためビュッフェ車のみ連結されていた。
9.15	〔鉄道〕山手線にシルバーシートが登場 前年の中央線に続き山手線でも優先席の設置が始まった。
10.1	〔行政・法令〕各運賃一斉値上げ オイルショック後のインフレ抑制策の解除により、公共料金が一斉に値上げされた。国鉄は5年5ヶ月ぶりの改定。そのほか都営、民営バス、都営地下鉄、営団地下鉄もそれぞれ値上げ。11月からはタクシー料金、地方バスも値上げされた。
10.18	〔鉄道〕京王帝都鉄道相模原線 京王帝都鉄道相模原線京王よみうりランド―京王多摩センター間が開業。
10.26	〔鉄道〕総武本線、成田線、鹿島線 総武本線東京―銚子間、成田線成田―松岸間、鹿島線香取―鹿島神宮間全線で電化が完了した。
10.30	〔地下鉄〕営団地下鉄有楽町線が開業 帝都高速度交通営団有楽町線が池袋―銀座一丁目間で営業を開始した。
10月	〔自動車〕いすゞ自動車がジェミニを発表 いすゞ自動車が米国GMと共同で開発した小型乗用車ジェミニが発表される。GMのグローバルカー構想に基づき開発されたもので、ベレットの後継車という位置づけだった。
11.15	〔バス〕初の屋根付バス停留所 屋根付のバス停留所が都営バスに初めて設置された。
11月	〔バス〕大阪市バスがゾーンバスシステムを導入 定時性と運行数確保のため、大阪市交通局は新システム「ゾーンバスシステム」を導入した。長い路線の途中にミニバスターミナルを設け、市街地までの基幹バスと末端部の支線バスとを組み合わせるというもの。
この年	〔航空〕YX開発、日米伊の3国で 次期民間ジェット旅客機YXの開発は、日本と米ボーイング社と共同で短距離機の開発が決まり予算計上もされていたが、1973～1974年春にかけての石油危機により情勢が一変した。運航効率が良い中短距離機への要請が強まってきたのを受けて、米国がイタリアを含めた3ヶ国での中短距離機の共同開発を提案した。
この年	〔航空〕航空基本政策見直し 航空機騒音問題や東亜国内航空の経営行き詰まりなどの多くの問題を抱えている航空業界だが、運輸省は基本政策などを見直すこととして政策審議会に諮問することになった。
この年	〔鉄道〕HSST開発開始 日本航空が磁気浮上式鉄道（リニアモーターカーの一種）の開発を開始した。東京都心と成田空港（距離約65キロ）のアクセス改善を図るためのもので、HSSTと名付けられ、同社の中村信二技師を中心に開発が進められた。1976年1月28日にHSST-01の公開実験が行われ、1978年に時速300キロを達成した。
この年	〔バス〕ビジネスバスの運行開始 宮城交通バスにより早朝深夜のビジネスバスが運行開始された。

この年　〔バス〕神戸駅バスターミナル　神戸駅前にバスターミナルが完成した。
この年　〔自動車〕自動車業界、初のマイナス成長　オイルショックの影響で自動車販売台数は落ち込み、生産台数は四輪車で655万台、前年比7.5％減と初のマイナス成長を記録した。ただし輸出台数ではドイツを抜いて世界トップに躍り出る。
この年　〔船舶〕造船業界大ピンチ　深刻な海運不況にある日本の造船業界の1974年度の新規受注が前年度の約4分の1まで激減した。
この年　〔船舶〕大型タンカーの受注ゼロ　新造船進水量では1974年まで19年連続世界一の日本だが、昨1973年度33隻あった超大型タンカーの受注が、1794年度はなし。タンカー受注も、輸出船は前年度比88.1％減らし、国内船も48.1％減らした。

1975年
（昭和50年）

1.10　〔バス〕地方バス路線維持費補助金　地方バス路線維持費補助金が前年比2.64倍の57億8300万円に確定した。

1.25　〔航空〕騒音軽減運航方式推進委員会を設置　運輸相航空局に騒音軽減運航方式推進委員会が設置された。航空機のジェット化などによる騒音公害の深刻化を受けて、騒音を軽減させる飛行方法の研究・検討を行う委員会で、後に各空港に優先滑走路方式・急上昇方式・カットバック上昇方式・ディレイドフラップ進入方式などが導入された。

1月　〔自動車〕富士重工業がレオーネ4WDセダンを発表　富士重工業は4WDとしては日本初の乗用車スバル・レオーネ4WDセダンを発表。ワンタッチでFFと4WDを切り替えられる画期的なシステムで氷雪路での走行に対応した。

3.1　〔鉄道〕特急電車がアパートに突入　福岡県の西鉄大牟田線の踏切りで、立ち往生していたライトバンに6両編成の特急電車が突入、1両目が線路上のアパートに突っ込み4両目まで脱線した。ライトバンの運転手が重傷、電車の乗客40人が重軽傷を負った。

3.10　〔鉄道〕山陽新幹線開業　岡山―博多間が完成し、山陽新幹線が開業した。しかし政府の総需要抑制策の継続により他の新幹線建設計画は大幅に遅れるのは確実で、第3次全国総合開発計画策定の中間報告によると、今のような経済状態では全国新幹線網構想は縮小せざるをえないとした。

3.20　〔バス〕ワンマンバス標準仕様の決定　バス車両規格会議での車両規格の統一が図られ、ワンマンバスの標準仕様が決定された。

3月　〔航空〕東亜国内航空、幹線乗り入れ　運輸省が、東亜国内航空に、東京―千歳間、東京―福岡間の国内線乗り入れを認可。これにより幹線運航は日本航空、全日空、東亜国内航空の3社体制となった。

3月　〔船舶〕利子補給制度が廃止　海運振興のため1953年から始まった計画造船による外

航船建造に対する利子補給制度が廃止。これまで海運会社の収益が好調で、5つの会社が補給金の一部を返納するほどになったためこれを廃止し、かわりに計画造船制度の継続など他の助成策を強化。

4.1 〔行政・法令〕日本版マスキー法施行 乗用車を対象とした自動車排出ガス50年度規制(いわゆる日本版マスキー法)が予定通り実施された。51年度規制は自動車業界の強い反対により暫定規制値での実施となることになった。

4.8 〔鉄道〕山崩れで列車事故 北海道の函館本線沿いの山肌が崩れ線路が埋まった。そこへ列車が突っ込み機関車と客車2両が脱線、乗客約80人が座席から投げ出された。同線は2週間不通。

4.14 〔鉄道〕土砂崩れで不通 群馬県の国鉄上越線で土砂崩れがあり、線路が埋まった。18日に開通。

4.24 〔航空〕ダブルトラックを認可 国内初のダブルトラック(同一路線での2社による競合)となる全日空の東京―釧路線と東亜国内航空の東京―長崎線が認可された。なお、本格的なダブルトラックは1978年7月20日に東京―鹿児島線、東京―熊本線、東京―函館線で開始された。

5.1 〔航空〕長崎空港が開港 長崎空港が開港した。同空港は大村空港の後身にあたり、ジェット化による大量高速輸送に対応するため同空港から約3キロの大村湾上に位置する箕島に建設された、世界初の海上空港である。

5.1 〔バス〕バス共通定期券 民間経営バスと都営バスとの共通定期券が発売された。

5.10 〔バス〕コールモビルシステム方式の開始 阪急バス箕面市外院の里住宅―北千里谷間、奥の谷団地入口―国鉄茨木駅間の運行が、コールモビルシステム方式により開始された。

5.12 〔鉄道〕エリザベス英女王が新幹線に乗車 訪日中のエリザベス英女王夫妻が名古屋―東京間を「ひかり100号」に乗車して移動した。

5.20 〔鉄道〕東北で貨物列車脱線続く 国鉄東北線名取駅近くで貨物列車が脱線、翌21日にも大河原駅構内でも貨物列車が脱線。東北線は2日間にわたって上下線とも不通。

5月 〔航空〕ダンピング禁止勧告 需要の激減により世界の航空会社は客の奪い合いから、ダンピング運賃が横行してきている。このため運輸省は、日本航空や日本乗り入れの外国航空会社、旅行代理店に対し、不正販売是正を勧告した。

6.4 〔船舶〕日中海運協定なる 民間ベースで行われてきた日中間の海運活動が、両国政府間で海運協定締結により発効。この協定では港での最恵国待遇の相互供与を認めた。

6月 〔行政・法令〕輸銀資金増額 運輸省は海運不況による造船業界への壊滅的な打撃を避けるため、その対策として、(1)輸出入銀行資金の確保(2)中堅造船運転資金の確保(3)設備投資の抑制などを決めた。

7.4 〔船舶〕中堅海運会社倒産 不況の長期化により中堅海運会社「小山海運」が不渡り手形を出し、東京地裁に会社更生法適用を申請、事実上倒産した(負債総額は90億円)。中堅外航海運の「照国海運」も外国用船料の不払いから、タンカーを差

し押さえられ経営危機に陥った。

7.9 〔航空〕日台航空路が再開 財団法人交流協会（日本側）と亜東関係協会（台湾側）の間で「民間航空業務の維持に関する取極め」が締結された。これにより、日中航空協定締結の翌日である1974年4月21日以来中断されていた日台航空路が再開されることになり、8月10日に再開第1便が運行された。

7.29 〔鉄道〕新幹線騒音基準が告示 環境庁が「新幹線騒音基準」を告示した。運輸省や国鉄側の中央公害対策審議会の答申通りの実現は難しいとの意見を取り入れた格好で、やや骨抜きの告示となった。

7.29 〔道路〕本州―四国架橋内定 政府は1973年秋のオイルショックにより延期されていた本州四国連絡橋について、計画を縮小し凍結を解除、3ルートのうち1ルート着工を内定した。総合的観点から「児島―坂出」ルートが実質上決定。

7月 〔船舶〕造船、新協議会設置 造船業界自身も合理化を進めている。新規需要の開拓や研究開発を急ぎ、造船工業会と日本船主協会が「海運・造船対策協議会」を設置した。

8.6 〔鉄道〕山崩れで列車横転 東北地方北部を襲った集中豪雨で、山形県の国鉄奥羽線で停車中の急行列車が山崩れで横転し、死者1名重軽傷者19人を出した。

8.8 〔航空〕日本アジア航空を設立 日本アジア航空株式会社が設立された。7月9日の日台航空路再開合意に基づき、日台路線を運営するために日本航空の全額出資で設立された国際線定期航空会社で、9月15日に東京―台北線第1便が運行された。また、1976年7月に大阪・香港・マニラ、1979年11月には沖縄への乗り入れを開始した。

8.26 〔バス〕貸切バス事業所税の減軽 バス業界要望の貸切バス事業所税に対して自治省税務局は、修学旅行用に限り2分の1の減軽を通達した。「学校教育法」による生徒（大学生を除く）・児童・園児の修学旅行に限った。

9.1 〔航空〕ジェット機騒音料徴収 空港の騒音対策の財源として、航空会社から「特別着陸料」（ジェット機騒音料）の徴収を始めた。これを受けてジェット機を所有する国内航空3社は、乗客に対し1人約600円の「ジェット特別料金」を同日から徴収。

10.31 〔自動車〕第21回東京モーターショー 晴海にて第21回東京モーターショーが開催される。11月10日まで開催された。165社が参加、展示台数は626台。入場者数は98万1400人とすべて第20回を下回った。

11.27 〔航空〕大阪空港訴訟控訴審判決 大阪高裁で大阪国際空港の騒音公害に関する訴訟（大阪空港訴訟）の控訴審判決が言い渡された。過去および将来に対する損害賠償、緊急時を除く夜間の空港使用の差し止めなど、原告（住民）側全面勝訴とする内容で、国側は判決を不服として最高裁に上告した。

11月 〔バス〕中国道高速バス開業 国鉄の中国道高速バスが開業した。

12.12 〔バス〕全国バス事業協同組合連合会 全国バス事業協同組合連合会が組合員11人で発足した。

12.18 〔航空〕特別着陸料問題 東京・大阪の両国際空港を利用する外国定期航空会社28社が、運輸相が設定した特別着陸料を無効とする訴訟を提訴した。1979年5月29日

	に東京地裁で特別着陸料を妥当として訴えを棄却する判決が言い渡された。
12.21	〔鉄道〕**京成上野駅改良工事終了** スカイライナー運行開始に伴い進められていた京成上野駅の改良工事がこの日終了した。
12.23	〔行政・法令〕**自動車関係諸税の増税案** 自民党税調から1976年度の自動車関係諸税の大幅な増税案が発表された。営業用の優遇措置としては、重量税が自家用の2分の1、自動車税も貸切バスが自家用の2分の1だった。
12.24	〔バス〕**デマンドバスの運行開始** 世田谷区の自由が丘―駒沢間で、首都圏初のデマンドバス、東急コーチが運行された。デマンド（需要、要求）にあわせて路線を設定するもので、路線外からの呼び出しに応じて基本路線の外を迂回する。1986年からはカード式回数券と家庭からのコールシステムが実施された。
12月	〔鉄道〕**国鉄最後の蒸気機関車** 国鉄最後の蒸気機関車C57135牽引の定期旅客列車が、14日、室蘭本線室蘭―岩見沢間で「さよなら運転」を行った。10日後の24日、D51241牽引の貨物列車が夕張―追分―室蘭間を運転。
12月	〔自動車〕**トヨタがアメリカで輸入乗用車1位に** トヨタのアメリカにおける販売台数が年間60万台を突破し、VWを抜いて輸入乗用車第1位となった。オイルショックの影響で燃費の良い小型車が見直されたため。
この年	〔航空〕**新型航空機開発活発化** 航空機メーカーが、新型の航空機開発を活発に進めている。富士重工業は米国社と共同で軽飛行機を開発し、10月にはテスト飛行が行われる。川崎重工業も米国、西独の会社と共同で新ヘリコプターの開発を始めた。
この年	〔鉄道〕**国鉄 新再建計画スタート** 過去何度も策定されては頓挫している国鉄の再建計画だが、運輸省は今までの計画を抜本的に見直し1976年度から新たに再建計画を実施することとした。これまでと違い3年間の短期間での計画とした。
この年	〔鉄道〕**私鉄運賃も値上げへ** 私鉄大手14社が、1974年7月に続いて運賃再値上げを申請する動きが出てきた。経営者側は、石油危機後の物価の高騰や人件費などのコスト増などで1975年度の赤字が600億円に上るとした。
この年	〔バス〕**バス経営苦境** 車両30両以上の乗合バス事業者218のうち、経常収支が黒字なのは民営182事業者のうちの64事業者だけ。公営バスの黒字事業車ゼロは2年連続で、都営バスなどの経営の苦しい実業を明らかにした。人件費負担増と大都市では交通渋滞、地方都市では過疎による利用者減が大きな要因。
この年	〔バス〕**バス専用、優先レーン整備** 都市のバスの利用改善策として進められているバス専用レーン、優先レーンは、1971年にはそれぞれ20キロ、90キロであったが、整備が進み、75年には155キロ、81キロになった。
この年	〔バス〕**共同乗車制度** 都バスと民営バスとの間で共通乗車制度が実施された。
この年	〔バス〕**中央道特急バスの運行開始** 信南バス、伊奈バス、名鉄バスが中央道で特急バスの運行を始める。
この年	〔行政・法令〕**ガソリンの無鉛化スタート** 排気ガス規制が強化されたことによりガソリンの無鉛化が始まった。
この年	〔行政・法令〕**道路整備予算減少** 1975年度の道路整備事業予算は前年度より5％減

少の、1兆9850億円となった。

1976年
(昭和51年)

1.28 〔道路〕三鷹料金所工事強行 中央高速道の東京高井戸・調布間にある三鷹料金所の建設は、環境汚染を恐れる近隣住民の反対のため1975年2月4日から工事が中止されてきたが、建設省と道路公団は76年1月28日、話合いは限界に来たとして工事再開に踏み切った。工事は5月18日に完了し、中央高速道は首都高速4号線と接続された。

3.2 〔鉄道〕国鉄の蒸気機関車が運転を終了 北海道追分機関区所属の9600形蒸気機関車が最後の入替え運転を行う。これをもって国鉄の蒸気機関車はすべて姿を消した。

5.7 〔自動車〕ホンダがアコードを発表 ホンダが新型の中型3ドアハッチバック車アコードを発表。CVCCエンジンを搭載し、低燃費・公害対策をアピールした。最上級グレード「EX」には車速感応型パワーステアリングが標準装備された。

5.25 〔鉄道〕新幹線利用10億人突破 新幹線の利用客が10億人を突破した。1964年10月1日の営業開始以来4255日目。この間の新幹線の走行距離は約3億7400万キロになる。

6.6 〔鉄道〕長崎本線、佐世保線 長崎線鳥栖—長崎間の125.3キロ、佐世保線肥前山口—佐世保間の48.4キロが電化された。これを機に昼の電車特急「かもめ」が長崎線に7往復、「みどり」6往復が佐世保線に運転されることになった。これで全国の電化区間は7813キロ、電化率36.7%。

6月 〔バス〕伊豆の踊り子号 東海自動車はボンネットバス「伊豆の踊り子号」の運行を開始した。

7.1 〔航空〕日本航空のDC-10が就航 日本航空のマクドネル・ダグラスDC-10-40が東京—札幌線、東京—福岡線に就航した。DC-10はロッキードL-1011トライスターと共にエアバス時代を築いた大型機で、同社での採用決定は1973年12月28日。以後国内の各路線、1977年には国際線に投入された。

7.1 〔航空〕福岡空港周辺整備機構を設立 福岡空港周辺整備機構が設立された。同空港は日本の基幹空港の一つだが、航空機騒音問題が深刻で、1972年4月に特定飛行場、1976年6月に周辺整備空港に指定された他、福岡県知事により同空港周辺地域の整備計画も策定されている。このため、航空機騒音防止法に基づく特別の法人として同機構が設立された。

7.2 〔船舶〕全日本海員組合がスト 本四架橋の建設で影響を受ける旅客船業界と全日本海員組合では、損失補償、不用船の買い上げ、船員の再雇用などを政府に要求。大鳴門橋の着工に際しては海員組合が瀬戸内海航路で実質12時間の抗議ストライキを行った。政府は10月15日、本四連絡橋旅客船問題等対策協議会を設置、11月12日には対策懇談会を発足させたが、具体策がないまま因島大橋の着工が決定さ

		れたことで2団体とも態度を硬化、瀬戸内海一斉停船、尾道今治航路の48時間ストを行ったが結論は持ち越された。
7.2	〔道路〕大鳴門橋着工	本州・四国間の本四架橋は、神戸・鳴門、児島・坂出、尾張・今治の3ルートのうち、神戸・鳴門ルートとなる淡路島・鳴門間の大鳴門橋が着工した。大鳴門橋は道路鉄道併用橋で、淡路島門崎と四国大毛島間を結び全長876メートル、1983年度供用開始予定。尾道・今治ルートの因島・生口島間の因島大橋については、12月14日、環境庁が留意事項つきで建設に合意、77年1月8日起工式が決定した。
7.5	〔船舶〕大島航路が廃止	大島大橋開通に伴い、大島航路大畠—小松港間が廃止となった。
9.4	〔地下鉄〕横浜市地下鉄	横浜市地下鉄横浜—上永谷間が開業。
9月	〔自動車〕新車公表制度開始	新車を買ったのと思ったのにすぐモデルチェンジされた、などの消費者の不満を解消するため、日本自動車工業会は新車発売を一ヶ月前に公表する、事前公表制度を始めた。トヨタが10月から売り出した大衆トラック「タウンエース」が第1号となったが、運輸省の指導や消費者の希望を十分に取り入れたものではなく乏しい公表内容で、運輸省から改善を求められた。
10.4-08	〔航空〕日米航空交渉	沖縄返還時以来初となる日米航空協定改定交渉が日本で開かれた。日本は沖縄返還後の日米間の航空権益バランスの調整だけにとどめず、現在の協定に生じている日米間の不平等を解消したい考えだが、両国の主張は平行線をたどり、結論は翌年に持ち越された。
10.15	〔鉄道〕「列車ボーイ」廃止	寝台車両の車掌補(通称列車ボーイ)が廃止された。
10.16	〔航空〕国際航空宇宙ショーが開幕	第5回国際航空宇宙ショーが開幕した。会期は24日までの9日間で、会場は航空自衛隊入間基地。アジア唯一の国際航空宇宙ショーであり、8ヶ国の83企業・団体が参加し、入場者数は約48万人に達した。なお、今回は朝日新聞社などから日本航空宇宙工業会に主催権が移ってから初めての開催で、同会と航空振興財団の共催により、国からの補助金を受けて運営された。
10月	〔航空〕日航創業25周年	日本航空は定期運行開始から25年を迎えた。世界25カ国、43都市に路線網を広げた。9月末までの利用客数は8123万7800人、貨物は136万4555トン。
11.6	〔鉄道〕国鉄大幅値上げ	国鉄は1月7日、平均50%の大幅値上げ案を運輸大臣に申請した。国鉄では6月1日からの実施を予定していたが、ロッキード事件のあおりで法案が継続審議となり、11月4日に可決、成立した。この間国鉄は収入欠損を生じ、職員の夏のボーナスの遅配の他、ベースアップを凍結した。値上げ前夜には各駅で定期券の先外客が長い列を作り、国鉄はこの日の売上げが史上最高となる195億円となった。
11.19	〔鉄道〕新幹線車両廃車処理開始	新幹線車両のうち、1964年に制作された360両は、走行距離約600万キロとなり老朽化が目立ち始めたため、解体のための専用工場が国鉄浜松工場内に作られ、廃車処理が開始された。
11.29	〔道路〕高速道課税論	有料高速道路が通過している全国158市の市長は東京で高速道路課税問題対策関係市長会議を結成、有料高速道路への固定資産税課税を求め

て活動を開始した。高速道路は一般共用道並みの非課税になっているが、公共性の原則が崩れた上、沿線自治体の財産負担が増えているとの立場によるもので自治省も支援、建設省と対立した。

12.6 〔船舶〕**中堅造船会社が提携** 常石造船と波止浜造船は資本提携を発表。両社とも日本中型造船工業界の主要会社で、合わせた年間売上高は約1000億円に達し、大手の住友重機械工業の造船部門を上回る大手となる。常石造船は波止浜造船の株式の約30%を12月に取得、両社で経営協議会を設け、受注、設計、資材の各部門で提携する。

12.10 〔船舶〕**外航海運政策見直しへ** 運輸相は海運造船合理化審議会総会を2年ぶりに開き、「今後長期にわたる我が国外航海運政策はいかにあるべきか」の諮問を行った。日本商船が実質世界一の規模にまで成長する一方、開発途上国の船員費との格差が原因で船員の雇用制度などにひずみが表面化、海運を見直す必要に迫られたもの。

12.19 〔道路〕**高速道路2000キロ突破** 中央自動車道の韮崎・小淵沢間23.9キロが開通し、日本道路公団の高速道路供用延長は2009.7キロとなった。

この年 〔航空〕**新型機開発** 富士重工は以前から米ロックウェル社と共同開発を進めていた多発レシプロ機FA-300を完成、半完成機5機を既に輸出しており、型式証明の取得を待って1977年以降本格的販売を始める見通し。また、川崎重工は77年2月西ドイツのメーカーと多用途双発小型ヘリコプターBK-117を国際共同事業として開発する契約を結び開発に着手した。

この年 〔航空〕**大阪空港と騒音問題** 大阪国際空港は、地元自治体、住民の反対により大型機が乗入れできないでおり、運輸相は12月の乗入れ計画に再度失敗した。1978年までにWECPNL（騒音指数）を75以下になる対策をする必要から、騒音値が5〜10ホン低くなるエアバスを77年度中に導入する方針を固めた。

この年 〔航空〕**第3次空港整備5カ年計画** 総事業費9200億円の第3次空港整備5カ年計画が閣議決定された。1985年の航空需要見通しを70年予測の約半分に下方修正した上で、投資内訳は環境対策に第2次計画の約3.2倍となる3050億円、地方空港の滑走路延長整備などに約2.2倍の1750億円、成田の2期工事を中心に1800億円、関西新空港に470億円など。

この年 〔航空〕**日本アジア航空** 運行に当たる日航が全額出資している日本アジア航空は創業2年目に入り、7月26日から東京・台北線に加えて東京・大阪・台北・マニラ線を週2便、大阪・台北線を週4便、大阪・台北・香港線週7便を開設。1976年度前半は旅客利用率59.2%、貨物4515トンと好調で、3000万円の経常利益を上げた。

この年 〔航空〕**離島・辺地路線2社概況** 沖縄諸島間を路線とする南西航空は、1975年度は1億522万円の損失で2機連続赤字となったが、76年6月1日からの値上げが認められたため年度決算は黒字が期待され、11月30日には初となるボーイング737型機4機導入を発表。一方、北海道を中心とした離島・辺地路線の日本近距離航空は76年はじめに4ヶ月ほど運航を中止して財政再建を図り、5月15日資本金6億7500万円で再出発した。

この年 〔鉄道〕**新幹線改新工事** 東海道新幹線の東京・新大阪間で、設備改新工事のための半日運休がこの年から恒常化された。レールを重いものに替え、トロリー線も太

いものに交換し、山陽新幹線並みの水準にする。毎年7～10回の半日運休を行い1982年春までに完了する予定。

この年　〔鉄道〕仙台市で市電が廃止される　仙台市の市電が全廃。代替交通機関としてグリーンバスの運行が開始された。

この年　〔地下鉄〕高速鉄道網計画縮小へ　3大都市圏と北九州地区で、地下鉄を中心とした高速鉄道網を拡充し、1985年までにピークの混雑度を150%まで落とそうという運輸相の長期計画は、経済の低成長化により、76年から計画の縮小を中心とする見直しが着手された。

この年　〔地下鉄〕地下鉄建設工事費高騰　地下鉄工事は6月現在111.5キロが建設中で、76.9が計画中。しかしこの1～2年で工事費が急騰、東京都営地下鉄は10号線が建設費高で大幅な遅れに直面した他、他の12号線などの計画が予測のたたないものとなった。東京の営団地下鉄、大阪市営地下鉄も状況は同様。

この年　〔バス〕各地でバス営業開始・廃止　千葉内陸バス・岩手県交通バスがバス営業を開始。一方、岩手急行バスは事業を廃止した。

この年　〔バス〕新交通システム導入進まず　通産省所管のCVSは2～3人乗りの軌道式ミニ自動車、運輸省所管のPRTは20～30人乗りの軌道式ミニバスで、いずれも1975年の沖縄海洋博に登場して注目された。この他建設省が軌道・路面両式のデュアルモードバスを完成。3式ともコンピュータ制御で無人運転、定時運行という利点もある。しかし設置コストが高いなどで千葉、愛知、大阪、神戸などは採用を中止した。

この年　〔自動車〕1978年度排ガス規制確実に　乗用車が排出する一酸化炭素、炭化水素、窒素酸化物を減らす排出ガス規制は、1975年度規制が同年12月から、76年度規制が同年4月から実施された。最終目標とされる78年度規制へ対応するための技術開発はほとんどの会社でメドがつき、78年4月からの実施が確実となった。一方ヨーロッパメーカーは技術的に対応が困難で、非関税障壁だとして反発、78年度規制の外車への適用は2年間延期されることとなった。

この年　〔自動車〕自動車普及率2世帯に1台　この年の新車登録台数は346万6602台で、前年比6.8%減。特に小型自動車の落ち込みが目立った。国内の自動車保有台数8月に3000万台の大台に乗り、乗用車も1816万6000台を越え、6人=2世帯に1台の割合にまで普及してきた。一方自動車生産台数は前年比12.9%増の784万1447台で史上最高。

1977年
(昭和52年)

1月　〔航空〕成田空港開港へ号令　福田首相は閣議で、当初の開港予定から7年経っても開港のめどが立たない成田空港について、内政の最重要課題として「成田空港年内開港」の大号令をかけた。　5月6日鉄塔撤去、8月7日、10日にはジャンボ機に

1977年（昭和52年）

よるテスト飛行を行った。

3.13　〔地下鉄〕神戸市地下鉄　神戸市地下鉄名谷―新長田間が開業。

4.1　〔バス〕オリエンタルランド交通開業　オリエンタルランド交通浦安駅入口―舞浜車庫間で開通し、営業を開始した。

4.7　〔鉄道〕東急急行電鉄新玉川線　東急急行電鉄新玉川線渋谷―二子玉川園間が開業。

4.11　〔航空〕全飛協が発足　全国小型飛行機事業協同組合が発足した。3月29日に中小企業等協同組合法の規定に基づき運輸相の認可を受けたもので、発足当時の会員企業は14社。航空機部品の共同購入、航空機用エンジンの共同受注、格納庫や補給施設をはじめとする共同施設の建設などを行い、後に全国飛行機事業共同組合と改称した。

5.6　〔地下鉄〕地下鉄運賃値上げ　営団地下鉄が1月に値上げを申請、運輸審議会は4月21日に一部修正の上認可適当を答申し、実施された。営団が平均43.3％、都営が43.5％で、初乗りは両社とも60円から80円に上がった。

5.6　〔バス〕バス運賃値上げ　東京都内の民営バス9社が1月に値上げを申請、運輸審議会は4月21日に一部修正の上認可適当を答申し、実施された。都営、民営とも70円から90円に上がった。

5.6　〔タクシー〕タクシー運賃値上げ　東京、横浜、名古屋、大阪など6大都市のタクシーが同時に値上げされた。中型車の場合初乗り2キロまで280円が330円に、加算が50円から60円に値上げ。刻みの距離には地方によって差があり、一番短いのが東京の405メートル、一番長いのが京都の460メートル。これに続き6月3日、神奈川、埼玉、群馬各県7地区のハイヤー、タクシー運賃も平均15.6％～19％値上げされた。

5.8　〔航空〕東山事件　5月6日に完全な抜打ちで強引に行われた鉄塔撤去に対し、反対派は抗議集会を開いた。このなかで支援活動家の男性が機動隊のガス弾の直撃を受けて死亡、反対派にとって初の犠牲者となった。過激派は報復として9日臨時派出所を襲撃、警察官1人が死亡。

5.10　〔道路〕新潟県でリバーシブルレーン導入　新潟県警察本部がリバーシブルレーンを導入した。3車線以上の道路でピーク時ごとに中央線を移動するというもので、あわせてピーク時に専用バスレーンも導入した。

5.19　〔航空〕大阪国際空港にエアバスが就航　大阪国際空港に日本航空と全日空のボーイング747SRとロッキードL-1011トライスターが就航した。同空港では騒音問題が深刻化しており、1973年12月制定の航空機騒音に係る環境基準で環境改善目標が設定されていたが、これらのエアバスは低騒音な上に大型なため、便数の抑制も可能となった。

7.16　〔鉄道〕リニアモーターカー走行実験　磁気浮上式鉄道（リニアモーターカー）実験車の走行実験が開始される。

8.20　〔鉄道〕泉北高速鉄道　泉北高速鉄道百舌鳥―光明寺間が全線開通。

8.28　〔航空〕フライイン'77　スポーツ航空フライイン'77が開幕した。会場は埼玉県本田航空桶川飛行場で、開催期間は28・29日の2日間。日本民間航空事業再開25周年

― 242 ―

日本交通史事典　　　　　　　　　　　　　　　　　　　　　　　　　　　　　　1977年（昭和52年）

記念行事として日本航空協会が主催したスポーツ航空イベントで、入場者数は5万人、場外観覧者も2万人に達した。

9.1　〔航空〕新東京空港事業を設立　新東京空港事業株式会社が設立された。事業内容は成田空港における全日空のグランドハンドリング（旅客サービスや貨物サービスなどの地上業務）で、資本金3000万円は羽田空港のグランドハンドリングを担当する国際空港事業と全日空が半額ずつ出資した。

9.14　〔航空〕ジェット燃料暫定貨車輸送問題解決　成田空港へのジェット燃料は本格パイプラインで輸送する計画だったが、72年夏に工事は中断。千葉港から1000キロリットル、茨木・鹿島港から3000キロリットルを列車で成田市土屋の公団タンク基地に運び、そこからタンクローリーで空港に輸送する暫定貨車輸送計画が発表された。沿線各地で反対運動が起こり、成田市では75年4月に暫定パイプラインが完成、鹿島は58項目の条件の受入と暫定輸送は3年間という条件で76年7月22日に決着、佐原など千葉県の4市長が77年4月25日に同意書に調印。9月14日、最後に残っていた千葉市との協定が調印され、5年ぶりに全面解決となった。

9.20　〔鉄道〕グリーン、A寝台料金値下げ　国鉄はグリーンとA寝台料金の値下げを実施。グリーン料金が平均33.3％、A寝台料金が27.6％の大幅値下げ。グリーンの乗車率は1976年11月の大幅値上げ後50％を割っているが、値下げにより70～80％まで回復させたい狙い。

9.27　〔航空〕クアラルンプールで日航機が墜落、炎上　羽田発クアラルンプール経由シンガポール行き日本航空715便DC-8-62がクアラルンプール国際空港に着陸進入中、ゴム園内の丘の標高79m付近に墜落、炎上した。乗員乗客計79名のうち乗員8名、乗客26名の計34名が死亡。客室乗員2名と乗客40名が重傷、乗客3名が軽傷。

9.28　〔航空〕ダッカ日本航空機ハイジャック事件　パリ発東京行きの南回り欧州線の日本航空472便（DC-8）がインドのボンベイ空港離陸直後に日本赤軍にハイジャックされた。犯人グループは同機をバングラデシュのダッカ国際空港に着陸させ、人質の身代金と日本で服役・勾留中の日本赤軍メンバーら左翼9人の釈放を要求。10月1日に福田越夫首相が超法規的措置として要求受諾を決定し、後日人質全員が開放された。

10.4　〔航空〕ハイジャック等非人道的暴力防止対策本部を設置　内閣官房にハイジャック等非人道的暴力防止対策本部が設置された。ダッカ日本航空機ハイジャック事件の発生を受けてのことで、11月8日に日本赤軍対策、国際協力の推進、安全検査の徹底、出入国規制などを内容とする「ハイジャック等防止対策について」が策定された。

10.7　〔航空〕ハイジャック再発防止6項目　ハイジャック等非人道的暴力防止対策本部の第1回幹事会が開催され、ハイジャック再発防止のための6項目緊急対策が決定された。ダッカ日本航空機ハイジャック事件を受けたもので、日本赤軍の人相書や偽造旅券を外国当局へ送付して協力を求める他、ボディチェックの強化や機内持ち込み品制限の徹底などを内容とする。

10.28　〔自動車〕第22回東京モーターショー　晴海にて第22回東京モーターショーが開催される。排気規制のクリアに主眼が置かれた新モデルの展示が目立った。11月7日まで開催され、203社が参加、展示車両は704台、99万2100人が来場した。

- 243 -

11.16　〔鉄道〕東急田園都市線・新玉川線直通運転開始　東急田園都市線と新玉川線の全面直通運転が開始された。

11月　〔自動車〕ダイハツがシャレードを発表　ダイハツが新型小型乗用車シャレードを発表。ダイハツ・コンソルテの後継モデルとして発表された直列3気筒1000ccのコンパクトカーで、動力に比した低公害・低燃費性が高く評価された。ダイハツはこの月自動車生産台数500万台を突破、シャレードは1978年カー・オブ・ザ・イヤーを受賞するなど、ダイハツ創業以来の成功をもたらした。

12.11　〔鉄道〕気仙沼線　柳津―本吉間が開業し、気仙沼線前谷地―気仙沼間が全通した。

12月　〔鉄道〕国鉄再建、方針決定　国鉄再建のための基本方針を閣議で決めた。運賃の値上げと自身の経営努力、そして国の助成強化を3本柱とするもの。このうちの運賃値上げに関して、国鉄運賃法定制緩和法が成立し、1978年7月から3段階に分けて運賃・料金の値上げが認可、実施された。

この年　〔航空〕ベトナム乗入れ実現へ　3月、全日空はベトナム政府とからチャーター便乗入れについて基本的な同意を得たほか、技術調査団受入の約束を得た。日本航空も直ちに全日空とほぼ同様の合意、約束を取り付けた他、ベトナム国営航空のベトナム民航と総代理店契約を結び、調査団の入国ビザ申請を働きかけた。9月、ハノイ政府は日航、全日空の順で技術調査団へビザを発給、ハノイ乗入れが現実化し始めた。

この年　〔航空〕航空3社予想外の好収益　日本航空、全日空、東亜国内航空の3月期決算が公表され、それぞれ61億、78億、31億円の経常黒字を出した。国鉄が前年11月に値上げを強行、飛行機の方が割安となったため利用客が移ってきたことが要因。また円高による外貨建て債務の為替差益も好決算に貢献した。これにより、年内の航空運賃の値上げを見送ることになった。

この年　〔航空〕日米航空協定の不平等是正交渉　沖縄返還の際の日米覚書で合意された日米航空要諦の不平等是正交渉は1976年11月に第1回が開かれて以降、2月、5月、7月、に東京とワシントンで交互に開催されてきたが、アメリカが持ち出す個別問題に時間をとられ不平等是正に関する実質的な交渉には着手できなかった。7月の交渉で一応決着がつき、10月の交渉からは協定そのものの改定交渉に入り、年内にいっさいの交渉を終えることで双方が合意した。

この年　〔鉄道〕京成電鉄の経営悪化　京成電鉄は1976年3月期決算で9500万円の経常赤字を出したのに続き、77年3月期決算で23億2000万円の経常損失を出した。鉄道、自動車部門での国鉄との競合、人員合理化の遅れ、省力化投資の遅れなどの他、成田空港開港の遅れにより成田線などの関連投資が宙に浮いていることなどが要因。京成では人員削減、不動産売却などの再建計画をまとめ、関連銀行に協力を要請した。

この年　〔鉄道〕私鉄2年間値上げ凍結　大手私鉄14社は1974年7月と、75年12月に運賃を値上げした。これにより76年3月期決算では1社を除き黒字転換できたが、再び値上げの動きが出始めた。これに対し日本民営鉄道協会会長の川崎千春京成電鉄社長は77年1月、年内は値上げをしないと宣言。5月に新会長に就任した川勝伝南海電鉄社長も年内凍結を表明した。

この年　〔鉄道〕利用者の国鉄離れ　各種交通機関の国内総輸送量調査によると、輸送機関別

では航空が前年度比17.4%と大幅に増加、民営鉄道、自動車も増なのに対して国鉄は同5.2%減。貨物輸送量も前年度よりも増加していて、自動車7.9%増、内航海運3.8%増に対して、国鉄は10.8%と大幅に減少した。

この年　〔バス〕各地でバス会社営業廃止　常磐急行交通、四国急行バスの営業が廃止された。

この年　〔バス〕都バスが1日乗車券発売　バスの1日乗車券が都営交通から発売された。

この年　〔自動車〕自動車排出ガス規制対策車　窒素酸化物排出量を1キロ走行あたり0.25グラム以下に低減する1978年度自動車排出ガス規制対策車として、富士重工がスバル・レオーネを発表。続いて三菱自動車もランサー1200の規制適合車を発表。燃費は10～20%改善したが、価格は1台あたり2～4万円高くなった。

この年　〔自転車〕マウンテンバイクの製造始まる　アメリカで生まれた山岳地帯向け自転車「マウンテンバイク」の製造が日本でも始まる。

この年　〔船舶〕失業船員1万人　日本船の船員費は途上国の船員を乗せた外国用船の約3倍と高いため、日本船の国際競争力は落ち込む一方で、日本の商船隊に占める外国用船の比率は1976年には45%に上った。失業船員数は1万人にのぼり、運輸相は外国用船に集団的に配乗する目的で「雇用促進センター」を設置する方針を発表。また、海運造船合理化審議会や労使合同機関で船員制度の抜本的検討を始めた。

1978年
(昭和53年)

1月　〔自動車〕日産「ダットサン」を「ニッサン」に統合　日産は創業以来使われてきた輸出向けブランドの名称「ダットサン」を「ニッサン」に統一した。ダットサンブランドが日産製であることを周知させるため。

2.28　〔鉄道〕東西線鉄橋で竜巻により列車脱線転覆　帝都高速度交通営団東西線の西船橋駅発中野駅行き電車が、荒川中川鉄橋を渡る際、竜巻による強風で脱線し、上り線上に横転。後ろから2両目の前側台車は橋下に落下し、さらに後ろから3両目は後ろから2両目との連結器が切断し脱線した。横転した車両内の乗客14人と車掌1人の計15人が重傷、乗客6人が軽傷を負った。

3.2　〔航空〕成田空港へのジェット燃料輸送を開始　成田空港への貨物列車を用いたジェット燃料輸送が開始された。同日の茨城県鹿島港を起点とする鹿島ルートに続き、17日には千葉県市原市を起点とする千葉ルートの輸送も開始された。千葉港から同空港へのパイプライン建設が反対運動や技術的制約から遅延したことを受けた暫定策だが、こちらも地元の強い反対を受け、開港予定の1973年3月から約5年遅延しての開始となった。

3.14　〔航空〕第6回日米航空交渉　第6回日米航空交渉がワシントンで開始された。現行の日米協定における不平等の是正、成田・大阪の両空港における米国航空会社の大幅増便などが議題となったが、29日に合意に至らぬまま交渉が中断された。

3.16　〔地下鉄〕札幌市営地下鉄南北線　札幌市営地下鉄南北線北二四条—麻生間が開業。
3.17　〔航空〕空港保安事業センターを認可　財団法人空港保安事業センターが認可を受け、24日に設立の登記を完了した。警察庁と運輸省の監督下で、航空保安検査員に対する教育訓練及び資格の付与、航空保安検査の実施状況の監査及び指導など、空港におけるハイジャック対策事業を行うもの。
3.26　〔航空〕成田空港開港を延期　開港を間近に控えた成田空港の管制塔に反対派が乱入し、管制室の計器を破壊する事件が発生。同空港の開港が3月30日から5月20日に延期された。
3月　〔航空〕成田空港使用料交渉が妥結　成田空港の使用料に関する交渉が新東京国際空港公団と国際航空運送協会（IATA）の間で妥結した。1972年5月頃に始まった交渉は「世界一高い」と言われる金額を巡って難航、公団側の譲歩により着陸料は1トン当たり1600円、停留料は1トン当たり120円などで合意が成立したが、それでも外国の空港より相当な高額となった。
3月　〔航空〕中央航空、2地点間輸送認可　中央航空が新島—調布、新島—大島、竜ヶ崎—新島間などの2地点間輸送の認可を受け、運航を開始。離島・辺地輸送に一石を投じる。
3月　〔自動車〕三菱自動車がミラージュを発売　三菱自動車はカープラザ店109社の開店に合わせて初のFF車ミラージュを発売。直列4気筒1200・1400ccエンジン搭載。映画「未知との遭遇」とのタイアップやアメリカンフットボールの試合「ミラージュボウル」の開催など、大プロモーションを展開した。
3月　〔自動車〕東洋工業がサバンナRX-7を発売　東洋工業はサバンナの後継モデルとしてサバンナRX-7を発売。2ドアクーペのスポーツカーでロータリーエンジンを搭載。REAPSと呼ばれる排ガス最燃焼システムを採用し40％の燃費アップを達成した。
5.1　〔バス〕バスロケーションシステム　日本初のバスロケーションシステムが都営バスの新宿駅西口バスターミナルにモデル的に導入された。電電公社の回線を利用した有線方式で、バスの位置情報を利用者に提供するというもの。
5.20　〔航空〕新東京国際空港（成田空港）が開港　新東京国際空港（成田空港）が開港した。1961年8月に運輸省航空局飛行場課が羽田空港が10年後に飽和状態に陥ると予想、1962年11月に第2空港調査費118万円を計上して以来約17年、激しい反対運動を乗り越えての開港となった。21日から運航が始まる。
5.21　〔鉄道〕スカイライナー　成田空港の開港に合わせて、京成電鉄京成成田—成田空港間でスカイライナーの運行が開始された。
5月　〔航空〕航空・電子等技術審議会設置　電子技術審議会と航空技術審議会を統合し、科学技術庁長官の諮問機関として航空・電子等技術審議会が設置される。
6月　〔船舶〕佐世保重工業の再建　経営危機が表面化されてから、再建をはかっていた業界大手の佐世保重工業だが、株主や取引銀行の消極的姿勢から目途が立たなくなっていた。そこで政府や運輸・大蔵省が再建策を示して関係者を説得、大株主である来島どっくの坪内寿夫社長に経営を引き受けてもらい、その他の大株主、金融機関も再建に協力することになった。

7.1	〔バス〕**車椅子のバス乗車**	神奈川県バス協会が車椅子によるバス乗車を実施する。同月5日には東京バス協会でも実施された。
7.10	〔道路〕**建設7大プロジェクト**	桜内義雄建設大臣は、景気浮揚のための内需拡大策として7大プロジェクトを福田赳夫首相に報告、了承された。(1)本州四国連絡橋のうち、伯方大島大橋の着工(2)高速自動車道の整備計画追加(3)横浜ベイブリッジ建設などのほか、すでに着工しているものの工期短縮がある。
7.17	〔航空〕**航空機ハイジャックに関する声明**	西ドイツ・ボンで開催された7ヶ国首脳会議で航空機ハイジャックに関する声明が発表された。国際的なハイジャック事件に関し、犯人引渡しなどを拒否する国に対し、日本を含む7ヶ国が共同して具体的な対抗措置を取るとする内容。
7.20	〔航空〕**ダブルトラックを本格実施**	東亜国内航空のDC-9が全日空の東京―鹿児島線、東京―熊本線、東京―函館線でダブルトラックを開始した。また、これに先立つ11日には全日空が東亜国内航空の東京―大分線でのダブルトラックを認可されており、後にボーイング737が就航した。その後、各路線にダブルトラックが拡大された。
7.20	〔航空〕**羽田の国内線増便**	成田空港に国際線が移って、羽田空港の発着に余裕が出来たことから、北海道から鹿児島、羽田を結ぶ21路線が増便された。羽田と函館、九州の熊本、鹿児島、大分を結ぶ4路線に2社乗り入れを認めた。
7.25	〔鉄道〕**鹿島臨海鉄道**	鹿島臨海鉄道北鹿島―鹿島港南間が開業、鹿島神宮まで乗り入れが開始される。
7.30	〔道路〕**沖縄の交通方法が変更**	戦後33年間右側通行だった沖縄が、本土と同じく左側通行になった。不慣れによる事故が多発し、初日だけで84件発生。
7月	〔航空〕**YX大量受注**	アメリカ航空会社最大手のユナイテッド航空がYX767型機を30機発注してきた。発注金額は総額12億ドルにもなる。他にも8月には米国のリース会社から767型機10機の発注。日本の民間航空3社も購入を検討を始めている。
7月	〔航空〕**国産初民間ジェット機**	三菱重工業が開発を進めていた民間ジェット機の試作機が完成しテスト飛行を開始した。1979年中に運輸省航空局と米国連邦航空局の型式証明の取得を目指すとした。
7月	〔鉄道・地下鉄・バス〕**都営地下鉄など値上げ申請**	東京都は運輸省に、都営地下鉄、都バス、都電の運賃値上げを申請した。累積赤字を抱えている都営交通の建て直しのためで、3年連続の値上げとなる。
8.1	〔地下鉄〕**営団地下鉄半蔵門線が開業**	営団地下鉄半蔵門線が渋谷―青山一丁目間で営業を開始した。
8.12	〔鉄道〕**大手私鉄、値上げ申請**	西鉄を除く私鉄大手13社が、全平均20.5%の大幅な運賃値上げを申請。前回の値上げから2年半経過し、その間電力料の値上げ、人件費諸経費の増加、設備投資、輸送人員の伸び悩みから経営が悪化しているためなどを理由としてあげた。
8月	〔航空〕**YX機共同計画調印**	米国、日本、イタリアによる日本の次期民間航空機開発計画は交渉が難航していたが、ようやくボーイング社とアリタリア社が共同開

発契約に調印。YX機は短・中距離用767と中・長距離用777の2機種を開発する。
8月　〔バス〕地方バスの値上げ　運輸省は、北海道内の私営バス20社の値上げを認可。バス運賃は2年おきに値上げされる仕組みになっていて、1977年度に実施されなかった16ブロック、約150社の値上げを認める方針。
8月　〔自動車〕トヨタがターセル、コルサを発売　トヨタは初のFF車としてターセルとコルサを発売した。縦置きエンジンとして1A-U型OHC1452ccを搭載。
8月　〔行政・法令〕造船特定不況業種に　運輸省は、海運造船合理化審議会に沿って造船業を、特定不況産業安定臨時措置法(構造不況対策法)の対象業種に政令指定した。安定基本計画も作成し、設備35%を削減するなどの減量経営をスタートさせる。
9.22　〔航空〕YX開発協定に調印　ボーイング社と民間輸送機開発協会がYX(次期民間輸送機)の共同開発・製造計画協定に調印した。YS-11に続く国産機開発構想は1960年代後半に誕生し、紆余曲折の末に日米伊による国際共同開発となり、1977年12月15日の暫定協定を経て、この日の最終事業契約締結に至った。
10.1　〔バス〕都バスフリーカードの発売　都営バス定期券「都バスフリーカード」の販売が開始された。
10.2　〔鉄道〕国鉄ダイヤ改正(ゴーサントオ)　国鉄はダイヤ改正を実施し輸送体系の見直しを行う。新幹線の建設や電化・複線化工事、さらには度重なる運賃値上げやストライキの影響で業績が悪化していたことから、ダイヤ改正によって増収と業務改善を図ろうとしたもの。国鉄創業以来の「減量ダイヤ改正」であった。
10.4　〔自動車〕運輸省が大型トラックへの規制を通達　大型トラックの左折巻き込み事故が多発したことを受け、運輸省は「大型貨物自動車の左折事故防止のための緊急措置について」を通達、大型車に対してサイドアンダーミラーおよび補助方向指示器の新設、サイドガードの改善を義務付けた。
10.6　〔航空〕ハイブリッド型LTA航空機懇談会が発足　ハイブリッド型LTA航空機懇談会が発足した。LTA航空機とは飛行船など空気より軽い航空機のことで、日本では1970年代中頃から機械振興協会などを中心に研究が行われていたが、この年の秋に通産省が工業技術院が大型プロジェクトの新規テーマに決定し、開発が促進されることになった。
10.31　〔鉄道〕京王帝都電鉄新線　京王帝都電鉄新線新宿―笹塚間が開業。
10月　〔航空〕国際運賃、低運賃制度導入　国際航空運送協会(IATA)が国際航空運賃の決定方式を改定することを決めたことに対応して、日本も国際航空運賃に低運賃制度採用することにし、個人の一般客には、今まで使用できなかった国際チャーター便に乗れるよう規制緩和した。
11.1　〔航空〕松山空港ビルを設立　松山空港ビル株式会社が設立された。1968年の建設以来伊予鉄道株式会社が運営してきた松山空港ターミナルビルを航空機のジェット化と旅客の増大に対応して拡充するためのもので、資本金は3億円。総工費18億円を費やして1979年11月30日に新ターミナルビルが完成した。
11.3　〔鉄道〕「いい日旅立ち」キャンペーン　国鉄は「いい日旅立ち」と題したキャン

	ペーンを展開。同名のキャンペーンソングを山口百恵が歌ってヒットした。
11.20	〔航空〕航空会館が竣工 航空会館の竣工式が開催された。1929年に帝国飛行協会により完成した旧飛行館に代わる施設で、建設費用は33億円。また、同会館の建設協力金を拠出した企業・団体・個人らの要望に基づき、同協会の事業の一環として航空クラブが設立され、同会館9階に事務室が設置された。
12.1	〔行政・法令〕道路交通法改正 改正道路交通法施行。高速道路のみだった自動二輪車ヘルメット着用が一般道でも義務化された。
12.12	〔航空〕ITC第1便 日本初のITC（包括旅行チャーター）となる日本航空の福岡―熊本―マニラ便と全日空の福岡―香港便が福岡・熊本の両空港から出発した。ITCとは航空輸送・宿泊・地上輸送などをセットにした包括旅行（パッケージツアー）参加者によるチャーターのことで、普通運賃より大幅な割安となる。
12.12	〔鉄道〕能勢電鉄日生線 能勢電鉄日生線山下―日生中央間が開業。
12.15	〔航空〕新中央航空設立 新中央航空株式会社設立。1979年2月、航空事業譲渡・譲受の認可を得て中央航空の事業を継承した。
12.21	〔地下鉄〕都営地下鉄新宿線 都営地下鉄新宿線岩本町―東大島間が開業。
この年	〔航空〕航空機の輸入を促進 政府は黒字減らしの対策として、民間航空機の輸入を要請。この結果、日航、全日空、東亜国内航空の3社は、1978年度中に22機（6億8500万ドル）の輸入契約を行う。
この年	〔鉄道〕国鉄、退職金で赤字増加 国鉄職員の年齢構成は戦中・戦後の大量採用により45歳以上が半分近くを占め、今後10年間に42万人のうち10万人が自然退職する見通しとなった。1978年度の退職金支払い総額は前年比14.6％増、事業主としての年金への拠出が前年比47.6％と急増、赤字増加の大きな要因とされた。
この年	〔バス〕106急行バス 岩手県北自動車が106急行バスの運行を開始した。国道106号線を走ることから名づけられたもの。冷暖房を完備した最新型の観光バスを使用し、「列車より速く、マイカーより快適」がキャッチコピーであった。
この年	〔バス〕各地でバス営業開始 大和自動車興業、上甑島バス企業団、成田空港交通がバス営業を開始した。また新潟交通・越後交通が高速バスの運行を開始。
この年	〔バス〕空港リムジンバスの運行開始 東京空港交通が成田空港への足としてリムジンバスの運行を開始した。鉄道に比べて定時性では劣るものの、荷物を持って乗り換えをする必要がない等のメリットがある。東京シティ・エア・ターミナルを起点とした。
この年	〔バス〕中央高速バス甲府線 中央高速バス甲府線の運行が山梨交通、富士急、京王帝都バスによって開始された。
この年	〔自動車〕再三の円高値上げ 1978年夏にとうとう1ドルが190円前後にまで急騰し、米国市場での自動車販売は、円高値上げを余儀なくされた。各社とも約1000ドル、25～26％の大幅値上げを実施。同クラスの米国車より300～400ドル高くなることとなった。
この年	〔自動車〕自動車生産実績過去最高 軽自動車を含む自動車生産実績は926万9153台で初めて900万台を突破、前年を8.7％上回る過去最高となった。国内販売台数は

396万628台で1972年に次ぐ史上第2位、輸出台数は後半円高により伸び悩んだものの460万735台で前年比5.7％増で過去最高となった。

この年　〔船舶〕造船各社設備削減へ　造船各社は運輸省が出した方針に従い、造船所の集約や船舶以外の分野への転進、建造ドックの半減など設備削減に具体的に動き出した。

1979年
（昭和54年）

1月　〔鉄道〕私鉄運賃値上げ　西鉄を除く大手13社の運賃値上げが実施された。電力費の値上げなど諸経費の高騰や設備投資に伴う資本費の増加、景気停滞による輸送人員の伸び悩みなどを背景にするもので、値上げは3年ぶり。初乗り運賃を一律70円とし、普通運賃の値上げ率は平均10.7％、通勤・通学定期割引率の引き下げなど。当初の平均20.5％の値上げ申請に対し、運輸審議会は値上げ幅を平均12.8％に大きく圧縮させた。

3.9　〔鉄道〕北総開発鉄道　北総開発鉄道北初富—小室間が開業。

3.15　〔バス〕地方バス研究会　学識経験者やバス事業者らによって構成される地方バス研究会が運輸経済研究会内に設置された。地方バスのあり方や補助制度について調査研究する。

4月　〔自動車〕本田技研とBL業務提携　経営再建途上にある英国最大の国営自動車メーカーブリティッシュ・レイランド（BL）は、本田技研の乗用車をライセンス生産することで合意した。(1)ホンダが開発した乗用車を、1981年からBLが7〜8万台生産、販売する。(2)エンジンなどはホンダが供給する。といった内容。

5.25　〔航空〕DC-10が墜落　アメリカン航空のDC-10がシカゴ・オヘア空港を離陸直後に墜落し、乗客乗員合わせて271人と地上の2人が死亡する事故が発生した。設計上の欠陥が疑われ、米国・日本をはじめ世界中で同機が飛行停止となったが、後に誤った整備方法が原因と判明。7月11日に日本航空が保有する同機の飛行停止が解除された。

5月　〔鉄道〕国鉄運賃値上げ　国鉄は旅客運賃を平均8.8％値上げした。旅客運賃は1キロあたり運賃を平均12％引上げ、初乗りを80円から100円に、通学定期の割引率を80.8％から78.8％に引き下げなどが内容。また、2地帯制だった基本運賃区分を3地帯制に改め、近距離ほど値上げ幅を大きくしている。

7.5　〔航空〕下地島訓練飛行場が開港　下地島訓練飛行場が開港した。日本初の訓練専用飛行場で、沖縄県宮古郡伊良部村の下地島に位置する。なお、開港に先立つ4月に、空港施設の管理運営に当たる下地島空港施設株式会社が設立されている。

7.22　〔バス〕バスと地下鉄の乗り継ぎ制度の開始　バスと地下鉄の乗り継ぎ制度を大阪市交通局が全国に先駆けてスタートさせた。

— 250 —

7.29	〔鉄道〕名古屋鉄道豊田線 名古屋鉄道豊田線梅坪―赤池間が開業。
7月	〔鉄道〕地帯別運賃導入構想 国鉄は、「再建の基本構想」を発表した。運賃については、ローカル線を対象にコストに見合って普通運賃よりも割高とする線区別、地帯別運賃の導入を挙げた。その他42万4000人から35万人への人員削減、ローカル路線のバス転換基準、自助努力の及ばない年金負担や退職金の超過負担には国の助成を求めることなどが盛り込まれた。
8.1	〔バス〕都営バスが冷房導入 冷房車が都営バスに導入された。
8.1	〔船舶〕不況カルテル結成 1978年12月に出された造船法に基づく運輸大臣勧告は79年度の操業度について、過去のピーク時に対して大手7社が40%、中堅16社は45%、中小17社は49%に抑えるようにという内容になっていた。運輸大臣勧告による操業規制には独占禁止法上問題があるとされ、運輸省の指示もあって、独禁法に基づく不況カルテルの結成に向けて業界が努力することとなった。造船業の特徴から時間を要したが、業界39社による不況カルテルが実現、1986年3月31年まで操業率を39%に規制することとなった。
8.25	〔航空〕第4次空港整備6ヶ年計画 運輸省航空局が第4次空港整備6ヶ年計画の概要をまとめた。第3次5ヶ年計画（1976～1980年度）を途中で打ち切って導入するもので、1980～1985年度を対象とし、総事業費は3兆2200億円。しかし、財政悪化などのため政府があらゆる新規長期計画策定を行わない方針を打ち出したため、同計画は実現しなかった。
9.21	〔地下鉄〕営団地下鉄半蔵門線 営団地下鉄半蔵門線青山一丁目―永田町間が開業。
9月	〔航空〕日本航空貨物を設立 全日空と日本郵船・大阪商船三井船舶・川崎汽船・山下新日本汽船の海運大手4社の共同出資により、日本航空貨物株式会社が設立された。国際航空貨物専門会社で、資本金は2億円。太平洋線における日本側不利（米国3社に対し日本側は日本航空のみ）の克服を設立理由に掲げ、過当競争を招くとの日本航空の反発を受けつつも、1985年5月8日に第1便がサンフランシスコへ向けて出発した。
9月	〔タクシー〕タクシー初乗り300円に 東京、横浜、名古屋、京都、大阪、神戸のタクシー運賃が一斉に値上げされた。中型で初乗りが330円から380円に、60円刻みだった加算運賃が70円刻みとなった。10月には千葉県を除く関東と、山梨県でも同様の値上げが実施された。
10月	〔自動車〕日産、セドリックとグロリアにターボチャージャーを搭載 国産乗用車としては初めてセドリックとグロリアのL20型エンジンにターボチャージャーが搭載される。動力性能向上を求めるユーザーのニーズに応えたもの。
11.1	〔自動車〕フォードと東洋工業資本提携 5月に米第2位のメーカー、フォードが、東洋工業に25%資本参加することになった。5月に合意が成立、7月に調印、11月1日から資本参加となった。
11.1	〔自動車〕第23回東京モーターショー 晴海にて第23回東京モーターショーが開催される。日産セドリックをはじめとしてターボの展示が目立った。同月12日まで開催され、184社が参加、800台を展示、100万3100人が来場した。
11.3	〔鉄道〕ビデオカー登場 特急電車「有明」と「にちりん」でビデオカーの連結が開

始される。先頭車両にビデオプロジェクターを設置し上映を行った。

11.18 〔鉄道〕**武蔵野線で居眠り事故** 午後1時30分頃、神奈川県川崎市の国鉄武蔵野線貨物専用線生田トンネル内で、貨物列車が上り勾配上に自然停車した後逆走、後続の石油タンク車と衝突した。タンク車は石油やガソリンを積載しており、11両が脱線したが火災は発生しなかった。貨物列車の機関士の居眠り運転が原因。

11月 〔バス〕**フリー乗降サービス** 国鉄バスがフリー乗降サービスを開始。停留所以外でも乗り降りができるというもの。

11月 〔自動車〕**日産、ブルーバードをモデルチェンジ** 日産の小型乗用車ブルーバードがモデルチェンジされる。ブルーバードとしては最後のFR車で、シャシーの改良により走行性能が改良されていた。翌1980年にはターボチャージャー搭載のモデルが発売された。

12.11 〔航空〕**XJB計画に調印** 石川島播磨重工・川崎重工・三菱重工の3社と英国ロールスロイス社が東京で、日本初の実用民間航空機用ジェットエンジン開発計画となるXJB計画（日英共同ジェットエンジン開発計画）に調印した。翌日にはロンドンでも調印が行われ、1980年1月31日に契約が発効した。

12.20 〔地下鉄〕**営団地下鉄千代田線** 営団地下鉄千代田線綾瀬―北綾瀬間が開業。

12月 〔鉄道〕**国鉄新再建策** 政府は1985年度を目標とした国鉄の新しい再建基本方針を決定。戦略的な考えは従来と変わっていないが、具体的な目標・経営改善策を示しているのが特徴。

この年 〔航空〕**各社で新機種導入** 東亜国内航空は2月、双発エンジン、281席のエアバス300の導入を決定、6機を発注した。1980年10月から順次引き渡される。全日空では10月、ローカル線の主力であるボーイング727、747の後継機種として、双発エンジン229席B767型機の導入を決定。25機を確定発注、83年春から順次納入するとした。

この年 〔航空〕**航空運賃に割引の導入** 米政府の航空自由化政策をきっかけとして、大西洋線で低運賃競争が激しくなったことや、円高の進行を受け、運輸相では低運賃の導入に着手。方向別格差是正のため10〜15%の日本発運賃の個人往復割引と、事前購入や旅行日数などの条件付きで35%の割引を行うアペックス運賃を新設した。個人往復割引は2月に日欧間、日豪間で、6月に日米間で実施され、アペックス運賃は3月から日加間、後に日米間、日豪間に導入された。

この年 〔航空〕**航空運賃値上げ** 世界の航空会社が加盟する国際航空運送協会（IATA）は、石油輸出国機構が原油値上げを決める都度会議を開き、4月に一律7%、7月に地域別に9〜15%の値上げを決定した。運輸相は第1次値上げは7月に、第2次値上げは9月に認可した。この他、4月に実施されたジェット燃料制の倍額引上げによる公租公課の負担増を理由に、10月、日本航空と全日本空輸、東亜国内航空が運賃値上げを申請した。

この年 〔航空〕**多用途ヘリコプターBK117** 西ドイツMBB社と川崎重工が共同開発している多用途ヘリコプターBK117が6月に西ドイツで、8月に日本でそれぞれ初飛行を行った。9月末までに既に10機の確定受注を受けており、1980年度中に型式証明を取得する方針。

この年	〔航空〕民間ジェット機MU-300	国産初の民間ビジネスジェット機となる三菱重工のMU-300は、年度内に型式証明の取得を目指し、9月末までに既に62機の受注を確保、量産化に備えた。
この年	〔バス〕バス初乗り値上げ	都心部の都営バスなど6大都市で、1978年10月以降、初乗り運賃が110円に引上げられたが、10月には東京に乗入れている民鉄バスの初乗り運賃が90円から100円に値上げされ、さらに80年9月から110円への値上げが認められた。
この年	〔バス〕電気バス	京都市の洛西ニュータウンに電気バスが登場。省エネへの関心が高まる中、デモンストレーションとして運行された。
この年	〔行政・法令〕石油消費節減対策の実施協力	政府はIEAの5％石油消費削減の合意に伴い、石油消費節減対策の具体的措置の実施協力を自動車業界にも求めた。マイカーの自粛、大量交通機関利用推進、ガソリンスタンド祝日休業などが提案された。

1980年
（昭和55年）

1月	〔航空〕XJB計画スタート	XJB計画（日本の石川島播磨重工、川崎重工、三菱重工と英国・ロールスロイス社とのジェットエンジン共同開発計画）の契約が発効、開始された。このプロジェクトは日本初の実用民間航空機用ジェットエンジン開発計画。
1月	〔自動車〕米国初の自動車工場	本田技研が、米オハイオ州に乗用車工場を建設することを発表。月産1万台で総投資額2億ドル。1980年12月着工、2年後に生産開始。
2.20	〔鉄道〕中学生が置石 脱線転覆	大阪府枚方市の京阪電鉄で急行電車が障害物のために脱線、1両目が民家に突っ込んだ。50人が重軽傷。障害物は側溝のコンクリート製の3kgのフタで、市内の中学2年生5人が補導された。
3.15	〔鉄道〕「いい旅チャレンジ20000km」キャンペーン	国鉄は「いい旅チャレンジ20000km」キャンペーンを開始する。国鉄全路線（営業キロ20,000km/242線区）の踏破を目的とするものであった。
3.16	〔地下鉄〕都営地下鉄新宿線	都営地下鉄新宿―岩本町間が開業。
3.27	〔地下鉄〕営団地下鉄有楽町線	営団地下鉄有楽町線銀座一丁目―新富町間が開業。
3月	〔航空〕航空運賃値上げ	1974年9月以来5年半ぶりに国内航空運賃が平均23.8％値上げされた。ジェット特別料金も600円から900円にアップ。
4.22	〔船舶〕宇高連絡船「とびうお」就航	宇高航路にホバークラフト船「とびうお」（28.8トン）が就航。
4月	〔航空〕宇部空港が山口宇部空港に改称	山口県営宇部空港が山口宇部空港に改称した。同時に東京便がジェット化される。

4月	〔自動車〕日産も米に工場 日産自動車がアメリカ・テネシー州に小型トラック生産工場の建設を発表。月産1万台で総投資額3億ドル。1983年後半に生産開始。
5月	〔自動車〕日本製自動車に強硬姿勢 日米政府の事務レベルの協議が行われ、米国製自動車、同部品の輸入拡大や対米乗用車工場進出についても前向きに取り組むことになった。日本車の輸入増により米国内では、輸出規制や対米工場進出を求める声が強くなっていた。
6.5	〔鉄道〕名古屋鉄道知多線 名古屋鉄道知多線富貴―内海間が開業。
6月	〔自動車〕トヨタとフォード 合弁交渉 トヨタ自動車がフォード社に対し、アメリカで共同で小型乗用車の生産する構想を提案、フォード社も交渉に応じた。
6月	〔自動車〕東洋工業がファミリアをモデルチェンジ 東洋工業はファミリアをモデルチェンジし、FF車として発売。ハッチバックスタイルで1300・1500ccエンジンを搭載。
7.16	〔鉄道〕千歳線、室蘭線 千歳線、室蘭線室蘭―沼ノ端間の交流電化が完成。
8.17	〔鉄道〕武蔵野線西浦和付近で火災 埼玉県浦和市の国鉄武蔵野線で、高架下の野積みされていた古タイヤから出火、翌日までに40万本が燃えた。架線を支える鉄柱やレールが曲がったことで、北朝霞―西浦和間は1か月にわたって不通となり、延べ150万人の足に影響した。
8.19	〔バス〕新宿西口バス放火事件 新宿西口バスターミナルで停車中の京王帝都電鉄中野車庫行きバスが放火されるという事件が発生。車内にいた乗客のうち6人が死亡、14人が重軽傷を負った。
8月	〔航空〕YX機以降の輸送機開発 YX機以降の民間輸送機開発(いわゆるYXX開発)について、航空機工業部会政策分科会が、国際共同開発に積極的に取り組む必要があり、検討すべきとの提言がされた。
9月	〔航空〕日米航空交渉再開 中断されていた日米航空交渉が東京で行なわれた。しかし今回の交渉では、日本に著しく不利な協定の是正ではなく、米国の航空会社のサイパン線増便と、大阪―サイパン線の新路線開設の要求が焦点となった。
10.1	〔鉄道〕国鉄ダイヤ大改正 国鉄は千歳空港駅開業に伴うダイヤ改正を行う。青函連絡船の運航便数は大幅に削減される一方で室蘭―千歳空港―札幌駅―旭川間に特急「ライラック」号が新設された。北海道以外でも各地で優等列車の削減が行われた。
10.17	〔鉄道〕東中野駅手前で停車中の電車に後続車追突 総武線千葉発中野行電車(10両編成)が第1閉塞信号機から約41m東中野駅寄りの地点で赤信号で停止していた先行電車に追突。乗客12名が負傷した。後続電車運転士の自動列車制御装置を切った上での前方不注意が原因とし、現行犯逮捕した。
10月	〔タクシー〕タクシー値上げへ 東京地区の法人タクシーが運賃値上げ申請。1979年9月にも引上げられているが、第2次オイルショックの影響による。
10月	〔自動車〕日産と伊アルファロメオが合弁 日産自動車とイタリアの国営自動車会社アルファロメオが、イタリアに合弁会社を設立することを発表。この合弁会社は両社折半出資で、年6万台の小型乗用車を生産する。

11.10	〔自動車〕ITCが日本車輸入にシロ判定	日本車などの輸入増加がアメリカ自動車産業に重大な被害を与えるとして、全米自動車労組と自動車メーカーのフォードが米国国際貿易委員会(ITC)に提訴していたが、調査の結果「被害なし」との判定が下された。
11.27	〔地下鉄〕大阪市営地下鉄谷町線	大阪市営地下鉄谷町線天王寺―八尾南間が開業。
11月	〔鉄道〕私鉄値上げ申請	大手私鉄14社が運賃値上げを申請。値上げ率は平均16.9%。
11月	〔自動車〕ECでも自動車摩擦	ヨーロッパでも輸入増大により日本車批判が高まった。米国同様に摩擦が起きることを懸念して、日本自動車工業会と欧州共同市場自動車製造業者協会(CCMC)が会談。
11月	〔行政・法令〕国鉄再建法成立	新再建策を広範囲に盛り込んだ国鉄再建法が臨時国会で成立した。地元や国会の強い抵抗により不発に終わっている赤字ローカル線の廃止に照準を合わせたものとなった。
12.11	〔航空〕第4次空港整備5か年計画	第4次空港整備5か年計画が閣議決定された。
12.27	〔鉄道〕特定地方交通線のバス転換が進む	日本国有鉄道経営再建促進特別措置法に基づき、旅客輸送密度4,000人未満の国鉄路線(特定地方交通線)のバス転換が図られた。
この年	〔鉄道〕国鉄、1兆円超の大赤字	1980年度の国鉄の赤字総額(純損失)が、史上初めて1兆円の大台を突破。国鉄の累積赤字は、棚上げ分も含めて6兆5010億円になった。運輸省は、開業後の赤字が必至の国鉄新線に対して、完成後第三セクターでの運営を確約しなければ工事費の配分をしないと決定。
この年	〔バス〕京王帝都バスが深夜バスを運行	京王帝都バスによる深夜バスの運行が開始した。
この年	〔自動車〕自動車生産世界一へ	日本の自動車生産は1980年1月～10月で、前年同期比17%増の累計922万台になり1年間では1000万台を大幅に超える。今まで世界一だったアメリカが、大型車から小型車生産への切換から生産が落ち込んだことから、日本が史上初めてアメリカを抑え世界一になった。

1981年
(昭和56年)

2.5	〔鉄道〕神戸新交通ポートアイランド線	神戸新交通ポートアイランド線三宮―ポートアイランド間が開業。
2月	〔自動車〕トヨタがソアラMZ10を発売	トヨタのソアラMZ10が発売された。高級輸入車に対抗しうるグランツーリズモとして開発されたもの。DOHC170馬力に改良された直列6気筒エンジンを搭載。また、国内で初めてデジタル式のメータが採用された。
2月	〔自動車〕車検制度のあり方論議	ドライバーからの不満が絶えない車検制度の見直

1981年(昭和56年)　　　　　　　　　　　　　　　　　　　　　　　　日本交通史事典

　　　　しについての論議が高まっていることを背景に、運輸省が運輸技術審議会に車検
　　　　制度のあり方について諮問。
3.16　〔鉄道〕大阪市営南港ポートタウン線　大阪市営南港ポートタウン線住之江公園―中
　　　　ふ頭間が開業。
3月　　〔航空〕経営難の東亜国内航空　東亜国内航空が、ヨーロッパのエアバス・インダス
　　　　トリー社に契約済みの大型機の引き取り延期と一部キャンセルを申し入れた。こ
　　　　れに対しエアバス社側は激怒、新たな経済摩擦になる恐れが出てきたため、東亜
　　　　は機材の引き取りの延期だけにとどめることとなった。
4.1　　〔鉄道〕福知山線　福知山線大阪―宝塚間で電車運転が開始された。
4.1　　〔バス〕初の2階建てバス　都営バスが上野広小路―浅草雷門間で、初めて2階建てバ
　　　　スの運行を開始。記念乗車券も発売された。台東区が購入し、東京都交通局に運
　　　　行委託したもの。料金は200円で、平日20本、休日29本運行した。
4.20　〔鉄道〕国鉄4年連続の値上げ　国鉄は運賃を平均9.7％値上げした。初乗り運賃は10
　　　　円上がり110円に。
4月　　〔行政・法令〕日本航空法改正　日本航空株式会社法の一部改正が成立。政府の持ち
　　　　株について、配当制限を撤廃して、一般株主と同様に配当させるのが主。特殊法
　　　　人である日航が弾力的かつ機動的な経営をできるようにするため。
5.6　　〔鉄道〕私鉄運賃値上げ　大手私鉄14社が、平均15.9％運賃値上げを実施。電力料金
　　　　の大幅アップ、人件費急増、金利負担の増大などが値上げ理由。
5.20　〔鉄道〕「ジャパンレールパス」発売開始　国鉄は国外からの観光客を対象に「ジャ
　　　　パンレールパス」の発売を開始した。
5.29　〔地下鉄〕京都市営地下鉄　京都市営地下鉄京都―北大路間が開業。
5月　　〔自動車〕米国向け乗用車輸出の自主規制　田中六助通産相は「米国向け乗用車輸出
　　　　にかかる措置について」として1981年度の対米自動車輸出を168万台に抑える方
　　　　針を発表した。自主規制によって貿易摩擦を回避する意向。
6月　　〔航空〕「空の回数券」発売　日航、全日空、東亜国内の航空3社が、国内幹線に回
　　　　数割引運賃制度を導入。6枚1組で1割引となる。10月には、修学旅行割引と季節
　　　　団体割引制度の導入を申請。
6月　　〔航空〕秋田空港開港　秋田空港が開港した。
7.1　　〔鉄道〕夕張線　夕張線紅葉山―登川間が廃止となる。
7月　　〔行政・法令〕総合的交通政策の答申　運輸政策審議会が、塩川正十郎運輸大臣に
　　　　「長期展望に基づく総合的な交通政策の基本方向」とする答申を提出。この答申
　　　　では、今後の交通施設整備の投資は一層の効率化と重点化を必要としている。
8.1　　〔鉄道〕レールゴー・サービス　国鉄が「レールゴー・サービス」を開始。新幹線を
　　　　利用して荷物を輸送するというもの。
8月　　〔自動車〕GM、いすゞ、鈴木自が開発強力　ゼネラルモーターズ、いすゞ自動車、
　　　　鈴木自動車が小型車（1000cc級）の開発協力で合意し、株式を持ち合った。
9.2　　〔タクシー〕タクシー料金値上げ　6大都市のタクシー料金が平均15.1％引上げられ

― 256 ―

た(京都のみ10月1日)。初乗り(2km)が中型車で50円アップの430円になり、加算料金は10円アップの80円に。

9月 〔航空〕YX機が飛行試験 日本、米国、イタリアの3国で共同開発を進めてきたボーイング767ジェット旅客機の飛行試験が行われた。従来のものより省エネ、低騒音なため受注も極めて順調。

9月 〔自動車〕三菱自、不平等条約を改定 三菱自動車は、クライスラー社の持つ三菱車の米国内独占販売権などに関する不平等条約の改定に成功した。

9月 〔自動車〕日産、VW車を日本で生産 日産が西ドイツのフォルクスワーゲン社と、フォルクスワーゲン車の日本での生産に合意、調印した。1983年10月から日産・座間工場で「サンタナ」を生産する。国内は日産が、輸出はフォルクス社が販売する。

10.1 〔鉄道〕フルムーン夫婦グリーンパス 国鉄は熟年夫婦を対象とした特別企画乗車券「フルムーン夫婦グリーンパス」の発売を開始した。二人の年齢が合計88歳以上になる夫婦を対象に、JR全線のグリーン車が乗り放題となる。

10.9 〔鉄道〕北海道と福岡の赤字線が姉妹に 赤字線全国1位の添田線(福岡県添田町)と2位の美幸線(北海道美深町)が姉妹町になることに調印。両線とも国鉄の再建計画では廃止対象となっているため、国鉄に対する廃止反対の意思を強く表したものとなった。

10.30 〔自動車〕第24回東京モーターショー 第24回東京モーターショーが東京・晴海で開幕した。会期は11月10日まで。209社が参加し、展示車両は849台。軽量のFF車の展示が目立った。入場者は111万4200人であった。

10月 〔航空〕XJB開発がスタート 日英が共同開発するジェットエンジン開発計画において、日本側の開発母体である公益法人日本航空機エンジン協会が発足、本格的に始動。アメリカの有名メーカー2社が参加を打診していて、日英米の共同開発が確実視された。

10月 〔航空〕国内航空運賃値上げ申請 日航、全日空、東亜国内、南西航空の4社が、国内航空運賃の値上げを申請。「路線別原価主義」により、平均値上げ率は各社バラバラで、幹線運航のみの日航(12.2%)に対し、ローカル線を多く抱える東亜国内は2倍以上(26.7%)の申請率。

10月 〔自動車〕サニーのFF車が発売される 日産はサニーをFF車として発売開始した。FF車化とともにエンジンも軽量化され、E型1500cc95馬力に。これとともに、ダットサン・サニーはニッサン・サニーと改称された。

10月 〔行政・法令〕日英航空協定見直し 日英航空協定の見直し交渉が開かれた。英国側は低運賃政策を展開しているレーカー航空の日本乗り入れを正式に要求。政府は、レーカー航空が日本の運賃認可制に従わない限り乗り入れは認めないと伝えたため、交渉は不調に。

11.2 〔鉄道〕山万ユーカリが丘線 山万ユーカリが丘線ユーカリが丘―中学校前間が開業。

11.27 〔地下鉄〕名古屋市営地下鉄 名古屋市営地下鉄鶴舞線浄心―伏見間が開業。

11月 〔鉄道〕整備新幹線、着工順位決定 着工が遅れている整備新幹線5線について自民

党は、財源難から5線同時着工の方針を転換、着工の優先順位を決定した。当面は北陸、東北、九州の3線が優先される。

11月　〔自動車〕ホンダシティを発売　本田技研工業がホンダシティを発売した。シビックよりも一回り車体を小さくした小型乗用車。全長は3380mmと短いながら天井を高く取り、居住空間を確保した。1200ccロングストロークエンジンを搭載。

11月　〔自動車〕本田と英BL社共同開発第2弾　本田技研と英国ブリティッシュレイランドが、提携第2弾を共同開発することで調印。1985年発売をメドに上級小型乗用車をそれぞれ生産する。

12.2　〔地下鉄〕大阪市営地下鉄千日前線　大阪市営地下鉄千日前線新深江―南巽間が開業。

12.16　〔航空〕大阪国際空港騒音問題で最高裁判決　大阪国際空港周辺の住民が騒音を理由に空港の夜間利用差し止め等を求めた裁判で、最高裁は原告の訴えを却下した。ただし過去の損害についてはこれを認め、国からの上告を棄却した。

12月　〔バス〕無線方式のバスロケーションシステム　秋田市交通局が全国初の無線方式によるバス・ロケーションシステムを秋田駅前―南営業所間の10停留所に設置した。冬期の積雪や路面凍結によるダイヤ乱れ対策のひとつ。運輸省のバス路線総合整備モデル事業の一環でもあった。

この年　〔地下鉄・バス〕バス・地下鉄の乗り継ぎ運賃制度　京都市交通局がバス・地下鉄の乗り継ぎ運賃制度を導入した。

この年　〔バス〕バス運行総合管理システム　八戸市営バスが全国で初めてバス運行総合管理システムを導入した。音声案内を伴ったバス・ロケーションシステム。

この年　〔バス〕離島でバス営業開始　長谷村営バスおよび久米島バスが営業を開始した。

この年　〔船舶〕利子補給制見直し論　1979、80年度と海運業界が好業績だったため、海運利子補給制度の打ち切り論が強まった。しかし運輸省が1982年度概算要求時にも制度継続を盛り込んだため、この制度に対する風当たりは一層強まった。

この年　〔行政・法令〕日米航空交渉断続的に再開　日米航空協定の改正のための交渉は1978年以来中断されていたが、1月、4月、5月、10月、11月と断続的ながら交渉が再開された。

1982年
（昭和57年）

1.16　〔航空〕国内航空運賃値上げ　国内航空5社が国内航空運賃を平均13.5％値上げした。同時に修学旅行割引、一部路線ながら季節割引制度を導入。

1.29　〔鉄道〕通勤時の電車が暴走　大阪市の国鉄天王寺駅で、入ってきた快速電車が暴走、停止線を行き過ぎて車止めに激突して止まった。朝の通勤時であったため定員の2倍の乗客が車両におり、運転士と乗客48人が重軽傷を負った。

1982年（昭和57年）

1月	〔自動車〕トヨタの東京本社ビルが完成 トヨタ自動車工業とトヨタ自動車販売の合併を前にして、トヨタは東京都文京区に東京ビルを建設、愛知県から本拠地を移した。
2.1	〔バス〕バス回数券 京王帝都バスが車内での回数券の発売を開始した。
2.9	〔航空〕日本航空350便、羽田沖墜落事故 福岡発羽田行き日本航空350便ダグラスDC-8-61が着陸の最終進入中、機長の突発的な異常操縦により、失速してC滑走路端から510m沖の東京湾海面に墜落した。乗員乗客計174名のうち、乗客24名が死亡。乗員8名と乗客87名が重傷、乗客54名が軽傷を負った。
3.1	〔鉄道〕青春18のびのびきっぷ 国鉄は特別企画乗車券「青春18のびのびきっぷ」の発売を開始した。期間限定の1日券3枚と2日券1枚のセットで、国鉄の普通列車・快速列車が1日乗り放題となる。価格は8000円であった。
3.4	〔船舶〕青函連絡船「津軽丸」終航 青函連絡船「津軽丸」が耐用年数切れにより運航を終了した。
3.21	〔地下鉄〕札幌市営地下鉄東西線 札幌市営地下鉄東西線白石―新さっぽろ間が開業。
3月	〔自動車〕トヨタ、ビスタとカムリを発売 トヨタは同社初の本格的なFF車、ビスタとカムリを発売した。カムリは1980年にセリカの姉妹車として発売されたが、この時より新発売のビスタの姉妹車となる。クラウンよりも広い室内空間が売りであった。1S型1800および3S型2000ccエンジンを搭載。
3月	〔自動車〕トヨタとGM共同生産 ゼネラル・モータースとトヨタは、米国内での乗用車の共同生産について交渉することに合意した。両社折半出資の合併会社の設立、GMの遊休工場でのトヨタ車生産、そこで生産された車はGMを通じて販売するなどが合意内容。
4.3	〔文化〕電車とバスの博物館 東京急行電鉄創立60周年を記念して、高津駅の高架下に電車とバスの博物館が開館した。鉄道およびバスの車両や関連資料を保存・展示する。
4.20	〔鉄道〕5年連続運賃値上げ 国鉄は、平均6.1％運賃を値上げ。初乗り運賃が110円から120円に。
4.20	〔地下鉄〕福岡市営地下鉄 福岡市営地下鉄天神―呉服町間が開業。
4月	〔行政・法令〕旅行業法改正 パッケージ旅行の増加により増加している旅行上のトラブルから旅行者を保護するため、旅行業法の一部が改正された。旅行業者の営業保証金の引き上げ、標準約款制度の導入、広告記載事項の規制などに関して措置を取り決めた。
5.17	〔鉄道〕関西本線 関西本線名古屋―亀山間で電車運転が開始された。
5.28	〔鉄道〕特急「あずさ」が脱線 山梨県大月市の中央線鳥沢駅構内を12両編成の特急「あずさ」が通過中に、後部8両が脱線、そのまま約200メートル暴走した。乗客2人がけが。暑さのためレールが伸び膨張しきったのが原因。
6.4	〔行政・法令〕日米航空交渉合意 鈴木善幸首相とレーガン米大統領との日米首脳会談で、3年間の暫定取決めを結ぶことで日米航空交渉が合意した。9月7日正式発効。暫定取決めの3点は、日本側の新乗り入れ路線、アメリカ側の新規路線、貨物

1982年（昭和57年）　　　　　　　　　　　　　　　　　　　　　　　　　日本交通史事典

　　　　専用路線の運航。
6.11　〔鉄道〕まくら木作業中に脱線　北海道北見市の石北本線を走行中の9両編成の特急
　　　「オホーツク1号」が、後部6両を脱線したまま約200メートル暴走。乗客17人がけ
　　　が。現場ではまくら木の交換作業中で、まくら木1本にクギを打たないうちに列
　　　車が通過したため事故になった。
6.23　〔鉄道〕東北新幹線開業　東北新幹線が大宮―盛岡間で営業を開始した。列車名は
　　　「やまびこ」「あおば」。
7.18　〔航空〕フラップ出し忘れて離陸　成田発大阪経由マニラ行きの日航機が、大阪を離
　　　陸時にフラップを出さなかったため、胴体部分を滑走路にひきずって離陸してい
　　　たことがわかった。フラップ操作とチェックは重要作業の1つであるが、クルー3
　　　人が異常に全く気付かないというミスを犯した。
7.31　〔鉄道〕豊橋鉄道市内線　豊橋鉄道市内線井原―運動公園前間が開業。
7月　〔航空〕YX767が型式証明取得　日米伊で共同開発を進めている次期民間ジェット
　　　旅客機(YX)ボーイング767型機が、型式証明を取得した。767型機は200人乗り
　　　級の中距離機で、1983年にも国内線にお目見えする。
7月　〔鉄道〕国鉄民営化構想　第2次臨時行政調査会が、国鉄の経営は破産状態にあると
　　　指摘。再建のためには民営分割化は避けられないとの方針を出した。政府は、内
　　　閣に「国鉄再建関係閣僚会議」を設置。
7月　〔自動車〕トヨタ自動車が発足　トヨタ自動車工業とトヨタ自動車販売が合併してト
　　　ヨタ自動車が発足。合併後の売上高は4兆8000億円、生産台数は年間350万台と、
　　　GMに続く世界第二位の自動車メーカーとなった。自工社長の豊田英二が会長に、
　　　自販の豊田章一郎が社長に就任した。
7月　〔自動車〕日産工場、英国での建設延期　日産はイギリス国内に小型乗用車工場建設
　　　を計画していたが、企業化調査の結果、世界的不況により自動車生産設備過剰論
　　　が出ている、イギリスの労働事情が不安定なことなどから、計画の延期を発表
　　　した。
8月　〔自動車〕新車の車検期間延長　自家用乗用車の新車に限り、車検期間を2年から3年
　　　に延長する道路運送車両法改正案が国会で可決された。定期点検を怠った利用者
　　　に10万円の過料をとる条項が付加。
8月　〔自動車〕日産がプレーリーを発売　日産からワゴン型のミニバン、プレーリーが発
　　　売される。3列シートで5～8人乗り、超低床によって広い空間性を実現させた。
9.7　〔航空〕日本航空機製造が解散　経営赤字に悩む日本航空機製造は前年12月28日の閣
　　　議により解散が決定していたが、この日、業務を民間企業である三菱にすべて移
　　　管して解散した。累積赤字は約360億円。
9.21　〔地下鉄〕名古屋市営地下鉄東山線　名古屋市営地下鉄東山線中村公園―高畑間が
　　　開業。
9月　〔航空〕日産がYXX開発に参加表明　YX機に次ぐ民間輸送機の共同開発(YXX計
　　　画)の相手選びが、開発費の負担割合や販売面などをめぐり難航している。そん
　　　な中日産自動車がYXX計画に参加する意向を打ち出した。

— 260 —

1982年（昭和57年）

10月	〔航空〕**UAが日本乗り入れ**	米国ユナイテッド航空が東京乗り入れを発表。1983年4月2日から運航で週7便。
10月	〔航空〕**全日空 国際線進出**	日米航空交渉で暫定取決めが正式発効されたことを受け運輸省は、日米間のチャーター便枠を日航と全日空に与えることを決定。全日空は念願の国際線定期便進出を果たした。
10月	〔自動車〕**三菱自動車 米国で自力販売**	三菱自動車は今まで米クライスラー社との不平等条約のため、アメリカ国内での販売がクライスラー社の販売網だけで行われてきたが、独自販売網がオープンになり自力販売できるようになった。
10月	〔自動車〕**日産がマーチを発売**	日産が大衆向け乗用車マーチを発売した。FF方式でサニーよりもさらにコンパクトながら広い室内空間を確保し、人気を博した。
11月	〔鉄道〕**上越新幹線開業**	上越新幹線が大宮―新潟間で営業を開始した。列車名は「あさひ」「とき」。国鉄はこれに伴い旅貨客ダイヤを全面大幅改正した。
11月	〔自動車〕**本田、米国内生産開始**	本田技研が米オハイオ州に建設していた乗用車工場が完成。日本の自動車メーカーがアメリカ国内で初めて生産を開始、第1号車が完成した。アメリカ東部を中心に販売予定。
11月	〔自動車〕**本田技研工業が2代目プレリュードを発売**	本田技研工業は2代目プレリュードを発売。初代よりも80〜100mm低いボンネットフード、オプションとして日本発のABSを設定するなど、プレリュードのイメージを一新させた。
12.5	〔地下鉄〕**営団地下鉄半蔵門線**	帝都高速度交通営団半蔵門線が永田町―半蔵門間で営業を開始した。
12.11	〔鉄道〕**名古屋鉄道羽島線**	名古屋鉄道羽島線江吉良―新羽島間が開業。
この年	〔航空〕**国内の空も時間短縮**	秋田空港、米子空港、旭川空港がジェット化されるなど、大都市と地方空港を結ぶ路線の所要時間が着々と短縮。
この年	〔バス〕**2階建て観光バス「ゴールド・ラッシュ」**	日の丸自動車興業が関東で最初の2階建て観光バス「ゴールド・ラッシュ」を導入した。西ドイツのネオプラン社製。
この年	〔バス〕**リレー特急バスの新設**	新幹線リレー特急バスを秋北、岩手県北、岩手県交通が新設した。
この年	〔バス〕**南九州高速バス開業**	南九州高速バスが開業し、鹿児島―宮崎線はまゆう号の運行を開始した。同路線は宮崎交通と共同で運行された。
この年	〔自動車〕**スタッドレスタイヤ**	ミシュラン製のスタッドレスタイヤが日本に輸入される。積雪路や凍結路などを走行するために素材や形状を工夫したもので、従来主流だったスパイクタイヤと違いアスファルトを削ることがないため、粉塵被害が置きないという利点があった。同年、ブリヂストンが日本のメーカーとして初めてスタッドレスタイヤを製造。

1983年
（昭和58年）

1.31　〔鉄道〕**新幹線定期券「フレックス」**　国鉄は新幹線用の通勤定期券「フレックス」の発売を開始した。

2月　〔自動車〕**トヨタ、GM提携**　トヨタ自動車と米ゼネラル・モータースが、米国内での小型車共同生産で合意。1985年からGMのカリフォルニア州にある遊休工場で新型の小型乗用車を年間20万台生産。

3.11　〔航空〕**YS11機着陸失敗**　中標津空港で着陸姿勢に入っていた日本近距離航空のYS11型機（北海道・丘珠発中標津行き）が、着陸に失敗し滑走路手前の雑木林に突っ込んだ。機体は2つに折れ、乗客乗員31人が重軽傷を負った。

3.20　〔鉄道〕**ナイスミディパス**　国鉄は30歳以上の女性2人以上のグループを対象に特別企画乗車券「ナイスミディパス」の発売を開始した。

3.22　〔鉄道〕**筑肥線**　筑肥線虹ノ松原―唐津間で新線開業、これに伴って虹ノ松原―東唐津―山本間旧線および博多―姪浜間は廃止となった。また、姪浜―西唐津間で電化が完了した。

3.22　〔地下鉄〕**福岡市営地下鉄1号線**　福岡市営地下鉄1号線博多―姪浜間が開業。

3.24　〔バス〕**ムーンライト号**　夜行高速バス「ムーンライト号」が、西日本鉄道と阪急バスの共同運行で運行を開始した。大阪―福岡を1日1往復、約10時間で運行した。夜行高速バスでの共同運行としては初めての例。

3月　〔航空〕**XJB計画、5カ国共同開発に**　民間航空機用ジェットエンジン開発（XJB計画）は、日本企業と英ロールスロイス社に加え、米プラット・アンド・ホイットニー社グループ、西ドイツMTUアエロエンジンズ、伊フィアットとの5カ国での共同事業に決まり、契約が締結。

5.12　〔鉄道〕**「やまびこ」がドア全開**　茨城県を時速170キロで走行中の東北新幹線「やまびこ17号」の進行方向左側のドアが、一斉に開いた。車掌が気付き急停車したが、幸い事故はなかった。

5月　〔行政・法令〕**国鉄再建監理委員会**　具体的な国鉄改革案の立案のため、国鉄再建監理委員会を設立するという法が成立した。6月に発足。5人の委員の中には、分割・民営化答申をまとめた2人が入っている。

5月　〔自動車〕**カローラスプリンターがモデルチェンジ**　トヨタ自動車は5代目となるカローラスプリンターを発売した。FF車化され、5ドアセダンにはフルリクライニングの「オールフラットシート」が装備されていた。翌1984年には3ドアハッチバックスタイルのカローラFXが発売された。

6月　〔航空〕**YX機が日本就航スタート**　日米伊で共同開発したYXボーイング767型機が、全日空の東京―松山、大阪―松山間で就航を始めた。9月には日航が同機の購入を決定。

日本交通史事典　　　　　　　　　　　　　　　　　　　　1983年（昭和58年）

7.1　〔航空〕日本エアコミューター株式会社設立　東亜国内航空と鹿児島県奄美諸島の14市町村との共同出資によって、奄美諸島へのアクセスを改善することを目的として日本エアコミューター株式会社が設立された。

7.5　〔鉄道〕中央線　中央線岡谷―塩尻間塩嶺ルート新線が電化開業した。

7.20　〔鉄道〕青春18きっぷ　国鉄は「青春18のびのびきっぷ」を「青春18きっぷ」と改称。1日券4枚と2日券1枚のセット、価格は10000円に変更された。

8.1　〔バス〕第三セクターのバス事業始まる　第三セクターのふらのバスが旭川電気軌道より富良野地区の乗合事業と貸切事業を譲り受けて運行を開始した。初の第三セクター方式によるバス営業。

8月　〔航空〕国際貨物航空認可　日本貨物航空の国際航空貨物事業の免許申請を、運輸省が認可。日本貨物航空は全日空と、日本郵船、大阪商船三井船舶、川崎汽船、山下新日本汽船の海運大手4社との共同出資会社。この事業は戦後、日本航空が一元的に運航していた。

8月　〔鉄道〕首相に国鉄再建緊急提言　国鉄再建監理委員会は、改革の実施前に思い切った体質改善の必要があるとの提言を中曽根康弘首相に提出。提言は(1)経営管理の適正化(2)事業分野の整理(3)営業収支の改善と債務増大の抑制の3点で広範囲な措置を求めた。

9月　〔自動車〕シビックがモデルチェンジ　本田技研工業は3代目シビックとしてワンダーシビックを発売。3ドアハッチバック、4ドアセダン、5ドアセダンの三種が展開された。同時に姉妹車としてバラードが発売された。

10.22　〔鉄道〕白糠線　白糠線白糠―北進間が廃止となった。国鉄の第1次廃止対象路線として最初の廃線。翌23日からは国鉄の転換交付金で町営バスが運行した。

10.28　〔自動車〕第25回東京モーターショー　第25回東京モーターショーが東京・晴海で開催される。会期は11月8日まで。224社が参加し、展示車両は945台であった。25回記念として自動車技術開発の歴史を一覧できる展示が企画された。入場者数は120万400人。

10月　〔自動車〕日産、英国進出　日産自動車の石原俊社長が英国進出への決意を表明。企業化調査の結果、1982年7月には計画延期を表明したが、英国政府の強い要請もあり慎重な検討を続けていた。

12.22　〔鉄道〕埼玉新都市交通　埼玉新都市交通大宮―羽貫間が開業。

12月　〔航空〕YXX搭載エンジン開発　YXX機に搭載されるエンジンの共同開発のための合弁会社IAE社が設立。搭載されるエンジンV2500は、日本、アメリカ、イギリスなど5カ国での共同開発が決まっている。

12月　〔バス〕バス・レールシステムの開設　江戸川区の都営地下鉄新宿線船堀駅の開業にあたり、東京都交通局はバス・レールシステムを導入した。電車―バスへの乗継利便性の向上を目的とし、バス・レール案内装置を設置、また駅舎とバス停をシェルター付き歩廊で接続するなどした。

この年　〔航空〕日航、国際航空運送実績世界一に　134社が加盟する国際航空運送協会（IATA）がまとめた国際定期輸送実績（旅客、貨物、郵便の合計）によると、1983

年度はトップを続けていたパンアメリカン航空を抑えて日本航空が初めて世界一になった。しかし国際旅客では、パンアメリカン航空が第1位、日航は第3位。

この年　〔鉄道〕大手私鉄続々運賃値上げへ　1982年度からまた赤字になっている大手私鉄14社のうち、収支悪化の著しい名古屋鉄道が3月から、8月からは西日本鉄道が値上げした。残りの12社も9月初めに平均16.7％の値上げを申請。

この年　〔バス〕定期路線バスに2階建てバス　常盤交通自動車が全国で初めて定期路線に2階建てバスを導入した。

この年　〔バス〕東京都にバスレーンシステム　東京都がバスレーンシステムを導入した。

この年　〔自動車〕FF車（前輪駆動車）が人気　FF車が急速に普及した。1983年1〜9月の乗用車販売台数の52.4％がFF車。これまでのFR車（後輪駆動車）と比べて広いスペースが確保でき、燃費効率も向上。

この年　〔自転車〕マディフォックス・シリーズ　新家工業がマウンテンバイク、マディフォックス・シリーズを製造した。

1984年
（昭和59年）

1.10　〔自動車〕ホンダ、生産倍増計画　本田技研が、オハイオ工場での生産を倍増させる計画を発表。アコードの生産を現在の年15万台から1988年には30万台にするとした。6月4日にはカナダにも生産工場の建設を決めた。

1月　〔航空〕羽田空港拡大　1日400便のネットワークが形成されている羽田空港は、離着陸能力が限界にきているため、空港を沖合いに展開する工事が始まった。3本の滑走路が整備され、離着陸処理能力は、現在の年間17万回から24万回に増える。

2.1　〔鉄道〕「エキゾチックジャパン」キャンペーン　国鉄は「エキゾチックジャパン」キャンペーンを開始した。キャンペーンソングは郷ひろみの「2億4千万の瞳」。

2.1　〔鉄道〕国鉄ダイヤ改正　国鉄の経営再建が叫ばれる中、ダイヤ改正が実施された。長距離優等列車や貨物列車が削減され、東京—紀伊勝浦間特急「紀伊」などが廃止される。一方で短距離列車は増発され、首都圏をはじめとする都市部では短編成列車による等間隔・高頻度の運行体制が整備された。

2.1　〔自動車〕日産、イギリス進出　日産自動車が、英国での乗用車工場建設計画についてイギリス政府と覚書に調印。日産経営陣の内部対立、組合の反対から計画発表から丸3年かかっての決定。

2.1　〔船舶〕有川桟橋航送場廃止　青函航路の有川桟橋が廃止となった。

2.6　〔鉄道〕金沢で電車激突　石川県金沢市の北陸鉄道石川線野町駅構内で、停車直前の電車（3両編成）が車止めを乗り越え壁に衝突。朝のラッシュ時だったため、車両は通勤通学客で満員、59人がけがをした。

2.28	〔航空〕飛行機同士衝突	羽田空港で、駐機場に走行中の日航ジャンボ機が給油作業中の東亜国内航空のYS機に衝突、両機の機首などが大破。けが人はなかったが、衝突の際YS機はタンクローリーにぶつかったため、炎上の恐れがあった。
2月	〔鉄道〕貨物輸送の合理化	国鉄はヤード(操車場)集結方式だった貨物輸送を拠点間直行輸送方式に切り替え合理化を図った。これにより貨物駅が854から約450駅に半減、また貨物部門の職員も半減された。
3.15	〔航空〕YXX共同開発、本格スタート	日本の3大航空機メーカーの三菱重工、川崎重工、富士重工とアメリカのボーイング社が、次期民間旅客機(YXX)の国際共同開発で合意し、覚書に調印。機体の開発、生産、販売などすべての分野で日本側にも責任の分担が決まった。
3.19	〔鉄道〕住宅・都市整備公団千葉ニュータウン線	住宅・都市整備公団千葉ニュータウン線小室―千葉ニュータウン中央間が開業。
3.30	〔鉄道〕国鉄外房線で死傷事故	千葉県長生村の外房線の踏切りで、6両編成の普通列車と大型コンクリートミキサーが衝突。列車は1両目が脱線したまま200メートル先で停止、運転士は運転席に挟まれ即死。ミキサー車の運転手と乗客48人がけが。
3月	〔航空〕大阪国際空港騒音問題で和解	大阪国際空港騒音問題で、原告の住民たちと国との間で和解が成立。夜9時以降の飛行禁止が約束されるとともに、13億円の賠償金が支払われることとなった。
4.8	〔鉄道〕越後線	越後線柏崎―新潟間および弥彦線弥彦―東三条間で電化が完了した。
4.9	〔鉄道〕東京急行電鉄田園都市線	東京急行電鉄田園都市線二子玉川園―中央林間間が開業。
4.11	〔自動車〕トヨタ、GM共同生産認可	米ゼネラル・モータースとトヨタ自動車による小型車共同生産計画について、米連邦取引委員会(FTC)が、認可した。FTCは、米国独禁法の立場から審査していたが、9項目の条件を示して最終決定した。
4.19	〔航空〕DC旅客機が進入灯に接触	沖縄の那覇空港で、滑走路に着陸進入中だった日本アジア航空の旅客機がコンクリート製の進入案内灯に激突、左翼第2エンジンカバーが取れて停止。主翼にも穴があいた。その後再度上昇し、無事着陸した。乗客乗員132人にけがはなかった。
4月	〔鉄道〕地域別運賃導入	国鉄が平均7.8%の運賃値上げを実施。その際、明治以来採用してきた全国一律運賃を、初めて地域別運賃制度を導入した。幹線に比べ大都市圏の上げ幅を抑制したため、地方から反対を招いた。
5.5	〔鉄道〕回送電車と特急電車が衝突	阪急電鉄神戸線六甲駅構内で、山陽電鉄の回送電車が脱線。そこへ同駅を通過する阪急の特急電車が衝突した。回送電車の全車両と阪急の3両が脱線し、阪急に乗っていた乗客約1500人が全員将棋倒しとなり、63人が重軽傷。
5.11	〔自動車〕日産、米国で乗用車生産	小型トラックの生産を米国テネシー工場で始めていた日産自動車が、乗用車の生産も始めることを決定。1985年4月生産開始予定と発表した。
5.12	〔鉄道〕転落者を助けようとして死亡	埼玉県の東武伊勢崎線春日部駅のホームで、

酒に酔った男性が線路上に転落。動かない男性を近くにいた会社員が線路に降りて助けようとしたところに急行列車が通過、2人ともはねられて死亡した。埼玉県警は、この会社員に対し警察官協力援助法の適用を決めた。

5.17　〔鉄道〕国鉄改善計画変更　国鉄再建監理委員会は、国鉄の経営状態が一段と悪化しているため改善計画を変更、運輸大臣の承認を得た。1985年度の職員数を35万人から32万人に、用地売却の促進や設備投資の抑制、組織の簡素化などが計画に入った。

5月　〔自動車〕東洋工業がマツダに改称　東洋工業は社名をマツダと変更した。欧米への進出に伴い、社名とブランド名との間でイメージの統一を図るため。

6.1　〔鉄道〕「ホームライナー」運転開始　東北本線上野―大宮間で、乗車整理券を徴収して回送特急電車による旅客輸送を行う。同年7月5日「ホームライナー大宮」と命名された。

6月　〔鉄道〕国鉄再建委員会発足　国鉄再建のための臨時措置法が施行、国鉄再建監理委員会が発足。委員長には亀井正夫住友電工会長が、その他には加藤寛慶応大学教授、住田正二元運輸事務次官、吉瀬維哉日本開発銀行総裁、隅谷三喜男東京女子大学長が委員として選ばれた。

6月　〔自動車〕トヨタMR2を発売　トヨタ自動車は東京モーターショーで発表された試作車SV-3をもとにMR2を開発、発売した。同社製品としてはもちろん日本車としても初のミッドシップエンジン型乗用車。1984年度の日本カーオブザイヤーを受賞した。1600cc130馬力のエンジンを搭載。

7.21　〔鉄道〕特急が衝突脱線事故　島根県松江市の山陰本線の踏切りで立ち往生していた大型トラックに9両編成の特急が衝突。列車は約200m走って前2両が脱線して停車。乗客1人が死亡し、21人がけが。

7.26　〔鉄道〕国鉄改革に関する意見　国鉄再建管理委員会が「国鉄改革に関する意見」を総理大臣に提出した。

7月　〔道路〕新しい通信情報サービス　建設省が民間の参加を得て、道路新産業開発機構を設立。21世紀の高度情報化社会に向かって新しい情報ネットワークをつくるためで、電気通信施設を全国の道路に設置する。

8月　〔鉄道〕国鉄監査報告　国鉄監査委員会が、再建のための具体策を盛り込んだ監査報告書を運輸省に提出。国鉄自身が取り組むべき「10の提言」が示してある。

8月　〔自動車〕マークⅡ、チェイサー、クレスタがモデルチェンジ　トヨタ自動車はマークⅡ、チェイサー、クレスタをモデルチェンジして発売した。いずれも従来より車高が低くなり、洗練されたデザインが特徴。

9.30　〔鉄道〕奈良線、関西線、和歌山線　奈良線木津―京都間、関西線木津―奈良間、和歌山線五条―和歌山間で電化が完了。

10.1　〔航空〕関西国際空港株式会社設立　空港建設事業を主体とする、関西国際空港株式会社を設立。新会社は、国、地方公共団体、民間の共同出資で発足。建設予定地は、大阪湾南東部の泉州沖海上。

10.1　〔鉄道〕新幹線開業20周年　東海道新幹線が開業20周年を迎えた。当初1日平均60本

だった列車本数も255本となった。駅数は12駅から28駅に、営業距離は553kmから博多まで1177kmに延びた。

10.1 〔鉄道〕神岡線 神岡線猪谷―神岡間が廃止となる。

10.6 〔鉄道〕樽見線 樽見線大垣―美濃神海間が廃止となる。

10.19 〔鉄道〕ブルートレインで居眠り運転 宮崎発東京行きの寝台特急「富士」が兵庫県の山陽線西明石駅を通過する際、カーブで先頭の機関車が離脱、1両目がホームに激突し後ろの12両が脱線した。深夜であったため床に放り出された乗客23人と乗務員1人がけが。機関士が常務前に飲酒、現場手前から居眠りしていた。

10月 〔船舶〕函館ドック、来島ドックグループへ 経営危機に陥っていた函館ドックが、来島ドックグループの傘下に入り再建を目指すことになった。坪内寿夫来島ドック社長は、佐世保重工業や金指造船所などの再建で有名。運輸省は全面的な支援体制をとることを決定した。

11.1 〔鉄道〕黒石線 黒石線川部―黒石間が廃止となる。

11.9 〔航空〕羽田沖事故不起訴 1982年2月に起きた羽田沖日航機墜落事故で業務上過失致死傷で書類送検されていた日航幹部4人と嘱託医2人に対し、東京地検は嫌疑不十分で不起訴処分にした。すでに機長も不起訴となっており、関係者の刑事責任は問えないという結果で捜査終了。

11.30 〔鉄道〕「キャプテン」システム導入 文字図形情報ネットワークシステム「キャプテン」による旅客情報サービスが開始された。

12.1 〔鉄道〕高砂線、宮原線、妻線 高砂線加古川―高砂間、宮原線恵良―肥後小国間、妻線佐土原―杉安間が廃止となる。

この年 〔鉄道〕第三セクターで開業 国鉄の赤字ローカル線対策は、地元の反発もあり全般的に難航しているが、4月に岩手県の3線(久慈、宮古、盛)が三陸鉄道として、10月には岐阜・富山県の神岡線、同じく岐阜県の樽見線が第三セクターによる地方鉄道になり開業。

この年 〔バス〕横浜でバス・レールシステム 地下鉄横浜―新横浜間の延伸開業に伴って、横浜市でもバス・レールシステムが実施された。

この年 〔バス〕初のノンステップバス 名古屋鉄道が初のワンマン運転対応のノンステップバスを導入した。三菱自動車工業製で、前中ドア間の床を350mmまで下げ階段(ステップ)を撤去したもの。エンジン部分の構造は従来のバスと同じだった。

この年 〔バス〕中央高速バス伊那線 中央高速バス伊那線が伊那バス・京王帝都バス・信南バスによって開業した。

この年 〔バス〕都市新バスシステム 車両および停留所をはじめとする施設の改善、定時性の向上などを目的として、路線を総合的に管理するシステム「都市新バスシステム」による運行が開始された。運輸省による大都市モデルバスシステム整備費補助金に基づいたもの。3月に都営バス渋谷駅―新橋駅間、新潟交通潟駅万代口―西小針―内野営業所間および新潟駅―西小針―新潟大学西門間において導入されたのを皮切りに、大阪や名古屋、富山などの都市にも導入された。

この年 〔自動車〕マツダ、三菱も海外進出 トヨタ、日産、本田技研の海外進出に続き、マ

ツダ、三菱自動車も米国に工場を建設することを発表。マツダはフォードと、三菱自はクライスラーと提携して検討に入った。

この年　〔自動車〕対米輸出規制「政治決着」 1983年度末で終了するはずだった対米乗用車輸出の自主規制が、アメリカ政府・メーカーの強い要求により結局1年間（メーカー合計185万台）延長されることになった。

1985年
（昭和60年）

1.9　〔鉄道〕北九州高速鉄道小倉線 北九州高速鉄道小倉線小倉—企救丘間が開業。

3.1　〔鉄道〕MARS301 MARS301の運用が開始される。

3.1　〔鉄道〕コーヒーハウス「ベル」開店 国鉄が上野駅に直営のコーヒーハウス「ベル」を開店。国鉄職員が店員を務める。

3.10　〔鉄道〕青函トンネル貫通 1964年から工事を進めてきた青函トンネルの本坑が20年10ヶ月ぶりに貫通。この長大な海底トンネルの利用については、在来線のほかカートレインの運行案も出た。

3.10　〔鉄道〕東北・上越新幹線上野駅が開業 東北・上越新幹線の上野—大宮間が開通し、乗り継ぎの不便が解消。上野駅開業により、本数が50％増え最高速度も時速210kmから240kmアップ。

3.14　〔鉄道〕オレンジカード 国鉄は関東圏の主要駅でプリペイドカード「オレンジカード」の発売を開始した。カード対応の自動券売機で現金の替わりに乗車券類を購入できるというもの。

3.14　〔鉄道〕国鉄ダイヤ大改正 東北新幹線・上越新幹線上野駅開業に伴い、国鉄はダイヤ改正を実施。「やまびこ」「あおば」「あさひ」「とき」はいずれも増発された。また、東海道新幹線・山陽新幹線では「ひかり」の増発と「こだま」の削減が行われた。東北本線・上越線の優等列車、各種急行列車は削減された。

3.14　〔鉄道〕鹿島臨海鉄道大洗鹿島線 鹿島臨海鉄道大洗鹿島線水戸—北鹿島間が開業。国鉄鹿島神宮への乗り入れが開始される。

3.14　〔鉄道〕小松島線 小松島線中田—小松島間が廃止された。

3月　〔バス〕ヨーデル号 東北新幹線上野開業に伴い、弘前—盛岡間を直結する高速バスヨーデル号の運行が開始された。岩手県北、弘南、岩手県交通、国鉄バス4社による共同運行。

3月　〔バス〕金沢で新バスシステム導入 東京都、新潟市に続いて金沢市が「都市新バスシステム」を導入し、コンピューターによる運行管理を開始した。4月には名古屋市も導入、道路中央部にバス専用レーンを設置。

3月　〔自動車〕メタノール自動車調査開始 トラック業界が中心になり、メタノール自動

車実用化のため「日本メタノール自動車株式会社」を設立した。メタノール車はディーゼル車に比べ窒素酸化物や黒煙の排出量が少なく低公害性に優れている。

4.1 〔鉄道〕三木線 三木線厄神―三木間が廃止。

4.20 〔鉄道〕国鉄運賃値上げ 国鉄が平均4.3％旅客運賃を値上げした。値上げは2年連続で、前年同様地域格差をつけた。

4.25 〔鉄道〕西武鉄道山口線 西武鉄道山口線西武球場前―西武遊園地間が開業。

4.30 〔航空〕航空交渉暫定合意 日米航空交渉は、暫定協定に合意。(1)日本貨物航空のアメリカ乗り入れ(2)日本―ミクロネシア路線の双方複数会社の運航(3)3路線の新設と新規企業の乗り入れなどで合意。

4.30 〔バス〕基幹バス 公共交通の充実を図る名古屋市交通局は、新しい交通システムとして新出来町線(栄―引山)で全国初の基幹バスの運行を開始した。道路中央に専用のバスレーンと停留所を設け、朝夕のピーク時は専用レーン、その他の時間帯は優先レーンを走行した。バス停間隔、ピーク時のダイヤ改正など地下鉄なみの運行形態が実現し、輸送効率が大幅に向上した。

5.8 〔航空〕NCA運航開始 日本初の国際航空貨物専門の日本貨物航空(NCA)が運航開始。NCAは貨物専用機を週6便、東京―サンフランシスコ―ニューヨーク間に飛ばす。

5.8 〔鉄道〕山手線、アパートに突っ込む 池袋電車区構内で入れ替え作業していた9両編成の山手線用電車が暴走。線路先端の車止めを押し倒して約6m離れたアパートの1階に突っ込んだ。けが人はなし。運転士の停止合図の見落としが原因。

5.28 〔航空〕自衛隊機と旅客機接触 那覇空港で、全日空のジャンボ機と航空自衛隊MU2機が接触。全日空機はエンジンカバーを損傷、MU2機はタンクを破損した。MU2機が管制官の指示がないのに滑走路に進入したのが原因。

5.30 〔鉄道〕「ジパング倶楽部」発足 国鉄は日本観光旅館連盟と共同で「ジパング倶楽部」を設立、会員募集を開始した。満65歳以上の男性、満60歳以上の女性を対象に運賃割引などのサービスを提供する。

5月 〔船舶〕港湾の21世紀のビジョン 運輸省が、「21世紀の港湾」と題する長期ビジョンをまとめた。国際化や情報化などに対応した港湾のあり方を示すもので、全国の港湾のネットワーク化、沖合い人工島や静穏海域整備の構想などを目標としてあげた。

6.20 〔鉄道〕厳しい国鉄行政監察 総務庁が運輸省に、国鉄に対する行政監察結果をまとめて勧告した。全国で1061haにもなる使用効率の低い土地や未利用地などが、売却可能であると指摘し、徹底した用地総点検の実施を要求。

6月 〔自動車〕アコードとビガーがモデルチェンジ 本田技研工業はアコードとビガーをモデルチェンジして発売。この3代目アコードはFF車としては初めて4輪ダブルウィッシュボーンを採用し、1985年日本カー・オブ・ザ・イヤーを受賞した。

6月 〔道路〕大鳴門橋が完成 本州四国連絡橋の一つ、神戸―鳴門ルートの大鳴門橋(淡路島―鳴門)が完成。これにより明石海峡大橋の早期着工を望む声が大きくなったが、建設には巨額の資金が必要なため困難が予想された。

7.1		〔鉄道〕大畑線、岩内線、興浜北線 大畑線下北―大畑間、岩内線小沢―岩内間および興浜北線浜頓別―北見枝幸間が廃止となる。
7.15		〔鉄道〕興浜南線 興浜南線興部―雄武間が廃止。
7.26		〔行政・法令〕国鉄再建案最終答申 国鉄再建監理委員会が中曽根康弘首相に「国鉄改革に関する意見」を提出。政府、与党、国鉄が一体となり、国鉄の6分割・民営化にむけての法案作成と具体案の詰めが始まった。
7.27		〔鉄道〕カートレイン登場 国鉄汐留―東小倉間で初めて有蓋車に乗用車を積載したカートレインが運行される。
7.29		〔鉄道〕モノレールが脱線 羽田空港発浜松町駅行きのモノレールが、浜松町駅に入線する際に、最後部車両がポイントに乗り上げた。この事故で、羽田空港への足が大混乱になり、出発便に間に合わないレジャー客が続出した。
8.7		〔鉄道〕通勤電車が脱線 福岡の筑肥線の踏切りで、大型トレーラーが立ち往生。そこに約60kmのスピードで普通電車が突っ込んで1両目が脱線した。この事故で通勤客ら約1000人が将棋倒し、7人が重傷、123人が軽傷を負った。
8.12		〔航空〕日本航空123便墜落事故 日本航空の羽田発大阪行き123便ボーイング747SR-100型機が羽田空港を離陸した後、群馬県多野郡上野村の御巣鷹山の尾根に墜落、大破炎上した。後部圧力隔壁の一部が何らかの理由で開口し、油圧低下したことが墜落の原因とされるが、事故の状況には不明な点が多く、結論は出ていない。運航乗務員3名、客室乗務員12名、乗客509名、計524名のうち、重傷の乗客4名を除く520名が死亡。単独機としては世界最悪の航空事故となった。
8.13		〔船舶〕三光汽船が倒産 世界最大のタンカー会社三光汽船が神戸地裁に会社更生法の適用を申請、倒産した。史上最大規模の負債で総額5200億円。
8.27		〔鉄道〕国鉄再建への提言 国鉄監査委員会が山下徳夫運輸大臣に監査報告書を提出した。新経営形態に移行するまでに取り組むべき課題を示し、幹部と職員の意識改革、事業の活性化、経費削減などの経営効率化の推進、余剰人員対策の検討、資産処分などを提言。
8月		〔航空〕国際共同開発優先 ボーイング社との共同開発のYX機は量産化に入り、今後1000機以上の販売が見込まれている。YX機に続く旅客機（YXX）については開発時期を慎重に検討中。航空機機械工業審議会航空機工業部会は8月の中間報告で、政府助成は国際共同開発計画に優先的に行う発表。
8月		〔自動車〕セリカ新モデルとカリーナが発売 トヨタ自動車はセリカのモデルチェンジを行う。これとともに従来のFR方式からFF方式へと変更された。新発売のカリーナでは「スモールキャビン」をコンセプトとしたロングノーズスタイルが好評を博した。
9.1		〔自動車〕シートベルト着用義務化 同日施行の改正道路交通法により、自動車高速道・自動車専用道においての前席のシートベルト着用が義務づけられた。翌年11月1日から一般道においても義務化が始まる。
9.17		〔鉄道〕美幸線 美幸線美深―仁宇布間が廃止。
9.30		〔鉄道〕東北線、川越線 東北線赤羽―武蔵浦和―大宮間、川越線大宮―高麗川間で

電化が完成。

10.1 〔鉄道〕矢島線 矢島線羽後本荘—羽後矢島間が廃止。

10.21 〔鉄道〕新幹線騒音調査 環境庁が東海道・山陽新幹線の実態調査で、線路から50m離れた地点においても東海道で49%、山陽は22%しか騒音環境基準を達成していないと発表。名古屋などの住宅密集地では延べ100kmにわたって早急な対策が必要として運輸省に要請。

10.31 〔自動車〕第26回東京モーターショー 第26回東京モーターショーが東京・晴海にて開催。会期は11月11日まで。262社が参加、展示車両は1032台であった。日本市場への関心の高まりから、海外メーカーの参加も目立った。入場者数は129万1500人。

10月 〔航空〕国産機「飛鳥」初飛行 4月から地上試験に入っていた科学技術庁が研究をしている民間輸送機開発(「STOL」)の実験機が、初飛行を成功させた。STOLの機体は国産のC-1輸送機の改造で、エンジンも国産のファンジェットエンジン4基を搭載したもの。

11.1 〔行政・法令〕一般道もシートベルト 高速道路での運転者に続き、一般道路での運転者、助手席同乗者についてもシートベルトの着用が義務付けられた。違反は反則点1点。1985年の交通事故死者9261人のうち3004人がシートベルトをしていなかった。

11.16 〔鉄道〕明知線 明知線恵那—明知間が廃止。

11.29 〔鉄道〕同時ゲリラ 国鉄全面マヒ 首都圏と大阪を中心に、国鉄の通信ケーブルが同時に切断され信号やポイント切り替えが不可能になった。首都圏では新幹線を除く全線区、関西では大阪環状線23線区が始発から全面マヒ。中核派が国鉄に対する制裁と犯行声明を出した。

12.5 〔航空〕関西新空港の整備大綱決定 政府が、関西国際空港の関連施設整備大綱を決定。骨子は、道路ネットワーク整備、空港連絡などの鉄道網の整備、市街地開発、周辺地域の住宅地の整備、行政サービスなどの充実など5項目。

12.17 〔航空〕航空憲法廃止 政府は航空憲法を廃止した。航空憲法では日本航空が国際線を独占し、国内線も幹線とローカル線で2社を分けるなど、事業分野を縛っていたため、世界における日本の航空業界の競争力の低下が指摘されていた。

この年 〔航空〕日航機事故後の影響 日航ジャンボ機墜落事故は、利用者の「航空機離れ」にまで及び各航空会社の収益にも影響。事故後の9月の日航の国内旅客輸送実績では、前年同期比で26.3%減を記録。全日空も前年同期の実績を下回り、東亜国内の累積赤字解消も翌年度に持ち越された。

この年 〔鉄道〕国鉄職員の汚職 警視庁は、9月24日東北新幹線建設工事にからんだ斡旋容疑で国鉄東京第三工事局用地一課の元課長補佐を逮捕、11月6日には駅構内の広告場所の割当をめぐる汚職で東京北鉄道管理局事業部長を逮捕。

この年 〔鉄道〕国鉄大卒職員採用再開 国鉄は、1983、84年度と大学卒業の幹部職員採用を停止してきたが、1985年度から採用を再開。事務系44人、技術系100人が採用された。

この年　〔バス〕バス新交通システム　東京急行電鉄がバス新交通システムを導入。コンピューターでバスの運行を管理することによって、バスの運行を等間隔で確保し、同時に利用者へ運行情報を提供するものだった。

この年　〔バス〕関越高速バスの開業　関越高速バスが池袋―新潟間で営業を開始。西武バス、新潟バス、越後バスによって運行された。

この年　〔船舶〕造船ショック　8月の三光汽船の倒産が海運業界へ大きな損害を与えた。金融機関の融資を引き締めや、それによる新造船建造意欲の低下、受注の落ち込みなど。日本造船工業会は、回復は1990年代との厳しい予測をまとめ、各企業も大幅な人員削減に乗り出した。

この年　〔行政・法令〕環境基準達成困難　3月末までに大気中の窒素酸化物の環境基準値達成の実現について、環境庁の石本茂長官が断念宣言。このため4月に窒素酸化物対策検討会を設置。12月の検討会では、このままでは1988年になっても困難との展望をまとめ、抜本的対策が必要と指摘。

1986年
（昭和61年）

1.9　〔鉄道〕シュプール号　国鉄はスキー客輸送のための専用列車「シュプール号」の運行を開始した。

2.8　〔鉄道〕モノレールがパンク　東京品川区のモノレール羽田線で、下りモノレールがゴトンと音がして突然停車。右側に傾いたまま動けなくなり、乗客は後続の救援車で浜松町駅に戻った。車輪がパンクしたための事故で、終電まで上下54本が運休。

2.14　〔鉄道〕列車と機関車が衝突　長野県の篠ノ井駅で8両編成の団体列車に、機関区へ回送する途中の機関車がバックしてきて衝突。団体列車の8号車が大破、7号車が脱線した。この衝突で団体客40人がショックで倒れ、乗客38人と乗務員1人が重軽傷を負った。

2.18　〔交通全般〕首都圏に観測記録の大雪　関東地方に記録的な雪が降り、都内には2年ぶりに大雪警報が出された。この大雪で、首都圏の国鉄は、14線区111本が運休、約37万人に影響。雪による交通事故も都内や埼玉、神奈川などで87件発生し、1人が死亡103人がけがをした。転倒事故も多発した。

2月　〔自動車〕トヨタがスープラを発売　トヨタ自動車はスポーツタイプのクーペ型乗用車スープラを発売。もとはセリカXXの海外輸出用ブランド名であったが、このモデル以降セリカから独立、日本国内でもスープラという名称で発売されることとなった。

3.3　〔鉄道〕予讃線　予讃線向井原―内子―伊予大洲間に新線が開業。

3.3　〔行政・法令〕日本国有鉄道改革法案　政府は「日本国有鉄道改革法案」など5法案

を国会へ提出した。

3.23　〔鉄道〕大雪で電車追突　12年ぶりの大雪に見舞われた東京の西武新宿線田無駅で、故障により停車中だった準急電車に、後続の急行電車が追突。乗客、乗務員204人が重軽傷を負った。雪のため負傷者の収容に手間取った。

4.1　〔鉄道〕学生用新幹線定期券「フレックス・パル」　国鉄は学生向けに新幹線通学定期券「フレックス・パル」の発売を開始した。

4.1　〔鉄道〕甘木線、高森線、漆生線　甘木線基山—甘木間が廃止となり、第三セクター・甘木鉄道基山—甘木間が開業。高森線立野—高森間が廃止、第三セクター南阿蘇鉄道立野—高森間開業。漆生線下鴨生—下山田間は廃止となった。

4.10　〔鉄道〕5年ぶりに私鉄スト　私鉄総連が賃上げ交渉で非公式に回答を提示、しかし組合側は再考を要求。時間切れのため5年ぶりにストに突入。経営側が上積みに応じなかったため、午前6時15分にスト中止。

4.12　〔航空〕日航機墜落事故で告訴　520人が犠牲となった日航ジャンボ機墜落事故で遺族583人が、日航、ボーイング社、運輸省の幹部12人を業務上過失致死傷と航空危険罪で東京地検に告訴。設計ミス、修理ミス、修理ミスの見逃し、運輸省の監理などが告訴内容。

4月　〔航空〕円高で国際線運賃値下げ　1985年秋以降の急激な円高で、日本発の国際航空運賃は大幅に割高となった。そこで政府は円高差益還元の一環として、格差の縮小を決定。欧州線、太平洋線、オセアニア線で運賃値下げの実施と大幅な割引制度を導入。

5月　〔自動車〕富士重、いすゞがアメリカ進出　富士重工業といすゞ自動車がアメリカでの現地生産に名乗りを上げた。アメリカで両社の共同出資会社を設立し、富士重工業の乗用車といすゞのトラックを生産する計画。

6.25　〔船舶〕造船業界、設備縮小・人員削減　海運造船合理化審議会が運輸省に、深刻な状況の海運業界を救済するための答申を提出。内容は、設備の廃棄や合併・グループ化などの促進、当面不況カルテルで操業調整するなどである。

6月　〔自動車〕EC向け自動車輸出台数を自主規制　通産省は1986年度のEC向け自動車輸出台数を前年度比10%以内に抑えるよう各メーカーに対し行政指導を行った。貿易摩擦を避けるための政策。

7.1　〔鉄道〕丸森線　丸森線槻木—丸森間が廃止し第三セクター・阿武隈急行槻木—丸森間が開業。

7.5　〔行政・法令〕原付にもヘルメット　排気量50cc以下のバイク運転者にもヘルメットの着用が義務付けられた。違反者は反則点1点が科される。1985年事故死者は972人にのぼり、その63%がノーヘルメットであった。

7.10　〔道路〕東京湾横断道路建設へ　日本道路公団に対し、神奈川県川崎市と千葉県木更津市を結ぶ自動車専用有料道路の事業許可が下りた。建設予定海域の漁業従事者に対する漁業補償交渉が終わり次第、正式着工するとした。川崎—木更津間15.1kmを50分弱で行き来できる。

7.14　〔船舶〕フェリーとタンカー衝突　深夜の愛媛県沖の来島海峡で、ダイヤモンドフェ

リーとケミカルタンカーが衝突、さらに東京のタンカーがフェリーの船尾に衝突した。フェリーの乗客は高速巡視艇などで救出されけが人はなし。ケミカルタンカーのタンクが破れたが出火は免れた。

7.28 〔鉄道〕MOTOトレイン 国鉄は上野―函館間で「MOTOトレイン」の運転を開始した。北海道に渡るツーリング客を対象に、乗客と二輪車の輸送を行う。

8月 〔自動車〕トヨタ、乗用車エンジンをすべてDOHC4バルブに トヨタ自動車は乗用車向け普及型エンジンとしてDOHCエンジンを開発、採用していたが、これ以降自社の乗用車に搭載するエンジンのほとんどをDOHC4バルブにすると決定した。これは世界で初めての試み。後に国内の他メーカーも次々に追随した。

9.1 〔鉄道〕国鉄最後の値上げ 国鉄が最後の運賃値上げを実施。平均4.8%で、大都市や長距離特急料金などの値上げ幅は抑えた。

9月 〔航空〕コミューター機生産白紙 共同生産についての予備調査に入ることで合意されていたコミューター機（30～40人乗り）について、中国側が棚上げと通告。その代わりに、西ドイツなどと共同生産を検討している民間輸送機開発（70～80人乗り）に日本の参加を要請してきた。

10.1 〔鉄道〕近畿日本鉄道東大阪線 近畿日本鉄道東大阪線生駒―長田間が開業。大阪市営地下鉄中央線と直通運転を行う。

10.9 〔鉄道〕野岩鉄道会津鬼怒川線 第三セクター・野岩鉄道会津鬼怒川線新藤原―会津高原間が電化開業。

10月 〔鉄道〕鉄道警察隊発足 全国で鉄道公安職員2882人を都道府県警察に移し、「鉄道警察隊」として再編成することにした。各警察では選考試験も終わり、警察官としての教育に入っている。国鉄の民営化と同時に業務スタート。

11.1 〔鉄道〕角館線、阿仁合線 角館線角館―松葉間および阿仁合線鷹ノ巣―比立内間が廃止となり、第三セクター・秋田内陸縦貫鉄道北線鷹ノ巣―比立内間および南線角館―松葉間が開業。

11.1 〔鉄道〕国鉄最後のダイヤ大改正 国鉄は分割民営化を見据えたダイヤ大改正を行う。東海道新幹線「ひかり」は14本、「こだま」は31本増発され、また最高速度は210km/hから220km/hに引き上げられるなど大幅なスピードアップが図られた。また普通列車も本数にして2,000本以上、走行キロにして約67,000kmもの増発が図られ、戦後最大規模の増発となった。

11.1 〔鉄道〕播但線、胆振線および富内線 播但線姫路―飾磨港間、胆振線倶知安―伊達紋別間、富内線鵡川―日高町間が廃止となった。

11.12 〔地下鉄〕福岡市営地下鉄2号線 福岡市営地下鉄2号線中洲川端―貝塚間が全線開通。

11.28 〔鉄道〕国有鉄道の歴史に幕 第107回国会において、国鉄改革関連8法案が成立。1987年4月には全国に6つの旅客鉄道会社と日本貨物鉄道会社などに分割され、民間企業として再出発する。これで戦後発足した電電、専売、国鉄の3公社すべてがなくなる。

11月 〔航空〕国内航空3大プロジェクト 第5次空港整備5ヵ年計画（1986～1990年度）が閣

議決定。内容は、関西新空港の整備、成田空港の二期工事、羽田空港の沖合展開の3大プロジェクト推進など。この他、ジェット機が発着可能な空港を現在の39空港から1990年度末には46空港にする計画。

12.11　〔鉄道〕越美南線　越美南線美濃太田—北濃間が廃止となり、第三セクター・長良川鉄道美濃太田—北濃間が開業。

12.26　〔バス〕ノクターン号　京浜急行電鉄、弘南バスが品川—弘前間において高速夜行バス「ノクターン号」の運行を開始した。従来の夜行高速バスが大都市と県庁所在地を結ぶものであったのに対し、初めて大都市と地方中核都市を結ぶ長距離路線となった。

12.27　〔鉄道〕余部鉄橋列車脱線転落事故　お座敷列車「みやび」の下り回送列車(ディーゼル機関車1両と客車7両)が余部鉄橋を走行中、突風にあおられ脱線、真下にあった木造平屋建てカニ加工場「鎌清商店余部工場」と民家の上に落下。カニの身出し作業をしていたパート主婦5名と車掌の計6名が死亡、パート主婦3名と4両目に乗っていた日本食堂従業員3名の計6名が重傷を負った。

この年　〔航空〕航空　自由競争時代へ　日本航空が独占していた国際線に、全日空が東京—グアム、東京—ロサンゼルス、東京—ワシントン線を開設。東亜国内航空はソウルへ初の国際チャーター便を飛ばした。一方、日航は国内線3線に進出。

この年　〔航空〕国内線利用前年下回る　1985年8月の日航機事故の影響による需要の大幅な落ち込みは、やや回復の兆しも出てきたが、依然として前年水準を割込んだ。国鉄や私鉄など他の輸送機関は前年を上回っており、事故の影響はまだ続いている。

この年　〔航空〕中距離ジェット量産足踏み　200人乗りクラスの中距離ジェット機は1984年から量産化に入り、機体の一部製造は日本側が担当しているが、民間市場の低迷のため生産は月3機にとどまった。

この年　〔航空〕那覇空港国際線ターミナル完成　那覇空港の国際線ターミナルが完成。国交が断絶している台湾(中華民国)と中華人民共和国間の中継地として多く利用された。

この年　〔鉄道〕国労の分裂　分割・民営化をめぐって、結成40年の国鉄労働組合が事実上分裂状態になった。柔軟姿勢を示していた鉄労、動労、全施労の各組合は国鉄当局の労使共同宣言を受諾したため、反対姿勢の国労との間の溝は深まった。国労は孤立し、また内部でも賛否はまとまらなかった。

この年　〔バス〕バスロケーションシステムの広域導入　バスロケーションシステムを山形交通、遠州鉄道が広域導入した。

この年　〔自動車〕自動車メーカー円高打撃　収益の大半を対米輸出に依存している日本のメーカーにとって、1985年9月以降の急激な円高は、深刻な状態を生み出している。日産自動車や本田技研などは中間決算で軒並み50%を超える経常減益を記録。

この年　〔船舶〕過剰船腹の解撤促進　世界の海運業界は低迷が続いているにもかかわらず、過剰船腹の処理が進んでいない。日本も船腹量の減少もわずか。政府は「特定外航船舶解撤促進臨時措置法を公布・施行。また基本方針を定め全体で約520万総トンを解撤することに決めた。

この年　〔船舶〕**離職船員の再就職** 深刻化している船員の余剰人員問題で政府は、一般外航海運業（油槽船）を特定不況業種に指定。再就職のための施策などを強化。海運造船合理化審議会も、船員の陸上他産業への転職、海員免許のない部員の再教育、再就職訓練などを求めた。

1987年
（昭和62年）

1.10　〔鉄道〕**宮之城線** 宮之城線川内—薩摩大口間が廃止。

1.27　〔航空〕**日航羽田沖事故で不起訴** 東京地検は1982年2月に起きた羽田沖日航機墜落事故の再捜査をしていたが、事故機を操縦していた元機長の精神疾患を見抜くことは予見できなかったとして、日航幹部と嘱託医の計6人全員の業務上過失致死傷容疑について再び不起訴処分に。

2.2　〔鉄道〕**広尾線** 広尾線帯広—広尾間が廃止。

3.14　〔鉄道〕**大隅線** 大隅線志布志—国分間が廃止。

3.15　〔鉄道〕**二俣線** 二俣線掛川—新所原間が廃止、第三セクター・天竜浜名湖鉄道掛川—新所原間が開業。

3.16　〔鉄道〕**瀬棚線** 瀬棚線国縫—瀬棚間が廃止。

3.20　〔鉄道〕**湧網線** 湧網線中湧別—網走間が廃止。

3.23　〔鉄道〕**士幌線** 士幌線帯広—十勝三股間が廃止。

3.27　〔鉄道〕**伊勢線** 伊勢線南四日市—津間が廃止となり、第三セクター・伊勢鉄道河原田—津間が開業。

3.28　〔鉄道〕**佐賀線** 佐賀線佐賀—瀬高間廃止。

3.28　〔鉄道〕**志布志線** 志布志線西都城—志布志間が廃止。

3.30　〔鉄道〕**羽幌線** 羽幌線留萌—幌延間が廃止。

4.1　〔鉄道〕**JR発足** 国鉄は、北海道、東日本、東海、西日本、四国、九州の6つの旅客鉄道株式会社と貨物担当の日本貨物鉄道株式会社に分割・民営化され発足。JR各社の業務運営についての国の規制は、国鉄時代に比べ大幅に緩和された。

4.1　〔バス〕**国鉄バスが民営化** 国鉄の分割民営化に伴い、国鉄バスもJR各社に移管された。

4月　〔航空〕**コミューター運航スタート** 小型機（60席以下）で短距離を定期的に飛ぶコミューター航空が、大分—広島—松山間で運航を開始。地方自治体などから、コミューター空港の整備を望む声が強くなっているが、運賃が割高になり需要面で多くの課題がある。

4月　〔バス〕**つくば号** 高速バス「つくば号」が東京—つくば間で運行を開始した。JR

	バス、関東鉄道、常磐バスによる運行。当初より乗車率は高く、運行開始後半年で増発された。
5.23	〔バス〕かもめライン号 神戸市交通局は中央区磯上公園—須磨区板宿間に「かもめライン号」の運行を開始、同時に都市新バスシステムを導入した。バス接近表示器付シェルター、バス感知式優先信号、バス停名表示器などが設置された。
6.3	〔バス〕バス交通活性化対策費補助金交付要網 運輸省地域交通局がバス交通活性化対策費補助金交付要網を制定した。
6.17	〔鉄道〕シンデレラエクスプレス JR東海は21時発の東京—新大阪行新幹線を「シンデレラエクスプレス」と名づけてキャンペーンを展開した。
7.8	〔鉄道〕衝突でトレーラー宙づり 愛知県の名鉄犬山線の堤防道路上の踏切りで4両編成の急行電車と大型トレーラーが衝突。電車は前3両が脱線、トレーラーも鉄橋上に宙づりになった。電車の乗客の大半がショックで転倒、けが人は187人。
7.13	〔鉄道〕信楽線 信楽線貴生川—信楽間が廃止。
7.16	〔鉄道〕会津線 会津線西若松—会津高原間が廃止となり、第三セクター・会津鉄道西若松—会津高原間が開業。
7.25	〔鉄道〕岩日線 岩日線川西—錦町間が廃止となり、第三セクター・錦川鉄道川西—錦町間が開業。
7.28	〔行政・法令〕全日空ルート上告趣意書提出 ロッキード事件全日空ルートで有罪判決が出て上告審が係属中の全日空会長の若狭得治被告が、議員証言法違反の適用は憲法違反だとする上告趣意書を最高裁に提出した。30日には同じく係属中の元運輸大臣橋本登美三郎被告も上告趣意書を提出。
8.6	〔バス〕スターライト釧路号 北海道中央バスは札幌—釧路間で高速バス「スターライト釧路号」の運行を開始した。380kmという路線距離は当時北海道内の路線バスとしては最長であった。
8.25	〔地下鉄〕営団地下鉄有楽町線、東武東上線 帝都高速度交通営団有楽町線和光市—営団成増間が開業。東武東上線と直通運転を開始する。
9.21	〔鉄道〕大阪でトンネル火災 大阪府と奈良県の間の近鉄東大阪線生駒トンネル(全長4737m)内で、走行中の普通電車の運転士が、火災が起きているのを発見。その後電源が切れて停止、トンネル内に煙が充満してパニック状態となった。乗客を車外に避難させたが、1人が死亡し2人が重傷、46人が軽いけがを負った。
9月	〔自動車〕三菱自動車工業がダイムラー・ベンツ社と提携 三菱自動車工業はドイツのダイムラー・ベンツ社と業務提携を行うことを決定。ベンツ車の日本国内販売を三菱自動車が請け負うこと、三菱自動車製品をドイツのベンツ社工場で生産すること、などが取り決められた。
10.14	〔鉄道〕若桜線 若桜線郡家—若桜間が廃止となり、第三セクター・若桜鉄道郡家—若桜間が開業。
10.29	〔自動車〕第27回東京モーターショー 第27回東京モーターショーが東京・晴海にて開幕した。11月9日まで開催。ショーのために開発されたコンセプトカーの展示が目立った。海外メーカーの参加は増加傾向。280社が参加、展示車両は960台、

入場者数は129万7200人であった。

11.10　〔バス〕バスの日　全国バス事業者大会で9月20日を「バスの日」と決定。1903年9月20日に日本最初のバス（乗合自動車）が堀川中立売―七条駅・祇園で運行されたことを記念し制定された。

11.18　〔航空〕日航、純民間会社に　半官半民の特殊会社としてスタートした日本航空も、いまや世界有数の航空会社に成長。そこでこれ以上国は関与せず、今後は自主的かつ責任ある経営体制を確立すべく完全民営会社に生まれ変わった。

12.17　〔航空〕静岡空港建設計画　斉藤滋与史静岡県知事が地方空港の建設地を島田市と牧之原市に決定した。

12月　〔自動車〕マツダとスズキが提携　マツダとスズキは軽自動車の生産で提携することを決定した。マツダがスズキよりエンジンの供給を受けて軽自動車を生産する。

この年　〔航空〕進む空港整備　第5次空港整備5ヵ年計画のうち関西新空港は、24時間使用可能な本格的国際空港としての整備が進み、建設工事が始まった。滑走路1本の成田空港は処理能力の限界が来ており早急な整備が必要。羽田空港では沖合展開事業が進められた。

この年　〔バス〕新バスシステム効果　バス専用レーン設置やコンピューター制御、停留所のバス接近表示などの都市新バスシステムの導入が広まった。8都市で運転速度、輸送人員が増加した。

この年　〔バス〕中央高速バス岡谷線　中央高速バス岡谷線が京王帝都バス、諏訪バスにより開業した。

この年　〔バス〕南海シャトルバス、南海コミュニティバス　南海バスがシャトルバスおよびコミュニティバスの運行を開始した。

この年　〔道路〕第10次道路整備5ヵ年計画　1988～1992年度の5年間の第10次道路整備計画では、高速道路網計画の総延長1万4000kmのうち約6000kmを完成させるとした。建設省は5ヵ年の総投資額53兆円を要求し、満額認められた。

この年　〔行政・法令〕公共交通機関の整備　国は、都市部における公共交通機関の混雑緩和のため、JRや地下鉄の整備などに補助金743億円、財政投融資6481億円を計上。一方、大手民鉄14社も複々線化や車両増強、冷房化率アップなどを計画、投資を予定。

1988年
（昭和63年）

1.10　〔航空〕YS機、離陸に失敗し海に突入　鳥取県の米子空港で、大阪行きの東亜国内航空YS11型機が離陸に失敗し、滑走路をオーバーランして中海へ突入した。航空自衛隊員が乗客らを救出したが、3人が頭などにけが。尾翼や昇降舵付近で雪が凍結したのが原因。

日本交通史事典　　　　　　　　　　　　　　　　　　　　　1988年（昭和63年）

1.31　〔鉄道〕岡多線　岡多線岡崎―新豊田間が廃止となり、第三セクター・愛知環状鉄道岡崎―新豊田が開業。

1月　〔自動車〕シーマが発売される　日産自動車はセドリックをベースにした最上級車種として3ナンバー乗用車シーマを発売した。V型6気筒3000ccエンジンを搭載。デザイン性の高い外観と高い動力性能により好評を得、3ナンバー車ブームのきっかけを作った。

2.1　〔鉄道〕山野線、松前線　山野線水俣―栗野間、松前線木古内―松前間が廃止となる。

2.17　〔バス〕フローラ号　新宿―秋田間で夜行高速バス「フローラ号」の運行が開始される。これを皮切りに、1988年中に同区間で夜行13路線、昼行30路線以上が新設された。

3.13　〔鉄道〕青函トンネル開通、青函連絡船廃止　青函トンネル開通を受け、JRグループは最初のダイヤ改正を実施した。青函トンネルを含む津軽線中小国駅―江差線木古内駅が海峡線として電化開業し、青森―函館間は「津軽海峡線」と命名された。

3.15　〔鉄道〕青函トンネルで立ち往生　開業から3日目の青函トンネルで、札幌発上野行き寝台特急「北斗星6号」（乗客166人）が電気系統の故障から突然停止。約3時間もトンネル内に閉じ込められた。救援機関車出動し青森側へ無事牽引した。

3.20　〔鉄道〕本四備讃線　本四備讃線茶屋町―児島間が先行開業する。「瀬戸大橋博'88岡山」の開幕に合わせたもの。

3.24　〔鉄道〕木原線　木原線大原―上総中野間が廃止され、第三セクター・いすみ鉄道大原―上総中野間が開業した。

3.25　〔鉄道〕能登線　能登線穴水―蛸島間が廃止され、第三セクター・のと鉄道のと穴水―蛸島間が開業。

3.26　〔鉄道〕ハープカード　阪神電鉄がプリペイドカード「ハープカード」を発売。現金のかわりに自動券売機に挿入し、乗車券を購入するためのもの。

3月　〔行政・法令〕東京臨海部副都心計画　東京都が、臨海部に副都心をつくる臨海部副都心開発基本計画が決定。東京湾岸の埋立地に就業人口11万人、居住人口6万人の先端技術を供えた未来型都市の建設、東京港連絡橋や新交通システム、24時間体制のビジネスセンター、国際見本市会場などが計画された。

4.1　〔鉄道〕レオカード、メトロカード　西武鉄道が「レオカード」、帝都高速度交通営団が「メトロカード」を発売した。

4.1　〔鉄道〕中村線　中村線窪川―中村間が廃止され、第三セクター・土佐くろしお鉄道窪川―中村間が開業。

4.10　〔鉄道〕JRダイヤ大改正　瀬戸大橋を含む本四備讃線児島―宇多津間が電化開業したことを受け、JRグループはダイヤ改正を実施する。日本列島がすべて線路で結ばれたことから「一本列島」のキャッチコピーが使われた。

4.10　〔道路〕瀬戸大橋開通　本州四国連絡橋3ルートのうちの児島―坂出ルート（瀬戸大橋）が第1号として開通。岡山県倉敷市と香川県坂出市の間の瀬戸内海に浮かぶ5つの島を6つの橋で結ぶ。南備讃瀬戸大橋は1648mで最長で、つり橋としては世界で5番目。

1988年（昭和63年）　　　　　　　　　　　　　　　　　　　　　　　　　　　　日本交通史事典

4.11	〔鉄道〕真岡線 真岡線下館—茂木間が廃止となり、第三セクター・真岡鐵道下館—茂木間が開業。
4.18	〔船舶〕ソ連客船から出火 大阪港に停泊中のソ連客船「プリアムーリエ号」のセカンドデッキ客室付近から出火。火が船内全体に広がり各客室を焼いたため、乗客は海へ飛び込んだり岸壁に避難したりしたが、逃げ遅れた11人が焼死。客室に合った電熱器の過熱が原因とみられる。
4.25	〔鉄道〕歌志内線 歌志内線砂川—歌志内間が廃止。
4.29	〔鉄道〕GW初日に衝突脱線事故 青森県のJR津軽海峡線の踏切りで、11両編成の快速が、脱輪して動けなくなっていたクレーン車と衝突。列車は2両目が脱線し小破。ゴールデンウィークの初日だったため列車には観光客が多く、脱線車両に乗っていた旅行客12人が顔や手足にけがをした。
4月	〔自動車〕日本車逆輸入 本田技研のアメリカ工場製乗用車「アコード・クーペ」の日本販売を開始した。マツダはフォード社とアメリカで共同生産した「プローブ」を、三菱自動車工業もオーストラリア製「マグナステーションワゴン」を逆輸入し販売を開始。
5.17	〔バス〕キャメル号 京浜急行電鉄、日の丸自動車、日本交通の3社が共同で東京—鳥取間に高速バス「キャメル号」の運行を開始した。愛称は鳥取砂丘のラクダに由来する。
6.1	〔鉄道〕とーぶカード 東武鉄道がプリペイドカード「とーぶカード」を発売した。
6.25	〔航空〕伊方原発近くに米軍ヘリコプターが墜落・炎上 沖縄県の米軍普天間基地所属、第462海兵重ヘリコプター中隊の輸送ヘリコプター「シコルスキーCH53Dシースタリオン」（乗員7人）が、普天間基地に帰還するため岩国基地を離陸、濃霧の中を低空飛行中に山の斜面に衝突、バウンドしてみかん畑に墜落、炎上した。四国電力伊方原子力発電所の南東約1kmの地点であった。死者7名（米海兵隊員）。
7月	〔バス〕町田駅周辺に中央走行バス専用レーン 小田急線およびJR町田駅周辺の交通量の多い通りに中央走行バス専用レーンが設置された。
8.28	〔鉄道・地下鉄〕京都市営地下鉄、近鉄京都線 京都市営地下鉄と近鉄京都線が直通運転開始。
8月	〔鉄道〕新幹線新方式提示 政府は、整備新幹線について本格検討に取りかかった。従来の新幹線だけでなくミニ新幹線（3線方式）やスーパー特急（在来高速方式）を組み合わせる運輸省案が提示。建設費用の節約、到達時間の大幅に短縮という利点がある。
9.1	〔鉄道〕上山田線 上山田線飯塚—豊前川崎間が廃止となった。
9.13	〔航空〕航空チケット方向別格差解消 急激な円高により「方向別格差」と呼ばれる現象が起きている。日本発の国際運賃が相手国発の運賃より割高になってしまうことで、往復購入せず日本で行きの分を、相手国で帰りの券を購入する利用客が出てきた。事態を重視した運輸省が、日本発を値下げし、相手国発を値上げするよう行政指導に乗り出した。
9.16	〔バス〕デラックス特急バス 瀬戸大橋線の開通に伴い、JR宇野線岡山—宇野間の

- 280 -

日本交通史事典　　　　　　　　　　　　　　　　　　　　　　　　1988年（昭和63年）

運行数が減少したことから、両備バスは岡山―玉野間に特急バス路線を新設した。飲み物の無料サービス、テレビ、新聞、雑誌の設備、3列セパレートシートなどで居住性、快適性を高めたデラックスバスであった。

9.28　〔鉄道〕あそBOY　豊肥本線熊本―宮地間で58654（8620形蒸気機関車）牽引による臨時快速「あそBOY」が運行を開始した。

9月　〔バス〕渋川特急　瀬戸大橋開通により宇野線各駅から岡山への列車本数が減少したことを受け、両備バスが特急路線バス「渋川特急」の運行を開始。定期乗車券も発売し、通勤客のニーズに対応した。

10.1　〔鉄道〕ロマンスカード　小田急電鉄がプリペイドカード「ロマンスカード」の発売を開始した。

10.1　〔船舶〕ディーゼル新会社　造船業界独自に再編の動きが出てきた。石川島播磨重工業と住友重機械が、合理化を促進、コスト競争力と技術開発力を強化することなどを狙って、大型ディーゼルエンジン部門の新会社「ディーゼルユナイテッド」を設立。

10.5　〔鉄道〕リニアモーターカー（超電導磁気浮上式鉄道）実用化へ　運輸省が、時速500km以上を出すリニアモーターカー（超電導磁気浮上式鉄道）の建設地の選定などで学識経験者の意見を聞く「超電導磁気浮上式鉄道検討委員会」を設置。実用化に向けて本格的な検討に入った。

10.25　〔鉄道〕長井線　長井線赤湯―荒砥間が廃止、第三セクター・山形鉄道赤湯―荒砥間が開業。

10月　〔道路〕高速道路料金改定　道路審議会が、現在の普通車、大型車、特大車の3車種区分に軽自動車・オートバイ、中型車の2車種を加え5車種区分への改正を答申した。軽自動車、オートバイの利用者の負担が軽減される。

12.5　〔鉄道〕東中野駅に停車中の電車に後続電車追突　東中野駅下り1番線に到着した総武線津田沼発中野行き下り各駅停車（10両編成）に、後続の千葉発中野行き下り各駅停車（10両編成）が追突。先行電車の9、10両目と後続電車の4両が脱線、後続電車の先頭部が先行電車の最後部に食い込んだ。後続電車の運転士が運転席に挟まれ救出後死亡、3両目前部に乗っていた男性乗客は左足が車両連結部に挟まれ、救出作業中に死亡した。

12.5　〔バス〕ミッドナイト25　深夜バス「ミッドナイト25」が都営バス4路線で運行開始された。

12.16　〔航空〕空港騒音　賠償判決　福岡空港に離着陸する航空機の騒音で被害を受けたとして、周辺の住民507人が起こした訴訟で、福岡地裁は、夜間の飛行差し止め請求と将来分の賠償請求については却下。しかし被害の大きい住民319人に総額1億9700万円余を支払うよう命じる判決。

12.19　〔鉄道〕門司港駅を重要文化財に指定　鹿児島本線門司港駅が国の重要文化財に指定される。門司港駅は1914年1月建築。木造二階建て、ネオ・ルネサンス様式と呼ばれる左右対称のデザインを特徴とする。駅舎が重要文化財の指定を受けるのはこれが初めて。

12.21　〔鉄道・バス〕都営交通機関の連絡定期券　都営バス、都電、都営地下鉄の連絡定期券が発売された。

12月　〔航空〕全日空、ジェットエンジン不採用　全日空が1990年から導入予定のエアバスA320に、初の国産ジェットエンジンV2500を採用しないことを決定。V2500は、通産省と石川島播磨重工業・川崎重工業・三菱重工業が、イギリス、アメリカ、西ドイツ、イタリアのメーカーと共同開発したもの。

12月　〔道路〕東京湾横断道路最後の交渉まとまる　川崎市と木更津市を結ぶ自動車専用有料道路「東京湾横断道路」で、最後まで残っていた千葉県側の漁業補償交渉がまとまった。1989年夏ごろ本格工事に着工する。構造は海底トンネル(川崎側から約10km)と橋梁となる。

この年　〔航空〕新千歳空港開港　新千歳空港開港が開港する。

この年　〔航空〕日航ジャンボ機事故　賠償・補償　1985年8月の日航ジャンボ機墜落事故(死者520人)の犠牲者58人の遺族150人が1月30日に、ボーイング社に総額158億7000万円余の損害賠償を求める訴訟を東京地裁に起こした。6月には、他の犠牲者59人の遺族142人がボ社と集団和解に応じた。12月1日現在で補償交渉が成立した犠牲者数は73%の377人。

この年　〔鉄道〕鉄道整備、輸送力増強　関東の大手私鉄5社は5月に値上げした運賃のうち4.5%を「特定都市鉄道整備積立金制度」の積立分とした。この制度は複々線化など輸送力増強工事のためのもの。JR東日本では東京都心部と筑波研究学園都市を結ぶ常磐新線の建設の検討に参加。

この年　〔バス〕常磐自動車高速バスターミナル　常磐道自動車道の開通に伴いいわき―東京間で高速バスの運行が開始される。パーク・アンド・バスライドのために、常磐交通が常磐自動車高速バスターミナルと駐車場を開設した。

1989年
(平成1年)

1.16　〔鉄道〕新幹線の架線破損　山陽新幹線の姫路―西明石駅間の架線が500mにわたって切断、走行中の「ひかり号」のパンタグラフ8基すべてが破損、急停止した。姫路―新神戸駅間の送電も上下線ともストップ。深夜までダイヤは乱れ、約33万人に影響が出た。架線金具の金属疲労が原因と見られる。

2.1　〔自動車〕スバル・レガシィが発売される　経営不振に悩む富士重工業は社運をかけて4WD車スバル・レガシィを開発、この日より発売した。発売前にアメリカ・アリゾナ州フェニックスでテスト走行を行い、10万km耐久走行における平均速度223.345km/hという世界記録を樹立している。新開発の水冷水平対向4気筒エンジンを搭載し、ハイパワー4WDツーリングワゴンとして爆発的にヒットした。

2.2　〔船舶〕高速艇激突で死亡事故　兵庫県淡路島の津名港に入港しようとした高速艇「緑風」が防波堤に激突。乗客2人が死亡、16人が重軽傷を負った。原因は船長の

		操船ミスで神戸海上保安部は業務上過失致死容疑で逮捕。
3.11		〔鉄道〕JRグループダイヤ大改正 JRグループは平成時代初のダイヤ大改正を実施。東海道・山陽新幹線では「グランドひかり」が運転を開始、東京—博多間の所要時間は5時間47分に短縮された。
3.23		〔鉄道〕ぽけっとカード 相模鉄道がプリペイドカード「ぽけっとカード」の発売を開始した。
3.25		〔鉄道〕第三セクター・樽見鉄道 第三セクター・樽見鉄道神海—樽見間が開業。
3.29		〔鉄道〕足尾線 足尾線桐生—間藤間が廃止となり、第三セクター・わたらせ渓谷鐵道桐生—間藤間が開業した。
4.1		〔鉄道〕秋田内陸縦貫鉄道 秋田内陸縦貫鉄道比立内—松葉間開通、鷹巣—角館間が全線開通。
4.1		〔鉄道〕第三セクター・秋田内陸縦貫鉄道 第三セクター・秋田内陸縦貫鉄道比立内—松葉間が開業。
4.13		〔鉄道〕赤信号見落としで正面衝突 長野県のJR飯田線北殿駅(無人駅)構内で、ホームに停車中の下り電車に、上り電車が正面衝突。双方の電車の乗客183人が重軽傷を負った。上り電車の運転士が駅手前の赤信号を見落としていたことが判明、業務上過失傷害などの容疑で逮捕。
4.28		〔鉄道〕高千穂線延岡—高千穂間廃止、第三セクター・高千穂鉄道 高千穂線延岡—高千穂間が廃止となり、第三セクター・高千穂鉄道延岡—高千穂間が開業。
4.30		〔鉄道〕標津線 標津線標茶—根室標津間および中標津—厚床間が廃止となる。
4月		〔自動車〕トヨタ博物館開館 愛知県名古屋市にトヨタ博物館が開館。自社のみならず、世界の自動車史をテーマに過去100年に製造された各国・各メーカーの自動車を展示する。展示車両のほとんどが動態保存されており、博物館には整備工場も併設されている。
5.1		〔鉄道〕天北線 天北線音威子府—南稚内間が廃止。
5.20		〔鉄道〕東武博物館開館 東武鉄道が創立90周年を記念して東武鉄道伊勢崎線東向島駅高架下に東武博物館を開館した。東武鉄道で使用された車両やバスを保存・展示する。
5.27		〔道路〕東京湾横断道路起工 神奈川県川崎市と千葉県木更津市を結ぶ有料道路の起工式が、川崎市の浮島町で起工式が行われ、本格工事に着手した。
5月		〔行政・法令〕常磐新線法成立 常磐新線(秋葉原—筑波研究学園都市)の建設にあたり、地方自治体の協力、沿線の開発利益の吸収、土地所有者が鉄道用地として売却した場合の税制優遇措置を定めた法律が成立(「大都市地域における宅地開発及び鉄道整備の一体的推進に関する特別措置法」)。
5月		〔自動車〕スカイラインがモデルチェンジ 日産自動車はスカイラインをモデルチェンジして発売した。シャシー性能の向上を追及したモデル。日産901運動(1990年代までに技術の世界一を目指す計画)の最重要車種として開発された。
6.4		〔鉄道〕池北線 池北線池田—北見間が廃止となり、第三セクター・北海道ちほく高

1989年（平成1年）

原鉄道ふるさと銀河線池田―北見間が開業。

6月		〔道路〕高速道路料金改定 日本道路公団が料金を改定。平均値上げ率は8.9％、料金区分を普通車、大型車、特大車に加え、軽自動車・オートバイ、中型車の5車種にした。軽自動車とオートバイに関しては利用者負担が軽減。
7.5		〔鉄道〕横浜新都市交通 横浜新都市交通新杉田―金沢八景間が開業。
7月		〔自動車〕地球環境問題検討会 環境問題への関心の高まりを受け、日本自動車工学会は地球環境問題検討会の設置を決定した。ガソリンエンジンの省燃費技術の開発や排気ガス削減を目指す。
8.1		〔航空〕航空科学博物館 千葉県芝山町に日本初の航空科学専門の博物館、航空科学博物館が開館した。航空界の発展の歴史や航空に関する科学技術について展示する。
8月		〔鉄道〕リニアモーターカー、山梨に決定 運輸省が、超電導磁気浮上式鉄道（リニア超特急）の実用実験線を山梨県に建設することを決定。延長40～50kmで、建設費の半分以上をJR東海が負担。着工予定は1990年度で、実用は21世紀に入ってから。
9.15		〔地下鉄〕地下鉄駅入り口に車転落 東京の地下鉄銀座線上野広小路駅地上入り口に乗用車が突っ込み、階段を転落。入り口奥の側壁にぶつかって止まった。地下鉄入り口付近にいた買い物客ら10人が車になぎ倒されて重軽傷を負った。
9.20		〔航空〕航空輸送技術研究センター 日本航空、全日空、日本エアシステムが共同で航空輸送技術研究センターを設立した。航空輸送に関する技術の共有を目的とする。
9月		〔自動車〕ユーノス・ロードスターが発売 マツダからユーノス・ロードスターが発売される。同社初のライトウエイトスポーツカーとして人気を博した。マツダのディーラーの一つであるユーノスの専売モデルであったが、販売チャネルがマツダアンフィニ店に移ってからも1998年まではユーノス・ロードスターの名称で販売された。
9月		〔道路〕横浜ベイブリッジ開通 首都高速道路公団が建設していた高速神奈川・大黒線と横浜ベイブリッジが開通。ベイブリッジの全長は860m、高さは172mで、世界最大級の斜張橋。1994年には羽田を通って湾岸道路へとつながる。
10.1		〔鉄道〕伊田線、糸田線、田川線 伊田線直方―田川伊田間、糸田線金田―田川後藤寺間、田川線行橋―田川伊田間が廃止となる。それぞれ第三セクターとして開業。
10.5		〔鉄道〕京阪鴨東線開業 京阪電気鉄道と鴨川電気鉄道が合併し、京阪鴨東線として開業。これに伴い、プリペイドカード「Kカード」が発売された。
10.24		〔鉄道〕JR相次ぐ「うっかりミス」 JR東日本で、1日に3件も「うっかりミス」による事故や誤進入が発生、批判が集中。茨城県では連絡ミスから貨物列車が工事現場へ突入し脱線、千葉県松戸市ではポイント切り替えミスで別の線に進入、同じく千葉県習志野市で運転士の信号見落としで無人の電車同士が衝突し脱線。
10.26		〔自動車〕第28回東京モーターショー 第28回東京モーターショーが開幕する。会期は11月6日まで。この回より会場が晴海から同月10月9日にオープンしたばかり

の幕張メッセに変更になった。ショーのテーマは「自由走。ハートが地球を刺激する」。折からの好景気を受け、さまざまな趣向を凝らした華やかなショーとなったが、中でもトヨタ4500GTや日産NEO-X338など高性能モデルが話題を集めた。338社が参加、展示車両は818台。入場者数は過去最高となる192万4200人を記録した。

10月 〔バス〕深夜バスが好調 終電が出た後に大都市部のターミナル駅から郊外へ向けて出発する深夜バスが評判となった。電車賃よりは高いがタクシーに乗るよりは格安と、夏のスタートから好調。6都県で25社が252路線を運行、東京から地方への長距離路線も急増した。

10月 〔自動車〕セルシオが発売される トヨタ自動車が新モデルセルシオを発売。もとはアメリカ国内のトヨタ高級車専門販売チャネル「LEXUS」の最上級車として発売された車種であったが、その静粛性と高い快適さで大成功を修め、日本国内でも販売が開始された。V型8気筒4000cc260馬力エンジンを搭載。

10月 〔自動車〕本田宗一郎が米国自動車殿堂入り 本田技研工業の創業者であり最高顧問の本田宗一郎が日本人として初めて米国の自動車殿堂入りを果たす。自動車の発展に寄与した個人を顕彰するもの。

11.22 〔航空〕日航機墜落事故不起訴 1985年8月に起きた日航ジャンボ機墜落事故で捜査してきた前橋地検は、ボーイング社、日航、運輸省関係者合計20人全員の業務上過失致死傷容疑を不起訴処分とした、また遺族らが告訴、告発していた3者の最高幹部ら12人についても不起訴処分とした。

11.26 〔鉄道〕トンネル内で屋根が接触 秋田県のJR北上線岩瀬トンネル内を通過中の普通列車から異常音が発生。ディーゼル気動車の屋根につけた冷房装置がトンネル内壁のブロックをこすり、鉄板カバーが大きくへこんだ。トンネルの内高に対し、冷房装置カバーの方が4.3cm上回っていた。

11月 〔航空〕米デルタ航空V2500搭載機発注 アメリカのデルタ航空が、日米欧5ヵ国で共同開発したV2500エンジン搭載の旅客機「MD90-30」を160機発注すると発表。同機はV2500エンジンを、1機につき2基搭載しているため350基程度(予備分を含む)の受注が見込まれる。

11月 〔行政・法令〕日米航空交渉暫定合意成立 航空権益の総合的均衡を求めて30年余交渉が続けられている続けられている日米航空交渉で、日米双方6路線ずつの新たに開設(そのうち3路線は成田からの運航)するということで暫定合意が成立した。

12.1 〔鉄道〕Eカード 遠州鉄道がプリペイドカード「ETカード」の発売を開始した。

12.16 〔航空〕新高松空港開港 新高松空港が開港。全国46番目のジェット空港。2年後の1991年、高松空港と改称された。

12.23 〔鉄道〕宮田線 宮田線勝野―筑前宮田間が廃止となった。

12月 〔航空〕新型機の開発変更 米ボーイング社が1989年初めに、新型民間航空機「767X」の開発構想を打ち出した。ボ社は三菱重工業、川崎重工業、富士重工業との間で新型機「7J7」の共同開発で話し合いが行われてきたが、需要が少ないと判断し大型機へ変更。国内3社はこの開発に参加の方針。

12月　〔航空〕成田空港用地問題　空港整備3大プロジェクトのうち羽田空港と関西国際空港は順調に推移。成田空港については、千葉県土地収用委員会委員全員が辞任した後の就任がなく暗礁に乗り上げたままになっていたため、政府は用地問題の解決に重点をおいた声明を発表。

12月　〔鉄道〕旧国鉄債務問題抜本的対策　旧国鉄長期債務は土地売却処分が進まず、1989年度末で22.1兆円になり1987年4月に国鉄債務を引き継いだ時に比べて4兆円も増加。このままでは返済計画が暗礁に乗り上げてしまうため政府は、「国鉄清算事業団の債務の償還等に関する具体的処理方針について」閣議決定。抜本的な対策に取り組むことに。

12月　〔鉄道〕整備新幹線の建設費増額　ミニ新幹線や在来線活用高速鉄道など取り入れた整備新幹線問題は、高崎—軽井沢間や長大トンネルの難工事にとりかかって起動に乗るかと思われていたが、自民党側から難工事建設費の増額と難工事ヵ所の増加要求が起こり、増額となった。

この年　〔航空〕国際航空券の方向別格差問題　急激な円高により日本発の航空券運賃が相手国発より割高になってしまった問題で、運輸省が格差を是正するよう強力な指導を行ったため、中国線以外は年末までに目標値まで値下げされた。

この年　〔鉄道〕JR輸送人キロ、国鉄抜く　JR旅客6社合計の輸送人キロが2229億人キロで、国鉄時代の最高値2156億人キロを上回って過去最高を記録。JR貨物の輸送量も前年度比7.4％増の284億トンキロで好業績。7社合計の売上高も初めて4兆円の大台を突破、経常利益は合計2684億円に達した。

この年　〔バス〕相次ぐバス運賃改定　消費税の導入に伴い、各地で運賃改定が相次いだ。

この年　〔バス〕品川バスターミナル　高速バス専用のバスターミナル、品川バスターミナルが開業した。京浜急行バスおよび系列、共同運行会社が使用する。

1990年
（平成2年）

1.22　〔鉄道〕掘削工事中の道路陥没　東京JR御徒町駅ガード下の春日通りで、水分を含んだ大量の土砂が大音響と共に20mも噴き上げた。現場道路は長径13m、深さ5mの円形に陥没し、車両4台が穴に転落。10人が重軽傷を負った。現場下では、東北・上越新幹線用の「御徒町トンネル」の掘削工事中が行われていた。後に掘削工事に先立って行われる地盤凝固剤の注入工事の手抜きと、それを隠すための偽造書類の存在が明らかになり、工事を請け負った熊谷組の下請け業者3社も事実を認めた。

2.21　〔鉄道〕神戸新交通六甲アイランド線　神戸新交通六甲アイランド線JR住吉—マリンパーク間が開業。

2月　〔自動車〕軽自動車の規格改定　軽自動車の規格改定が行われる。長さは3.20mから3.30m（幅1.40m、高さ2.00m）に、エンジン排気量は550ccから660ccへと変更さ

2月	〔自動車〕日産、プリメーラを発売 日産自動車は新型乗用車プリメーラを日欧で同時に発売した。日産901運動の対象車種の一つ。1800・2000エンジンを搭載、高い居住性と走行性能を兼ね備え、フロント・マルチリンク式サスペンションを採用したことも高く評価された。
3.10	〔鉄道〕京葉線、山陰本線 京葉線東京―新木場間が電化開業し、東京―蘇我間が全通した。また、山陰本線京都―園部間の電化が完成。
3.20	〔地下鉄〕大阪市交通局鶴見緑地線 大阪市交通局鶴見緑地線京橋―鶴見緑地間が開業。リニアモータ駆動方式により運転する。
3.24	〔航空〕主翼から燃料漏れ 香港発のキャセイ航空トライスター機が成田空港に着陸する際に、主翼から燃料が漏れていることがわかった。引火を危惧した機長が脱出を指示したが、シューターが風にあおられて脱出しようとしていた乗客65人が地面にたたきつけられるなどして重軽傷。
3月	〔航空〕三菱とベンツ、航空でも提携 三菱グループと独ダイムラー・ベンツグループが首脳会談で、広い範囲で提携関係を築くことで合意。この中には自動車、エレクトロニクスなどのほか航空宇宙分野も含まれていた。
4.1	〔鉄道〕パノラマカード、パストラルカード 名古屋鉄道の「パノラマカード」、能勢電鉄の「パストラルカード」が発売された。
4.1	〔鉄道〕宮津線 宮津線西舞鶴―豊岡間が廃止となり、第三セクター・北近畿タンゴ鉄道西舞鶴―豊岡間が開業する。
4.1	〔鉄道〕旧国鉄職員の再就職状況 旧国鉄からJRに残れなかった職員の再就職促進に関する特別措置法が失効。就職先が決まらなかった1,047人が解雇されることになった。再就職を必要としていた職員18,817人のうち17,830人（約95％）は行き先が決まったことになる。
4.1	〔鉄道〕博多南線 博多南線博多―博多南間が開業。
4.1	〔バス〕東京地区バス運賃改定 東京地区の民営9社のバス運賃が、均一制170円から180円に改定された。
4.16	〔鉄道〕京葉高速線も注入不足 千葉県の京葉高速鉄道線「習志野台トンネル」建設工事でも凝固剤の注入不足から、工事が中断されていることが判明。日本鉄道建設公団の実施している地表面の沈下状況調査がきっかけで発覚した。
4.21	〔鉄道〕JR東日本が自動改札機を導入 東京駅に自動改札機が設置され、自動改札機の本格導入が始まる。
4月	〔航空〕ボーイング777 日米共同開発 米国ボーイング社の次期民間航空機「ボーイング777」開発プロジェクトに、三菱重工業、川崎重工業、富士重工業の3社が参加。ボーイング社と覚書に調印。今までの「YS11」「ボーイング767」の共同開発と違い、今回初めてほぼ対等な立場で参画する。
5.4	〔船舶〕フェリー同士が衝突 山口県柳井市沖の瀬戸内海で、カーフェリー「オレンジクィーン」と「オレンジ号」が衝突。「オレンジクィーン」の乗客9人と「オレンジ号」の乗客3人が重軽傷を負った。

5月	〔タクシー〕タクシー運賃6年ぶり値上げ 東京地区のタクシー運賃が約6年ぶりに値上げされた。初乗り運賃が消費税込みで60円アップ。
5月	〔自動車〕トヨタ、エスティマを発売 トヨタ自動車からエスティマが発売された。「TOYOTAの天才タマゴ」のキャッチコピーどおり卵をイメージさせるシルエットが特徴であった。直列4気筒エンジンを75度斜めにしてフロア下部のミッドシップに搭載することで平床化に成功している。
6.1	〔バス〕新札幌バスターミナル 北海道札幌市厚別区に新札幌バスターミナルが開業。自動車ターミナル法に基づき開設された。一般自動車ターミナルで2レーン、15バースを備えた。
6.8	〔バス〕地方バス路線運行維持対策要網・地方バス路線維持費補助金交付要網 地方バス路線運行維持対策要網および地方バス路線維持費補助金交付要網が運輸省地域交通局により制定された。過疎や輸送人員の減少による路線バス事業遂行が困難になっていることから、1991年度以降5カ年にわたって地方のバス路線の運行を維持するための対策を講じて路線バス事業の自立を図り、助成措置を講じて地域住民の福祉を確保することを目的として制定された。
6.18	〔バス〕銀座―三鷹駅北口深夜中距離バス 銀座―三鷹駅北口間で都営バスが深夜中距離バスの運行を開始した。
6月	〔自動車〕運転免許保有者が6000万人を突破 運転免許の保有者が6000万人を超えた。国民の2人に1人が免許を所持している計算。
7.1	〔鉄道〕イオカード JR東日本が「イオカード」の試用を開始した。券売機での乗車券購入のほか、自動改札機に直接通して使用することができる磁気式プリペイドカード。
8月	〔航空〕中東危機による燃料費高騰 イラクのクウェート侵攻により発生した中東危機は、ジェット燃料費を直撃。IATA(国際航空輸送協会)では国際航空運賃値上げの動きが高まった。値上げに慎重だった日本の航空各社も、外国航空会社に同調して日本発着の国際航空運賃の値上げ(7%)を運輸省に申請。
8月	〔道路〕第2東名・名神建設計画 建設省は、東京と神戸を結ぶ第2東名・名神高速道路の建設計画を立てるよう関係府県や地方建設局に通達。最高時速140kmが可能な構造基準を定めており、全長約490kmが全線6車線、1車線幅はドイツのアウトバーン並みの3.75mとした。
9.8	〔地下鉄〕工事ミスで地下鉄脱線 東京・江東区の営団地下鉄東西線の南砂町―東陽町間で、10両編成の電車の先頭から4から7両目が脱線。乗客300人にけがはなく、職員の誘導で約500m先の東陽町駅まで歩いて避難した。原因はまくら木工事のミス。
9月	〔自動車〕ホンダがNS-Xを発売 本田技研工業がスポーツカーNS-Xを発売した。横置きのV型6気筒3000cc215馬力エンジンを搭載。エンジン世界で始めてアルミ合金製のボディを採用、軽量化に成功した。
10.12	〔バス〕はかた号 京王帝都バスと西日本鉄道バスが新宿―福岡間で高速夜行バス「はかた号」の運行を開始した。1,162キロメートルを走破する日本最長距離のバス路線。運行当初は運行時間も日本最長であった。

10月	〔鉄道〕**新幹線発着品川駅新設問題** JR東海が、東海道新幹線の発着駅を品川にもつくる提案をしたことを発端に、現品川駅西の適地の売却価額をめぐってJR東海と東日本が対立した。事態を重視した運輸省も「東海道新幹線輸送力問題懇談会」を設立し検討。
10月	〔自動車〕**鈴木自動車、スズキ株式会社に改称** スズキ自動車がスズキ株式会社に社名を変更した。GMとの業務提携は継続され、さらなるグローバル化を目指す。
11.16	〔自動車〕**富士重工、立て直しへ** 富士重工業はアメリカでの販売不振などから、3月期決算で296億円の営業赤字を計上。6月には筆頭株主の日産OBである川井勇氏が新社長に就任。日産からの乗用車受託生産再開などが盛り込まれた経営再建計画をまとめた。
11月	〔鉄道〕**リニアモーターカー実験線着工** 山梨県のほぼ中央部を東西に走る超電導磁気浮上式鉄道（リニアモーターカー）の実験線ルート（甲府市境川村から秋山村の全長42.8km）が着工。1994年度完成予定。
12.20	〔鉄道〕**上越線** 上越線越後湯沢―ガーラ湯沢間が開業した。ガーラ湯沢線はスキー場へアクセスするために新設された駅であり、冬季のみの季節営業。
12月	〔航空〕**大阪国際空港（伊丹空港）の存続が決定** 関西国際空港開港後の大阪国際空港は運航を国内線に限定して存続することが決定した。
この年	〔航空〕**成田、関西新空港整備もたつく** 空港3大プロジェクトは羽田空港の沖合展開を除いて進展が遅れた。成田空港は、空港予定地にある反対派農民の未買収地問題が依然解決されず、関西新空港の開港も目標の1993年3月から大幅に遅れ1994年夏ごろになることが決まった。
この年	〔鉄道〕**常磐新線第三セクター設立** 常磐新線（東京・秋葉原―茨城・筑波研究学園都市）建設問題で、1991年初めにも第三セクターを設立する方向で固まった。沿線自治体を中心に沿線の1都3県とJR東日本が設立する第三セクターは、21世紀初めの新線開業をめざす。
この年	〔鉄道〕**鉄道整備基金制度** 鉄道整備の資金管理を一元的にするために運輸省が考え出した新制度「鉄道整備基金」が平成3年度（1991）予算案に盛り込まれた。基金の財源は、JRにリースしていた新幹線を売却する売却益や一般会計の各種鉄道助成金が柱になる。
この年	〔自動車〕**安全性への要求、環境保護** 安全な自動車作りへの要求が高まり、メーカー各社はエアバッグ、ABS（アンチロック・ブレーキ・システム）などの安全装備充実策を打ち出した。また環境保護への関心も強まり、フロンガスの使用削減や二酸化炭素排出量削減のための燃費改善などさまざまな研究が行われた。
この年	〔自動車〕**東欧への進出いろいろ** 日本の自動車メーカーの西ヨーロッパへの進出は、日産、トヨタ、本田に続き、三菱やマツダが交渉を進めている。政治・経済の自由化が急速に進展した東欧へは、スズキがハンガリーで合弁生産の合意が成立。一方ダイハツ工業のポーランド進出はならなかった。また日産が旧東ドイツにディーラー網を設置した。

1991年
（平成3年）

1.11	〔航空〕日本ユニバーサル航空株式会社設立　日本航空と日本通運、ヤマト運輸は共同で貨物航空専門会社の日本ユニバーサル航空株式会社設を設立した。国内線としては日本初。同年10月16日に羽田―新千歳間で貨物便の運航を開始、以後不定期運航が続いたが、不況のため1年ほどで運航停止に追い込まれた。
1.21	〔航空〕枕崎飛行場開場　鹿児島県枕崎に枕崎飛行場が開場。日本初のコミュニティー空港であった。定期便はなく、チャーターのヘリコプターや飛行機を中心に利用される。
2月	〔自動車〕三菱RVRが発売　三菱自動車工業は2代目シャリオをベースにRVRを開発、発売した。全高1680mmという高い車体が特徴。
3.16	〔鉄道〕宇高連絡船　宇高航路宇野―高松間が廃止となる。
3.16	〔鉄道〕相模線　相模線茅ケ崎―橋本間の電化が完了した。
3.19	〔鉄道〕京成電鉄　京成電鉄京成成田―成田空港間が開業。
3.19	〔鉄道〕成田線　成田線成田―成田空港間が電化開業し、横浜・新宿・東京と成田空港との間で特急「成田エクスプレス」の運行が始まる。
3.25	〔鉄道〕桃花台新交通桃花台線開業　桃花台新交通桃花台線が小牧―桃花台ニュータウン間で運行を開始した。愛称は「ピーチライナー」。
3.25	〔船舶〕「ビートル2世」就航　JR九州は高速船「ビートル2世」の就航を博多―釜山間で開始した。
3.26	〔航空〕日航機墜落事故で和解　1985年8月の日航ジャンボ機墜落事故犠牲者55人の遺族139人が、米ボーイング社に総額約150億円の損害賠償をもとめていた訴訟で、犠牲者54人の遺族136人とボーイング社、利害関係人である日航との和解が成立した。
3.31	〔鉄道〕北総開発鉄道　北総開発鉄道京成高砂―新鎌ケ谷間が開通し、京成高砂―小室間が全線開通した。京成電鉄、都営地下鉄、京浜急行との相互直通運転が開始される。
3月	〔鉄道〕常磐新線プロジェクトスタート　常磐新線の運営主体である第三セクター「首都圏新都市鉄道」が発足。2000年の開業を目指して始動。9月には20の駅の新設が決定。
3月	〔自動車〕日本車への風当たり強く　米国の自動車不況が長引いている中、クライスラー社の経営危機が表面化した。GMとフォードも過去最高の赤字額になること確実で、日本車への非難が高まり始めた。自動車摩擦再燃の兆しもあり日本の自動車業界に新たな対応が迫られた。
4.27	〔鉄道〕嵯峨野観光鉄道　嵯峨野観光鉄道トロッコ嵯峨―トロッコ亀岡間が開業。

5.14	〔鉄道〕信楽高原鉄道で列車正面衝突 小野谷信号場と紫香楽宮跡駅間の見通しの悪いカーブで上り534D列車と京都発信楽行きJR線直通下り501D快速列車が正面衝突。下り先頭車両（鋼鉄製・39トン）が、信楽高原鉄道上り先頭車両（29トン）を押し潰すようにして乗り上げた。下りJR乗客30名、上り信楽高原鉄道乗客7名・乗員5名が死亡した。
5.21	〔バス〕東急バス株式会社設立 東京急行電鉄のバス部門が独立し、東急バスとして設立された。同年10月1日営業を開始する。
6.20	〔鉄道〕東北・上越新幹線東京駅乗り入れ 上野駅発着だった東北・上越新幹線が東京駅に乗り入れた。東京から盛岡までが2時間36分、仙台まで1時間44分、新潟まで1時間40分になった。上野から東京までは3.6kmの距離だが、工事費は1300億円にもなった。
6.20	〔鉄道〕東北新幹線 東北新幹線東京―上野間が開業。東京―盛岡間、上越新幹線東京―新潟間で直通運転が始まる。
6.25	〔鉄道〕JR福知山線踏切で大型トラックが立往生、電車衝突 パワーショベルを積んだ大型トラックが岡踏切で立ち往生している所に、大阪発城崎行き下り普通電車（3両編成、乗客約400人）が衝突した。電車はパワーショベルを引きずって約50m進み、先頭車両は脱線して約2m下の右側斜面に突っ込んだ。通勤通学の乗客ら300名以上が重軽傷を負った。
9.1	〔鉄道〕七尾線 七尾線津幡―和倉温泉間の電化が完成した。
9月	〔鉄道〕3整備新幹線着工 東北（盛岡―青森）、北陸（軽井沢―長野）、九州（八代―西鹿児島）の整備新幹線3線が相次いで着工。98年の長野オリンピックを控えた北陸新幹線が97年までが工期、その他の今世紀中の完成は困難になった。
10.1	〔鉄道〕鉄道整備基金発足 新幹線の売却費（9兆2000億円）の一部や一般会計の各種鉄道助成金をもとにした「鉄道整備基金」が発足。整備新幹線の建設費や各鉄道整備費や建設費に充てようとするもの。
10.3	〔鉄道〕宮崎リニア実験線全焼 宮崎県のJR鉄道総合技術研究所の浮上式鉄道宮崎実験センターで、実験中のリニアモーターカーから出火、全焼した。原因は、パンクしたタイヤが軌道にこすられて摩擦熱で加熱したこと。
10.25	〔自動車〕第29回東京モーターショー 第29回東京モーターショーが幕張メッセで開幕。11月8日まで開催された。テーマは「発見、新関係、人・くるま・地球」、省エネを意識した展示車両が目立った。336社参加、展示車両は783台。入場者数は201万8500人だった。
10月	〔鉄道〕8年ぶりにそろって私鉄運賃値上げ 関東、関西の大手私鉄13社が8年ぶりにそろって運賃の値上げを申請し、認可された。申請では平均17.0％であったが、経済企画庁が物価に与えると懸念を示すなど査定作業は難航。運輸省は、平均13.8％の値上げで認可した。
11.1	〔鉄道〕北海道ちほく高原鉄道、JR北海道 北海道ちほく高原鉄道およびJR北海道池田―帯広間で相互直通運転が開始された。
11.1	〔自動車〕オートマチック限定運転免許制度が発足 これまでは通常の教習にオート

		マチック車教習が組み込まれていたが、オートマチック車の普及を受け、オートマチック限定運転免許制度が発足。マニュアル車教習に比べると難易度が緩和され教習時間も短くなった。
11月	〔航空〕	**第6次空港整備5ヵ年計画** 運輸省が、第6次空港整備5ヵ年計画を決定。成田空港2期、羽田空港沖合展開、関西新空港の3大プロジェクトが最優先で整備すること、着工までに地元調整の必要のある空港を「予定事業」として取り上げている。また中部新国際空港が初めて正式に盛り込まれた。
11月	〔鉄道〕	**JR株売却延期** 運輸省は、株式市場の低迷が続いている状況の中でのJR株売却について慎重に検討すべきとの判断から、91年度内の売却、上場を正式に断念すると宣言。92年度への先送りを明確にした。当面の売却対象は、JR東日本、東海、西日本の3社。
12月	〔タクシー〕	**タクシー運賃また値上げ** 東京都の各タクシー会社が平均19%の運賃値上げを申請。初乗り運賃が540円から640~650円になる。また通常の運賃値上げのほかに、無線で呼ばれたタクシーが待機している時間(客待ち料金)も50秒間90円をとる制度の新設も申請事項に入った。
この年	〔航空〕	**エコノミー運賃値下げへ** 運輸省が個人客向けにエコノミークラスチケットを「新エコノミー運賃」で販売することを決めたことを受け、IATA(国際航空輸送協会)が日本発のエコノミー航空運賃を路線別に5~20%程度引下げることを決めた。
この年	〔航空〕	**航空機&乗員リース** 運輸省が、パイロット不足を解消するため航空機と乗員をセットで借りる「ウェットリース方式」を認めた。当面は貨物機での利用を認め、適用第1号は日航とアメリカの貨物航空会社「エバーグリーン社」。
この年	〔航空〕	**三菱重、共同生産エンジン参加比率引き上げ** 世界最大航空機エンジンメーカー「プラット・アンド・ホイットニー社」と大型民間機用ジェットエンジンを共同生産している三菱重工業は、参加比率を1%から過去最大規模の5%に引上げることで合意し、調印した。
この年	〔鉄道〕	**新幹線の品川新駅問題** JR東海は品川駅西側に新幹線用新駅と車両基地をつくる計画をたてていたが、車両基地には狭すぎで、また東京都の品川駅周辺の再開発計画とも矛盾することが判明。JR東海は車両基地の建設を断念した。
この年	〔バス〕	**会員制バス** 相模バスが横浜―札幌間で会員制のバス運行を開始した。
この年	〔自動車〕	**苦境の富士重、いすゞ** 1990年9月の中間決算で初の赤字を出した富士重工業が、1991年3月決算では赤字額が600億円にまで上り、一時再建が危ぶまれた。いすゞ自動車も極端な輸出不振のため1991年10月決算の業績予想で、赤字へ下方修正した。
この年	〔自動車〕	**自動車対米輸出控える** 湾岸戦争をきっかけにアメリカ市場における自動車販売も翳りを見せ始めると、日本での需要も冷え込んだ。このため日本の各メーカーも戦時下を配慮し、年明けから対米輸出削減に踏み切った。
この年	〔自動車〕	**長引く自動車市場の低迷** 国内販売へ全力を集中している自動車メーカーの販売合戦は壮烈を極め、値引き競争が繰り広げられた。しかし高金利や7月に改正された車庫法により、東京23区や大阪市内を中心に小型自動車・軽自動車の

		不振は深刻となった。
この年		〔自動車〕部品にまで自動車摩擦問題、日米自動車摩擦問題により日本は対米輸出自主規制を取っているが、アメリカの批判の矛先が自動車部品に新たに向けられた。マイケル・ファーレン米商務次官は記者会見を開き、米国製部品の購入拡大、日本の市場開放を促してきた。

1992年
（平成4年）

1月		〔自動車〕初の日米自動車業界会談 アメリカのG・H・Wブッシュ大統領と共に来日したビッグスリー（ゼネラル・モーターズ、フォード、クライスラー）の首脳と、日本5大メーカー（トヨタ、日産、本田、三菱自工、マツダ）首脳が初の日米自動車業界会談を行った。
2.17		〔鉄道〕東日本鉄道文化財団 JR東日本からの基本財産の拠出を受けて財団法人東日本鉄道文化財団が設立された。
2.22		〔道路〕東北道で追突事故 宮城県の東北自動車道古川インター付近で、追い越し車線に移った際にスリップして横向きに止まったワゴン車に、後続の乗用車38台、トラック27台、観光バス1台が追突したり、中央分離帯やガードレールに衝突した。この事故で1人が死亡、5人が重傷、17人が軽傷を負った。
2月		〔バス〕初の女性バスドライバー 国際興業川口営業所で初の女性バスドライバーが乗務を開始した。
3.10		〔鉄道〕大村線 大村線早岐—ハウステンボス間の電化が完了、同時にハウステンボス駅が開業した。
3.14		〔鉄道〕「のぞみ」開業 東海道新幹線「のぞみ」が開業、東京—新大阪を2時間半で結ぶ。全席指定で特別料金が950円かかるにもかかわらず、ビジネス客を中心に人気。7月1日には山形新幹線「つばさ」が開業、東京—山形間の所要時間が2時間27分になる。
3.26		〔鉄道〕第三セクター・阿佐海岸鉄道 第三セクター・阿佐海岸鉄道海部—甲浦間が開業。
3月		〔バス〕バス活性化委員会 運輸省がバス活性化委員会を設置。これとともにバス活性化システム整備費補助制度が立ちあげられ、1993年度予算に5億4千万円が計上された。システム整備費用として都市新バスシステム、カードシステムなどが国および地方自治体の補助対象となる。
3月		〔オートバイ〕ホンダがスーパーカブ生産台数2000万台を突破 本田技研工業のスーパーカブ累計生産台数が2000万台を突破した。二輪車としては世界最多記録。2ヶ月前の同年1月には四輪車でも累計生産台数2000万台を突破していた。
3月		〔船舶〕二重船体義務化 IMO（国際海事機関）が、93年7月以降の契約若しくは96年

— 293 —

1992年（平成4年）　　　　　　　　　　　　　　　　　　　　　　　　日本交通史事典

　　　　　7月以降に引渡すタンカーの船体は二重にすることを義務付けた。これは大型タンカーの原油流出事故で海洋汚染防止のため。

4.1　〔鉄道〕日本一名前の長い駅誕生　南阿蘇鉄道「南阿蘇水の生まれる里白水高原駅」が開業した。正式表記での文字数は14文字で日本一長い駅名。

4.2　〔鉄道〕品川新駅の建設で合意　東海道新幹線の発着のための品川新駅の建設で、住田正二JR東日本社長と須田寬JR東海社長が合意した。当初東日本は、東海の建設計画に難色を示していたが、運輸省の仲介でトップ会談を行った。

4.8　〔鉄道〕寝台特急が脱線　神戸市のJR山陽線で12両編成の寝台特急が、線路沿いの国道での事故で線路内に転落していたトレーラーと衝突。先頭の機関車が転覆し、客車5両が脱線した。そこに内側の線路を走行してきた普通電車が接触、1両目が脱線した。乗客ら20人が負傷。

4.20　〔バス〕バスレーン・キープ作戦　バスの定時運行を確保するため、警視庁はバスレーン・キープ作戦を実施。毎週月曜日に都内83警察署管内の各1個のバスレーン又はバス路線、および都心のバス6路線を対象に、バス専用・優先レーンでの一般車両の違反走行や違法駐車を取り締まった。

4.27　〔鉄道〕嵯峨野観光鉄道　嵯峨野観光鉄道トロッコ嵯峨―トロッコ亀岡間が開業。

4月　〔航空〕エコノミークラスにゾーン運賃制　世界の航空会社の国際運賃の値下げ競争は激しくなってきて日本の航空会社を脅かしている。こうした中、運輸省がエコノミークラスにIATA（国際航空運送協会）の協定運賃から10～15%の値引きを認めるゾーン運賃制を導入。

4月　〔バス〕東京バス案内センター　東京バス案内センターが開設された。バスの運行に関する様々な情報を提供する。

5.26　〔タクシー〕タクシー運賃値上げ　東京・横浜地区のタクシー料金が平均12%値上げされた。東京で中型車の初乗り運賃が540円から600円に。

6.2　〔鉄道〕関東鉄道常総線でディーゼル列車暴走、駅ビルに突入　関東鉄道常総線で取手行きディーゼル列車（4両編成、乗客約900人）がブレーキ故障のまま取手駅8番線車止めを乗り越え、6階建て駅ビルに先頭車両の4分の3を突っ込んで停止した。約250名が負傷、男性乗客1名が脳挫傷で死亡した。

6.29　〔鉄道〕東海道線で脱線　静岡県のJR来宮駅で、20両編成の貨物列車と10両編成の回送電車が東海道線で接触、貨物列車の機関車と回送電車の先頭車両が脱線。東海道線は特急50本を含む224本が運休になるなど8万人の足に影響。

7.1　〔鉄道〕「つばさ」相次ぐトラブル　山形新幹線「つばさ」は開業初日から、非常ブレーキが作動し緊急停車。「やまびこ」との連結トラブル、信号の誤作動など5日間連続で問題発生。真夏日になった7月23日には車内の冷房のききが悪く乗客に特急料金の半額を払い戻すなどした。

7.1　〔鉄道〕山形新幹線開業　山形新幹線が開業。東京―山形間を2時間27分で結ぶ。

7.1　〔鉄道〕千歳線　千歳線南千歳―新千歳空港間が電化開業。

7.23　〔鉄道〕予讃線　予讃線観音寺―新居浜間および今次―伊予市間の電化が完了。

- 294 -

日本交通史事典　　　　　　　　　　　　　　　　　　　　　　　　1992年（平成4年）

8.25　〔鉄道〕JR株上場見送り　国鉄清算事業団は7月にJR株の年度内上場を東日本1社に絞って答申していた。しかし景気、株価の低迷は依然続いているため、奥田敬和運輸大臣が年度内の上場断念を発表。

9.30　〔船舶〕カタール沖ガス田開発入札　「今世紀最大の商談」と呼ばれている総額3000億円にも上るカタール商談の入札が締め切られた。これはカタール沖合のガス田を開発する計画で、液化天然ガスの運搬に7隻の大型船が必要になる。三菱重工、石川島播磨重工業など日本の大手造船7社と欧米5社が名乗りを上げ、激しい受注競争を展開した。

10月　〔航空〕国内線参入規制緩和　運輸省は、国内線の旅客数が増大していることに伴い、複数の航空会社が参入できる路線を拡大した。これまで年間の利用客数に応じて参入会社数を決めていたが、その参入基準を引き下げて会社間競争を促す予定。

10月　〔自動車〕本田が英国生産開始　日産自動車に加え、本田も英国で小型乗用車の現地生産を開始。12月にはトヨタも開始した。93年からECへの完成車輸出台数が事実上規制されるモニタリングが始まるため。

11.3　〔鉄道〕ディーゼルカー衝突　長崎県の島原鉄道（単線）で、ディーゼルカー同士が衝突。73人が重軽傷を負い、病院に収容された。9日、上り列車の運転士と車掌2人を業務上過失傷害の疑いなどで逮捕。

11.16　〔鉄道〕旧国鉄用地売却不調　運輸省が旧国鉄用地売却の不振を打破するために、監視区域の上限価格撤廃と大都市圏で5000㎡以上、その他地区で1万㎡以上の大規模物件の入札解禁を実施した。しかしどの企業も土地購入には手が回らない状態。

11月　〔自動車〕スバルインプレッサ発売　富士重工業は「スポーツワゴン」スバルインプレッサを発売。レガシィRSに替わるWRC（世界ラリー選手権）参戦車両として開発された。

この年　〔航空〕ボーイング777生産へ　次期民間航空機「ボーイング777」の機体の最終デザインが決定し生産に入った。総開発費5000億円のうち1000億円を日本側が負担。機体パネルなど機体の約21％を、三菱重工業、川崎重工業、富士重工業が担当。

この年　〔航空〕関西国際空港乗り入れ交渉　94年開港予定の関西国際空港に乗り入れ希望国との航空交渉が活発。新設される約440の乗り入れ枠にヨーロッパ、オセアニア、東南アジアのほか、南アフリカ、ポーランド、ロシアなど11月末までに20ヵ国が決定。

この年　〔鉄道〕雲仙普賢岳噴火により島原鉄道が不通に　1990年11月17日雲仙普賢岳が198年ぶりに噴火。以来、島原半島では土石流と火砕流による被害が相次いだ。この影響で島原鉄道もたびたび不通となり、運転再開と運休を繰り返した。

この年　〔鉄道〕分割・民営化効果　JRは民営化後89年度を除いて黒字基調が続き、91年度の納税・納付金額が補助金の4倍以上（4443億円）となった。国鉄清算事業団にはまだ債務が残されているものの、分割・民営化は成功といえる。

この年　〔自動車〕自動車メーカー相次ぐトップ交代　トヨタの社長に海外経験豊富な豊田達郎氏が副社長からへ昇格。日産は生産畑の辻義文氏が社長に。マツダ、いすゞ、ダイハツも社長が交代した。

- 295 -

この年	〔船舶〕**造船業界の提携相次ぐ** 日本の大手造船会社は、カタール入札など大きな商談に勝ち抜くため3グループに分かれた。日立造船が日本鋼管と液化ガスタンカー建造で技術提携。日本鋼管は常石造船とは業務提携。石川島播磨重工業は住友重機械工業に技術供与した。三菱重工、川崎重工、三井造船がノルウェーのモス方式を採用し共同戦線をはった。
この年	〔道路〕**道路整備5ヵ年計画** 建設省が、93年度に第11次道路整備5ヵ年計画を開始。総投資規模は76兆円（一般道路事業31兆円、有料道路事業21兆円、地方単独事業24兆円）。
この年	〔行政・法令〕**運輸経済年次報告** 運輸省が運輸経済年次報告（運輸白書）をまとめた。車社会の認識する一方で、渋滞激化や大気汚染などの問題点を指摘、自動車との共存や公共輸送機関が果たす重要性を提言。

1993年
（平成5年）

2.24	〔鉄道〕**貨物列車が脱線** 大阪府のJR東海道線の貨物線で、貨物列車がポイントの切り替えミスで安全側線に進入し車止めに突っ込み脱線。新快速など230本が運休、約18万人に影響が出た。
2.24	〔自動車〕**自動車産業、拡大から縮小へ** 日産が95年春に主力工場である神奈川県の座間工場での乗用車生産の中止と5000人の削減を発表。本田、マツダ、富士重などの人員スリム化を打ち出すなど、各メーカーはリストラに取り組んだ。
3.3	〔地下鉄〕**地下鉄が初めて空港に乗り入れ** 福岡市交通局1号線博多―福岡空港間が開業し、福岡空港への乗り入れが始まった。地下鉄の空港乗り入れはこれが初めてで、1号線は「空港線」の名で呼ばれた。
3.18	〔鉄道〕**JRグループダイヤ大改正** JRグループは全国でダイヤの大改正を実施した。「のぞみ」は運転区間を山陽新幹線博多駅まで延長、毎時1本、37本に増発された。また、東京―九州間の寝台特急に連結されていた食堂車の営業を休止。JR東海およびJR西日本では普通列車の全面禁煙が始まった。
3.31	〔航空〕**日航の赤字500億円超** 日本航空が538億円の過去最大の経常赤字を記録。他の全日空、日本エアシステムも業績は悪化。景気低迷に加え、3大空港プロジェクトの整備費負担も経営圧迫の要因。
4.1	〔道路〕**東名で農薬が流出** 愛知県岡崎市の東名高速下り線で大型トラックがパンクして、上り線の大型トラックなどに衝突し炎上。衝突されたトラックに積んであった農薬が路上に流れ出て、気化した有毒ガスを吸った後続の運転手が死亡した。復旧作業した消防隊員も被害に遭った。
4.18	〔航空〕**JAS機着陸失敗** 岩手県の花巻空港で日本エアシステムのDC機が強い横風を受け着陸に失敗。右翼を滑走路に接触させ火を噴きながら滑走。乗員5人乗客72人全員が緊急脱出した直後に機体はほぼ全焼した。機長と乗客19人が重軽傷。

1993年（平成5年）

4.22 〔航空〕JAS機と米軍機がニアミス　千葉県館山市西の相模灘上空で、日本エアシステム機と米軍機がニアミスを起こした。相手機との高度差30m、JAS機の航空機衝突防止装置が作動して、衝突回避した。

4.28 〔鉄道〕島原鉄道が土石流災害により不通　島原鉄道島原外港―深江間が雲仙普賢岳噴火による土石流災害で不通となった。

4月 〔航空〕B777機体部品初出荷　日本が参加している次期民間旅客機ボーイング777の機体部品の初出荷が始まった。三菱重工業が後胴パネル、川崎重工業が前胴パネル、富士重工業が中央翼を担当。

5.2 〔航空〕機内に煙が充満　羽田空港に着陸した全日空機内に煙が充満したため、乗客らは4ヶ所の脱出シューターや乗降口から避難した。その際83人が骨折などの重軽傷を負った。その後、補助動力装置内の歯車の破損によるものと原因が発表された。

5.9 〔道路〕積荷散乱で4人死亡　東京都文京区の首都高速道路で下り車線を走行中のトレーラーから、積荷の紙ロール（直径1m、重さ560kg）が上り車線に落とされ約100mにわたって散乱。紙ロールは上り線の車8台を直撃し、4人が死亡、4人が重軽傷を負った。

5.10 〔航空〕三菱重、PW4000参加比率拡大　三菱重工業が、米プラット・アンド・ホイットニー社製の大型民間機用ジェットエンジン「PW4000」の燃焼器を新たに担当することを発表。これで三菱重の参加比率が5％から10％に拡大した。

5.14 〔鉄道〕碓氷峠の鉄道施設が国の重要文化財に指定される　信越本線横川―軽井沢間（通称碓氷線）の鉄道施設（旧丸山変電所、カルバート、隧道、橋梁など）が国の重要文化財指定を受ける。碓氷線は1893年にアプト式と呼ばれる登坂機構を採用して開業した。

5月 〔タクシー〕タクシーのバスレーン乗り入れ拡大の提言　タクシーのバスレーン乗り入れ拡大を運輸政策審議会がタクシー答申で提言した。これに対し、首都のバス事業者はすべて乗り入れに反対した。

6月 〔バス〕東京都バス活性化委員会　東京都バス活性化委員会が運輸省主導で発足した。委員会構成メンバーは関東運輸局東京陸運支局長を委員長に、関東運輸局企画部長・自動車第一部長、関東地方建設局企画部長・道路部長・東京国道工事事務所長、警視庁交通部交通規制課長、東京都都市計画局施設計画部長・建設局企画担当部長、東京バス協会会長であった。

7.18 〔道路〕名神で追突　滋賀県の名神高速道路で、乗用車が中央分離帯に接触事故。この事故をきっかけに後続のトラックや乗用車など14台が追突、横転。そのうち8台が炎上し、4人が焼死した。

7月 〔船舶〕二重船体規制発効　新たに契約するVLCC（20万載貨重量t以上の大型タンカー）すべてについて、二重構造を義務付けた国際海事機関規制が発効した。

8.1 〔バス〕サンライト号　大分自動車道の開通を見据えて、長崎―大分間を結ぶ都市間高速バス「サンライト号」が営業を開始した。長崎県交通局、長崎自動車、西日本鉄道、大分交通、亀の井バス、大分バス、日田バス7社による共同運行。

1993年(平成5年)

8.6 〔鉄道〕東海道新幹線で事故 静岡県の東海道新幹線で停車中のレール削正車に砕石散布車が追突。散布車の先頭車両と削正車の後ろ2両が脱線。約13時間後に復旧したが、145本が運休、約32万人に影響。

8.12 〔地下鉄〕名古屋市交通局鶴舞線 名古屋市交通局鶴舞線庄内緑地公園―上小田井間が開通。名古屋鉄道犬山線との相互直通運転が開始された。

8.26 〔バス〕レインボーバス 都営バス虹01系統、通称レインボーバスが田町駅東口―レインボーブリッジ間で運行を開始した。レインボーブリッジ運行開始記念乗車券が発売された。

9.14 〔道路〕首都高料金、申請変更 運輸省と建設省は、首都高速道路の通行料金の値上げを、申請より半年遅らせての実施を条件に認可。94年5月9日からの値上げとなり、値上げ幅は普通車で100円、大型車で200円。

9.27 〔航空〕羽田新ターミナルオープン 羽田空港に新しいビルと管制塔などが完成。新ビルは5階建てで「ビッグバード」という愛称がついた。

9.27 〔鉄道〕東京モノレール羽田新線開通 羽田空港旅客ターミナル移転に伴い、東京モノレールの羽田駅を移設、同時に羽田空港駅まで新線が延伸開通した。羽田整備場駅は整備場駅に改称。同時に羽田駅で京浜急行線空港線との連絡運転が始まった。

9.30 〔航空〕航空会社への方策 伊藤茂運輸大臣が、航空審議会に「航空企業の競争力向上の方策」を諮問。外国の航空会社の攻勢に対抗し、日本企業の健全経営を維持するためのもの。

9月 〔航空〕国内線の格安航空券 名古屋市内のチケット業者が、3～5割引の国内線格安航空券を売り出した。宿泊とセットのパック旅行から航空券だけを切り離して販売したもの。運輸省と航空会社が反発し、11月にはこの業者が格安航空券の販売を中止した。

9月 〔航空〕日米に以遠権問題 米ノースウェスト航空ニューヨーク―大阪便の豪シドニー延長運航を巡る以遠権問題で、運輸省と米運輸省で政府間協議が開かれた。日本側は延長部分を副次的な路線として規制するとし、ノースウェストは弾力的運用を主張し平行線のまま。日米航空交渉に結論は持ち越された。

9月 〔鉄道〕快適通勤協議会発足 首都圏の通勤混雑の緩和を目指し、「快適通勤推進協議会」が発足。同協議会は、運輸省、労働省とJR、私鉄、地下鉄など輸送機関の代表、企業、労働組合、学識経験者らが参加。

10.2 〔道路〕名神で追突、炎上 愛知県の名神高速道路で、渋滞で追い越し車線に止まっていた乗用車3台に大型トラックが追突。乗用車1台は走行車線にはみ出し別のトラックに衝突し、5台が炎上、6人が死亡した。

10.5 〔鉄道〕無人運行電車が暴走 大阪市の市営新交通システム「ニュートラム」住之江公園駅で、無人運行中の4両電車が暴走し車止めに激突。先頭車両前部が大破。乗客194人が負傷。

10.22 〔自動車〕第30回東京モーターショー 第30回東京モーターショーが幕張メッセで開幕、11月5日まで開催された。環境問題への関心の高まりを受け、電気自動車

― 298 ―

	やハイブリッドカーが登場した。357社参加、展示車両770台。入場者数は181万600人だった。
10.26	〔鉄道〕JR東日本株、上場 JR東日本が念願の上場を果たした。第1次放出分は、発行済み株式400万株の半分の200万株。公募売り出し価格は38万円（額面5万円）。
11.17	〔鉄道〕整備新幹線見直し、政治判断へ 整備新幹線の見直しを検討していた「整備新幹線問題専門委員会」が中間答申した。未着工の3線についても着工することを盛り込んでいるが、財源について具体的に言及していないため大蔵省が猛反発。最終的には政治判断となった。
11.19	〔自動車〕トヨタ、GMの新たな協調 自動車を巡る日米摩擦が解消されていないが、トヨタが右ハンドルのGM（ゼネラル・モーターズ）車を96年から輸入し、トヨタブランドで販売する契約を結んだ。
11.19	〔道路〕第2東名・名神建設事業化 建設省が財政難から凍結されていた34区画1184kmの高速道路建設計画の施工命令をだし、事業化されることに。目玉は第2東名・名神高速道路で、事業規模は5兆6000億円。
11.25	〔船舶〕石川島が米造船所に支援 石川島播磨重工業が、アメリカの最大の造船所ニューポートニューズ社の商船建造を全面支援する包括的契約を結んだことを明らかにした。ニューズ社は原子力空母を独占建造していたが、民需転換を迫られていた。
11月	〔航空〕マイレージサービス始まる 日本航空と全日空がマイレージサービスに本格参入。会員登録した利用者が搭乗するたびにその距離が集計され、一定距離ごとに無料航空券や搭乗座席クラスの格上げが受けられる。
11月	〔自動車〕マツダが生産調整 自動車メーカー各社が減産体制に入っているなか、11月22日29日の二日間、マツダが全社員を対象に一時帰休させた。
12.1	〔タクシー〕タクシー同一地域料金崩れる タクシー運賃は地域ごとに統一されていたが、5月に運輸政策審議会が複数運賃制を認める答申を提出したのを受けて、11月に申請を出していた京都の「エムケイ」に対して4ヶ月の期限付きで認可。
この年	〔航空〕国際航空運賃値下げへ 94年4月から日本発の国際航空運賃が引下げられることになった。正規の運賃より格段に安い国際航空券が出回り、消費者に国際運賃に対する不信感や不透明感が出てきたため、それを改めるのが狙い。
この年	〔鉄道〕JR運賃改定議論本格化 JRの運賃やグリーン料金などの許認可制について、届出制に改定するよう求める声が高まり議論が本格化した。運輸省は運賃については認可制を堅持したが、グリーン料金などは届出制にすることを決定。
この年	〔自転車〕電動アシスト自転車 ヤマハ発動機が電動アシスト自転車「PAS」を発売した。人がペダルを踏む力や回転数をセンサーで感知し、電動モーターにより走行を補助するというもの。走行のための労力が大幅に軽減される。
この年	〔船舶〕国内船の高速化 高速道路の整備や新幹線に対抗して国内の旅客船もスピードアップした。時速65km超の大型超高速船が就航しているのに続いて、長距離フェリーの高速化にも乗り出した。
この年	〔行政・法令〕「やさしい駅」実現へ 運輸省はJR、私鉄、地下鉄の駅に、高齢者や

身障者のためエレベーターを設置することなど駅設備の整備を促進することを決定した。

1994年
(平成6年)

1.26 〔航空〕**YXX機開発計画撤回** 日米がYX機に次ぐ民間輸送機として共同開発を計画していたYXX機(中型機)について、米ボーイング社が737型機の後継としてYXXを採用しないと決定した。日本単独での開発は採算割れが確実で、運輸省は開発計画の白紙撤回を明らかにした。

4.12 〔自動車〕**OEM供給盛ん** 日産といすゞ自動車が、商用車について相互OEM(相手先ブランドによる生産)供給することで合意。

4.17 〔鉄道〕**リフトカーが逆走** 宮城県早馬山にあるリフトカーが、山の上の駅に向かう途中で突然停止、その後約80m逆走し下の駅の車止めに激突した。乗客3人が重傷、小学生など28人が軽傷を負った。

4.26 〔航空〕**名古屋空港で中華航空機が着陸に失敗、炎上** 名古屋空港に着陸しようとしていた中華航空140便(台北国際空港―名古屋空港)エアバスA300B4-622R型機が失速、急降下し、誘導路E1付近の着陸帯内に尾翼から墜落、大破炎上した。乗員15名全員、乗客256名中249名が死亡した。

4月 〔航空〕**国際線新運賃制度** 日本発着の国際航空運賃に新制度が導入。団体専用だったパック用割引運賃を個人でも購入できるようにし、基準価格を引き下げた。また基準価格から一定の範囲内であれば航空会社独自に価格が決められるようになった。

5.10 〔航空〕**中華航空機事故原因** 4月26日に名古屋空港で起きた中華航空機墜落事故の調査委員会は、中間報告を発表。フライトレコーダーの解析から、自動操縦の着陸やり直し態勢時に、操縦士が無理に逆の着陸操作を強行したことがうかがわれ、人為的ミスの可能性を示唆。

5.10 〔行政・法令〕**ゴールド免許** 5年以上無事故・無違反の優良運転者に対し、免許更新期間が3年から5年に延長されることとなった。該当する免許証の有効期限欄は金帯で表記され、「優良」の文字が付記される。いわゆる「ゴールド免許」。

5.16 〔鉄道〕**函館本線** 函館本線砂川―上砂川間が廃止となる。

5月 〔自動車〕**トヨタ、RAV4LとRAV4Jを発売** トヨタ自動車は四輪駆動のRV車RAV4LとRAV4Jを発売した。LとJは販売チャンネルの違いを示し、内容は同じ。

6.13 〔地下鉄〕**地下鉄ドアに挟まれ死亡** 東京地下鉄都営浅草線浅草橋駅で、ドアが閉まりかけの電車に飛び乗ろうとした女性が手首を挟まれた。運転士は気づかず発車し、女性は挟まれたまま引きずられ線路上に転落した。電車は急停車したが、女性は頭を強く打って死亡。

6.15	〔鉄道〕関西空港線	関西空港線日根野―関西空港間が開業。天王寺―関西空港間で快速電車の運転が開始された。
6.22	〔自動車〕自家用車6ヶ月点検廃止	道路運送車両法の一部改正が成立。自家用乗用車の6ヶ月点検の義務付けが廃止されることなる。12ヶ月点検の点検項目、24ヶ月点検の点検項目もそれぞれ半減される。
7.15	〔鉄道〕新幹線E1系電車が登場	初の2階建て新幹線E1系電車が登場。東北上越新幹線で「Maxやまびこ」「Maxあおば」「Maxあさひ」「Maxとき」に導入された。
7.19	〔自動車〕本田が北米での生産拡大	本田が北米での四輪車生産台数を、現在の年間61万台から97年までに72万台に拡大すると発表。トヨタも9月に、北米での生産台数拡大計画を、11月にはカナダ工場での生産能力の引き上げを発表。
8.10	〔航空〕時給制スチュワーデス問題	航空各社が導入を計画していた時給制スチュワーデスに対して、亀井静香運輸大臣が「安全上に問題あり」として撤回を求めた。その後日本航空は安全面の観点から再検討し改善案を報告、亀井大臣も了承。
8.20	〔鉄道〕広島高速交通アストラムライン	広島高速交通アストラムライン本通―広域公園間が開業。
8月	〔船舶〕テクノスーパーライナー完成	運輸省と造船大手7社が共同開発した超高速貨物船TSL（スーパーテクノライナー）の試験船が完成し、試験走行を行った。約1000tの貨物を積んで時速93kmで走行出来、低コスト輸送も可能。
9.1	〔航空〕ボーイング社とYSX機開発	運輸省が日本が進めている次期民間小型輸送機の開発で、米ボーイング社をパートナーとすることを前提に企業調査していることを初めて正式に認めた。
9.4	〔航空〕関西国際空港が開港	関西国際空港が開港。大阪湾沖合いの人工島に建設された日本初の24時間空港。昼夜を問わず離発着できる。
9.8	〔タクシー〕個人タクシーに定年制導入	運輸省と全国個人タクシー協会が、個人タクシーのサービス向上や運転手の高齢化に備えて新たな対策を進めることを決定。点数制度の採用や70歳定年制の導入など実施する方針。
9.20	〔道路〕高速料金値上げへ	建設省と運輸省が、日本道路公団が申請した高速道路料金の値上げを認可。しかし95年7月からの値上げは、4月の平均7.2％から2年間をめどに段階的に9.8％まで引き上げられることに変更。
9月	〔鉄道〕整備新幹線見直し	自民党の政権復帰により、前政権で「3年間凍結」になった整備新幹線について見直しになった。その結果、東北新幹線のミニ新幹線方式部分のフル規格への変更と富山駅熊本駅の設計・測量費の別枠計上、未着工区間の新基本計画の策定することなどが決定。
10.14	〔鉄道〕「鉄道記念日」を「鉄道の日」と改称	JRは「鉄道記念日」を「鉄道の日」と改称、JRグループはもちろんすべての鉄道事業者の記念日とした。東京駅では102歳の双子の姉妹成田きん・蟹江ぎんが1日駅長を務め、東北・上越新幹線「Maxあさひ309号」の出発指示合図を行った。
10.15	〔航空〕全日空、6社とマイレージ提携	全日空がマイレージサービスで、英国航空、マレーシア航空、スイス航空など6社と提携し、6社の搭乗距離も全日空路線に積

	算できるようにした。
10月	〔自動車〕ホンダ、オデッセイを発売 本田技研工業は同社初のミニバンとしてオデッセイを発売した。当時主流だったワンボックスタイプのミニバンとは一線を画す乗用車的プロポーションで人気を博した。1994年「日本カー・オブ・ザ・イヤー特別賞」受賞。
11.15	〔鉄道〕JR西日本株上場見送り 10月に上場された日本たばこ産業株が大量に売れ残ったうえに株価も下がったため、亀井静香運輸大臣が、JR西日本株の年度内上場を断念することを正式発表。
11.18	〔鉄道〕JR貨物、希望退職募る JR貨物が95年度から10年間の経営再建策を発表した。10年後をめどに従業員を約2100人減らし、95年度から4年間に1500人の希望退職者を募る。
11.19	〔自動車〕トラックの共同運行開始 日本通運、西濃運輸、トナミ運輸など9社が、トラックの共同運行を始めた。運行路線は東京―大阪、東京―名古屋の2幹線。貨物の積載率の低い土曜日発、日曜日着のトラック運行便を共同運行便に切り替えるもので、運輸省のモデル事業。
11.22	〔行政・法令〕94年度運輸白書 94年度運輸経済年次報告が提出された。世界的な旅客や物流の拡大を踏まえてアジア各国では、大規模な国際ハブ空港を整備する動きがあるのに対し、日本は空港能力が限界状態のままであると指摘。早急な国際空港や港湾の整備が課題とした。
11.28	〔自動車〕トラック営業区域拡大 運輸省はトラック事業の拡大営業区域を増設。北東北、南東北、北陸、九州、四国、南九州圏の6区域。
12.1	〔航空〕国内航空割引、届出制へ 運輸省が、認可制だった国内航空割引運賃を50％以内の割引率を条件に、届出制を認めた。運輸省は答申に盛り込まれた早朝、深夜の時間帯割引や、事前購入割引の導入にも期待。
この年	〔鉄道〕上限価格方式の検討 物価上昇率などを基にした上限価格の範囲内であれば自由に料金を設定できる上限価格（プライス・キャップ）方式を、JR各社が求めている。運輸省は適用分野を含めて幅広く検討するため専門委員会の設立を決定。
この年	〔自動車〕自動車メーカー進むリストラ 各メーカーは経営改善のためのリストラに取り組み、日産、三菱自工、本田、マツダの4社は上半期で計1745億円合理化効果を上げている。人員削減にも力を入れ、新卒採用をやめたり初任給を据え置くなど人件費削減に努めた。
この年	〔自動車〕日本の自動車 世界一転落 93年度の自動車生産台数で日本は1079万台で、アメリカは1130万台を記録、14年ぶりに世界一の座を明け渡した。生産台数が1100万台を下回ったのは11年ぶり。

1995年
（平成7年）

1.10 〔道路〕北陸道で衝突事故 3人死亡 滋賀県の北陸自動車道上り線で、凍結により横滑りして止まったライトバンにトラックなどが次々衝突。これをきっかけに5ヶ所、約1kmにわたって計28台が衝突。バスの運転手ら3人が死亡、20人が重軽傷。

1.17 〔交通全般〕阪神・淡路大震災による交通被害 この日未明に発生した阪神・淡路大震災の影響で、高速道路では阪神神戸線が複数箇所で崩落。名神、阪神湾岸線では高架橋の落下、国道など27路線36区間で通行止め。山陽新幹線では架橋が崩れ、東海道線も高架の亀裂などが発生。私鉄も駅舎の崩壊、架線の寸断、車両の横転など壊滅的な打撃。神戸港ではコンテナ埠頭など計186ヶ所の公共岸壁が使用不能。

1月 〔鉄道〕鉄道運賃制度の見直しに着手 鉄道運賃決定方式の見直しのため、旅客運賃問題研究会が有識者などで組織された。これまで総括原価方式が採用されてきたが、上限価格（プライスキャップ）方式を含めて検討。

3.20 〔地下鉄〕地下鉄サリン事件 朝の通勤時間帯の東京都内の営団地下鉄日比谷、丸ノ内、千代田線の電車内で異臭が発生、16の駅で乗客と駅員が次々に倒れた。死者11人、負傷者5500人にのぼり、サリンによる無差別殺人と断定された。

3.31 〔鉄道〕JR94年度決算 JR7社の94年度（95年3月）の業績は、景気低迷に加え阪神大震災の影響で旅客、貨物とも輸送量減少したため、7社すべてで売上高減収となり分割民営化以来、最悪の決算となった。

3月 〔自動車〕日産再建3か年計画 販売不振に悩む日産自動車は1998年を目標に再建3か年計画をまとめた。人員リストラ、原材料費の削減を軸とする。

4.20 〔鉄道〕山陰本線 山陰本線綾部―福地山間の電化が完了し、普通電車の運転が開始された。

6月 〔自動車〕日米自動車協議決着 難航していた日米自動車協議で、アメリカ側が数値目標の要求を取り下げること、一方日本メーカーが海外での増産計画を公表することで決着した。

7.21 〔行政・法令〕日米航空交渉決着 日米航空交渉で日本は、関西国際空港とシカゴを結ぶ貨物路線の運航、日航のシカゴ経由のカナダ乗り入れ、シカゴとニューヨーク間の自由運航などの権利を獲得。

7.27 〔道路〕九州自動車道が全線開通 九州自動車道が人吉仮出入口―えびのIC開通により全線開通。これによって青森―鹿児島・宮崎間が高速道路によって結ばれた。

7月 〔自動車〕車検簡素化 道路運送車両法が改正。車検制度が簡素化され、ユーザー車検が利用しやすくなった。24ヶ月点検を車検後でも認めたり、12ヶ月24ヶ月点検の項目半減、マイカーの6ヶ月点検廃止など。

8.24 〔航空〕第7次空港整備計画決定 空港・航空保安施設整備部会が、第7次空港整備計

画の「中間とりまとめ」を最終決定した。最優先課題として国際ハブ空港となる大都市圏の拠点空港整備を、新3大プロジェクトとして関西国際空港の2期工事、中部新国際空港、首都圏第3空港の整備を挙げた。

9.1 〔鉄道・地下鉄〕私鉄が運賃値上げ 大手私鉄14社と営団地下鉄が、運賃を一斉値上げした。値上げ率は、大手私鉄14社平均14.7%、営団地下鉄が平均14.1%。

9.4 〔鉄道〕深名線 深名線深川―名寄間が廃止。

10.24 〔鉄道〕JR3社初の運賃値上げ 経営悪化からJR北海道、四国、九州の3社が分割民営化以来初の運賃値上げ申請。JR北海道が平均7.0%、四国が平均8.0%、九州が平均7.8%の値上げ申請。これが認可されればJRグループの全国一律運賃体系が崩れる。

10.27 〔自動車〕第31回東京モーターショー 第31回東京モーターショーが幕張メッセにて開幕。11月8日までの開催。今までのショーと異なり、人気のRV車など商売に直結する実用的なものの展示が特徴。トヨタのハイブリッドカー「プリウス」が登場した。361社が参加、展示車両は787台、入場者数は152万3300人であった。

11.1 〔鉄道〕東京臨海新交通臨海線 東京臨海新交通臨海線新橋―有明間が開業。

11.13 〔船舶〕メガフロートへ期待 造船・鉄鋼17社が、メガフロート（超大型浮体式海洋構造物）の実証実験を住友重工追浜造船所の沖合で開始。97年度までに耐久性や環境に与える影響などを調査。メガフロートは、洋上空港やごみ処理施設などへの利用が期待された。

11月 〔道路〕高速道路料金の無期限徴収 道路審議会が森喜朗建設大臣に、「今後の有料道路制度のあり方についての中間答申」をまとめて答申。高速道路の料金体について、建設費などの償還期間後は無料としていたが、大幅に見直して維持費などを負担するため償還期間後も有料化すると打ち出した。

12.12 〔行政・法令〕95年度運輸白書 95年度運輸経済年次報告が提出された。阪神大震災の教訓から、運輸分野の災害、地震対策強化を強調。災害発生時に他の交通分野（航空や港湾施設など）などのバックアップ体制の強化も訴えられた。

12.22 〔航空〕国内航空券が自由運賃設定 国内航空運賃の同一路線一律運賃が、上限から25%の間なら航空会社が自由に運賃設定できる「幅運賃制度」に変わることになり、運輸省がこの幅を発表。

12.23 〔航空〕ボ社ハイテク機登場 ボーイング社の新型機トリプル・セブンが日本の空に登場。日本の国内航空3社が発注し、全日空、日航、三菱重工などが製造段階から参加していた。

12.27 〔鉄道〕三島駅乗客転落事故 東海道新幹線三島駅で、東京発名古屋行き下り「こだま475号A」（16両編成）が、6号車に駆け込み乗車しようとした男子高校生の手を挟んだ状態で発車。高校生はホーム上を約156.5m引きずられた後、ホーム西端から軌道敷内に転落して列車に轢かれ即死した。新幹線開業以来、初めての乗客死亡事故であった。

この年 〔航空〕国際輸送 4年連続更新 日本人の出国者が12.7%増の大幅な伸びで、95年の国際輸送は史上最高を更新。大震災はあったが円高の影響を受け、夏休みを中心

に前年を大きく上回った。

この年　〔航空〕石川島、川崎重がGEと共同開発　石川島播磨重工業と川崎重工業が、アメリカのゼネラル・エレクトリック（GE）と小型旅客機用エンジンの開発で共同開発を始めた。総開発費は400億円程度で、カナダのボンバルディア社が開発している「CRJ-X」に搭載。

この年　〔鉄道〕JR輸送人員減少　1月に起きた阪神大震災で東海道・山陽新幹線などが一部不通になったことから、94年度のJRの輸送人員、輸送人キロはともに12年ぶりの減少。私鉄も震災の影響で輸送人員、輸送人キロが減少。

この年　〔バス〕環境にやさしいバス導入　圧縮天然ガスを燃料としたCNGバスが富士山に2台導入。上高地では、制動エネルギーをリサイクルするタイプのハイブリッドバスが4台導入されるなど、環境にやさしいバスの導入が進んだ。

この年　〔自動車〕RV車売れ行き好調　三菱自工が80年代に発売した「パジェロ」に始まるRV車人気は、94年秋に発売された本田の「オデッセイ」にも表れ、発売後1年たっても売り上げは好調であった。

この年　〔船舶〕TSL試験運航完了　運輸省と造船大手7社で共同開発した超高速貨物船テクノスーパーライナー（TSL）の試験運航が完了。98年には実用化の見通し。東京—大分間を11時間（現在の約半分）に短縮できる。

1996年
（平成8年）

3.20　〔鉄道〕東京臨海高速鉄道臨海副都心線　東京臨海高速鉄道臨海副都心線新木場—東京テレポート間が開業。

3.26　〔地下鉄〕営団地下鉄南北線　帝都高速度交通営団南北線が四ツ谷—駒込で営業を開始した。

3月　〔船舶〕TSL完成　三菱重工業が、300人乗りのフェリーを完成させ静岡県に引き渡した。このフェリー「希望」は、運輸省と造船各社が進めてきた超高速貨物船「テクノスーパーライナー」の実験用として建造されたものを大幅に改造したもの。

3月　〔行政・法令〕日米航空交渉で合意　日米航空交渉の貨物分野協議で、日米両国が双方の航空会社の運航権を大幅に拡大することで合意。日航に課せられていた便数制限の撤廃、日本貨物航空の日米路線増便、米ユナイテッド・パーセル・サービス社の関空へ週12便の乗り入れ認可などが決まった。

4.12　〔自動車〕マツダがフォード傘下へ　マツダが第三者割当増資で、筆頭株主である米フォードの出資比率を24.4％から33.4％に引き上げ、ヘンリー・ウォレス（フォード出身）副社長を社長に昇格することを決めた。これで事実上、マツダはフォード社の支配下に置かれることとなる。

4.26　〔航空〕釧路空港で小型機墜落　北海道の釧路空港で、スポーツ用品販売会社所有の

	単発小型飛行機が着陸に失敗。滑走路から180mの地点に墜落し炎上。同社役員と社員、機長の計6人全員が死亡。
4.27	〔鉄道〕東洋高速鉄道 東洋高速鉄道西船橋―東洋勝田台間が開業。
4月	〔航空〕小型機用エンジン開発 石川島播磨重工業と川崎重工業が、米ゼネラル・エレクトリック社と共同で小型旅客機用エンジンの開発を本格的に開始。カナダのボンバルディア社が進めている75席級の旅客機に搭載予定。
5.16	〔自動車〕トヨタ中国進出本格化 トヨタが天津市に、天津汽車とエンジン製造の合弁会社を設立。年15万基の生産能力で、98年から生産、販売、輸出する。
5月	〔自動車〕ホンダステップワゴンが発売 本田技研工業はミニバン風乗用車ステップワゴンを発売した。シビックをベースとしたレイアウトで室内空間を確保し人気を得た。
6.1	〔オートバイ〕二輪車の区分新設 同日施行の改正道路交通法により、「自動二輪車」区分が廃止、「大型自動二輪車」「普通自動二輪車」区分が新設される。
6.13	〔航空〕福岡空港ガルーダ航空機離陸事故 バリ島国際空港へ向け福岡空港を離陸しようとしていたガルーダ・インドネシア航空のDC10-30型機が、離陸滑走開始後に緩衝緑地内を約300m滑走して停止、炎上した。乗客男性3名が死亡、乗客16名と乗員2名が重傷、乗客151名と乗員1名が軽傷を負った。また、消火救難要員84名が航空燃料付着により皮膚に炎症を起こした。
6月	〔航空〕幅運賃制度スタート 国内航空運賃の幅運賃制度が実施。各社が発表した運賃がたいして異ならない上、往復割引が廃止されたため批判が続出。一方、従来よりいろいろな割引制度が登場し、工夫次第でより安く飛行機に乗れることに。
6月	〔自動車〕自動車4社で社長交代 マツダはヘンリー・ウォレス副社長が、日産自動車は塙義一副社長がそれぞれ社長に昇格。三菱自動車工業ではパジェロ製造社長の木村雄宗が、富士重工業は田中毅副社長が社長昇格した。
7.8	〔行政・法令〕次世代道路交通システム 政府は、次世代道路交通システムの長期ビジョンを示した「高度道路交通システム(ITS)推進に関する全体構想」をまとめた。自動運転システム、有料道路での「自動料金収受システム」などがあり、構想実現までのスケジュールも明示された。
7.18	〔鉄道〕宮崎空港線 宮崎空港線田吉―宮崎空港間が開業した。
7.26	〔航空〕静岡空港の建設を許可 運輸省は静岡県に対し、島田市と牧之原市への空港の建設を許可した。
7.26	〔鉄道〕新幹線955形電車が最高速度を記録 新幹線955形電車(通称300X)が東海道新幹線米原―京都間の試験走行で443.0km/hの国内最高記録を記録した。
7.30	〔鉄道〕秋田新幹線の愛称を「こまち」に決定 公募の結果、JR東日本は秋田新幹線の愛称を「こまち」と決定した。秋田県湯沢市小野出身とされる小野小町が由来。
8月	〔自動車〕マツダ・デミオが発売される マツダは新型ワゴン車デミオを発売した。ミニバンブームの中、車高を立体駐車場に入るぎりぎりの高さに設定するなど、独自のコンセプトが評価されてヒットした。

9.13	〔航空〕日航機離陸緊急停止 成田空港で、フランクフルト行きの日航旅客機が離陸中、第4エンジンに異常を確認、緊急停止した。急ブレーキによる摩擦でタイヤ10本がパンクした。乗客は緊急脱出装置で避難したが、その際22人がけが。
10.11	〔鉄道〕JR貨物の活性化対策 JR貨物の完全民営化のための基本問題懇談会が発足。座長に日経連副会長の諸井虔氏。JR貨物は、トラック業界との価格競争などもあり、3年連続して経常赤字。
11月	〔航空〕HISが新規航空会社設立 格安航空券で有名なエイチ・アイ・エスが、航空事業準備会社スカイマークエアラインズ社を設立。97年中に路線免許申請、98年の就航を目指す。
11月	〔自転車〕日米富士自転車と東食が合併 日米富士自転車が株式会社東食に吸収合併される。
12.1	〔鉄道〕外房線 外房線東浪見—長者町間で複線化が完成。
12.1	〔鉄道〕福知山線 福知山線広野—古市間の複線化が完成。
12.6	〔行政・法令〕96年度運輸白書 96年度運輸経済年次報告が提出された。「国鉄改革10年目にあたって」をテーマにし、国鉄が悪化してきた状況や新しく発足したJRと国鉄との比較、旧国鉄長期債務問題などを分析した。
12.24	〔鉄道〕整備新幹線与党案通りに 未着工区間の整備新幹線についてほぼ与党案通りに、東北新幹線(八戸—新青森間)と北陸新幹線(長野—上越間)のフル規格化、九州新幹線・鹿児島ルート(船小屋—新八代間)のスーパー特急方式、北海道と九州新幹線の調査費計上を決定。
この年	〔航空〕三菱重工旅客機開発 次期民間小型輸送機(YSX)の開発の目途が立っていない中、三菱重工が独自にカナダのボンバルディア社と100席級の旅客機開発に乗り出した。
この年	〔タクシー〕タクシーのゾーン運賃制度 運輸省が、97年度からタクシーにゾーン運賃制度を導入することにした。ゾーン運賃制度は、各事業区域ごとに事業者の平均原価に基づいて出した額から上限と下限を設定し、その範囲内なら事業者の申請運賃を自動的に認可するしくみ。
この年	〔船舶〕TSL実験終了 次世代の超高速貨物船「テクノスーパーライナー」の実験が終了、造船各社は受注活動準備に入ったが、1隻あたり150億円という高価格など問題も残った。
この年	〔船舶〕国際船舶制度 日本船籍や日本人船員の減少に歯止めをかけるため「国際船舶制度」が創設された。日本の税制が外国に比べ非常に高いため日本船籍数がこの10年間で5分の1近くまで激減、日本人船員数も約4分の1に減っていることを受けたもの。
この年	〔行政・法令〕需給調整規制廃止へ 運輸省が、航空、タクシー、バス、鉄道、港湾運送、内航海運、旅客船の7分野において、新規参入や事業規模拡大の妨げとなってきた需給調整規制を2001年度までに廃止することにした。

1997年
（平成9年）

2.27　〔鉄道〕福知山線　福知山線新三田─篠山口間の複線化が完了。

2月　〔自動車〕トヨタ方式が裏目　部品メーカー「アイシン精機」工場の火災の影響により、同社からブレーキ関連部品を調達していたトヨタが、数日間の操業停止に追い込まれた。必要なときに必要な分だけ調達し在庫を極力減らす「かんばん方式」が裏目に出る形。

3.8　〔鉄道〕JR西日本ダイヤ改正　JR西日本は福知山線新三田─篠山口間の複線化完了およびJR東西線京橋─尼崎間開業に伴うダイヤ改正を実施した。

3.15　〔道路〕岡山自動車道が全線開通　岡山自動車道の岡山総社IC─北房JCTが開通。同時に山陽自動車道岡山総社支線を編入し、岡山自動車道は全線開通となった。

3.22　〔鉄道〕JRグループダイヤ大改正　秋田新幹の開業に伴い、JRグループは全国でダイヤの改正を実施した。普通電車では従来の「シルバーシート」の名称を「優先席」と改め、高齢者に加え障害を持つ人や妊婦も対象とした。

3.22　〔鉄道〕秋田新幹線開業　全国2番目のミニ新幹線となる秋田新幹線「こまち」13往復の運転が始まった。東京─秋田間は最短所要時間が3時間49分で、今までより48分短縮される。

3.22　〔鉄道〕中山宿駅のスイッチバックを廃止　磐越西線中山宿駅の勾配型スイッチバックが廃止される。駅は本線上に移転した。

3.27　〔航空〕羽田空港新C滑走路オープン　羽田空港の新C滑走路が完成し、深夜・早朝の発着が可能となり1日当り40便増えた。大手3社のうち旅客数シェアが最下位のJASには13便、2位の日航に12便、全日空には9便、新規参入会社には6便を配分した。

4.1　〔航空〕マイレージ・サービス開始　日本航空、全日空、日本エアシステムが「マイレージ・サービス」を国内航空路線で揃って開始。利用距離の加算率を2倍にするサービスを行うなど、各社とも常連客をつなぎ止める意味合いが強い。

4.1　〔鉄道〕美祢線　美祢線南大嶺─大嶺間が廃止。

4.1　〔自動車〕340円タクシーが登場　東京や千葉に初乗り1kmが340円のタクシーが登場。初乗り2km660円のタクシーと比べると2kmまでは安くなるが、台数が少ないという問題もあった。

5.6　〔鉄道〕回送中の新幹線が暴走　JR西日本・岡山新幹線運転所構内で、入れ替え作業中の新幹線が車止めにぶつかって1両目が脱線、フェンスを突き破って市道に飛び出した。コンクリート製の電柱をなぎ倒して約40m暴走。けが人はなし。

6.8　〔航空〕日航機、志摩半島上空乱降下　名古屋空港へ着陸進入中だった香港発名古屋行き日本航空706便ダグラスMD-11型機が、三重県志摩半島上空で激しく揺れ、

日本交通史事典　　　　　　　　　　　　　　　　　　　　　　　　　　　1997年（平成9年）

乗員1名乗客3名の計4名が重傷、乗員4名乗客4名の計8名が軽傷を負った。負傷者のうちシートベルトを着用していたのは軽傷の1名のみ。事故から1年8カ月が経った1999年2月、重傷の客室乗務員が意識を回復することなく死亡した。

6月　〔航空〕全日空首脳3人退任　全日空の新社長に野村吉三郎専務が昇格。若狭得治名誉会長、杉浦喬也会長、普勝清治社長は揃って退任した。新社長人事を巡っては運輸省OBの若狭氏、杉浦氏側と、全日空生え抜きの普勝氏が激しく対立した。

7.5　〔鉄道〕梅小路蒸気機関車館がリニューアル　1996年の山陰本線二条駅―花園駅間高架化にともなって役目を終えた旧二条駅を敷地内に移築し、資料展示館として利用。この展示館を玄関口とする。

7月　〔鉄道〕整備新幹線の優先順位　整備新幹線の新規着工優先順位をなどを決める検討委員会が始まった。JR各社や地方自治体からのヒアリング、需要予測、収支採算性の試算など問題の検討を進め総合評価をまとめる。

8.4　〔行政・法令〕日米航空交渉決着できず　航空路線の自由化を話し合う交渉の次官級の公式協議が始まった。米国側は航空完全自由化の導入を主張し、日本側の機会均等を優先すべきとし自由化を一貫して拒絶、決着は1998年に持ち越し。

8.12　〔鉄道〕東海道線で脱線　静岡県沼津市のJR東海道線で、停車中の貨物列車に4両編成の普通列車が追突。普通列車の1、2両目と貨物列車の最後尾1両が脱線。普通列車の乗客43人が軽いけが。復旧に13時間かかった。

9.4　〔船舶〕港湾摩擦、米が制裁　アメリカ連邦海事委員会（FMC）が、日本郵船、商船三井、川崎汽船に対して、3社のコンテナ船が米国に寄港するたびに、課徴金10万ドルを課すとした。日本の「事前協議制」システムについては運用の不透明さから、外国の海運会社からは批判が出ていた。

9.17　〔鉄道〕JR東日本新本社ビル　JR東日本が新本社ビルを竣工、9月29日に本社を東京都千代田区丸の内の旧国鉄本社ビルから渋谷区代々木へ移転した。旧国鉄本社ビルは10月1日に閉鎖された。

10.1　〔鉄道〕第三セクター・しなの鉄道　第三セクター・しなの鉄道軽井沢―篠ノ井間が開業。

10.1　〔鉄道〕第三セクター・土佐くろしお鉄道宿毛線　第三セクター・土佐くろしお鉄道宿毛線中村―宿毛間が開業。

10.1　〔鉄道〕長野新幹線開業　長野（北陸）新幹線がフル規格新幹線で開業した。長野新幹線の開業に伴い、信越線の横川―軽井沢間はバス輸送になり、軽井沢―長野間は第三セクターの「しなの鉄道」に替わった。

10.1　〔鉄道〕北陸新幹線　北陸新幹線高崎―長野間が開業。

10.1　〔道路〕磐越自動車道が全線開通　西会津IC―津川IC開通により磐越自動車道が全線開通。

10.8　〔鉄道〕JR東海株が上場　JR東海が東京、大阪、京都、名古屋の4証券取引所に株式上場した。一般向け売出し価格は35万9000円、初値は38万3000円。

10.12　〔鉄道〕JR中央線大月駅で特急と回送電車衝突　新宿発松本行き特急「スーパーあずさ13号」が大月駅を通過中、引き込み線から下り本線に入線してきた回送電車

1997年（平成9年）

と衝突した。「スーパーあずさ13号」は先頭から4～8両目までの5両が脱線し、5両目の側面は衝突でえぐれ、車輪が台車ごと外れて横転。回送列車も先頭2両が脱線した。乗客62名が全治4日から6カ月のけが。

10.12　〔鉄道・地下鉄〕京都市交通局東西線　京都市交通局東西線醍醐―二条間が開業、京阪電鉄京津線との直通運転が開始された。

10.17　〔行政・法令〕港湾問題大筋で合意　アメリカ政府が、日本の事前協議制の改善や労使紛争への日本政府の関与などに関して、一定の了解に達し、両政府は大筋で合意した。

10.24　〔自動車〕第32回東京モーターショー　第32回東京モーターショーが幕張にて開幕、11月5日まで開催された。気自動車や燃料電池自動車など環境対応車が注目された。337社が参加、展示車両は771台。入場者数は151万5400人だった。

10.30　〔自動車〕高齢運転者標識（もみじマーク）　同日施行の改正道路交通法により、75歳以上の運転者が運転する車両に表示される高齢運転者標識が導入された。一般にもみじマークと呼ばれる。当初は努力義務規程であった。2002年より対象年齢が70歳以上に引き下げられた。

10月　〔自動車〕世界初のハイブリッドカー、プリウスの販売を開始　トヨタが、世界初の量産ハイブリッド専用車「プリウス」を発売。ガソリンエンジンと電動モーターを組み合わせで燃費効率が良く、また地球温暖化の要因となる二酸化炭素排出量を抑えるなど環境に配慮した技術が導入された。発表当初の燃費は28.0km/lであった。

11.27　〔自動車〕三菱自工社長交代　利益供与事件で役員ら4人が逮捕された三菱自動車工業は、経営責任をとって木村雄宗社長が辞任し代表権のない取締役に降格、中村裕一会長は相談役になった。河添克彦常務が新社長に就任。

12.3　〔鉄道〕旧国鉄債務問題　1998年度予算編成で最も重要されている旧国鉄長期債務問題で、財政構造改革会議の企画委員会座長である加藤紘一自民党幹事長が、枠組みの試案を示し、基本的にこの枠組みで債務返済に着手することになった。

12.18　〔道路〕東京湾アクアライン開通　東京湾を横断して神奈川県川崎市と千葉県木更津市を結ぶ東京湾横断道路・東京湾横断道路連絡道が開通。東京湾アクアラインと命名された。

12月　〔自転車〕東食自転車部門がアドバンス・スポーツに引き継がれる　日米富士自動車を吸収合併した東食が会社更生法を申請。自転車部門はアドバンス・スポーツに継承され、自転車ブランド「FUJI BIKES」となった。

この年　〔航空〕航空機生産・修理額過去最高　1997年の輸出を含めた航空機の生産・修理総額は、前年比8.0％増の9406億円となり、過去最高を記録した。

この年　〔航空〕純国産ヘリ相次ぎ登場　三菱重工業が民間向けヘリコプター「MH2000」を、川崎重工業が防衛庁向けヘリコプター「XOH-1」をそれぞれ設計から組み立てまでを日本国内で行い完成させた。

この年　〔自動車〕本田が中国で生産開始　本田技研工業が、中国「広州汽車集団有限公司」「東風汽車公司」と合弁会社を設立、乗用車生産することになった。日本の乗用車

この年	〔船舶〕日本の造船、4年連続世界一	ロイド世界造船統計で、1997年の日本の造船受注量は、前年比67.7%増の1536万総トンで4年連続世界一となった。
この年	〔道路〕SA、PA運営を民間へ	日本道路公団総裁の諮問機関である新事業開発委員会が、サービスエリアやパーキングエリアの運営を民間に開放する内容の意見書をまとめた。
この年	〔道路〕道路整備投資規模決定	第12次道路整備5ヵ年計画の投資規模が総額78兆円で決定。78兆円には、今後の経済状況による予備費に相当する調整費5兆円が含まれているので、実際の総額は73兆円で第11次5ヵ年計画の76兆円より減少。

1998年
（平成10年）

1月	〔行政・法令〕日米航空交渉で合意	日米航空交渉で、日米協定の不均衡の是正、制限のあった米国側の後発企業に週計90便の増便許可、第三国の航空会社との共同運航の自由拡大などを主な内容とした基本合意に達した。
2月	〔自動車〕自動車リサイクル計画	トヨタ自動車と日産自動車が自動車リサイクル計画を打ち出す。
3.14	〔鉄道〕播但線	播但線姫路―寺前間の電化が完了。
3.20	〔鉄道〕東海道本線	東海道本線名古屋貨物ターミナル―稲沢間で電気運転が開始される。
3月	〔鉄道〕3整備新幹線着工	東北新幹線（八戸―新青森）、北陸新幹線（長野―上越）、九州新幹線（船小屋―新八代）が着工。事業抑制の方針から、97、98年度とも当初予算は各区間10億円ずつ。
4.1	〔鉄道〕「周遊きっぷ」が発売される	JRグループは国鉄時代の周遊券制度を見直し、より自由度を上げた「周遊きっぷ」として発売。
4.1	〔鉄道〕弘南鉄道	弘南鉄道川部―黒石間が廃止となった。特定地方交通線転換線初の廃線。
4.5	〔鉄道〕明石海峡大橋が開通	兵庫県神戸市垂水区東舞子町と淡路市岩屋とを結ぶ明石海峡大橋が開通した。世界最長の吊り橋であり、起工から開通までに12年を要した。本州と四国を結ぶ「神戸淡路鳴門自動車道」として供用される。
5.1	〔航空〕中部国際空港株式会社が発足	中部地区の拠点空港を建設するための中部国際空港株式会社が発足。愛知県常滑沖合3kmを埋め立てて建設、2005年開港を目指す。
5.12	〔航空〕ジャンボ機から出火	成田空港で、香港へ向かうユナイテッド航空機がエンジンを始動した直後、第1エンジンが火を噴いた。乗務員らがシューターを出し

て乗客を脱出させたが、その際19人が手足に重軽傷を負った。

5月 〔自動車〕日産がリストラ計画を発表 経営不振に悩む日産自動車は大規模なリストラ計画を発表。販売チャンネルの統合、資産売却などを行う方針を打ち出した。

6.13 〔道路〕白鳥大橋開通 北海道室蘭市陣屋町―同市祝津町間に白鳥大橋が開通。関東以北では最大の吊橋である。また、白鳥大橋の開通と同時に国道37号白鳥新道1期区間の供用が開始された。

6月 〔船舶〕大型ドック新設 今治造船が、西条工場（西条市）に建造能力5万8000総トンの大型ドックを新設することを発表。既存ドックを移設して、生産性を向上させるのが目的。

8.28 〔自動車〕トヨタがダイハツを子会社化 トヨタ自動車がダイハツ工業への出資比率を34.5%から51.2%に引き上げ、子会社化することを発表。また、日野自動車工業に対しても子会社化する意向を示した。

9.16 〔自動車〕GMがスズキの筆頭株主に スズキとゼネラル・モーターズは提携関係をより強化するため、GMのスズキに対する出資比率を3.3%から約10%に引上げると発表。

9.19 〔航空〕スカイマーク運航開始 1996年に設立したスカイマークエアラインズが、東京―福岡間で就航。35年ぶりに独立系航空会社が新規参入。運賃は大手3社の半額に設定されている。12月には北海道国際航空（エア・ドゥ）が、運賃を大手航空会社の36%安に設定して就航。

9.30 〔自動車〕トラックの販売落ち込む 1998年9月の中間決算で自動車11社は、国内販売の不振やアジア経済の影響で10社が減収となった。特に三菱自動車工業、いすゞ自動車、日野自動車工業、日産ディーゼル工業のトラック4社は揃って経常赤字。

10.1 〔航空〕航空運賃割引率拡大 運輸省が、国際線の正規割引運賃の下限を大幅に引下げた。これにより航空会社が独自に、航空券を大幅値下げし販売できることに。

10.1 〔自動車〕軽自動車規格改定 衝突安全性の規制強化に対応するため軽自動車の規格が改定され、全長が3400mm、全長が1480mmとなった。これに伴い、三菱自動車のパジェロミニ、トッポBJ、ミニか、本田技研工業のライフ、ダイハツのミラとムーヴなどがモデルチェンジされた。

10.1 〔船舶〕日本郵船が昭和海運を吸収 海運業界最大手の日本郵船が、業界5位の昭和海運を吸収合併した。合併比率は日本郵船が8、昭和海運が1。日本郵船は、昭和海運が得意とするエネルギーや原材料輸送の分野を強化する。

10.15 〔鉄道〕国鉄債務処理法案可決 旧国鉄長期債務処理法案が可決し、成立。総額28兆円のうち23兆5000億円を一般会計に引き継ぐ。元本は2000年度から60年かけて返済し、金利は郵便貯金特別会計からの繰り入れと12月に新設するたばこ特別税から確保。

10.20 〔船舶〕商船三井とナビックスが合併へ 海運業界2位の大阪商船三井船舶と4位のナビックスラインが、1999年4月1日に合併することで合意したと発表。99年3月決算で両社の合計売上高は、日本郵船を抜く見通し。合併比率は商船三井3.5、ナ

ビックスが1。新社名は商船三井。

11.18 〔鉄道〕京浜急行電鉄空港線 京浜急行電鉄空港線が羽田ターミナルビルへ乗り入れを開始し、成田空港―羽田空港間で直通運転が開始された。

11.27 〔鉄道〕多摩都市モノレール 多摩都市モノレール立川北―上北台間が開業。

11月 〔鉄道〕中国へ新幹線支援申込み 日本側が来日した江沢民中国国家主席に、中国が予定している高速鉄道(北京―上海間1300km)の建設への新幹線方式の技術支援を正式に申し出た。この高速鉄道に対しては、フランスやドイツも協力に名乗りを上げた。

この年 〔航空〕コンコルドの後継機開発 世界各国と同様に、日本航空宇宙工業会や航空宇宙技術研究所も、超音速旅客機コンコルドの後継機の開発について調査、研究を始めた。

この年 〔航空〕全日空がスターアライアンスグループ加盟 全日本空輸が、1999年「スターアライアンス」に加盟することを決定。スターアライアンスは、米ユナイテッド航空、ルフトハンザ・ドイツ航空を中心とする世界的な航空会社連合で、加盟各社との間でマイレージ・サービスや乗り継ぎの際の手続きがスルーになるなどのサービスが受けられる。

この年 〔鉄道〕越川橋梁を登録有形文化財に指定 越川橋梁は全長147m、最大地上高21.6mの10連コンクリートアーチ橋。1939年に建築が開始されたが太平洋戦争の激化で作業は中断され、そのまま終戦を迎える。戦後根北線は斜里―越川間で営業を再開したが、越川橋梁が使用されることはないまま、1970年に根北線は廃線となった。昭和前期のコンクリート建築技術と、タコ部屋労働の過酷さを伝える歴史遺産として登録有形文化財に指定された。

この年 〔自動車〕各社リストラ計画発表 5月20日、日産自動車が売上拡大に依存しない収益体質にするための、経営再建計画「グローバル事業革新」を発表。11月6日には三菱自動車も、トラック部門や北米事業の再構築を柱とする中期経営計画「RM2001」を発表。

この年 〔道路〕ETC実用化へ 建設省が渋滞緩和の切り札として検討していた「ノンストップ料金収受システム(ETC)」が、千葉県を中心とする首都圏の高速道路本線の料金所で実用化されることになった。実施は2001年1月から。

この年 〔行政・法令〕98年度海運白書 1998年度の海運白書「日本海運の現況」が発表。シンガポール、香港、釜山などアジアのコンテナ取扱量は伸びているが、日本は低い伸びにとどまっており、アジアにおける日本の港湾の地位低下が指摘された。

1999年
(平成11年)

1.11 〔鉄道〕井原鉄道 井原鉄道総社―神辺間が開業。

1.11	〔鉄道〕第三セクター・井原鉄道　第三セクター・井原鉄道清音―井原―神辺間が開業。
1月	〔自動車〕トヨタ・ヴィッツが発売される　トヨタ自動車は新型乗用車ヴィッツを発売する。新たなプラットフォームを採用し、軽量化、コンパクト化とともに広い室内空間を実現した。1999-2000日本カー・オブ・ザ・イヤー受賞。コンパクトカーブームに大きな影響を与え、マーチ、フィットとともに、日本のコンパクトカー御三家と呼ばれた。
2.25	〔地下鉄〕札幌市営地下鉄東西線　札幌市営地下鉄東西線琴似―宮の沢が全線開業。
3.27	〔自動車〕日産とルノーが資本提携　日産自動車がフランス大手自動車メーカーのルノーと資本提携で合意し、調印した。ルノーは日産に総額6430億円を拠出、最高執行責任者にカルロス・ゴーン副社長を派遣する。日産は財務体質の悪化と商品力の弱体化から外資提携に追い込まれていた。
4.1	〔自動車〕98年度新車販売台数　日本自動車販売協会連合会が1998年度新車販売台数を発表。販売数421万3482台（前年度比11.2％減）で2年連続の減少。
4.13	〔自動車〕トヨタ社長交代　トヨタ自動車は、奥田碩社長が日経連会長に就任するのに伴い、6月のトップ人事を発表。奥田氏は代表権のある会長になり、新社長に張富士夫副社長が昇格、豊田章一郎会長は代表権のない名誉会長になる。
4.19	〔自動車〕トヨタがGMと提携　トヨタ自動車がゼネラル・モーターズと環境対応技術の開発で包括提携したと発表。燃料電池電気自動車の開発で、21世紀の環境対応車として注目された。
4月	〔航空〕新規参入により値下げ競争激化　スカイマークエアラインズが、大阪―福岡、大阪―札幌に運航路線を拡大。98年に就航を始めた羽田―福岡を加えた3路線で、航空会社の運賃競争が激化。
5.14	〔行政・法令〕ナンバープレート希望番号制開始　自動車のナンバープレートの分類番号制および希望番号制が全国で開始される。
5月	〔船舶〕アジア航路運賃値上げ　アジア発の定期コンテナ船の運賃が値上げ。アジア経済の回復に支えられ、外航海運の需要も回復した。
6.27	〔鉄道〕新幹線のトンネルで壁落下　福岡県の福岡トンネルを山陽新幹線「ひかり」が走行中、トンネル側壁のコンクリートがはがれ落ちて車両の屋根が大破。その後も落下したコンクリート塊に乗り上げた貨物列車が脱線するなど同種の事故が相次いだ。
7.23	〔航空〕全日空61便ハイジャック事件　羽田空港発新千歳空港行きの全日空61便がハイジャックされた。犯人の男は飛行機の操縦を替わるよう機長に要求、拒否した機長を刺殺した。男は副操縦士らによって取り押さえられた。国内のハイジャック事件で死者が出たのはこれが初めて。全国の空港の警備が強化されるきっかけとなった。
7月	〔鉄道〕JR東日本株の2次売却条件　日本鉄道建設公団・国鉄清算事業本部が、JR東日本株式の売却条件を決定した。今回の売却株式は100万株で、政府保有株は50万株となる。

8月		〔鉄道〕整備新幹線予算上積み要求 運輸省は2000年度の概算要求で、整備新幹線建設費として17.8%増の373億円を要求。
10.22		〔自動車〕第33回東京モーターショー 第33回東京モーターショーが幕張メッセにて開幕。11月3日まで開催された。今回もハイブリッドカーや燃料電池車の出品が目立った。294社が参加、展示車両は757台。入場者数は135万6400人であった。
10.30		〔道路〕上信越自動車道が全線開通 上信越自動車道が中郷IC―上越JCT開通により全線開通。上越JCTで北陸自動車道と接続する。
10月		〔航空〕航空券「優待割引」で厳重注意 全日空が廃止を表明したことで明るみになった国内航空運賃の「優待割引」について運輸省は、日航、全日空、日本エアシステムを航空法違反の疑いで調査。その結果、3社を文書厳重注意処分、他の航空会社に対しては業界団体に文書で注意を促した。
11.1		〔行政・法令〕運転中の携帯電話禁止 改正道路交通法施行。携帯電話の普及を受け、運転中の携帯電話使用禁止が盛り込まれた。2004年11月罰則強化される。
11.28		〔自動車〕東名高速飲酒運転事故 午後3時半ごろ、東名高速道路東京IC付近で、千葉市の会社員一家の乗った乗用車が飲酒運転のトラックに追突され大破・炎上、会社員の3歳の長女と1歳の次女が焼死した。この事件をきっかけの一つとして危険運転致死傷罪が新設された。
12.28		〔鉄道〕台湾新幹線の受注内定 三井物産、三菱重工、川崎重工など日本企業7社の連合に、台湾の高速鉄道(台北―高雄間340km)の建設受注が内定。台北―高雄を最高時速300km、1時間半で結ぶもので、新幹線技術の初輸出になる。
12月		〔鉄道〕整備新幹線計画見直し 整備新幹線協議会(自民党、自由党、公明党)が整備新幹線の建設計画を見直しで合意。未着工区間の早期着工と、既建設区間の完成前倒しのための大幅な財源増を目指す与党案がまとめられた。
この年		〔行政・法令〕99年度運輸白書 1999年度運輸経済年次報告が発表された。都市交通に力点を置いており、交通政策と観光振興を融合した快適で魅力ある都市づくりを提唱。

2000年
(平成12年)

2.1		〔航空〕改正航空法の施行で新運賃設定 国内線の航空運賃が自由化されるなどの改正航空法が施行され、4月1日搭乗分から適用された。航空各社は「特定便割引」「事前購入割引」などの適用便を拡充し、全日空は「超割」、日本航空は「e割」、日本エアシステムは「介護帰省割引」などの新運賃を導入した。一方、航空会社間の競争が少ない地域では割引便の設定が少ないケースも出てきている。
2.16		〔航空〕羽田空港、夜間国際化 羽田空港の発着枠で余裕のある時間帯(午後11時～午前6時)に国際チャーター便を運航することが決定し、乗り入れが始まった。羽

田空港の国際化で成田空港の乗り入れが減少することを恐れる千葉県に対し、政府は成田空港の運用時間帯を避ける配慮を行った。

3.8 〔地下鉄〕地下鉄日比谷線、中目黒駅構内で脱線、衝突 地下鉄日比谷線の北千住発菊名行き下り電車が中目黒駅手前のカーブで乗り上がり脱線を起こした上、反対側からきた中目黒発竹ノ塚行き上り列車に側面衝突、大破した。脱線列車8両目の乗客6名が軽傷、被衝突列車6両目の乗客5名が死亡、5名が重傷を負った。

3.11 〔道路〕徳島自動車道が全線開通 徳島自動車道井川池田IC—川之江東JCT開通により全線開通。高知自動車道と接続し、四国4県を結ぶエックスハイウェイが完成する。

3.16 〔自動車〕日産、社長交代 日産自動車社長兼最高執行責任者（COO）のポストに、資本提携先である仏ルノー出身のカルロス・ゴーン最高執行責任者が就任した。

3.27 〔自動車〕マツダ、日産に続き三菱が外資の傘下に 三菱自動車工業とダイムラー・クライスラーが資本提携で合意した。10月18日に三菱はダイムラーを引受先とする第三者割当増資（2024億円）を実施し、ダイムラーは三菱に34％出資することが決定した。両社は日、欧市場向けの小型乗用車の開発を進めている。

4.1 〔鉄道〕旧軽井沢駅舎記念館開館 長野新幹線開通に伴い取り壊された旧軽井沢駅舎が元の資材を使って復元され、旧軽井沢駅舎記念館として開館した。

5.3 〔バス〕西鉄バスジャック事件 九州自動車道太宰府インターチェンジ付近で、佐賀第二合同庁舎発西鉄天神バスセンター行きの西日本鉄道の高速バス「わかくす号」が17歳の少年にバスジャックされた。乗客3名が切りつけられ、うち1人が死亡。犯人の少年が犯行前にインターネット掲示板「2ちゃんねる」に書き込みを行っていたことも話題となった。この事件をきっかけに、バスの行先表示に「SOS」などの表示が取り入れられた。

5.16 〔航空〕三菱、ボーイングと包括提携 三菱重工と米ボーイングは超大型旅客機、ロケットの共同開発や情報技術などの航空宇宙事業で包括提携したことを発表した。

6月 〔自動車〕天津豊田汽車有限公司設立 トヨタ自動車は中国に合弁会社天津豊田汽車有限公司を設立、中国国内で乗用車の生産を行う。2002年より5年間で3万台の生産を目指す。

7.1 〔航空〕新幹線に対抗する航空シャトル便 日本航空、全日本空輸、日本エアシステムの航空大手3社が共同で羽田—関西国際空港の「航空シャトル便」の運航を始めた。3社合計の便数は9月現在で1日34便を運行、9月20日からは東海道新幹線「のぞみ」の運賃（1万4720円）に対抗したシャトル便専用の往復運賃（片道あたり1万4500円）を新たに設定した。

7.28 〔道路〕四国縦貫自動車道が全線開通 四国縦貫自動車道が伊予IC—大洲IC開通により全線開通。

7月 〔航空〕羽田スロット配分で拡大 羽田空港の発着枠（スロット）が1日あたり31便（往復）拡大されることが決定した。これまで空港のスロット配分は運輸省航空局が決定していたが、今回から審議経過を公表するとともに、航空会社ごとに発着枠の効率的な使用などを客観的に点数評価し、合計点数の高い航空会社に多くスロットを配分することとした。

7月	〔自動車〕CCC21	トヨタ自動車はCCC21(総原価低減運動)を開始、コスト削減に取り組む。
8.16	〔鉄道〕JR貨物高松貨物ターミナル開業	JR貨物高松貨物ターミナルが開業。これに伴い、翌17日にJR四国のダイヤ改正が行われた。
8月	〔自動車〕三菱自動車がリコール隠し	三菱自動車工業の乗用車部門とトラック・バス部門で大規模なリコール隠しが発覚。三菱自動車の信頼は失墜し、販売は大きく落ち込んだ。河添克彦社長が責任を取り辞任。
9.14	〔自動車〕スズキ、GMと提携強化	軽自動車最大手のスズキと米ゼネラル・モーターズ(GM)が、提携関係の強化を発表した。GMのスズキに対する出資比率は10%から20%への引き上げが決定し、GMのジョン・スミス会長がスズキ非常勤取締役に就任した。
9.26	〔地下鉄〕営団地下鉄南北線、都営地下鉄三田線	営団地下鉄南北線目黒―溜池山王および都営地下鉄三田線目黒―三田が開業、ともに東急目黒線への直通運転を開始した。
10.1	〔自動車〕チャイルドシート義務化	改正道路交通法により、6歳未満の乳幼児を自動車に乗車させる場合にはチャイルドシートの使用が義務付けられた。
10.31	〔自動車〕第34回東京モーターショー	第34回東京モーターショーが幕張メッセにて開幕。11月4日まで開催された。「個性満載、地球を走る。明日をつくる」をテーマに133社が参加。展示車両251台。入場者数は17万7900人だった。
12.12	〔地下鉄〕都営地下鉄大江戸線全線開通	都営地下鉄大江戸線が国立競技場―六本木―大門―両国―飯田橋―都庁前間で運転を開始し、全線開通した。
12.14	〔自動車〕トヨタ、フォードが提携交渉	トヨタ自動車と世界第2位の米フォード・モータが、環境技術や販売面、金融事業などの幅広い分野での提携交渉を進めていることが明らかになった。
12.15	〔航空〕大型航空機30年ぶりに開発へ	政府は次期中期防衛力整備計画(次期防)に、次期哨戒機・輸送機の国内開発費3400億円を盛り込んだ。1973年に配備されたC1以来ほぼ30年ぶりとなる大型航空機の国内開発となる。
この年	〔航空〕茨城空港建設事業化	茨城県の百里飛行場を民間共用空港として利用することを決定、事業化を開始した。2010年3月11日の開港を目指す。
この年	〔航空〕日韓の航空輸送力をアップ	ソウルで開催された日韓航空当局者協議で、成田―ソウル間の便数を1日11便から20便にすることで合意した。これで外交課題となっていた日韓間の航空輸送力は、2002年のサッカー・ワールドカップの日韓共催に向け増強した。
この年	〔鉄道〕新幹線建設、4年ぶりに新規着工	2001年度の整備新幹線建設費が750億円(国費)に決定し、地方負担分などを含めた事業費の総額は2293億円に達した。整備新幹線の新規着工が4年ぶりとなる2001年度の着工区間は、北陸新幹線の上越―糸魚川間と申黒部―富山間、九州新幹線の博多―船小屋間となる。
この年	〔自動車〕トヨタ、相次ぐ資本参加	3月6日、世界第2位の二輪メーカー、ヤマハ発動機への資本参加をトヨタ自動車が発表した。モータースポーツに実績のあるヤ

マハと組み、2002年に控えた世界最高峰の自動車レース「F1」への参戦に挑む狙い。また、3月10日には普通トラック最大手の日野自動車の子会社化を発表。出資比率を20.1%から33.8%まで引き上げる。

この年　〔船舶〕造船業界、大手3グループに統合　5月23日、日立造船とNKKは造船事業において提携することを発表した。両社は営業・設計・調達・製造分野での協力を決定し、事業統合も視野に協議を進めている。また、9月13日には石川島播磨重工業、川崎重工業、三井造船の3社も商船分野において事業統合を視野に入れた提携を発表した。

2001年
（平成13年）

1.26　〔鉄道〕JR新大久保、転落救助で3人死亡　東京都新宿区百人町のJR新大久保駅で、午後7時18分ごろ乗客の男性が山手線内回りホームから線路内に転落し、助けようと線路に降りたカメラマンの男性と韓国人男性の3人が、入ってきた電車にはねられ死亡した。この事故をきっかけに列車非常停止ボタンの整備・周知が提唱された。

1.31　〔航空〕日本航空機駿河湾上空ニアミス事故　東京航空交通管制部の「関東南C」管制区域で、羽田発那覇行き日航907便ボーイング747-400と釜山発成田行き日航958便DC-10がニアミスを起こし、907便は急降下、958便の下をかすめるように交差した。907便の乗員12名と乗客88名が負傷した。

2.16　〔航空〕羽田、夜間国際チャーター便運航　午後11時、羽田空港の「夜間国際化」が解禁された。1978年の成田空港の開港以来、羽田は国内専用と棲み分けしてきたが、立地のよさなどから国際便の就航を求める声が強まり、成田が騒音問題などで利用できない午後11時〜午前6時に限り、羽田への国際チャーター便の運航が決定した。2000年3月に方針が打ち出されていたが、千葉県との交渉に時間がかかり実施が遅れた。

2.26　〔自動車〕三菱経営再建計画の骨子を発表　三菱自動車は2001年度から3か年の抜本的な経営再建計画を発表した。業績悪化の立て直しを目指す「三菱自動車ターンアラウンド（転換）計画」の主な柱は、主力生産拠点の大江工場（名古屋市）の閉鎖と従業員9500人の削減となる。

4.1　〔鉄道〕第三セクター・のと鉄道　第三セクター・のと鉄道穴水―輪島間が廃止。

4.2　〔自動車〕スズキから軽自動車供給受ける日産　日産自動車は2002年に軽自動車のOEM（日産ブランドによる生産）供給をスズキから受けることで基本合意したことを発表した。軽自動車市場への参入で国内販売の強化を狙う。

4.2　〔自動車〕新車販売1.5%増の598万台　日本自動車販売協会連合会と全国軽自動車協会連合会が2000年度の軽自動車を含む国内新車販売台数を発表した。軽自動車を含む販売実績は2年連続で前年を上まわる598万台（1999年度比1.5%増）となり、

軽自動車を除く新車販売台数は411万9000台（同3.5％増）、軽自動車は186万1000台（同2.5％減）と好調だったが、秋以降はテロの影響を受け失速した。

4.25　〔自動車〕トヨタが日野の親会社に　日野自動車は8月にトヨタ自動車を引き受け先とした第三者割当増資（662億円）を実施することを発表した。筆頭株主であるトヨタの出資比率は36.6％から50.1％と増え、日野はトヨタの子会社となった。

4月　〔航空〕事実上、羽田も国際定期便運航　国土交通省は羽田空港への夜間国際チャーター便を週70便程度へ拡大し、国際線ターミナルの増築などに取り組む。夜間国際化の解禁当初は国際ターミナルが手狭なほか、入国審査などを行う係員不足から週2便しか発着枠がなかったが、便数の大幅拡大により航空各社は事実上チャーター便を国際定期便として運航することが可能となる。

5.16　〔自動車〕トヨタ国内最高利益を記録　トヨタ自動車は2001年3月期連結決算を発表し、日本企業全体で過去最高となった。売上高は13兆4244億円（前期比4.2％増）、経常利益は9722億円（22.0％増）、税引き後利益が4712億円（15.9％増）と、それぞれ過去最高を記録した。販売台数は世界第3位、税引き後利益は世界第3位となった。

5.17　〔自動車〕日産、黒字転換で復活宣言　日産自動車は2001年3月期連結決算で、税引き後利益が過去最高の3310億円に達したと発表した。前期は国内事業会社として過去最大の赤字（6843億円）を計上したが、4年ぶりに黒字に転換。同日の記者会見で、ゴーン社長は「日産は復活した」と宣言した。

5.19　〔航空〕中日本航空のヘリコプタ・セスナ機衝突　三重県桑名市播磨の上空で中日本航空のセスナ機とヘリコプターが衝突、両機とも墜落した。セスナ機は駐車場に落下、ヘリは民家の庭先に落ち炎上し民家など2棟全焼。ヘリコプター乗員2名、セスナ乗員4名の計6名が死亡した。6月27日、国土交通省は中日本航空に対し、航空機事故で初めてとなる航空法に基づく事業改善命令を出した。

5.28　〔自動車〕いすゞが9700人リストラ　いすゞ自動車は大型トラックの生産拠点となる川崎工場の2005年までの閉鎖や大幅な人員削減を柱とする再建計画を発表した。3年間で関連会社を含めた従業員約3万8000人のうち9700人（26％）削減することを決定しただけでなく、11月26日には3300人上乗せする追加リストラも発表した。

6.24　〔鉄道〕越前線、正面衝突事故で廃止届け　福井県勝山市の京福電鉄越前本線の発坂—保田駅間で、午後6時8分ごろ上り普通電車と下り急行電車が正面衝突し、運転士を含め乗客24人が重軽傷を負った。道路線では2000年12月にも死亡事故が起きており、国土交通省は7月19日に事業改善命令を出した。10月19日、京福電鉄は中部運輸局に越前線全3線の鉄道事業廃止届けを提出した。

6月　〔自動車〕スカイラインの新モデルを発売　日産自動車からスカイラインの新モデルが発売された。直列6気筒エンジンを廃し、V型6気筒2500cc・3000ccエンジンを縦置きに搭載した。

6月　〔自動車〕ホンダ、フィットを発売　本田技研工業は小型乗用車フィットを発売した。燃費性能のよさと室内空間の広さからヒットした。翌2002年12月には派生車種フィット・アリアが発売された。

7.1　〔鉄道〕山陽本線　山陽本線兵庫—和田岬間が電化完成。

7.12	〔自動車〕**トヨタとプジョーが折半出資で合弁** トヨタ自動車と仏プジョー・シトロエングループ(PSA)は、欧州向けの小型車の開発・生産を共同で行うことで合意したと発表した。両社は折半出資の合弁会社を設立し、2005年までに年間35万台を生産(排気量1.0リットルのガソリン車、1.4リットルのディーゼル車)する計画。
8.29	〔オートバイ〕**二輪車事業でスズキと川崎が提携** スズキと川崎重工業は、二輪車の共同開発、相互OEM(相手先ブランドによる生産)による生産車種の絞込み、部品の共通化など広範囲な業務提携で基本合意したと発表した。二輪車メーカーの本格提携は国内初となり、両社は生産台数でヤマハ発動機に迫る規模となる。
9月	〔船舶〕**海運大手3社、円高効果で増収** 海運大手3社の日本郵船、商船三井、川崎汽船の9月中間連結決算は、円安効果で増収を確保したが、経常利益はIT不況の影響を受け荷動きが鈍化し3社とも減益に陥った。税引き後利益は川崎汽船が保有株式を売却したことで大幅な増益を確保した。
10.4	〔自動車〕**日産と三菱、変速機事業を統括** 日産自動車と三菱自動車工業は、2002年半ばをめどに変速機製造部門を事業統合することで基本合意した。日産の子会社でトランスミッション(変速機)専業メーカーのジヤトコ・トランステクノロジーと三菱自動車の変速機部門を分離した新会社を経営統合し、コスト削減と開発力強化を図る。
10.6	〔鉄道〕**福北ゆたか線** 篠栗線および筑豊本線の電化が完了。両線を統合して福北ゆたか線と改称した。
10.13	〔自動車〕**日産ルノー株取得で対等へ** 仏ルノーは2001年6月までに日産の持ち株比率を36.8%から44.4%に引き上げるとともに、日産がルノー株の15%を取得する資本提携強化を発表した。対等な資本提携関係の構築が狙いで、経営戦略を統括する新会社も共同出資で設立する。
10.26	〔自動車〕**第35回東京モーターショー** 第35回東京モーターショーが幕張メッセにて開幕。11月7日まで開催された。281社が参加、展示車両は709台。入場者数は1999年に開かれた前回乗用車ショーを8%下回る127万6900人(特別招待日を含む)となった。
11.18	〔鉄道〕**JR東日本「Suica」のサービス開始** JR東日本は東京近郊区間424駅でICカード「Suica」を導入。従来はイオカードで可能だった自動券売機での乗車券購入と自動精算機での精算機能に加え、定期券機能、チャージ機能(入金することによって購入や精算が繰り返しできる)電子マネー機能などを盛り込んだ。
11.28	〔行政・法令〕**危険運転致死傷罪** 悪質な交通違反に対する刑罰が軽すぎるとの声が高まったことから、危険運転致死傷罪を新設する刑法改正案が提出され、この日国会で可決された。同年12月25日施行。
12.1	〔鉄道〕**改正JR会社法でJRが民営化**「改正JR会社法」が施行された。国土交通省所管の特殊法人から民間会社へ衣替えするこの法令は、JR東日本、東海、西日本の上場3社をJR会社法の適用除外とし、社債発行や代表取締役の選任などの国土交通省の認可事項を撤廃した。また、ローカル線の廃止の際に地域社会に配慮するなどの「指針」を新たに設定した。
12月	〔自動車〕**シビックハイブリッドが発売** 本田技研工業はハイブリッドシビックを搭

載したシビック新モデルを発売した。パラレル方式のハイブリッド。独自のハイブリッドシステム「新Honda IMAシステム」を搭載。

この年 〔航空〕羽田4本目の滑走路建設へ 羽田空港の発着回数が21世紀前半には限界に達するとして、国土交通省は羽田、成田に次ぐ大規模空港を首都圏に建設する検討を始めた。しかし、空港の新規建設には莫大な時間とコストがかかるため、まず羽田の滑走路を増設することに決定。この滑走路が完成すれば年間3万回、2020年頃には約1万回の国際定期便の発着が可能になる。

この年 〔航空〕米同時テロの影響で赤字転落 航空大手3社の2001年9月期連結中間決算は日本航空、全日本空輸が減収減益となり、日本エアシステムのみ増収増益を確保した。その上、9月の米同時テロの影響を受け国際線旅客数が大幅に減少し、2002年3月期通期の連結決算では日航が500億円、全日空が150億円の経常赤字に転落した。政府も低金利の緊急融資を設けるなどの支援に乗り出した。

この年 〔鉄道〕JR4社の連結決算 株式を上場していないJR北海道、四国、九州、貨物の4社の2001年3月期連結決算（貨物は単体）は、九州が増収増益した以外は3社とも減益となった。9月中間連結決算では、4社とも増収に転じ、四国を除く3社は経常利益でも増益に転じたが、税引き後利益は九州と四国が大幅な減益となった。また、中間決算ベースで初の黒字を達成した貨物は、税引き後利益が3期連続の赤字となった。

この年 〔鉄道〕JR東日本と東海が好調 株式を上場しているJR東日本、東海、西日本の2001年3月期連結中間決算が3社とも増収増益を達成した。東海は新幹線旅客運輸収入が増加、東日本は駅ビルの不動産賃貸事業が好調、東海と西日本は有価証券の売却で大幅な増益となった。9月期連結中間決算は東日本、東海は増収増益を確保したが、西日本は在来線の不振が響き減収減益に転じた。

この年 〔鉄道〕阪急電鉄に7億円の追徴課税 大阪国税局は私鉄大手の「阪急電鉄」の税務調査を行い、回収可能な融資を不良債権に仮装して損金処理をし、1999年3月期までの2年間に約13億2000万円の所得隠しをしていたとして指摘した。同国税局は重課算税も含め約7億3000万円の追徴課税を行った。

この年 〔鉄道〕政府、新幹線民営化にともなう配慮 JR東海は1991年に新幹線保有機構（当時）から東海道新幹線の設備を5兆1000億円で買い取り、約4兆8000億円の負債残高があった。完全民営化に際して、JR東海は政府の後ろ盾がなくなり資金調達などに障害がでる懸念があるため政府に対策を求めた。これを受けて国土交通省は、2002年度税制改正要望にJR上場3社が対象となる「新幹線の特別大規模改修工事に係る準備金制度」を盛り込んだ。

この年 〔自動車〕社長交代2社と相次ぐ人事 4月25日、日野自動車工業は湯浅浩社長が退任しトヨタ自動車の蛇川忠暉副部長が就任する人事を発表。5月23日には富士重工業の田中毅社長が会長兼最高経営責任者に就任、社長兼最高執行責任者に竹中恭二執行役員が昇格した。また、三菱自動車は1月19日にダイムラー・クライスラーのロルフ・エクロート最高執行責任者を取締役責任者に選任し、いすゞも米ゼネラル・モーターズのランドール・シュワルツ氏を副社長に迎えた。

2002年
（平成14年）

1.16　〔自動車〕全国初、危険運転致死罪で起訴　大阪地検堺支部は、2001年12月の改正法で新設された危険運転致死罪を全国で初めて適用し起訴した。起訴された大阪府泉佐野市のトラック運転手は、赤信号を無視した猛スピードの乗用車で交差点に突っ込み、死亡事故を起こした。

2.8　〔自動車〕日産、再建計画前倒しと新たな計画　2000年度から経営3か年計画「日産リバイバルプラン」を実行している日産自動車は、この計画を1年前倒しして2002年3月末で達成すると発表した。これに代わり4月からは、全世界で新車台数100万台を上積み、売上高営業利益率8％以上、負債ゼロの目標を、新たな経営3か年計画「日産180」に取り組む。

2.22　〔鉄道〕鹿児島線列車追突事故　門司港発荒尾行き下り普通列車がイノシシをはね緊急停車した所に、無閉塞運転で進行してきた後続の門司港発荒木行き快速列車（5両編成）が追突した。134名が重軽傷を負った。

4.1　〔自動車〕小型車以外は不振　日本自動車販売協会連合会は2001年度の乗用車と軽自動車の国内新車販売台数を発表した。乗用車は前年度比3.4％減の397万台で2年ぶりに前年度を下回り、軽自動車も0.9％減の184万台で2年連続前年度を下回った。その中で、燃料効率がよい小型自動車が2.8％増と堅調だった。

4.18　〔航空〕成田暫定滑走路の運用　新東京国際空港（成田空港）の暫定平行滑走路の運用が開始された。空港反対派の用地買収拒否で、本来2500mの建設予定を5月末のサッカーW杯に間に合うように2180mに短縮したためジャンボ機が離着陸できないが、航空各社は中型ジェット機を運航している。発着回数は従来の1.5倍の年間20万回が可能となった。

4.26　〔自動車〕円安効果で最高記録を更新　ホンダは2002年3月期連結決算を発表した。売上高は7兆3624億円（前期比13.9％増）、税引き後利益が3627億円（同56.2％増）と過去最高となった。また、5月20日に発表した日産の3月期連結決算も過去最高を記録した。円安効果で三菱自動車工業、マツダも黒字に転換したが、上位3社（トヨタ、ホンダ、日産）との差は開く一方だ。9月期連結決算でも上位3社は好成績で、特に日産は大胆なリストラとヒット車を連発したことで飛躍的に向上した。

5.13　〔自動車〕トヨタ、経常利益1兆円の大台へ　トヨタ自動車は2002年3月期連結決算を発表した。売上高は15兆1062億円（前年同期比12.5％増）、経常利益は1兆1135億円（同14.5％増）、税引き後利益は6158億円（同30.7％増）でいずれも過去最高を記録した。また、10月31日に発表した2002年9月中間連結決算でもすべて過去最高となった。

5.14　〔鉄道〕東北新幹線の開業日が決定　JR東日本・JR北海道は東北新幹線盛岡—八戸間の開業日を12月1日と発表した。東京と八戸を結ぶ新幹線の列車名は公募により「はやて」と決定した。

5月	〔自動車〕マツダ・アテンザを発売 マツダは新モデルの乗用車アテンザを発売した。走行性能に重点を置いたモデル。エンジン、プラットフォームも含めすべてマツダの新開発によるもので、特にプラットフォームは後のフォードグループのミドルクラス車の基本プラットフォームとなった。
6.1	〔行政・法令〕悪質・危険運転の罰則強化 道路交通法が改正されたのに伴い、酒酔い運転、酒気帯び運転など危険運転の罰則が強化された。この改正では、免許の更新期間およびもみじマークの年齢変更、身体障害者標識（四葉マーク）の導入なども行われた。
6.25	〔航空〕エア・ドゥ破たんから再建へ 新規航空会社の北海道国際航空（エア・ドゥ）は1998年12月に羽田―札幌線に参入したが、負債総額約60億円を抱え経営破たんした。経営再建をめざす新生エア・ドゥは全日空と包括的な業務提携を行い、日本政策投資銀行や全日空などが設立した企業再建ファンドから資本金20億円の全額出資を受けた。
6月	〔道路〕4公団民営化へむけて発足 高速道路は通行料金収益で全国各地の新規路線の建設を進めてきたが、新規路線が交通量の少ない地方に延びるにしたがい、採算がとれない路線が出てきた。その上、政治力による無駄な建設にたいする批判の声も高まり、これを受けて4公団（日本道路、首都高速道路、阪神高速道路、本州四国連絡橋）の民営化手法などを検討する道路関係4公団民営化推進委員会が発足した。
8.29	〔自動車〕トヨタ、第一汽車と包括提携 2002年6月に中国・第一汽車がトヨタ自動車と提携していた天津汽車を傘下に収めたことから、トヨタと第一汽車が包括提携した。トヨタと天津汽車の合弁で小型乗用車ヴィオスを発売（10月）、今後は高級車クラウンの生産を天津で始める。また、第一汽車に技術支援を行いランドクルーザーや軽乗用車の生産を開始し、中国でのシェア1割獲得を目指す。
9.20	〔自動車〕三菱自工がトラック・バスを分社化 三菱自動車工業はトラックとバス事業を分社した「三菱ふそうトラック・バス」を2003年1月6日付で設立することを発表した。新会社はバス事業の工場など資産約6800億円と有利子債務約2100億円を引き継ぎ、売上高は約7000億円を見込む。ダイムラー・クライスラーは新会社の株を43%保有し、アジアでのシェア拡大を目指す。
10.2	〔航空〕日本航空と日本エアシステムが合併 日本航空と日本エアシステム（JAS）が経営統合し、持ち株会社「日本航空システム」を設立した。新しいJALグループは連結売上高が2兆円、輸送実績は世界第6位となり、2004年4月からは国際旅客会社の「日本航空インターナショナル」、国内旅客会社の「日本航空ジャパン」、貨物会社は「日本航空カーゴ」と事業分野別に再編された。
10.25	〔自動車〕いすゞの再建計画 業績が悪化しているいすゞ自動車が新3か年計画を発表した。いすゞは米国の自動車自主生産から2002年末に撤退、1700億円の大幅な赤字の一掃計画、富士重工との自動車合弁工場の保有株式の売却などのリストラ策により、ディーゼルエンジンとトラックメーカーとして再起を目指す意向。
10.29	〔自動車〕第36回東京モーターショー 第36回東京モーターショーが幕張メッセにて開幕。11月3日まで開催された。110社が参加し、展示車両は224台。入場者数は21万1100万人であった。

2002年（平成14年）

10月	〔船舶〕**大手造船7社が業界再編** 大手造船各社は資材の共同調達や研究開発の二重投資の削減など経営の効率化を目指し、造船事業の分社や統合に踏み切った。日立造船とNKKの造船事業が統合し「ユニバーサル造船」、川崎重工業の造船部門を分社し「川崎造船」、石川播磨重工業が造船事業を分社し住友重機械工業の艦艇部門と統合した「アイ・エイチ・アイ・マリンユナイテッド」がそれぞれ発足した。
11.6	〔鉄道〕**JR東海道線で救急隊員死傷事故** JR東海道線塚本—尼崎間の線路付近で遊んでいて姫路行き新快速にはねられた中学生を救助中の消防隊員が、事故現場の下り外側線を時速約100kmで通過した「スーパーはくと」に跳ねられた。消防隊員は前方にいた救急隊員に衝突しその衝撃で後方に跳ね飛ばされて線路脇の鉄製の柵に激突し即死、救急隊員は前方の地面にたたき付けられ重傷を負った。
12.1	〔鉄道〕**「新特急」の呼称廃止** JR東日本はダイヤの改正を実施、同時に「新特急」の冠を廃止して「特急」に呼称を統一した。
12.1	〔鉄道〕**第三セクター・東京臨海高速鉄道** 第三セクター・東京臨海高速鉄道りんかい線天王洲—大崎間が開業。
12.1	〔鉄道〕**東北新幹線開業** 東北新幹線盛岡—八戸間が開業した。
12.2	〔自動車〕**燃料電池車のリース開始** トヨタ自動車とホンダは、世界で初めて燃料電池乗用車をリース方式で市販した。両社が首相官邸と中央官庁に納車した燃料電池車「トヨタFCHV」と「FCX」は、水素と酸素を反応させて発電し、排出するのは水だけという低公害車。リース期間はトヨタが30か月で月120万円、ホンダが12か月で月80万円。その後、日産自動車も「X-TRAIL FCV」を公開した。
12.6	〔道路〕**道路公団、厳しい経営実態** 道路関係4公団民営化推進委員会は公団の厳しい経営実態を解明し、4公団の道路資産と債務を独立行政法人「保有・債務返済機構」に移し、民営化会社は「上下分離」方式により道路管理・運営に徹することを最終報告書に盛り込み、小泉首相に提出した。また、本四公団が抱える債務処理（3兆8000億円）のうち約1兆3000億円を道路特定財源で切り離すことも決定した。
12月	〔航空〕**成田、関空、中部が民営化** 国土交通省諮問審議会の交通製作審議会航空分科会が答申した2003年度以降の中長期定期な航空整備計画案を受け、国土交通省は成田、関西、中部の3国際空港を個別民営化することを決定した。2004年度に成田空港公団は特殊会社化し株式上場を目指す。経営難の関空は大規模なリストラを実施。中部は2005年の開港に向け整備を進めることとなった。
12月	〔鉄道〕**青森県へ新幹線開通** 1982年に開通した大宮—盛岡間の東北新幹線を北に延ばし、盛岡—八戸（青森県）間が開業した。東京—八戸間をJR東日本の新幹線「はやて」が1日15往復、最速2時間56分で結ぶ。
12月	〔自動車〕**燃料電池車の開発進む** トヨタ自動車と本田技研工業は燃料電池車の限定販売を始める。ダイハツ工業も軽乗用車初の燃料電池車ムーヴFCV-K2を開発した。
この年	〔交通全般〕**不況で落ち込む貨物輸送** 貨物の全体国内輸送量は2年連続マイナスの61億5800万トン（前年度3.3％減）となった。輸送機関別では、自動車が55億7820万トン（同3.4％減）、内航海運が5億2010万トン（同3.2％減）、鉄道が5870万トン

（同1.0％減）、航空が100万トン（同8.0％減）といずれも前年実績を下回った。

この年　〔交通全般〕陸海空の旅客いずれも増加　2001年度の国内旅客輸送は前年度を2.2％上回り865億500万人で、輸送人キロ（輸送人数に移動距離をかけた）は4251億人キロ（同0.4％増）、平均輸送距離は16.4km（同0.3km減）だった。輸送機関別では、自動車が645億8000万人（同2.8％増）、航空が9500万人（同1.8％増）、旅客船が1億1000万人（同1.1％増）、鉄道が217億2000万人（同0.3％増）だった。

この年　〔航空〕2強体制で激化する航空業界　JALグループの誕生で、国内航空業界は全日本空輸（業界第2位）との2強体制となった。JALグループは東京国際空港（羽田空港）の発着便数で全日空を逆転し、国内線の旅客数に占める割合は両社ほぼ同じになることから、両社は事前購入などの割引運賃を充実させるなど激しい低運賃競争を繰り広げた。

この年　〔航空〕羽田再拡張をめぐり交渉難航　羽田空港に4本目の滑走路を新設する「羽田空港再拡張事業」を、国土交通省が実施することを決定した。総事業費を9000億円と見積もる国交省は財源不足を理由に、3割の2700億円を地方自治体に負担させる方針だが、東京都など自治体側も財政難で負担を拒否しているため交渉は難航した。

この年　〔航空〕航空大手3社、テロ影響で減収　航空大手3社（日本航空、全日本空輸、日本エアシステム（JAS））の2002年9月中間連結決算は、全日空とJASが減収減益、日航は機材取引に伴う報酬費の計上で減収増益となった。国際線は中国路線が好調で、ハワイを含む米国路線はテロの影響の落ち込みが長引いている。国内線は割引競争の激化で旅客数は増えたが、収益全体は落ち込んだ。

この年　〔鉄道〕車両の生産実績増えたが金額は減　鉄道車両等生産動態調査統計（国土交通省）によると、2001年度の鉄道車両の生産実績は2000年度より3.2％（4497両）増えたが、金額ベースでは2.2％（1510億円）減少した。

この年　〔鉄道〕東日本、名実ともに完全民営化　2002年6月、JR東日本は政府保有の全株式が売却され完全民営化となった。JR東日本はサービス分野などの拡充を図る。また、2001年12月の「改正JR会社法」施行で、国交省所管の特殊法人から民間会社に移行した東海や西日本も政府に全株売却を求めた。

この年　〔自動車〕日産、東風汽車と包括提携　日産自動車が中国・東風汽車と包括提携した。設立した合弁会社で2002年から乗用車サニーの生産を始め、2006年までには日産ブランドの乗用車を年22万台（6車種）、東風ブランドのトラックとバスを年33万台生産する。日産は1200億円を出資し、10年以内に年90万台の生産を目指すとした。

この年　〔船舶〕受注実績3年ぶりに世界一　日本造船工業会がまとめた2001年日本の造船受注実績が3年ぶりに世界一となった。前年より24.3％増えた797万CGT（標準貨物船換算トン数）で、今まで首位の座にいた韓国の受注実績は38.4％減の641万CGTに落ち込んだ。

この年　〔道路〕道路公団改革審議で紆余曲折　日本道路、首都高速道路、阪神高速道路、本州四国連絡橋の改革方針を審議するための第三者機関「道路関係4公団民営化推進委員会」が2002年6月に設置され、推進委員7人が選ばれた。委員は集中審議などを経て8月30日に「保有・債務返済機構」の設立を柱とする中間報告を発表し

− 325 −

たが、民営化後の高速道路建設について推進する立場と抑制する立場のグループが激しく対立する構図が生まれ、つばぜり合いが続いた。最終報告では抑制する立場のグループ案が通り事態は打開された。

この年　〔道路〕反発強める自民党道路族　4公団（日本道路、首都高速道路、阪神高速道路、本州四国連絡橋）の民営化会社では不採算路線の建設を中止し、国と地方が税金で建設を進める新たな仕組みを最終報告に盛り込んだ。これを受け、国土交通省は国と地方の高速道路整備の負担比率を3対1とし、道路特定財源の地方への配分を増やす方針を打ち出した。最終報告の高速道路建設の計画では大幅にペースが落ちることから、自民党道路族は反発を強めた。

2003年
（平成15年）

3.15　〔鉄道〕小浜線　小浜線敦賀―東舞鶴間で電化が完了。

3.19　〔地下鉄〕営団地下鉄半蔵門線　営団地下鉄半蔵門線水天宮前―押上間が開通し、東急田園都市線、東武伊勢崎線、東武日光線との相互直通運転を開始した。

3.20　〔鉄道〕九州新幹線の名称が「つばめ」と決定　JR九州は建設中の九州新幹線の列車名を「つばめ」と決定、発表した。

3.30　〔道路〕高松自動車道が全線開通　高松中央IC―高松西IC開通により高松自動車道が全線開通した。

4.10　〔鉄道〕旧新橋停車場を復元　鉄道創業時の新橋駅（後の汐留駅）跡地に当時の駅舎を再現した「旧新橋停車場」を建設。鉄道歴史展示室として開館した。

4.19　〔鉄道〕函館市青函連絡船記念館摩周丸が開館　1988年に終航した青函連絡船摩周丸の船体を利用し、博物館として開館。青函連絡船の歴史について展示する。

4月　〔自動車〕マツダRX-8発売　マツダは新モデルのスポーツカーRX-8を発売した。新設計のロータリーエンジンを搭載。前後観音開きの「フリースタイルドア」は採用された。

5.7　〔航空〕日航機ニアミス事故で書類送検　2001年1月に静岡県焼津市上空で起こった日本航空の羽田発那覇行き907便と釜山発成田行き958便のニアミス事故で、警視庁は管制官と機長の過失が複合した事件と結論した。誤った「降下」の指示を出した東京航空交通管制部の管制官2人と、空中衝突防止装置の回避指示に従わず機体を急降下させた907便の機長を業務過失傷害などの容疑で書類送検した。

6.10　〔バス〕名鉄バス、追突事故で幹部を逮捕　中部運輸局は名古屋鉄道が所有する路線バスの追突事故の監査を行い、事故を起こした運転手が無免許だっただけでなく、事故処理に替え玉の運転手を当たらせていたことが発覚した。6月下旬に愛知県警は運転手と上司4人を犯人隠避容疑などで逮捕し、報告書を改竄した容疑で本社の元取締役ら幹部3人も逮捕した。

6月	〔船舶〕最大手東日本フェリーが破綻 子会社を含むと3航路を持つ東日本フェリー（北海道函館市）が、東京地裁に会社更生法の適用を申請した。管財人によると、特定の企業の子会社にはならず、国内の長距離フェリー会社などを対象に総額50億円程度の融資を要請し、自主再建を目指す意向。
7.3	〔バス〕名鉄バス運転手無免許運転隠蔽事件 名鉄バス岡崎営業所で運転手の無免許運転が隠蔽されていたことが発覚した事件で、国土交通省中部運輸局と愛知県公安委員会からの処分が下りた。これにより、名鉄バスに対し240日の車両使用停止と違反点数24点、事業用自動車5台の一定期間使用禁止が課せられ、さらに2年間の新規バス路線の開設が禁じられた。
7.11	〔航空〕成田、完全民営化へ 参院本会議で成田国際空港株式会社法が可決され、成立した。新東京国際空港公団は2004年3月末で解散し、株式会社「成田国際空港」が事業を引き継ぐことが決定した。政府は保有する株式を順次市場で売却することで完全民営化を図り、航空会社は免税店など新規事業へ進出し収益力の向上を目指す。収益力の向上で世界一高い着陸料の引き下げにつながると期待された。
8.10	〔鉄道〕沖縄都市モノレール開業 沖縄都市モノレール線が那覇空港―首里間で営業を開始した。沖縄では戦後初の鉄道開通である。愛称は「ゆいレール」。
8月	〔航空〕羽田再拡張事業にPFI導入 羽田空港に4本目の滑走路を整備する再拡張事業の枠組みが決定した。国と地元自治体で総事業費約9000億円の負担をめぐり頓挫していた協議の打開策として、国は民間資金を活用する約2000億円の社会資本整備（PFI）を提示した。当初計画に比べ自治体の負担が半減されることから地元自治体は態度を軟化させた。
9月	〔航空〕スカイマーク、45億円の増資 東京証券取引所のマザーズ市場に上場し債務超過が続いている新規航空会社のスカイマークエアーラインズは、インターネット接続業「ゼロ」の西久保愼一社長と、筆頭株主の旅行会社「エイチ・アイ・エス」などに対し、第三者割当増資（総額45億円）を実施すること決定した。
9月	〔航空〕政策投資銀が850億円緊急融資 5月下旬に国土交通省から航空会社の経営を支援する要請を受けた日本政策投資銀行が、イラク戦争や新型肺炎などで業績が悪化している日本航空システムと全日本空輸に対し、2003年度上期分（4～9月）として計850億円を緊急融資した。同銀行は米同時テロ後にも国内の航空会社に計2400億円の緊急融資を行っている。
10.1	〔鉄道〕「のぞみ」増発と料金の見直し 東海道新幹線は品川駅の開業を機に、のぞみの運行本数を1日137本（以前比1.8％増）に増発するダイヤ改正を行った。品川―新大阪間を2時間26分でのぞみが結び、東海道・山陽新幹線を直行する本数も増やした。料金ものぞみ普通車指定席料（東京―新大阪間）1万4720円から1万4050円に値下げし、全席指定席だったのぞみに自由席3両を新設した。
10.1	〔鉄道〕東海道新幹線品川駅が開業 東海道新幹線としては15年ぶりの新駅となる品川駅が開業した。1997年にJR東海が着工し、総事業費が950億円に上る新幹線品川駅は、在来線のJR品川駅東側に隣接し、新幹線の線路の上部に7階建ての駅ビルが3棟設けられている。
10.24	〔自動車〕第37回東京モーターショー 第37回東京モーターショーが幕張メッセで開幕する。会期は11月5日まで。自動車メーカーなど263社が世界14か国から参加

し、613台 (内世界初公開84台) が展示された。入場者数は142万400人で前回より11.2%増え、情報技術を駆使した未来の車や、電池燃料車などのエコカーが人気を集めた。

11.15 〔航空〕**高知龍馬空港** 高知空港は郷土の偉人坂本龍馬にちなみ、愛称を「高知龍馬空港」とした。人名を冠した空港としては日本初。

11.30 〔航空〕**日韓間チャーター便の運航** 羽田空港と韓国・金浦空港 (ソウル市) を結ぶ国際旅客チャーター便の運航を、日本航空システムと全日本空輸が開始した。エコノミークラスの往復運賃は9万5700円と設定し、片道2時間25分で運航する。韓国側も大韓航空とアシアナ航空が1便ずつ運航する。

12.1 〔鉄道〕**可部線** 可部線可部—三段峡間が廃止。

12.22 〔道路〕**4公団民営化の基本的枠組みが決定** 政府・与党協議会で、2005年度に予定されている4公団 (日本道路公団、首都高速道路、阪神高速道路、本州四国連絡橋) の民営化の基本的な枠組みが決定された。12月25日には、699km、事業費2兆4070億円の建設が国土開発幹線自動車道建設会議で決定した。

この年 〔航空〕**JAL、大幅赤字で緊急対策** 2003年5月時点の日本航空システム (JALグループ) の2004年3月期連結決算の業績予想は、税引き後利益が430億円の赤字に陥る見通しとなった。イラク戦争と新型肺炎 (重症急性呼吸器症候群=SARS) の影響で3月期と比較した減収幅が国際線1235億円、総額1620億円にも及ぶ。このため、JALグループは国際線の減便や人件費削減などの緊急対策をまとめた。

この年 〔航空〕**羽田空港、夜間枠が急増** 成田空港の国際定期便減便の影響で、羽田空港の夜間枠を活用した国際チャーター便が急増している。2003年8月は前年同期の倍以上となる132便が運航され、イタリアのヴォラーレ航空、アメリカのオムニ・エア・インターナショナル、マレーシア航空、オーストラリアのカンタス航空など新たな航空会社が一気に参入した。

この年 〔航空〕**国産ジェット機開発へ** 1965年に就航したプロペラ機「YS-11」以来となる国産ジェット旅客機のプロジェクトがスタートした。三菱重工業、富士重工業などが機体を担当し、石川島播磨重工業など6社がジェットエンジンの開発を始める。500億円の開発費は官民で分担し、2007年度までに小型ジェット旅客機 (座席数30〜50) の完成を目指すとした。

この年 〔航空〕**全日空、営業・経常利益が赤字** 2003年4月時点、全日本空輸の2004年3月期連結決算の業績予想は、国際線全体で210億円の減収を見込み、通期では150億円の経常利益を見込んでいる。2003年3月期連結決算は、売上高1兆2159億円 (前年同期比0.9%増)、営業利益が25億円の赤字、経常利益も172億円の赤字となった。

この年 〔鉄道〕**台湾新幹線、日本企業7社が受注** 2005年10月に開業予定の台湾新幹線 (台湾—高雄) の最後に残されている工区の受注に、三菱重工や三井物産など日本企業7社が成功した。ほぼ丸ごと同新幹線の建設を請け負うこの事業の総受注額は5300億円で、1つの事業に対するプラント輸出額としては世界最大規模となる。

この年 〔自動車〕**GMが都内で燃料電池車の実験** 米ゼネラル・モーターズ (GM) と米運送会社フェデラル・エクスプレスは、国内初の燃料電池車の実験を始めた。約1年間、東京・丸の内・霞ヶ関地区でGMグループの独オペルのワゴン車を改造した「ハ

イドロジェン・スリー」を配送業務に利用し、渋滞時の走行状態や、耐久性能などのデータを集める。この車は1度満タンにした液体水素で約400km走行できる。

この年　〔自動車〕トヨタ、販売台数世界2位　トヨタ自動車は2003年3月期連結決算、9月中間連結決算ともにすべて過去最高となり、北米での販売台数は200万台を突破したほか、世界全体の生産台数も日本メーカーで初めて600万台を突破するなど記録ずくめとなった。また、米自動車専門週刊誌オートモーティブ・ニューズはトヨタの全世界での新車販売台数は米フォード・モーターを抜き初めて世界2位になったと掲載した。

この年　〔自動車〕高級車を中心に最先端技術を搭載　高級車を中心に先進安全自動車（Advanced Safety Vehicle）など最先端技術を搭載した車が続々と発売された。ホンダのセダン「インスパイア」は追突の危険を感知し自動的にブレーキがかかる。トヨタ自動車のSUV「ハリアー」には、衝突が避けられない場合にシートベルトを締める機能、「プリウス」には縦列駐車などを支援する機能がついている。日産自動車の高級セダン「シーマ」にはハンドル操作に合わせたヘッドライトが搭載され前方を見やすくしてある。

この年　〔自動車〕自動車販売台数400万台　国内新車販売台数（軽自動車除く）は402万9332台で、前年度比0.3%減だが、2年連続で400万台を越えた。

この年　〔自動車〕日デ、金融支援による経営再建　日産ディーゼルが新たな経営再建計画を発表した。新計画は日デに対する総額1060億円の債権を、主力取引銀行3行と筆頭株主である日産自動車が優先株と交換する債務の株式化を行い、3875億（2003年3月末）の有利子負債を削減し、自己資本を増強して417億円の累積債務を解消する。また、仏ルノーは保有する日デ株4分の1を無償で日デに譲渡した。

この年　〔自動車〕日産、拡充はかる軽のOEM受給　日産自動車は三菱自動車から軽商用車のOEM（日産ブランドによる生産）供給を受けることで両社合意した。三菱が製造・販売する「ミニキャブ」のトラックとバンの供給を日産が受け、2003年10月から「クリッパー」の車名で発売を始めた。2002年4月からはスズキからのOEM供給軽自動車を「モコ」の車名で販売。

この年　〔自動車〕排ガス規制で買い換え需要が増　2002年10月からディーゼル車を対象にした排ガス規制強化に向けた買い換え需要が増え、商用車メーカー3社の2003年3月期連結決算は業績悪化に歯止めがかかり、9月中間連結決算では全社売上高が2ケタで伸び、営業利益もいすゞ、日野、日産ディーゼルが中間期最高を記録した。

この年　〔自動車〕富士重工、初の栄冠　2003年5月発売の富士重工のRV「レガシィ」がトヨタ自動車の「プリウス」を抑え、「2003～2004日本カー・オブ・ザ・イヤー」に選ばれた。軽量化技術などで高い走行性能と低燃費を実現した点が評価された富士重は、初めての受賞となる。

この年　〔船舶〕造船受注は回復したが、円高影響　造船・重機大手6社の2003年3月期連結決算は、三菱重工業、川崎重工業、住友重機械工業、三井造船が増益となった。9月中間連結決算は三菱、川崎、石川島播磨、日立の経常利益が、円高・ドル安の進行などで赤字となったが、日立は株式売却益を計上し税引き後利益が黒字に転換した。

この年　〔道路〕道路公団民営化推進委、分解　道路公団民営化論争では整備計画を全線建設

するか否かが焦点となっているが、事実上、整備計画路線の建設が可能という自民党道路族の主張が通った形となった。道路関係4公団民営化推進委員会は最終報告書が骨抜きにされたと反発し、田中一昭・委員長代理と松田昌士委員が委員を辞任した。

この年　〔道路〕日本道路公団総裁、隠蔽で更迭　日本道路公団が債務超過に陥ったことを示す財務諸表を隠蔽したとして、石原国土交通相は藤井治芳総裁に辞職を促したが、藤井氏が拒んだため異例の解任に踏み切った。後任として近藤剛・参院議員が充てられたが、12月に藤井氏は解任処分の取り消しを求める行政訴訟を東京地裁に起こした。

2004年
(平成16年)

1.15　〔行政・法令〕改正航空法施行　国土交通省は改正航空法を施行した。航空機内における安全阻害行為等（機内迷惑行為）の防止を目的としており、トイレにおける喫煙、ベルトサイン点灯時のシートベルト未着用、携帯用電子機器の使用、客室乗務員へのセクハラや暴行といった行為に対する罰則が規定された。

1月　〔自動車〕自動車メーカーにおけるリサイクル化が進む　翌2005年1月より施行されるリサイクル法をにらみ、自動車各メーカーは協力してリサイクル率を高めるための努力を始める。

1月　〔自動車〕燃料電池車　本田技研工業は氷点下で始動できる燃料電池車を開発。2005年の発売を目指す。

2.26　〔船舶〕ダイヤモンド・プリンセス完成　11万6000トンの世界最大級の豪華客船、「ダイヤモンド・プリンセス」が完成した。建造中に三菱重工業の長崎造船所で大規模な火災を起こし、修復に時間がかかるため同時に建造していた姉妹船「サファイア・プリンセス」の名前を変更し、7ヶ月遅れで完成させたもの。火災で損傷した旧ダイヤモンド・プリンセスはサファイア・プリンセスとして完成された。

3.13　〔鉄道〕JRダイヤ改正　九州新幹線の開業に伴いダイヤ改正が実施された。また、上越新幹線熊谷―高崎間に本城早稲田駅が開業。

3.13　〔鉄道〕九州新幹線開業　九州新幹線の新八代・鹿児島中央間127キロが開業。新八代・鹿児島中央間は従来の特急2時間2分から最短34分に、博多・鹿児島中央間は新八代で特急を乗り継ぐことで3時間40分から2時間10分に短縮される。

3月　〔自動車〕軽自動車普及台数過去最高　全国軽自動車協会連合会のまとめによると、軽自動車の普及台数は100世帯あたり44.7台で、前年同期を1.1台上回り過去最高となった。複数台を所有する地方を中心に普及が進んだ。

4.1　〔航空〕成田国際空港株式会社発足　新東京国際空港公団が民営化され、この日より成田国際空港株式会社となった。

4.1	〔地下鉄〕帝都高速度交通営団が民営化 帝都高速度交通営団が民営化され、政府と東京都が出資する特殊会社、東京地下鉄株式会社として発足した。愛称は社内公募によって選ばれた「東京メトロ」。
4.16	〔鉄道〕旧大社駅駅舎、重要文化財に 1990年大社線廃止に伴い廃止となった旧大社駅駅舎が重要文化財に指定された。1924年2月28日竣工、出雲大社を模した木造平屋造。設計は曽田甚蔵。
5.6	〔自動車〕三菱自動車再びリコール隠し 2002年の1月に、神奈川県で三菱自動車製の大型車のタイヤが脱落して3人が死傷した事故について、神奈川県警はこの日、当時の三菱自動車幹部5人を道路運送車両法違反で逮捕した。事故直後に非公式会議を開き、事故の際に破損した部品の強度について国土交通省に虚偽の報告をした疑い。また、02年10月に山口県で起きた死亡事故でも、原因となったクラッチ部品の欠陥について事前に把握していながら放置していたことが発覚、6月10日神奈川・山口両県警が三菱自動車元社長ら6人を業務上過失致死容疑で逮捕した。
6.2	〔道路〕道路公団民営化へ 日本道路公団、首都高速道路公団、阪神高速道路公団、本州四国連絡橋公団の4公団の民営化に関する4法案が、参院本会議で可決、成立した。各公団は2005年度中に6つの新会社に移行する。
6.25	〔航空〕再生機構がSNAを支援 産業再生機構はスカイネットアジア航空（SNA）の支援を決定。34億円の増資に応じ、子会社化して再建を進める。再生機構が航空会社を支援するのは初。
8.1	〔鉄道〕SuicaとICOCAの相互利用が可能に JR東日本のSuicaとJR西日本のICOCAが提携、どちらのカードでも入出場やチャージが可能となる。
9月	〔自転車〕自転車協会認証（BAA） 自転車協会認証（BAA）が一般自転車を対象に実施される。自転車の品質を保つことを目的として、自転車協会によりJIS規格をベースにドイツ基準を加えて制定された。同基準に適合した自転車には「社団法人自転車協会認証」のシールが貼られる。
9月	〔道路〕高速料金値下げ 道路公団改革の一環として政府与党が申し合わせた高速道路料金の値下げについて、国土交通省が内容を決定。利用額に応じたポイントをためると料金から一定額が引かれるマイレージ割引や、時間帯割引を導入、平均1割の値下げを目指す。
10.1	〔鉄道〕東海道新幹線開業40周年 1964年に開業した東海道新幹線が開業40周年を迎えた。鉄道事故による死傷者ゼロの記録を守り、旅客数は延べ約41億人、総走行距離は約15億キロになる。開業当初4時間かかっていた東京・大阪間の所要時間は2004年には2時間半に短縮された。当日は記念式典が開かれた。
10.6	〔鉄道〕第三セクター・名古屋臨海高速鉄道 第三セクター・名古屋臨海高速鉄道あおなみ線名古屋―金城ふ頭間が開業。
10.23	〔鉄道〕中越地震で新幹線が脱線 新潟県中越地震で、東京発新潟行きの上越新幹線「とき325号」が長岡駅近くの高架上で脱線。乗客155人にけがはなかった。国内の新幹線が本線で脱線したのはこれが初めて。この地震により新潟県内の高架橋やトンネルに亀裂や損傷が生じたため、上越新幹線は新潟・越後湯沢間で不通となった。運転再開は新潟・燕三条間が10月30日、燕三条・長岡間が11月4日、長

		岡・越後湯沢間は12月28日。
10.29	〔航空〕	全日空経常利益3.7倍 全日本空輸が2004年9月中間連結決算を発表した。国際線の旅客増などで売上げが前年同期比8.4%増、原油価格高騰の影響は経費削減で補い、経常利益を同3.7倍の531億円とした。国際線旅客数は新型肺炎の影響で落ち込んだ前年度の反動で急速に回復、同36%増。
11.1	〔行政・法令〕	走行中の携帯電話等使用の罰則強化 改正道路交通法施行により、走行中の携帯電話等の使用について、罰則が強化された。
11.2	〔自動車〕	第38回東京モーターショー 第38回東京モーターショーが幕張メッセで開催される。会期は11月7日まで。113社が参加、展示車両は206台。入場者数は24万8600人だった。
11.5	〔航空〕	日航旅客需要回復 日本航空が2004年度9月中間連結決算を発表。国際線の旅客数が大幅に伸び、税引後利益は前年同期の575億円の赤字から829億円の黒字に転じた。国際線は旅客収入は、新型肺炎SARSとイラク戦争の影響によって需要が大きく落ち込んだ前年同期に比べ、38%増。国内線は旅客数では7.2%減だが、客単価の高いビジネス客比率が高まったため収入では0.3%増。燃料費の高騰は人件費削減で補った。
11.11	〔船舶〕	海運大手過去最高益 日本郵船、商船三井、川崎汽船の大手3社が9月期中間連結決算を発表した。3社とも売上高、経常利益、税引後利益の全てで過去最高を記録。特に商船三井と川崎汽船は経常利益、税引後利益ともに前年同期比2倍以上の増益となった。
11月	〔自動車〕	スイフトがモデルチェンジ スズキはGMとの共同開発によりスイフトをモデルチェンジし発売した。室内空間が広がり、走行性能も改良された。
12.4	〔航空〕	東京国際空港第2旅客ターミナルビル 東京国際空港第2旅客ターミナルビルが開館した。
12.10	〔鉄道〕	整備新幹線3線3区間了承 整備新幹線の新規着工問題に関する政府与党の作業部会が、北海道新幹線新青森・新函館間、北陸新幹線富山・金沢車両基地間、九州新幹線武雄温泉・諫早間の3線3区間を2005年度に着工することを了承、706億円の国費が政府予算案に盛り込まれた。
12.11	〔鉄道〕	梅小路機関区の鉄道施設が重要文化財に 梅小路蒸気機関車館の機関車庫、引込線、5トン天井クレーンが重要文化財に指定された。
12.17	〔鉄道〕	西武鉄道株の上場廃止 東京証券取引所1部に上場していた西武鉄道株が上場廃止となった。個人名義株を実質的にはグループ中核会社コクドが保有していたことが判明し、有価証券報告書の虚偽記載に問われていた。
12.27	〔鉄道〕	上越線、飯山線が復旧 中越地震で不通となっていた上越線小出―宮内間および飯山線十日町―越後川口間運転を再開した。
この年	〔航空〕	ホンダが航空機エンジンに参入 ホンダは、小型ビジネス用ジェット機用のエンジンの商業化で米ジェネラル・エレクトロリック社と提携することで合意。開発にはホンダがあたり、GEは販売や量産化に協力する。
この年	〔航空〕	ボーイング7E7型開発に参加 アメリカのボーイング社の次期主力ジェット

旅客機「7E7」の機体開発に、三菱重工業、富士重工業、川崎重工業の3社が参加。主翼などの主要部分、全体の35%に及ぶ部分を担当する。エンジンは米ゼネラル・エレクトリック（GE）製と英のロールス・ロイス社製の2種類が使用され、GEには石川島播磨重工業が、ロールスには三菱重工と川崎重工が開発段階から参加する。

この年　〔自動車〕トヨタ、国内シェア過去最高　自動車大手5社の生産・販売・輸出実績が発表された。トヨタ自動車の国内販売が好調で、前年比2.5%増の175万8843台となり、軽自動車を除いた市場占有率は44.4%と過去最高となった。三菱自動車はリコール隠蔽発覚などの影響で国内販売が30.5%減と大幅に落ち込んだ。日産自動車は前年11、12月の生産一時停止の影響などで国内販売は前年実績を下回った。

この年　〔自動車〕トヨタとダイハツ共同開発　トヨタ自動車とダイハツ工業が小型車「パッソ」を共同開発。両社とも国内市場向けの乗用車の共同開発はこれが初めて。大きさは軽自動車と小型車の中間ほどで、軽自動車からの乗換や初めて車を購入する層を狙う。

この年　〔自動車〕トラック買い替え需要一巡　2003年10月のディーゼル車の排ガス規制強化によるトラックの買替え需要が一巡し、国内新車販売台数は04年4月以降前年割れの状態が続いた。しかし兵庫県で新たな規制が始まったことを受け、関西地方などでの販売は比較的好調だったため、減少幅は最大で2割程度にとどまった。

この年　〔自動車〕ミニバン競争激化　ミニバンの国内新車販売は、軽自動車を除いた新車販売台数の3割近くに成長したことを受け、各社が新型のミニバンを投入した。ホンダの「エディックス」トヨタ「アイシス」日産「ラフェスタ」など。また、高級車への買替え需要が増加したことから、高級ミニバン市場でも競争が激化した。

この年　〔自動車〕鋼材不足　11月から12月にかけ、日産自動車が自動車生産用の鋼材が不足して調達困難となり、国内の主力4工場のうち3工場で生産を5日間停止した。スズキも計画していた自動車の増産が鋼材の調達ができなくなったことから、国内2工場で予定していた計3日間の休日出勤を取りやめた。

この年　〔自動車〕自動車リサイクル費用決まる　2005年1月から施行される自動車リサイクル法では、エアコンのフロンガス、エアバッグ、破砕くずの3品目のリサイクルがメーカーや輸入業者に義務づけられる。費用は消費者負担で、車種により異なるが、軽乗用車を含む乗用車で7000円～1万8000円程度になる。

この年　〔自動車〕自動車大手各社最高益　トヨタ自動車、日産自動車、ホンダは2004年3月期連結決算で売上高と税引後利益が過去最高となった。9月中間連結決算でもトヨタ、ホンダ、日産、マツダの4社が中間期での売上高が過去最高を更新。ただし三菱自動車は北米での販売の落ち込みやリコール隠しの影響で国内販売が落ち込み、大幅な赤字。

この年　〔自動車〕新車販売台数400万台割る　日本自動車販売協会連合会が発表した国内の新車販売台数（軽自動車を除く）は前年比1.6%減の396万2232台で、2年ぶりに400万台の大台を割り込んだ。販売台数が前年実績を割り込むのも2年ぶりで、1982年以来の低水準。ただ、軽自動車を含めた新車販売台数は585万3379台で2年連続で前年を上回った。

この年　〔自動車〕中越地震の影響　10月23日に発生した新潟県中越地震で、長岡市の部品

この年	〔自動車〕日産の燃料電池車 日産自動車が燃料電池車をコスモ石油に初めてリース販売した。トヨタ自動車とホンダに次ぎ、国内大手3社の燃料電池車が出そろったことになる。マツダは水素を燃料とするロータリーエンジン車を開発、公道での走行試験を開始した。
この年	〔自動車〕非ガソリン燃料2輪車 ヤマハ発動機がメタノールを燃料としたスクーターの公道走行試験を開始、ホンダは水素を燃料としたスクーターを開発したと発表した。

メーカー「日本精機」が被災し、2輪車や乗用車のメーター類の生産ができなくなった。この影響で川崎重工業やヤマハ発動機が2輪車の生産を一時停止した他、ホンダは乗用車の生産も一時停止した。

2005年
(平成17年)

1.1	〔行政・法令〕自動車リサイクル法施行 使用済自動車の再資源化等に関する法律（自動車リサイクル法）が施行された。廃車から出る資源をリサイクルし有効活用するために制定。消費者は新車購入時にリサイクル券を購入することで、自動車の廃車時にかかるリサイクル費用を負担する。
1.29	〔鉄道〕名鉄空港線開通 名鉄空港線が常滑—中部国際空港間で運転を開始した。
2.4	〔道路〕権兵衛峠道路が開通 国道361号線上に権兵衛を含む権兵衛峠道路が開通した。木曽と伊那を結ぶ権兵衛峠は難所として知られ、旧道は冬期は閉鎖、夏期でも通行に一時間以上を要したが、権兵衛峠道路の開通によって通行時間は30分に短縮された。
2.17	〔航空〕中部国際空港開港 愛知県常滑市沖に中部国際空港（セントレア）が開港。国際線と国内線の乗り継ぎの利便性を高めたのが最大の特徴で、中部地方だけでなく、国内の地方空港から海外へ向かう旅行客の需要を見込む。また、24時間運用が可能で、国際航空貨物も重視する。
3.2	〔鉄道〕土佐くろしお鉄道宿毛駅衝突事故 20時41分頃高知県宿毛市の宿毛駅構内で、岡山発同駅行きの特急47D「南風17号」が車止めを飛び出し駅舎に激突した。この事故で運転士が死亡、車掌と乗客9名が重軽傷を負った。
3.6	〔鉄道〕日本初のリニアモーターカー開業 愛知高速交通東部丘陵線が藤が丘—万博八草間で運転を開始した。同路線は日本初の磁気浮上式鉄道路線（リニアモーターカー）の常設実用路線であり、「リニモ」の愛称が付けられた。
3.15	〔鉄道〕東武伊勢崎線竹ノ塚駅踏切死傷事故 東武伊勢崎線竹ノ塚駅南側の伊勢崎線第37号踏切で女性4名が浅草駅行き上り準急列車にはねられ、2名が死亡、2名が負傷した。踏切を手動で操作していた東武鉄道の保安係が、列車の接近を知らせる警報ランプが点灯しているにも関わらず、遮断機のロックを解除してしまったことが原因。翌2月3日、東京地方裁判所は元保安係に禁固1年6月の実刑判決を言

— 334 —

	い渡した。
3.31	〔鉄道〕イオカードの販売を終了　JR東日本はイオカードの販売を終了。ICカードSuicaの利用拡大により需要が減少したため。
4.1	〔鉄道〕第三セクター・のと鉄道　第三セクター・のと鉄道能登線穴水―蛸島間廃止。
4.4	〔鉄道〕埼京線に女性専用車両　JR東日本は痴漢犯罪対策の一環として通勤時間帯の埼京線に女性専用車両を導入。
4.25	〔鉄道〕JR福知山線脱線事故　午前9時18分頃、兵庫県尼崎市のJR福知山線上り線で、宝塚発同志社前行き快速電車が脱線転覆し、線路東側の9階建てのマンションに激突した。1両目はマンションの地下駐車場に突っ込み大破、2両目は側面からマンション外壁に衝突して折れ曲がった。3、4両目も大きく脱線し、5、6両目も連結器などを破損した。救出活動は1、2両目が車体に阻まれて難航し、完了したのは28日夕方だった。運転士を含む107人が死亡、555人が負傷、戦後4番目の惨事となった。現場は大きなカーブで、制限速度を40キロ以上オーバーする115キロで進入していた。4月30日、事故発生後、約15時間ぶりに救助され入院していた女性が死亡。宝塚・尼崎間の運転は6月19日に再開された。
4.28	〔航空〕全日空初の国際線黒字発表　全日本空輸は2005年3月期連結決算を発表。売上高は前期比6%増の1兆2928億円で過去最高。経常利益も過去最高益を更新した。特に国際線は1986年の参入以来初の経常黒字となった。原油高騰で燃料費はかさんだが、航空機の小型化で空席率を低下、採算を向上させた。
4月	〔鉄道〕JR西日本不祥事続出　4月25日に発生した福知山線脱線事故では、運転士が過去にもオーバーランなどで3度の処分を受けていたことが判明、JR西日本が行っていた懲罰的な再教育措置の効果への疑問や、運転士の資質管理体制に批判が集中した。また、事故車に乗り合わせていた運転士2名が救助活動に参加せずに出勤したことや、社員が事故当日を含め現場では救助活動が行われている最中に大阪市内で懇親会や親睦会を行っていたことが発覚、厳しい非難を浴びた。その他事故後に設置された新型自動列車停止装置の設定ミスの発覚などの不祥事が相次ぎ、12月、垣内剛社長と南谷昌二郎会長の2月1日付けでの退任を発表。
5.18	〔鉄道〕小田急有価証券報告書に虚偽記載　小田急電鉄は、小田急不動産・小田急建設・神奈川中央交通のグループ3社に「名義株」が存在することを知りながら有価証券報告書を訂正していなかったと発表。個人名義株をグループ5社が実質保有していた。2004年に認識し、11月末までには解消した。これを受け、小田急電鉄の利光国夫会長兼グループCEOと、松田俊之社長がグループ内の全ての取締役を辞任、小田急不動産の遠山一徳社長と小田急建設の石原道勝社長もグループ内の全ての取締役を辞任。
5.23	〔道路〕日本道路公団橋梁談合事件　日本道路公団発注の鋼鉄製橋梁工事をめぐる談合事件で、公正取引委員会はメーカー8社を刑事告発した。5月27日に14人を逮捕。日本道路公団にも捜索のメスが入り、7月12日に元公団理事、7月26日に公団副総裁が相次いで逮捕された。
5月	〔鉄道〕ATS-P設置へ　福知山線脱線事故を受け、JR西日本は新型自動列車停止装置ATS-Pの宝塚線への設置を計画を繰り上げて急ぐこととし、5月末、安全関連投資を従来の計画より600億円積み増した「安全性向上計画」を国土交通相に提

出した。また、国土交通所は急カーブへのATSの設置を全国の鉄道事業車に義務づけた。

5月　〔自動車〕カルロス・ゴーンが日産とルノーのCEOを兼任　日産自動車のCEOカルロス・ゴーンがルノーのCEOに就任、二社兼務となる。これにともない日産自動車のCOOに志賀俊之が就任。

6月　〔航空〕コンコルド後継機共同開発　国内の重機メーカーなどからなる日本航空宇宙工業会と、フランス航空宇宙工業会はコンコルドの後継となる超音速旅客機の共同開発に乗り出すことで合意。3年間で6億円をかけ、スピード、経済性、環境性を兼ね備えた超音速旅客機の実現を目指す。

7.15　〔航空〕成田空港は北延伸へ　成田空港暫定平行滑走路の延伸問題で、成田国際空港会社は当初の計画と反対の北側に延伸することを発表した。成田空港会社はこれまで、平行滑走路南側へ延伸する計画で土地所有者との交渉を進めてきたがこれを断念、北側国土交通相に報告するとともに北側への延伸を申し出て了承を得た。保安用地約10haを活用し、誘導路も改修・新設する方針。2009年度完成を目指すが、事業費は当初の190億円から330億円にふくらむ見込み。

8.12　〔航空〕JALウェイズ58便エンジン爆発事故　JALウェイズ58便、福岡発ホノルル行DC-10が福岡県福岡空港を離陸直後にエンジンが爆発・出火。福岡空港に引き返し着陸した。乗員乗客に怪我はなかったが、住宅街に部品が落下し、それに触れた住民5名が火傷を負った。奇しくも日本航空123便墜落事故から20周年の同じ日・同じ時間帯に起きた事故だったため、日航の安全管理体制の杜撰さに対して批判が集中した。

8.24　〔鉄道〕首都圏新都市鉄道つくばエクスプレス線　首都圏新都市鉄道つくばエクスプレス線が運転を開始した。秋葉原―つくば間を最速45分で結ぶ。自動列車運転装置が導入されており、全線でワンマン運転を行う。

8.30　〔自動車〕トヨタ、高級車レクサスを投入　トヨタ自動車は高級車ブランドレクサスの新型車2モデルを発売。レクサスは米国で1989年に誕生し、米国のブランド別自動車信頼度調査では1位の常連で高いブランドイメージを確立しているもの。逆上陸という手法で高級車＝輸入車イメージの打破を目指す。

9月　〔自動車〕日産100万台増達成　日産自動車は年間世界販売台数を3年間で100万台増やすという経営目標を、期限である9月末に達成した。カルロス・ゴーン社長兼CEOは「日産の復活は完了した」と宣言。

10.1　〔道路〕道路公団民営化　日本道路公団、首都高速道路公団、阪神高速道路公団、本州四国連絡橋公団の4公団が民営化された。

10.18　〔自動車〕トヨタ自動車　トヨタ自動車はカローラ、ヴィッツなど17車種のリコールを発表した。合計127万台のリコールは1969年の制度開始以来最大。

10.22　〔自動車〕第39回東京モーターショー　第39回東京モーターショーが幕張メッセにて開催される。会期は11月6日まで。混雑緩和のため会期が4日間延長され、主要な国際モーターショーとしては世界最長。14カ国・地域から初公開の79モデルを含む571台が展示された。入場者数は目標を上回る延べ151万2100人で、1997年の第32回以来となる入場者数150万人超となった。

- 336 -

10月	〔自動車〕日産再建プロセスが完了	日産自動車CEOのカルロス・ゴーンが日産の再建プロセス完了を宣言した。同時に2002年4月より進められてきた中期計画「日産180」の目標を達成したとした。連結売上高営業利益率(連結ベース)8%の達成、グローバルでの販売台数100万台増加、購買コストの15%削減、自動車事業実質有利子負債0、の各目標を実現。
11.7	〔航空〕日航業績不振で賃金カットへ	日本航空は5月9日発表の3月期連結決算は、前期の886億円の赤字から300億円の黒字に回復したが、原油価格の高騰や運行トラブルなどの影響で業績が急激に悪化、9月中間連結決算は純利益120億円の赤字に転落。翌年3月期の業績予想も470億円の赤字となる見通しとなったことから、グループ会社の一部を除く社員の基本賃金を2006年1月から08年3月まで平均10%カットするなどを柱とする企業改革方針を発表。しかし年末までに労使の合意が達成できず結論を持ち越した。
11.18	〔航空〕成田国際空港会社に官製談合疑惑	旧新東京国際空港公団が発注した成田空港の電気設備工事で官製談合の疑いが浮上した。成田国際空港会社と関係の電機メーカー各社が東京地検の捜索を受けた。
12.10	〔鉄道〕あさま号全車禁煙化	この日の始発列車から、長野新幹線あさま号は全車で禁煙になった。JR東日本管内の新幹線での全面禁煙は初の試みで、乗車時間が比較的短い長野新幹線での反応を見て、他の新幹線で実施するかどうかを検討する。
12.21	〔鉄道〕西武鉄道グループ再編	西武鉄道、コクド、プリンスホテルの3社はそれぞれ臨時株主総会を開き、持ち株会社西武ホールディングスの設立などのグループ再編を柱とする再建計画を決議した。西武鉄道グループは2006年2月に西武HDを設立し、米投資会社サーベラスが議決権ベースで30%を保有する筆頭株主となる。堤義明前コクド会長らは持ち株会社NWコーポレーションの株主に移行する。
12.22	〔鉄道〕整備新幹線5路線に2265億円	国土交通省は2006年度の整備新幹線の総事業費2265億円の路線別配分を発表。北海道新幹線に倍の60億円を配分、北陸新幹線の延伸を見越した福井駅舎の改築費に30億円を割り当てた。未着工となっている九州新幹線武雄温泉・諫早間には前年度同額の10億円を配分した。総事業費は国費が706億円、沿線地方自治体負担が755億円、既設新幹線をJR各社に譲渡した収入から724億円、借入金が80億円。
12月	〔航空〕原油高で航空運賃値上げ発表	原油価格の高騰を受け、日本航空は国内線と国際線の航空運賃を翌年4月に同時に値上げする方針を明らかにした。全日本空輸も12月22日、国内線の運賃値上げを発表した。
この年	〔鉄道〕JR各社の決算	JR東日本・東海・西日本の3社は3月連結決算を発表。東日本は新潟県中越地震などの影響で、連結決算公表開始後初めて売上高、経常利益、税引後利益ともに前年実績を下回った。東海と西日本は経常利益と税引後利益ともに過去最高を更新。しかし西日本は11月8日発表の9月中間決算では脱線事故の影響による減収分が21億円となった。
この年	〔自動車〕カー・オブ・ザ・イヤー	自動車雑誌などによる日本カー・オブ・ザ・イヤーは2人乗りオープンカー「マツダロードスター」、日本自動車研究者・ジャーナリスト会議のカー・オブ・ザ・イヤーはスズキのコンパクトカー「スイフト」が選ばれた。マツダ車の受賞は23年ぶり、スズキ車の受賞は12年ぶり。

2005年(平成17年)

この年　〔自動車〕トップ交代相次ぐ　トヨタ自動車は張富士夫社長が副会長となり、後任の社長に渡辺捷昭社長が就任。張社長は日本経団連副会長にも就任した。日産自動車は最高執行責任者に志賀俊之常務が昇格、カルロス・ゴーン社長兼最高経営責任者は現職に留まったが、5月から仏ルノーの社長兼最高経営責任者を兼務し、両社の経営トップとなった。経営再建中の三菱自動車は1月、社長・会長らが総退陣し、三菱商事出身の益子修常務が昇格、会長には三菱重工業の西岡喬会長が就任。

この年　〔自動車〕トヨタ、富士重工の筆頭株主に　トヨタ自動車は、米ゼネラル・モーターズ(GM)が保有する富士重工株の発行済株式の8.7%を取得し、富士重の筆頭株主となった。GMは保有する富士重株を全て手放し、富士重はGMグループを離脱した。トヨタと富士重は業務提携し、富士重の北米工場でのトヨタ車の生産委託や、開発分野での人事交流で合意した。

この年　〔自動車〕三菱自動車再建　1月、総額5400億円の資本・金融支援や日産自動車との提携などを柱とする「三菱自動車再生計画」を発表。三菱重工業、三菱商事、東京三菱銀行のグループ3社が3000億円の資本増強に応じ、12月には3社合計の出資比率を34%以上に高め事実上の経営権を握った。特に三菱重工の出資比率は単独で15%超、三菱自動車を連結対象の持ち分法適用会社とした。独ダイムラー・クライスラー社は11月、保有していた三菱自動車株を全て売却、経営から撤退した。

この年　〔自動車〕自動車各社過去最高益　トヨタ自動車の3月期連結決算は売上高が前期比7.3%増の18兆5515億円、純利益は0.8%増の1兆1712億円で、過去最高を更新した。日産自動車は売上高が同15.4%増の8兆5762億円、純利益は5122億円で過去最高を更新するとともに5期連続増収増益を確保。ホンダは売上高6.0%増の8兆6501億円、純利益は4861億円で4期連続過去最高を更新。

この年　〔船舶〕海運は好調続く　日本郵船、商船三井、川崎汽船の海運大手3社の3月期連結決算は、3社とも売上高、経常利益、税引後利益全てで過去最高を更新。経常利益は3社とも1000億円を超えた。定期船は中国からの消費材輸出が活発だったこと、不定期船では中国からの原材料輸入が堅調だったことやアジアからの自動車輸出も好調だったため。円高と原油価格の高騰の影響は運賃引き上げや輸送量拡大で補った。

この年　〔船舶〕商船三井が利益トップ　商船三井は「他社に先駆けて新造船の手当や荷主との中長期契約に取り組んできた」ことが功を奏し、売上高が初めて1兆円を超え、経常利益、税引後利益ともに最大手日本郵船を上回った。

この年　〔船舶〕大手そろって増益　造船・重機大手6社の3月期連結決算が発表された。中国などの経済成長を背景に造船受注量は高水準で推移、全社が増収、黒字を確保。とくに石川島播磨重工業はプラント事業で実施した事業構造改革の効果で、純利益が3期ぶりに黒字転換した。

2006年
（平成18年）

2.16　〔航空〕神戸空港開港　兵庫県神戸市の人工島ポートアイランド沖の人工島で神戸空港が開港した。愛称は「マリンエア」。近隣にはすでに大阪国際空港と関西国際空港があり、神戸空港の開港により関西三空港時代を迎えた。

3.16　〔航空〕新北九州空港開港　福岡県北九州市の海上に新北九州空港が開港。これに伴い旧北九州空港は廃止された。2年後の2008年6月18日「北九州空港」に改称。

3.27　〔鉄道〕近鉄けいはんな線開業　京阪奈新線生駒—学研奈良登美ヶ丘が開業。これに伴い、すでに開業していた東大阪線長田—生駒間と合わせて「けいはんな線」と改称された。相互直通運転を行う大阪市営地下鉄中央線と合わせて「ゆめはんな」の愛称が付けられた。

3.27　〔鉄道〕東京臨海新交通臨海線（ゆりかもめ）　東京臨海新交通臨海線（ゆりかもめ）有明—豊洲間が延伸開業。

3月　〔鉄道〕西武グループ再編　西武鉄道、コクド、プリンスホテルなど西武グループは持ち株会社の西武ホールディングスの基で事業再編を行い、新体制がスタートした。西武鉄道はホテル事業をプリンスホテルに移管し、鉄道・沿線開発に集約する。

4.1　〔バス〕京阪バスが京阪宇治交通と京阪宇治交通田辺を吸収合併　京阪バスが京阪宇治交通と京阪宇治交通田辺を吸収合併した。バス事業者の大型合併は21世紀になって初めて。

4.21　〔鉄道〕第三セクター・北海道ちほく高原鉄道　第三セクター・北海道ちほく高原鉄道池田—北見間が廃止。

4.29　〔鉄道〕富山ライトレール開業　富山県富山市はJR西日本より富山港線を継承し、富山ライトレールとして開業した。

4.29　〔道路〕生口島道路が開通　広島県尾道市に約6.5kmの生口島道路が開通。これによって、しまなみ海道（西瀬戸自動車道）の全長が約60kmが結ばれた。

4月　〔自転車〕悪質自転車対策　自転車による危険運転や事故が増加したことを受け、警視庁は「交通安全対策推進プログラム」として悪質自転車の取締強化の方針を打ち出した。

5.14　〔文化〕交通博物館が閉館　東京都千代田区神田須田町の交通博物館が閉館。収蔵品はさいたま市に開館する鉄道博物館に引き継がれた。

6.1　〔行政・法令〕駐車違反取り締まりを民間委託　道路交通法の改正により、警察から委託された民間の監視員が駐車違反の取り締まりを行うことになった。違反者が罰金を納めない場合は、車の持ち主に「放置違反金」の支払い義務が生じる。

9.15　〔航空〕北側延伸工事開始　成田空港暫定平行滑走路2180メートルを北側に延伸して

2500メートルとする工事が始まった。2010年3月末供用開始の見込み。延伸により、ジェンボ機などの大型機でも、燃料の積載量が少ない近距離国際向けが離陸できるようになり、成田空港全体の発着枠は年間20万回から22万階に拡大する。

9.30 〔航空〕YS-11が国内定期路線から引退 戦後初の日本メーカー製旅客機YS-11が沖永良部空港—鹿児島空港で最終フライトを行う。これをもって国内定期路線での運航を終了した。

10.1 〔鉄道〕阪急・阪神が経営統合 阪神電気鉄道は投資会社村上ファンドに大量の株式を保有されたため、阪急ホールディングスに村上ファンド保有株買い取りの協力を求めた。阪急側はこれに応じて株式公開買い付け（TOB）で買い取り、経営統合した。これにより阪急電鉄は連結売上高で東京急行電鉄、近畿日本鉄道に次ぐ第3位の規模の私鉄グループとなった。

10.1 〔鉄道〕桃花台新交通桃花台線が廃止 桃花台新交通桃花台線が経営難のため廃止になる。

11.25 〔鉄道〕ICカード乗車券システム「TOICA」 ICカード乗車券システム「TOICA」がJR東海名古屋地区の4線区で導入された。

12.1 〔鉄道〕神岡鉄道神岡線廃止 神岡鉄道は神岡線（猪谷—奥飛騨温泉口）の営業を廃止した。1984年に国鉄より第三セクター鉄道に転換された路線。高原川沿いの斜面を走るため全線の6割以上がトンネルや橋梁に当たり、奥飛騨の地下鉄と呼ばれた。

12.24 〔地下鉄〕大阪市営地下鉄今里筋線が開業 大阪市営地下鉄今里筋線が井高野—今里間で運転を開始した。

この年 〔航空〕全日空最高益 全日本空輸は3月期連結決算で売上高、経常利益とも過去最高を更新した。国内線は日航の顧客離れが有利に働いた他、国際線はアジア経済の発展で、アジア中心の路線展開が奏功した。

この年 〔航空〕日航、保有株売却で黒字確保 日本航空は2005年以降に相次いだ運行トラブルや顧客離れ、原油高による業績悪化で、3月期連結決算は税引後利益が472億円の赤字となった。6月、新町社長が代表権のない会長となり、西松遙取締役が社長に就任。6月30日には大規模な公募増資を発表した。9月中間連結決算は保有株の売却で中間期としては2年ぶりの税引後黒字を確保した。

この年 〔鉄道〕JR上場3社3月期連結決算 JR東日本、東海、西日本の上場3社が3月期連結決算を発表。東日本と東海は売上高、利益ともに過去最高を記録した。JR東日本は列車増発や普通列車へのグリーン車導入などで鉄道事業の売上高が1.4％増。東海は愛知万博による増収効果が大きかった。一方西日本は2005年4月の福知山線脱線事故による減収や被害者の医療費負担などの影響額が83億円に上り、税引後利益は3期ぶりに前年実績を下回った。

この年 〔自動車〕レクサス巻き返しはかる トヨタ自動車はセルシオの後継で、高級車レクサスの最上級モデルとなる「LS」を世界に先駆けて国内で発売した。前年8月に国内販売を開始したレクサスシリーズは販売目標を下回る苦戦が続いており、2006年の年間販売目標3万台に対し、8月までの販売実績は約半分の1万5082台。しかしLSは予約販売の段階で9000台を超えており、トヨタは年間販売目標を下方

— 340 —

この年 〔船舶〕造船・重機大手そろって増収 造船・重機大手4社が2006年9月中間連結決算を発表。石川島播磨重工業は営業利益が3年ぶり、三井造船は船のディーゼルエンジンの販売が好調で経常利益が2年ぶりに黒字転換した。航空・宇宙部門では三菱重工業が前年同期比10％、川崎重工業が25％、石川島播磨が16％それぞれ増加。発電プラントの好調もあり、4社そろって増収となった。

2007年
（平成19年）

1.4 〔行政・法令〕ICカード免許証の試験交付開始 東京都・埼玉県・茨城県・兵庫県・島根県の1都4県で試験的にICカード免許証の交付が始まった。

2.6 〔鉄道〕東武東上本線ときわ台駅踏切事故 東京都板橋区の東武東上本線ときわ台駅東端の踏切で女性が線路内に侵入、救出しようとした板橋警察署常盤台交番の巡査部長が下り急行電車にはねられた。巡査部長は意識不明の重体、女性も骨盤骨折の重傷。巡査部長は6日後の12日に死亡した。3月1日、殉職した巡査部長に対し、正七位・旭日双光章が授与された。

2月 〔航空〕日航「再生中期プラン」発表 日本航空は2007～10年度対象とする「再生中期プラン」を発表。最初の3年間でグループ社員4300人を削減し、以後人件費を06年度費500億円圧縮するほか、不採算路線の廃止を柱とする。06年3月期決算の赤字から11年3月期の復配を目指す。

3.13 〔航空〕全日空機が胴体着陸 午前、乗客乗員60人が乗った大阪発の全日空のボンバルディア機が、高知空港に着陸しようとしたところ前輪が出ないトラブルが起きた。手動でもトラブルを解消できず上空を約2時間旋回した後、後輪だけで着地、胴体着陸した。乗客乗員にけがはなかった。カナダのボンバルディア社製のプロペラ機で、ヨーロッパでも同種のトラブルや事故が多発していた。16日、ボンバルディア社副社長が国土交通省を訪れて謝罪した。

3.17 〔航空〕機内での携帯電話使用で初の逮捕 全日空機内で機長命令に従わず携帯電話の電源を切らなかったとして、指定暴力団組員の男が逮捕された。3月10日羽田発宮崎行き全日空609便の機内で機長の禁止命令書を無視して携帯電話の使用を続けた疑い。2004年1月の改正航空法施行以来、携帯電話使用での逮捕は初めて。

3.18 〔鉄道〕PASMOサービス開始 首都圏の私鉄、バスの共通ICカード乗車券「PASMO」サービスが開始。JR東日本のSuicaと相互利用ができるため、1枚のカードで首都圏の大半の交通機関が利用可能となった。発売開始から約3週間で300万枚以上が売れたため、4月から9月まで定期券以外のカードの新規発売を中止した。10月12日には約660の駅でシステムトラブルが発生した。

3.18 〔鉄道〕在来線特急の禁煙化 ダイヤ改正に伴い、JR東日本はすべての新幹線および他社線に乗り入れる列車の一部を除いた特急電車、JR西日本とJR九州は運行

時間3時間未満の全在来線特急において、禁煙化を決定した。

3.18　〔鉄道〕仙台空港鉄道仙台空港線開業　名取—仙台空港間を結ぶ仙台空港鉄道仙台空港線が開業。「仙台空港アクセス線」の愛称で呼ばれる。

4.1　〔鉄道〕西鉄宮地岳線が西鉄貝塚線に改称　西鉄宮地岳線・西鉄新宮—津屋崎間の営業廃止に伴い、貝塚—西鉄新宮間路線が西鉄貝塚線と名称変更された。

4.1　〔鉄道・地下鉄・バス〕PiTaPaの利用地域拡大　ICカード乗車券PiTaPaが新たに近鉄、京都市営地下鉄、京阪電気鉄道大津線、神戸電鉄、奈良交通、エヌシーバスの各社で導入され、利用地域が拡大した。

4.1　〔バス〕両備バスと両備運輸が合併　両備バスと両備運輸が対等合併し両備ホールディングスが誕生した。路線バス、貸切バス、タクシー事業を行う。

4月　〔航空〕阿蘇くまもと空港　熊本空港は「阿蘇くまもと空港」の愛称を使用開始する。

4月　〔鉄道〕リニア開業目標2025年に　JR東海は、首都圏・中京圏の超伝導リニアモーターカーの営業運転について、2025年の開始を目指すと表明。東海道新幹線は輸送力増強や高速化のための技術改良がほぼ限界であり、リニア新幹線を東海道新幹線のバイパスと位置づけている。

5.9　〔自動車〕トヨタの営業利益が2兆円を突破　トヨタは2007年度の連結決算を公開し、その中で営業利益が前年比19.2%増の2兆2386億8300万円と過去最高を記録したことを発表した。営業利益2兆円超えは日本企業としては史上初。

5月　〔航空〕アジア・ゲートウェー構想　政府は海外の航空会社の国内空港への乗入れや便数などの規制を緩和する航空自由化の推進をうたう「アジア・ゲートウェー構想」をまとめた。民間航空会社が需要に応じて路線や便数を決める「オープンスカイ」導入について、地方空港では届け出により事実上認める方針を示した。ただし、関西・中部両国際空港については民間会社間の自由な調整は認めない内容で、羽田・成田の首都圏空港については「さらに自由化について検討する」という表現にとどまった。

7.1　〔鉄道〕新型車両N700系運行開始　東海道・山陽新幹線の6台目の新型車両N700が運行を開始、カーブ区間を既存車両より20キロ速い時速270キロで走り、東京・新大阪間を5分短縮する。同路線としては初の客室内全面禁煙車両であり、デッキ6箇所に設置される喫煙ルームの中でのみ喫煙可能。また、座席にコンセントを設置するなど、ビジネスマン向けの利便性を高めた。JR東海と西日本は9月、導入計画について、2009年度までに両社で計54編成の予定を、11年度までに96編成と大幅に増やした。

7.20　〔地下鉄〕地下鉄サリン事件で死刑確定　地下鉄サリン事件で殺人罪などに問われたオウム真理教元幹部横山真人被告に対し、最高裁第2小法廷は上告を棄却。死刑が確定した。

8.11　〔文化〕「機械遺産」認定　日本機械学会は、機械技術の発展に特に寄与した重要な成果や、国民生活や文化、経済に貢献したものを保存し、文化的遺産として次世代に継承していこうという目的で、25件の「機械遺産」を認定した。認定されたのは戦後初の国産旅客機「YS11」、初代新幹線車両「0系」、民間初の量産蒸気機関車「230形233号タンク式蒸気機関車」、二輪車市場を広げるきっかけとなった

ホンダの自転車用補助エンジン「カブ号F型」など。

8.20 〔航空〕中華航空機爆発事故 午前、沖縄の那覇空港に着陸した台北発那覇行きの中華航空ボーイング737型機が、駐機場に停止後、右主翼下のエンジンが爆発、機体が炎上した。乗客乗員165人は直前に脱出して無事だった。主翼内にある可動翼を動かす装置から脱落したボルトが燃料タンクを突き破り、漏れた燃料に引火したもの。

8.25 〔自動車〕海の中道大橋飲酒運転事故 福岡市の海の中道大橋で会社員の一家5人が乗った車が飲酒運転の乗用車に追突されて博多湾に転落。4歳の長男ら子ども3人が死亡した。福岡県警は飲酒運転をしていた福岡市職員の男を業務上過失致死傷などの容疑で逮捕した。

8月 〔航空〕関空が完全24時間化 関西国際空港の第2滑走路の使用が始まり、日本初の完全24時間国際空港となった。ソウルや上海、香港、シンガポールなどアジアの主要空港は複数滑走路と24時間運用が基本装備となっており、関空がようやく世界標準の空港となる。輸出入拠点としての役割も期待される。

8月 〔航空〕日韓航空会社乗入れ自由化 日韓両政府は、相手国の航空会社の乗入れを自由化し、使用空港や便数の制限を撤廃することで合意した。「アジア・ゲートウェー構想」の一環で、外国との自由化に合意したのは初。ただし、成田・羽田両空港は発着枠に余裕がないことから自由化の対象外。

9.8 〔鉄道〕大井川鐵道で蒸気機関車のさよなら運転 大井川鐵道で動態保存されていた蒸気機関車C11形312号機が老朽化に伴い引退することとなり、さよなら運転を実施した。

9.19 〔行政・法令〕飲酒運転、ひき逃げに対して罰則強化 改正道路交通法の施行により、飲酒運転の罰則強化が行われた。従来は最高で懲役3年、罰金50万であったが、最高で懲役5年、罰金100万に引き上げ。またひき逃げ（救護義務違反）に対しても、最高で懲役5年、罰金50万から最高で懲役10年、罰金100万へと変更された。

9月 〔航空〕日中新定期チャーター便 羽田空港と上海の虹橋（ホンチャオ）空港を結ぶ定期チャーター便の運航が開始された。羽田発の国際定期便はソウル線に次ぐ2路線目。

9月 〔道路〕首都高の地下化を提言 東京・日本橋の上を走る首都高速の移設問題を協議してきた有識者会議「日本橋川に空を取り戻す会」は、首都高を地下に埋設し、川沿いを再開発する提言をまとめ、小泉首相に提出した。事業費4000億～5000億、再開発による経済効果を1兆8000億～3兆1000億に上るとする。

9月 〔道路〕首都高距離別料金案 首都高速道路会社は、従来の一律料金に代わり、走行距離によって段階的な料金とする案を2008年10月をめどに導入すると発表。ETC利用の普通車については400～1200円とする。現金払いの利用者はそれぞれの路線の上限料金を入口で払うことになるため、独自の電子マネーを使った支払い方法を導入するなどの軽減策もあわせて発表された。

10.4 〔自動車〕日産、GMとの交渉が破談 米自動車大手ゼネラル・モーターズ（GM）は、日産自動車・仏ルノーとの提携交渉について、「GMの経営再建、株主利益の向上に貢献しないと判断した」と発表。日産・ルノー側が提案した株式持ち合い

を含む包括提携や、提携効果の利益配分を巡って対立していた。

10.14　〔鉄道〕鉄道博物館が開館　2006年5月14日に閉館した交通博物館の後継施設として、埼玉県さいたま市に鉄道博物館が開館。JR東日本創立20周年記念事業のメインプロジェクトであった。

10.26　〔自動車〕第40回東京モーターショー　第40回東京モーターショーが千葉市の幕張メッセで11月11日まで開催された。日産の新型GT-R、富士重工業の新型スバルインプレッサWRX STIなど各社がスポーツカーを公開、若者の車への関心を呼び戻し、国内市場を活性化を狙った。また電気自動車や燃料電池車なども目立ち、三菱自動車は小型電気自動車「i MiEV」試作車を展示、2010年度から国内販売する意向を示した。

10月　〔自転車〕スポーツBAA　スポーツ用自転車の安全基準「スポーツBAA」が自転車協会によって制定・実施された。従来、日本にはスポーツ用自転車の安全基準がなかったが、クロスバイクやロードバイクの急激な普及とともに必要性が叫ばれるようになり設けられた。ヨーロッパで制定されたEN規格をベースに、日本の道路事情等に合わせて制定された。

11月　〔航空〕国際線に運賃格差　全日本空輸は2008年1月に実施を検討していた国際線運賃値上げを見送り、燃油特別付加運賃を3月末まで現状のまま据え置くと発表。一方日本航空は08年1月からの値上げを発表、05年2月に付加運賃制度を導入後、初めて2社間に運賃格差がつくことになった。

11月　〔道路〕10年規模の道路整備計画案　国土交通相は2008年度から10年間の道路中期計画素案を発表した。渋滞緩和など必要性の高い事業を優先的に整備、高規格幹線道路は費用対効果の薄い路線・区間で車線を減らしたり既存一般道を活用するなどして整備構想のある全線の開通を目指す。10年間で整備費65兆円を計上、高速道路の料金引き下げなどの関連施策に3兆円を見込む。道路特定財源を使い切る内容となっているため一部で批判が出た。

12月　〔行政・法令〕公共工事の業者選定に新評価方式　国発注の公共工事で極端な低価格の入札が相次いだことから、国土交通省は、工事の品質確保などのために新たな低価格入札対策をまとめた。総合評価方式を改正、業者の選定に当たっては価格だけでなく技術力を重視するほか、公正取引委員会に対しては不当なダンピングが行われていないかを厳格にチェックするよう求める。

この年　〔航空〕国産ジェット旅客機販売へ　官民が共同開発している初の国産ジェット旅客機MJの販売交渉で、三菱重工業は日本航空と全日本空輸に対し、MJを注文すれば機体引き渡しの2012年までの代替機のリース代などを一部肩代わりするという好条件を提案した。海外の航空機メーカーが2009年に納入可能な状態で先行しており、これに対抗するため。

この年　〔地下鉄〕地下鉄サリン事件第2審も死刑　地下鉄サリン事件で殺人罪などに問われたオウム真理教元幹部2人の第2審が東京高裁で開かれた。5月31日、遠藤誠一被告に対し東京地裁の死刑判決を支持、被告側控訴を棄却。7月13日中川智正被告に対し東京地裁の死刑判決を支持して被告側控訴を棄却。両被告は上告した。

この年　〔タクシー〕タクシー運賃値上げ　国土交通省は長野、大分両県のタクシー運賃の上限額を約10％引上げることを認可した。東京地区は物価問題関係閣僚会議の了承

が必要で、参院選や阿部首相退陣などで調整が難航、初乗りを50円引上げて710円とすることで認可され、12月3日から実施された。値上げ申請は2006年6月以降90の営業地区のうち半数以上から出されており、東京の認可と前後して他地区の認可も進んだ。

この年　〔自動車〕トヨタ生産世界一に　トヨタ自動車は創立70周年となるこの年、子会社のダイハツ工業、日野自動車を含めた世界全体のグループ生産台数が前年比5％増の951万台で、米ゼネラル・モーターズを抜いて初の世界一になった。販売台数は前年比6％増937万台となり、北米、ヨーロッパ、中国など国内を除くほぼ全地域では販売を伸ばしているが、国内市場は市場自体の減少傾向もあり、年間販売目標を達成できなかった。

2008年
（平成20年）

1.16　〔地下鉄〕京都市営地下鉄東西線　京都市営地下鉄東西線の二条―太秦天神川間が開業した。

2.16　〔航空〕日航機が許可なく離陸滑走　北海道の新千歳空港B滑走路で、羽田行き日本航空機が管制官の許可を得ずに離陸滑走を開始。同じ滑走路状に別の旅客機がいたため管制官の指示で緊急停止した。けが人はなかった。

3.14　〔鉄道〕夜行電車相次ぎ廃止　ブルートレインの愛称で親しまれた寝台急行、東京・大阪間の「銀河」が運行を終了。午前8時半に着く新幹線「のぞみ」が1992年に登場して以来利用者が激減、安価な夜行バスなどにおされていた。寝台特急では京都・熊本間の「はな」、京都・長崎間の「あかつき」が廃止された。また2009年3月のダイヤ改正で東京駅発着のブルートレインは全て廃止される見込みとなった。

3.15　〔鉄道〕おおさか東線開業　おおさか東線は放出―久宝寺間で営業を開始した。もとは片町線の貨物支線であった城東貨物線を改良した路線。

3.29　〔鉄道〕Suica・ICOCAとTOICAの相互利用開始　JR東日本のSuica、JR西日本のICOCA、JR東海のTOICAの相互利用が開始された。

3.30　〔鉄道〕日暮里・舎人ライナー　東京都交通局日暮里・舎人ライナーは日暮里―見沼代親水公園間で運転を開始した。

3.30　〔地下鉄〕横浜市営地下鉄グリーンライン　横浜市営地下鉄グリーンラインが開業。日吉―中山間を21分で結ぶ。

3月　〔自動車〕燃料費の運賃転嫁を可能に　国土交通省と公正取引委員会は、燃料高騰に苦しむトラック運送業者向けに、燃料高騰分を運賃に転嫁する燃料サーチャージ性の導入を柱とする緊急措置を発表した。5月に日本通運が大手では初めて制度の導入を届け出た。

5.18　〔鉄道〕ICカード乗車券システム「nimoca」　西日本鉄道はICカード乗車券システ

	ム「nimoca」を導入した。
5月	〔航空〕羽田再拡張後に国際線倍増計画 国土交通省は羽田空港に新滑走路が建設される2010年以降、国際線の発着枠を従来の計画から倍増し、年6万回とする方針を発表した。深夜・早朝帯に限られるが、欧米向けの長距離路線が就航しやすいため、航空交渉の結果、ロンドン、パリへの直行便運行も決まった。
5月	〔航空〕日航シンボルマーク「鶴丸」終了 1959年に考案され60年から機体に登場した日本航空のシンボルマーク、通称「鶴丸」の描かれた最後の1機の機体が羽田・大阪間での最後のフライトを終えた。「鶴丸」は、2002年の日本航空の日本エアシステムとの統合後、新しい「太陽のアーク」に順次塗り替えられてきた。
5月	〔道路〕道路特定財源の一般財源化 政府は道路特定財源を2009年度から一般財源化することや、道路整備中期計画を5カ年として新たに策定することを閣議決定した。また、麻生首相の方針により、道路予算から1兆円規模の「地域活力基盤創造交付金」を新たに創設することを決定した。
6.1	〔行政・法令〕道路交通法改正 改正道路交通法が施行された。後部座席のシートベルト着用義務化、高齢運転者標識（もみじマーク）の表示義務化、自転車に関する通行ルールの規定などが主な内容。また、聴覚障害者に係る免許の欠格事由が見直され、聴覚障害者標識が導入された。
6.14	〔地下鉄〕東京地下鉄副都心線全線開通 東京地下鉄副都心線は池袋―渋谷間の営業を開始し、全線開通。和光市―渋谷間の路線を「副都心線」と命名した。同時に東武東上線や西武鉄道西武有楽町線・池袋線との相互直通運転を開始する。
6月	〔航空〕機長不足で運休 スカイマークは、機長2人の退社が原因で予定していたダイヤが組めなくなったとして8月までの3ヶ月で計633便が運休した。国土交通省は6月、航空法に基づく安全監査を実施し、パイロット不足で安全運行に支障が出ていないかを調査した。
10.19	〔鉄道〕京阪中之島線 京阪中之島線が天満橋―中之島間で営業を開始した。
10.22	〔航空〕静岡空港の立ち木問題 建設中の静岡空港滑走路近くの私有地に航空法に抵触する立ち木がある問題で、静岡県は滑走路を短くして対応することを正式に決定。誘導灯の位置を変更する必要が生じたため、1億円の工事費がかかることも判明した。これらの事情から、2009年3月の開港予定は最大で4ヶ月延期されることとなった。
10月	〔鉄道〕リニアモーターカー実現へ向け前進 JR東海は2025年に首都圏・中京圏で開業を目指すリニア中央新幹線について、候補となっている3ルートの建設が技術的に可能だとする地形・地質調査の報告書を国土交通省に提出した。これを受け国交省は供給輸送力など残る4項目の調査を指示、リニア実現に向け地方自治体などとの協議が本格化。
11.30	〔鉄道〕初代新幹線「0系」引退 だんご鼻の愛嬌のある顔つきで親しまれた初代新幹線「0系」が定期営業運行を終了した。1964年10月1日に東海道新幹線開業と同時に登場し、以来35年で延べ25億人を運んだ。99年に東海道新幹線から山陽新幹線に移され、「こだま」として運行されていた。
11月	〔自動車〕交通需要予測を下方修正 国土交通相は、将来の車の交通量を予測した交

通需要推計を発表した。2020年、30年の見通しを、いずれも02年の前回調査から約13％下方修正し、前回の20年代まで増加するとの予測を、おおむね横ばいで推移するものとした。人口減などで、07年度に初めて全国の自動車保有台数が減少に転じたことなどが要因。

12.27　〔鉄道〕**犬山モノレールが廃止**　犬山モノレールこと名古屋鉄道モンキーパークモノレール線がこの日を持って営業を終了した。犬山遊園―動物園を結ぶ観光路線で日本初の跨座式モノレールであった。

12月　〔航空〕**成田への出資に規制**　空港運営会社への出資規制について検討してきた国土交通省の有識者研究会は、成田国際空港会社の民営化に際し、大口規制を導入した上で政府が一定の株式を保有すべきだとする報告書を政府に提出。これを受け、国交省は翌年の通常国会に関連法の改正案を提出し、成田空港会社の大口規制を盛り込む考えを示した。

12月　〔鉄道〕**整備新幹線未着工区間認可へ**　政府は整備新幹線の未着工区間について、建設区間を限定した部分着工を2009年末までに認可する方向で検討すると発表した。検討区間は札幌・長万部、金沢・福井と敦賀、それと長崎駅の建設で、未着工区間347キロの約55％にあたる190キロ。

12月　〔タクシー〕**タクシー減車を法制化**　国土交通省は、タクシーの台数が増えすぎて過当競争になっている地域を対象に、営業台数を減らすことができる制度を創設する方針を発表。国交省が「特定地域」として指定する地域の業者や自治体で組織する協議会で減車が結論づけられたら、国交省が容認するというもの。

この年　〔航空〕**サーチャージ過去最高額**　航空燃料の高騰を受け、日本航空と全日本空輸は燃油特別付加運賃（サーチャージ）を段階的に引き上げた。10〜12月発券分は過去最高額となり、欧米線で3万3000円、香港・台湾・中国線で1万500円、韓国線で4000円となった。

この年　〔航空〕**不採算路線を廃止**　燃料費の高騰を受け、日本航空と全日本空輸は搭乗率が低迷している関西国際空港を中心に不採算路線を大幅に縮小。日航は国際線5路線、国内線12路線を廃止、4線を減便、このうち関空発着便が10路線。全日空は国際線2路線を廃止、国内9路線を減便した。関空発着便はこのうち5路線で、全日空は関空初のリゾート路線から撤退した形になった。

この年　〔自動車〕**2008年国内新車販売台数**　2008年の国内新車販売台数は前年比6.5％減の321万2342台。ピークだった1990年の約半分にあたり、1974年以来34年ぶりの低水準となる。

この年　〔自動車〕**トヨタが販売世界一に**　トヨタの2008年世界販売台数は897万2000台。前年比4％減ではあるものの、GMを抜いて販売世界一となった。GMがフォードを抜いて以来77年ぶりの首位交替。

この年　〔自動車〕**トヨタの地方雇用悪化**　特に北米における景気の悪化と円高により、トヨタは生産台数の下方修正に着手した。この影響で、子会社や系列会社が生産を削減せざるを得ず、設備投資の抑制や人員削減を迫られた。トヨタ九州は6〜8月に契約解除した派遣社員800人のうち500人について、再契約する方針を撤回。デンソーは期間従業員を800人削減した。トヨタの関連メーカーの集中する愛知県では、9月の有効求人倍率が前月比0.1ポイント低下、全国最大の下落率を記録した。

この年　〔船舶〕景気減速で活況から減便へ　日本郵船、商船三井、川崎汽船の海運大手3社が発表した9月中間連結決算は、3社とも売上高、税引後利益とも過去最高となった。しかし世界的な景気減速で状況が一変、大手は相次いで欧米向け路線の減便に踏み切った。

この年　〔道路〕高速道路料金大幅引き下げ　政府の景気対策の一環として決定。一部の大都市圏を除く地方の高速道路では、土・日・祝日に利用する普通車は距離に関わらず原則1000円、全車種を対象に平日の割引のなかった時間帯を3割引。首都高速と阪神高速でも休日に一定の割引を実施する。ETC機器の装着が条件で、期間は2010年度末まで。

2009年
(平成21年)

1.4 〔行政・法令〕IC免許証　運転免許証がICチップが内蔵されたICカード免許証となった。また、免許証表面への本籍の記載も廃止され、内蔵のICチップに記録する方式に変更された。免許保持者には8桁の暗証番号の登録が義務づけられる。

2.5 〔自動車〕ホンダ、「インサイト」を発表　ホンダは新型ハイブリッド車「インサイト」を発表した。200万円を切る価格はハイブリッド車としては破格。

3.13 〔鉄道〕ブルートレイン「はやぶさ」・「富士」などが廃止　ブルートレイン寝台特急「はやぶさ」・「富士」および急行「つやま」がこの日発車の列車を以て廃止された。

3.14 〔鉄道〕KitacaとSuicaの相互利用を開始　時刻表改正に伴い、JR北海道のIC乗車券KitacaとJR東日本Suicaの相互利用が開始された。

3.14 〔鉄道・地下鉄〕パスネットの利用を終了　パスネットを導入していた私鉄各社は、この日全事業者が自動改札機でのパスネット利用を廃止。以後パスネットは自動券売機・精算機での利用等に使用範囲が限定され、PASMOへと移行する。

3.16 〔バス〕高速バス全焼事故　午前4時15分頃、静岡県牧之原市の東名高速上り線で、大阪発東京行きのJRバス関東「青春メガドリーム号」が炎上、全焼した。乗客・乗務員78人は避難して無事だった。バスはドイツのネオプラン社製の「メガライナー」で、同車種による同様の事故が前年にも起きていたことから、JRバス関東はメガライナーの運行を中止した。

3.20 〔鉄道〕阪神なんば線　西大阪線西九条駅—大阪難波駅間が開業。これとともに線名を西大阪線から阪神なんば線と改称。また、近鉄難波駅は大阪難波駅に改称された。阪神電気鉄道と近畿日本鉄道の相互乗り入れが開始される。

3.20 〔道路〕アクアライン土日通行料が1000円に　全国の高速道路料金値下げに先駆けて、東京湾アクアラインでは土日・祝日のETCによる通行料を1000円に値下げした。この影響を受け、20日午後4時までのアクアライン通行量は前年同時期を約27%上回る約26,000台となった。更に8月1日からは、ETC車の通行料を試験的に毎日800円とした。

2009年（平成21年）

3.23　〔航空〕成田・貨物機炎上事故 午前6時48分頃、成田空港に着陸しようとしたフェデラルエクスプレスの貨物機FDX80便がバランスを崩し、滑走路上で横転、炎上した。米国人の機長と副操縦士が死亡。強風が原因と見られる。成田空港での死亡事故は開港以来初。この事故の影響で滑走路は閉鎖され、成田空港発着の国際・国内便の欠航が相次いだ。

3.28　〔道路〕「高速道路通行料1000円」開始 大都市圏以外の高速道路で「土日・祝日は一律上限1000円」とする値下げが開始された。値下げはETCの導入が条件となる。これにより各路線では一般利用者数が大幅に増加したが、その一方で、環境への悪影響や、鉄道・バス・フェリーなどの経営悪化を心配する声も上がった。特に高速道路を利用する高速バスは、利用者が減少した上に混雑による到着遅れが増加するなど、深刻な打撃を受けた。

4.1　〔行政・法令〕新グリーン税制（環境対応車普及促進税制） 通称「新グリーン税制」が施行された。クリーンディーゼル車やハイブリッド車といった環境性能に優れた自動車を対象に、平成24年度（2012年）までに新車で購入した場合、2012年までの3年間限定で自動車取得税と自動車重量税が減額されるというもの。

4.17　〔自動車〕もみじマーク問題 2008年4月の道路交通法交付によって、70歳以上の運転者に対し、もみじマークの表示を義務づけることが決定した。しかし、施行を目前に控えた2008年5月になって野党はもとより与党からも批判意見が噴出。結局この年の改正にあたって再び努力義務規定へ戻された。同年7月23日、警察庁はもみじマークのデザイン代替案を公募し、「枯れ葉のようだ」と揶揄される現行デザインの変更を検討すると発表した。

4.17　〔自転車〕自転車三人乗り解禁 本来法律違反ながら黙認されている状態であった自転車の三人乗りについて、警視庁は2008年の「交通の方法に関する教則」で厳しく取り締まる方針を打ち出した。これに対し主に幼児を持つ家庭から反対意見が噴出したことから、安全基準を満たした自転車に限り三人乗りが容認されることとなった。一部地方自治体では三人乗り専用自転車のレンタルも開始された。

4.17　〔行政・法令〕道路交通法改正 改正道路交通法が施行された。もみじマークの努力義務化、高齢者・障害者・妊婦専用の駐車区間設定などが規定された。

5.19　〔航空〕静岡空港の立ち木問題 静岡空港の立ち木問題に関連して石川嘉延静岡県知事が辞職届を提出した。立ち木のある私有地の権利者が伐採の条件として知事の辞職を要求していたため。

6.1　〔行政・法令〕認知機能検査の義務付け 改正道路交通法が施行され、75歳以上の運転者の普通自動車運転免許等更新の際に認知機能検査が義務付けられることとなった。

6.4　〔航空〕静岡空港開港 静岡空港が開港した。空港の愛称は「富士山静岡空港」。

6.29　〔自動車〕トヨタとGMの合弁解消 連邦倒産法第11章の適用を申請中の米ゼネラル・モーターズは、トヨタとの合弁工場「NUMMI」からの撤退を発表し、25年間に渡る両社の合弁事業に幕が下ろされることとなった。またこれを受け、トヨタは「NUMMI」の閉鎖を決定した。

7.1　〔航空〕燃油サーチャージをゼロに ジェット燃料価格の下落に伴い、日航と全日空

	は国際線運賃に上乗せしている燃油サーチャージをゼロとした。燃油サーチャージは日本の旅客輸送においては2005年から導入されていたが、原油価格の高騰に伴った大幅な値上げが続き、乗客数の低迷を招いていた。
8.6-14	〔道路〕高速道路通行料1000円、平日にも実施 ETC車を対象とした高速道路の料金値下げが、平日の6(木)、7(金)、13(木)、14日(金)に実施された。お盆期間中の交通量を分散させることが狙い。
8.18	〔自動車〕日産自動車が本社移転 日産自動車が本社機能を横浜みなとみらい21中央地区に移転した。
9.25	〔航空〕JAL再生タスクフォース 経営危機にある日航の再建に関して、前原誠司国土交通相は「JAL再生タスクフォース」を発足、企業再生の専門家の手で抜本的な改革を目指すと発表した。日航は同月11日には米デルタ航空との資本・業務提携交渉に入ったことが判明していた。
10.1	〔航空〕燃油サーチャージ再開 ジェット燃料の再上昇を受け、日航と全日空は燃油サーチャージの上乗せを再開した。欧州・北米便で1万4000円の値上げとなる。
10.1	〔鉄道〕首都圏144駅を全面禁煙化 JR東日本は首都圏の144駅での全面禁煙化を実施した。「受動喫煙防止条例」が全国で初めて施行される神奈川県では全駅が禁煙となった。
10.8	〔鉄道〕台風18号の影響で首都圏のJR全面運休 8日早朝に本州に上陸した台風18号は通勤時間帯の首都圏を直撃、JRは安全確保のため全面運休となり、完全復旧までは5時間以上を要した。首都圏の在来線だけでも2600本の運休は過去最大規模。約296万人の足に影響した。JRに接続する各私鉄でもダイヤ乱れが相次いだ。
10.23	〔自動車〕第41回東京モーターショー 第41回東京モーターショーが幕張メッセにて開催された。会期は11月4日まで。エコカーの展示が中心のショーとなったが、不況の影響で展示面積は前回の約半分になり、来場者も大幅に減少した。
10月	〔自動車〕プリウスが国内新車販売台数首位に 2009年度上半期の国内新車販売台数ランキングで、トヨタのプリウスが初めて首位に立った。ハイブリッド車が半期ベースで1位になるのはこれが初めて。低燃費志向の高まりやハイブリッド車が減税対象となったことが影響したと見られる。プリウスは2009年日本カー・オブ・ザ・イヤーにも選ばれた。
11.17	〔自動車〕電気自動車で560km走破 日本EVクラブが軽自動車を改造して自作したコンバートEV「ダイハツ ミラ EVバン」で東京—大阪間の555.6キロの無充電走破に成功、世界新記録を達成した。
12.11	〔航空〕日米オープンスカイ協定 アメリカ・ワシントンで行われた日米航空協議において、日米両国はオープンスカイ(航空自由化)協定の締結で合意に達した。これにより両国間の航空便数に関する規制は撤廃され、空港路線は原則的に各航空会社が自由に決めることができる。また翌2010年10月以降、羽田—アメリカ便の運行を開始することが決定された。
この年	〔航空〕国産小型旅客機MRJ 三菱航空機は、開発中の小型旅客機MRJについて、米国の航空会社トランス・ステーツ・ホールディングスから100機の受注を受けたと発表した。同機は国産初の小型ジェット旅客機で、他の機種に比べて燃費性能

の面で優れているとされる。

分野別索引

分野別索引　目次

交通全般 …………………………………… 355
航空 ………………………………………… 355
鉄道 ………………………………………… 365
地下鉄 ……………………………………… 385
バス ………………………………………… 386
タクシー …………………………………… 390
馬車 ………………………………………… 390
人力車 ……………………………………… 391
自動車 ……………………………………… 391
オートバイ ………………………………… 398
自転車 ……………………………………… 399
船舶 ………………………………………… 399
道路 ………………………………………… 402
行政・法令 ………………………………… 403
文化 ………………………………………… 405

【交通全般】

2.26事件の影響	1936.2.29
交通機関、大雪でマヒ	1969.3.12
首都圏に観測記録の大雪	1986.2.18
阪神・淡路大震災による交通被害	1995.1.17
不況で落ち込む貨物輸送	2002(この年)
陸海空の旅客いずれも増加	2002(この年)

【航空】

臨時軍用気球研究会設立	1909.7月
徳川・日野両陸軍大尉が日本初の動力飛行に成功	1910.12.19
陸軍所沢飛行場開設	1911.4.1
奈良原式2号機、国産初飛行に成功	1911.5.5
陸軍「会式」1号機完成、初飛行に成功	1911(この年)
帝国飛行協会設立	1913.4.23
第1回民間飛行大会	1914.6.13-14
自動車と飛行機が実戦参加	1914.11月
伊藤飛行機研究所創設	1915.2月
飛行船「雄飛号」完成	1915.4.21
陸軍航空大隊設立	1915.12月
伊藤音次郎、東京訪問飛行に成功	1916.1.8
海軍初の国産水上機横廠式が完成	1916.4月
飛行機研究所設立	1917.12.20
陸軍制式1号機完成	1917.12月
東大航空研究所開設	1918.4.1
川崎造船所、飛行機科を設置	1918.7月
中島式5型複葉機、陸軍制式機として採用	1919.4.15
第1回懸賞郵便大会	1919.10月
陸軍省に臨時航空委員会設置	1919.11.4
中島飛行機製作所設立	1919.12月
川崎造船所、サルムソン式2A2型機の国産化に着手	1919(この年)
陸軍、サルムソン式2A2型機を制式採用	1919(この年)
川西機械製作所設立、飛行機部設置	1920.2月
三菱内燃機製造設立	1920.5.15
三菱内燃機製造、艦上機の設計開始	1921.2月
海軍、10年式艦戦を制式採用	1921.11月
日本航空輸送研究所設立	1922.6.4
陸軍立川飛行場開設	1922.7月
日本航空輸送研究所、定期航空開始	1922.11.15
東西定期航空会、東京—浜松—大阪線開設	1923.1.11
日本航空(川西)設立	1923.4月
日本航空、大阪—別府—福岡線開設	1923.7.12
川崎造船所、陸軍サルムソン偵察機の国産化第1号機を完成	1923(この年)
「春風号」日本一周飛行に成功	1924.7.23-31
石川島飛行機製作所設立	1924.11.1
航空局、逓信省の内局に	1924.11.25
「初風」「東風」が訪欧飛行に出発	1925.7.25
日本航空、初の国際定期便を開設	1926.9.13
川崎造船所、「八七式重爆撃機」の試作機を完成	1926(この年)
日本航空機関士会発足	1927.4月
帝国飛行協会、太平洋横断飛行計画を発表	1927.6.23
日本航空輸送会社設立準備委員会設置	1927.7.9
東西定期航空会、旅客輸送を開始	1927.7月
日本航空輸送設立	1928.10.20
川西航空機設立	1928.11.5
日本航空、定期路線権を日本航空輸送に譲渡	1929.3.30
東西定期航空会、定期路線権を日本航空輸送に譲渡	1929.3.31
日本航空輸送が郵便・貨物輸送を開始	1929.4.1
箱根、福岡、亀山に航空無線電信局開設	1929.5.9
日本航空輸送、大阪—上海線の就航開始	1929.7.1
日本航空輸送、旅客輸送開始	1929.7.15
日本学生航空連盟発足	1930.4.28
新潟市営飛行場開業	1930(この年)
ユンカースA-50「日米号」水上機が太平洋横断飛行に出発	1931.5.14
「青年日本」号、訪欧飛行に出発	1931.5.29
羽田東京飛行場開場	1931.8.25
中島飛行機設立	1931.12.15
満洲航空設立	1932.9.26
羽田飛行場の夜間用着陸照明灯完成	1933.5.6
住友金属工業プロペラ製造所、金属プロペラの製造開始	1933(この年)
三菱造船が三菱重工業に改称	1934.4月
三菱重工業発足	1934.6月
名古屋飛行場開場	1934.7.3
日本航空輸送、名古屋飛行場に寄港開始	1934.10.1
日本飛行機設立	1934.10.11
堺水上飛行学校開校	1935(この年)
福岡第一飛行場(雁の巣)開場	1936.6.6
石川島飛行機製作所、立川飛行機に改称	1936.7月
「神風号」が訪欧飛行に出発、飛行時間の国際新記録を樹立	1937.4.9

- 355 -

国際航空設立	1937.5.20
川崎航空機工業発足	1937.11.18
東京航空計器設立	1937(この年)
国際航空のハインケルHe-116型2機、ベルリン―東京間南方コースで飛行時間新記録	1938.4.23-29
航研機、周回飛行の世界記録を樹立	1938.5.15
阪神飛行学校設立	1938.6月
大日本航空設立	1938.12.1
ゼロ戦の原型が完成	1939.4.1
中央航空研究所設置	1939.4.1
ゼロ戦、海軍による初のテスト飛行	1939.7.6
「ニッポン号」世界一周飛行に成功	1939.8.26-10.20
特殊法人大日本航空設立	1939.8.31
川崎造船所、川崎重工業に改称	1939.12.1
日本航空輸送研究所などの輸送部門解散	1939(この年)
大日本飛行協会設立	1940.10.1
石川島航空工業設立	1941.8月
海軍、二式飛行艇を制式採用	1942.2月
小牧飛行場開場	1944(この年)
航空局、運輸省の内局に	1945.5.19
ロケット戦闘機「秋水」、第1回目の試験飛行で墜落	1945.7.7
国産ジェット攻撃機「橘花」が初飛行に成功	1945.8.7
日本初のジェットエンジン「ネ20」、海軍に納入	1945.8月
GHQ、羽田飛行場ほか各地飛行場接収	1945.9.12
富士産業に改称	1945.9月
大日本航空、解散決議	1945.10.8
緑十字飛行実施	1945.10月
大日本飛行協会解散	1945.11.10
GHQ、SCAPIN 301(航空禁止令)発令	1945.11.18
航空機製造事業法廃止	1945.12.21
逓信院電波局航空保安部発足	1946.1.1
逓信省航空保安部設置	1946.7.1
GHQ、5通信所の設置・運営指示	1946.7.11
米空軍、航空管制を開始	1946(この年)
航空保安庁設置	1949.6.1
タチヒ工業設立	1949.11月
新明和興業を設立	1949(この年)
GHQ、SCAPIN 2106通告	1950.6.26
航空交通管制官第1期生、米国へ派遣	1950.10月
航空保安庁、航空庁に改称	1950.12.12
GHQ、日本資本による国内航空運送事業認可の覚書	1951.1.30
2つの日本航空が合流、新会社設立へ	1951.5.7
日本航空、国内定期航空運送事業の営業免許	1951.5.22
日本航空設立	1951.8.1
日航、ノースウェスト航空と委託運航契約締結	1951.10.11
再開1番機が飛ぶ	1951.10.25
日航、パイロット要員を米国に派遣	1952.4.3
日航「もく星」号が三原山に墜落	1952.4.9
国際航空の主権、日本側に返還	1952.4.28
日本観光飛行協会発足	1952.4月
民間航空会社自主運行再開	1952.4月
日航、パイロット要員の国内訓練開始	1952.5.15
羽田飛行場が日本側に返還、東京国際空港に改称	1952.7.1
日本航空整備設立	1952.7.1
東京国際空港管理規則制定	1952.7.3
航空審議会設置	1952.8.1
航空庁が航空局に改組、運輸省の内局に	1952.8.1
通産省、重工業局に航空機課設置	1952.8.1
日米航空協定調印	1952.8.11
青木航空運航開始	1952.9.6
日本航空宣伝協会設立	1952.9.13
日航、国内定期航空運送事業免許	1952.9.20
日本ヘリコプター輸送、極東航空、国際航空に航空機使用事業免許	1952.9.21
戦後国産機第1号「タチヒ号」練習機完成	1952.9.30
国際線免許申請3社競願	1952.9月
日航、自主運航開始	1952.10.25
国連、日本のICAO加盟承認	1952.11.6
航空審議会、「わが国民間航空の再建方策」について運輸大臣に答申	1952.11.12
極東航空設立	1952.12.26
日本ヘリコプター輸送設立	1952.12.27
航空機生産審議会、「ジェット航空機の試験研究」について答申	1953.1.12
戦後初の日本人操縦士による事故	1953.1.19
大和航空、富士航空に航空機使用事業許可	1953.2.4
中日本航空設立	1953.5.4
FAI、日本航空協会の加盟承認	1953.5.20
極東航空、日本ヘリコプター輸送に不定期航空運送事業免許	1953.5.29
北日本航空設立	1953.6.30
ICAO、日本の加盟を承認	1953.7.1

富士重工業設立	1953.7.15
日本空港ビルディング設立	1953.7.20
日本ジェットエンジン設立	1953.7.23
熊本飛行場発足	1953.9.1
日航、IATA加盟	1953.9.17
日本航空株式会社新発足	1953.10.1
日本、ICAOに加盟	1953.10.8
極東航空、日本ヘリコプター輸送に定期航空運送事業免許	1953.10.15
日航、太平洋線第1回試験飛行	1953.11.23
東亜航空設立	1953.11.30
西日本空輸設立	1953.12.3
航空産業の再出発	1953（この年）
住友金属工業プロペラ部、航空機器の製造修理を再開	1953（この年）
日飛モータース、米海軍と航空機修理契約を締結	1953（この年）
日航、太平洋線開設披露日米親善招待飛行	1954.1.17-2.14
川崎航空機工業設立	1954.2.1
東亜航空に航空機使用事業免許	1954.2.2
日航、太平洋線定期運航を開始（初の国際線）	1954.2.2
日本ヘリコプター輸送、定期便運航開始	1954.2.5
ベル47-D1型ヘリコプター国産1号機、保安庁に納入	1954.2.15
日本初の飛行機自殺	1954.2.21
川崎航空機工業、T-33A、F-94C製作に関する権利・技術援助契約を締結	1954.2.24
全日本航空事業連合会設立	1954.2.26
極東航空、大阪―岩国線を開設	1954.3.1
日本ヘリコプター輸送、東京―名古屋―大阪線を開設	1954.3.1
東大生産技術研究所、AVSA計画を策定	1954.4.16
青木航空、八丈島への不定期路線認可	1954.4.21
富士航空、南日本航空、大和航空、北陸航空に不定期航空運送事業免許	1954.4.28
航空大学校設立	1954.7.1
戦後初の国産航空機エンジン完成	1954.7.16
航空技術審議会設置	1954.7月
日本観光飛行協会、不定期航空運送事業免許	1954.8.10
青木航空機遭難	1954.9.25
航空大学校開校	1954.10.1
日航、三沢・名古屋・岩国への寄航を中止	1954.10.25
日航、東京―福岡線の直行便運航開始	1954.10.25
阪神飛行場、接収解除	1954.11.10
極東航空、大阪―福岡―宮崎線定期航空許可	1954.11.30
航空審議会、「民間航空事業の振興方策」について答申	1954.12.13
日本空港リムジン設立	1954.12.16
航空技術研究所設立決定	1954（この年）
日航赤字助成策	1954（この年）
日航輸送実績	1954（この年）
日本航空整備協会設立	1955.1.11
富士重工業、富士工業など5社を吸収合併	1955.4.1
東京国際空港ターミナルビル完成	1955.5.15
阪神飛行場、正式に運輸省へ移管	1955.7.8
航空技術研究所開設	1955.7.11
川崎航空機工業、T-33ジェット練習機国産化契約に調印	1955.8.5
日本ヘリコプター輸送、名古屋―小松間不定期路線認可	1955.9.30
極東航空のハンドレページ・マラソン、一時運航停止	1955.10.3
国産ジェット・エンジンJO-1完成	1955.11.10
日航、DC-8を4機発注	1955.12.15
宮崎飛行場、自主管制を開始	1955（この年）
国産ジェット機への道	1955（この年）
ジェット中間練習機国産計画の使用エンジン決定	1956.1.4
川崎航空機工業、ジェットエンジン研究部を新設	1956.1.13
T-33ジェット練習機国産1号機完成	1956.1.16
八尾飛行場開場	1956.4.1
航空技術研究所、科学技術庁の附属機関に	1956.5.19
通産省、「民間輸送機工業育成5ヵ年計画」立案に着手	1956.6.3
国産ジェットエンジンJ-3完成	1956.6.29
琉球列島内に定期便開設	1956.6月
航空技術審議会、科学技術庁の附属機関に	1956.7.1
国産ジェット中間練習機に富士重工T1F1の採用決定	1956.7.11
科学技術庁、遷音速風洞建設を決定	1956.8.15
福岡給油施設設立	1956.8.31
通産省、中型輸送機国産化計画を省議決定	1956.9月
新三菱重工業名古屋航空機製作所発足	1956.10.1
国産小型連絡機LM-1第1号機完成	1956.10.3

日航、初の五輪選手団空輸	1956.11.4	輸送機設計研究協会、YS-11の試作計画を発表	1958.4.24
日本ジェットエンジン、5社出資が決定	1956.11.10	日ソ航空協定交渉	1958.4月
日本ヘリコプター輸送と極東航空、合併仮契約に調印	1956.12.28	日米航空交渉	1958.4月
		国際線新航路	1958.5.8
国際航路進出	1956(この年)	中央航空設立	1958.5.21
日本航空機操縦士協会が発足	1957.1.17	航空機工業審議会を設置	1958.5月
高松飛行場完成	1957.1.27	東京国際空港返還式	1958.6.30
空港グランドサービス設立	1957.3.1	東京国際空港の管制業務、日本に移管	1958.7.1
大分空港開港	1957.3.10	日本航空整備、DC-7C機体オーバーホールを完了	1958.7.25
石川島重工業、ジェットエンジン専門の田無工場開設	1957.3.20	全日空下田沖墜落事故	1958.8.12
宮崎空港開港	1957.4.1	日本航空少年団結成	1958.9.14
日本航空国際線増便	1957.4.3	小牧飛行場全面返還	1958.9.15
仙台空港開港	1957.4.22	J-3ジェットエンジン、テスト飛行	1958.12.22
名古屋空港ビルディング設立	1957.4.22	川崎航空機工業、T-33の生産完了	1959.3.12
輸送機設計研究協会設立	1957.5.1	全日空、東京―大阪間直行便免許	1959.3.26
5飛行場の交通管制権、日本側に返還	1957.7.1	日航と全日空が提携	1959.4月
鹿児島空港開港	1957.7.1	東京国際空港拡張工事起工式	1959.5.28
日航、夏期深夜便「オーロラ便」営業開始	1957.7.20	日航、ロス乗入れへ	1959.5月
		日本航空機製造設立	1959.6.1
運輸省技術部航務課管制係、管制課に昇格	1957.7月	航空交通管制業務、全面的に日本に返還	1959.7.1
日本人機長による初の東京―ホノルル間無着陸試験飛行	1957.9.1	大阪空港、大阪国際空港に改称	1959.7.3
		航空騒音への関心高まる	1959.9.6
名古屋空港ビル完成	1957.9.15	全日空、東京―札幌線直行便の運航開始	1959.10.10
日航機が不時着炎上	1957.9.30		
伊丹飛行場の航空管制業務、日本に移管	1957.10.1	警視庁、初のヘリコプター配備	1959.10.16
		ジェット機就航	1959.10月
日本ヘリコプター輸送と極東航空、合併契約に調印	1957.10.30	東京フライトキッチン設立	1959.12.9
		名古屋空港設置告示	1960.2月
日本初の国産ジェット中間練習機T1F2の開発成功	1957.11.26	名古屋空港滑走路上で全日空機と自衛隊機衝突	1960.3.16
大田区に航空機騒音の防音工事費支払い	1957.11月	大阪国際空港に国際線就航	1960.4.1
		日航、大阪経由香港線の運航開始	1960.6.3
全日本空輸設立	1957.12.1	日航、深夜便「ムーンライト」の運航開始	1960.6.22
T1F1-801国産ジェット練習機、試験飛行に成功	1957.12.18	三ツ矢航空設立	1960.7.7
東亜航空に不定期航空運送事業免許	1957.12.18	全日空バイカウント744、東京―札幌線に就航	1960.7.15
航行距離激増	1957(この年)		
T1F2ジェット練習機初飛行	1958.1.19	日航のジェット1番機DC-8「富士号」、サンフランシスコ線に就航	1960.8.12
富士航空、鹿児島―種子島線を開設	1958.2.24		
日本観光飛行協会、日東航空に改称	1958.2.26	日航のDC-7、東京―札幌線に就航	1960.8.18
全日空、極東航空と合併	1958.3.1	「日本の航空50年」展開催	1960.9.16
伊丹飛行場、大阪空港に改称	1958.3.15	日本の航空50年記念航空ページェント開催	1960.9.18
大阪空港、日本に全面返還	1958.3.18	航空50年記念切手発売	1960.9.20
ソ連、日ソ間航空路開設の申入れ	1958.3.22	北陸エアターミナルを設立	1960.9.26
日航の赤字解消	1958.3月	航空技術研究所、遷音速風洞完成	1960.10.10
東大航空研究所再設置	1958.4.1		

石川島播磨重工業設立	1960.12.1	第2国際空港建設方針が決定	1962.11.16
日本の航空50年記念日、苗木植樹式	1960.12.19	全日空機訓練機墜落	1962.11.19
東京国際空港騒音対策委員会、第1回会合開催	1960.12.26	東京第2国際空港の基本構想発表	1962.11.21
		YS-11完成披露・公開試験飛行実施	1962.12.18
羽田周辺航空機爆音被害防止協議会発足	1960.12月	全日空と藤田航空、合併覚書に調印	1962.12.29
		ローカル空港の整備	1962(この年)
ローカル線の需要が増大し、競願問題に	1960(この年)	航空会社の業務提携	1962(この年)
		国際空港の整備	1962(この年)
国際線輸送実績3割増	1960(この年)	第2東京国際空港建設計画	1962(この年)
新明和興業が新明和工業に	1960(この年)	東京国際空港、騒音防止措置を講じる	
稚内空港供用開始	1960(この年)		1962(この年)
日本航空躍進	1960(この年)	日航国際線概況	1962(この年)
住友精密工業設立	1961.1.5	日航国内線概況	1962(この年)
日本農林ヘリコプター設立	1961.3.1	宮崎空港ビル竣工	1963.3.28
全日空、国内全線ジェット化計画を発表	1961.3.14	大阪空港周辺の騒音調査実施	1963.3月
広島空港ビルディング設立	1961.4.17	航空技術研究所、航空宇宙技術研究所に改称	1963.4.1
羽田空港で発のジェット機事故	1961.4.24	千歳空港ターミナルビル完成	1963.4.1
日米航空協定改定交渉開始	1961.5.29	日東航空「つばめ号」墜落事故	1963.5.1
日航、北回り欧州線開設	1961.6.6	航空交通管制本部、新庁舎に移転	1963.5.15
青木航空、藤田航空に改称	1961.6.11	東京国際空港国際線ターミナルビル拡張工事落成式	1963.7.15
長崎航空設立	1961.6.12	藤田航空機八丈富士墜落事故	1963.8.17
全日空バイカウント828、東京—札幌線に就航	1961.7.12	ICAO航空法国際会議、東京条約に調印	1963.9.14
航空技術研究所、超音速風洞完成	1961.7.28	東京国際空港、深夜・早朝ジェット機発着禁止	1963.10.1
広島空港開港	1961.9.15		
日航、国内線ジェット機初就航	1961.9.25	日航、日本航空整備と合併	1963.10.1
日航のコンベア880、東京—福岡線に就航開始	1961.10.25	札幌航空交通管制所開所	1963.10.30
		全日空、藤田航空を吸収合併	1963.11.1
北海道空港設立	1961.10.30	総合政策研究会、「航空政策への提言」を発表	1963.11.18
ローカル空港の整備	1961(この年)		
釧路空港供用開始	1961(この年)	新東京国際空港候補地	1963.12.11
国際線輸送量4割増	1961(この年)	日東航空、富士航空、北日本航空が合併契約書に調印	1963.12.25
全日空赤字解消	1961(この年)		
日航国内線輸送量4割増	1961(この年)	国内空港開業状況	1963(この年)
函館空港開港	1961(この年)	日本航空機製造、YS-11の販売活動を開始	1963(この年)
東京国際空港ターミナルビル拡張工事起工	1962.1.17		
		富士航空、最長ローカル路線を開設	1963(この年)
東亜航空、定期航空運送事業免許	1962.2月		
航空議員懇談会設立	1962.3.8	民間機、軍用機ともにジェット化が進む	1963(この年)
石川島播磨重工業、J-3ジェットエンジン納入	1962.4.23		
		日航と全日空、ボーイング727の共同決定を発表	1964.1.13
岡山空港ビルディング設立	1962.5月		
YS-11第1号機完成	1962.7.11	全日空、ボーイング727購入契約に調印	1964.1.22
日航と全日空、提携強化のため協議会設置	1962.7月		
		東京国際空港C滑走路供用開始	1964.2.11
YS-11、初飛行に成功	1962.8.30	日東航空旅客機墜落	1964.2.18
全日空と東亜航空、業務提携発表	1962.9.7	大分空港で富士航空機墜落	1964.2.27
岡山空港開港	1962.10.13		

ホンダエアポート設立	1964.3.27	総合政策研究会、「航空の国際収支に関する提言」を発表	1965.6.18
海外渡航自由化	1964.4.1	日航のボーイング727、就航開始	1965.8.1
東大宇宙航空研究所設立	1964.4.1	札幌航空交通管制所、運用開始	1965.8.8
日本国内航空設立	1964.4.15	国産軽飛行機FA-200、初飛行に成功	1965.8.12
日航、ボーイング727を6機発注	1964.5.15	MU-2B、型式証明取得	1965.9.18
日ソ定期航空路開設交渉	1964.5.15-26	全日空のYS-11「オリンピア」初就航	1965.9.20
全日空のボーイング727、東京—札幌線に就航	1964.5.25	大阪国際空港、深夜・早朝ジェット機発着禁止	1965.11.24
大阪国際空港にジェット機乗入れ	1964.6.1	日米航空協定改定交渉調印	1965.12.28
日本国内航空のコンベア240就航開始	1964.6.1	航空業界再編	1965(この年)
第2次日米航空交渉開始	1964.6.22	国内の空港整備すすむ	1965(この年)
日航のコンベアCV-880、大阪国際空港に就航開始	1964.6月	新東京国際空港進展せず	1965(この年)
エア・アメリカ社、琉球列島内航空事業開始	1964.7月	全日空事業概況	1965(この年)
		日航国際線概況	1965(この年)
日米航空交渉一時休会	1964.8.6	名古屋空港と名瀬空港、国際空港に指定	1966.1.19
YS-11に型式証明交付	1964.8.25	日ソ航空協定調印	1966.1.21
YS-11、東京オリンピックの聖火輸送	1964.9.9	全日空羽田沖墜落事故	1966.2.4
総合政策研究会、「ゆきづまる東京国際空港」を発表	1964.9.14	FA-200、型式証明取得	1966.3.2
日航のコンベア880、東京—大阪—福岡線に就航	1964.10.1	名古屋空港国際線第1便が出発	1966.3.2
		カナダ太平洋航空機墜落事故	1966.3.4
大阪国際空港騒音対策協議会発足	1964.10月	英国海外航空機空中分解事故	1966.3.5
帯広空港開設	1964.12.1	カナダ太平洋航空機と英国海外航空機の事故技術調査団設置	1966.3.7
全日空、YS-11を3機発注	1964.12.29	福岡管制所、新庁舎に移転	1966.3月
近距離航空研究会が発足	1964(この年)	鹿児島交通、東北産業航空、北海道航空に航空機使用事業・不定期航空事業免許	1966.4.27
航空産業概況	1964(この年)		
国内線は新幹線にシェア奪われる	1964(この年)		
神町空港供用開始	1964(この年)	3航空交通管制部制発足	1966.5.20
大阪国際空港、拡張整備事業開始	1964(この年)	北海道航空設立	1966.5.30
日航、ジャルパックの発売開始	1965.1.20	日航、ボーイング747を仮発注	1966.6.16
全日空、中日本航空の定期部門を吸収	1965.2.1	琉球民政府、日航と全日空に航空路開設協力を申し入れ	1966.6.16
全日空貨物機が遭難	1965.2.14	日航、琉球諸島内航空路の引受けを回答	1966.6.22
日本空港動力設立	1965.2.16		
MU-2A、型式証明取得	1965.2.19	航空政策研究会発足、「航空機乗員養成への提言」を発表	1966.6.23
日本国内航空、東京—福岡、東京—札幌線の運航開始	1965.3.1	日本国内航空、幹線運航権を日航に委託	1966.7.1
日本国内航空、YS-11チャーター契約に調印	1965.3.8	新東京国際空港建設地が三里塚に決定	1966.7.4
YS-11量産初号機納入	1965.3.30	大阪ハイドラント設立	1966.7.11
日本国内航空のYS-11、定期便就航開始	1965.4.1	関西国際空港ビルディング設立	1966.7.15
		新東京国際空港公団発足	1966.7.30
日航のジャルパック第1便が出発	1965.4.10	日本航空羽田空港墜落事故	1966.8.26
全日空自社購入のボーイング727、東京—札幌線に就航	1965.4月	日航、ニューヨーク乗入れと世界一周線テスト飛行実施	1966.8.30-9.7
福岡地区管制所、福岡航空保安事務所福岡管制所に組織変更	1965.5月	日航、世界一周線開設を発表	1966.9.8
新東京国際空港公団法制定	1965.6.2		

航空審議会、「航空保安体制を整備するため早急にとるべき具体的方策」について答申	1966.10.7	事故技術調査団、カナダ太平洋航空機墜落事故の調査報告を発表	1968.3.4
三菱重工業、川崎航空機工業に航空機用エンジン製造許可	1966.10.24	大田区議会、東京国際空港B滑走路延長に対し反対決議	1968.3.14
全日空、大阪—宮崎線にボーイング727を導入	1966.10月	箱根航空路監視レーダー完成	1968.3.18
東京消防庁、航空隊を設置	1966.11.1	防衛庁のバッジ・システム完成	1968.3.29
東京国際航空宇宙ショー開催	1966.11.3	新東京国際空港任意買収成立	1968.4.6
日航、ニューヨーク乗り入れ開始	1966.11.12	アメリカ民間航空大量乗入れ	1968.4月
全日空松山沖墜落事故	1966.11.13	新東京国際空港公団、用地交渉の締結調印をほぼ完了	1968.4月
第3次防衛力整備計画閣議決定	1966.11月	新東京国際空港のマスタープラン答申	1968.8.7
旭川空港開港	1966(この年)	航空公害防止協会を設立	1968.8月
宇部空港開港	1966(この年)	日本交通公社、日本通運と業務提携	1968.11.5
国産航空機の輸出増大	1966(この年)	日航、モーゼスレークジェット乗員訓練所を開設	1968.11.21
成田空港反対闘争	1966(この年)	サンフランシスコで日航機不時着	1968.11.23
日航国際線運行概況	1966(この年)	国内線概況	1968(この年)
福岡空港国際線に外国航空会社が乗り入れを開始	1966(この年)	日航、代理店とジャルパック設立構想を発表	1969.1.7
日航、世界一周線を開設	1967.3.6	大阪国際空港新ターミナルビルオープン	1969.2.1
政府、空港整備5ヵ年計画予算1,150億円を閣議了解	1967.3.22	日ソ航空交渉妥結	1969.2月
福岡空港ビルディング設立	1967.4.1	TCATを設立	1969.3.1
モスクワ線就航	1967.4月	航空自衛隊のバッジ・システム、正式運用開始	1969.3.26
航空振興財団設立	1967.6.1	川崎重工業新発足	1969.4.1
日本初の航空機事故損害賠償判決	1967.6.12	旅行開発(JCT)設立	1969.4.4
南西航空設立	1967.6.20	福岡空港第1ターミナルビル完成	1969.4月
事故技術調査団、英国海外航空機空中分解事故の調査報告を提出	1967.6.22	米航空会社大量参入	1969.4月
航空整備5ヵ年計画「航空の長期展望」発表	1967.7月	航空輸送部会を設置	1969.5月
日本フライング・サービス設立	1967.9.8	膳棚山で南紀航空機墜落	1969.6.25
次期ジェット機生産	1967.9月	日航新路線要求へ	1969.7月
東京航空局、大阪航空局設置	1967.10.1	次期民間輸送機	1969.7月
成田空港測量開始	1967.10.10	成田空港建設用地の強制収用へ	1969.8月
PX-S飛行艇初飛行	1967.10.29	航空交渉	1969.9月
長崎航空、定期路線を全日空に移譲	1967.11.30	全日空羽田沖墜落事故の「機体構造上の墜落原因」報告	1969.10.18
日航のオーロラ便、日本国内航空に移譲	1967.12.1	全日空、ボーイング727-200導入	1969.10月
航空機騒音防止法適用第1号	1967.12.27	ジャルパック・ジョイ発売開始	1969.11.1
YS-11輸出好調	1967(この年)	日ソ航空交渉妥結	1969.11.5
空港整備5ヶ年計画を策定	1967(この年)	中央模型飛行場オープン	1969.12.7
新東京国際空港	1967(この年)	大阪国際空港騒音訴訟提訴	1969.12.16
世界一周路線就航	1967(この年)	海外旅行ブーム	1969(この年)
東京国際空港、拡張事業に着手	1967(この年)	外国機の乗入れ増加	1969(この年)
日航IATA第8位へ	1967(この年)	航空再編成交渉	1969(この年)
運輸省、東京国際空港滑走路延長計画などで東京都に協力要請	1968.1.26	国内航空会社の概況	1969(この年)
		民間機輸出好調	1969(この年)
日本国際航空貨物輸送業者協会設立	1968.2.1	横浜航空を設立	1970.3.15
		日航シベリア線自主運行開始	1970.3.28

航空	分野別索引		日本交通史事典

よど号ハイジャック事件	1970.3.31	YS-11型機の販売終了	1973.2月
全日空整備設立	1970.4.10	ボーイング社とYX開発	1973.3月
京都で世界初の国際空港会議開催	1970.5.11	調布飛行場を全面返還	1973.3月
航空政策の基本方針再編成へ	1970.6.25	民間輸送機開発協会が発足	1973.4.1
日本航空のジャンボジェット機が就航	1970.7.1	国産ジェットエンジン1号が完成	1973.5.15
日本航空開発を設立	1970.7.1	立川工場、新立川航空機に返還	1973.6月
YX計画開発費国負担へ	1970.7.30	国際航空運賃値下げ	1973.7.1
ボイスレコーダー搭載を義務化	1970.12.12	全日空機ニアミス続く	1973.7.13
外務省、数次旅券を観光客に発給	1970(この年)	ドバイ日本航空機ハイジャック事件	1973.7.20
空港整備特別会計を設置	1970(この年)	ハイジャック等防止対策連絡会議を設置	1973.8.1
新空港整備5カ年計画	1970(この年)		
日航、収益大幅低下	1970(この年)	国内線運賃は値上げへ	1973.8.10
第2次空港整備5ヶ年計画	1971.2.5	航空機騒音に係る環境基準	1973.12月
全日空の国際チャーター便が就航	1971.2.21	航空機のニアミス続く	1973(この年)
世界の航空会社の中国乗り入れ激化	1971.4.19	日航、コンコルド発注取消し?	1973(この年)
東亜国内航空を設立	1971.5.15	大阪国際空港騒音訴訟、大阪地裁判決	1974.2月
次の民間輸送機計画(YX)は国際共同開発	1971.5月	18歳の少年がハイジャック	1974.3.12
		日本近距離航空を設立	1974.3.13
ハバロフスク線運航スタート	1971.6.2	大阪国際空港周辺整備機構が発足	1974.4.15
東亜国内航空「ばんだい号」墜落事故	1971.7.3	国交回復記念日に初飛行	1974.4.20
全日空機雫石衝突事故	1971.7.30	日中航空協定	1974.4.20
往復割引航空運賃廃止	1971.8.1	名古屋市上空でハイジャック	1974.7.15
大阪国際空港のVOR/DMEが完成	1971.8.19	関西国際空港の建設地が決定	1974.7.17
新大分空港が開港	1971.10.16	日本航空宇宙工業会が発足	1974.8.20
YS-11生産中止決定	1971(この年)	国内航空運賃値上げ	1974.8月
空港用地強制収用代執行	1971(この年)	次期旅客機開発、中短距離機へ変更	1974.8月
国産ジェットエンジン開発	1971(この年)	YX開発、日米伊の3国で	1974(この年)
共立航空撮影を設立	1972.2月	航空基本政策見直し	1974(この年)
TACTを設立	1972.3.15	騒音軽減運航方式推進委員会を設置	1975.1.25
羽田で日航機が暴走	1972.5.15	東亜国内航空、幹線乗り入れ	1975.3月
横浜航空機が墜落	1972.5.30	ダブルトラックを認可	1975.4.24
コンコルドが来日	1972.6.12	長崎空港が開港	1975.5.1
日本航空ニューデリー墜落、炎上事故	1972.6.14	ダンピング禁止勧告	1975.5月
運輸相示達	1972.7.1	日台航空路が再開	1975.7.9
航空運賃値上げ	1972.7.15	日本アジア航空を設立	1975.8.8
1974年度以降にエアバス導入	1972.7月	ジェット機騒音料徴収	1975.9.1
ジャンボジェットが国内線に就航	1972.8.1	大阪空港訴訟控訴審判決	1975.11.27
東亜国内航空がジェット化	1972.8.1	特別着陸料問題	1975.12.18
日本ー中国、テスト飛行	1972.8.12	新型航空機開発活発化	1975(この年)
日本航空機が北京へ特別飛行	1972.9.14	日本航空のDC-10が就航	1976.7.1
全日空がトライスターを導入	1972.10.30	福岡空港周辺整備機構を設立	1976.7.1
日航はボ社、全日空はロ社に決定	1972.10.30	日米航空交渉	1976.10.4-08
日本航空シェレメチェボ墜落事故	1972.11.28	国際航空宇宙ショーが開幕	1976.10.16
世界一周路線運休	1972.12.6	日航創業25周年	1976.10月
YS機製造赤字385億円	1972(この年)	新型機開発	1976(この年)
YX開発暗礁に	1972(この年)	大阪空港と騒音問題	1976(この年)
釧路空港ビルを設立	1972(この年)	第3次空港整備5カ年計画	1976(この年)
		日本アジア航空	1976(この年)

- 362 -

日本交通史事典　　　　　　　　　　　分野別索引　　　　　　　　　　　航空

離島・辺地路線2社概況	1976(この年)	多用途ヘリコプターBK117	1979(この年)
成田空港開港へ号令	1977.1月	民間ジェット機MU-300	1979(この年)
全飛協が発足	1977.4.11	XJB計画スタート	1980.1月
東山事件	1977.5.8	航空運賃値上げ	1980.3月
大阪国際空港にエアバスが就航	1977.5.19	宇部空港が山口宇部空港に改称	1980.4月
フライイン'77	1977.8.28	YX機以降の輸送機開発	1980.8月
新東京空港事業を設立	1977.9.1	日米航空交渉再開	1980.9月
ジェット燃料暫定貨車輸送問題解決	1977.9.14	第4次空港整備5か年計画	1980.12.11
クアラルンプールで日航機が墜落、炎上	1977.9.27	経営難の東亜国内航空	1981.3月
		「空の回数券」発売	1981.6月
ダッカ日本航空機ハイジャック事件	1977.9.28	秋田空港開港	1981.6月
ハイジャック等非人道的暴力防止対策本部を設置	1977.10.4	YX機が飛行試験	1981.9月
		XJB開発がスタート	1981.10月
ハイジャック再発防止6項目	1977.10.7	国内航空運賃値上げ申請	1981.10月
ベトナム乗入れ実現へ	1977(この年)	大阪国際空港騒音問題で最高裁判決	1981.12.16
航空3社予想外の好収益	1977(この年)	国内航空運賃値上げ	1982.1.16
日米航空協定の不平等是正交渉	1977(この年)	日本航空350便、羽田沖墜落事故	1982.2.9
成田空港へのジェット燃料輸送を開始	1978.3.2	フラップ出し忘れて離陸	1982.7.18
第6回日米航空交渉	1978.3.14	YX767が型式証明取得	1982.7月
空港保安事業センターを認可	1978.3.17	日本航空機製造が解散	1982.9.7
成田空港開港を延期	1978.3.26	日産がYXX開発に参加表明	1982.9月
成田空港使用料交渉が妥結	1978.3月	UAが日本乗り入れ	1982.10月
中央航空、2地点間輸送認可	1978.3月	全日空 国際線進出	1982.10月
新東京国際空港(成田空港)が開港	1978.5.20	国内の空も時間短縮	1982(この年)
航空・電子等技術審議会設置	1978.5月	YS11機着陸失敗	1983.3.11
航空機ハイジャックに関する声明	1978.7.17	XJB計画、5カ国共同開発に	1983.3月
ダブルトラックを本格実施	1978.7.20	YX機が日本就航スタート	1983.6月
羽田の国内線増便	1978.7.20	日本エアコミューター株式会社設立	1983.7.1
YX大量受注	1978.7月	国際貨物航空認可	1983.8月
国産初民間ジェット機	1978.7月	YXX搭載エンジン開発	1983.12月
YX機共同計画調印	1978.8月	日航、国際航空輸送実績世界一に	1983(この年)
YX開発協定に調印	1978.9.22	羽田空港拡大	1984.1月
ハイブリッド型LTA航空機懇談会が発足	1978.10.6	飛行機同士衝突	1984.2.28
		YXX共同開発、本格スタート	1984.3.15
国際運賃、低運賃制度導入	1978.10月	大阪国際空港騒音問題で和解	1984.3月
松山空港ビルを設立	1978.11.1	DC旅客機が進入灯に接触	1984.4.19
航空会館が竣工	1978.11.20	関西国際空港株式会社設立	1984.10.1
ITC第1便	1978.12.12	羽田沖事故不起訴	1984.11.9
新中央航空設立	1978.12.15	航空交渉暫定合意	1985.4.30
航空機の輸入を促進	1978(この年)	NCA運航開始	1985.5.8
DC-10が墜落	1979.5.25	自衛隊機と旅客機接触	1985.5.28
下地島訓練飛行場が開港	1979.7.5	日本航空123便墜落事故	1985.8.12
第4次空港整備6ヶ年計画	1979.8.25	国際共同開発優先	1985.8月
日本航空貨物を設立	1979.9月	国産機「飛鳥」初飛行	1985.10月
XJB計画に調印	1979.12.11	関西新空港の整備大綱決定	1985.12.5
各社で新機種導入	1979(この年)	航空憲法廃止	1985.12.17
航空運賃に割引の導入	1979(この年)	日航機事故後の影響	1985(この年)
航空運賃値上げ	1979(この年)	日航機墜落事故で告訴	1986.4.12

- 363 -

円高で国際線運賃値下げ	1986.4月	JAS機着陸失敗	1993.4.18
コミューター機生産白紙	1986.9月	JAS機と米軍機がニアミス	1993.4.22
国内航空3大プロジェクト	1986.11月	B777機体部品初出荷	1993.4月
航空 自由競争時代へ	1986(この年)	機内に煙が充満	1993.5.2
国内線利用前年下回る	1986(この年)	三菱重、PW4000参加比率拡大	1993.5.10
中距離ジェット量産足踏み	1986(この年)	羽田新ターミナルオープン	1993.9.27
那覇空港国際線ターミナル完成	1986(この年)	航空会社への方策	1993.9.30
日航羽田沖事故で不起訴	1987.1.27	国内線の格安航空券	1993.9月
コミューター運航スタート	1987.4月	日米に以遠権問題	1993.9月
日航、純民間会社に	1987.11.18	マイレージサービス始まる	1993.11月
静岡空港建設計画	1987.12.17	国際航空運賃値下げへ	1993(この年)
進む空港整備	1987(この年)	YXX開発計画撤回	1994.1.26
YS機、離陸に失敗し海に突入	1988.1.10	名古屋空港で中華航空機が着陸に失敗、	
伊仕原発近くに米軍ヘリコプターが墜		炎上	1994.4.26
落・炎上	1988.6.25	国際線新運賃制度	1994.4月
航空チケット方向別格差解消	1988.9.13	中華航空機事故原因	1994.5.10
空港騒音 賠償判決	1988.12.16	時給制スチュワーデス問題	1994.8.10
全日空、ジェットエンジン不採用	1988.12月	ボーイング社とYSX機開発	1994.9.1
新千歳空港開港	1988(この年)	関西国際空港が開港	1994.9.4
日航ジャンボ機事故 賠償・補償	1988(この年)	全日空、6社とマイレージ提携	1994.10.15
航空科学博物館	1989.8.1	国内航空割引、届出制へ	1994.12.1
航空輸送技術研究センター	1989.9.20	第7次空港整備計画決定	1995.8.24
日航機墜落事故不起訴	1989.11.22	国内航空券が自由運賃設定	1995.12.22
米デルタ航空V2500搭載機発注	1989.11月	ボ社ハイテク機登場	1995.12.23
新高松空港開港	1989.12.16	国際輸送 4年連続更新	1995(この年)
新型機の開発変更	1989.12月	石川島、川崎重がGEと共同開発	1995(この年)
成田空港用地問題	1989.12月	釧路空港で小型機墜落	1996.4.26
国際航空券の方向別格差問題	1989(この年)	小型機用エンジン開発	1996.4月
主翼から燃料漏れ	1990.3.24	福岡空港ガルーダ航空機離陸事故	1996.6.13
三菱とベンツ、航空でも提携	1990.3月	幅運賃制度スタート	1996.6月
ボーイング777 日米共同開発	1990.4月	静岡空港の建設を許可	1996.7.26
中東危機による燃料費高騰	1990.8月	日航機離陸緊急停止	1996.9.13
大阪国際空港(伊丹空港)の存続が決定		HISが新規航空会社設立	1996.11月
	1990.12月	三菱重工旅客機開発	1996(この年)
成田、関西新空港整備もたつく	1990(この年)	羽田空港新C滑走路オープン	1997.3.27
日本ユニバーサル航空株式会社設立	1991.1.11	マイレージ・サービス開始	1997.4.1
枕崎飛行場開場	1991.1.21	日航、志摩半島上空乱降下	1997.6.8
日航機墜落事故で和解	1991.3.26	全日空首脳3人退任	1997.6月
第6次空港整備5ヵ年計画	1991.11月	航空機生産・修理額過去最高	1997(この年)
エコノミー運賃値下げへ	1991(この年)	純国産ヘリ相次ぎ登場	1997(この年)
航空機&乗員リース	1991(この年)	中部国際空港株式会社が発足	1998.5.1
三菱重、共同生産エンジン参加比率引		ジャンボ機から出火	1998.5.12
き上げ	1991(この年)	スカイマーク運航開始	1998.9.19
エコノミークラスにゾーン運賃制	1992.4月	航空運賃割引率拡大	1998.10.1
国内線参入規制緩和	1992.10月	コンコルドの後継機開発	1998(この年)
ボーイング777生産へ	1992(この年)	全日空がスターアライアンスグループ	
関西国際空港乗り入れ交渉	1992(この年)	加盟	1998(この年)
日航の赤字500億円超に	1993.3.31	新規参入により値下げ競争激化	1999.4月

全日空61便ハイジャック事件	1999.7.23	成田国際空港会社に官製談合疑惑	2005.11.18
航空券「優待割引」で厳重注意	1999.10月	原油高で航空運賃値上げ発表	2005.12月
改正航空法の施行で新運賃設定	2000.2.1	神戸空港開港	2006.2.16
羽田空港、夜間国際化	2000.2.16	新北九州空港開港	2006.3.16
三菱、ボーイングと包括提携	2000.5.16	北側延伸工事開始	2006.9.15
新幹線に対抗する航空シャトル便	2000.7.1	YS-11が国内定期路線から引退	2006.9.30
羽田スロット配分で拡大	2000.7月	全日空最高益	2006（この年）
大型航空機30年ぶりに開発へ	2000.12.15	日航、保有株売却で黒字確保	2006（この年）
茨城空港建設事業化	2000（この年）	日航「再生中期プラン」発表	2007.2月
日韓の航空輸送力をアップ	2000（この年）	全日空機が胴体着陸	2007.3.13
日本航空機駿河湾上空ニアミス事故	2001.1.31	機内での携帯電話使用で初の逮捕	2007.3.17
羽田、夜間国際チャーター便運航	2001.2.16	阿蘇くまもと空港	2007.4月
事実上、羽田も国際定期便運航	2001.4月	アジア・ゲートウェー構想	2007.5月
中日本航空のヘリコプタ・セスナ機衝突	2001.5.19	中華航空機爆発事故	2007.8.20
羽田4本目の滑走路建設へ	2001（この年）	関空が完全24時間化	2007.8月
米同時テロの影響で赤字転落	2001（この年）	日韓航空会社乗り入れ自由化	2007.8月
成田暫定滑走路の運用	2002.4.18	日中新定期チャーター便	2007.9月
エア・ドゥ破たんから再建へ	2002.6.25	国際線に運賃格差	2007.11月
日本航空と日本エアシステムが合併	2002.10.2	国産ジェット旅客機販売へ	2007（この年）
成田、関空、中部が民営化	2002.12月	日航機が許可なく離陸滑走	2008.2.16
2強体制で激化する航空業界	2002（この年）	羽田再拡張後に国際線倍増計画	2008.5月
羽田再拡張をめぐり交渉難航	2002（この年）	日航シンボルマーク「鶴丸」終了	2008.5月
航空大手3社、テロ影響で減収	2002（この年）	機長不足で運休	2008.6月
日航機ニアミス事故で書類送検	2003.5.7	静岡空港の立ち木問題	2008.10.22
成田、完全民営化へ	2003.7.11	成田への出資に規制	2008.12月
羽田再拡張事業にPFI導入	2003.8月	サーチャージ過去最高額	2008（この年）
スカイマーク、45億円の増資	2003.9月	不採算路線を廃止	2008（この年）
政策投資銀が850億円緊急融資	2003.9月	成田・貨物機炎上事故	2009.3.23
高知龍馬空港	2003.11.15	静岡空港の立ち木問題	2009.5.19
日韓間チャーター便の運航	2003.11.30	静岡空港開港	2009.6.4
JAL、大幅赤字で緊急対策	2003（この年）	燃油サーチャージをゼロに	2009.7.1
羽田空港、夜間枠が急増	2003（この年）	JAL再生タスクフォース	2009.9.25
国産ジェット機開発へ	2003（この年）	燃油サーチャージ再開	2009.10.1
全日空、営業・経常利益が赤字	2003（この年）	日米オープンスカイ協定	2009.12.11
成田国際空港株式会社発足	2004.4.1	国産小型旅客機MRJ	2009（この年）
再生機構がSNAを支援	2004.6.25		
全日空経常利益3.7倍	2004.10.29	【鉄道】	
日航旅客需要回復	2004.11.5	鉄道敷設計画を廟議決定	1869.12.12
東京国際空港第2旅客ターミナルビル	2004.12.4	茅沼炭鉱軌道が開通	1869（この年）
ホンダが航空機エンジンに参入	2004（この年）	民部・大蔵省に鉄道掛を設置	1870.4.19
ボーイング7E7型開発に参加	2004（この年）	東京―横浜間鉄道建設のための測量に着手	1870.4.25
中部国際空港開港	2005.2.17	関西鉄道局設置	1870.8.26
全日空初の国際線黒字発表	2005.4.28	大阪―神戸間鉄道建設のための測量に着手	1870.8.26
コンコルド後継機共同開発	2005.6月	工部省が新設される	1870.11.13
成田空港は北延伸へ	2005.7.15	石屋川トンネル	1871.7月
JALウェイズ58便エンジン爆発事故	2005.8.12	京都―大阪間の測量に着手	1871.8.2
日航業績不振で賃金カットへ	2005.11.7	鉄道品川―横浜間が仮開業	1872.6.12

- 365 -

川崎駅・神奈川駅が営業開始	1872.7.10	日本鉄道	1884.8.20
駅構内での新聞販売を開始	1872.7.20	馬車鉄道の停留場	1884.8.27
新橋停車場で飲食店が開業	1872.10.1	日本鉄道	1884（この年）
新橋―横浜間に鉄道が開通	1872.10.14	日本鉄道	1885.3.1
馬車鉄路建設の申請	1873.8月	日本鉄道	1885.7.16
新橋―横浜間貨物営業開始	1873.9.15	車内広告開始	1885.8.1
列車時刻表を販売	1873.9月	高崎―横川間開業	1885.10.15
新橋―京橋間に馬車鉄道が開通	1874.1.5	工部省廃止	1885.12.22
十三川橋梁	1874.1月	阪堺鉄道開業	1885.12.29
大阪―神戸間営業開始	1874.5.11	初の定期乗車券	1886.1.1
中山道の測量に着手	1875.3.17	武豊―熱田間開業	1886.3.1
大阪―安治川間営業開始	1875.5.26	熱田―清洲間開業	1886.4.1
初の国産旅客車	1875.5月	清洲―一ノ宮間開業	1886.5.1
列車内貸座布団営業	1875.8.18	一ノ宮―木曽川間開業	1886.6.1
大森停車場営業開始	1876.6.12	直江津―関山間開業	1886.8.15
大阪―向日町間開業	1876.7.26	日本鉄道	1886.10.1
吹田、茨木、山崎停車場が営業開始	1876.8.9	日本鉄道	1886.12.1
向日町―大宮通仮停車場間開業	1876.9.5	大垣―加納間開業	1887.1.21
新橋―品川間の複線化が完了	1876.12.1	武豊―加納間全通	1887.4.25
工部省鉄道局設置	1877.1.11	横浜―国府津間開業	1887.7.11
大阪―京都間全通	1877.2.5	日本鉄道	1887.7.16
京都停車場営業開始	1877.2.6	碓氷馬車鉄道会社設立	1887.7月
六郷川鉄橋	1877.11.26	日本鉄道	1887.12.15
大阪―安治川間廃止	1877.12.1	山陽鉄道設立	1888.1.9
日本人が設計した最初の橋	1878.8月	関山―長野間開業	1888.5.1
京都―大谷間開業	1879.8.18	両毛鉄道	1888.5.22
馬車鉄道敷設の申請	1880.2.26	長野―上田間開業	1888.8.15
大谷―馬場―大津間開業	1880.7.14	大府―浜松間開業	1888.9.1
幌内鉄道開業	1880.11.28	小田原馬車鉄道が開業	1888.10.1
東京馬車鉄道の設立	1880.12.28	伊予鉄道開業	1888.10.28
新橋―横浜間の複線化完了	1881.5.7	山陽鉄道	1888.11.1
幌内鉄道	1881.6.11	両毛鉄道	1888.11.15
日本鉄道が発足	1881.11.11	上田―軽井沢間開業	1888.12.1
金ケ崎―洞道口間、長浜―柳ケ崎間開業	1882.3.10	山陽鉄道	1888.12.23
		水戸鉄道が営業開始	1889.1.16
馬車鉄道敷設工事が着工	1882.3.27	国府津―静岡間開業	1889.2.1
東京馬車鉄道が開業	1882.6.25	電気車の設置許可	1889.3.15
浅草―上野間に馬車鉄道が開通	1882.10.2	甲武鉄道開業	1889.4.11
幌内鉄道	1882.11.13	静岡―浜松間開業	1889.4.16
長浜停車場が竣工	1882.11月	大阪鉄道	1889.5.14
長浜―関ケ原間開業	1883.5.1	讃岐鉄道	1889.5.23
日本鉄道	1883.7.28	東京馬車鉄道がオムニバスを運転	1889.6.6
日本鉄道	1883.10.21	大船―横須賀間開業	1889.6.16
日本鉄道	1883.12.27	東京市街鉄道の設立	1889.6月
柳ヶ瀬隧道	1884.3.30	東海道線、湖東線	1889.7.1
長浜―金ケ崎間開業	1884.4.16	甲武鉄道	1889.8.11
日本鉄道	1884.5.1	山陽鉄道	1889.9.1
関ヶ原―大垣間開業	1884.5.25	山陽鉄道	1889.11.11

両毛鉄道	1889.11.20		千住馬車鉄道会社開業	1893.2.7
無軌道式乗合馬車が開通	1889.11月		筑豊興業鉄道	1893.2.11
北海道炭礦鉄道、幌内太―幾春別間開業	1889.12.10		横川―軽井沢間開業	1893.4.1
			大阪鉄道	1893.5.23
九州鉄道開業	1889.12.11		筑豊興業鉄道	1893.7.3
関西鉄道開業	1889.12.15		電気鉄道の計画出願	1893.10.27
両毛鉄道	1889.12.26		日本郵船	1893.10月
関西鉄道	1890.2.19		山陽鉄道	1893.12.3
九州鉄道	1890.3.1		摂津鉄道開業	1893.12.12
日本鉄道	1890.4.16		参宮鉄道開業	1893.12.31
日本鉄道	1890.6.1		日本鉄道	1894.1.4
山陽鉄道	1890.7.10		山陽鉄道	1894.6.10
日本鉄道	1890.8.1		関西鉄道	1894.7.5
大阪鉄道	1890.9.11		総武鉄道開業	1894.7.20
九州鉄道	1890.9.28		播但鉄道開業	1894.7.26
日本鉄道	1890.11.1		九州鉄道	1894.8.11
九州鉄道	1890.11.15		筑豊鉄道	1894.8月
山陽鉄道	1890.12.1		日本鉄道	1894.10.1
関西鉄道	1890.12.25		甲武鉄道市街線開業	1894.10.9
大阪鉄道	1890.12.27		山陽鉄道	1894.10.10
大阪鉄道	1891.2.8		青梅鉄道開業	1894.11.19
九州鉄道	1891.2.28		奥羽北線開業	1894.12.1
大阪鉄道	1891.3.1		総武鉄道	1894.12.9
山陽鉄道	1891.3.18		筑豊鉄道	1894.12.28
九州鉄道	1891.4.1		播但鉄道	1895.1.15
山陽鉄道	1891.4.25		九州鉄道	1895.1.28
九州鉄道	1891.7.1		京都電気鉄道開業	1895.1.31
北海道炭礦鉄道	1891.7.5		九州鉄道	1895.4.1
山陽鉄道	1891.7.14		甲武鉄道市街線	1895.4.3
九州鉄道	1891.8.20		筑豊鉄道	1895.4.5
関西鉄道	1891.8.21		播但鉄道	1895.4.17
筑豊興業鉄道開業	1891.8.30		九州鉄道	1895.5.5
日本鉄道	1891.9.1		関西鉄道	1895.5.24
山陽鉄道	1891.9.11		大阪鉄道	1895.5.28
濃尾地震により東海道線不通	1891.10.28		豊州鉄道	1895.8.15
山陽鉄道	1891.11.3		浪速鉄道開業	1895.8.22
関西鉄道	1891.11.4		奈良鉄道開業	1895.9.5
北海道炭礦鉄道	1892.2.1		大阪鉄道	1895.10.17
大阪鉄道	1892.2.2		奥羽北線	1895.10.21
日本鉄道が水戸鉄道を買収	1892.3.1		奈良鉄道	1895.11.3
水戸馬車鉄道敷設計画が頓挫	1892.3月		日本鉄道	1895.11.4
伊予鉄道	1892.5.1		関西鉄道	1895.11.7
山陽鉄道	1892.7.20		千住馬車鉄道	1895.11.9
北海道炭礦鉄道	1892.8.1		甲武鉄道市街線	1895.12.30
釧路鉄道	1892.9.1		人車鉄道開業	1895（この年）
筑豊興業鉄道	1892.10.28		房総鉄道開業	1896.1.20
北海道炭礦鉄道	1892.11.1		奈良鉄道	1896.1.25
日本郵船	1893.2.1		豊州鉄道	1896.2.5

房総鉄道	1896.2.25		北越鉄道	1897.11.20
東京自動車鉄道会社設立	1896.3.2		阪鶴鉄道	1897.12.27
小田原—熱海間の人車鉄道全通	1896.3.12		成田鉄道	1897.12.29
奈良鉄道	1896.3.13		品川乗合馬車が品川馬車鉄道へと改称	
奈良鉄道	1896.4.18			1897.12月
南和鉄道開業	1896.5.10		宇都宮軌道運輸の開業	1897(この年)
北陸線敦賀—福井間が開業	1896.7.15		中越鉄道	1898.1.2
釧路鉄道	1896.8.1		九州鉄道	1898.1.20
東京馬車鉄道の停車所が定められる	1896.8.1		客車に電灯が設置される	1898.1月
汽車製造合資会社設立	1896.9.7		成田鉄道	1898.2.3
日本車輛製造製造設立	1896.9.18		九州鉄道	1898.2.8
南和鉄道	1896.10.25		青梅鉄道	1898.3.10
九州鉄道	1896.11.21		山陽鉄道	1898.3.17
日本鉄道	1896.12.25		京都—山田間で直通列車を運行	1898.4.1
関西鉄道	1897.1.15		北陸線	1898.4.1
成田鉄道開業	1897.1.19		日本鉄道	1898.4.3
関西鉄道が浪速鉄道と城河鉄道を吸収			西成鉄道開業	1898.4.5
合併	1897.2.9		紀和鉄道開業	1898.4.11
京都鉄道開業	1897.2.15		関西鉄道	1898.4.12
阪鶴鉄道が摂津鉄道を買収	1897.2.16		河陽鉄道	1898.4.14
讃岐鉄道	1897.2.21		東海道線	1898.4.15
日本鉄道	1897.2.25		関西鉄道	1898.4.19
日本鉄道経路変更	1897.2.25		七尾鉄道開業	1898.4.24
房総鉄道	1897.4.17		豊川鉄道	1898.4.25
京都鉄道	1897.4.27		紀和鉄道	1898.5.4
山陽鉄道	1897.5.1		名古屋電気鉄道が開業	1898.5.6
総武鉄道	1897.5.1		奈良鉄道	1898.5.11
中越鉄道開業	1897.5.4		日本鉄道	1898.5.11
北越鉄道開業	1897.5.13		豆相鉄道が開業	1898.5.20
総武鉄道	1897.6.1		関西鉄道	1898.6.4
北海道炭礦鉄道	1897.7.1		阪鶴鉄道	1898.6.8
九州鉄道	1897.7.10		北越鉄道	1898.6.16
豊川鉄道開業	1897.7.15		北海道官設鉄道	1898.7.16
北越鉄道	1897.8.1		岩越鉄道開業	1898.7.26
中越鉄道	1897.8.18		伊万里鉄道開業	1898.8.7
日本鉄道	1897.8.29		北海道官設鉄道	1898.8.12
北陸線	1897.9.20		日本鉄道磐城線	1898.8.23
北陸線	1897.9.20		関西鉄道	1898.9.16
山陽鉄道	1897.9.25		南海鉄道が阪堺鉄道を合併	1898.10.1
豊州鉄道	1897.9.25		北陸線	1898.11.1
九州鉄道と筑豊鉄道が合併	1897.10.1		草加—千住間で馬車鉄道開業	1898.11.3
豊州鉄道	1897.10.20		関西鉄道	1898.11.8
中越鉄道	1897.10.31		関西鉄道	1898.11.18
日本鉄道	1897.11.10		関西鉄道	1898.11.18
関西鉄道	1897.11.11		北海道官設鉄道	1898.11.25
参宮鉄道	1897.11.11		九州鉄道	1898.11.27
京都鉄道	1897.11.16		唐津興業鉄道開業	1898.12.1
太田鉄道開業	1897.11.16		中国鉄道	1898.12.21

北越鉄道	1898.12.27	東京市街鉄道と東京馬車鉄道に電気鉄	
九州鉄道と伊万里鉄道が合併	1898.12.28	道の敷設許可	1900.6.10
島田軌道が開業	1898(この年)	房総鉄道	1900.6.30
紀和鉄道	1899.1.1	京仁鉄道全線	1900.7.8
大師電気鉄道	1899.1.21	中央西線	1900.7.25
阪鶴鉄道	1899.1.25	北海道官設鉄道	1900.8.1
豊州鉄道	1899.1.25	七尾鉄道	1900.8.2
徳島鉄道開業	1899.2.16	北海道官設鉄道	1900.8.5
岩越鉄道	1899.3.10	徳島鉄道	1900.8.7
北陸線	1899.3.20	紀和鉄道	1900.8.24
九州鉄道	1899.3.25	豊川鉄道	1900.9.23
阪鶴鉄道	1899.3.25	東京馬車鉄道が東京電車鉄道へ改称	1900.10.2
太田鉄道	1899.4.1	奥羽北線	1900.10.7
西成鉄道	1899.5.1	篠ノ井線	1900.11.1
奥羽南線	1899.5.15	紀和鉄道	1900.11.25
関西鉄道	1899.5.21	東海道線に暖房を設置	1900.12.1
阪鶴鉄道	1899.5.25	北海道官設鉄道	1900.12.2
山陽鉄道	1899.5.25	山陽鉄道	1900.12.3
河南鉄道が河陽鉄道を合併	1899.5月	中越鉄道	1900.12.29
唐津興業鉄道	1899.6.13	京浜電気鉄道が開業	1901.2.1
東京馬車鉄道が品川馬車鉄道を買収	1899.6.19	成田鉄道	1901.2.2
奥羽北線	1899.6.21	奥羽南線	1901.2.15
豊州鉄道	1899.7.10	成田鉄道	1901.4.1
岩越鉄道	1899.7.15	奥羽南線	1901.4.11
阪鶴鉄道	1899.7.15	山陽鉄道	1901.5.27
豆相鉄道	1899.7.17	鹿児島線	1901.6.10
東京馬車鉄道がセレポレー式軽便車を		北海道官設鉄道	1901.7.20
試運転	1899.7.25	貨物支線	1901.8.1
京都鉄道	1899.8.15	中央東線	1901.8.1
徳島鉄道	1899.8.19	奥羽南線	1901.8.23
東武鉄道が開業	1899.8.27	播但鉄道	1901.8.29
北海道官設鉄道	1899.9.1	中武馬車鉄道が全線開通	1901.9.1
北越鉄道	1899.9.5	北海道官設鉄道	1901.9.3
奈良鉄道	1899.10.14	奥羽南線	1901.10.21
奥羽北線	1899.11.15	水戸鉄道が太田鉄道を吸収合併	1901.10.21
北海道官設鉄道	1899.11.15	九州鉄道	1901.12.9
房総鉄道	1899.12.13	官設鉄道に食堂車が登場	1901.12.15
徳島鉄道	1899.12.23	関西鉄道	1901.12.21
九州鉄道	1899.12.25	九州鉄道が唐津鉄道を吸収合併	1902.2.23
唐津興業鉄道	1899.12.25	成田鉄道	1902.3.1
帝釈人車軌道が開業	1899.12月	中央東線	1902.6.1
尾西鉄道	1900.1.24	篠ノ井線	1902.6.15
日本初の寝台車	1900.4.8	奥羽南線	1902.7.21
奥羽南線	1900.4.21	奥羽北線	1902.8.1
唐津鉄道	1900.4月	中央東線	1902.10.1
東京電気鉄道設立	1900.5.1	奥羽北線	1902.10.21
関西鉄道が大阪鉄道を吸収合併	1900.6.6	山陰・山陽連絡線	1902.11.1
		北海道鉄道	1902.12.10

河南鉄道	1902.12.12
篠ノ井線	1902.12.15
中央西線	1902.12.21
九州鉄道	1902.12.27
東京馬車鉄道の最盛期	1902（この年）
鹿児島線	1903.1.15
関西鉄道	1903.1.29
中央東線	1903.2.1
北海道官設鉄道	1903.3.1
関西鉄道	1903.3.21
紀和鉄道	1903.3.21
南海鉄道	1903.3.21
北海道官設鉄道	1903.3.25
日本鉄道	1903.4.1
山陽鉄道に2等寝台車が登場	1903.5.1
山陽鉄道が播但鉄道を吸収合併	1903.6.1
奥羽南線	1903.6.11
中央東線	1903.6.11
北海道鉄道	1903.6.28
東京電車鉄道が新橋―品川駅前間で運転開始	1903.8.22
山陰・山陽連絡線	1903.8.28
北海道官設鉄道	1903.9.3
鹿児島線	1903.9.5
大阪市営電気軌道が運転開始	1903.9.12
東京市街鉄道が開業	1903.9.15
奥羽北線	1903.10.1
関西鉄道	1903.10.31
北海道鉄道	1903.11.3
九州鉄道	1903.12.14
中央東線	1903.12.15
山陰・山陽連絡線	1903.12.20
九州鉄道	1903.12.21
北海道官設鉄道	1903.12.25
呉線	1903.12.27
伊豆箱根鉄道	1903（この年）
博多湾鉄道	1904.1.1
岩越鉄道	1904.1.20
東海道線と山陽鉄道が戦時ダイヤに移行	1904.2.14
山陰・山陽連絡線	1904.3.15
馬車鉄道が廃止される	1904.3.18
総武鉄道	1904.4.5
北越鉄道	1904.5.3
九州鉄道	1904.6.19
北海道鉄道	1904.7.1
北海道鉄道	1904.7.18
関西鉄道が紀和鉄道を買収	1904.7.21
東海道線と山陽鉄道が普通ダイヤに移行	1904.7.26
北海道官設鉄道	1904.8.12
奥羽北線	1904.8.21
甲武鉄道が電車運行開始	1904.8.21
北海道鉄道	1904.10.15
奥羽南線	1904.10.21
阪鶴鉄道	1904.11.3
舞鶴線	1904.11.3
七尾鉄道	1904.11.10
中国鉄道	1904.11.15
中国鉄道	1904.11.15
山陽鉄道が讃岐鉄道を吸収合併	1904.12.1
西成鉄道が官設鉄道に区間貸し渡し	1904.12.1
東京電気鉄道外濠線	1904.12.8
関西鉄道が南和鉄道を吸収合併	1904.12.9
北海道官設鉄道	1904.12.15
奥羽北線	1904.12.21
中央東線	1904.12.21
甲武鉄道飯田町―御茶ノ水間で電車運転開始	1904.12.31
京釜鉄道が全線開通	1905.1.1
関西鉄道が奈良鉄道を吸収合併	1905.2.8
九州鉄道	1905.2.16
九州鉄道	1905.3.1
日本鉄道	1905.4.1
北海道庁鉄道部が廃止される	1905.4.1
九州鉄道	1905.4.5
阪神電気鉄道が開業	1905.4.12
山陰・山陽連絡線	1905.5.15
博多湾鉄道	1905.6.3
奥羽北線	1905.6.15
奥羽南線	1905.7.5
北海道鉄道	1905.8.1
ポーツマス条約調印	1905.9.5
山陽鉄道	1905.9.13
奥羽北線	1905.9.14
桂・ハリマン協定	1905.10.12
釧路線	1905.10.21
東海道線が「凱旋運行」ダイヤに移行	1905.10.28
中央東線	1905.11.25
満洲に関する日清条約	1905.12.22
京浜電気鉄道	1905.12.24
博多湾鉄道	1905.12.29
満洲経営委員会発足	1906.1月
山陽鉄道	1906.4.1
南満洲鉄道株式会社設立の勅令	1906.6.7
中央東線	1906.6.11

南満洲鉄道設立委員の任命	1906.7.13	網走線	1910.9.22
三大臣命令書	1906.8.1	奉天駅が新築開業	1910.10.1
東京鉄道株式会社設立	1906.9.11	山陰西線	1910.10.10
北海道炭礦鉄道と甲武鉄道を国有化	1906.10.1	留萌線	1910.11.23
日本鉄道と岩越鉄道を国有化	1906.11.1	中央東線	1911.5.1
西成鉄道と山陽鉄道を国有化	1906.12.1	鉄道院に鉄道博物館掛が置かれる	1911.5.4
伊豆箱根鉄道開業	1906(この年)	瀬戸電気鉄道	1911.5.23
玉川電気鉄道が開業	1907.3.6	大分線	1911.7.16
帝国鉄道庁開庁	1907.4.1	参宮線	1911.7.21
南満洲鉄道の営業を開始	1907.4.1	東京市電設立	1911.8.1
山陰西線	1907.4.28	王子電気軌道が開業	1911.8.20
九州鉄道と北海道鉄道を国有化	1907.7.1	播但線	1911.10.23
京都鉄道、阪鶴鉄道、北越鉄道国有化	1907.8.1	大分線	1911.11.1
南海鉄道	1907.8.21	安奉線全線で広軌運転が始まる	1911.11.2
総武鉄道、房総鉄道、七尾鉄道、徳島		南海鉄道	1911.11.21
鉄道を国有化	1907.9.1	中央線に婦人専用車を導入	1912.1.31
南満洲鉄道	1907.9.1	山陰本線	1912.3.1
関西鉄道、参宮鉄道を国有化	1907.10.1	中央本線	1912.4.1
運賃改正	1907.11.1	万世橋駅開業	1912.4.1
大連—旅順間で広軌運転	1907.12.1	信越本線に電気機関車が登場	1912.5.11
2階建電車の登場	1907(この年)	大社線	1912.6.1
山陰西線	1908.4.5	山陽線、東海道線および満鉄でダイヤ	
中央線	1908.4.19	改正	1912.6.15
台湾縦貫線が全線開通	1908.4.20	新発田線	1912.9.2
満鉄全線で広軌運転開始	1908.5.29	網走線	1912.10.5
鹿児島線	1908.6.1	仙北軽便鉄道	1912.10.28
鹿児島線	1908.7.1	岩内軽便線	1912.11.1
横浜鉄道	1908.9.23	京成電気軌道が開業	1912.11.3
喫煙車が登場	1908.10.1	宗谷線	1912.11.5
山陰西線	1908.10.8	人車鉄道の最盛期	1912(この年)
南満洲鉄道	1908.10.27	愛知電気鉄道が開業	1913.2.18
富山線	1908.11.16	山口線	1913.2.20
蒸気動車の運転開始	1909.4.1	北陸本線	1913.4.1
山陰東線	1909.7.10	京王電気軌道が開業	1913.4.15
安奉線工事を強行	1909.8.7	越後鉄道	1913.4.20
山陰東線	1909.9.5	東海道本線	1913.8.1
国有鉄道名称制定	1909.10.12	宮崎線	1913.10.8
鹿児島線	1909.11.21	下富良野線	1913.11.10
山手線で電車の運転が始まる	1909.12.16	多度津線	1913.12.20
大分線	1909.12.21	足尾鉄道	1913.12.31
箕面有馬電気軌道が開業	1910.3.10	徳島本線	1914.3.25
兵庫電気軌道が開業	1910.3.15	長州鉄道	1914.4.22
嵐山電気軌道が開業	1910.3.25	大阪電気軌道が開業	1914.4.30
京阪電気鉄道が開業	1910.4.15	東上鉄道が開業	1914.5.1
東海道本線	1910.6.25	川内線	1914.6.1
東武鉄道	1910.7.13	両備軽便鉄道	1914.7.21
舞鶴線	1910.8.25	酒田線	1914.9.20
東海道本線	1910.9.15	岩越線	1914.11.1

村上線	1914.11.1	犬飼軽便線	1921.3.27
東京駅開業	1914.12.20	北大阪電気鉄道が開業	1921.4.1
酒田線	1914.12.24	信越本線、蒸気機関車を廃止	1921.5.11
武蔵野鉄道が開業	1915.4.15	讃岐線	1921.6.21
満鉄線の租借期限延長	1915.5.25	上越南線	1921.7.1
豊州本線	1915.8.15	京成電気軌道	1921.7.17
岩手軽便	1915.11.23	釧路本線	1921.8.5
岐線	1916.4.1	阪神急行電鉄	1921.9.2
信濃鉄道	1916.7.5	大湊軽便線	1921.9.25
宮崎線	1916.10.25	名寄本線	1921.10.5
豊州本線	1916.10.25	宮崎本線、細島軽便線	1921.10.11
東上鉄道	1916.10.27	鉄道博物館開館	1921.10.14
京王電気軌道鉄道	1916.10.31	留萠線	1921.11.5
宮地軽便線	1916.11.1	鹿児島本線	1921.12.1
京浜間電車で電気暖房の使用が始まる		小田原電気鉄道	1921.12.1
	1916.11.17	宮崎本線	1922.2.11
京成電気軌道	1916.12.18	東北本線	1922.3.5
愛知電気鉄道	1917.3.7	宮崎本線	1922.5.1
兵庫電気鉄道	1917.4.9	陸羽西線	1922.6.30
讃岐線	1917.9.16	池上電気鉄道が開業	1922.10.6
平郡東線	1917.10.10	「鉄道記念日」制定	1922.10.13
陸羽線	1917.11.1	琴平参宮電鉄が開業	1922.10月
釧路本線	1917.12.1	宗谷線	1922.11.1
宮地軽便線	1918.1.25	中央本線	1922.11.20
箕面有馬電気軌道が阪神急行電鉄と改称	1918.2.4	小浜線	1922.12.20
		鳳来寺鉄道	1923.2.1
足尾鉄道を国有化	1918.6.1	目黒蒲田電鉄が開業	1923.3.11
宗谷線	1918.8.25	大阪電気軌道	1923.3.20
生駒鋼索鉄道が開業	1918.8.29	関釜連絡船	1923.4.1
陸羽西線	1918.9.21	山口線	1923.4.1
小浜線	1918.11.10	大阪鉄道が大阪市内乗り入れ開始	1923.4.13
中央本線	1919.1.25	琴平参宮電鉄	1923.8.4
中央本線	1919.3.1	愛知電気鉄道	1923.8.8
佐久鉄道	1919.3.11	神戸姫路電気鉄道が開業	1923.8.19
有馬鉄道を国有化	1919.3.31	生保内線	1923.8.31
河南鉄道が大阪鉄道と改称	1919.3月	関東大震災による鉄道被害	1923.9.1
仙北軽便鉄道を国有化	1919.4.1	東海道本線復旧	1923.10.28
北条線	1919.5.24	目黒蒲田電鉄	1923.11.1
小田原電気鉄道が開業	1919.6.1	吉野鉄道	1923.12.5
陸羽西線	1919.7.6	日豊本線	1923.12.15
1等車を縮減	1919.10.1	山陰本線	1923.12.26
満鉄、経営難のため人員整理	1920.6月	名古屋鉄道	1924.2.1
阪神急行電鉄	1920.7.16	讃予線	1924.2.11
東武鉄道と東上鉄道が合併	1920.7.22	美禰線	1924.3.23
横浜港駅で旅客営業開始	1920.7.23	宮津線	1924.4.12
軽便枕	1920.8.15	九州鉄道	1924.4.12
中越鉄道を国有化	1920.9.1	羽越北線	1924.4.20
熱海線	1920.10.21	羽越線	1924.7.31

犬飼線	1924.10.15
横黒線	1924.11.15
高知線	1924.11.15
玉南電気鉄道が開業	1925.3.24
熱海線	1925.3.25
志布志線	1925.3.30
京阪電気鉄道	1925.5.5
長州鉄道幡生―小串間を国有化	1925.6.1
東武鉄道	1925.7.10
北条線	1925.7.11
全国で一斉に自動連結器取換	1925.7.17
南海鉄道	1925.7.30
宮津線	1925.7.31
山陽本線	1925.8.30
常磐線	1925.10.28
山手線の環状運転始まる	1925.11.1
東海道本線に電気機関車登場	1925.12.13
七尾線	1925.12.15
鉄道博物館、永楽町へ移転	1925 (この年)
東京駅と上野駅に自動券売機を設置	1926.4.24
神中鉄道	1926.5.12
川内線	1926.7.21
軽便枕営業を廃止	1926.8.14
山陽本線で特急列車が脱線・転覆	1926.9.23
天塩線	1926.9.25
名古屋鉄道	1926.10.1
北九州鉄道	1926.10.15
京王電気軌道	1926.12.1
京成電気軌道	1926.12.24
大正天皇大喪列車を運転	1927.2.7
小田原急行鉄道	1927.4.1
讃予線	1927.4.3
西武鉄道	1927.4.16
愛知電気鉄道	1927.6.1
京王電気軌道	1927.6.1
陸奥鉄道を国有化	1927.6.1
苫小牧軽便鉄道・日高拓殖鉄道を国有化	1927.8.1
東京横浜電鉄	1927.8.28
越後鉄道を国有化	1927.10.1
満蒙五鉄道建設協定	1927.10.15
鹿児島本線	1927.10.17
水戸鉄道を国有化	1927.12.1
伊那電気鉄道	1927.12.26
名古屋鉄道	1928.2.3
熱海線	1928.2.25
池上電気鉄道	1928.6.17
高野山電気鉄道が開業	1928.6.18
長輪線	1928.9.10
東海道本線	1928.10.15
伯備線	1928.10.25
上越南線	1928.10.30
奈良電気鉄道が開業	1928.11.15
宮城電気鉄道	1928.11.22
神戸有馬電気鉄道が開業	1928.11.28
新京阪鉄道	1928.11月
豊肥本線	1928.12.2
宗谷本線	1928.12.26
各務原鉄道	1928.12.28
日本初のトロリーバス走行	1928 (この年)
大阪電気軌道	1929.1.5
伊勢電気鉄道	1929.1.30
中央本線	1929.3.5
大阪鉄道	1929.3.29
小田原急行鉄道	1929.4.1
房総線	1929.4.15
讃予線	1929.4.28
中央本線	1929.6.16
富士山麓電気鉄道が開業	1929.6.19
東北本線	1929.6.20
青梅電気鉄道	1929.9.1
武蔵野鉄道	1929.9.10
特急列車に愛称	1929.9.15
軽便枕営業が復活	1929.9.25
東武鉄道	1929.10.1
トレインマーク制定	1929.11.7
筑豊本線	1929.12.7
目黒蒲田電鉄	1929.12.20
東京駅八重洲口開設	1929 (この年)
国産ガソリン車が初めて国鉄に登場	1930.2.1
長崎本線	1930.3.19
八戸線	1930.3.27
特急「富士」に鋼製展望車を導入	1930.3.29
宗谷本線、北見線	1930.4.1
湘南電気鉄道が開業	1930.4.1
鉄道省が全線でメートル法実施	1930.4.1
予讃線	1930.4.1
阪和電気鉄道	1930.6.16
特急「富士」車内で飲料販売開始	1930.8.15
超特急「燕」運転開始	1930.10.1
高崎線	1930.10.16
作備線	1930.12.11
大阪電気軌道、参宮急行電鉄	1930.12.20
中央本線	1930.12.20
伊勢電気鉄道	1930.12.25
初の3等寝台車	1931.2.1

京阪電気鉄道	1931.3.31	八高線	1934.10.6
中央本線に電気機関車導入	1931.4.1	1等・2等寝台車で浴衣貸し出し	1934.10.25
東武鉄道	1931.5.25	高山本線	1934.10.25
日本初の有料道路	1931.7.4	特急「あじあ」号	1934.11.1
東武鉄道	1931.8.11	久大線	1934.11.15
清水トンネル開通	1931.9.1	山陽本線	1934.12.1
柳条湖事件	1931.9.18	丹那トンネル開通	1934.12.1
釧網線	1931.9.20	長崎本線	1934.12.1
湘南電気鉄道、京浜電気鉄道	1931.12.26	水郡線	1934.12.4
満鉄が初の営業赤字	1931(この年)	紀勢東線	1934.12.19
東京横浜電鉄	1932.3.31	北九州鉄道	1935.3.1
京都市にトロリーバスが登場	1932.4.1	高徳本線、阿波線	1935.3.20
因美線	1932.7.1	名岐鉄道	1935.4.29
総武本線	1932.7.1	佐賀線	1935.5.25
東北本線	1932.7.15	七尾線	1935.7.30
宮津線	1932.8.10	伊万里線	1935.8.6
横浜線	1932.10.1	南満洲鉄道	1935.9.1
石北線	1932.10.1	大船渡線	1935.9.29
南満洲鉄道	1932.10.1	札沼線	1935.10.3
瀬棚線	1932.11.1	予讃本線	1935.10.6
広尾線	1932.11.5	大阪市営高速軌道	1935.10.30
紀勢西線	1932.11.8	三呉線	1935.11.24
国都線	1932.12.6	徳島本線	1935.11.28
東京でトロリーバス試運転	1932(この年)	指宿線	1936.3.25
南満洲鉄道、国有鉄道の経営・建設受		国鉄EF55形電気機関車落成	1936.3.30
託	1933.2.9	モハ52形	1936.3.31
城東線	1933.2.16	姫津線	1936.4.8
山陰本線	1933.2.24	鉄道博物館、万世橋駅構内へ移転	1936.4.25
成田線	1933.3.11	阿南鉄道を国有化	1936.7.1
総武本線	1933.3.15	五能線	1936.7.30
芸備鉄道を国有化	1933.6.1	岩手軽便鉄道を国有化	1936.8.1
阿波鉄道を国有化	1933.7.1	食堂車に冷房を導入	1936.8.19
宇和島鉄道を国有化	1933.8.1	米坂線	1936.8.31
帝都電鉄	1933.8.1	佐世保鉄道を国有化	1936.10.1
両備鉄道を国有化	1933.9.1	東京横浜電鉄	1936.11.1
中央本線	1933.9.15	常磐線	1936.12.11
愛媛鉄道を国有化	1933.10.1	名古屋駅が移転	1937.2.1
準急列車「黒潮号」が運行開始	1933.11.4	信濃鉄道を国有化	1937.6.1
上野公園駅開業	1933.12.10	芸備鉄道を国有化	1937.7.1
紀勢西線	1933.12.20	特急「鴎」	1937.7.1
神中鉄道	1933.12.27	日高線	1937.8.10
軽便枕営業廃止	1934.3.31	三信鉄道	1937.8.20
秋田鉄道を国有化	1934.6.1	北九州鉄道を国有化	1937.10.1
大阪駅高架化	1934.6.1	東海道本線	1937.10.10
新宮鉄道	1934.7.1	仙山線	1937.11.10
簸上鉄道を国有化	1934.8.1	南満洲鉄道附属地行政権の委譲	1937.12.1
越美南線	1934.8.16	宮之城線	1937.12.12
佐久鉄道を国有化	1934.9.1	山野西線	1937.12.12

木次線	1937.12.12	播丹鉄道と富士地方鉄道を国有化	1943.5.25
日中戦争勃発を受け準急列車の運航を		産業セメント鉄道、鶴見臨港鉄道を国	
削減	1937.12.15	有化	1943.6.28
ストライキが続発	1937(この年)	急行制度改正	1943.7.1
支那事変特別税	1938.4.1	有馬線	1943.7.1
関西急行電鉄	1938.6.26	豊川鉄道、鳳来寺鉄道、三信鉄道、伊	
日本食堂株式会社設立	1938.9.15	那電気鉄道、北海道鉄道を国有化	1943.7.26
南満洲鉄道	1938.10.1	川俣線、宮原線	1943.9.1
富士身延鉄道と白棚鉄道を借り上げ	1938.10.1	「決戦ダイヤ」実施	1943.10.1
古江線	1938.10.10	京阪神急行電鉄が発足	1943.10.1
伊東線	1938.12.15	常磐線土浦駅構内で列車衝突	1943.10.26
南満洲鉄道の乗客数が急増	1938(この年)	鍛治屋原線	1943.11.1
予讃本線	1939.2.6	「決戦非常措置要綱」実施	1944.4.1
華北交通株式会社設立	1939.4.17	横須賀線	1944.4.1
華中鉄道株式会社設立	1939.4.30	食堂車の営業が全廃	1944.4.1
九州鉄道	1939.7.1	南武鉄道、青梅電気鉄道を国有化	1944.4.1
戦時体制強化のためダイヤ改正	1939.11.15	南海鉄道、宮城電気鉄道、西日本鉄道	
土讃線	1939.11.15	を国有化	1944.5.1
牟岐線	1939.12.14	最初の女性車掌	1944.5.10
西成線列車脱線火災事故	1940.1.29	近畿日本鉄道	1944.6.1
乗車制限開始	1940.3.23	相模鉄道、中国鉄道、飯山鉄道を国有	
小田原急行鉄道と帝都電鉄が合併	1940.5.1	化	1944.6.1
紀勢西線	1940.8.8	奥多摩電気鉄道を国有化	1944.6.15
日満中連絡運輸規則	1940.8.31	名古屋鉄道	1944.9.1
駅入場券販売中止	1940.12.1	関門鉄道トンネルが複線化	1944.9.9
南海鉄道と阪和電気鉄道が合併	1940.12.1	「戦時陸運非常体制」実施	1944.10.11
紀元2600年	1940(この年)	山陽本線、岩徳線	1944.10.11
弾丸列車計画	1940(この年)	東海道本線	1944.10.11
急行列車を増発	1941.2.15	東北本線	1944.11.15
南武鉄道五日市線	1941.2.28	長野原線	1945.1.2
南海鉄道山手線	1941.4.1	渡島海岸鉄道を国有化	1945.1.25
横浜線	1941.4.5	松浦線	1945.3.1
西成線で電車運転開始	1941.5.1	鉄道博物館休館	1945.3.10
富士身延鉄道と白棚鉄道を国有化	1941.5.1	旅客及び手荷物運送規則改正	1945.4.1
3等寝台車廃止	1941.7.16	函館本線	1945.6.1
朝夕急行制が実施	1941.8.21	予讃本線	1945.6.20
幌加内線	1941.10.10	京成電鉄	1945.6.25
志布志線	1941.10.28	国鉄八高線多摩川鉄橋で列車正面衝突	1945.8.24
電車・バスの系統統合	1942.2.1	武蔵野鉄道が西武鉄道を吸収合併	1945.9.22
東京急行電鉄	1942.5.1	南満洲鉄道に閉鎖命令	1945.9.30
関門鉄道トンネルが開通	1942.7.1	連合軍鉄道司令部(RTO)設置	1945.9月
牟岐線	1942.7.1	戦後初のダイヤ改正	1945.11.20
西日本鉄道	1942.9月	復員列車	1945.12.20
「臨戦ダイヤ」実施	1943.2.15	列車の運行数を削減	1945.12月
特急「あじあ」運転休止	1943.2.28	旅客列車復活	1946.1.11
小野田鉄道を国有化	1943.3.29	連合軍専用列車運行	1946.1.31
宇部鉄道を国有化	1943.4.26	旅客列車の第2次復活	1946.2.25
小倉鉄道を国有化	1943.4.26	鉄道運賃体制を改定	1946.3.1

都電・都バス運賃値上げ	1946.3.15	京都駅火災で焼失	1950.11.18
急行列車内での弁当販売復活	1946.7.1	中央本線	1950.11.19
西武鉄道	1946.11.16	急行列車が安全線に突っ込む	1950.12.14
旅客列車を大幅削減	1947.1.4	片町線	1950.12.26
都電・都バスの運賃値上げ	1947.2.15	70系電車	1951.2.5
八高線高麗川駅手前カーブで列車脱線、転覆	1947.2.25	東海道線	1951.2.15
		京浜東北線桜木町駅で電車炎上	1951.4.24
上越線	1947.4.1	観光バスが機関車と激突	1951.10.13
急行列車と2等車復活	1947.4.24	電車とバスが衝突	1951.11.3
中央線急行電車に婦人子供専用車	1947.5.5	都バス・都電運賃値上げ	1951.12.25
急行、準急列車の復活	1947.6.29	国鉄貨物輸送実績	1952.3月
上越線電化完了	1947.10.1	国鉄輸送施設統計	1952.3月
名阪特急の運転を開始	1947.10.8	国鉄旅客輸送実績	1952.3月
京王帝都電鉄	1947.12.26	宇部線、小野田線	1952.4.20
連合軍旅客列車・専用客車取扱手続	1948.1.1	京成電鉄	1952.5.1
名鉄瀬戸線で脱線・横転事故	1948.1.5	東京都内初のトロリーバス開通	1952.5.20
近鉄奈良線花園駅、急行列車が先行電車に追突	1948.3.31	跨線橋の羽目板が破れる	1952.6.18
		立ち往生のトラックに電車が衝突	1952.7.21
名古屋鉄道	1948.5.16	路面電車からトロリーバスへの転換に関する意見書	1952.8月
京浜急行電鉄	1948.6.1		
都電・都バス運賃値上げ	1948.6.1	国鉄輸送実績	1953.3月
福井地震	1948.6.28	観光バスと機関車衝突	1953.5.20
戦後初の白紙ダイヤ改正	1948.7.1	バスと電車が衝突	1953.5.21
東武鉄道	1948.8.6	通勤電車が正面衝突	1953.7.8
アイオン台風	1948.9.16	東海道線	1953.7.21
小田急電鉄	1948.10.16	修学旅行バスと電車が衝突	1954.3.14
東海道本線	1949.2.1	車両火災	1954.3.21
奥羽本線	1949.4.24	可部線	1954.3.30
東海道本線	1949.5.20	城東線	1954.4.1
常磐線	1949.6.1	脱線し民家へ突入	1954.5.8
都電・都バス値上げ	1949.6.1	DD11形ディーゼル機関車	1954.8.24
下山事件	1949.7.6	キハ01形気動車	1954.8.26
三鷹事件	1949.7.15	電車が脱線、転落	1955.1.20
松川事件	1949.8.17	周遊割引乗車券（周遊券）	1955.2.1
国鉄ダイヤ改正	1949.9.15	電車とバスが衝突	1955.2.6
トロリーバス敷設出願	1949.10月	最初の気動車準急	1955.3.22
80系電車	1950.1.30	米軍トレーラーと列車が衝突	1955.5.1
湘南電車運転開始	1950.3.1	東海道線	1955.7.20
国鉄最初の「民衆駅」	1950.3.14	国鉄予算と経営調査会設置	1955（この年）
国電車両火災	1950.4.24	国鉄経営調査会答申案提出	1956.1.12
「つばめ」「はと」に女子乗務員	1950.6.1	東海道線で事故2件	1956.1.29
京浜急行車両火災	1950.6.22	運賃値上げ	1956.2.1
東海道線	1950.7.15	庄内事件	1956.2.2
国鉄地方組織改正	1950.8.1	田川線	1956.3.15
小田急電鉄	1950.8.1	3等寝台車	1956.3.20
京阪電気鉄道	1950.9.1	白新線	1956.4.15
釜石線	1950.10.10	南海電鉄車両火災	1956.5.7
急行列車の愛称設定	1950.11.2	国鉄理事会、監査委員会発足	1956.6.25

地盤のゆるみから列車が転落	1956.9.27
参宮線六軒駅で列車脱線、衝突	1956.10.15
高崎線	1956.11.19
東海道本線	1956.11.19
緊急輸送対策推進委員会	1956（この年）
国鉄ストで処分	1957.3月
国鉄運賃値上げ実施	1957.4.1
東海道本線	1957.4.1
南満洲鉄道法定清算が完了	1957.4.13
常磐線急行が転覆	1957.5.17
国鉄鉄道技術研究所が新幹線構想を発表	1957.5.30
中央線に老幼優先車が登場	1957.6.20
大糸南線	1957.8.15
交流電化	1957.9.5
小田急3000形（SE）電車	1957.9.20
初の寝台専用列車	1957.10.1
日田線、田川線	1957.10.1
日本初のモノレール	1957.10.14
通勤電車が転落	1957.11.25
遊覧モノレール運行開始	1957.11月
両毛線	1957.12.1
近畿日本鉄道特急列車にシートラジオを導入	1957.12.26
国鉄5カ年計画	1957（この年）
東北本線	1958.4.14
臨時急行「ひかり」	1958.4.25
エドモンド・モレル記念碑除幕式	1958.5.7
国鉄が貨物配車減	1958.5月
修学旅行専用電車	1958.6.1
近畿日本鉄道にビスタカーが登場	1958.7.1
米軍トレーラーが特急に衝突	1958.8.14
真岡線折本・寺内・西田井駅を業務部外委託	1958.9.10
特急「こだま」落成	1958.9.17
国鉄ダイヤ改正（サンサントオ）	1958.10.1
特急「はつかり」	1958.10.10
鉄道記念物	1958.10.14
羽幌線	1958.10.18
特急「こだま」の運行を開始	1958.11.1
東急電鉄がステンレスカーを導入	1958.12.1
私鉄運賃15.3％引上げ	1958.12.26
テレホンセンター設置	1959.4.1
列車が転覆	1959.4.6
修学旅行用電車「きぼう」「ひので」	1959.4.20
東海道新幹線着工	1959.4.20
電車が脱線・衝突	1959.5.15
東北線	1959.5.22
国電ガード上で乗客がはねられる	1959.6.14
紀勢本線	1959.7.15
特急「平和」、「さくら」に改称	1959.7.20
「こだま」形電車高速度運転試験	1959.7.27
京浜急行とトラック衝突	1959.11.7
近畿日本鉄道名古屋線の改軌工事完了	1959.11.27
京成電鉄全線の改軌工事完了	1959.12.1
近畿日本鉄道名古屋―大阪上本町間で特急電車の直通運転が開始	1959.12.12
国鉄輸送成績過去最高	1959（この年）
MARS-1	1960.2.1
東北本線	1960.3.1
列車内電話使用開始	1960.3.1
私鉄運賃値上げ	1960.4.10
国鉄ダイヤ改正	1960.6.1
国鉄運賃制度改正	1960.6.1
私鉄運賃値上げ	1960.6月
列車等級、2等級に	1960.7.1
置き石で列車転覆	1960.8.18
特急「こだま」に列車公衆電話を設置	1960.8.20
函館本線爆破事件	1960.9.10
キハ80系気動車	1960.9.15
デラックスロマンスカー登場	1960.10.9
仙山線	1960.11.1
試験電車が小型バスと衝突	1960.12.2
「はつかり」設計変更へ	1960.12.10
東北本線	1960.12.29
国鉄輸送記録更新	1960（この年）
ダンプカーが電車と衝突	1961.1.13
小田急線がダンプカーと衝突	1961.1.17
中央線	1961.3.17
名阪特急ノンストップ化	1961.3.29
網走本線を分割	1961.4.1
国鉄運賃制度改正	1961.4.6
大阪環状線	1961.4.25
国鉄の電化進む	1961.6.1
名鉄にパノラマカーが登場	1961.6.12
南海電気鉄道でズームカー運行開始	1961.7.5
国鉄ダイヤ大改正（通称「サンロクトオ」）	1961.10.1
別大線電車埋没事故	1961.10.26
国鉄新宿駅南口火災	1961.12.7
伊豆急行	1961.12.10
特急「さくら」追突	1961.12.29
国鉄の電化状況	1961（この年）
国鉄輸送成績過去最高を更新	1961（この年）
私鉄運賃一斉値上げ	1961（この年）
東海道新幹線整備状況	1961（この年）

鉄道	分野別索引		日本交通史事典

東北本線	1962.4.20	東海道新幹線開業	1964.10.1
常磐線三河島駅事故	1962.5.3	作業員が新幹線にはねられる	1964.11.23
中央本線	1962.5.21	国鉄の電化・複線化事業	1964(この年)
営団地下鉄日比谷線、東武伊勢崎線	1962.5.31	蒸気機関車生産ゼロ	1964(この年)
国鉄ダイヤ改正	1962.6.10	中小私鉄の路線廃止	1964(この年)
新幹線試作車テスト開始	1962.6.26	鉄道建設公団の工事	1964(この年)
東北本線	1962.7.1	新幹線自由席特急券発売開始	1965.5.20
赤穂線	1962.9.1	中央本線	1965.5.20
国鉄ダイヤ改正	1962.10.1	中央本線	1965.7.1
常磐線	1962.10.1	「たかやま」運転開始	1965.8.5
私鉄の運賃値上げ	1962.11.1	みどりの窓口	1965.9.24
北海道鉄道記念館	1962.11.28	北陸本線	1965.9.30
貨物列車が正面衝突	1962.11.29	国鉄ダイヤ大改正	1965.10.1
国鉄の第2次5カ年計画	1962(この年)	東海道新幹線スピードアップ	1965.11.1
新幹線予算不足	1962(この年)	国鉄第3次長期計画	1965(この年)
伊豆箱根鉄道が路面電車の営業を廃止	1963.2.5	在来線における国鉄の技術革新	1965(この年)
貨物列車が脱線	1963.2.28	新幹線における国鉄の技術革新	1965(この年)
新幹線試験走行	1963.3.30	新幹線の営業順調	1965(この年)
北陸本線	1963.4.4	日本鉄道建設公団の事業	1965(この年)
京浜電気鉄道	1963.4.16	私鉄の運賃値上げ	1966.1.20
国鉄ダイヤ改正	1963.4.20	国鉄運賃値上げ	1966.3.5
京王線新宿地下駅へ乗り入れ開始	1963.4月	東京急行電鉄田園都市線	1966.4.1
常磐線	1963.5.1	自動列車制御装置(ATS)	1966.4.20
日南線	1963.5.8	中央本線	1966.4.28
国鉄ダイヤ改正	1963.6.1	中央本線	1966.5.14
京阪神急行電鉄	1963.6.17	物資別専用貨車登場	1966.7月
信越線	1963.7.15	新狩勝トンネル開通	1966.9.30
横川―軽井沢間新線開通	1963.9.30	日豊本線	1966.10.1
京王帝都電鉄	1963.10.1	田沢湖線	1966.10.20
国鉄ダイヤ改正	1963.10.1	北陸本線	1966.11.30
鶴見事故	1963.11.9	私鉄もATS設置へ	1966.11月
私鉄運賃値上げ	1963(この年)	特急「あずさ」	1966.12.12
青梅線電車炎上	1964.1.4	山陽新幹線着工決定	1966(この年)
京福電車正面衝突	1964.1.5	水戸線	1967.2.1
MARS-101	1964.2.23	山陽新幹線着工	1967.3月
大阪環状線が環状運転を開始	1964.3.22	トラックに急行電車が衝突	1967.4.1
日本鉄道建設公団発足	1964.3.26	磐越西線	1967.6.15
国鉄基本問題調査会発足	1964.5.7	中央本線	1967.7.3
柳ヶ瀬線	1964.5.11	東海道新幹線累積乗客数	1967.7月
根岸線	1964.5.19	米軍燃料輸送列車事故	1967.8.8
国鉄第3次長期計画	1964.5.28	常磐線	1967.8.20
国鉄103系電車	1964.5月	新清水トンネル開通	1967.9.28
東海道新幹線の名称が決定	1964.7.7	日豊本線	1967.10.1
山陽本線	1964.7.25	オート・エクスプレス	1967.10.14
中央本線	1964.8.23	大糸線	1967.12.20
東京モノレール開業	1964.9.17	国鉄概況	1967(この年)
東北本線	1964.9.28	国鉄旅客輸送数	1967(この年)
国鉄ダイヤ改正	1964.10.1	日比谷線神谷町駅で車両火災	1968.1.27

ガスタービンの研究	1968.1月	ミキサー車が警報無視して衝突	1970.3.30
総武本線	1968.3.28	ドア開けたまま8キロ暴走	1970.5.18
神戸高速鉄道開業	1968.4.7	鹿島線	1970.8.20
御殿場線	1968.4.27	鹿児島線	1970.9.1
篠栗線	1968.5.25	呉線	1970.9.15
山陽新幹線試作車	1968.5月	関東最後の蒸気機関車が引退	1970.10.1
京浜急行電鉄	1968.6.21	国鉄「ディスカバー・ジャパン」キャンペーンを開始	1970.10.1
御殿場線	1968.7.1		
小田急電鉄新宿―御殿場間を電車化	1968.7.1	中村線	1970.10.1
房総西線	1968.7.13	東武線で踏切事故	1970.10.9
御茶ノ水駅電車追突事故	1968.7.16	運輸省試算、償却前で赤字	1970（この年）
東北本線	1968.7.21	国鉄再建案に労使対立	1970（この年）
中央本線	1968.8.16	国鉄予算	1970（この年）
東北本線	1968.8.22	五日市線	1971.2.1
函館本線	1968.8.28	国鉄酒飲み運転で衝突事故	1971.2.11
仙山線	1968.9.8	富士急行、トラック衝突暴走脱線事故	1971.3.4
都営トロリーバス全線廃止	1968.9.29	吾妻線	1971.3.7
奥羽本線	1968.9月	3新幹線工事始まる	1971.4.1
シルバー周遊乗車券を発売	1968.10.1	国鉄103系電車	1971.4.20
季節列車	1968.10.1	常磐線、千代田線	1971.4.20
国鉄ダイヤ白紙改正（ヨンサントオ）	1968.10.1	京浜電気鉄道特急に3000系車両導入	1971.7.1
山陽電鉄衝突事故	1968.11.23	房総西線	1971.7.1
鉄道車両の資本自由化と業界再編	1968（この年）	函館本線	1971.8.3
		唐津線	1971.8.20
路面電車廃止進む	1968（この年）	奥羽本線	1971.8.25
伯備線保線作業員、触車事故	1969.2.13	只見線	1971.8.29
中央線、東西線	1969.4.8	山陽新幹線1972年3月開業	1971.8.30
新幹線三島駅開業	1969.4.25	奥羽本線	1971.10.1
グリーン車	1969.5.10	岡山県で急行列車が火事	1971.10.6
駅構内でタンク車脱線	1969.6.22	近鉄大阪線列車衝突青山トンネル事故	1971.10.25
鉄道建設審議会方針	1969.6月		
房総西線	1969.7.11	修学旅行列車が廃止に	1971.10月
都区内最後の蒸気機関車「さよなら運転」	1969.8.20	青函トンネル起工式	1971.11.14
		東北・上越新幹線起工式	1971.11.28
信越本線	1969.8.24	京王帝都電鉄井の頭線	1971.12.15
赤穂線	1969.8.24	世知原線、臼ノ浦線	1971.12.26
北陸本線	1969.9.29	鍛治屋原線	1972.1.16
函館本線	1969.9.30	特急「オリンピア」	1972.1.28
国鉄再建に10年計画	1969.11月	細島線	1972.2.1
クレーン車が電車に衝突	1969.12.9	三国線	1972.3.1
国鉄概況	1969（この年）	篠山線	1972.3.1
私鉄・地下鉄運賃値上げ	1969（この年）	コムトラックシステムの導入開始	1972.3.15
私鉄概況	1969（この年）	山陽新幹線新大阪―岡山間開業、国鉄ダイヤ改正	1972.3.15
脱線事故	1969（この年）		
電車試作テスト	1969（この年）	宇品線	1972.4.1
踏切警手の怠慢で事故	1970.1.20	業界再編第一弾 川崎重工と汽車製造合併	1972.4.1
国鉄財政再建10カ年計画	1970.2.16		
国鉄ダイヤ改正	1970.3.1	3新幹線建設決定	1972.5.2
		川俣線	1972.5.14

- 379 -

鉄道　　　　　　　　　　　　　　分野別索引　　　　　　　　　　　日本交通史事典

日暮里駅で追突事故	1972.6.23	エリザベス英女王が新幹線に乗車	1975.5.12
大手私鉄、値上げ申請	1972.7.1	東北で貨物列車脱線続く	1975.5.20
公営交通料金値上げ	1972.8.1	新幹線騒音基準が告示	1975.7.29
羽越本線、白新線	1972.8.5	山崩れで列車横転	1975.8.6
貨車生産集約化	1972.8月	京成上野駅改良工事終了	1975.12.21
浦上線	1972.10.2	国鉄最後の蒸気機関車	1975.12月
梅小路蒸気機関車館開館	1972.10.10	国鉄 新再建計画スタート	1975(この年)
北陸本線北陸トンネル 急行列車の食堂		私鉄運賃も値上げへ	1975(この年)
車火災	1972.11.6	国鉄の蒸気機関車が運転を終了	1976.3.2
長崎新幹線建設	1972.11.9	新幹線利用10億人突破	1976.5.25
トロリーバスが姿を消す	1972(この年)	長崎本線、佐世保線	1976.6.6
新幹線の支障事故増加	1972(この年)	「列車ボーイ」廃止	1976.10.15
新幹線騒音対策	1973.1.30	国鉄大幅値上げ	1976.11.6
成田線で脱線事故	1973.2.23	新幹線車両廃車処理開始	1976.11.19
阪急電鉄	1973.4.1	新幹線改新工事	1976(この年)
篠ノ井線	1973.4.1	仙台市で市電が廃止される	1976(この年)
武蔵野線	1973.4.1	東急急行電鉄新玉川線	1977.4.7
根岸線	1973.4.9	リニアモーターカー走行実験	1977.7.16
中央西線	1973.5.27	泉北高速鉄道	1977.8.20
東武鉄道日光線全線複線化	1973.7.24	グリーン、A寝台料金値下げ	1977.9.20
キヨスク	1973.8.1	東急田園都市線・新玉川線直通運転開	
東海道線貨物列車が脱線	1973.8.27	始	1977.11.16
伊勢線	1973.9.1	気仙沼線	1977.12.11
中央線にシルバーシートが登場	1973.9.15	国鉄再建、方針決定	1977.12月
関西本線	1973.9.20	京成電鉄の経営悪化	1977(この年)
東金線	1973.9.26	私鉄2年間値上げ凍結	1977(この年)
成田線	1973.9.28	利用者の国鉄離れ	1977(この年)
大阪・関西線で脱線	1973.12.26	東西線鉄橋で竜巻により列車脱線転覆	1978.2.28
京成スカイライナー	1973.12.30	スカイライナー	1978.5.21
国鉄運賃値上げ延期	1973.12月	鹿島臨海鉄道	1978.7.25
予土線	1974.3.1	都営地下鉄など値上げ申請	1978.7月
日豊本線	1974.3.13	大手私鉄、値上げ申請	1978.8.12
新幹線公害訴訟	1974.3月	国鉄ダイヤ改正(ゴーサントオ)	1978.10.2
小田急電鉄	1974.6.1	京王帝都電鉄新線	1978.10.31
常磐線で脱線、転覆	1974.6.25	「いい日旅立ち」キャンペーン	1978.11.3
東武鉄道伊勢崎線複々線化	1974.7.2	能勢電鉄日生線	1978.12.12
湖西線	1974.7.20	国鉄、退職金で赤字増加	1978(この年)
私鉄運賃、値上げ実施	1974.7.20	私鉄運賃値上げ	1979.1月
新幹線「ひかり」で食堂車の営業を開		北総開発鉄道	1979.3.9
始	1974.9.5	国鉄運賃値上げ	1979.5月
山手線にシルバーシートが登場	1974.9.15	名古屋鉄道豊田線	1979.7.29
京王帝都鉄道相模原線	1974.10.18	地帯別運賃導入構想	1979.7月
総武本線、成田線、鹿島線	1974.10.26	ビデオカー登場	1979.11.3
HSST開発開始	1974(この年)	武蔵野線で居眠り事故	1979.11.18
特急電車がアパートに突入	1975.3.1	国鉄新再建策	1979.12月
山陽新幹線開業	1975.3.10	中学生が置石 脱線転覆	1980.2.20
山崩れで列車事故	1975.4.8	「いい旅チャレンジ20000km」キャン	
土砂崩れで不通	1975.4.14	ペーン	1980.3.15

- 380 -

名古屋鉄道知多線	1980.6.5	国鉄外房線で死傷事故	1984.3.30
千歳線、室蘭線	1980.7.16	越後線	1984.4.8
武蔵野線西浦和付近で火災	1980.8.17	東京急行電鉄田園都市線	1984.4.9
国鉄ダイヤ大改正	1980.10.1	地域別運賃導入	1984.4月
東中野駅手前で停車中の電車に後続車		回送電車と特急電車が衝突	1984.5.5
追突	1980.10.17	転落者を助けようとして死亡	1984.5.12
私鉄値上げ申請	1980.11月	国鉄改善計画変更	1984.5.17
特定地方交通線のバス転換が進む	1980.12.27	「ホームライナー」運転開始	1984.6.1
国鉄、1兆円超の大赤字	1980(この年)	国鉄再建委員会発足	1984.6月
神戸新交通ポートアイランド線	1981.2.5	特急が衝突脱線事故	1984.7.21
大阪市営南港ポートタウン線	1981.3.16	国鉄改革に関する意見	1984.7.26
福知山線	1981.4.1	国鉄監査報告	1984.8月
国鉄4年連続の値上げ	1981.4.20	奈良線、関西線、和歌山線	1984.9.30
私鉄運賃値上げ	1981.5.6	新幹線開業20周年	1984.10.1
「ジャパンレールパス」発売開始	1981.5.20	神岡線	1984.10.1
夕張線	1981.7.1	樽見線	1984.10.6
レールゴー・サービス	1981.8.1	ブルートレインで居眠り運転	1984.10.19
フルムーン夫婦グリーンパス	1981.10.1	黒石線	1984.11.1
北海道と福岡の赤字線が姉妹に	1981.10.9	「キャプテン」システム導入	1984.11.30
山万ユーカリが丘線	1981.11.2	高砂線、宮原線、妻線	1984.12.1
整備新幹線、着工順位決定	1981.11月	第三セクターで開業	1984(この年)
通勤時の電車が暴走	1982.1.29	北九州高速鉄道小倉線	1985.1.9
青春18のびのびきっぷ	1982.3.1	MARS301	1985.3.1
5年連続運賃値上げ	1982.4.20	コーヒーハウス「ベル」開店	1985.3.1
関西本線	1982.5.17	青函トンネル貫通	1985.3.10
特急「あずさ」が脱線	1982.5.28	東北・上越新幹線上野駅が開業	1985.3.10
まくら木作業中に脱線	1982.6.11	オレンジカード	1985.3.14
東北新幹線開業	1982.6.23	国鉄ダイヤ大改正	1985.3.14
豊橋鉄道市内線	1982.7.31	鹿島臨海鉄道大洗鹿島線	1985.3.14
国鉄民営化構想	1982.7月	小松島線	1985.3.14
上越新幹線開業	1982.11月	三木線	1985.4.1
名古屋鉄道羽島線	1982.12.11	国鉄運賃値上げ	1985.4.20
新幹線定期券「フレックス」	1983.1.31	西武鉄道山口線	1985.4.25
ナイスミディパス	1983.3.20	山手線、アパートに突っ込む	1985.5.8
筑肥線	1983.3.22	「ジパング倶楽部」発足	1985.5.30
「やまびこ」がドア全開	1983.5.12	厳しい国鉄行政監察	1985.6.20
中央線	1983.7.5	大畑線、岩内線、興浜北線	1985.7.1
青春18きっぷ	1983.7.20	興浜南線	1985.7.15
首相に国鉄再建緊急提言	1983.8月	カートレイン登場	1985.7.27
白糠線	1983.10.22	モノレールが脱線	1985.7.29
埼玉新都市交通	1983.12.22	通勤電車が脱線	1985.8.7
大手私鉄続々運賃値上げへ	1983(この年)	国鉄再建への提言	1985.8.27
「エキゾチックジャパン」キャンペーン	1984.2.1	美幸線	1985.9.17
国鉄ダイヤ改正	1984.2.1	東北線、川越線	1985.9.30
金沢で電車激突	1984.2.6	矢島線	1985.10.1
貨物輸送の合理化	1984.2月	新幹線騒音調査	1985.10.21
住宅・都市整備公団千葉ニュータウン		明知線	1985.11.16
線	1984.3.19	同時ゲリラ 国鉄全面マヒ	1985.11.29

| 鉄道 | 分野別索引 | | 日本交通史事典 |

国鉄職員の汚職	1985(この年)	木原線	1988.3.24
国鉄大卒職員採用再開	1985(この年)	能登線	1988.3.25
シュプール号	1986.1.9	ハープカード	1988.3.26
モノレールがパンク	1986.2.8	レオカード、メトロカード	1988.4.1
列車と機関車が衝突	1986.2.14	中村線	1988.4.1
予讃線	1986.3.3	JRダイヤ大改正	1988.4.10
大雪で電車追突	1986.3.23	真岡線	1988.4.11
学生用新幹線定期券「フレックス・パル」	1986.4.1	歌志内線	1988.4.25
		GW初日に衝突脱線事故	1988.4.29
甘木線、高森線、漆生線	1986.4.1	とーぶカード	1988.6.1
5年ぶりに私鉄スト	1986.4.10	京都市営地下鉄、近鉄京都線	1988.8.28
丸森線	1986.7.1	新幹線新方式提示	1988.8月
MOTOトレイン	1986.7.28	上山田線	1988.9.1
国鉄最後の値上げ	1986.9.1	あそBOY	1988.9.28
近畿日本鉄道東大阪線	1986.10.1	ロマンスカード	1988.10.1
野岩鉄道会津鬼怒川線	1986.10.9	リニアモーターカー(超電導磁気浮上式鉄道)実用化へ	1988.10.5
鉄道警察隊発足	1986.10月		
角館線、阿仁合線	1986.11.1	長井線	1988.10.25
国鉄最後のダイヤ大改正	1986.11.1	東中野駅に停車中の電車に後続電車追突	1988.12.5
播但線、胆振線および富内線	1986.11.1		
国有鉄道の歴史に幕	1986.11.28	門司港駅を重要文化財に指定	1988.12.19
越美南線	1986.12.11	都営交通機関の連絡定期券	1988.12.21
余部鉄橋列車脱線転落事故	1986.12.27	鉄道整備、輸送力増強	1988(この年)
国労の分裂	1986(この年)	新幹線の架線破損	1989.1.16
宮之城線	1987.1.10	JRグループダイヤ大改正	1989.3.11
広尾線	1987.2.2	ぽけっとカード	1989.3.23
大隅線	1987.3.14	第三セクター・樽見鉄道	1989.3.25
二俣線	1987.3.15	足尾線	1989.3.29
瀬棚線	1987.3.16	秋田内陸縦貫鉄道	1989.4.1
湧網線	1987.3.20	第三セクター・秋田内陸縦貫鉄道	1989.4.1
士幌線	1987.3.23	赤信号見落としで正面衝突	1989.4.13
伊勢線	1987.3.27	高千穂線延岡―高千穂間廃止、第三セクター・高千穂鉄道	1989.4.28
佐賀線	1987.3.28		
志布志線	1987.3.28	標津線	1989.4.30
羽幌線	1987.3.30	天北線	1989.5.1
JR発足	1987.4.1	東武博物館開館	1989.5.20
シンデレラエクスプレス	1987.6.17	池北線	1989.6.4
衝突でトレーラー宙づり	1987.7.8	横浜新都市交通	1989.7.5
信楽線	1987.7.13	リニアモーターカー、山梨に決定	1989.8月
会津線	1987.7.16	伊田線、糸田線、田川線	1989.10.1
岩日線	1987.7.25	京阪鴨東線開業	1989.10.5
大阪でトンネル火災	1987.9.21	JR相次ぐ「うっかりミス」	1989.10.24
若桜線	1987.10.14	トンネル内で屋根が接触	1989.11.26
岡多線	1988.1.31	Eカード	1989.12.1
山野線、松前線	1988.2.1	宮田線	1989.12.23
青函トンネル開通、青函連絡船廃止	1988.3.13	旧国鉄債務問題抜本的対策	1989.12月
		整備新幹線の建設費増額	1989.12月
青函トンネルで立ち往生	1988.3.15	JR輸送人キロ、国鉄抜く	1989(この年)
本四備讃線	1988.3.20		

― 382 ―

掘削工事中の道路陥没	1990.1.22	「つばさ」相次ぐトラブル	1992.7.1
神戸新交通六甲アイランド線	1990.2.21	山形新幹線開業	1992.7.1
京葉線、山陰本線	1990.3.10	千歳線	1992.7.1
大阪市交通局鶴見緑地線	1990.3.20	予讃線	1992.7.23
パノラマカード、パストラルカード	1990.4.1	JR株上場見送り	1992.8.25
宮津線	1990.4.1	ディーゼルカー衝突	1992.11.3
旧国鉄職員の再就職状況	1990.4.1	旧国鉄用地売却不調	1992.11.16
博多南線	1990.4.1	雲仙普賢岳により噴火島原鉄道が不通	
京葉高速線も注入不足	1990.4.16	に	1992(この年)
JR東日本が自動改札機を導入	1990.4.21	分割・民営化効果	1992(この年)
イオカード	1990.7.1	貨物列車が脱線	1993.2.24
新幹線発着品川駅新設問題	1990.10月	JRグループダイヤ大改正	1993.3.18
リニアモーターカー実験線着工	1990.11月	島原鉄道が土石流災害により不通	1993.4.28
上越線	1990.12.20	碓氷峠の鉄道施設が国の重要文化財に	
常磐新線第三セクター設立	1990(この年)	指定される	1993.5.14
鉄道整備基金制度	1990(この年)	東海道新幹線で事故	1993.8.6
宇高連絡船	1991.3.16	名古屋市交通局	1993.8.12
相模線	1991.3.16	東京モノレール羽田新線開通	1993.9.27
京成電鉄	1991.3.19	快適通勤協議会発足	1993.9月
成田線	1991.3.19	無人運行電車が暴走	1993.10.5
桃花台新交通桃花台線開業	1991.3.25	JR東日本株、上場	1993.10.26
北総開発鉄道	1991.3.31	整備新幹線見直し、政治判断へ	1993.11.17
常磐新線プロジェクトスタート	1991.3月	JR運賃改定議論本格化	1993(この年)
嵯峨野観光鉄道	1991.4.27	リフトカーが逆走	1994.4.17
信楽高原鉄道で列車正面衝突	1991.5.14	函館本線	1994.5.16
東北・上越新幹線東京駅乗り入れ	1991.6.20	関西空港線	1994.6.15
東北新幹線	1991.6.20	新幹線E1系電車が登場	1994.7.15
JR福知山線踏切で大型トラックが立往		広島高速交通アストラムライン	1994.8.20
生、電車衝突	1991.6.25	整備新幹線見直し	1994.9月
七尾線	1991.9.1	「鉄道記念日」を「鉄道の日」と改称	1994.10.14
3整備新幹線着工	1991.9月	JR西日本株上場見送り	1994.11.15
鉄道整備基金発足	1991.10.1	JR貨物、希望退職募る	1994.11.18
宮崎リニア実験線全焼	1991.10.3	上限価格方式の検討	1994(この年)
8年ぶりにそろって私鉄運賃値上げ	1991.10月	鉄道運賃制度の見直しに着手	1995.1月
北海道ちほく高原鉄道、JR北海道	1991.11.1	JR94年度決算	1995.3.31
JR株売却延期	1991.11月	山陰本線	1995.4.20
新幹線の品川新駅問題	1991(この年)	私鉄が運賃値上げ	1995.9.1
東日本鉄道文化財団	1992.2.17	深名線	1995.9.4
大村線	1992.3.10	JR3社初の運賃値上げ	1995.10.24
「のぞみ」開業	1992.3.14	東京臨海新交通臨海線	1995.11.1
第三セクター・阿佐海岸鉄道	1992.3.26	三島駅乗客転落事故	1995.12.27
日本一名前の長い駅誕生	1992.4.1	JR輸送人員減少	1995(この年)
品川新駅の建設で合意	1992.4.2	東京臨海高速鉄道臨海副都心線	1996.3.20
寝台特急が脱線	1992.4.8	東洋高速鉄道	1996.4.27
嵯峨野観光鉄道	1992.4.27	宮崎空港線	1996.7.18
関東鉄道常総線でディーゼル列車暴走、		新幹線955形電車が最高速度を記録	1996.7.26
駅ビルに突入	1992.6.2	秋田新幹線の愛称を「こまち」に決定	1996.7.30
東海道線で脱線	1992.6.29	JR貨物の活性化対策	1996.10.11

鉄道　　　　　　　　　　　　　　　分野別索引　　　　　　　　　　　　　　日本交通史事典

外房線	1996.12.1	山陽本線	2001.7.1
福知山線	1996.12.1	福北ゆたか線	2001.10.6
整備新幹線与党案通りに	1996.12.24	JR東日本「Suica」のサービス開始	2001.11.18
福知山線	1997.2.27	改正JR会社法でJRが民営化	2001.12.1
JR西日本ダイヤ改正	1997.3.8	JR4社の連結決算	2001(この年)
JRグループダイヤ大改正	1997.3.22	JR東日本と東海が好調	2001(この年)
秋田新幹線開業	1997.3.22	阪急電鉄に7億円の追徴課税	2001(この年)
中山宿駅のスイッチバックを廃止	1997.3.22	政府、新幹線民営化にともなう配慮	
美祢線	1997.4.1		2001(この年)
回送中の新幹線が暴走	1997.5.6	鹿児島線列車追突事故	2002.2.22
梅小路蒸気機関車館がリニューアル	1997.7.5	東北新幹線の開業日が決定	2002.5.14
整備新幹線の優先順位	1997.7月	東海道線で救急隊員死傷事故	2002.11.6
東海道線で脱線	1997.8.12	「新特急」の呼称廃止	2002.12.1
JR東日本新本社ビル	1997.9.17	第三セクター・東京臨海高速鉄道	2002.12.1
第三セクター・しなの鉄道	1997.10.1	東北新幹線開業	2002.12.1
第三セクター・土佐くろしお鉄道宿毛線	1997.10.1	青森県へ新幹線開通	2002.12月
長野新幹線開業	1997.10.1	車両の生産実績増えたが金額は減	
北陸新幹線	1997.10.1		2002(この年)
JR東海株が上場	1997.10.8	東日本、名実ともに完全民営化	2002(この年)
JR中央線大月駅で特急と回送電車衝突		小浜線	2003.3.15
	1997.10.12	九州新幹線の名称が「つばめ」と決定	2003.3.20
京都市交通局東西線	1997.10.12	旧新橋停車場を復元	2003.4.10
旧国鉄債務問題	1997.12.3	函館市青函連絡船記念館摩周丸が開館	2003.4.19
播但線	1998.3.14	沖縄都市モノレール開業	2003.8.10
東海道本線	1998.3.20	「のぞみ」増発と料金の見直し	2003.10.1
3整備新幹線着工	1998.3月	東海道新幹線品川駅が開業	2003.10.1
「周遊きっぷ」が発売される	1998.4.1	可部線	2003.12.1
弘南鉄道	1998.4.1	台湾新幹線、日本企業7社が受注	2003(この年)
明石海峡大橋が開通	1998.4.5	JRダイヤ改正	2004.3.13
国鉄債務処理法案可決	1998.10.15	九州新幹線開業	2004.3.13
京浜急行電鉄空港線	1998.11.18	旧大社駅舎、重要文化財に	2004.4.16
多摩都市モノレール	1998.11.27	SuicaとICOCAの相互利用が可能に	2004.8.1
中国へ新幹線支援申込み	1998.11月	東海道新幹線開業40周年	2004.10.1
越川橋梁を登録有形文化財に指定		第三セクター・名古屋臨海高速鉄道	2004.10.6
	1998(この年)	中越地震で新幹線が脱線	2004.10.23
井原鉄道	1999.1.11	整備新幹線3線3区間了承	2004.12.10
第三セクター・井原鉄道	1999.1.11	梅小路機関区の鉄道施設が重要文化財	
新幹線のトンネルで壁落下	1999.6.27	に	2004.12.11
JR東日本株の2次売却条件	1999.7月	西武鉄道株の上場廃止	2004.12.17
整備新幹線予算上積み要求	1999.8月	上越線、飯山線が復旧	2004.12.27
台湾新幹線の受注内定	1999.12.28	名鉄空港線開通	2005.1.29
整備新幹線計画見直し	1999.12月	土佐くろしお鉄道宿毛駅衝突事故	2005.3.2
旧軽井沢駅舎記念館開館	2000.4.1	日本初のリニアモーターカー開業	2005.3.6
JR貨物高松貨物ターミナル開業	2000.8.16	東武伊勢崎線竹ノ塚駅踏切死傷事故	2005.3.15
新幹線建設、4年ぶりに新規着工	2000(この年)	イオカードの販売を終了	2005.3.31
JR新大久保、転落救助で3人死亡	2001.1.26	第三セクター・のと鉄道	2005.4.1
第三セクター・のと鉄道	2001.4.1	埼京線に女性専用車両	2005.4.4
越前線、正面衝突事故で廃止届に	2001.6.24	JR福知山線脱線事故	2005.4.25

- 384 -

JR西日本不祥事続出	2005.4月	**【地下鉄】**	
小田急有価証券報告書に虚偽記載	2005.5.18	東京地下鉄道銀座線が開業	1927.12.30
ATS-P設置へ	2005.5月	地下鉄のトンネル工事着工	1933.1月
首都圏新都市鉄道つくばエクスプレス線	2005.8.24	大阪地下鉄が開業	1933.5.20
		東京地下鉄道銀座線	1934.6.21
あさま号全車禁煙化	2005.12.10	東京乗合自動車と東京地下鉄道会社が合併	1937.12.28
西武鉄道グループ再編	2005.12.21		
整備新幹線5路線に2265億円	2005.12.22	帝都高速度交通営団設立	1941.7.4
JR各社の決算	2005(この年)	地下鉄、バスの買収案可決	1941.10.30
近鉄けいはんな線開業	2006.3.27	営団地下鉄丸ノ内線	1954.1.20
東京臨海新交通臨海線(ゆりかもめ)	2006.3.27	名古屋市営地下鉄が開業	1957.11.15
西武グループ再編	2006.3月	地下鉄が初の脱線	1958.2.27
第三セクター・北海道ちほく高原鉄道	2006.4.21	営団地下鉄丸ノ内線全線開通	1959.3.15
富山ライトレール開業	2006.4.29	東京都交通地下鉄1号線が開業	1960.12.4
阪急・阪神が経営統合	2006.10.1	営団地下鉄日比谷線が開業	1961.3.28
桃花台新交通桃花台線が廃止	2006.10.1	私鉄運賃一斉値上げ	1961(この年)
ICカード乗車券システム「TOICA」	2006.11.25	営団地下鉄荻窪線	1962.1.23
神岡鉄道神岡線廃止	2006.12.1	営団地下鉄日比谷線、東武伊勢崎線	1962.5.31
JR上場3社3月期連結決算	2006(この年)	営団地下鉄日比谷線	1964.8.29
東武東上本線ときわ台駅踏切事故	2007.2.6	営団地下鉄東西線が開業	1964.12.23
PASMOサービス開始	2007.3.18	東京都交通局地下鉄1号線	1968.6.21
在来線特急の禁煙化	2007.3.18	地下鉄増車	1968(この年)
仙台空港鉄道仙台空港線開業	2007.3.18	営団地下鉄東西線	1969.3.1
PiTaPaの利用地域拡大	2007.4.1	帝都高速度交通営団東西線	1969.3.29
西鉄宮地岳線が西鉄貝塚線に改称	2007.4.1	営団地下鉄千代田線が開業	1969.12.20
リニア開業目標2025年に	2007.4月	私鉄・地下鉄運賃値上げ	1969(この年)
新型車両N700系運行開始	2007.7.1	地下鉄工事で500人死傷	1970.4.8
大井川鐵道で蒸気機関車のさよなら運転	2007.9.8	地下鉄建設費50%補助	1970(この年)
		営団地下鉄千代田線	1971.4.20
鉄道博物館が開館	2007.10.14	札幌市交通局地下鉄	1971.12.16
夜行電車相次ぎ廃止	2008.3.14	横浜市交通局地下鉄線	1972.12.16
おおさか東線開業	2008.3.15	東京都交通局地下鉄6号線	1973.11.27
Suica・ICOCAとTOICAの相互利用開始	2008.3.29	営団地下鉄有楽町線が開業	1974.10.30
		横浜市地下鉄	1976.9.4
日暮里・舎人ライナー	2008.3.30	高速鉄道網計画縮小へ	1976(この年)
ICカード乗車券システム「nimoca」	2008.5.18	地下鉄建設工事費高騰	1976(この年)
京阪中之島線	2008.10.19	神戸市地下鉄	1977.3.13
リニアモーターカー実現へ向け前進	2008.10月	地下鉄運賃値上げ	1977.5.6
初代新幹線「0系」引退	2008.11.30	札幌市営地下鉄南北線	1978.3.16
犬山モノレールが廃止	2008.12.27	都営地下鉄など値上げ申請	1978.7月
整備新幹線未着工区間認可へ	2008.12月	営団地下鉄半蔵門線が開業	1978.8.1
ブルートレイン「はやぶさ」・「富士」などが廃止	2009.3.13	都営地下鉄新宿線	1978.12.21
		営団地下鉄半蔵門線	1979.9.21
KitacaとSuicaの相互利用を開始	2009.3.14	営団地下鉄千代田線	1979.12.20
パスネットの利用を終了	2009.3.14	都営地下鉄	1980.3.16
阪神なんば線	2009.3.20	営団地下鉄	1980.3.27
首都圏144駅を全面禁煙化	2009.10.1	大阪市営地下鉄谷町線	1980.11.27
台風18号の影響で首都圏のJR全面運休	2009.10.8	京都市営地下鉄	1981.5.29

| 地下鉄 | 分野別索引 | | 日本交通史事典 |

名古屋市営地下鉄	1981.11.27
大阪市営地下鉄千日前線	1981.12.2
バス・地下鉄の乗り継ぎ運賃制度	1981（この年）
札幌市営地下鉄東西線	1982.3.21
福岡市営地下鉄	1982.4.20
名古屋市営地下鉄東山線	1982.9.21
営団地下鉄半蔵門線	1982.12.5
福岡市営地下鉄1号線	1983.3.22
福岡市営地下鉄2号線	1986.11.12
営団地下鉄有楽町線、東武東上線	1987.8.25
京都市営地下鉄、近鉄京都線	1988.8.28
地下鉄駅入り口に車転落	1989.9.15
工事ミスで地下鉄脱線	1990.9.8
地下鉄が初めて空港に乗り入れ	1993.3.3
地下鉄ドアに挟まれ死亡	1994.6.13
地下鉄サリン事件	1995.3.20
私鉄が運賃値上げ	1995.9.1
営団地下鉄南北線	1996.3.26
京都市交通局東西線	1997.10.12
札幌市営地下鉄東西線	1999.2.25
地下鉄日比谷線、中目黒駅構内で脱線、衝突	2000.3.8
営団地下鉄南北線、都営地下鉄三田線	2000.9.26
都営地下鉄大江戸線全線開通	2000.12.12
営団地下鉄半蔵門線	2003.3.19
帝都高速度交通営団が民営化	2004.4.1
大阪市営地下鉄今里筋線が開業	2006.12.24
PiTaPaの利用地域拡大	2007.4.1
地下鉄サリン事件で死刑確定	2007.7.20
地下鉄サリン事件第2審も死刑	2007（この年）
京都市営地下鉄東西線	2008.1.16
横浜市営地下鉄グリーンライン	2008.3.30
東京地下鉄副都心線全線開通	2008.6.14
バスネットの利用を終了	2009.3.14

【バス】

名古屋自動車に営業許可	1903.8.25
京都初の乗合自動車	1903.9.20
日本初のバス事業免許	1903.11.21
二井商会、第一自動車に改組	1903.12月
横川―可部間で開業式	1905.2.5
日本自働車会社、15路線の営業許可を受ける	1905.4.15
有馬自動車が開業	1905.6.12
日本橋―境間でバス営業	1905.6月
40人乗り乗合自動車の試運転	1906.12月
大阪自動車の売却	1906（この年）
日本初の2階建バス	1907（この年）
丹後自動車が乗合バス営業を開始	1908.10月
報知新聞社がホワイト蒸気自動車を導入	1908.11月
津―川原田間でホワイト蒸気式乗合自動車を運転	1910.5月
南信自動車株式会社の設立	1910.8月
鶴岡で乗合バス開業	1911.7.27
平穏自動車運輸設立	1911.8.10
山田内宮―外宮間で路線バス開業	1911（この年）
バス試験運転	1912.2.4
京王電気軌道会社が乗合自動車事業を始める	1912.12.17
伊豆に乗合バス開通	1912（この年）
盛宮自動車創立	1912（この年）
和歌山県木本―成川間でバス開業	1912（この年）
濃飛自動車が乗合自動車を開業	1913.2月
京王電気軌道が電車連絡用乗合バス開業	1913.4.15
万歳自動車が乗合自動車開業	1913.4月
堀之内自働車設立	1913.6.7
仙台初の乗合自動車	1913.6月
東京遊覧自働車の設立	1913.7.1
佐渡初のバス	1913（この年）
京王電気軌道の乗合自動車が休止	1914.2月
東京自動車製作所でバスが完成	1914.4月
東京遊覧自働車の廃業	1914.9.18
乗用車を用いた乗合自動車開業	1914（この年）
前向きシートのバス初運転	1914（この年）
路線バス事業の成立	1914（この年）
愛知県でバス営業開始	1915（この年）
高尾山乗合自動車の開通	1916（この年）
帝国乗合自動車興業の設立	1917.2.24
三浦三崎―横須賀間に乗合バス開業	1917（この年）
信濃鉄道他2社バス営業開始	1917（この年）
岡山駅―方上間にバス	1918.4月
青バスの営業が許可される	1918.7.22
東京乗合自動車設立	1918.10月
愛知県で5人乗りバス運転開始	1918（この年）
信達軌道他2社がバス営業開始	1918（この年）
板橋乗合自動車の本格営業	1919.2月
東京市内で乗合バスの運行開始	1919.3.1
板橋自動車がバス事業を開始	1919.12月
各地でバス営業開始	1919（この年）
権之助坂―玉川野毛間乗合馬車路線の買収	1919（この年）
蒸気乗合自動車の運行	1919（この年）
日本初のバスガール	1920.2.2

- 386 -

三越呉服店の送迎車	1920.8.2	各地でバス営業開始	1928（この年）
西肥自動車バス営業開始	1920（この年）	甲州街道乗合自動車が創立	1928（この年）
代々木乗合自動車の設立	1921.9.29	小豆島・対馬にバス開通	1928（この年）
相武自動車開業	1921（この年）	大阪電気軌道が乗合自動車の営業開始	1929.5.25
東京市街自動車が東京乗合自動車株式会社に改称	1922.6.27	自動車会社の合併	1929.7.30
新潟で乗合自動車会社が開業	1922（この年）	日本乗合自動車協会	1929.8.9
隅田乗合自動車が開通	1923.1月	各地でバス営業開始	1929（この年）
市営による乗合自動車営業を決議	1923.10.6	乗合自動車運行開始	1930.2月
東京市営バスが開業	1924.1.18	市電争議に青バス従業員が参加	1930.4.22
東京市営乗合自動車（東京市営バス）の全路線開通	1924.3.16	夕張乗合自動車が開業	1930.6月
		神戸市で乗合自動車運行開始	1930.9月
東京市営バス	1924.4月	名古屋で電気バスが導入される	1930.11.1
大阪乗合自動車が再運行	1924.6月	省営自動車岡多線	1930.12.20
東京市営バスが女子車掌を大量採用	1924.11月	各地でバス営業開始	1930（この年）
東京市営バスに女子車掌が乗務	1924.12.20	乗合自動車の料金改定	1931.6.10
国産バス第1号	1924（この年）	日本乗合自動車協会	1931.11月
乗合自動車による生徒送迎	1924（この年）	各地でバス営業開始	1931（この年）
新宿駅甲州街道口―東京市営多磨墓地間に民間直通バス開通	1924（この年）	京成電軌が隅田乗合バスを買収	1932.7月
		各地でバス営業開始	1932（この年）
東京市街バスが女子車掌を採用	1924（この年）	国産中型バス運行開始	1932（この年）
東京婦人労働組合結成	1924（この年）	最初のキャブオーバーバスが完成	1932（この年）
乗合自動車の運賃改定	1925.2.11	三菱のバス1号車が完成	1932（この年）
横須賀自動車発足	1925.7月	最初のディーゼルバスが登場	1934.12月
東京実用自動車・第二実用自動車の解散	1925.8.29	「すみだ」が「いすゞ」に改称	1934（この年）
		三菱ふそうボンネットバスが就行	1934（この年）
遊覧乗合自動車営業開始	1925.12.15	ふそうBD46型バスが完成	1935.11月
日東乗合自動車の設立	1925.12.22	バス車内暖房と車体広告開始	1935（この年）
各地でバス営業開始	1925（この年）	東都乗合自動車が設立	1935（この年）
東京市営バスがウズレーCP採用	1925（この年）	防長交通バス	1935（この年）
宮崎市街自動車が設立	1926.4.22	東京乗合自動車がストライキ	1936.9.1
各地でバス営業開始	1926（この年）	各地でバス営業開始	1936（この年）
高幡乗合自動車	1926（この年）	東京乗合自動車と東京地下鉄道会社が合併	1937.12.28
新発田市街乗合自動車が営業開始	1926（この年）		
		東京市バスに木炭車が登場	1937.12.30
大阪市にバス経営認可	1926（この年）	ストライキが続発	1937（この年）
大阪市が乗合自動車営業開始	1927.2.26	ディーゼルバスの製造を開始	1937（この年）
日本乗合自動車協会	1927.4.18	各地でバス営業開始	1937（この年）
各地でバス営業開始	1927（この年）	木炭乗合自動車が登場	1938.3.7
熊本市と佐世保市で市営バスが開通	1927（この年）	乗合自動車にダイヤ導入	1938.3.12
		木炭車への移行	1938.7月
長野温泉自動車が設立	1927（この年）	バス会社合併	1938（この年）
京都市バス開通記念披露	1928.5.9	岩国市営バス開業	1938（この年）
京都に名所遊覧バス	1928.5月	バス事業を譲渡	1939（この年）
菖蒲田乗合自動車設立	1928.7月	各地でバス営業開始	1939（この年）
横浜市営乗合自動車がフォードで運行開始	1928.11月	青森市営バス開業	1940（この年）
		朝夕急行制が実施	1941.8.21
ウズレーの車名を「スミダ」に変更	1928（この年）	地下鉄、バスの買収案可決	1941.10.30
		各地でバス営業開始	1941（この年）

市バス路線を譲渡	1942.1.31	国鉄バスが日本乗合自動車協会に入会	
電車・バスの系統統合	1942.2.1		1954.11.14
全国バス事業の統合	1942.8.21	各地でバス営業開始	1954（この年）
各地でバス営業開始	1942（この年）	官庁街連絡バス	1954（この年）
東京市バス料金の値上げ	1943.6.1	スキーバスが崖から転落	1955.1.2
各地でバス営業開業	1943（この年）	バスが転落	1955.4.11
全国乗合旅客自動車運送事業組合連合会		バスが川に転落	1955.5.14
	1944.4.7	国鉄バス1万キロメートル突破	1955.11月
各地でバス営業開始	1944（この年）	羽田空港へのバス便開設	1955（この年）
都バス料金改正	1945.12.1	各地でバス営業開始	1955（この年）
各地でバス営業開始	1945（この年）	市営バスが電車と衝突	1956.1.8
電気乗合バス試作	1946.2月	バスが川に転落	1956.4.1
都電・都バス運賃値上げ	1946.3.15	全国初のバスセンター	1957.7月
阪急バス、西武自動車	1946（この年）	日本急行バス設立の決議	1957.11.13
都電・都バスの運賃値上げ	1947.2.15	国産初の空気バネつきバスの開発	
東武鉄道がバス部門を合併	1947.5.31		1957（この年）
都バスと民営バスの相互乗り入れ開始	1947.6.25	八丈島に町営バス運行	1957（この年）
各地でバス営業開始	1947（この年）	関門トンネルへのバス運行免許	1958.2.25
都電・都バス運賃値上げ	1948.6.1	TGEちよだ	1958（この年）
日本乗合自動車協会発足	1948.9.28	初の冷房バス登場	1958（この年）
はとバス富士号の運転開始	1949.3.19	バス優先通行権の申し入れ	1959.11.17
都電・都バス値上げ	1949.6.1	スクールバス補助制度の新設	1959（この年）
学割バス	1949.7.1	各地でバス営業開始	1959（この年）
東急電鉄、代燃車を廃止	1949.9.30	越後交通バス	1960（この年）
モノコックボディ・リアエンジンバス	1949.12月	神戸市がマイクロバスを導入	1960（この年）
各地でバス営業開始	1949（この年）	高速バス第1号	1961.3月
都バス循環路線の新設	1950.4月	新宿―奥多摩湖間にバス運行	1961.7.1
つばめマーク制定	1950.10月	国鉄バスのワンマン運転開始	1961（この年）
バスが断崖から転落	1950.11.7	長距離バス開始	1961（この年）
各地でバス営業開始	1950（この年）	北海道拓殖バス	1961（この年）
日本初のワンマンカーバス	1951.6.1	長距離路線バスの開業	1962.8.1
貸切バス転落	1951.8.28	外国人観光客のバス輸送	1962.10.10
バス火災	1951.11.3	マイクロワンマンバス	1962（この年）
都バス・都電運賃値上げ	1951.12.25	各地でバス営業開始	1962（この年）
各地でバス営業開始	1951（この年）	各地でバス営業開始	1963（この年）
バスが学校の石門に激突	1952.4.20	整理券方式のワンマンバス	1963（この年）
初の夜間バス	1952.5月	バス各社、名神高速バスの免許を得る	1964.9.4
乗合バス休止路線の復旧促進	1952.6月	各地でバス営業開始	1964（この年）
田園調布線路線バス	1952.9.8	都営バスがワンマンカー導入	1965.2.16
国産バス初輸出	1952.9月	各地でバス営業開始	1965（この年）
バス休止路線が全線復旧	1952.10.16	バスの輸送量頭打ち	1966（この年）
各地でバス営業開始	1952（この年）	桜新町―東京駅間に高速バス運行	1967.12.25
バスまつり	1953.5.14	各地でバス営業開始	1967（この年）
阿寒バス開業	1953（この年）	奈良観光バスが乗合事業を廃止	1967（この年）
バスが崖から転落	1954.1.1	東急高速通勤バス	1968.6.21
都営バスが貸切バスの営業開始	1954.4.1	オートマチック車バスの試作	1968（この年）
国鉄バスが転落	1954.10.7	各地でバス営業開始	1968（この年）
トレーラーバスが沼に転落	1954.10.24	座席指定特急バス	1968（この年）

熊本交通センター	1969.3.5	オリエンタルランド交通開業	1977.4.1
日本バス協会	1969.3.27	バス運賃値上げ	1977.5.6
調布―河口湖間に高速バス	1969.3月	各地でバス会社営業廃止	1977(この年)
鉄道記念物	1969.10.14	都バスが1日乗車券発売	1977(この年)
中距離深夜バスの運行開始	1969.11.4	バスロケーションシステム	1978.5.1
代替車両購入費補助制度	1969(この年)	車椅子のバス乗車	1978.7.1
バスレーンの導入	1970.3.1	都営地下鉄など値上げ申請	1978.7月
各地でバス営業開始および廃止	1970(この年)	地方バスの値上げ	1978.8月
全国初の老人無料乗車券	1970(この年)	都バスフリーカードの発売	1978.10.1
バス・タクシーで答申	1971.8.16	106急行バス	1978(この年)
低床式バス	1971.11.20	各地でバス営業開始	1978(この年)
バス営業開始と廃止	1971(この年)	空港リムジンバスの運行開始	1978(この年)
バス優先レーン	1971(この年)	中央高速バス甲府線	1978(この年)
深夜バス	1971(この年)	地方バス研究会	1979.3.15
立川にバス専用道路	1972.7.15	バスと地下鉄の乗り継ぎ制度の開始	1979.7.22
公営バス料金値上げ	1972.8.1	都営バスが冷房導入	1979.8.1
都営バスがハイブリットバス導入	1972.11.12	フリー乗降サービス	1979.11月
各地でバス営業開始	1972(この年)	バス初乗り値上げ	1979(この年)
中東戦争のバス業界への影響	1973.11.1	電気バス	1979(この年)
九州高速バス「ひのくに号」が運行開始	1973.11.17	新宿西口バス放火事件	1980.8.19
電気バス登場	1973.12月	京王帝都バスが深夜バスを運行	1980(この年)
ハイブリット式電動バスの導入	1973(この年)	初の2階建てバス	1981.4.1
各地でバス営業開始	1973(この年)	無線方式のバスロケーションシステム	1981.12月
住宅地バス路線の補助制度	1973(この年)	バス・地下鉄の乗り継ぎ運賃制度	1981(この年)
都心循環ミニバス	1974.2.25	バス運行総合管理システム	1981(この年)
バスに優先席	1974.5.1	離島でバス営業開始	1981(この年)
都営バスがワンマンバス化	1974.8.27	バス回数券	1982.2.1
初の屋根付バス停留所	1974.11.15	2階建て観光バス「ゴールド・ラッシュ」	1982(この年)
大阪市バスがゾーンバスシステムを導入	1974.11月	リレー特急バスの新設	1982(この年)
ビジネスバスの運行開始	1974(この年)	南九州高速バス開業	1982(この年)
神戸駅バスターミナル	1974(この年)	ムーンライト号	1983.3.24
地方バス路線維持費補助金	1975.1.10	第三セクターのバス事業始まる	1983.8.1
ワンマンバス標準仕様の決定	1975.3.20	バス・レールシステムの開設	1983.12月
バス共通定期券	1975.5.1	定期路線バスに2階建てバス	1983(この年)
コールモビルシステム方式の開始	1975.5.10	東京都にバスレーンシステム	1983(この年)
貸切バス事業所税の減軽	1975.8.26	横浜でバス・レールシステム	1984(この年)
中国道高速バス開業	1975.11月	初のノンステップバス	1984(この年)
全国バス事業協同組合連合会	1975.12.12	中央高速バス伊那線	1984(この年)
デマンドバスの運行開始	1975.12.24	都市新バスシステム	1984(この年)
バス経営苦境	1975(この年)	ヨーデル号	1985.3月
バス専用、優先レーン整備	1975(この年)	金沢で新バスシステム導入	1985.3月
共同乗車制度	1975(この年)	基幹バス	1985.4.30
中央道特急バスの運行開始	1975(この年)	バス新交通システム	1985(この年)
伊豆の踊り子号	1976.6月	関越高速バスの開業	1985(この年)
各地でバス営業開始・廃止	1976(この年)	ノクターン号	1986.12.26
新交通システム導入進まず	1976(この年)	バスロケーションシステムの広域導入	1986(この年)

| バス | 分野別索引 | | 日本交通史事典 |

国鉄バスが民営化	1987.4.1	1円均一タクシーの登場	1924（この年）
つくば号	1987.4月	埼玉県下でタクシー業開始	1925（この年）
かもめライン号	1987.5.23	料金1円タクシー登場	1926（この年）
バス交通活性化対策費補助金交付要網	1987.6.3	円タク駐車場登場	1933.5.8
スターライト釧路号	1987.8.6	バス・タクシーで答申	1971.8.16
バスの日	1987.11.10	タクシー運賃値上げ	1977.5.6
新バスシステム効果	1987（この年）	タクシー初乗り300円に	1979.9月
中央高速バス岡谷線	1987（この年）	タクシー値上げへ	1980.10月
南海シャトルバス、南海コミュニティ		タクシー料金値上げ	1981.9.2
バス	1987（この年）	タクシー運賃6年ぶり値上げ	1990.5月
フローラ号	1988.2.17	タクシー運賃また値上げ	1991.12月
キャメル号	1988.5.17	タクシー運賃値上げ	1992.5.26
町田駅周辺に中央走行バス専用レーン	1988.7月	タクシーのバスレーン乗り入れ拡大の	
デラックス特急バス	1988.9.16	提言	1993.5月
渋川特急	1988.9月	タクシー同一地域料金崩れる	1993.12.1
ミッドナイト25	1988.12.5	個人タクシーに定年制導入	1994.9.8
都営交通機関の連絡定期券	1988.12.21	タクシーのゾーン運賃制度	1996（この年）
常磐自動車高速バスターミナル	1988（この年）	タクシー運賃値上げ	2007（この年）
深夜バスが好調	1989.10月	タクシー減車を法制化	2008.12月
相次ぐバス運賃改定	1989（この年）		
品川バスターミナル	1989（この年）	【馬車】	
東京地区バス運賃改定	1990.4.1	外国人による乗合馬車営業	1869.2月
新札幌バスターミナル	1990.6.1	乗合馬車営業の出願	1869.2月
地方バス路線運行維持対策要網・地方		日本人による乗合馬車の営業開始	1869.5月
バス路線維持費補助金交付要網	1990.6.8	横浜―箱根間の乗合馬車営業開始	1869.7月
銀座―三鷹駅北口深夜中距離バス	1990.6.18	横浜―東京間に乗合馬車続々登場	1869（この年）
はかた号	1990.10.12	乗合馬車発着場の設置出願	1869（この年）
東急バス株式会社設立	1991.5.21	雑踏での馬車馳駆を禁止	1870.2月
会員制バス	1991（この年）	最初の国産馬車	1870（この年）
初の女性バスドライバー	1992.2月	運送馬車開業	1871.9.9
バス活性化委員会	1992.3月	東京市内の馬車渡世が許可される	1871.9月
バスレーン・キープ作戦	1992.4.20	陸運会社設立	1872.1.19
東京バス案内センター	1992.4月	陸運元会社が創立される	1872.3月
東京都バス活性化委員会	1993.6月	高崎郵便馬車会社開業	1872.5.15
サンライト号	1993.8.1	東海道馬車のはじめ	1872.6月
レインボーバス	1993.8.26	運輸馬車会社開業	1872.10.8
環境にやさしいバス導入	1995（この年）	東京―八王子間で乗合馬車営業	1872.10.25
西鉄バスジャック事件	2000.5.3	隅田川四大橋の馬車、荷車の通行許可	1872.10月
名鉄バス、追突事故で幹部を逮捕	2003.6.10	郵便馬車会社設立許可	1872.11.8
名鉄バス運転手無免許運転隠蔽事件	2003.7.3	馬車会社営業開始	1872.11月
京阪バスが京阪宇治交通と京阪宇治		総房馬車会社設立	1872（この年）
通田辺を吸収合併	2006.4.1	陸羽街道馬車会社設立出願	1872（この年）
PiTaPaの利用地域拡大	2007.4.1	京都―大阪間に乗合馬車	1873.2.8
両備バスと両備運輸が合併	2007.4.1	鉄道寮が馬車営業希望者を募る	1873.7月
高速バス全焼事故	2009.3.16	皇太子、皇后の馬車横転事故	1873.11.7
		横浜―小田原間に乗合馬車	1873（この年）
【タクシー】		浅草雷門―新橋間に二階建乗合馬車が	
タクシー会社設立願い	1911.11.28	登場	1874.8.6
東京初のタクシーが開業	1912.8.15	二階建馬車の運行が禁止される	1874.9.14

- 390 -

郵便物馬車逓送開始	1874.12月	郵便人力車	1872(この年)
乗合馬車襲撃事件	1876.7.27	六人乗り人力車に対する営業税徴収伺い	1877.8.11
東京―船橋間に馬車便	1877(この年)	人力車夫会社の開業	1880.8.25
浅草に馬車待合所設置	1878.3.28	人力車乗合会社設立を出願	1881.2月
乗合馬車の取り締まり	1879.3.1	人力車夫懇親会の結成	1882.10.4
浅草―宇都宮間で乗合馬車開通	1879.4.1	人力車の激減	1883(この年)
新橋―小田原間に往復馬車営業	1879.4.15	6人乗り・9人乗りの乗合人力車の許可	
馬車輸送と郵便輸送を開始	1879.5.1	出願	1885.3.28
三輪荷馬車の運転許可	1879.5.3		
荷物運輸馬車	1879.10.21	【自動車】	
郵便・荷物輸送馬車の定期路線	1881.4.1	初めて国内に自動車が持ち込まれる	1898.1月
東京―千葉間で乗合往復馬車営業	1881.6.29	電気自動車が輸入される	1899.5月
西北社の郵便物・旅客・貨物の馬車輸		皇太子に自動車が献上される	1900.9月
送を開始	1882.4.1	モーター商会設立	1901.11月
夜間馬車開業	1882.8.1	日本最初のオーナードライバー	1901(この年)
往復乗合馬車出張所の設置	1883.4.1	三井呉服店が貨物自動車を導入	1902.5.13
東京―宇都宮間で乗合馬車の営業開始	1883.6月	モーター商会の開業	1902.6.23
品川軒が開業	1883.7.12	モーター商会が合資会社となる	1904.2.12
東京―成田山間に乗合馬車が開業		日本初の自動車工場	1904(この年)
	1883(この年)	モーター商会が解散	1905.2.6
東京―水戸間に往復馬車便が開業	1884.3月	磯部鉄工場の設立	1905(この年)
共同中牛馬会社仮本店を開設	1886.5.21	有栖川宮が国産自動車を注文	1906.4月
日本運輸株式会社創立	1887.3月	東海自動車株式会社設立	1906.6.10
総房馬車会社設立	1887(この年)	日本自動車会社設立	1906.12.17
東京乗合馬車会社設立	1888.5.5	発動機製造を設立	1907.3月
乗合馬車会社ヲムニビュスを設立	1888.5.7	国産ガソリン自動車第1号が完成	1907.4月
馬丁・馭者の年齢制限	1888.7月	国産自動車の試運転	1907.9月
乗合馬車営業取締規則	1889.3.8	国産組立乗合自動車第3号車を運転	1907.10月
本所菊川町―九段下間で乗合馬車を運		貨物自動車営業を開始	1907.12月
転	1889.5月	ホワイト車の輸入	1907(この年)
日本馬車会社設立	1889(この年)	軍用自動車の初採用	1908.1月
初めての貸馬車屋	1897(この年)	帝国運輸自動車株式会社の設立	1908.2.20
板橋―萬世橋間に乗合馬車	1901.8月	初の自動車による郵便物の配送	1908.12.15
内藤新宿北裏―九段偕行前間で乗合馬		自動車遠乗会	1908(この年)
車開業	1903.7.3	国末第1号車が完成	1909.1月
川口製車場創立	1906.11月	セール・フレザーが自動車販売に乗り	
警視庁消防本部が蒸気ポンプ車を購入	1911.3.15	出す	1909.11.22
目黒通りに乗合馬車	1912(この年)	初の電気自動車輸入	1910.1.15
鉄道開通による乗合馬車などの廃業		国末第2号車が完成	1910.3月
	1913(この年)	東京瓦斯工業を設立	1910.8月
		東京自動車製造所設立	1910.9.4
【人力車】		快進社自働車工場を設立	1911.4月
人力車が考案される	1868(この年)	甲号自動貨車が完成	1911.5月
人力車の営業許可	1870.3月	東京―大阪の自動車旅行	1911.7.11
4人乗り日除人力車の乗合営業許可	1870.7.6	自動車による日本全国周遊旅行	1911.7.25
人力車渡世者心得規則制定	1872.4.20	消防自動車の初輸入	1911.7月
人力車貸与制度	1872.5月	ハイヤー業の開始	1911(この年)
人力車会所設立	1872.8月	白楊社を設立	1912.4月
東京の人力車が6万6千台に	1872(この年)	太田自動車製作所を設立	1912(この年)

電気自動車ヴェヴァリーを販売	1912(この年)	第二実用自動車設立	1925.5.15
自動車陳列場の新設	1913.2月	快進社が解散	1925.7月
人力製造業者が自動車業界に進出		玉川自動車が解散	1925.9.4
	1913(この年)	オートモ号を輸出	1925.11月
東京瓦斯電気工業設立	1913(この年)	ウエルビー商会がオート三輪車を生産	
DAT(脱兎)号が完成	1914.3月		1925(この年)
自動車と飛行機が実戦参加	1914.11月	ダット自動車製造を設立	1926.9月
「日本自動車倶楽部年鑑」創刊	1914(この年)	日本ゼネラル・モーターズを設立	1927.1月
梁瀬商会を設立	1915.5月	石川島造船所がウーズレー社との提携	
ダット31型が完成	1915.6月	を解消	1927.5月
護送自動車の使用開始	1916.3.31	東洋工業に社名変更	1927.9月
ダット41号が完成	1916.12月	ダット41型軍用保護自動車を生産	
東京瓦斯電気工業が軍用自動貨車試作			1927(この年)
を開始	1917.4月	蒔田鉄司が日本自動車に入社	1928(この年)
三菱A型が完成	1917.8月	石川島自動車製作所を設立	1929.5月
女性初の自動車運転免許交付	1918.4月	ダット61型が軍用保護自動車資格を取	
発動機製造が軍用トラックを試作	1918.6月	得	1929.6月
快進社を設立	1918.8月	ニューエラ号が完成	1929.9月
東京市街自動車設立	1918.10.1	自動車国産化に関する諮問	1929.9月
石川島造船所が自動車製造に参入	1918.11月	小型自動車の規格を改訂	1930.2月
堀之内自働車、東華自働車に名称変更		オート三輪トラック用エンジンが完成	1930.4月
	1918.12.24	ダットソンが完成	1930.10月
TGE-A型貨物自動車が完成	1919.3月	自動車による旅客貨物の運輸営業開始	
玉川自動車の設立	1919.10.30		1930.12.20
実用自動車製造を設立	1919.12月	木炭自動車の試運転	1930(この年)
京都市自動車営業組合設立	1919(この年)	ブリッヂストンタイヤ株式会社設立	1931.3.1
北信自動車設立	1919(この年)	京三号トラックが完成	1931.3月
東洋コルク工業を設立	1920.1月	三輪自動車の生産開始	1931.5.5
梁瀬自動車に改組	1920.2月	太田自動車製作所の小型トラックが完	
東京石川島造船所が自動車工場を建設	1920.9月	成	1931(この年)
軍用自動車調査委員会を設置	1921.6月	標準形式自動車5種の試作完成	1932.3.10
4輪ゴーハム乗用車を生産	1921.11月	商工省標準形式自動車が完成	1932.3月
アレス号の試作が完成	1921.12月	ガソリン不買運動	1932.8.30
平和博覧会を開催	1922.3月	ガソリン争議が終結	1932.10.14
帝国自動車学校設立	1922.4.21	小型自動車の規格を改訂	1933.2月
ウーズレーA9型乗用車の第1号車が完		太田自動車製作所の新型小型トラック	
成	1922.12月	が完成	1933.8月
自動車大競走会の開催	1923.4.22	豊田自動織機製作所自動車部が発足	1933.9月
東京実用自動車株式会社設立	1923.8.27	自動車製造を設立	1933.12.26
関東大震災と自動車業界	1923.9.1	自動車工業株式会社と協同国産自動車	
リラー号が完成	1923(この年)	設立	1933(この年)
鐘ケ淵自動車商会設立	1923(この年)	薪自動車の試運転開始	1934.4.2
八王子―高尾山間に乗合自動車	1923(この年)	三菱造船が三菱重工業に改称	1934.4月
ウーズレーCP型トラックが完成	1924.3月	日産自動車に改組	1934.6月
オートモ号が完成	1924.11月	豊田自動織機製作所のエンジンが完成	1934.9月
ダット軍用保護自動車が完成	1924(この年)	ダットサンの量産開始	1934.12月
自動車取締令を改訂	1924(この年)	トヨダA1型試作乗用車が完成	1935.5月
登録自動車1万台突破	1924(この年)	トヨダG1型トラックが完成	1935.8月
日本フォード自動車を設立	1925.2月	日本デイゼル工業を設立	1935.12月

木炭自動車の製造開始	1936.2月	ヂーゼル自動車工業がいすゞ自動車と	
高速機関工業に改組	1936.4月	改称	1949.7月
豊田自動織機製作所と日産自動車が許		トヨタ自動車工業の生産方式改革	1949.8月
可会社に	1936.9.19	日産自動車と改称	1949.8月
自動車製造事業法の許可会社を指定	1936.9月	たま電気自動車と改称	1949.11月
日本フォードと日本GMの生産台数を		トヨタSD型の生産を開始	1949.11月
制限	1936.9月	トヨタ自動車工業に協調融資	1949.12月
薪炭自動車普及協会	1936(この年)	三菱重工業が解散	1950.1月
東京自動車工業を設立	1937.4月	トヨタ自動車販売を設立	1950.4月
東京市に旅客自動車運輸事業を譲渡	1937.5.7	トヨタ争議	1950.4月
日中戦争が勃発	1937.7.7	自動車の配給統制を撤廃	1950.4月
トヨタ自動車工業を設立	1937.8月	民生産業が解散	1950.5月
東京自動車工業が東京瓦斯電気工業自		トヨタ争議が終結	1950.6月
動車部を合併	1937.8月	神谷正太郎が渡米	1950.6月
ガソリンの節約	1937.12.1	軽自動車の車両規定を改訂	1950.7月
ダットサン生産がピークに	1937(この年)	東日本重工業がカイザー・フレーザー	
自動車所有台数5万台突破	1937(この年)	社と提携	1950.9月
乗用車の製造を禁止	1938.8月	トヨタ自動車工業の5ヶ年計画	1951.2月
日本自動車製造工業組合を設立	1938.12月	軽自動車の車両規定を改訂	1951.8月
外国車の輸入禁止	1938(この年)	ダイハツBEEを発売	1951.10月
木炭車が奨励される	1939.1.15	トヨペットSF型を発売	1951.10月
フォード車の国産化に合意	1939.12月	発動機製造がダイハツ工業と改称	1951.12月
日本フォードと日本GMが生産中止	1939.12月	薪炭利用代燃車の許可期限	1951(この年)
東京自動車工業がヂーゼル自動車工業		プリンス号が完成	1952.2月
に社名変更	1941.4月	パワーフリー号が完成	1952.4月
全国乗合自動車運送事業組合連合会	1941.9.3	三菱の名が復活	1952.5月
日産自動車の生産台数が戦前最高に	1941.12月	ガソリン統制を解除	1952.6月
日野重工業を設立	1942.5月	代燃車の製造不許可	1952.7月
敗戦と自動車業界	1945.8.15	プリンス自動車工業と改称	1952.11月
自動車関連各社が操業を再開	1945.9月	本田技研工業が移転	1953.1月
自動車製造事業法を廃止	1945.10月	ダイヤモンド・フリー号を発売	1953.3月
自動車配給要綱を制定	1945.12月	ルノー4CVの第1号車が完成	1953.3月
日本自動車製造工業組合を設立	1945.12月	東京トヨペットを設立	1953.3月
昭和天皇が日産重工業を視察	1946.2.19	やまと自動車を設立	1953.4月
日野産業に改称	1946.3月	オースチンA40型の第1号車が完成	1953.4月
自動車営業復活	1946.4.1	トヨタ自動車工業技術部主査室が発足	1953.5月
関東電気自動車製造創立	1946.4月	日産争議	1953.5月
鐘淵デイゼル工業が民生産業に改称	1946.5月	交通事故多発	1953.6.27
本田技術研究所を設立	1946.10月	新三菱重工業自動車部が発足	1953.8月
トヨタ自動車工業が累計10万台達成	1947.5月	日産争議が終結	1953.9.21
東京電気自動車を設立	1947.6月	トヨペット・スーパーRH型を発売	1953.9月
戦後初のダットサン乗用車が完成	1947.8月	ヒルマン第1号車が完成	1953.10月
本田技研工業を設立	1948.9月	安全車体工業株式会社設立	1953(この年)
自動車工業基本対策を発表	1948.10月	すばるP-1が完成	1954.2月
自動車輸入を開始	1948.10月	第1回全日本自動車ショウ	1954.4.20
日産重工業の5ヶ年計画	1948.11月	プリンス自動車工業と富士精密工業が	
日野産業が日野ヂーゼル工業に改称	1948.12月	合併	1954.4月
自動車生産5ヵ年計画	1948(この年)	コレダ号を発売	1954.5月

鈴木自動車工業と改称	1954.6月	第8回全日本自動車ショー	1961.10.25
トラックが川に転落	1954.7.11	トヨタ自動車工業が累計100万台	1962.6.17
カンバン方式を導入	1954.7月	グロリアS40型を発売	1962.9月
ダットサン110型セダンを発売	1955.1月	第9回全日本自動車ショー	1962.10.25
トヨペット・クラウンを発売	1955.1月	ダットサン・フェアレディ1500を発売	1962.10月
第2回全日本自動車ショウ	1955.5.7	自動車保有台数500万台	1962.10月
ヤマハ発動機を設立	1955.7月	マツダ車が累計100万台	1963.3月
オオタ自動車工業が破綻	1956.1月	第1回日本グランプリ	1963.5.2
トヨタ自動車工業の新設備投資計画	1956.3月	ブルーバード410型を発売	1963.9月
第3回全日本自動車ショウ	1956.4.20	第10回全日本自動車ショー	1963.10.26
トヨタと日産が値下げ	1957.2月	ホンダS500	1963.10月
プリンススカイラインを発売	1957.4月	スカイライン1500を発売	1963.11月
日本内燃機製造が日本自動車工業と改称	1957.4月	コンパーノ・ベルリーナ800を発売	1964.2月
		クラウン・エイトを発売	1964.4月
第4回全日本自動車ショウ	1957.5.9	ベレット1600GTを発表	1964.4月
トヨペット・コロナST10型を発売	1957.7月	第2回日本グランプリ	1964.5月
ミゼットDKA型を発売	1957.8月	三菱重工業を設立	1964.6月
マツダMAR型を発売	1957.11月	第11回東京モーターショー	1964.9.26
スバル360が完成	1958.3月	トヨペット・コロナRT40型を発売	1964.9月
スーパーカブを発売	1958.7月	ファミリアセダンを発売	1964.10月
第5回全日本自動車ショウ	1958.10.10	自動車業界中国進出	1964(この年)
マツダK360を発売	1959.3月	乗用車業界の動き	1964(この年)
ミゼットMPA型を発売	1959.4月	スカイライン2000GT-Bを発売	1965.2月
日野ヂーゼル工業が日野自動車工業に改称	1959.6月	トヨタスポーツ800を発売	1965.4月
		日産・プリンス合併	1965.5月
ブルーバード310型を発売	1959.8月	完成乗用車を自由化	1965.8.17
元町工場が操業開始	1959.8月	トヨタ2000GTが完成	1965.8月
第6回全日本自動車ショー	1959.10.24	第12回東京モーターショー	1965.10.29
貿易為替自由化対策委員会が発足	1959.12月	本田技研工業がF1初優勝	1965.10月
トヨタ自動車工業とフォード社が提携交渉	1960.3月	LPGにも課税開始	1966.2.1
		ダットサンサニーを発売	1966.4月
コロナPT20型を発売	1960.4月	日産自動車とプリンス自動車工業が合併	1966.8月
ニッサン・セドリックを発売	1960.4月		
鈴鹿製作所が発足	1960.4月	排出ガス規制を実施	1966.9月
日産自動車がデミング賞を受賞	1960.6月	第13回東京モーターショー	1966.10.26
本田技術研究所を設立	1960.7月	オートバイに強制保険	1966.10月
第7回全日本自動車ショー	1960.10.25	日野とトヨタが提携	1966.10月
日野自動車工業の長期計画	1960.11月	カローラKE10型を発売	1966.11月
豊田中央研究所が発足	1960.11月	いすゞ自動車と富士重工業が提携	1966.12月
日産ディーゼル工業に改称	1960.12月	マイカー時代の幕開け	1966(この年)
富士精密工業がプリンス自動車工業に社名変更	1961.2月	公害問題への取組み	1966(この年)
		自動車業界再編成	1966(この年)
コンテッサ900を発売	1961.4月	自動車製造200万台へ	1966(この年)
自動車貿易を一部自由化	1961.4月	世界第2位の自動車生産国へ	1966(この年)
物品税法を一部改正	1961.4月	大衆車価格競争へ	1966(この年)
自動車メーカーの3グループ化構想	1961.5月	東京特殊車体設立	1967.2.10
名神高速道路で走行試験	1961.5月	マツダ・コスモスポーツを発売	1967.5.30
パブリカUP10型を発売	1961.6月	トヨタ2000GTを発売	1967.5月

自動車保有台数1000万台	1967.6月	自動車排気ガス問題規制強化	1972.8.18
ダットサン・ブルーバード510型を発売	1967.8月	4代目スカイラインを発売	1972.9月
トヨタ1600GTを発売	1967.8月	若葉マーク	1972.10.1
3代目クラウンを発売	1967.9月	第19回東京モーターショー	1972.10.23
第14回東京モーターショー	1967.10.26	マスキー法をクリア	1972.12月
ダイハツ工業がトヨタと提携	1967.11月	ロータリー・エンジン導入活発化	1972（この年）
自動車の資本自由化は見送り	1967（この年）	ランサーを発売	1973.2月
自動車国内市場	1967（この年）	低公害車とアメリカで認定	1973.2月
自動車生産世界第2位へ	1967（この年）	第20回東京モーターショー	1973.10.30
自動車輸出好調に	1967（この年）	自動車業界の概況	1973（この年）
日米自動車会談ホノルル会議	1968.1月	車両価格引き上げ	1974.1月
ローレルを発売	1968.4月	暫定税率	1974.4月
いすゞ自動車が富士重工業との提携解消	1968.5月	3点式シートベルトの設置義務化	1974.6月
自動車取得税	1968.7月	いすゞ自動車がジェミニを発表	1974.10月
日米自動車会談	1968.8月	自動車業界、初のマイナス成長	1974（この年）
コロナ・マークIIRT60型を発売	1968.9月	富士重工業がレオーネ4WDセダンを発表	1975.1月
第15回東京モーターショー	1968.10.26	第21回東京モーターショー	1975.10.31
日産自動車と富士重工業が提携	1968.10月	トヨタがアメリカで輸入乗用車1位に	1975.12月
いすゞ117クーペを発売	1968.12月	ホンダがアコードを発表	1976.5.7
スカイライン2000GT-Rを発売	1969.2月	新車公表制度開始	1976.9月
ホンダ1300を発売	1969.5月	1978年度排ガス規制確実に	1976（この年）
朝日新聞の欠陥車報道	1969.6月	自動車普及率2世帯に1台	1976（この年）
第16回東京モーターショー	1969.10.24	第22回東京モーターショー	1977.10.28
フェアレディZを発売	1969.11月	ダイハツがシャレードを発表	1977.11月
コルトギャランを発売	1969.12月	自動車排出ガス規制対策車	1977（この年）
欠陥車問題	1969（この年）	日産「ダットサン」を「ニッサン」に統合	1978.1月
自動車の概況	1969（この年）	三菱自動車がミラージュを発売	1978.3月
自賠責保険料値上げ	1969（この年）	東洋工業がサバンナRX-7を発売	1978.3月
2代目カローラを発売	1970.5月	トヨタがターセル、コルサを発売	1978.8月
三菱自動車工業を設立	1970.6月	運輸省が大型トラックへの規制を通達	1978.10.4
第17回東京モーターショー	1970.10.30	再三の円高値上げ	1978（この年）
チェリー・E10型を発売	1970.10月	自動車生産実績過去最高	1978（この年）
カリーナとセリカを発売	1970.12月	本田技研とBL業務提携	1979.4月
自動車の概況	1970（この年）	日産、セドリックとグロリアにターボチャージャーを搭載	1979.10月
自動車資本自由化へ	1970（この年）	フォードと東洋工業資本提携	1979.11.1
自動車新税構想に猛反対	1970（この年）	第23回東京モーターショー	1979.11.1
資本自由化	1971.4月	日産、ブルーバードをモデルチェンジ	1979.11月
日産工機と改称	1971.6月	米国初の自動車工場	1980.1月
ブルーバードU610型を発売	1971.8月	日産も米に工場	1980.4月
米ビッグ3と提携 本格的な国際競争時代へ突入	1971.9.10	日本製自動車に強硬姿勢	1980.5月
ノーカーデーの提案	1971.10.20	トヨタとフォード 合弁交渉	1980.6月
第18回東京モーターショー	1971.10.29	東洋工業がファミリアをモデルチェンジ	1980.6月
日本自動車メーカー、中国進出へ	1971（この年）	日産と伊アルファロメオが合弁	1980.10月
フォード・東洋工業 提携白紙に	1972.3月	ITCが日本車輸入にシロ判定	1980.11.10
保安基準改正	1972.3月		
シビックを発売	1972.7月		

自動車

ECでも自動車摩擦	1980.11月
自動車生産世界一へ	1980(この年)
トヨタがソアラMZ10を発売	1981.2月
車検制度のあり方論議	1981.2月
米国向け乗用車輸出の自主規制	1981.5月
GM、いすゞ、鈴木自が開発強力	1981.8月
三菱自、不平等条約を改定	1981.9月
日産、VW車を日本で生産	1981.9月
第24回東京モーターショー	1981.10.30
サニーのFF車が発売される	1981.10月
ホンダシティを発売	1981.11月
本田と英BL社共同開発第2弾	1981.11月
トヨタの東京本社ビルが完成	1982.1月
トヨタ、ビスタとカムリを発売	1982.3月
トヨタとGM 共同生産	1982.3月
トヨタ自動車が発足	1982.7月
日産工場、英国での建設延期	1982.7月
新車の車検期間延長	1982.8月
日産がプレーリーを発売	1982.8月
三菱自動車 米国で自力販売	1982.10月
日産がマーチを発売	1982.10月
本田、米国内生産開始	1982.11月
本田技研工業が2代目プレリュードを発売	1982.11月
スタッドレスタイヤ	1982(この年)
トヨタ、GM提携	1983.2月
カローラスプリンターがモデルチェンジ	1983.5月
シビックがモデルチェンジ	1983.9月
第25回東京モーターショー	1983.10.28
日産、英国進出	1983.10月
FF車(前輪駆動車)が人気	1983(この年)
ホンダ、生産倍増計画	1984.1.10
日産、イギリス進出	1984.2.1
トヨタ、GM共同生産認可	1984.4.11
日産、米国で乗用車生産	1984.5.11
東洋工業がマツダに改称	1984.5月
トヨタMR2を発売	1984.6月
マークⅡ、チェイサー、クレスタがモデルチェンジ	1984.8月
マツダ、三菱も海外進出	1984(この年)
対米輸出規制「政治決着」	1984(この年)
メタノール自動車調査開始	1985.3月
アコードとビガーがモデルチェンジ	1985.6月
セリカ新モデルとカリーナが発売	1985.8月
シートベルト着用義務化	1985.9.1
第26回東京モーターショー	1985.10.31
トヨタがスープラを発売	1986.2月
富士重、いすゞがアメリカ進出	1986.5月
EC向け自動車輸出台数を自主規制	1986.6月
トヨタ、乗用車エンジンをすべてDOHC4バルブに	1986.8月
自動車メーカー円高打撃	1986(この年)
三菱自動車工業がダイムラー・ベンツ社と提携	1987.9月
第27回東京モーターショー	1987.10.29
マツダとスズキが提携	1987.12月
シーマが発売される	1988.1月
日本車逆輸入	1988.4月
スバル・レガシィが発売される	1989.2.1
トヨタ博物館開館	1989.4月
スカイラインがモデルチェンジ	1989.5月
地球環境問題検討会	1989.7月
ユーノス・ロードスターが発売	1989.9月
第28回東京モーターショー	1989.10.26
セルシオが発売される	1989.10月
本田宗一郎が米国自動車殿堂入り	1989.10月
軽自動車の規格改定	1990.2月
日産、プリメーラを発売	1990.2月
トヨタ、エスティマを発売	1990.5月
運転免許保有者が6000万人を突破	1990.6月
ホンダがNS-Xを発売	1990.9月
鈴木自動車、スズキ株式会社に改称	1990.10月
富士重工、立て直しへ	1990.11.16
安全性への要求、環境保護	1990(この年)
東欧への進出いろいろ	1990(この年)
三菱RVRが発売	1991.2月
日本車への風当たり強く	1991.3月
第29回東京モーターショー	1991.10.25
オートマチック限定運転免許制度が発足	1991.11.1
苦境の富士重、いすゞ	1991(この年)
自動車対米輸出控える	1991(この年)
長引く自動車市場の低迷	1991(この年)
部品にまで自動車摩擦問題、初の日米自動車業界会談	1992.1月
本田が英国生産開始	1992.10月
スバルインプレッサ発売	1992.11月
自動車メーカー相次ぐトップ交代	1992(この年)
自動車産業、拡大から縮小へ	1993.2.24
第30回東京モーターショー	1993.10.22
トヨタ、GMの新たな協調	1993.11.19
マツダが生産調整	1993.11月
OEM供給盛ん	1994.4.12
トヨタ、RAV4LとRAV4Jを発売	1994.5月
自家用車6ヶ月点検廃止	1994.6.22

日本交通史事典	分野別索引		自動車

本田が北米での生産拡大	1994.7.19	トヨタ、相次ぐ資本参加	2000（この年）
ホンダ、オデッセイを発売	1994.10月	三菱経営再建計画の骨子を発表	2001.2.26
トラックの共同運行開始	1994.11.19	スズキから軽自動車供給受ける日産	2001.4.2
トラック営業区域拡大	1994.11.28	新車販売1.5%増の598万台	2001.4.2
自動車メーカー進むリストラ	1994（この年）	トヨタが日野の親会社に	2001.4.25
日本の自動車 世界一転落	1994（この年）	トヨタ国内最高利益を記録	2001.5.16
日産再建3か年計画	1995.3月	日産、黒字転換で復活宣言	2001.5.17
日米自動車協議決着	1995.6月	いすゞが9700人リストラ	2001.5.28
車検簡素化	1995.7月	スカイラインの新モデルを発売	2001.6月
第31回東京モーターショー	1995.10.27	ホンダ、フィットを発売	2001.6月
RV車売れ行き好調	1995（この年）	トヨタとプジョーが折半出資で合弁	2001.7.12
マツダがフォード傘下へ	1996.4.12	日産と三菱、変速機事業を統括	2001.10.4
トヨタ中国進出本格化	1996.5.16	日産ルノー株取得で対等へ	2001.10.13
ホンダステップワゴンが発売	1996.5月	第35回東京モーターショー	2001.10.26
自動車4社で社長交代	1996.6月	シビックハイブリッドが発売	2001.12月
マツダ・デミオが発売される	1996.8月	社長交代2社と相次ぐ人事	2001（この年）
トヨタ方式が裏目	1997.2月	全国初、危険運転致死罪で起訴	2002.1.16
340円タクシーが登場	1997.4.1	日産、再建計画前倒しと新たな計画	2002.2.8
第32回東京モーターショー	1997.10.24	小型車以外は不振	2002.4.1
高齢運転者標識（もみじマーク）	1997.10.30	円安効果で最高記録を更新	2002.4.26
世界初のハイブリッドカー、プリウス		トヨタ、経常利益1兆円の大台へ	2002.5.13
の販売を開始	1997.10月	マツダ・アテンザを発売	2002.5月
三菱自工社長交代	1997.11.27	トヨタ、第一汽車と包括提携	2002.8.29
本田が中国で生産開始	1997（この年）	三菱自工がトラック・バスを分社化	2002.9.20
自動車リサイクル計画	1998.2月	いすゞの再建計画	2002.10.25
日産がリストラ計画を発表	1998.5月	第36回東京モーターショー	2002.10.29
トヨタがダイハツを子会社化	1998.8.28	燃料電池車のリース開始	2002.12.2
GMがスズキの筆頭株主に	1998.9.16	燃料電池車の開発進む	2002.12月
トラックの販売落ち込む	1998.9.30	日産、東風汽車と包括提携	2002（この年）
軽自動車規格改定	1998.10.1	マツダRX-8発売	2003.4月
各社リストラ計画発表	1998（この年）	第37回東京モーターショー	2003.10.24
トヨタ・ヴィッツが発売される	1999.1月	GMが都内で燃料電池車の実験	2003（この年）
日産とルノーが資本提携	1999.3.27	トヨタ、販売台数世界2位	2003（この年）
98年度新車販売台数	1999.4.1	高級車を中心に最先端技術を搭載	
トヨタ社長交代	1999.4.13		2003（この年）
トヨタがGMと提携	1999.4.19	自動車販売台数400万台	2003（この年）
第33回東京モーターショー	1999.10.22	日デ、金融支援による経営再建	2003（この年）
東名高速飲酒運転事故	1999.11.28	日産、拡充はかる軽のOEM受給	2003（この年）
日産、社長交代	2000.3.16	排ガス規制で買い換え需要が増	2003（この年）
マツダ、日産に続き三菱が外資の傘下		富士重工、初の栄冠	2003（この年）
に	2000.3.27	自動車メーカーにおけるリサイクル化	
天津豊田汽車有限公司設立	2000.6月	が進む	2004.1月
CCC21	2000.7月	燃料電池車	2004.1月
三菱自動車がリコール隠し	2000.8月	軽自動車普及台数過去最高	2004.3月
スズキ、GMと提携強化	2000.9.14	三菱自動車再びリコール隠し	2004.5.6
チャイルドシート義務化	2000.10.1	第38回東京モーターショー	2004.11.2
第34回東京モーターショー	2000.10.31	スイフトがモデルチェンジ	2004.11月
トヨタ、フォードが提携交渉	2000.12.14	トヨタ、国内シェア過去最高	2004（この年）

| 自動車 | | 分野別索引 | | 日本交通史事典 |

トヨタとダイハツ共同開発	2004（この年）		メグロ号	1923（この年）
トラック買い替え需要一巡	2004（この年）		目黒製作所設立	1924（この年）
ミニバン競争激化	2004（この年）		エーロ・ファースト号	1925（この年）
鋼材不足	2004（この年）		キャブトン号	1927（この年）
自動車リサイクル費用決まる	2004（この年）		JAC号	1928（この年）
自動車大手各社最高益	2004（この年）		SSD号	1930（この年）
新車販売台数400万台割る	2004（この年）		「アサヒ号」商品化	1933（この年）
中越地震の影響	2004（この年）		あいこく号	1934（この年）
日産の燃料電池車	2004（この年）		陸王	1935（この年）
非ガソリン燃料2輪車	2004（この年）		リツリン号	1936（この年）
カルロス・ゴーンが日産とルノーの			くろがね号	1937（この年）
CEOを兼任	2005.5月		軍用オートバイの生産休止	1945（この年）
トヨタ、高級車レクサスを投入	2005.8.30		富士産業が「ラビット」発売	1946.8月
日産100万台増達成	2005.9月		新三菱重工が「シルバーピジョン」発	
トヨタ自動車	2005.10.18		売	1946.12月
第39回東京モーターショー	2005.10.22		ビスモーター	1946（この年）
日産再建プロセスが完了	2005.10月		「シルバーピジョン」C-21発売	1948（この年）
カー・オブ・ザ・イヤー	2005（この年）		本田技研工業が一貫生産を開始	1949（この年）
トップ交代相次ぐ	2005（この年）		本田技研工業がドリーム号E型を開発	1951.12.1
トヨタ、富士重工の筆頭株主に	2005（この年）		ラビット号の新モデルが続々登場	1951（この年）
三菱自動車再建	2005（この年）		ポインター・エース発売	1952.4月
自動車各社過去最高益	2005（この年）		三光工業が「ジェット号」を試作	1952（この年）
レクサス巻き返しはかる	2006（この年）		名古屋TTレース	1953.3.21
トヨタの営業利益が2兆円を突破	2007.5.9		カブ号F型を発売	1953.5月
海の中道大橋飲酒運転事故	2007.8.25		第1回富士登山レース	1953.7.12
日産、GMとの交渉が破談	2007.10.4		トーハツPK53型発売	1953（この年）
第40回東京モーターショー	2007.10.26		本田技研工業がマン島TTレースに進出	
トヨタ生産世界一に	2007（この年）			1954.3月
燃料費の運賃転嫁を可能に	2008.3月		山田輪盛館がHOSK（ホスク）号を発表	
交通需要予測を下方修正	2008.11月			1954（この年）
2008年国内新車販売台数	2008（この年）		本田技研工業がジュノオKB型発売	
トヨタが販売世界一に	2008（この年）			1954（この年）
トヨタの地方雇用悪化	2008（この年）		ヤマハYA-1発売	1955.2月
ホンダ、「インサイト」を発表	2009.2.5		ヤマハ発動機株式会社設立	1955.7.1
もみじマーク問題	2009.4.17		本田技研工業が二輪車生産台数トップ	
トヨタとGMの合弁解消	2009.6.29		に	1955.9月
日産自動車が本社移転	2009.8.18		ポインター・エースVI	1956.12月
第41回東京モーターショー	2009.10.23		ラビットスクータースーパーフロー	
プリウスが国内新車販売台数首位に	2009.10月			1956（この年）
電気自動車で560km走破	2009.11.17		第2回浅間高原レース	1957.10.19-20
			ラビットS-601型発売	1957（この年）
【オートバイ】			アメリカン・ホンダ・モーターを設立	1959.6月
自動二輪用ガソリン・エンジンの開発			本田技研工業がマン島TTレースに参戦	
	1908（この年）			1959.6月
山田輪盛館設立	1909.2.11		第3回浅間高原レース	1959.8.22-24
国産オートバイ第1号	1909（この年）		ヤマハYDS-1発売	1959（この年）
旭号第3号車が完成	1913.12月		鈴木自動車工業がマン島TTレースに参	
警視庁がオートバイを採用	1918.1.1		戦	1960.6月
日本飛行機製作所設立	1918（この年）			

ヤマハがSC-1型スクーターを発売	1960（この年）	新家工業設立	1904（この年）
二輪メーカーが海外進出	1961.3月	高級自転車ラーヂ号	1906（この年）
本田技研工業がマン島TTレースで初優勝	1961.6月	藤田サドル設立	1906（この年）
鈴鹿サーキットが完成	1962.9月	一千哩道路競走	1907.5月
第1回全日本選手権ロードレース	1962.11月	東京勧業博覧会	1907（この年）
本田技研工業がGPメーカーチャンピオンに	1966.9月	東京輪士会	1908（この年）
東邦化学、スクーターの生産を終了	1968（この年）	ダンロップが神戸に工場開設	1909（この年）
鈴木自動車工業がロータリーエンジンを開発	1970.11月	丸石商会創業	1909（この年）
ホンダがスーパーカブ生産台数2000万台を突破	1992.3月	東京自転車製作所設立	1910（この年）
二輪車の区分新設	1996.6.1	国華号	1916（この年）
二輪車事業でスズキと川崎が提携	2001.8.29	大日本自転車設立	1916（この年）
		日本人がツール・ド・フランスに初出場	1926.6.20
【自転車】		合資会社宮田製作所設立	1926（この年）
国産第1号の自転車	1870.3月	自転車税廃止運動	1927.3月
大阪府が自転車取締綱令を制定	1872（この年）	国産ラーヂ号をラーヂ覇王号と改称	1927.11月
三輪車が製作される	1876（この年）	松下電器が自転車用ダイナモランプ発売	1933（この年）
貸し自転車業開業	1877（この年）	新冨士覇王号発売	1936（この年）
四輪大型自転車の出品	1878.3.28	日本初の自転車専用道路	1938（この年）
日本で最初の自転車製造所	1879（この年）	自転車部品製造業者の統合	1941（この年）
三元車	1881.10月	ブリヂストンタイヤ、日本タイヤ株式会社に改称	1942.2月
宮田製銃所設立	1881（この年）	旅客軽車営業取締規則	1947（この年）
宮武外骨が三輪車を購入	1883（この年）	日米富士自転車株式会社設立	1951.8月
帝国自転車製造所が開業	1888.7月	日本タイヤ、ブリヂストンタイヤ株式会社に	1951（この年）
宮田製銃所工場が移転	1890（この年）	自転車用ランプの製品比較	1953.1月
照井商店開業	1892（この年）	日本サイクリング協会	1954.10.1
空気入りタイヤ自転車	1893（この年）	第1回浅間高原レース	1955.11月
自転車で神戸・東京間を旅行	1893（この年）	日本初の乗用車用ラジアルタイヤ	1964（この年）
日本輪友会設立	1893（この年）	ミニサイクルが登場	1965（この年）
石川商会創業	1894（この年）	富士アメリカ設立	1971（この年）
セーフティー型自転車の輸入始まる	1896（この年）	マウンテンバイクの製造始まる	1977（この年）
自転車取締規則布達	1898（この年）	マディフォックス・シリーズ	1983（この年）
日米商店創業	1899.11月	電動アシスト自転車	1993（この年）
岡本鉄工所設立	1899（この年）	日米富士自転車と東食が合併	1996.11月
自転車に鑑札を交付	1900.10.3	東食自転車部門がアドバンス・スポーツに引き継がれる	1997.12月
女子嗜輪会発足	1900.11.25	自転車協会認証（BAA）	2004.9月
明治護謨製造所設立	1900（この年）	悪質自転車対策	2006.4月
自転車競走会	1901.11.4	スポーツBAA	2007.10月
自転車競走会	1902.4.5	自転車三人乗り解禁	2009.4.17
アサヒ号・パーソン号	1902（この年）		
ゼブラ自転車製作所設立	1903（この年）	**【船舶】**	
日米商店がスターリング号の独占販売権取得	1903（この年）	東京―神戸間航路の開設	1869.10月
		利根川汽船会社開業	1871.2月
		定期運送船就航	1871.7月

- 399 -

汽船就航	1872.4月	稚泊航路開業	1923.5.1
汽船就航	1872(この年)	日本初の車載客船「翔鳳丸」就航	1924.5.21
日本国郵便蒸気船会社設立	1872(この年)	青函連絡船「松前丸」就航	1924.11.1
東京―鳥羽間に直通航路	1873.3月	青函連絡船「飛鸞丸」就航	1924.12.30
陸運会社による3河川の水運開発	1873.6月	青函航路	1925.8.1
外輪蒸気船が建造される	1877.2月	青函航路	1927.6.8
蒸気船の使用開始	1877.5月	稚泊連絡船「亜庭丸」就航	1928.12.8
川蒸気船の運航開始	1877.6月	宇高連絡船「第1宇高丸」就航	1929.10月
川崎築地造船所開設	1878.4月	宇高航路	1930.4.5
東京湾汽船会社設立	1878.11.15	関釜航路開業	1935.9.11
蒸気船航路の開設	1879.10.8	関釜連絡船「金剛丸」就航	1936.11.16
蒸気船鴎丸	1880.8月	関釜連絡船「興安丸」就航	1937.1.31
霊岸島―木更津間で汽船運行	1881.8月	大島航路	1937.10月
太湖汽船会社が運航を開始	1882.5.1	関森航路が廃止	1942.7.9
蒸気船の運行開始	1885.8.29	関釜連絡船「天山丸」就航	1942.9.27
霊岸島船松町―神奈川県三崎間航路開設	1886(この年)	関釜連絡船「崑崙丸」就航	1943.4.12
		宇高航路	1943.5.20
大津-長浜間航路が廃止	1889.7.1	博釜航路開業	1943.7.15
川崎造船所設立	1896.10.15	崑崙丸が撃沈される	1943.10.5
大村湾で船車連絡	1897.7.26	有川桟橋航送場開業	1944.1.3
山陽汽船	1898.9.1	関釜航路と博釜航路が事実上消滅	1945.6.20
千住吾妻急行汽船会社設立	1900(この年)	青函連絡船、空襲により壊滅的な被害	1945.7.14
関門航路開業	1901.5.27	天山丸が撃沈される	1945.7.28
宮島―厳島間航路	1902.4月	稚泊連絡船が避難輸送を実施	1945.8.13
山陽汽船	1903.3.18	大島連絡船が国鉄に移管される	1946.4.25
山陽汽船が宮島航路を継承	1903.5.8	仁堀航路	1946.5.1
尾城汽船設立	1903.6月	有川-小湊間航路	1946.7.1
阪鶴鉄道	1904.11.24	宇高連絡船「紫雲丸」就航	1947.7.6
阪鶴鉄道	1905.4月	青函連絡船「洞爺丸」就航	1947.11.21
阪鶴鉄道	1906.7.1	水上バス航行の再開	1950.4月
隅田川蒸気船の運賃値上げ	1906.9月	海運輸送実績	1951(この年)
青函航路開業	1908.3.7	青函連絡船洞爺丸事故	1954.9.26
南満洲鉄道が上海航路開設	1908.10月	相模湖事故	1954.10.8
宮津湾内航路	1909.8.5	紫雲丸事件	1955.5.11
日本郵船が青函定期航路を廃止	1910.3.10	三井船舶欧州航路同盟加入	1956.5月
関森航路	1911.10.1	定期船運賃引上	1956(この年)
舞鶴―境間航路	1912.3.31	不定期線運賃高騰	1956(この年)
関釜連絡船「高麗丸」「新麗丸」就航	1913.1.31	第5北川丸沈没事故	1957.4.12
阿波国共同汽船	1913.4.20	青函連絡船「十和田丸」就航	1957.10.1
舞鶴―小浜間航路	1913.6.20	全日海スト	1957.10.26
「門司丸」就航	1914.11.6	不定期船運賃の変動	1957(この年)
青函航路	1914.12.10	南海丸遭難	1958.1.26
宇高連絡船「水島丸」就航	1917.5.7	貨物運賃協定	1958.4月
関森航路	1919.8.1	不況対策特別委員会設置へ	1958.4月
宇高航路	1919.10.10	日ソ定期航路開設	1958.6.3
関釜連絡船「景福丸」就航	1922.5.18	海運不況、係船24隻に	1958(この年)
関釜連絡船「徳寿丸」就航	1922.11.12	船主協会の不況対策	1958(この年)
関釜連絡船「昌慶丸」就航	1923.3.12	国内旅客船公団発足	1959.6月

海運不況戦後最悪の決算	1959(この年)	大型ドック建造ブーム	1972(この年)
政府の海運助成措置	1959(この年)	フェリーと貨物船が衝突	1973.3.31
連絡船転覆	1960.10.29	フェリー航路増加	1973.4月
海運会社に利子補給再開	1960(この年)	瀬戸内海でフェリー炎上	1973.5.19
国内旅客船の状況	1960(この年)	川崎重工が初のLNG船受注	1973.5月
国内旅客船公団の活動	1960(この年)	海上の安全対策強化	1973(この年)
宇高連絡船「讃岐丸」就航	1961.4.25	計画造船制度存続か	1974.5月
国内旅客船公団の業務状況	1961(この年)	スライド船価時代へ	1974.6月
特定船舶整備公団の事業概況	1962(この年)	宇高連絡船「讃岐丸」就航	1974.7.20
ときわ丸衝突沈没	1963.2.26	造船業界大ピンチ	1974(この年)
みどり丸沈没	1963.8.17	大型タンカーの受注ゼロ	1974(この年)
海運再建法制定	1963.8月	利子補給制度が廃止	1975.3月
海造審OECD部会答申	1963.10.7	日中海運協定なる	1975.6.4
OECD、日本の造船業界を警戒	1963(この年)	中堅海運会社倒産	1975.7.4
海運業界再編	1964.4.1	造船、新協議会設置	1975.7月
青函連絡船「津軽丸」就航	1964.5.10	全日本海員組合がスト	1976.7.2
青函連絡船「八甲田丸」就航	1964.8.12	大島航路が廃止	1976.7.5
関門連絡船が廃止	1964.10.31	中堅造船会社が提携	1976.12.6
渡し舟廃止	1964(この年)	外航海運政策見直しへ	1976.12.10
青函連絡船「摩周丸」就航	1965.6.30	失業船員1万人	1977(この年)
21次計画造船	1965(この年)	佐世保重工業の再建	1978.6月
外航船舶の建設計画	1965(この年)	造船各社設備削減へ	1978(この年)
造船に関するOECD特別作業部会	1965(この年)	不況カルテル結成	1979.8.1
宇高連絡船「伊予丸」就航	1966.3.1	宇高連絡船「とびうお」就航	1980.4.22
造船外資完全自由化は見送り	1967.6.1	利子補給制見直し論	1981(この年)
宇高連絡船「阿波丸」就航	1967.10.1	青函連絡船「津軽丸」終航	1982.3.4
コンテナ輸送時代へ	1968(この年)	有川桟橋航送場廃止	1984.2.1
海運収支赤字額過去最悪	1968(この年)	函館ドック、来島ドックGへ	1984.10月
造船、30万重量トン時代へ	1968(この年)	港湾の21世紀のビジョン	1985.5月
大型ドックの建設進む	1968(この年)	三光汽船が倒産	1985.8.13
延べ払い金利統一	1969.5.30	造船ショック	1985(この年)
海運造船合理化審議会答申	1969.8月	造船業界、設備縮小・人員削減	1986.6.25
海水油濁に関する国際条約	1969.11月	フェリーとタンカー衝突	1986.7.14
海運再建整備計画完了	1969(この年)	過剰船腹の解撤促進	1986(この年)
大型ドック建造相次ぐ	1969(この年)	離職船員の再就職	1986(この年)
日本も30万重量トン時代へ	1969(この年)	ソ連客船から出火	1988.4.18
大島丸廃止	1970.3.20	ディーゼル新会社	1988.10.1
日本初の国際フェリー就航	1970.6.19	高速艇激突で死亡事故	1989.2.2
47万トンタンカー建造へ	1970.6.29	フェリー同士が衝突	1990.5.4
100万トンタンカー開発諮問	1970.7.2	「ビートル2世」就航	1991.3.25
コンテナ競争激化	1970.8.1	二重船体義務化	1992.3月
大型ドック建設許可	1970.8.18	カタール沖ガス田開発入札	1992.9.30
外航船舶建造計画改定	1971(この年)	造船業界の提携相次ぐ	1992(この年)
日中造船交流活発 船舶輸出へ	1972.2月	二重船体規制発効	1993.7月
海員ストで大損害	1972.7.12	石川島が米造船所に支援	1993.11.25
宇高連絡船「かもめ」就航	1972.11.8	国内船の高速化	1993(この年)
欧州造船界、協調申し入れ	1972(この年)	テクノスーパーライナー完成	1994.8月
		メガフロートへ期待	1995.11.13

船舶		分野別索引		日本交通史事典

TSL試験運航完了	1995(この年)		地方道の整備状況	1960(この年)
TSL完成	1996.3月		道路整備5カ年計画	1960(この年)
TSL実験終了	1996(この年)		日本道路公団の事業	1960(この年)
国際船舶制度	1996(この年)		新道路5カ年計画	1961.10月
港湾摩擦、米が制裁	1997.9.4		踏切道改良促進法実施	1961.11月
日本の造船、4年連続世界一	1997(この年)		1級国道の整備状況	1961(この年)
大型ドック新設	1998.6月		2級国道の整備状況	1961(この年)
日本郵船が昭和海運を吸収	1998.10.1		一般有料道路整備状況	1961(この年)
商船三井とナビックスが合併へ	1998.10.20		日本道路公団の事業	1961(この年)
アジア航路運賃値上げ	1999.5月		国道の昇格	1962.5月
造船業界、大手3グループに統合	2000(この年)		2級国道の整備状況	1962(この年)
海運大手3社、円高効果で増収	2001.9月		地方道の整備	1962(この年)
大手造船7社が業界再編	2002.10月		道路整備5カ年計画改定へ	1963.4月
受注実績3年ぶりに世界一	2002(この年)		名神高速道路一部供用開始	1963.7.16
最大手東日本フェリーが破綻	2003.6月		1級国道の整備	1963(この年)
造船受注は回復したが、円高影響	2003(この年)		1級国道の直轄管理	1963(この年)
ダイヤモンド・プリンセス完成	2004.2.26		高速道路整備計画	1963(この年)
海運大手過去最高益	2004.11.11		新道路整備5カ年計画	1963(この年)
海運は好調続く	2005(この年)		日本道路公団の事業	1963(この年)
商船三井が利益トップ	2005(この年)		名神高速道路が全線開通	1965.7月
大手そろって増益	2005(この年)		国道の整備状況	1965(この年)
造船・重機大手そろって増収	2006(この年)		国土縦貫自動車道整備計画	1966.7.25
景気減速で活況から減便へ	2008(この年)		一般国道の整備状況	1966(この年)
			一般有料道路の進捗状況	1966(この年)
【道路】			一般有料道路整備状況	1966(この年)
馬車、人力車所持者からも道路修繕費			高速自動車国道の整備状況	1966(この年)
徴収	1871.5.24		1級国道整備完了へ	1967(この年)
日本橋改造に伴う車馬道、人道の分離	1873.5月		高速自動車国道の進捗状況	1967(この年)
通運事業の一本化	1875.2月		第5次5カ年計画	1967(この年)
八王子―神奈川間に馬車道開通	1875.5.6		本州・四国連絡橋候補地	1968.2月
馬車路線の延長	1880(この年)		一般有料道路整備状況	1968.4月
上野広小路に信号標板を設置	1919.9月		高速道路整備概況	1968(この年)
日本初の信号機が登場	1930(この年)		踏切道の改良	1968(この年)
日本道路公団発足	1956.4.16		東名高速道路全面開通	1969.5.26
道路計画	1956(この年)		全国初のリバーシブルレーン	1969.6月
日本初のバス専用道路	1957.4月		本州四国連絡橋と青函トンネル	1969(この年)
関門トンネル完成	1958.3月		第6次道路整備5カ年計画	1970.3.6
高速道路建設	1958(この年)		歩行者天国	1970.8.2
道路整備10カ年計画	1958(この年)		1971年度道路整備施工命令	1971.6.1
一兆円の道路整備5カ年計画	1959.3月		本州―四国 架橋着工延期	1973.11.20
国内の道路の状況	1959.3月		福岡市でリバーシブルレーン導入	
首都高速道路公団発足	1959.7月			1973(この年)
1959年度国道整備状況	1959(この年)		高速道路1000キロ突破	1974.3月
1959年度地方道整備状況	1959(この年)		本州―四国架橋内定	1975.7.29
中央自動車道案	1959(この年)		三鷹料金所工事強行	1976.1.28
日本道路公団の事業	1959(この年)		大鳴門橋着工	1976.7.2
1級国道の整備状況	1960(この年)		高速道課税論	1976.11.29
2級国道の整備状況	1960(この年)		高速道路2000キロ突破	1976.12.19
一般有料道路整備状況	1960(この年)			

新潟県でリバーシブルレーン導入	1977.5.10
建設7大プロジェクト	1978.7.10
沖縄の交通方法が変更	1978.7.30
新しい通信情報サービス	1984.7月
大鳴門橋が完成	1985.6月
東京湾横断道路建設へ	1986.7.10
第10次道路整備5ヵ年計画	1987(この年)
瀬戸大橋開通	1988.4.10
高速道路料金改定	1988.10月
東京湾横断道路最後の交渉まとまる	1988.12月
東京湾横断道路起工	1989.5.27
高速道路料金改定	1989.6月
横浜ベイブリッジ開通	1989.9月
第2東名・名神建設計画	1990.8月
東北道で追突事故	1992.2.22
道路整備5ヵ年計画	1992(この年)
東名で農薬が流出	1993.4.1
積荷散乱で4人死亡	1993.5.9
名神で追突	1993.7.18
首都高料金、申請変更	1993.9.14
名神で追突、炎上	1993.10.2
第2東名・名神建設事業化	1993.11.19
高速料金値上げへ	1994.9.20
北陸道で衝突事故 3人死亡	1995.1.10
九州自動車道が全線開通	1995.7.27
高速道路料金の無期限徴収	1995.11月
岡山自動車道が全線開通	1997.3.15
磐越自動車道が全線開通	1997.10.1
東京湾アクアライン開通	1997.12.18
SA、PA運営を民間へ	1997(この年)
道路整備投資規模決定	1997(この年)
白鳥大橋開通	1998.6.13
ETC実用化へ	1998(この年)
上信越自動車道が全線開通	1999.10.30
徳島自動車道が全線開通	2000.3.11
四国縦貫自動車道が全線開通	2000.7.28
4公団民営化へむけて発足	2002.6月
道路公団、厳しい経営実態	2002.12.6
道路公団改革審議で紆余曲折	2002(この年)
反発強める自民党道路族	2002(この年)
高松自動車道が全線開通	2003.3.30
4公団民営化の基本的枠組みが決定	2003.12.22
道路公団民営化推進委、分解	2003(この年)
日本道路公団総裁、隠蔽で更迭	2003(この年)
道路公団民営化へ	2004.6.2
高速料金値下げ	2004.9月
権兵衛峠道路が開通	2005.2.4
日本道路公団橋梁談合事件	2005.5.23
道路公団民営化	2005.10.1
生口島道路が開通	2006.4.29
首都高の地下化を提言	2007.9月
首都高距離別料金案	2007.9月
10年規模の道路整備計画案	2007.11月
道路特定財源の一般財源化	2008.5月
高速道路料金大幅引き下げ	2008(この年)
アクアライン土日通行料が1000円に	2009.3.20
「高速道路通行料1000円」開始	2009.3.28
高速道路通行料1000円、平日にも実施	
	2009.8.6-14

【行政・法令】

駅逓規則制定	1868.9.12
馬車規則を制定	1869.4月
橋税徴収税則を制定	1869.11.22
関所が廃止	1869(この年)
自家用馬車・人力車に車税が課される	1871.4.24
道路修繕のための車税徴収	1871.4.25
鉄道略則公布	1872.2.28
馬車規則制定	1872.4.11
馬車営業免許道筋程限ノ事の布令	1872.6.22
神奈川県の人力車、馬車、馬税創設	1872.12月
宿駅人馬並人力車等取締規則制定	
	1872(この年)
僕婢馬車人力車駕籠乗馬遊船等諸税規	
則制定	1873.1.30
道路橋梁修繕費の賦課	1873.7.7
河港道路修築規則を制定	1873.8.2
馬車、人力車等の番号制	1873.11月
車馬道と人道の車税負担通達	1873.12.17
小荷物運送規則制定	1874.11.17
車税規則制定	1875.2.20
馬車・人力車その他諸事の営業心得の	
通達	1875.4.8
道路等級を廃し国道県道里道を定むる	
件公布	1876.6月
馬車交通規則	1877.6.30
車税の変更	1879.8.2
馬車取締規則	1880.12.15
人力車取締規則	1881.12.7
馬車取締規則の改正	1881.12.19
警視庁に車馬掛を設置	1882.3.17
馬車鉄道取締の通達	1882.6.20
国道の等級廃止・幅員規定	1885.1.6
街道・乗合馬車・営業人力車・宿屋取締	
規則標準	1886.6.14
道路築造標準の告示	1886.8.5
東京諸車製造業組合設立	1886.9月

行政・法令			
私設鉄道条例公布	1887.5.18	代用燃料利用者に奨励金	1938.5.2
人力車営業取締規則	1889.4月	自動車用タイヤ・チューブ配給統制規	
乗合馬車営業取締規則	1890.1.1	制	1939.3.8
蹄鉄工免許規則	1890.4.5	大日本航空株式会社法公布	1939.4.11
軌道条例	1890.8.25	木炭配給統制規則を公布	1939.12.20
鉄道敷設法公布	1892.6.21	陸運統制令、海運統制令公布	1940.2.1
鉄道作業局官制公布	1897.8.18	帝都高速度交通営団法公布	1941.3.7
自動車取締規則	1898.6.10	乗合自動車路線の譲渡	1941.7.15
人力車夫らによる電車敷設反対運動	1899.8.10	ガソリン配給の停止とその影響	1941.8.7
私設鉄道法・鉄道営業法	1900.3.16	陸運統制令改正	1941.11.15
道路取締規則	1900.6.21	運輸通信省設置	1943.11.1
車夫・馬丁の身なりの規制	1901.5.29	航空局、運輸通信省の内局に	1943.11.1
乗合車営業取締規則	1903.8.20	復興運輸本部を設置	1945.8.15
自動車取締規則	1903.9.29	運賃許可権が物価庁所管に	1946.7月
自動車営業取締規則	1903.10.28	陸運管理局設置	1946(この年)
乗合自動車営業取締規則	1903.12.14	道路交通取締法公布	1947.11.8
乗合自動車営業取締規則	1903.12.30	道路運送法公布	1947.12.16
鉄道軍事供用令公布	1904.1.25	揮発油税復活	1949.5.10
鉄道国有法公布	1906.3.31	自動車生産制限の解除	1949.12月
自動車取締規則制定	1907.2.19	自動車割当配給制度の廃止	1950(この年)
自動車税の創設	1907(この年)	全日本交通安全協会	1950(この年)
鉄道院官制公布	1908.12.5	各道路法の施行	1951.6.1
軽便鉄道法	1910.4.21	外国自動車譲受規則を施行	1951.6月
警視庁が歩行者に対して通達	1912.5.29	航空法公布施行	1952.7.15
軍用自動車補助法公布	1918.3.25	航空機製造法公布施行	1952.7.16
自動車取締令公布	1919.1.11	許可所管の変更	1952.8.1
道路法公布	1919.4.11	バス非常扉設備法	1952(この年)
陸軍航空部令公布	1919.4.14	日航法公布施行	1953.8.1
道路構造令、街路構造令	1919.12.6	「国鉄バスと民営バスの調整について」	
航空局官制公布	1920.7.31	勧告	1954.4.26
原動機取締規則	1920.8.26	「都市交通審議会令」公布	1955.7.19
道路取締令の改正公布	1920.12.16	日航法改正	1955.7.22
航空取締規則公布	1921.4.8	空港整備法公布施行	1956.4.20
航空法制定公布	1921.4.9	軽油引取税法の成立	1956.4.23
軌道法公布	1921.4.14	旅客自動車運送事業等運輸規則	1956.8.1
道路維持修繕令公布	1921.5.28	国鉄からの輸送力転換を通達	1956.10月
改正鉄道敷設法公布	1922.4.11	高速自動車国道法公布	1957.4.25
自動車営業取扱方	1927.8.26	高速自動車国道法などを公布	1957.4月
自動車運送の監督権の所管省庁の変更	1928.11.5	国鉄自動車局、中・長距離路線へ進出	1957.8.19
自動車交通事業法公布	1931.4.1	航空機工業振興法公布	1958.5.10
自動車取締令の改正	1933.8.18	自動車ターミナル法公布	1959.4.15
自動車交通事業法が施行	1933.10.1	道路交通法公布	1960.6.25
市営電車と市営バスの連絡運輸を認可	1933.12.5	自動車審議会設置	1960.7.19
大型自動車による貸切営業取扱方につ		車両制限令公布	1961.7.17
いて	1935.10.18	交通基本問題調査会	1962.5.30
自動車製造事業法	1936.5.29	自動車の保管場所の確保等に関する法	
陸上交通事業調整法が公布	1938.4.2	律公布	1962.6.1
揮発油及重油販売取締規則	1938.5.1	特定産業振興臨時措置法	1962.12月

- 404 -

道路交通法大改正	1964.9.1
新幹線安全法	1964.10.1
道路交通法改正	1965.9.1
琉球列島航空規則施行	1967.7.1
航空機騒音防止法公布	1967.8.1
公害対策基本法公布施行	1967.8.3
ダンプ規制法	1967.8月
交通反則通告制度	1968.7.1
本州四国連絡橋公団法	1970.4.12
全国新幹線鉄道整備法	1970.5.13
ハイジャック防止法公布	1970.5.18
運輸審議会発足	1970.6.24
自動車新税に対する反対運動	1970.10.16
運輸技術審議会、運輸政策審議会、地方交通審議会	1970(この年)
新しい総合交通体系決まる	1971.7.28
国鉄、抜本的な改善必要	1971.12.17
新道路整備計画設定	1971(この年)
国鉄運賃改正法廃案	1972.6.16
外航海運対策	1973.1月
日中航空路開設暗礁に	1973.4月
米国、貨物専用機便を要求	1973.5.10
第7次道路整備5ヵ年計画決定	1973.6.29
航空事故調査委員会設置法	1973.10月
新幹線建設の基本計画決定	1973.11月
国民生活安定緊急措置法・石油需給適正化法	1973.12.22
辺地空路専門を設立と答申	1973(この年)
台湾路線が休止	1974.4.21
日中航空協定発効	1974.5.24
排気ガス問題で対決	1974.6月
日中海運協定交渉始まる	1974.7.8
各運賃一斉値上げ	1974.10.1
日本版マスキー法施行	1975.4.1
輸銀資金増額	1975.6月
自動車関係諸税の増税案	1975.12.23
ガソリンの無鉛化スタート	1975(この年)
道路整備予算減少	1975(この年)
造船特定不況業種に	1978.8月
道路交通法改正	1978.12.1
石油消費節減対策の実施協力	1979(この年)
国鉄再建法成立	1980.11月
日本航空法改正	1981.4月
総合的交通政策の答申	1981.7月
日英航空協定見直し	1981.10月
日米航空交渉断続的に再開	1981(この年)
旅行業法改正	1982.4月
日米航空交渉合意	1982.6.4
国鉄再建監理委員会	1983.5月
国鉄再建案最終答申	1985.7.26
一般道もシートベルト	1985.11.1
環境基準達成困難	1985(この年)
日本国有鉄道改革法案	1986.3.3
原付にもヘルメット	1986.7.5
全日空ルート上告趣意書提出	1987.7.28
公共交通機関の整備	1987(この年)
東京臨海部副都心計画	1988.3月
常磐新線法成立	1989.5月
日米航空交渉暫定合意成立	1989.11月
運輸経済年次報告	1992(この年)
「やさしい駅」実現へ	1993(この年)
ゴールド免許	1994.5.10
94年度運輸白書	1994.11.22
日米航空交渉決着	1995.7.21
95年度運輸白書	1995.12.12
日米航空交渉で合意	1996.3月
次世代道路交通システム	1996.7.8
96年度運輸白書	1996.12.6
需給調整規制廃止へ	1996(この年)
日米航空交渉決着できず	1997.8.4
港湾問題大筋で合意	1997.10.17
日米航空交渉で合意	1998.1月
98年度運海白書	1998(この年)
ナンバープレート希望番号制開始	1999.5.14
運転中の携帯電話禁止	1999.11.1
99年度運輸白書	1999(この年)
危険運転致死傷罪	2001.11.28
悪質・危険運転の罰則強化	2002.6.1
改正航空法施行	2004.1.15
走行中の携帯電話等使用の罰則強化	2004.11.1
自動車リサイクル法施行	2005.1.1
駐車違反取り締まりを民間委託	2006.6.1
ICカード免許証の試験交付開始	2007.1.4
飲酒運転、ひき逃げに対して罰則強化	2007.9.19
公共工事の業者選定に新評価方式	2007.12月
道路交通法改正	2008.6.1
IC免許証	2009.1.4
新グリーン税制(環境対応車普及促進税制)	2009.4.1
道路交通法改正	2009.4.17
認知機能検査の義務付け	2009.6.1

【文化】

第2回内国勧業博覧会	1881.3月
第3回内国勧業博覧会	1890.5月
流行歌「東海道」	1900(この年)
第5回内国勧業博覧会	1903.3.1

- 405 -

文化		
雑誌「自動車」が創刊される	1912.12.1	
交通文化博物館開館	1946.1.25	
交通博物館	1948.9.1	
流行歌「東京のバスガール」	1957(この年)	
大阪交通科学館	1962.1.21	
電車とバスの博物館	1982.4.3	
交通博物館が閉館	2006.5.14	
「機械遺産」認定	2007.8.11	

事項名索引

【あ】

アイオン台風
アイオン台風　　　　　　　　1948.9.16
あいこく号
あいこく号　　　　　　　　1934（この年）
アイシス
ミニバン競争激化　　　　　2004（この年）
IC免許証
IC免許証　　　　　　　　　　2009.1.4
会津線
会津線　　　　　　　　　　　1987.7.16
愛知電気鉄道
愛知電気鉄道が開業　　　　　1913.2.18
愛知電気鉄道　　　　　　　　1917.3.7
愛知電気鉄道　　　　　　　　1923.8.8
愛知電気鉄道　　　　　　　　1927.6.1
葵自動車会社
人力製造業者が自動車業界に進出
　　　　　　　　　　　　　1913（この年）
青木航空
青木航空運航開始　　　　　　1952.9.6
青木航空、八丈島への不定期路線認
可　　　　　　　　　　　　1954.4.21
青木航空、藤田航空に改称　　1961.6.11
青木双信自動車
国産組立乗合自動車第3号車を運行　1907.10月
あおば
東北新幹線開業　　　　　　　1982.6.23
青バス
青バスの営業が許可される　　1918.7.22
東京市内で乗合バスの運行開始　1919.3.1
市電争議に青バス従業員が参加　1930.4.22
青森市営バス
青森市営バス開業　　　　　1940（この年）
青山 禄郎
DAT（脱兎）号が完成　　　　1914.3月
明石海峡大橋
明石海峡大橋が開通　　　　　1998.4.5
吾妻線
吾妻線　　　　　　　　　　　1971.3.7
赤バイ
警視庁がオートバイを採用　　1918.1.1
阿寒バス
阿寒バス開業　　　　　　　1953（この年）

秋田空港
秋田空港開港　　　　　　　　1981.6月
秋田新幹線
秋田新幹線の愛称を「こまち」に決
定　　　　　　　　　　　　1996.7.30
秋田新幹線開業　　　　　　　1997.3.22
秋田鉄道
秋田鉄道を国有化　　　　　　1934.6.1
秋田内陸縦貫鉄道
秋田内陸縦貫鉄道　　　　　　1989.4.1
第三セクター・秋田内陸縦貫鉄道　1989.4.1
秋葉 大助
人力製造業者が自動車業界に進出
　　　　　　　　　　　　　1913（この年）
赤穂線
赤穂線　　　　　　　　　　　1962.9.1
赤穂線　　　　　　　　　　　1969.8.24
アコード
ホンダがアコードを発表　　　1976.5.7
アコードとビガーがモデルチェンジ　1985.6月
アコード・クーペ
日本車逆輸入　　　　　　　　1988.4月
阿佐海岸鉄道
第三セクター・阿佐海岸鉄道　1992.3.26
旭川空港
旭川空港開港　　　　　　　1966（この年）
旭軒
総房馬車会社設立　　　　　1887（この年）
アサヒ号
アサヒ号・バーソン号　　　　1902（この年）
「アサヒ号」商品化　　　　　1933（この年）
旭号
旭号第3号車が完成　　　　　1913.12月
アサヒスペシャル号
東京勧業博覧会　　　　　　1907（この年）
あさま
あさま号全車禁煙化　　　　　2005.12.10
浅間高原レース
第1回浅間高原レース　　　　1955.11月
第2回浅間高原レース　　　　1957.10.19-20
第3回浅間高原レース　　　　1959.8.22-24
あじあ
特急「あじあ」号　　　　　　1934.11.1
特急「あじあ」運転休止　　　1943.2.28
足尾線
足尾線　　　　　　　　　　　1989.3.29
足尾鉄道
足尾鉄道　　　　　　　　　　1913.12.31
足尾鉄道を国有化　　　　　　1918.6.1

- 409 -

あずさ

あずさ
特急「あずさ」	1966.12.12
特急「あずさ」が脱線	1982.5.28

阿蘇くまもと空港
阿蘇くまもと空港	2007.4月

あそBOY
あそBOY	1988.9.28

熱海線
熱海線	1920.10.21
熱海線	1925.3.25
熱海線	1928.2.25

アテンザ
マツダ・アテンザを発売	2002.5月

アドバンス・スポーツ
東食自転車部門がアドバンス・スポーツに引き継がれる	1997.12月

ANA
全日本空輸設立	1957.12.1
全日空、極東航空と合併	1958.3.1
全日空、東京―大阪間直行便免許	1959.3.26
日航と全日空が提携	1959.4月
全日空、東京―札幌線直行便の運航開始	1959.10.10
名古屋空港滑走路上で全日空機と自衛隊機衝突	1960.3.16
全日空バイカウント744、東京―札幌線に就航	1960.7.15
全日空、国内全線ジェット化計画を発表	1961.3.14
全日空バイカウント828、東京―札幌線に就航	1961.7.12
広島空港開港	1961.9.15
全日空赤字解消	1961(この年)
日航と全日空、提携強化のため協議会設置	1962.7月
全日空と東亜航空、業務提携発表	1962.9.7
全日空機訓練機墜落	1962.11.19
全日空と藤田航空、合併覚書に調印	1962.12.29
全日空、藤田航空を吸収合併	1963.11.1
日航と全日空、ボーイング727の共同決定を発表	1964.1.13
全日空、ボーイング727購入契約に調印	1964.1.22
全日空のボーイング727、東京―札幌線に就航	1964.5.25
全日空、YS-11を3機発注	1964.12.29
全日空、中日本航空の定期部門を吸収	1965.2.1
全日空貨物機が遭難	1965.2.14
全日空自社購入のボーイング727、東京―札幌線に就航	1965.4月
全日空のYS-11「オリンピア」初就航	1965.9.20
全日空事業概況	1965(この年)
琉球民政府、日航と全日空に航空路開設協力を申し入れ	1966.6.16
全日空、大阪―宮崎線にボーイング727を導入	1966.10月
長崎航空、定期路線を全日空に移譲	1967.11.30
全日空、ボーイング727-200導入	1969.10月
国内航空会社の概況	1969(この年)
全日空の国際チャーター便が就航	1971.2.21
1974年度以降にエアバス導入	1972.7月
日航はボ社、全日空はロ社に決定	1972.10.30
全日空がトライスターを導入	1972.10.30
全日空機ニアミス続く	1973.7.13
ダブルトラックを認可	1975.4.24
航空3社予想外の好収益	1977(この年)
ダブルトラックを本格実施	1978.7.20
各社で新機種導入	1979(この年)
全日空 国際線進出	1982.10月
自衛隊機と旅客機接触	1985.5.28
全日空ルート上告趣意書提出	1987.7.28
全日空、ジェットエンジン不採用	1988.12月
機内に煙が充満	1993.5.2
マイレージサービス始まる	1993.11月
全日空、6社とマイレージ提携	1994.10.15
マイレージ・サービス開始	1997.4.1
全日空首脳3人退任	1997.6月
全日空がスターアライアンスグループ加盟	1998(この年)
新幹線に対抗する航空シャトル便	2000.7.1
2強体制で激化する航空業界	2002(この年)
航空大手3社、テロ影響で減収	2002(この年)
全日空、営業・経常利益が赤字	2003(この年)
全日空経常利益3.7倍	2004.10.29
全日空初の国際線黒字発表	2005.4.28
全日空最高益	2006(この年)
全日空機が胴体着陸	2007.3.13
国産ジェット旅客機販売へ	2007(この年)

阿南鉄道
阿南鉄道を国有化	1936.7.1

阿仁合線
角館線、阿仁合線	1986.11.1

亜庭丸
稚泊連絡船「亜庭丸」就航	1928.12.8

網走線
網走線 1910.9.22
網走線 1912.10.5
網走本線
網走本線を分割 1961.4.1
甘木線
甘木線、高森線、漆生線 1986.4.1
余部鉄橋列車脱線転落事故
余部鉄橋列車脱線転落事故 1986.12.27
雨宮 敬次郎
電気鉄道の計画出願 1893.10.27
アメリカ民間航空
アメリカ民間航空大量乗入れ 1968.4月
アメリカン・ホンダ・モーター
アメリカン・ホンダ・モーターを設立 1959.6月
荒川
陸運会社による3河川の水運開発 1873.6月
嵐山電気軌道
嵐山電気軌道が開業 1910.3.25
新家工業
新家工業設立 1904(この年)
有明
ビデオカー登場 1979.11.3
有川桟橋航送場
有川桟橋航送場開業 1944.1.3
有川桟橋航送場廃止 1984.2.1
有栖川宮 威仁親王
有栖川宮が国産自動車を注文 1906.4月
国産自動車の試運転 1907.9月
自動車遠乗会 1908(この年)
アリタリア・イタリア航空
YX機共同計画調印 1978.8月
有馬自働車
有馬自働車が開業 1905.6.12
有馬線
有馬線 1943.7.1
有馬鉄道
有馬鉄道を国有化 1919.3.31
アルファロメオ
日産と伊アルファロメオが合弁 1980.10月
アレス号
アレス号の試作が完成 1921.12月
阿波線
高徳本線、阿波線 1935.3.20
阿波鉄道
阿波鉄道を国有化 1933.7.1
阿波国共同汽船
阿波国共同汽船 1913.4.20
阿波丸
宇高連絡船「阿波丸」就航 1967.10.1
安全車体工業
安全車体工業株式会社設立 1953(この年)
安奉線
安奉線工事を強行 1909.8.7
安奉線全線で広軌運転が始まる 1911.11.2
アンリ・ファルマン機
徳川・日野両陸軍大尉が日本初の動力飛行に成功 1910.12.19

【い】

「いい旅チャレンジ20000km」キャンペーン
「いい旅チャレンジ20000km」キャンペーン 1980.3.15
「いい日旅立ち」キャンペーン
「いい日旅立ち」キャンペーン 1978.11.3
飯山線
上越線、飯山線が復旧 2004.12.27
飯山鉄道
相模鉄道、中国鉄道、飯山鉄道を国有化 1944.6.1
イオカード
イオカード 1990.7.1
イオカードの販売を終了 2005.3.31
井笠鉄道バス
各地でバス営業開始 1925(この年)
Eカード
Eカード 1989.12.1
生口島道路
生口島道路が開通 2006.4.29
池上電気鉄道
池上電気鉄道が開業 1922.10.6
池上電気鉄道 1928.6.17
ICOCA
SuicaとICOCAの相互利用が可能に 2004.8.1
Suica・ICOCAとTOICAの相互利用開始 2008.3.29
生駒鋼索鉄道
生駒鋼索鉄道が開業 1918.8.29
石川 孫右衛門
貸し自転車業開業 1877(この年)
石川島航空工業
石川島航空工業設立 1941.8月
石川島自動車製作所
石川島自動車製作所を設立 1929.5月

石川島重工業
日本ジェットエンジン、5社出資が決定　1956.11.10
石川島重工業、ジェットエンジン専門の田無工場開設　1957.3.20
石川島播磨重工業設立　1960.12.1

石川島造船所
石川島造船所が自動車製造に参入　1918.11月
関東大震災と自動車業界　1923.9.1
石川島造船所がウーズレー社との提携を解消　1927.5月
石川島自動車製作所を設立　1929.5月

石川島播磨重工業
石川島播磨重工業設立　1960.12.1
石川島播磨重工業、J-3ジェットエンジン納入　1962.4.23
XJB計画に調印　1979.12.11
石川島が米造船所に支援　1993.11.25
石川島、川崎重がGEと共同開発　1995(この年)
小型機用エンジン開発　1996.4月

石川島飛行機製作所
石川島飛行機製作所設立　1924.11.1
石川島飛行機製作所、立川飛行機に改称　1936.7月

石川商会
石川商会創業　1894(この年)

石屋川トンネル
石屋川トンネル　1871.7月

伊豆急行
伊豆急行　1961.12.10

いすゞ
「すみだ」が「いすゞ」に改称　1934(この年)

いすゞ117クーペ
いすゞ117クーペを発売　1968.12月

いすゞ自動車
ヂーゼル自動車工業がいすゞ自動車と改称　1949.7月
やまと自動車を設立　1953.4月
ヒルマン第1号車が完成　1953.10月
ベレット1600GTを発表　1964.4月
いすゞ自動車と富士重工業が提携　1966.12月
いすゞ自動車が富士重工業との提携解消　1968.5月
いすゞ117クーペを発売　1968.12月
米ビッグ3と提携 本格的な国際競争時代へ突入　1971.9.10
いすゞ自動車がジェミニを発表　1974.10月
GM、いすゞ、鈴木自が開発強力　1981.8月
富士重、いすゞがアメリカ進出　1986.5月
苦境の富士重、いすゞ　1991(この年)
自動車メーカー相次ぐトップ交代　1992(この年)
OEM供給盛ん　1994.4.12
いすゞが9700人リストラ　2001.5.28
社長交代2社と相次ぐ人事　2001(この年)
いすゞの再建計画　2002.10.25

伊豆箱根鉄道
伊豆箱根鉄道　1903(この年)
伊豆箱根鉄道開業　1906(この年)
伊豆箱根鉄道が路面電車の営業を廃止　1963.2.5

和泉 要助
人力車が考案される　1868(この年)
人力車の営業許可　1870.3月
人力車会所設立　1872.8月

伊勢線
伊勢線　1973.9.1
伊勢線　1987.3.27

伊勢電気鉄道
伊勢電気鉄道　1929.1.30
伊勢電気鉄道　1930.12.25

磯部鉄工場
磯部鉄工場の設立　1905(この年)

伊田線
伊田線、糸田線、田川線　1989.10.1

板橋自動車
板橋自動車がバス事業を開始　1919.12月

板橋乗合自動車
板橋乗合自動車の本格営業　1919.2月

伊丹飛行場
伊丹飛行場の航空管制業務、日本に移管　1957.10.1
伊丹飛行場、大阪空港に改称　1958.3.15

一畑電鉄
各地でバス営業開始　1930(この年)

市村 羽左衛門
東京—大阪の自動車旅行　1911.7.11

五日市線
五日市線　1971.2.1

一千哩道路競走
一千哩道路競走　1907.5月

伊藤 音次郎
伊藤飛行機研究所創設　1915.2月
伊藤音次郎、東京訪問飛行に成功　1916.1.8

伊東線
伊東線　1938.12.15

伊藤飛行機研究所
　伊藤飛行機研究所創設　　　　　1915.2月
糸田線
　伊田線、糸田線、田川線　　　　1989.10.1
伊那自動車
　各地でバス営業開始　　　　1919（この年）
伊那電気鉄道
　伊那電気鉄道　　　　　　　　1927.12.26
　豊川鉄道、鳳来寺鉄道、三信鉄道、伊
　　那電気鉄道、北海道鉄道を国有化　1943.7.26
伊奈バス
　中央道特急バスの運行開始　1975（この年）
犬飼軽便線
　犬飼軽便線　　　　　　　　　　1921.3.27
犬飼線
　犬飼線　　　　　　　　　　　　1924.10.15
犬山モノレール
　犬山モノレールが廃止　　　　　2008.12.27
井上　勝
　汽車製造合資会社設立　　　　　1896.9.7
茨城オート
　バス営業開始と廃止　　　　1971（この年）
茨城空港
　茨城空港建設事業化　　　　2000（この年）
茨木停車場
　吹田、茨木、山崎停車場が営業開始　1876.8.9
井原鉄道
　井原鉄道　　　　　　　　　　　1999.1.11
　第三セクター・井原鉄道　　　　1999.1.11
指宿線
　指宿線　　　　　　　　　　　　1936.3.25
胆振線
　播但線、胆振線および富内線　　1986.11.1
伊万里線
　伊万里線　　　　　　　　　　　1935.8.6
伊万里鉄道
　伊万里鉄道開業　　　　　　　　1898.8.7
　九州鉄道と伊万里鉄道が合併　　1898.12.28
伊予鉄道
　伊予鉄道開業　　　　　　　　　1888.10.28
　伊予鉄道　　　　　　　　　　　1892.5.1
伊予丸
　宇高連絡船「伊予丸」就航　　　1966.3.1
西表島交通バス
　各地でバス営業開始　　　　1972（この年）
岩国市営バス
　岩国市営バス開業　　　　　1938（この年）
岩手急行バス
　各地でバス営業開始・廃止　1976（この年）

岩手軽便鉄道
　岩手軽便鉄道　　　　　　　　1915.11.23
　岩手軽便鉄道を国有化　　　　　1936.8.1
岩手県交通バス
　各地でバス営業開始・廃止　1976（この年）
岩内軽便線
　岩内軽便線　　　　　　　　　　1912.11.1
岩内線
　大畑線、岩内線、興浜北線　　　1985.7.1
インサイト
　ホンダ、「インサイト」を発表　　2009.2.5
インスパイア
　高級車を中心に最先端技術を搭載
　　　　　　　　　　　　　　2003（この年）
因美線
　因美線　　　　　　　　　　　　1932.7.2

【う】

ヴィッツ
　トヨタ・ヴィッツが発売される　　1999.1月
ヴェヴァリー
　電気自動車ヴェヴァリーを販売
　　　　　　　　　　　　　　1912（この年）
上田　虎之助
　新橋停車場で飲食店が開業　　　1872.10.1
羽越線
　羽越線　　　　　　　　　　　　1924.7.31
羽越北線
　羽越北線　　　　　　　　　　　1924.4.20
羽越本線
　貨物列車が正面衝突　　　　　1962.11.29
　羽越本線、白新線　　　　　　　1972.8.5
上野駅
　東北・上越新幹線上野駅が開業　1985.3.10
上野公園駅
　上野公園駅開業　　　　　　　1933.12.10
ウエルビー商会
　ウエルビー商会がオート三輪車を生
　　産　　　　　　　　　　　1925（この年）
ウォレス，ヘンリー
　マツダがフォード傘下へ　　　　1996.4.12
　自動車4社で社長交代　　　　　1996.6月
宇高航路
　宇高航路　　　　　　　　　　1919.10.10
　宇高連絡船「第1宇高丸」就航　1929.10月
　宇高航路　　　　　　　　　　　1930.4.5

宇高航路	1943.5.20
宇高連絡船「紫雲丸」就航	1947.7.6
宇高連絡船「讃岐丸」就航	1961.4.25
宇高連絡船「伊予丸」就航	1966.3.1
宇高連絡船「阿波丸」就航	1967.10.1
宇高連絡船「かもめ」就航	1972.11.8
宇高連絡船「讃岐丸」就航	1974.7.20
宇高連絡船「とびうお」就航	1980.4.22
宇高連絡船	1991.3.16

宇高連絡船
宇高連絡船「水島丸」就航	1917.5.7
宇高連絡船「第1宇高丸」就航	1929.10月
宇高連絡船「紫雲丸」就航	1947.7.6
宇高連絡船「讃岐丸」就航	1961.4.25
宇高連絡船「伊予丸」就航	1966.3.1
宇高連絡船「阿波丸」就航	1967.10.1
宇高連絡船「かもめ」就航	1972.11.8
宇高連絡船「讃岐丸」就航	1974.7.20
宇高連絡船「とびうお」就航	1980.4.22
宇高連絡船	1991.3.16

羽後鉄道
各地でバス営業開始	1930(この年)

宇品線
宇品線	1972.4.1

碓氷線
碓氷峠の鉄道施設が国の重要文化財に指定される	1993.5.14

碓氷馬車鉄道会社
碓氷馬車鉄道会社設立	1887.7月

臼ノ浦線
世知原線、臼ノ浦線	1971.12.26

ウーズレー
国産バス第1号	1924(この年)
石川島造船所がウーズレー社との提携を解消	1927.5月
ウーズレーの車名を「スミダ」に変更	1928(この年)

ウーズレーA9
ウーズレーA9型乗用車の第1号車が完成	1922.12月

ウーズレーCP
ウーズレーCP型トラックが完成	1924.3月
東京市営バスがウーズレーCP採用	1925(この年)

歌志内線
歌志内線	1988.4.25

宇都宮軌道運輸
宇都宮軌道運輸の開業	1897(この年)

宇部空港
宇部空港開港	1966(この年)
宇部空港が山口宇部空港に改称	1980.4月

宇部線
宇部線、小野田線	1952.4.20

宇部鉄道
宇部鉄道を国有化	1943.4.26

海の中道大橋飲酒運転事故
海の中道大橋飲酒運転事故	2007.8.25

梅小路蒸気機関車館
梅小路蒸気機関車館開館	1972.10.10
梅小路蒸気機関車館がリニューアル	1997.7.5

浦上線
浦上線	1972.10.2

漆生線
甘木線、高森線、漆生線	1986.4.1

うわじま
フェリーと貨物船が衝突	1973.3.31

宇和島鉄道
宇和島鉄道を国有化	1933.8.1

雲仙普賢岳
雲仙普賢岳噴火により島原鉄道が不通に	1992(この年)
島原鉄道が土石流災害により不通	1993.4.28

運輸技術審議会
運輸技術審議会、運輸政策審議会、地方交通審議会	1970(この年)

運輸審議会
運輸審議会発足	1970.6.24

運輸政策審議会
運輸技術審議会、運輸政策審議会、地方交通審議会	1970(この年)

運輸通信省
運輸通信省設置	1943.11.1

【え】

エア・アメリカ社
エア・アメリカ社、琉球列島内航空事業開始	1964.7月

エア・ドゥ
スカイマーク運航開始	1998.9.19
エア・ドゥ破たんから再建へ	2002.6.25

エアバス
1974年度以降にエアバス導入	1972.7月
全日空がトライスターを導入	1972.10.30
大阪国際空港にエアバスが就航	1977.5.19

各社で新機種導入	1979(この年)		「エキゾチックジャパン」キャンペーン	
エアロスバル			「エキゾチックジャパン」キャンペーン	1984.2.1
国産軽飛行機FA-200、初飛行に成功			駅逓規則	
	1965.8.12		駅逓規則制定	1868.9.12
英国海外航空機空中分解事故			エクロート,ロルフ	
英国海外航空機空中分解事故	1966.3.5		社長交代2社と相次ぐ人事	2001(この年)
カナダ太平洋航空機と英国海外航空			エスティマ	
機の事故技術調査団設置	1966.3.7		トヨタ、エスティマを発売	1990.5月
事故技術調査団、英国海外航空機			越後交通バス	
中分解事故の調査報告を提出	1967.6.22		越後交通バス	1960(この年)
営団地下鉄荻窪線			越後線	
営団地下鉄荻窪線	1962.1.23		越後線	1984.4.8
営団地下鉄銀座線			越後鉄道	
地下鉄駅入り口に車転落	1989.9.15		越後鉄道	1913.4.20
営団地下鉄千代田線			越後鉄道を国有化	1927.10.1
営団地下鉄千代田線が開業	1969.12.20		越美南線	
営団地下鉄千代田線	1971.4.20		越美南線	1934.8.16
営団地下鉄千代田線	1979.12.20		越美南線	1986.12.11
営団地下鉄東西線			エディックス	
営団地下鉄東西線が開業	1964.12.23		ミニバン競争激化	2004(この年)
営団地下鉄東西線	1969.3.1		愛媛鉄道	
帝都高速度交通営団東西線	1969.3.29		愛媛鉄道を国有化	1933.10.1
中央線、東西線	1969.4.8		F1	
工事ミスで地下鉄脱線	1990.9.8		本田技研工業がF1初優勝	1965.10月
営団地下鉄南北線			エリザベス2世	
営団地下鉄南北線	1996.3.26		エリザベス英女王が新幹線に乗車	1975.5.12
営団地下鉄南北線、都営地下鉄三田			エーロ・ファースト号	
線	2000.9.26		エーロ・ファースト号	1925(この年)
営団地下鉄半蔵門線			袁 世凱	
営団地下鉄半蔵門線が開業	1978.8.1		満洲に関する日清条約	1905.12.22
営団地下鉄半蔵門線	1979.9.21		遠州鉄道	
営団地下鉄半蔵門線	1982.12.5		Eカード	1989.12.1
営団地下鉄半蔵門線	2003.3.19			
営団地下鉄日比谷線			【お】	
営団地下鉄日比谷線が開業	1961.3.28			
営団地下鉄日比谷線、東武伊勢崎線	1962.5.31		奥羽北線	
営団地下鉄日比谷線	1964.8.29		奥羽北線開業	1894.12.1
営団地下鉄日比谷線神谷町駅車両火災事故			奥羽北線	1895.10.21
日比谷線神谷町駅で車両火災	1968.1.27		奥羽北線	1899.6.21
営団地下鉄日比谷脱線衝突事故			奥羽北線	1899.11.15
地下鉄日比谷線、中目黒駅構内で脱			奥羽北線	1900.10.7
線、衝突	2000.3.8		奥羽北線	1902.8.1
営団地下鉄丸ノ内線			奥羽北線	1902.10.21
営団地下鉄丸ノ内線	1954.1.20		奥羽北線	1903.10.1
営団地下鉄丸ノ内線全線開通	1959.3.15		奥羽北線	1904.8.21
営団地下鉄有楽町線			奥羽北線	1904.12.21
営団地下鉄有楽町線が開業	1974.10.30			
営団地下鉄有楽町線	1980.3.27			
営団地下鉄有楽町線、東武東上線	1987.8.25			

奥羽北線	1905.6.15
奥羽北線	1905.9.14

奥羽南線

奥羽南線	1899.5.15
奥羽南線	1900.4.21
奥羽南線	1901.2.15
奥羽南線	1901.4.11
奥羽南線	1901.8.23
奥羽南線	1901.10.21
奥羽南線	1902.7.21
奥羽南線	1903.6.11
奥羽南線	1904.10.21
奥羽南線	1905.7.5

奥羽本線

奥羽本線	1949.4.24
奥羽本線	1968.9月
奥羽本線	1971.8.25
奥羽本線	1971.10.1

横黒線

横黒線	1924.11.15

王子電気軌道

王子電気軌道が開業	1911.8.20

青梅線

青梅線電車炎上	1964.1.4

青梅鉄道

青梅鉄道開業	1894.11.19
青梅鉄道	1898.3.10

青梅電気鉄道

青梅電気鉄道	1929.9.1
南武鉄道、青梅電気鉄道を国有化	1944.4.1

大井川鐵道

大井川鐵道で蒸気機関車のさよなら運転	2007.9.8

大分空港

大分空港開港	1957.3.10
大分空港で富士航空機墜落	1964.2.27

大分線

大分線	1909.12.21
大分線	1911.7.16
大分線	1911.11.1

大糸線

大糸線	1967.12.20

大糸南線

大糸南線	1957.8.15

大型自動車による貸切営業取扱方について

大型自動車による貸切営業取扱方について	1935.10.18

大阪駅

大阪駅高架化	1934.6.1

大阪環状線

大阪環状線	1961.4.25
大阪環状線が環状運転を開始	1964.3.22

大阪空港

伊丹飛行場、大阪空港に改称	1958.3.15
大阪空港、日本に全面返還	1958.3.18

大阪空港交通バス

各地でバス営業開始	1963(この年)

大阪航空局

東京航空局、大阪航空局設置	1967.10.1

大阪交通科学館

大阪交通科学館	1962.1.21

大阪国際空港(伊丹空港)

大阪空港、大阪国際空港に改称	1959.7.3
大阪国際空港に国際線就航	1960.4.1
大阪国際空港周辺の騒音調査実施	1963.3月
大阪国際空港にジェット機乗入れ	1964.6.1
日航のコンベアCV-880、大阪国際空港に就航開始	1964.6月
大阪国際空港騒音対策協議会発足	1964.10月
大阪国際空港、拡張整備事業開始	1964(この年)
大阪国際空港、深夜・早朝ジェット機発着禁止	1965.11.24
大阪国際空港新ターミナルビルオープン	1969.2.1
大阪国際空港のVOR/DMEが完成	1971.8.19
大阪空港と騒音問題	1976(この年)
大阪国際空港にエアバスが就航	1977.5.19
大阪国際空港(伊丹空港)の存続が決定	1990.12月

大阪国際空港周辺整備機構

大阪国際空港周辺整備機構が発足	1974.4.15

大阪国際空港騒音訴訟

大阪国際空港騒音訴訟提訴	1969.12.16
大阪国際空港騒音訴訟、大阪地裁判決	1974.2月
大阪空港訴訟控訴審判決	1975.11.27
大阪国際空港騒音問題で最高裁判決	1981.12.16
大阪国際空港騒音問題で和解	1984.3月

大阪市営高速軌道

大阪市営高速軌道	1935.10.30

大阪市営地下鉄

私鉄運賃値上げ	1960.6月

大阪市営地下鉄今里筋線

大阪市営地下鉄今里筋線が開業	2006.12.24

大阪市営地下鉄千日前線

大阪市営地下鉄千日前線	1981.12.2

大阪市営地下鉄谷町線
大阪市営地下鉄谷町線　　　1980.11.27
大阪市営地下鉄鶴見緑地線
大阪市交通局鶴見緑地線　　1990.3.20
大阪市営電気軌道
大阪市営電気軌道が運転開始　1903.9.12
大阪市営南港ポートタウン線
大阪市営南港ポートタウン線　1981.3.16
大阪自動車
大阪自動車の売却　　　　1906（この年）
ホワイト車の輸入　　　　1907（この年）
大阪市バス
大阪市バスがゾーンバスシステムを
導入　　　　　　　　　　　1974.11月
大阪地下鉄
大阪地下鉄が開業　　　　　1933.5.20
大阪鉄道
大阪鉄道　　　　　　　　　1889.5.14
大阪鉄道　　　　　　　　　1890.9.11
大阪鉄道　　　　　　　　　1890.12.27
大阪鉄道　　　　　　　　　1891.2.8
大阪鉄道　　　　　　　　　1891.3.1
大阪鉄道　　　　　　　　　1892.2.2
大阪鉄道　　　　　　　　　1893.5.23
大阪鉄道　　　　　　　　　1895.5.28
大阪鉄道　　　　　　　　　1895.10.17
関西鉄道が大阪鉄道を吸収合併　1900.6.6
河南鉄道が大阪鉄道と改称　　1919.3月
大阪鉄道が大阪市内乗り入れ開始　1923.4.13
大阪鉄道　　　　　　　　　1929.3.29
大阪電気軌道
大阪電気軌道が開業　　　　1914.4.30
大阪電気軌道　　　　　　　1923.3.20
大阪電気軌道　　　　　　　1929.1.5
大阪電気軌道が乗合自動車の営業開
始　　　　　　　　　　　　1929.5.25
大阪電気軌道、参宮急行電鉄　1930.12.20
大阪乗合自動車
大阪乗合自動車が再運行　　　1924.6月
大阪ハイドラント
大阪ハイドラント設立　　　1966.7.11
おおさか東線
おおさか東線開業　　　　　2008.3.15
大島大橋
大島航路が廃止　　　　　　1976.7.5
大島航路
大島航路　　　　　　　　　1937.10月
大島連絡船が国鉄に移管される　1946.4.25
大島丸就航　　　　　　　　1970.3.20

大島航路が廃止　　　　　　1976.7.5
大島丸
大島丸就航　　　　　　　　1970.3.20
大島連絡船
大島航路　　　　　　　　　1937.10月
大島連絡船が国鉄に移管される　1946.4.25
大島航路が廃止　　　　　　1976.7.5
大隅線
大隅線　　　　　　　　　　1987.3.14
オオタ自動車工業
オオタ自動車工業が破綻　　　1956.1月
太田自動車製作所
太田自動車製作所を設立　1912（この年）
太田自動車製作所の小型トラックが
完成　　　　　　　　　1931（この年）
太田自動車製作所の新型小型トラッ
クが完成　　　　　　　　　1933.8月
高速機関工業に改組　　　　　1936.4月
太田鉄道
太田鉄道開業　　　　　　　1897.11.16
太田鉄道　　　　　　　　　1899.4.1
水戸鉄道が太田鉄道を吸収合併　1901.10.21
大月駅列車衝突事故
JR中央線大月駅で特急と回送電車衝
突　　　　　　　　　　　　1997.10.12
大鳴門橋
大鳴門橋着工　　　　　　　1976.7.2
大鳴門橋が完成　　　　　　1985.6月
大畑線
大畑線、岩内線、興浜北線　　1985.7.1
大船渡線
大船渡線　　　　　　　　　1935.9.29
大湊軽便線
大湊軽便線　　　　　　　　1921.9.25
大村線
大村線　　　　　　　　　　1992.3.10
大森停車場
大森停車場営業開始　　　　1876.6.12
大山町営バス
各地でバス営業開始　　　1972（この年）
岡崎 久次郎
日米商店創業　　　　　　　1899.11月
岡多線
岡多線　　　　　　　　　　1988.1.31
岡本 松造
岡本鉄工所設立　　　　　1899（この年）
岡本鉄工所
岡本鉄工所設立　　　　　1899（この年）

岡山空港
岡山空港開港 1962.10.13
岡山空港ビルディング
岡山空港ビルディング設立 1962.5月
岡山市街乗合自動車
各地でバス営業開始 1928(この年)
岡山自動車道
岡山自動車道が全線開通 1997.3.15
岡山新幹線
回送中の新幹線が暴走 1997.5.6
岡山電気軌道
各地でバス営業開始 1928(この年)
沖縄都市モノレール
沖縄都市モノレール開業 2003.8.10
奥田 碩
トヨタ社長交代 1999.4.13
奥多摩電気鉄道
奥多摩電気鉄道を国有化 1944.6.15
渡島海岸鉄道
渡島海岸鉄道を国有化 1945.1.25
尾城汽船
尾城汽船設立 1903.6月
オースチンA40
オースチンA40型の第1号車が完成 1953.4月
小田急3000形(SE)電車
小田急3000形(SE)電車 1957.9.20
小田急電鉄
東京急行電鉄 1942.5.1
小田急電鉄 1948.10.16
小田急電鉄 1950.8.1
小田急電鉄新宿―御殿場間を電車化 1968.7.1
小田急電鉄 1974.6.1
小田急有価証券報告書に虚偽記載 2005.5.18
小田原急行鉄道
小田原急行鉄道 1927.4.1
小田原急行鉄道 1929.4.1
小田原急行鉄道と帝都電鉄が合併 1940.5.1
小田原電気鉄道
小田原電気鉄道が開業 1919.6.1
小田原電気鉄道 1921.12.1
小田原馬車鉄道
小田原馬車鉄道が開業 1888.10.1
御茶ノ水駅電車追突事故
御茶ノ水駅電車追突事故 1968.7.16
乙1式型偵察機
川崎造船所、陸軍サルムソン偵察機の国産化第1号機を完成 1923(この年)
オーディナリー型自転車
自転車で神戸・東京間を旅行 1893(この年)

セーフティー型自転車の輸入始まる 1896(この年)
オデッセイ
ホンダ、オデッセイを発売 1994.10月
RV車売れ行き好調 1995(この年)
オート・エクスプレス
オート・エクスプレス 1967.10.14
オート三輪
ウエルビー商会がオート三輪車を生産 1925(この年)
オートマチック限定運転免許制度
オートマチック限定運転免許制度が発足 1991.11.1
オートモ号
オートモ号が完成 1924.11月
オートモ号を輸出 1925.11月
小野田線
宇部線、小野田線 1952.4.20
小野田鉄道
小野田鉄道を国有化 1943.3.29
小浜線
小浜線 1918.11.10
小浜線 1922.12.20
小浜線 2003.3.15
帯広空港
帯広空港開港 1964.12.1
生保内線
生保内線 1923.8.31
オムニバス
浅草雷門―新橋間に二階建乗合馬車が登場 1874.8.6
東京馬車鉄道がオムニバスを運転 1889.6.6
ヲムニビュス
乗合馬車会社ヲムニビュスを設立 1888.5.7
オリエンタルランド交通
オリエンタルランド交通開業 1977.4.1
オリンピア
全日空のYS-11「オリンピア」初就航 1965.9.20
オリンピア
特急「オリンピア」 1972.1.28
オレンジカード
オレンジカード 1985.3.14
オレンジクィーン
フェリー同士が衝突 1990.5.4
オレンジ号
フェリー同士が衝突 1990.5.4
オーロラ便
日航、夏期深夜便「オーロラ便」営業開始 1957.7.20

日航のオーロラ便、日本国内航空に
　　移譲　　　　　　　　　　1967.12.1

【か】

海運再建整備計画
　海運再建整備計画完了　　1969(この年)
海運再建法
　海運再建法制定　　　　　　　1963.8月
海運統制令
　陸運統制令、海運統制令公布　1940.2.1
外国自動車譲受規則
　外国自動車譲受規則を施行　　1951.6月
カイザー・フレーザー
　東日本重工業がカイザー・フレー
　　ザー社と提携　　　　　　　1950.9月
会式
　陸軍「会式」1号機完成、初飛行に成
　　功　　　　　　　　　1911(この年)
快進社
　快進社自働車工場を設立　　　1911.4月
　DAT(脱兎)号が完成　　　　1914.3月
　ダット31型が完成　　　　　　1915.6月
　快進社を設立　　　　　　　　1918.8月
　快進社を設立　　　　　　　　1918.8月
　ダット軍用保護自動車が完成　1924(この年)
　快進社が解散　　　　　　　　1925.7月
凱旋運行ダイヤ
　東海道線が「凱旋運行」ダイヤに移
　　行　　　　　　　　　　　1905.10.28
快適通勤協議会
　快適通勤協議会発足　　　　　1993.9月
外輪蒸気船
　外輪蒸気船が建造される　　　1877.2月
街路構造令
　道路構造令、街路構造令　　1919.12.6
街路・乗合馬車・営業人力車・宿屋取締規則
標準
　街路・乗合馬車・営業人力車・宿屋取
　　締規則標準　　　　　　　　1886.6.14
カー・オブ・ザ・イヤー
　ダイハツがシャレードを発表　1977.11月
　アコードとビガーがモデルチェンジ　1985.6月
　ホンダ、オデッセイを発売　　1994.10月
　トヨタ・ヴィッツが発売される　1999.1月
　富士重工、初の栄冠　　　2003(この年)
　カー・オブ・ザ・イヤー　　2005(この年)

プリウスが国内新車販売台数首位に
　　　　　　　　　　　　　　2009.10月
各務原鉄道
　各務原鉄道　　　　　　　　1928.12.28
角館線
　角館線、阿仁合線　　　　　　1986.11.1
河港道路修築規則
　河港道路修築規則を制定　　　1873.8.2
鹿児島空港
　鹿児島空港開港　　　　　　　1957.7.1
鹿児島空港リムジンバス
　各地でバス営業開始　　　1972(この年)
鹿児島交通
　鹿児島交通、東北産業航空、北海道
　　航空に航空機使用事業・不定期航
　　空事業免許　　　　　　　　1966.4.27
鹿児島線
　鹿児島線　　　　　　　　　　1901.6.10
　鹿児島線　　　　　　　　　　1903.1.15
　鹿児島線　　　　　　　　　　1903.9.5
　鹿児島線　　　　　　　　　　1908.6.1
　鹿児島線　　　　　　　　　　1908.6.1
　鹿児島線　　　　　　　　　　1908.7.1
　鹿児島線　　　　　　　　　1909.11.21
　鹿児島線　　　　　　　　　　1970.9.1
鹿児島線列車追突事故
　鹿児島線列車追突事故　　　　2002.2.22
鹿児島本線
　鹿児島本線　　　　　　　　　1921.12.1
　鹿児島本線　　　　　　　　1927.10.17
葛西　万司
　東京駅開業　　　　　　　　1914.12.20
貸座布団営業
　列車内貸座布団営業　　　　　1875.8.18
梶野　甚之助
　日本で最初の自転車製造所　1879(この年)
梶野自転車製造所
　日本で最初の自転車製造所　1879(この年)
貸馬車屋
　初めての貸馬車屋　　　　1897(この年)
鹿島参宮鉄道
　各地でバス営業開始　　　1931(この年)
鹿島線
　鹿島線　　　　　　　　　　　1970.8.20
　総武本線、成田線、鹿島線　　1974.10.26
鹿島臨海鉄道
　鹿島臨海鉄道　　　　　　　　1978.7.25
鹿島臨海鉄道大洗鹿島線
　鹿島臨海鉄道大洗鹿島線　　　1985.3.14

- 419 -

鍛治屋原線
鍛治屋原線	1943.11.1
鍛治屋原線	1972.1.16

カータス男爵
40人乗り乗合自動車の試運転	1906.12月

片町線
片町線	1950.12.26

華中鉄道
華中鉄道株式会社設立	1939.4.30

桂 太郎
桂・ハリマン協定	1905.10.12

桂・ハリマン協定
桂・ハリマン協定	1905.10.12

神奈川駅
川崎駅・神奈川駅が営業開始	1872.7.10

カナダ太平洋航空機墜落事故
カナダ太平洋航空機墜落事故	1966.3.4
カナダ太平洋航空機と英国海外航空機の事故技術調査団設置	1966.3.7
事故技術調査団、カナダ太平洋航空機墜落事故の調査報告を発表	1968.3.4

河南鉄道
河南鉄道が河陽鉄道を合併	1899.5月
河南鉄道	1902.12.12
河南鉄道が大阪鉄道と改称	1919.3月

鐘淵デイゼル工業
敗戦と自動車業界	1945.8.15
鐘淵デイゼル工業が民生産業に改称	1946.5月

鐘ケ淵自動車商会
鐘ケ淵自動車商会設立	1923(この年)

カブ号F型
カブ号F型を発売	1953.5月
「機械遺産」認定	2007.8.11

可部線
可部線	1954.3.30
可部線	2003.12.1

華北交通
華北交通株式会社設立	1939.4.17

釜石線
釜石線	1950.10.10

神岡線
神岡線	1984.10.1

神岡鉄道神岡線
神岡鉄道神岡線廃止	2006.12.1

神風号
「神風号」が訪欧飛行に出発、飛行時間の国際新記録を樹立	1937.4.6

神谷 正太郎
神谷正太郎が渡米	1950.6月

上山田線
上山田線	1988.9.1

カムリ
トヨタ、ビスタとカムリを発売	1982.3月

亀の井自動車
各地でバス営業開始	1928(この年)

鴨川橋梁
日本人が設計した最初の橋	1878.8月

かもめ
宇高連絡船「かもめ」就航	1972.11.8

鴎
特急「鴎」	1937.7.1

鴎丸
蒸気船鴎丸	1880.8月

かもめライン号
かもめライン号	1987.5.23

茅沼炭鉱軌道
茅沼炭鉱軌道が開通	1869(この年)

河陽鉄道
河陽鉄道	1898.4.14
河南鉄道が河陽鉄道を合併	1899.5月

唐津興業鉄道
唐津興業鉄道開業	1898.12.1
唐津興業鉄道	1899.6.13
唐津興業鉄道	1899.12.25

唐津線
唐津線	1971.8.20

唐津鉄道
唐津鉄道	1900.4月
九州鉄道が唐津鉄道を吸収合併	1902.2.23

カリーナ
カリーナとセリカを発売	1970.12月
セリカ新モデルとカリーナが発売	1985.8月

カローラ
2代目カローラを発売	1970.5月

カローラKE10
カローラKE10型を発売	1966.11月

カローラスプリンター
カローラスプリンターがモデルチェンジ	1983.5月

川内線
川内線	1914.6.1
川内線	1926.7.21

川口製車場
川口製車場創立	1906.11月

川越線
東北線、川越線	1985.9.30

川崎 正蔵
川崎築地造船所開設	1878.4月

川崎駅
川崎駅・神奈川駅が営業開始	1872.7.10

川崎汽船
海運大手3社、円高効果で増収	2001.9月
海運大手過去最高益	2004.11.11
景気減速で活況から減便へ	2008(この年)

川崎航空機工業
川崎航空機工業発足	1937.11.18
川崎航空機工業設立	1954.2.1
ベル47-D1型ヘリコプター国産1号機、保安庁に納入	1954.2.15
川崎航空機工業、T-33A、F-94C製作に関する権利・技術援助契約を締結	1954.2.24
川崎航空機工業、T-33ジェット練習機国産化契約に調印	1955.8.5
川崎航空機工業、ジェットエンジン研究部を新設	1956.1.13
日本ジェットエンジン、5社出資が決定	1956.11.10
三菱重工業、川崎航空機工業に航空機用エンジン製造許可	1966.10.24
川崎重工業新発足	1969.4.1

川崎車輌
川崎重工業新発足	1969.4.1

川崎重工業
川崎造船所、川崎重工業に改称	1939.12.1
川崎重工業新発足	1969.4.1
川崎重工業新発足	1969.4.1
業界再編第一弾 川崎重工と汽車製造合併	1972.4.1
川崎重工が初のLNG船受注	1973.5月
新型航空機開発活発化	1975(この年)
XJB計画に調印	1979.12.11
多用途ヘリコプターBK117	1979(この年)
石川島、川崎重がGEと共同開発	1995(この年)
小型機用エンジン開発	1996.4月
二輪車事業でスズキと川崎が提携	2001.8.29

川崎造船所
川崎造船所設立	1896.10.15
川崎造船所、飛行機科を設置	1918.7月
川崎造船所、サルムソン式2A2型機の国産化に着手	1919(この年)
川崎造船所、陸軍サルムソン偵察機の国産化第1号機を完成	1923(この年)
川崎造船所、「八七式重爆撃機」の試作機を完成	1926(この年)
川崎造船所、川崎重工業に改称	1939.12.1

川崎築地造船所
川崎築地造船所開設	1878.4月

川蒸気船
川蒸気船の運航開始	1877.6月
蒸気船の運行開始	1885.8.29

河添 克彦
三菱自工社長交代	1997.11.27

川田 龍吉
日本最初のオーナードライバー	1901(この年)

川中島自動車
各地でバス営業開始	1926(この年)

川西 清兵衛
日本飛行機製作所設立	1918(この年)

川西 富五郎
第2回内国勧業博覧会	1881.3月
初めての貸馬車屋	1897(この年)

川西機械製作所
川西機械製作所設立、飛行機部設置	1920.2月
川西航空機設立	1928.11.5

川西航空機
川西航空機設立	1928.11.5

川俣線
川俣線、宮原線	1943.9.1
川俣線	1972.5.14

川室 競
日本人がツール・ド・フランスに初出場	1926.6.20

関越高速バス
関越高速バスの開業	1985(この年)

関越自動車道建設法
高速道路整備計画	1963(この年)

岩越線
岩越線	1914.11.1

岩越鉄道
岩越鉄道開業	1898.7.26
岩越鉄道	1899.3.10
岩越鉄道	1899.7.15
岩越鉄道	1904.1.20
日本鉄道と岩越鉄道を国有化	1906.11.1

環境対応車普及促進税制
新グリーン税制(環境対応車普及促進税制)	2009.4.1

関西急行電鉄
関西急行電鉄	1938.6.26

関西空港線
関西空港線	1994.6.15

関西国際空港
関西国際空港の建設地が決定	1974.7.17

かんさい　　　　　　　　　　　事項名索引　　　　　　　　　　日本交通史事典

関西新空港の整備大綱決定　　　1985.12.5
大阪国際空港（伊丹空港）の存続が決
　定　　　　　　　　　　　　　1990.12月
関西国際空港乗り入れ交渉　　　1992（この年）
関西国際空港が開港　　　　　　1994.9.4
成田、関空、中部が民営化　　　2002.12月
関空が完全24時間化　　　　　　2007.8月
関西国際空港株式会社
　関西国際空港株式会社設立　　1984.10.1
関西国際空港ビルディング
　関西国際空港ビルディング設立　1966.7.15
関西線
　奈良線、関西線、和歌山線　　1984.9.30
関西鉄道
　関西鉄道開業　　　　　　　　1889.12.15
　関西鉄道　　　　　　　　　　1890.2.19
　関西鉄道　　　　　　　　　　1890.12.25
　関西鉄道　　　　　　　　　　1891.8.21
　関西鉄道　　　　　　　　　　1891.11.4
　関西鉄道　　　　　　　　　　1894.7.5
　関西鉄道　　　　　　　　　　1895.5.24
　関西鉄道　　　　　　　　　　1895.11.7
　関西鉄道　　　　　　　　　　1897.1.15
　関西鉄道が浪速鉄道と城河鉄道を吸
　　収合併　　　　　　　　　　1897.2.9
　関西鉄道　　　　　　　　　　1897.11.11
　客車に電灯が設置される　　　1898.1月
　京都―山田間で直通列車を運行　1898.4.1
　関西鉄道　　　　　　　　　　1898.4.12
　関西鉄道　　　　　　　　　　1898.4.19
　関西鉄道　　　　　　　　　　1898.6.4
　関西鉄道　　　　　　　　　　1898.9.16
　関西鉄道　　　　　　　　　　1898.11.8
　関西鉄道　　　　　　　　　　1898.11.18
　関西鉄道　　　　　　　　　　1898.11.18
　関西鉄道　　　　　　　　　　1899.5.21
　関西鉄道が大阪鉄道を吸収合併　1900.6.6
　関西鉄道　　　　　　　　　　1901.12.21
　関西鉄道　　　　　　　　　　1903.1.29
　関西鉄道　　　　　　　　　　1903.3.21
　関西鉄道　　　　　　　　　　1903.10.31
　関西鉄道が紀和鉄道を買収　　1904.7.21
　関西鉄道が南和鉄道を吸収合併　1904.12.9
　関西鉄道が奈良鉄道を吸収合併　1905.2.8
　関西鉄道、参宮鉄道を国有化　1907.10.1
関西鉄道局
　関西鉄道局設置　　　　　　　1870.8.26
関西本線
　関西本線　　　　　　　　　　1973.9.20

関西本線　　　　　　　　　　　1982.5.17
関森航路
　関森航路　　　　　　　　　　1911.10.1
　関森航路　　　　　　　　　　1919.8.1
　関森航路が廃止　　　　　　　1942.7.9
関東大震災
　関東大震災による鉄道被害　　1923.9.1
　関東大震災と自動車業界　　　1923.9.1
関東鉄道
　各地でバス営業開始　　　　　1965（この年）
関東鉄道常総線
　関東鉄道常総線でディーゼル列車暴
　　走、駅ビルに突入　　　　　1992.6.2
関東電気自動車製造
　関東電気自動車製造創立　　　1946.4月
岩徳線
　山陽本線、岩徳線　　　　　　1944.10.11
岩日線
　岩日線　　　　　　　　　　　1987.7.25
かんばん方式
　カンバン方式を導入　　　　　1954.7月
　トヨタ方式が裏目　　　　　　1997.2月
関釜航路
　関釜航路開業　　　　　　　　1935.9.11
　関釜連絡船「金剛丸」就航　　1936.11.16
　関釜連絡船「興安丸」就航　　1937.1.31
　関釜連絡船「天山丸」就航　　1942.9.27
　関釜連絡船「崑崙丸」就航　　1943.4.12
　関釜航路と博釜航路が事実上消滅　1945.6.20
関釜フェリー
　日本初の国際フェリー就航　　1970.6.19
関釜連絡船
　山陽線、東海道線および満鉄でダイ
　　ヤ改正　　　　　　　　　　1912.6.15
　関釜連絡船「高麗丸」「新麗丸」就航
　　　　　　　　　　　　　　　1913.1.31
　関釜連絡船「景福丸」就航　　1922.5.18
　関釜連絡船「徳寿丸」就航　　1922.11.12
　関釜連絡船「昌慶丸」就航　　1923.3.12
　関釜連絡船　　　　　　　　　1923.4.1
　関釜航路開業　　　　　　　　1935.9.11
　関釜連絡船「金剛丸」就航　　1936.11.16
　関釜連絡船「興安丸」就航　　1937.1.31
　関釜連絡船「天山丸」就航　　1942.9.27
　関釜連絡船「崑崙丸」就航　　1943.4.12
　関釜航路と博釜航路が事実上消滅　1945.6.20
関門航路
　関門航路開業　　　　　　　　1901.5.27
　関森航路が廃止　　　　　　　1942.7.9

- 422 -

関門連絡船が廃止	1964.10.31		日東航空、富士航空、北日本航空が	
関門鉄道トンネル			合併契約書に調印	1963.12.25
関門鉄道トンネルが開通	1942.7.1		**北見線**	
関門鉄道トンネルが複線化	1944.9.9		宗谷本線、北見線	1930.4.1
関門トンネル			**喫煙車**	
関門トンネルへのバス運行免許	1958.2.25		喫煙車が登場	1908.10.1
関門トンネル完成	1958.3月		**橘花**	
関門連絡船			国産ジェット攻撃機「橘花」が初飛行	
関門連絡船が廃止	1964.10.31		に成功	1945.8.7
			軌道条例	
			軌道条例	1890.8.25
【き】			**軌道法**	
			軌道法公布	1921.4.14
			きぬ	
機械遺産			デラックスロマンスカー登場	1960.10.9
「機械遺産」認定	2007.8.11		**鬼怒川**	
基幹バス			陸運会社による3河川の水運開発	1873.6月
基幹バス	1985.4.30		**キハ01形気動車**	
危険運転致死傷罪			キハ01形気動車	1954.8.26
危険運転致死傷罪	2001.11.28		**キハ80系**	
汽車製造			キハ80系気動車	1960.9.15
汽車製造合資会社設立	1896.9.7		**揮発油及重油販売取締規則**	
業界再編第一弾 川崎重工と汽車製造			揮発油及重油販売取締規則	1938.5.1
合併	1972.4.1		**揮発油税**	
木次線			暫定税率	1974.4月
木次線	1937.12.12		**木原線**	
紀勢西線			木原線	1988.3.24
紀勢西線	1932.11.8		**きぼう**	
紀勢西線	1933.12.20		修学旅行用電車「きぼう」「ひので」	
紀勢西線	1940.8.8			1959.4.20
紀勢東線			**木村 雄宗**	
紀勢東線	1934.12.19		自動車4社で社長交代	1996.6月
紀勢本線			三菱自工社長交代	1997.11.27
紀勢本線	1959.7.15		**キャセイ航空**	
北大阪電気鉄道			主翼から燃料漏れ	1990.3.24
北大阪電気鉄道が開業	1921.4.1		**キャブオーバーバス**	
Kitaca			最初のキャブオーバーバスが完成	
KitacaとSuicaの相互利用を開始	2009.3.14			1932(この年)
北九州高速鉄道小倉線			**キャプテンシステム**	
北九州高速鉄道小倉線	1985.1.9		「キャプテン」システム導入	1984.11.30
北九州鉄道			**キャブトン号**	
北九州鉄道	1926.10.15		キャブトン号	1927(この年)
北九州鉄道	1935.3.1		**キャメル号**	
北九州鉄道を国有化	1937.10.1		キャメル号	1988.5.17
北近畿タンゴ鉄道			**旧軽井沢駅舎記念館**	
宮津線	1990.4.1		旧軽井沢駅舎記念館開館	2000.4.1
北日本航空			**旧国鉄債務問題**	
北日本航空設立	1953.6.30		旧国鉄債務問題抜本的対策	1989.12月
			旧国鉄債務問題	1997.12.3

きゅうし

九州国際観光バス
　各地でバス営業開始　　　　1964(この年)
九州自動車道
　九州自動車道が全線開通　　　1995.7.27
九州新幹線
　整備新幹線与党案通りに　　　1996.12.24
　新幹線建設、4年ぶりに新規着工
　　　　　　　　　　　　　　2000(この年)
　九州新幹線の名称が「つばめ」と決
　　定　　　　　　　　　　　　2003.3.20
　九州新幹線開業　　　　　　　2004.3.13
九州鉄道
　九州鉄道開業　　　　　　　　1889.12.11
　九州鉄道　　　　　　　　　　1890.3.1
　九州鉄道　　　　　　　　　　1890.9.28
　九州鉄道　　　　　　　　　　1890.11.15
　九州鉄道　　　　　　　　　　1891.2.28
　九州鉄道　　　　　　　　　　1891.4.1
　九州鉄道　　　　　　　　　　1891.7.1
　九州鉄道　　　　　　　　　　1891.8.20
　九州鉄道　　　　　　　　　　1894.8.11
　九州鉄道　　　　　　　　　　1895.1.28
　九州鉄道　　　　　　　　　　1895.4.1
　九州鉄道　　　　　　　　　　1895.5.5
　九州鉄道　　　　　　　　　　1896.11.21
　九州鉄道　　　　　　　　　　1897.7.10
　九州鉄道と筑豊鉄道が合併　　1897.10.1
　九州鉄道　　　　　　　　　　1898.1.20
　九州鉄道　　　　　　　　　　1898.2.8
　九州鉄道　　　　　　　　　　1898.11.27
　九州鉄道と伊万里鉄道が合併　1898.12.28
　九州鉄道　　　　　　　　　　1899.3.25
　九州鉄道　　　　　　　　　　1899.12.25
　九州鉄道　　　　　　　　　　1901.12.9
　九州鉄道が唐津鉄道を吸収合併　1902.2.23
　九州鉄道　　　　　　　　　　1902.12.27
　九州鉄道　　　　　　　　　　1903.12.14
　九州鉄道　　　　　　　　　　1903.12.21
　九州鉄道　　　　　　　　　　1904.6.19
　九州鉄道　　　　　　　　　　1905.2.16
　九州鉄道　　　　　　　　　　1905.3.1
　九州鉄道　　　　　　　　　　1905.4.5
　九州鉄道と北海道鉄道を国有化　1907.7.1
　九州鉄道　　　　　　　　　　1924.4.12
　九州鉄道　　　　　　　　　　1939.7.1
九州電気鉄道
　各地でバス営業開始　　　　1929(この年)
旧新橋停車場
　旧新橋停車場を復元　　　　　2003.4.10

旧大社駅
　旧大社駅駅舎、重要文化財に　2004.4.16
久大線
　久大線　　　　　　　　　　　1934.11.15
京三号
　京三号トラックが完成　　　　1931.3月
協同国産自動車
　自動車工業株式会社と協同国産自動
　　車設立　　　　　　　　　1933(この年)
共同中牛馬会社仮本店
　共同中牛馬会社仮本店を開設　1886.5.21
京都駅
　京都駅火災で焼失　　　　　　1950.11.18
京都京福電鉄
　京福電車正面衝突　　　　　　1964.1.5
京都市営地下鉄
　京都市営地下鉄　　　　　　　1981.5.29
　京都市営地下鉄、近鉄京都線　1988.8.28
京都市営地下鉄東西線
　京都市交通局東西線　　　　　1997.10.12
　京都市営地下鉄東西線　　　　2008.1.16
京都市自動車営業組合
　京都市自動車営業組合設立　1919(この年)
京都市バス
　京都市バス開通記念披露　　　1928.5.9
京都停車場
　京都停車場営業開始　　　　　1877.2.6
京都鉄道
　京都鉄道開業　　　　　　　　1897.2.15
　京都鉄道　　　　　　　　　　1897.4.27
　京都鉄道　　　　　　　　　　1897.11.16
　京都鉄道　　　　　　　　　　1899.8.15
　京都鉄道、阪鶴鉄道、北越鉄道国有
　　化　　　　　　　　　　　　1907.8.1
京都電気鉄道
　京都電気鉄道開業　　　　　　1895.1.31
共立航空撮影
　共立航空撮影を設立　　　　　1972.2月
極東航空
　日本ヘリコプター輸送、極東航空、
　　国際航空に航空機使用事業免許　1952.9.21
　極東航空設立　　　　　　　　1952.12.26
　極東航空、日本ヘリコプター輸送に
　　不定期航空運送事業免許　　1953.5.29
　極東航空、日本ヘリコプター輸送に
　　定期航空運送事業免許　　　1953.10.15
　極東航空、大阪―岩国線を開設　1954.3.1
　極東航空、大阪―福岡―宮崎線定期
　　航空許可　　　　　　　　　1954.11.30

極東航空のハンドレページ・マラソ
　ン、一時運航停止　　　　　　1955.10.3
日本ヘリコプター輸送と極東航空、
　合併仮契約に調印　　　　　　1956.12.28
日本ヘリコプター輸送と極東航空、
　合併契約に調印　　　　　　　1957.10.30
全日本空輸設立　　　　　　　　1957.12.1
全日空、極東航空と合併　　　　1958.3.1
旭東自動車
　各地でバス営業開始　　　　　1919（この年）
玉南電気鉄道
　玉南電気鉄道が開業　　　　　1925.3.24
キヨスク
　キヨスク　　　　　　　　　　1973.8.1
紀和鉄道
　紀和鉄道開業　　　　　　　　1898.4.11
　紀和鉄道　　　　　　　　　　1898.5.4
　紀和鉄道　　　　　　　　　　1899.1.1
　紀和鉄道　　　　　　　　　　1900.8.24
　紀和鉄道　　　　　　　　　　1900.11.25
　紀和鉄道　　　　　　　　　　1903.3.21
　関西鉄道が紀和鉄道を買収　　1904.7.21
近畿日本鉄道
　近畿日本鉄道　　　　　　　　1944.6.1
　名阪特急の運転を開始　　　　1947.10.8
　近畿日本鉄道特急列車にシートラジ
　　オを導入　　　　　　　　　1957.12.26
　近畿日本鉄道にビスタカーが登場　1958.7.1
　近畿日本鉄道名古屋線の改軌工事完
　　了　　　　　　　　　　　　1959.11.27
　近畿日本鉄道名古屋―大阪上本町間
　　で特急電車の直通運転が開始　1959.12.12
　私鉄運賃値上げ　　　　　　　1960.4.10
近畿日本鉄道京都線
　京都市営地下鉄、近鉄京都線　1988.8.28
近畿日本鉄道けいはんな線
　近鉄けいはんな線開業　　　　2006.3.27
近畿日本鉄道中川短絡線
　名阪特急ノンストップ化　　　1961.3.29
近畿日本鉄道東大阪線
　近畿日本鉄道東大阪線　　　　1986.10.1
近距離航空研究会
　近距離航空研究会が発足　　　1964（この年）
近鉄大阪線列車衝突青山トンネル事故
　近鉄大阪線列車衝突青山トンネル事
　　故　　　　　　　　　　　　1971.10.25
近鉄奈良線花園駅追突事故
　近鉄奈良線花園駅、急行列車が先行
　　電車に追突　　　　　　　　1948.3.31

【く】

空港グランドサービス
　空港グランドサービス設立　　1957.3.1
空港整備特別会計
　空港整備特別会計設置　　　　1970（この年）
空港整備法
　空港整備法公布施行　　　　　1956.4.20
空港保安事業センター
　空港保安事業センターを認可　1978.3.17
空港用地強制収用代執行
　空港用地強制収用代執行　　　1971（この年）
釧路空港
　釧路空港供用開始　　　　　　1961（この年）
　釧路空港で小型機墜落　　　　1996.4.26
釧路空港ビル
　釧路空港ビルを設立　　　　　1972（この年）
釧路線
　釧路線　　　　　　　　　　　1905.10.21
釧路鉄道
　釧路鉄道　　　　　　　　　　1892.9.1
　釧路鉄道　　　　　　　　　　1896.8.1
釧路本線
　釧路本線　　　　　　　　　　1917.12.1
　釧路本線　　　　　　　　　　1921.8.5
国末第1号車
　国末第1号車が完成　　　　　1909.1月
国末第2号車
　国末第2号車が完成　　　　　1910.3月
熊本交通センター
　熊本交通センター　　　　　　1969.3.5
熊本飛行場
　熊本飛行場発足　　　　　　　1953.9.1
クライスラー
　米ビッグ3と提携 本格的な国際競争
　　時代へ突入　　　　　　　　1971.9.10
　三菱自、不平等条約を改定　　1981.9月
　三菱自動車 米国で自力販売　　1982.10月
クラウン
　名神高速道路で走行試験　　　1961.5月
　3代目クラウンを発売　　　　1967.9月
クラウン・エイト
　クラウン・エイトを発売　　　1964.4月
来島ドック
　函館ドック、来島ドックグループへ　1984.10月

クレスタ
　マークⅡ、チェイサー、クレスタがモ
　　デルチェンジ　　　　　　　　1984.8月
呉線
　呉線　　　　　　　　　　　　1903.12.27
　呉線　　　　　　　　　　　　1970.9.15
黒石線
　黒石線　　　　　　　　　　　1984.11.1
くろがね号
　くろがね号　　　　　　　　1937(この年)
黒潮号
　準急列車「黒潮号」が運行開始　1933.11.4
グロリア
　日産、セドリックとグロリアにター
　　ボチャージャーを搭載　　　　1979.10月
グロリアS40
　グロリアS40型を発売　　　　　1962.9月
群馬中央バス
　オートマチック車バスの試作　1968(この年)
軍用自動車
　軍用自動車の初採用　　　　　　1908.1月
軍用自動車調査委員会
　軍用自動車調査委員会を設置　　1921.6月
軍用自動車補助法
　軍用自動車補助法公布　　　　　1918.3.25

【け】

京王帝都鉄道相模原線
　京王帝都鉄道相模原線　　　　1974.10.18
京王帝都電鉄
　京王帝都電鉄　　　　　　　　1947.12.26
　京王帝都電鉄　　　　　　　　1963.10.1
京王帝都電鉄井の頭線
　京王帝都電鉄井の頭線　　　　1971.12.15
京王帝都電鉄京王線
　京王線新宿地下駅へ乗り入れ開始　1963.4月
京王帝都電鉄新線
　京王帝都電鉄新線　　　　　　1978.10.31
京王帝都バス
　京王帝都バスが深夜バスを運行
　　　　　　　　　　　　　　1980(この年)
京王電気軌道
　京王電気軌道会社が乗合自動車事業
　　を始める　　　　　　　　　1912.12.17
　京王電気軌道が開業　　　　　1913.4.15
　京王電気軌道が電車連絡用乗合バス
　　開業　　　　　　　　　　　1913.4.15
　京王電気軌道の乗合自動車が休止　1914.2月
　京王電気軌道　　　　　　　　1916.10.31
　京王電気軌道　　　　　　　　1926.12.1
　京王電気軌道　　　　　　　　1927.6.1
頚城鉄道
　各地でバス営業開始　　　　1929(この年)
京仁鉄道
　京仁鉄道全線　　　　　　　　1900.7.8
京成上野駅
　京成上野駅改良工事終了　　　1975.12.21
京成スカイライナー
　京成スカイライナー　　　　　1973.12.30
　京成上野駅改良工事終了　　　1975.12.21
　スカイライナー　　　　　　　1978.5.21
京成電気軌道
　京成電気軌道が開業　　　　　1912.11.3
　京成電気軌道　　　　　　　　1916.12.18
　京成電気軌道　　　　　　　　1921.7.17
　京成電気軌道　　　　　　　　1926.12.24
　各地でバス営業開始　　　　1930(この年)
　京成電軌が隅田乗合バスを買収　1932.7月
　京成電鉄　　　　　　　　　　1945.6.25
京成電鉄
　京成電鉄　　　　　　　　　　1945.6.25
　京成電鉄　　　　　　　　　　1952.5.1
　京成電鉄全線の改軌工事完了　　1959.12.1
　京成電鉄の経営悪化　　　　1977(この年)
　京成電鉄　　　　　　　　　　1991.3.19
京成電鉄京成八幡駅踏切事故
　踏切警手の怠慢で事故　　　　1970.1.20
京阪宇治交通
　京阪バスが京阪宇治交通と京阪宇治
　　交通田辺を吸収合併　　　　　2006.4.1
京阪宇治交通田辺
　京阪バスが京阪宇治交通と京阪宇治
　　交通田辺を吸収合併　　　　　2006.4.1
京阪鴨東線
　京阪鴨東線開業　　　　　　　1989.10.5
京阪神急行電鉄
　京阪神急行電鉄が発足　　　　1943.10.1
　京阪神急行電鉄　　　　　　　1963.6.17
京阪電気鉄道
　京阪電気鉄道が開業　　　　　1910.4.15
　京阪電気鉄道　　　　　　　　1925.5.5
　京阪電気鉄道　　　　　　　　1931.3.31
　京阪電気鉄道　　　　　　　　1950.9.1
京阪中之島線
　京阪中之島線　　　　　　　　2008.10.19

京阪バス
　京阪バスが京阪宇治交通と京阪宇治
　交通田辺を吸収合併　　　　　2006.4.1
芸備鉄道
　芸備鉄道を国有化　　　　　　1933.6.1
　芸備鉄道を国有化　　　　　　1937.7.1
京浜急行車両火災
　京浜急行車両火災　　　　　　1950.6.22
京浜急行電鉄
　京浜急行電鉄　　　　　　　　1948.6.1
　羽田空港へのバス便開設　1955（この年）
　京浜急行電鉄　　　　　　　　1968.6.21
　ノクターン号　　　　　　　　1986.12.26
京浜急行電鉄空港線
　京浜急行電鉄空港線　　　　　1998.11.18
軽便鉄道法
　軽便鉄道法　　　　　　　　　1910.4.21
京浜電気鉄道
　京浜電気鉄道が開業　　　　　1901.2.1
　京浜電気鉄道　　　　　　　　1905.12.24
　日本初の有料道路　　　　　　1931.7.4
　湘南電気鉄道、京浜電気鉄道　1931.12.26
　東京急行電鉄　　　　　　　　1942.5.1
　京浜電気鉄道　　　　　　　　1963.4.16
　京浜電気鉄道特急に3000系車両導入　1971.7.1
京浜乗合自動車
　自動車会社の合併　　　　　　1929.7.30
軽便枕
　軽便枕　　　　　　　　　　　1920.8.15
　軽便枕営業を廃止　　　　　　1926.8.14
　軽便枕営業が復活　　　　　　1929.9.25
　軽便枕営業廃止　　　　　　　1934.3.31
京福電鉄越前本線
　越前線、正面衝突事故で廃止届け　2001.6.24
景福丸
　関釜連絡船「景福丸」就航　　1922.5.18
京釜鉄道
　京釜鉄道が全線開通　　　　　1905.1.1
軽油引取税法
　軽油引取税法の成立　　　　　1956.4.23
京葉高速線
　京葉高速線も注入不足　　　　1990.4.16
京葉線
　京葉線、山陰本線　　　　　　1990.3.10
けごん
　デラックスロマンスカー登場　1960.10.9
気仙沼線
　気仙沼線　　　　　　　　　　1977.12.11

決戦ダイヤ
　「決戦ダイヤ」実施　　　　　1943.10.1
決戦非常措置要綱
　「決戦非常措置要綱」実施　　1944.4.1
懸賞郵便大会
　第1回懸賞郵便大会　　　　　1919.10月
原動機取締規則
　原動機取締規則　　　　　　　1920.8.26

【こ】

興安丸
　関釜連絡船「興安丸」就航　　1937.1.31
公害対策基本法
　公害対策基本法公布施行　　　1967.8.3
航空宇宙技術研究所
　航空技術研究所、航空宇宙技術研究
　所に改称　　　　　　　　　　1963.4.1
航空会館
　航空会館が竣工　　　　　　　1978.11.20
航空科学博物館
　航空科学博物館　　　　　　　1989.8.1
航空議員懇談会
　航空議員懇談会設立　　　　　1962.3.8
航空機工業審議会
　航空機工業審議会を設置　　　1958.5月
航空機工業振興法
　航空機工業振興法公布　　　　1958.5.10
航空技術研究所
　航空技術研究所設立決定　1954（この年）
　航空技術研究所開設　　　　　1955.7.11
　航空技術研究所、科学技術庁の附属
　機関に　　　　　　　　　　　1956.5.19
　航空技術研究所、遷音速風洞完成　1960.10.10
　航空技術研究所、超音速風速洞完成　1961.7.28
　航空技術研究所、航空宇宙技術研究
　所に改称　　　　　　　　　　1963.4.1
航空技術審議会
　航空技術審議会設置　　　　　1954.7月
　航空技術審議会、科学技術庁の附属
　機関に　　　　　　　　　　　1956.7.1
航空機製造事業法
　航空機製造事業法廃止　　　　1945.12.21
航空機製造法
　航空機製造法公布施行　　　　1952.7.16
航空機騒音防止法
　航空機騒音防止法公布　　　　1967.8.1

航空機騒音防止法適用第1号	1967.12.27	航空法	
航空機ハイジャックに関する声明		航空法制定公布	1921.4.9
航空機ハイジャックに関する声明	1978.7.17	航空法公布施行	1952.7.15
航空局		改正航空法の施行で新運賃設定	2000.2.1
航空局、逓信省の内局に	1924.11.25	改正航空法施行	2004.1.15
航空局、運輸通信省の内局に	1943.11.1	航空無線電信局	
航空局官制		箱根、福岡、亀山に航空無線電信局	
航空局官制公布	1920.7.31	開設	1929.5.9
航空憲法		航空輸送技術研究センター	
航空憲法廃止	1985.12.17	航空輸送技術研究センター	1989.9.20
航空公害防止協会		航空輸送部会	
航空公害防止協会を設立	1968.8月	航空輸送部会を設置	1969.5月
航空交渉		甲号自動貨車	
航空交渉	1969.9月	甲号自動貨車が完成	1911.5月
航空交渉暫定合意	1985.4.30	甲州街道乗合自動車	
航空交通管制本部		甲州街道乗合自動車が創立	1928(この年)
航空交通管制本部、新庁舎に移転	1963.5.15	高速機関工業	
航空再編成交渉		高速機関工業に改組	1936.4月
航空再編成交渉	1969(この年)	高速自動車国道法	
航空事故調査委員会設置法		高速自動車国道法公布	1957.4.25
航空事故調査委員会設置法	1973.10月	高速自動車国道法などを公布	1957.4月
航空シャトル便		高速バス全焼事故	
新幹線に対抗する航空シャトル便	2000.7.1	高速バス全焼事故	2009.3.16
航空審議会		高知線	
航空審議会設置	1952.8.1	高知線	1924.11.15
航空審議会、「航空保安体制を整備す		高知龍馬空港	
るため早急にとるべき具体的方策」		高知龍馬空港	2003.11.15
について答申	1966.10.7	交通基本問題調査会	
航空振興財団		交通基本問題調査会	1962.5.30
航空振興財団設立	1967.6.1	交通博物館	
航空政策研究会		交通博物館	1948.9.1
航空政策研究会発足、「航空機乗員養		交通博物館が閉館	2006.5.14
成への提言」を発表	1966.6.23	交通反則通告制度	
航空政策への提言		交通反則通告制度	1968.7.1
総合政策研究会、「航空政策への提		交通文化博物館	
言」を発表	1963.11.18	交通文化博物館開館	1946.1.25
航空大学校		高徳本線	
航空大学校設立	1954.7.1	高徳本線、阿波線	1935.3.20
航空大学校開校	1954.10.1	高度道路交通システム(ITS)	
航空庁		次世代道路交通システム	1996.7.8
航空保安庁、航空庁に改称	1950.12.12	弘南鉄道	
航空・電子等技術審議会		弘南鉄道	1998.4.1
航空・電子等技術審議会設置	1978.5月	弘南バス	
航空取締規則		ノクターン号	1986.12.26
航空取締規則公布	1921.4.8	興浜南線	
航空保安庁		興浜南線	1985.7.15
航空保安庁設置	1949.6.1	興浜北線	
航空保安庁、航空庁に改称	1950.12.12	大畑線、岩内線、興浜北線	1985.7.1

日本交通史事典　　　事項名索引　　　こくてつ

工部省
　工部省が新設される　　　　　　1870.11.13
　工部省鉄道局設置　　　　　　　1877.1.11
　工部省廃止　　　　　　　　　　1885.12.22
甲武鉄道
　甲武鉄道開業　　　　　　　　　1889.4.11
　甲武鉄道　　　　　　　　　　　1889.8.11
　甲武鉄道市街線開業　　　　　　1894.10.9
　甲武鉄道市街線　　　　　　　　1895.4.3
　甲武鉄道市街線　　　　　　　　1895.12.30
　甲武鉄道が電車運行開始　　　　1904.8.21
　甲武鉄道飯田町―御茶ノ水間で電車
　　運転開始　　　　　　　　　　1904.12.31
　北海道炭礦鉄道と甲武鉄道を国有化 1906.10.1
神戸有馬電気鉄道
　神戸有馬電気鉄道が開業　　　　1928.11.28
神戸駅バスターミナル
　神戸駅バスターミナル　　　　　1974(この年)
神戸空港
　神戸空港開港　　　　　　　　　2006.2.16
神戸高速鉄道
　神戸高速鉄道開業　　　　　　　1968.4.7
神戸市地下鉄
　神戸市地下鉄　　　　　　　　　1977.3.13
神戸新交通ポートアイランド線
　神戸新交通ポートアイランド線　1981.2.5
神戸新交通六甲アイランド線
　神戸新交通六甲アイランド線　　1990.2.21
神戸電鉄
　各地でバス営業開始　　　　　　1928(この年)
神戸姫路電気鉄道
　神戸姫路電気鉄道が開業　　　　1923.8.19
神戸フェリーバス
　各地でバス営業開始　　　　　　1973(この年)
高野山電気鉄道
　高野山電気鉄道が開業　　　　　1928.6.18
高麗丸
　関釜連絡船「高麗丸」「新麗丸」就航
　　　　　　　　　　　　　　　　1913.1.31
高齢運転者標識
　高齢運転者標識(もみじマーク)　1997.10.30
国際空港会議
　京都で世界初の国際空港会議開催 1970.5.11
国際興業
　初の女性バスドライバー　　　　1992.2月
国際航空
　国際航空設立　　　　　　　　　1937.5.20

国際航空のハインケルHe-116型2機、
　ベルリン―東京間南方コースで飛
　行時間新記録　　　　　　　　　1938.4.23-29
国際航空の主権、日本側に返還　　1952.4.28
日本ヘリコプター輸送、極東航空、
　国際航空に航空機使用事業免許　1952.9.21
国際航空宇宙ショー
　国際航空宇宙ショーが開幕　　　1976.10.16
国際船舶制度
　国際船舶制度　　　　　　　　　1996(この年)
国鉄
　国産ガソリン車が初めて国鉄に登場 1930.2.1
　大島連絡船が国鉄に移管される　1946.4.25
　国鉄ダイヤ改正　　　　　　　　1949.9.15
　国鉄最初の「民衆駅」　　　　　1950.3.14
　国鉄地方組織改正　　　　　　　1950.8.1
　国鉄貨物輸送実績　　　　　　　1952.3月
　国鉄輸送施設統計　　　　　　　1952.3月
　国鉄旅客輸送実績　　　　　　　1952.3月
　国鉄輸送実績　　　　　　　　　1953.3月
　国鉄予算と経営調査会設置　　　1955(この年)
　国鉄経営調査会答申案提出　　　1956.1.12
　国鉄理事会、監査委員会発足　　1956.6.25
　国鉄からの輸送力転換を通達　　1956.10月
　国鉄ストで処分　　　　　　　　1957.3月
　国鉄運賃値上げ実施　　　　　　1957.4.1
　国鉄鉄道技術研究所が新幹線構想を
　　発表　　　　　　　　　　　　1957.5.30
　国鉄自動車局、中・長距離路線へ進
　　出　　　　　　　　　　　　　1957.8.19
　国鉄5カ年計画　　　　　　　　1957(この年)
　国鉄が貨物配車減　　　　　　　1958.5月
　国鉄ダイヤ改正(サンサントオ)　1958.10.1
　国鉄輸送成績過去最高　　　　　1959(この年)
　国鉄運賃制度改正　　　　　　　1960.6.1
　国鉄ダイヤ改正　　　　　　　　1960.6.1
　国鉄輸送記録更新　　　　　　　1960(この年)
　国鉄運賃制度改正　　　　　　　1961.4.6
　国鉄の電化進む　　　　　　　　1961.6.1
　国鉄ダイヤ大改正(通称「サンロクト
　　オ」)　　　　　　　　　　　　1961.10.1
　国鉄の電化状況　　　　　　　　1961(この年)
　国鉄輸送成績過去最高を更新　　1961(この年)
　国鉄ダイヤ改正　　　　　　　　1962.6.10
　国鉄ダイヤ改正　　　　　　　　1962.10.1
　国鉄の第2次5カ年計画　　　　1962(この年)
　国鉄ダイヤ改正　　　　　　　　1963.4.20
　国鉄ダイヤ改正　　　　　　　　1963.6.1
　国鉄ダイヤ改正　　　　　　　　1963.10.1

国鉄基本問題調査会発足	1964.5.7	国鉄外房線で死傷事故	1984.3.30
国鉄第3次長期計画	1964.5.28	国鉄改善計画変更	1984.5.17
国鉄103系電車	1964.5月	国鉄再建委員会発足	1984.6月
国鉄ダイヤ改正	1964.10.1	国鉄改革に関する意見	1984.7.26
国鉄の電化・複線化事業	1964(この年)	国鉄監査報告	1984.8月
みどりの窓口	1965.9.24	国鉄ダイヤ大改正	1985.3.14
国鉄ダイヤ大改正	1965.10.1	国鉄運賃値上げ	1985.4.20
国鉄第3次長期計画	1965(この年)	厳しい国鉄行政監察	1985.6.20
在来線における国鉄の技術革新		国鉄再建案最終答申	1985.7.26
	1965(この年)	カートレイン登場	1985.7.27
新幹線における国鉄の技術革新		国鉄再建への提言	1985.8.27
	1965(この年)	同時ゲリラ 国鉄全面マヒ	1985.11.29
国鉄運賃値上げ	1966.3.5	国鉄職員の汚職	1985(この年)
オート・エクスプレス	1967.10.14	国鉄大卒職員採用再開	1985(この年)
国鉄概況	1967(この年)	シュプール号	1986.1.9
国鉄旅客輸送数	1967(この年)	MOTOトレイン	1986.7.28
シルバー周遊乗車券を発売	1968.10.1	国鉄最後の値上げ	1986.9.1
国鉄ダイヤ白紙改正(ヨンサントオ)		国鉄最後のダイヤ大改正	1986.11.1
	1968.10.1	国有鉄道の歴史に幕	1986.11.28
国鉄再建に10年計画	1969.11月	JR発足	1987.4.1
国鉄概況	1969(この年)	旧国鉄職員の再就職状況	1990.4.1
国鉄財政再建10カ年計画	1970.2.16	旧国鉄用地売却不調	1992.11.16
国鉄ダイヤ改正	1970.3.1	**国鉄運賃改正法**	
国鉄「ディスカバー・ジャパン」キャ		国鉄運賃改正法廃案	1972.6.16
ンペーンを開始	1970.10.1	**国鉄改革関連8法案**	
国鉄再建案に労使対立	1970(この年)	国有鉄道の歴史に幕	1986.11.28
国鉄予算	1970(この年)	**国鉄再建監理委員会**	
国鉄酒飲み運転で衝突事故	1971.2.11	国鉄再建監理委員会	1983.5月
国鉄103系電車	1971.4.20	**国鉄再建法**	
国鉄、抜本的な改善必要	1971.12.17	国鉄再建法成立	1980.11月
山陽新幹線新大阪―岡山間開業、国		**国鉄債務処理法案**	
鉄ダイヤ改正	1972.3.15	国鉄債務処理法案可決	1998.10.15
国鉄運賃値上げ延期	1973.12月	**国鉄新宿駅南口火災**	
国鉄最後の蒸気機関車	1975.12月	国鉄新宿駅南口火災	1961.12.7
国鉄 新再建計画スタート	1975(この年)	**国鉄バス**	
国鉄の蒸気機関車が運転を終了	1976.3.2	国鉄バスが転落	1954.10.7
国鉄大幅値上げ	1976.11.6	国鉄バスが日本乗合自動車協会に入	
国鉄再建、方針決定	1977.12月	会	1954.11.14
利用者の国鉄離れ	1977(この年)	国鉄バス1万キロメートル突破	1955.11月
国鉄ダイヤ改正(ゴーサントオ)	1978.10.2	高速バス第1号	1961.3月
国鉄、退職金で赤字増加	1978(この年)	国鉄バスのワンマン運転開始	1961(この年)
国鉄運賃値上げ	1979.5月	マイクロワンマンバス	1962(この年)
国鉄再建策	1979.12月	フリー乗降サービス	1979.11月
国鉄ダイヤ大改正	1980.10.1	国鉄バスが民営化	1987.4.1
国鉄、1兆円超の大赤字	1980(この年)	**国鉄八高線多摩川鉄橋列車衝突事故**	
国鉄4年連続の値上げ	1981.4.20	国鉄八高線多摩川鉄橋で列車正面衝	
国鉄民営化構想	1982.7月	突	1945.8.24
首相に国鉄再建緊急提言	1983.8月	**国鉄労働組合**	
国鉄ダイヤ改正	1984.2.1	国労の分裂	1986(この年)

こん

国電車両火災
　国電車両火災　　　　　　　　1950.4.24
国土縦貫自動車道
　国土縦貫自動車道整備計画　　　1966.7.25
国都線
　国都線　　　　　　　　　　　　1932.12.6
国内旅客船公団
　国内旅客船公団発足　　　　　　1959.6月
　国内旅客船公団の活動　　　1960(この年)
　国内旅客船公団の業務状況　1961(この年)
国民生活安定緊急措置法
　国民生活安定緊急措置法・石油需給
　　適正化法　　　　　　　　　　1973.12.22
小倉鉄道
　小倉鉄道を国有化　　　　　　　1943.4.26
ゴーサントオ
　国鉄ダイヤ改正(ゴーサントオ)　1978.10.2
越川橋梁
　越川橋梁を登録有形文化財に指定
　　　　　　　　　　　　　　1998(この年)
小柴　大次郎
　帝国乗合自動車興業の設立　　　1917.2.24
湖西線
　湖西線　　　　　　　　　　　　1974.7.20
護送自動車
　護送自動車の使用開始　　　　　1916.3.31
五代　友厚
　馬車鉄道敷設の申請　　　　　　1880.2.26
こだま
　特急「こだま」落成　　　　　　1958.9.17
　特急「こだま」の運行を開始　　1958.11.1
　「こだま」形電車高速度運転試験　1959.7.27
　特急「こだま」に列車公衆電話を設
　　置　　　　　　　　　　　　　1960.8.20
　東海道新幹線の名称が決定　　　1964.7.7
　東海道新幹線スピードアップ　　1965.11.1
児玉　源太郎
　満洲経営委員会発足　　　　　　1906.1月
　南満洲鉄道設立委員の任命　　　1906.7.13
東風
　「初風」「東風」が訪欧飛行に出発　1925.7.25
国華号
　国華号　　　　　　　　　　1916(この年)
御殿場線
　御殿場線　　　　　　　　　　　1968.4.27
　御殿場線　　　　　　　　　　　1968.7.1
後藤　新平
　三大臣命令書　　　　　　　　　1906.8.1

後藤　敬義
　ダットソンが完成　　　　　　　1930.10月
琴平参宮電鉄
　琴平参宮電鉄が開業　　　　　　1922.10月
　琴平参宮電鉄　　　　　　　　　1923.8.4
小荷物運送規則
　小荷物運送規則制定　　　　　　1874.11.17
五能線
　五能線　　　　　　　　　　　　1936.7.30
小牧飛行場
　小牧飛行場開場　　　　　　1944(この年)
　小牧飛行場全面返還　　　　　　1958.9.15
こまち
　秋田新幹線の愛称を「こまち」に決
　　定　　　　　　　　　　　　　1996.7.30
　秋田新幹線開業　　　　　　　　1997.3.22
小松島線
　小松島線　　　　　　　　　　　1985.3.14
小湊鉄道
　各地でバス営業開始　　　　1931(この年)
コミューター航空
　コミューター運航スタート　　　1987.4月
コムトラックシステム
　コムトラックシステムの導入開始　1972.3.15
小村　寿太郎
　満洲に関する日清条約　　　　　1905.12.22
コルサ
　トヨタがターセル、コルサを発売　1978.8月
コルトギャラン
　コルトギャランを発売　　　　　1969.12月
ゴールド免許
　ゴールド免許　　　　　　　　　1994.5.10
コールモビルシステム方式
　コールモビルシステム方式の開始　1975.5.10
コレダ号
　コレダ号を発売　　　　　　　　1954.5月
コロナ
　名神高速道路で走行試験　　　　1961.5月
コロナPT20
　コロナPT20型を発売　　　　　　1960.4月
コロナ・マークIIRT60
　コロナ・マークIIRT60型を発売　1968.9月
ゴーン,カルロス
　日産、社長交代　　　　　　　　2000.3.16
　カルロス・ゴーンが日産とルノーの
　　CEOを兼任　　　　　　　　　　2005.5月
　日産再建プロセスが完了　　　　2005.10月
　トップ交代相次ぐ　　　　　2005(この年)

- 431 -

金剛丸
関釜連絡船「金剛丸」就航　1936.11.16
コンコルド
コンコルドが来日　1972.6.12
日航、コンコルド発注取消し?　1973（この年）
コンコルドの後継機開発　1998（この年）
コンコルド後継機共同開発　2005.6月
コンテッサ900
コンテッサ900を発売　1961.4月
コンパーノ・ベルリーナ800
コンパーノ・ベルリーナ800を発売　1964.2月
コンベア240
日本国内航空のコンベア240就航開始　1964.6.1
南西航空設立　1967.6.20
コンベア880
日航、国内線ジェット機初就航　1961.9.25
日航のコンベア880、東京—福岡線に就航開始　1961.10.25
日航のコンベアCV-880、大阪国際空港に就航開始　1964.6月
日航のコンベア880、東京—大阪—福岡線に就航　1964.10.1
権兵衛峠道路
権兵衛峠道路が開通　2005.2.4
崑崙丸
関釜連絡船「崑崙丸」就航　1943.4.12
崑崙丸が撃沈される　1943.10.5

【さ】

西園寺 公望
満洲経営委員会発足　1906.1月
埼京線
埼京線に女性専用車両　2005.4.4
埼玉新都市交通
埼玉新都市交通　1983.12.22
西肥自動車
西肥自動車バス営業開始　1920（この年）
堺水上飛行学校
堺水上飛行学校開校　1935（この年）
佐賀線
佐賀線　1935.5.25
佐賀線　1987.3.28
酒田線
酒田線　1914.9.20
酒田線　1914.12.24

嵯峨野観光鉄道
嵯峨野観光鉄道　1991.4.27
嵯峨野観光鉄道　1992.4.27
相模湖事故
相模湖事故　1954.10.8
相模線
相模線　1991.3.16
相模鉄道
相模鉄道、中国鉄道、飯山鉄道を国有化　1944.6.1
佐久鉄道
佐久鉄道　1919.3.11
佐久鉄道を国有化　1934.9.1
作備線
作備線　1930.12.11
さくら
特急「平和」、「さくら」に改称　1959.7.20
特急「さくら」追突　1961.12.29
櫻
特急列車に愛称　1929.9.15
トレインマーク制定　1929.11.7
桜木町事故
京浜東北線桜木町駅で電車炎上　1951.4.24
桜号
帝国飛行協会、太平洋横断飛行計画を発表　1927.6.23
篠栗線
篠栗線　1968.5.25
篠山線
篠山線　1972.3.1
佐世保重工業
佐世保重工業の再建　1978.6月
佐世保線
長崎本線、佐世保線　1976.6.6
佐世保鉄道
佐世保鉄道を国有化　1936.10.1
さちかぜ
初の寝台専用列車　1957.10.1
札沼線
札沼線　1935.10.3
札幌オリンピック
特急「オリンピア」　1972.1.28
札幌航空交通管制所
札幌航空交通管制所開所　1963.10.30
札幌航空交通管制所、運用開始　1965.8.8
札幌市営地下鉄
札幌市交通局地下鉄　1971.12.16
札幌市営地下鉄東西線
札幌市営地下鉄東西線　1982.3.21

札幌市営地下鉄東西線	1999.2.25	三共内燃機	
札幌市営地下鉄南北線		陸王	1935(この年)
札幌市営地下鉄南北線	1978.3.16	参宮急行電鉄	
サニー		大阪電気軌道、参宮急行電鉄	1930.12.20
サニーのFF車が発売される	1981.10月	参宮線	
讃岐線		参宮線	1911.7.21
讃岐線	1916.4.1	参宮鉄道	
讃岐線	1917.9.16	参宮鉄道開業	1893.12.31
讃岐線	1921.6.21	参宮鉄道	1897.11.11
讃岐鉄道		京都―山田間で直通列車を運行	1898.4.1
讃岐鉄道	1889.5.23	関西鉄道、参宮鉄道を国有化	1907.10.1
讃岐鉄道	1897.2.21	三元車	
山陽鉄道が讃岐鉄道を吸収合併	1904.12.1	三元車	1881.10月
讃岐丸		三光汽船	
宇高連絡船「讃岐丸」就航	1961.4.25	三光汽船が倒産	1985.8.13
宇高連絡船「讃岐丸」就航	1974.7.20	三航空交通管制部制	
サバンナRX-7		3航空交通管制部制発足	1966.5.20
東洋工業がサバンナRX-7を発売	1978.3月	三光工業	
サルムソン2A2		三光工業が「ジェット号」を試作	
川崎造船所、サルムソン式2A2型機			1952(この年)
の国産化に着手	1919(この年)	三呉線	
陸軍、サルムソン式2A2型機を制式		三呉線	1935.11.24
採用	1919(この年)	サンサントオ	
川崎造船所、陸軍サルムソン偵察機		国鉄ダイヤ改正(サンサントオ)	1958.10.1
の国産化第1号機を完成	1923(この年)	三信鉄道	
山陰・山陽連絡線		三信鉄道	1937.8.20
山陰・山陽連絡線	1902.11.1	豊川鉄道、鳳来寺鉄道、三信鉄道、伊	
山陰・山陽連絡線	1903.8.28	那電気鉄道、北海道鉄道を国有化	1943.7.26
山陰・山陽連絡線	1903.12.20	三大臣命令書	
山陰・山陽連絡線	1904.3.15	三大臣命令書	1906.8.1
山陰・山陽連絡線	1905.5.15	山陽汽船	
山陰西線		山陽汽船	1898.9.1
山陰西線	1907.4.28	山陽汽船	1903.3.18
山陰西線	1908.4.5	山陽汽船が宮島航路を継承	1903.5.8
山陰西線	1908.10.8	山陽新幹線	
山陰西線	1910.10.10	山陽新幹線着工決定	1966(この年)
山陰東線		山陽新幹線着工	1967.3月
山陰東線	1909.7.10	山陽新幹線試作車	1968.5月
山陰東線	1909.9.5	電車試作テスト	1969(この年)
山陰本線		山陽新幹線1972年3月開業	1971.8.30
山陰本線	1912.3.1	コムトラックシステムの導入開始	1972.3.15
山陰本線	1923.12.26	山陽新幹線新大阪―岡山間開業、国	
山陰本線	1933.2.24	鉄ダイヤ改正	1972.3.15
京葉線、山陰本線	1990.3.10	新幹線「ひかり」で食堂車の営業を	
山陰本線	1995.4.20	開始	1974.9.5
産業セメント鉄道		山陽新幹線開業	1975.3.10
産業セメント鉄道、鶴見臨港鉄道を		新幹線の架線破損	1989.1.16
国有化	1943.6.28	新幹線のトンネルで壁落下	1999.6.27

山陽線
山陽線、東海道線および満鉄でダイヤ改正	1912.6.15
置き石で列車転覆	1960.8.18

山陽鉄道
山陽鉄道設立	1888.1.9
山陽鉄道	1888.11.1
山陽鉄道	1888.12.23
山陽鉄道	1889.9.1
山陽鉄道	1889.11.11
山陽鉄道	1890.7.10
山陽鉄道	1890.12.1
山陽鉄道	1891.3.18
山陽鉄道	1891.4.25
山陽鉄道	1891.7.14
山陽鉄道	1891.9.11
山陽鉄道	1891.11.3
山陽鉄道	1892.7.20
山陽鉄道	1893.12.3
山陽鉄道	1894.6.10
山陽鉄道	1894.10.10
山陽鉄道	1897.5.1
山陽鉄道	1897.9.25
山陽鉄道	1898.3.17
山陽鉄道	1899.5.25
日本初の寝台車	1900.4.8
山陽鉄道	1900.12.3
山陽鉄道	1901.5.27
山陽鉄道に2等寝台車が登場	1903.5.1
山陽鉄道が播但鉄道を吸収合併	1903.6.1
東海道線と山陽鉄道が戦時ダイヤに移行	1904.2.14
東海道線と山陽鉄道が普通ダイヤに移行	1904.7.26
山陽鉄道が讃岐鉄道を吸収合併	1904.12.1
山陽鉄道	1905.9.13
山陽鉄道	1906.4.1
西成鉄道と山陽鉄道を国有化	1906.12.1

山陽電気軌道
各地でバス営業開始	1930(この年)

山陽電鉄衝突事故
山陽電鉄衝突事故	1968.11.23

山陽本線
山陽本線	1925.8.30
山陽本線で特急列車が脱線・転覆	1926.9.23
山陽本線	1934.12.1
山陽本線、岩徳線	1944.10.11
山陽本線	1964.7.25
山陽本線	2001.7.1

讃予線
讃予線	1924.2.11
讃予線	1927.4.3
讃予線	1929.4.28

サンライト号
サンライト号	1993.8.1

サンロクトオ
国鉄ダイヤ大改正(通称「サンロクトオ」)	1961.10.1

【し】

紫雲丸
宇高連絡船「紫雲丸」就航	1947.7.6

紫雲丸事件
紫雲丸事件	1955.5.11

JR
JR発足	1987.4.1
JRダイヤ大改正	1988.4.10
JRグループダイヤ大改正	1989.3.11
JR相次ぐ「うっかりミス」	1989.10.24
JR輸送人キロ、国鉄抜く	1989(この年)
JR東日本が自動改札機を導入	1990.4.21
JR福知山線踏切で大型トラックが立往生、電車衝突	1991.6.25
JR株売却延期	1991.11月
寝台特急が脱線	1992.4.8
JR株上場見送り	1992.8.25
分割・民営化効果	1992(この年)
JRグループダイヤ大改正	1993.3.18
JR運賃改定議論本格化	1993(この年)
JR貨物、希望退職募る	1994.11.18
JR94年度決算	1995.3.31
JR3社初の運賃値上げ	1995.10.24
JR輸送人員減少	1995(この年)
JR貨物の活性化対策	1996.10.11
JRグループダイヤ大改正	1997.3.22
「周遊きっぷ」が発売される	1998.4.1
JR貨物高松貨物ターミナル開業	2000.8.16
改正JR会社法でJRが民営化	2001.12.1
JR4社の連結決算	2001(この年)
JRダイヤ改正	2004.3.13
JR各社の決算	2005(この年)
JR上場3社3月期連結決算	2006(この年)
台風18号の影響で首都圏のJR全面運休	2009.10.8

JR会社法
改正JR会社法でJRが民営化　2001.12.1
JR東海
JR東海株が上場　1997.10.8
JR東日本と東海が好調　2001(この年)
政府、新幹線民営化にともなう配慮
　2001(この年)
JR西日本
JR西日本株上場見送り　1994.11.15
JR西日本ダイヤ改正　1997.3.8
JR東日本と東海が好調　2001(この年)
JR西日本不祥事続出　2005.4月
JR東日本
JR東日本株、上場　1993.10.26
JR東日本新本社ビル　1997.9.17
JR東日本株の2次売却条件　1999.7月
JR東日本「Suica」のサービス開始
　2001.11.18
JR東日本と東海が好調　2001(この年)
東日本、名実ともに完全民営化　2002(この年)
JR福知山線脱線事故
JR福知山線脱線事故　2005.4.25
ATS-P設置へ　2005.5月
JR北海道
北海道ちほく高原鉄道、JR北海道　1991.11.1
ジェット機騒音料
ジェット機騒音料徴収　1975.9.1
ジェット号
三光工業が「ジェット号」を試作
　1952(この年)
ジェミニ
いすゞ自動車がジェミニを発表　1974.10月
志賀 俊之
トップ交代相次ぐ　2005(この年)
信楽高原鉄道
信楽高原鉄道で列車正面衝突　1991.5.14
信楽線
信楽線　1987.7.13
磁気浮上式鉄道
HSST開発開始　1974(この年)
リニアモーターカー走行実験　1977.7.16
四国急行バス
各地でバス営業開始　1965(この年)
各地でバス会社営業廃止　1977(この年)
四国縦貫自動車道
四国縦貫自動車道が全線開通　2000.7.28
時刻表
列車時刻表を販売　1873.9月

静岡空港
静岡空港建設計画　1987.12.17
静岡空港の建設を許可　1996.7.26
静岡空港の立ち木問題　2008.10.22
静岡空港の立ち木問題　2009.5.19
静岡空港開港　2009.6.4
静岡電気鉄道
各地でバス営業開始　1929(この年)
私設鉄道条例
私設鉄道条例公布　1887.5.18
私設鉄道法
私設鉄道法・鉄道営業法　1900.3.16
ヂーゼル自動車工業
東京自動車工業がヂーゼル自動車工
業に社名変更　1941.4月
ヂーゼル自動車工業がいすゞ自動車
と改称　1949.7月
実用自動車製造
実用自動車製造を設立　1919.12月
4輪ゴーハム乗用車を生産　1921.11月
リラー号が完成　1923(この年)
ダット自動車製造を設立　1926.9月
自転車協会認証(BAA)
自転車協会認証(BAA)　2004.9月
自転車競走会
自転車競走会　1901.11.4
自転車競走会　1902.4.5
自転車取締規則
自転車取締規則布達　1898(この年)
自転車取締綱令
大阪府が自転車取締綱令を制定
　1872(この年)
自動券売機
東京駅と上野駅に自動券売機を設置　1926.4.24
自動車営業取扱方
自動車営業取扱方　1927.8.26
自動車営業取締規則
自動車営業取締規則　1903.10.28
自動車工業
自動車工業株式会社と協同国産自動
車設立　1933(この年)
自動車工業基本対策
自動車工業基本対策を発表　1948.10月
自動車交通事業法
自動車交通事業法公布　1931.4.1
自動車交通事業法が施行　1933.10.1
自動車(雑誌)
雑誌「自動車」が創刊される　1912.12.1

- 435 -

自動車重量税
暫定税率	1974.4月

自動車取得税
自動車取得税	1968.7月
暫定税率	1974.4月

自動車審議会
自動車審議会設置	1960.7.19

自動車税
自動車税の創設	1907(この年)

自動車製造事業法
自動車製造事業法	1936.5.29
自動車製造事業法の許可会社を指定	1936.9月
自動車製造事業法を廃止	1945.10月

自動車大競走会
自動車大競走会の開催	1923.4.22

自動車ターミナル法
自動車ターミナル法公布	1959.4.15

自動車遠乗会
自動車遠乗会	1908(この年)

自動車取締規制
自動車取締規制制定	1907.2.19

自動車取締規則
自動車取締規則	1898.6.10
自動車取締規則	1903.9.29

自動車取締令
自動車取締令公布	1919.1.11
自動車取締令を改訂	1924(この年)
自動車取締令の改正	1933.8.18

自動車の保管場所の確保等に関する法律
自動車の保管場所の確保等に関する法律公布	1962.6.1

自動車排気ガス問題規制
自動車排気ガス問題規制強化	1972.8.18

自動車配給要綱
自動車配給要綱を制定	1945.12月

自動車リサイクル法
自動車リサイクル費用決まる	2004(この年)
自動車リサイクル法施行	2005.1.1

自動車割当配給制度
自動車割当配給制度の廃止	1950(この年)

自動二輪用ガソリン・エンジン
自動二輪用ガソリン・エンジンの開発	1908(この年)

自動防空警戒管制組織
防衛庁のバッジ・システム完成	1968.3.29

自動列車制御装置(ATS)
自動列車制御装置(ATS)	1966.4.20
私鉄もATS設置へ	1966.11月

自動連結器
全国で一斉に自動連結器取換	1925.7.17

シートベルト
3点式シートベルトの設置義務化	1974.6月
シートベルト着用義務化	1985.9.1
一般道もシートベルト	1985.11.1

品川駅
新幹線発着品川駅新設問題	1990.10月
新幹線の品川新駅問題	1991(この年)
品川新駅の建設で合意	1992.4.2
東海道新幹線品川駅が開業	2003.10.1

品川軒
品川軒が開業	1883.7.12
総房馬車会社設立	1887(この年)

品川乗合馬車
品川乗合馬車が品川馬車鉄道へと改称	1897.12月

品川馬車鉄道
無軌道式乗合馬車が開通	1889.11月
品川乗合馬車が品川馬車鉄道へと改称	1897.12月
東京馬車鉄道が品川馬車鉄道を買収	1899.6.19

品川バスターミナル
品川バスターミナル	1989(この年)

支那事変特別税
支那事変特別税	1938.4.1

しなの鉄道
第三セクター・しなの鉄道	1997.10.1

信濃鉄道
信濃鉄道	1916.7.5
信濃鉄道他2社バス営業開始	1917(この年)
信濃鉄道を国有化	1937.6.1

篠ノ井線
篠ノ井線	1900.11.1
篠ノ井線	1902.6.15
篠ノ井線	1902.12.15
篠ノ井線	1973.4.1

新発田市街乗合自動車
新発田市街乗合自動車が営業開始	1926(この年)

新発田線
新発田線	1912.9.2

ジパング倶楽部
「ジパング倶楽部」発足	1985.5.30

シビック
シビックを発売	1972.7月
シビックがモデルチェンジ	1983.9月

シビックハイブリッド
シビックハイブリッドが発売	2001.12月

渋川特急
　渋川特急　　　　　　　　　　1988.9月
渋沢 栄一
　南満洲鉄道設立委員の任命　　　1906.7.13
志布志線
　志布志線　　　　　　　　　　1925.3.30
　志布志線　　　　　　　　　　1941.10.28
　志布志線　　　　　　　　　　1987.3.28
標津線
　標津線　　　　　　　　　　　1989.4.30
士幌線
　士幌線　　　　　　　　　　　1987.3.23
シーマ
　シーマが発売される　　　　　　1988.1月
　高級車を中心に最先端技術を搭載
　　　　　　　　　　　　　2003(この年)
島津 楢蔵
　自動二輪用ガソリン・エンジンの開
　　発　　　　　　　　　　1908(この年)
　国産オートバイ第1号　　　1909(この年)
　エーロ・ファースト号　　　1925(この年)
島田軌道
　島田軌道が開業　　　　　　1898(この年)
四万馬車合資会社
　各地でバス営業開始　　　　1919(この年)
島原鉄道
　島原鉄道が土石流災害により不通　1993.4.28
島原鉄道バス
　各地でバス営業開始　　　　1930(この年)
清水トンネル
　清水トンネル開通　　　　　　　1931.9.1
下岡 蓮杖
　乗合馬車営業の出願　　　　　　1869.2月
　日本人による乗合馬車の営業開始　1869.5月
下甑村営バス
　各地でバス営業開始　　　　1972(この年)
下地島訓練飛行場
　下地島訓練飛行場が開港　　　　1979.7.5
下田 歌子
　女子嗜輪会発足　　　　　　　1900.11.25
下津井電鉄
　各地でバス営業開始　　　　1925(この年)
下富良野線
　下富良野線　　　　　　　　　1913.11.10
下山事件
　下山事件　　　　　　　　　　　1949.7.6
蛇川 忠暉
　社長交代2社と相次ぐ人事　2001(この年)

JAS
　JAS機着陸失敗　　　　　　　1993.4.18
　JAS機と米軍機がニアミス　　　1993.4.22
　マイレージ・サービス開始　　　1997.4.1
　新幹線に対抗する航空シャトル便　2000.7.1
　日本航空と日本エアシステムが合併　2002.10.2
　航空大手3社、テロ影響で減収　2002(この年)
車税規則
　車税規則制定　　　　　　　　　1875.2.20
ジャッフレー
　横浜―小田原間に乗合馬車　　1873(この年)
ジャパンレールパス
　「ジャパンレールパス」発売開始　1981.5.20
車両制限令
　車両制限令公布　　　　　　　　1961.7.17
JAL
　2つの日本航空が合流、新会社設立へ　1951.5.7
　日本航空、国内定期航空運送事業の
　　営業免許　　　　　　　　　　1951.5.22
　日本航空設立　　　　　　　　　1951.8.1
　日航、ノースウェスト航空と委託運
　　航契約締結　　　　　　　　　1951.10.11
　再開1番機が飛ぶ　　　　　　　1951.10.25
　日航、パイロット要員を米国に派遣　1952.4.3
　日航、パイロット要員の国内訓練開
　　始　　　　　　　　　　　　　1952.5.15
　日航、国内定期航空運送事業免許　1952.9.20
　日航、自主運航開始　　　　　　1952.10.25
　日航、IATA加盟　　　　　　　1953.9.17
　日本航空株式会社新発足　　　　1953.10.1
　日航、太平洋線第1回試験飛行　1953.11.23
　日航、太平洋線開設披露日米親善招
　　待飛行　　　　　　　　1954.1.17-2.14
　日航、太平洋線定期運航を開始(初の
　　国際線)　　　　　　　　　　1954.2.2
　日航、三沢・名古屋・岩国への寄航
　　を中止　　　　　　　　　　　1954.10.25
　日航、東京―福岡線の直行便運航開
　　始　　　　　　　　　　　　　1954.10.25
　日航赤字助成策　　　　　　1954(この年)
　日航輸送実績　　　　　　　1954(この年)
　日航、DC-8を4機発注　　　　1955.12.15
　日航、初の五輪選手団空輸　　　1956.11.4
　日本航空国際線増便　　　　　　1957.4.3
　日航、夏期深夜便「オーロラ便」営
　　業開始　　　　　　　　　　　1957.7.20
　日本人機長による初の東京―ホノル
　　ル間無着陸試験飛行　　　　　1957.9.1
　日航機が不時着炎上　　　　　　1957.9.30

- 437 -

日航の赤字解消	1958.3月	日航IATA第8位へ	1967(この年)
日航と全日空が提携	1959.4月	日航、モーゼスレークジェット乗員訓	
日航、ロス乗入れへ	1959.5月	練所を開設	1968.11.21
日航、大阪経由香港線の運航開始	1960.6.3	サンフランシスコで日航機不時着	1968.11.23
日航、深夜便「ムーンライト」の運航開始	1960.6.22	日航、代理店とジャルパック設立構想を発表	1969.1.7
日航のジェット1番機DC-8「富士号」、サンフランシスコ線に就航	1960.8.12	日航新路線要求へ	1969.6月
日航のDC-7、東京―札幌線に就航	1960.8.18	国内航空会社の概況	1969(この年)
日本航空躍進	1960(この年)	日航シベリア線自主運行開始	1970.3.28
日航、北回り欧州線開設	1961.6.6	日本航空のジャンボジェット機が就航	1970.7.1
日航、国内線ジェット機初就航	1961.9.25	日航、収益大幅低下	1970(この年)
日航のコンベア880、東京―福岡線に就航開始	1961.10.25	羽田で日航機が暴走	1972.5.15
日航国内線輸送量4割増	1961(この年)	1974年度以降にエアバス導入	1972.7月
日航と全日空、提携強化のため協議会設置	1962.7月	日本航空機が北京へ特別飛行	1972.9.14
日航国際線概況	1962(この年)	日航はボ社、全日空はロ社に決定	1972.10.30
日航国内線概況	1962(この年)	世界一周路線運休	1972.12.6
日航、日本航空整備と合併	1963.10.1	日航、コンコルド発注取消し?	1973(この年)
日航と全日空、ボーイング727の共同決定を発表	1964.1.13	18歳の少年がハイジャック	1974.3.12
日航、ボーイング727を6機発注	1964.5.15	名古屋市上空でハイジャック	1974.7.15
日航のコンベアCV-880、大阪国際空港に就航開始	1964.6月	日本航空のDC-10が就航	1976.7.1
日航のコンベア880、東京―大阪―福岡線に就航	1964.10.1	日航創業25周年	1976.10月
日航、ジャルパックの発売開始	1965.1.20	航空3社予想外の好収益	1977(この年)
日航のジャルパック第1便が出発	1965.4.10	フラップ出し忘れて離陸	1982.7.18
日航のボーイング727、就航開始	1965.8.1	日航、国際航空運送実績世界一に	1983(この年)
日航国際線概況	1965(この年)	日航、純民間会社に	1987.11.18
日航、ボーイング747を仮発注	1966.6.16	日航の赤字500億円超に	1993.3.31
琉球民政府、日航と全日空に航空路開設協力を申し入れ	1966.6.16	マイレージサービス始まる	1993.11月
日航、琉球諸島内航空路の引受けを回答	1966.6.22	日航機離陸緊急停止	1996.9.13
日本国内航空、幹線運航権を日航に委託	1966.7.1	マイレージ・サービス開始	1997.4.1
日航、ニューヨーク乗入れと世界一周線テスト飛行実施	1966.8.30-9.7	日航機、志摩半島上空乱降下	1997.6.8
日航、世界一周線開設を発表	1966.9.8	新幹線に対抗する航空シャトル便	2000.7.1
日航、ニューヨーク乗り入れ開始	1966.11.12	日本航空と日本エアシステムが合併	2002.10.2
日航国際線運行概況	1966(この年)	航空大手3社、テロ影響で減収	2002(この年)
日航、世界一周線を開設	1967.3.6	JAL、大幅赤字で緊急対策	2003(この年)
モスクワ線就航	1967.4月	日航旅客需要回復	2004.11.5
南西航空設立	1967.6.20	日航業績不振で賃金カットへ	2005.11.7
日航のオーロラ便、日本国内航空に移譲	1967.12.1	日航、保有株売却で黒字確保	2006(この年)
世界一周路線就航	1967(この年)	日航「再生中期プラン」発表	2007.2月
		国産ジェット旅客機販売へ	2007(この年)
		日航機が許可なく離陸滑走	2008.2.16
		日航シンボルマーク「鶴丸」終了	2008.5月

JALウェイズ58便エンジン爆発事故
JALウェイズ58便エンジン爆発事故　2005.8.12

JALグループ
2強体制で激化する航空業界　2002(この年)

JAL再生タスクフォース
JAL再生タスクフォース　2009.9.25

ジャルパック
 日航、ジャルパックの発売開始 1965.1.20
 日航のジャルパック第1便が出発 1965.4.10
 日航、代理店とジャルパック設立構
  想を発表 1969.1.7
 旅行開発(JCT)設立 1969.4.4
 海外旅行ブーム 1969(この年)
ジャルパック・ジョイ
 ジャルパック・ジョイ発売開始 1969.11.1
シャレード
 ダイハツがシャレードを発表 1977.11月
十三川橋梁
 十三川橋梁 1874.1月
秋水
 ロケット戦闘機「秋水」、第1回目の
  試験飛行で墜落 1945.7.7
住宅・都市整備公団千葉ニュータウン線
 住宅・都市整備公団千葉ニュータウ
  ン線 1984.3.19
10年式艦戦
 海軍、10年式艦戦を制式採用 1921.11月
周遊きっぷ
 「周遊きっぷ」が発売される 1998.4.1
宿駅人馬並人力車等取締規則
 宿駅人馬並人力車等取締規則制定
  1872(この年)
首都圏新都市鉄道つくばエクスプレス線
 首都圏新都市鉄道つくばエクスプレ
  ス線 2005.8.24
首都高速道路公団
 首都高速道路公団発足 1959.7月
ジュノオKB
 本田技研工業がジュノオKB型発売
  1954(この年)
シュプール号
 シュプール号 1986.1.9
シュワルツ,ランドール
 社長交代2社と相次ぐ人事 2001(この年)
春風号
 「春風号」日本一周飛行に成功 1924.7.23-31
省営自動車岡多線
 省営自動車岡多線 1930.12.20
省営バス
 自動車による旅客貨物の運輸営業開
  始 1930.12.20
上越新幹線
 東北・上越新幹線起工式 1971.11.28
 上越新幹線開業 1982.11月
 東北・上越新幹線上野駅が開業 1985.3.10

 東北・上越新幹線東京駅乗り入れ 1991.6.20
 東北新幹線 1991.6.20
 中越地震で新幹線が脱線 2004.10.23
上越線
 上越線 1947.4.1
 上越線電化完了 1947.10.1
 上越線 1990.12.20
 上越線、飯山線が復旧 2004.12.27
上越南線
 上越南線 1921.7.1
 上越南線 1928.10.30
城河鉄道
 関西鉄道が浪速鉄道と城河鉄道を吸
  収合併 1897.2.9
昌慶丸
 関釜連絡船「昌慶丸」就航 1923.3.12
商工省標準形式自動車
 商工省標準形式自動車が完成 1932.3月
上信越自動車道
 上信越自動車道が全線開通 1999.10.30
上信電鉄
 各地でバス営業開始 1929(この年)
商船三井
 商船三井とナビックスが合併へ 1998.10.20
 海運大手3社、円高効果で増収 2001.9月
 海運大手過去最高益 2004.11.11
 商船三井が利益トップ 2005(この年)
 景気減速で活況から減便へ 2008(この年)
常総鉄道
 各地でバス営業開始 1931(この年)
城東線
 城東線 1933.2.16
 城東線 1954.4.1
庄内事件
 庄内事件 1956.2.2
湘南電気鉄道
 湘南電気鉄道が開業 1930.4.1
 湘南電気鉄道、京浜電気鉄道 1931.12.26
常盤急行交通
 各地でバス会社営業廃止 1977(この年)
常磐急行バス
 各地でバス営業開始 1962(この年)
常磐自動車高速バスターミナル
 常磐自動車高速バスターミナル
  1988(この年)
常磐新線
 常磐新線第三セクター設立 1990(この年)
 常磐新線プロジェクトスタート 1991.3月

常磐新線法
常磐新線法成立　　　　　　　　1989.5月
常磐線
常磐線　　　　　　　　　　　　1925.10.28
常磐線　　　　　　　　　　　　1936.12.11
常磐線　　　　　　　　　　　　1949.6.1
常磐線急行が転覆　　　　　　　1957.5.17
常磐線　　　　　　　　　　　　1962.10.1
常磐線　　　　　　　　　　　　1963.5.1
常磐線　　　　　　　　　　　　1967.8.20
常磐線で脱線、転覆　　　　　　1974.6.25
常磐線土浦駅列車衝突事故
常磐線土浦駅構内で列車衝突　　1943.10.26
常磐線三河島駅事故
常磐線三河島駅事故　　　　　　1962.5.3
菖蒲田乗合自動車
菖蒲田乗合自動車設立　　　　　1928.7月
消防航空
東京消防庁、航空隊を設置　　　1966.11.1
翔鳳丸
日本初の車載客船「翔鳳丸」就航　1924.5.21
昭和海運
日本郵船が昭和海運を吸収　　　1998.10.1
昭和自動車
各地でバス営業開始　　　　　1931（この年）
昭和天皇
昭和天皇が日産重工業を視察　　1946.2.19
食堂車
官設鉄道に食堂車が登場　　　　1901.12.15
女子嗜輪会
女子嗜輪会発足　　　　　　　　1900.11.25
初心運転者標識
若葉マーク　　　　　　　　　　1972.10.1
女性専用車両
埼京線に女性専用車両　　　　　2005.4.4
白糠線
白糠線　　　　　　　　　　　　1983.10.22
白浜自動車
各地でバス営業開始　　　　　1930（この年）
シルバーシート
山手線にシルバーシートが登場　1974.9.15
シルバー周遊乗車券
シルバー周遊乗車券を発売　　　1968.10.1
シルバーピジョン
新三菱重工が「シルバーピジョン」
発売　　　　　　　　　　　　　1946.12月
「シルバーピジョン」C-21発売　1948（この年）
信越線
信越線　　　　　　　　　　　　1963.7.15

信越本線
信越本線に電気機関車が登場　　1912.5.11
信越本線、蒸気機関車を廃止　　1921.5.11
貨物列車が脱線　　　　　　　　1963.2.28
信越本線　　　　　　　　　　　1969.8.24
新大分空港
新大分空港が開港　　　　　　　1971.10.16
新大久保駅乗客転落事故
JR新大久保、転落救助で3人死亡　2001.1.26
新狩勝トンネル
新狩勝トンネル開通　　　　　　1966.9.30
新幹線安全法
新幹線安全法　　　　　　　　　1964.10.1
新幹線公害訴訟
新幹線公害訴訟　　　　　　　　1974.3月
新幹線騒音基準
新幹線騒音基準が告示　　　　　1975.7.29
新北九州空港
新北九州空港開港　　　　　　　2006.3.16
新宮鉄道
新宮鉄道　　　　　　　　　　　1934.7.1
新グリーン税制
新グリーン税制（環境対応車普及促進
税制）　　　　　　　　　　　　2009.4.1
新京阪鉄道
新京阪鉄道　　　　　　　　　　1928.11月
新札幌バスターミナル
新札幌バスターミナル　　　　　1990.6.1
新清水トンネル
新清水トンネル開通　　　　　　1967.9.28
新車公表制度
新車公表制度開始　　　　　　　1976.9月
人車鉄道
人車鉄道開業　　　　　　　　1895（この年）
小田原―熱海間の人車鉄道全通　1896.3.12
人車鉄道の最盛期　　　　　　1912（この年）
新宿西口バス放火事件
新宿西口バス放火事件　　　　　1980.8.19
新高松空港
新高松空港開港　　　　　　　　1989.12.16
新立川航空機
立川工場、新立川航空機に返還　1973.6月
信達軌道
信達軌道他2社がバス営業開始　1918（この年）
新玉川線
東急田園都市線・新玉川線直通運転
開始　　　　　　　　　　　　　1977.11.16
薪炭自動車普及協会
薪炭自動車普及協会　　　　　1936（この年）

新千歳空港
新千歳空港開港　　　　　　1988（この年）
新中央航空
新中央航空設立　　　　　　1978.12.15
神中鉄道
神中鉄道　　　　　　　　　1926.5.12
各地でバス営業開始　　　　1926（この年）
神中鉄道　　　　　　　　　1933.12.27
シンデレラエクスプレス
シンデレラエクスプレス　　1987.6.17
新東京空港事業
新東京空港事業を設立　　　1977.9.1
新東京国際空港公団
新東京国際空港公団発足　　1966.7.30
新東京国際空港公団、用地交渉の締
　結調印をほぼ完了　　　　1968.4月
新東京国際空港公団法
新東京国際空港公団法制定　1965.6.2
新東京国際空港（成田空港）
新東京国際空港候補地　　　1963.12.11
新東京国際空港進展せず　　1965（この年）
新東京国際空港建設地が三里塚に決
　定　　　　　　　　　　　1966.7.4
成田空港反対闘争　　　　　1966（この年）
成田空港測量開始　　　　　1967.10.10
成田空港測量開始　　　　　1967.10.10
新東京国際空港　　　　　　1967（この年）
新東京国際空港任意買収成立　1968.4.6
新東京国際空港のマスタープラン答
　申　　　　　　　　　　　1968.8.7
成田空港建設用地の強制収用へ　1969.8月
成田空港開港へ号令　　　　1977.1月
成田空港へのジェット燃料輸送を開
　始　　　　　　　　　　　1978.3.2
成田空港開港を延期　　　　1978.3.26
成田空港使用料交渉が妥結　1978.3月
新東京国際空港（成田空港）が開港　1978.5.20
成田空港用地問題　　　　　1989.12月
成田、関西新空港整備もたつく　1990（この年）
日航機離陸緊急停止　　　　1996.9.13
成田暫定滑走路の運用　　　2002.4.18
成田、関空、中部が民営化　2002.12月
成田、完全民営化へ　　　　2003.7.11
成田空港は北延伸へ　　　　2005.7.15
北側延伸工事開始　　　　　2006.9.15
信南バス
中央道特急バスの運行開始　1975（この年）
新橋車夫会社
人力車夫会社の開業　　　　1880.8.25

新バスシステム
新バスシステム効果　　　　1987（この年）
新富士覇王号
新富士覇王号発売　　　　　1936（この年）
神町空港
神町空港供用開始　　　　　1964（この年）
新三菱重工業
新三菱重工が「シルバーピジョン」
　発売　　　　　　　　　　1946.12月
三菱の名が復活　　　　　　1952.5月
新三菱重工業自動車部が発足　1953.8月
日本ジェットエンジン、5社出資が決
　定　　　　　　　　　　　1956.11.10
YS-11第1号機完成　　　　　1962.7.11
新三菱重工業名古屋航空機製作所
新三菱重工業名古屋航空機製作所発
　足　　　　　　　　　　　1956.10.1
深名線
深名線　　　　　　　　　　1995.9.4
新明和興業
新明和興業を設立　　　　　1949（この年）
ポインター・エースVI　　　1956.12月
新明和興業が新明和工業に　1960（この年）
新明和工業
新明和興業が新明和工業に　1960（この年）
PX-S飛行艇初飛行　　　　　1967.10.29
人力車営業取締規則
人力車営業取締規則　　　　1889.4月
人力車会所
人力車会所設立　　　　　　1872.8月
人力車渡世者心得規則
人力車渡世者心得規則制定　1872.4.20
人力車取締規則
人力車取締規則　　　　　　1881.12.7
人力車夫懇親会
人力車夫懇親会の結成　　　1882.10.4
新麗丸
関釜連絡船「高麗丸」「新麗丸」就航
　　　　　　　　　　　　　1913.1.31

【す】

Suica
JR東日本「Suica」のサービス開始
　　　　　　　　　　　　　2001.11.18
SuicaとICOCAの相互利用が可能に　2004.8.1
イオカードの販売を終了　　2005.3.31

Suica・ICOCAとTOICAの相互利用			三元車	1881.10月
開始	2008.3.29		鈴木 徳次郎	
KitacaとSuicaの相互利用を開始	2009.3.14		人力車が考案される	1868(この年)
水郡線			**鈴木式織機**	
水郡線	1934.12.4		敗戦と自動車業界	1945.8.15
彗星			パワーフリー号が完成	1952.4月
初の寝台専用列車	1957.10.1		ダイヤモンド・フリー号を発売	1953.3月
吹田停車場			コレダ号を発売	1954.5月
吹田、茨木、山崎停車場が営業開始	1876.8.9		**鈴木自動車工業**	
スイフト			鈴木自動車工業と改称	1954.6月
スイフトがモデルチェンジ	2004.11月		鈴木自動車工業がマン島TTレースに	
カー・オブ・ザ・イヤー	2005(この年)		参戦	1960.6月
スカイネットアジア航空			二輪メーカーが海外進出	1961.3月
再生機構がSNAを支援	2004.6.25		鈴木自動車工業がロータリーエンジ	
スカイマークエアラインズ			ンを開発	1970.11月
HISが新規航空会社設立	1996.11月		日本自動車メーカー、中国進出へ	
スカイマーク運航開始	1998.9.19			1971(この年)
新規参入により値下げ競争激化	1999.4月		GM、いすゞ、鈴木自が開発強力	1981.8月
スカイマーク、45億円の増資	2003.9月		マツダとスズキが提携	1987.12月
機長不足で運休	2008.6月		鈴木自動車、スズキ株式会社に改称	1990.10月
スカイライン			**豆相鉄道**	
名神高速道路で走行試験	1961.5月		豆相鉄道が開業	1898.5.20
4代目スカイラインを発売	1972.9月		豆相鉄道	1899.7.17
スカイラインがモデルチェンジ	1989.5月		**スタッドレスタイヤ**	
スカイラインの新モデルを発売	2001.6月		スタッドレスタイヤ	1982(この年)
スカイライン1500			**スターライト釧路号**	
スカイライン1500を発売	1963.11月		スターライト釧路号	1987.8.6
スカイライン2000GT-B			**スターリング号**	
スカイライン2000GT-Bを発売	1965.2月		日米商店がスターリング号の独占販	
スカイライン2000GT-R			売権取得	1903(この年)
スカイライン2000GT-Rを発売	1969.2月		**スーパーカブ**	
杉浦 喬也			スーパーカブを発売	1958.7月
全日空首脳3人退任	1997.6月		ホンダがスーパーカブ生産台数2000	
鈴鹿サーキット			万台を突破	1992.3月
鈴鹿サーキットが完成	1962.9月		**スバル360**	
鈴鹿製作所			スバル360が完成	1958.3月
鈴鹿製作所が発足	1960.4月		**すばるP-1**	
スズキ			すばるP-1が完成	1954.2月
鈴木自動車、スズキ株式会社に改称			**スバルインプレッサ**	
	1990.10月		スバルインプレッサ発売	1992.11月
GMがスズキの筆頭株主に	1998.9.16		**スバル・レオーネ**	
スズキ、GMと提携強化	2000.9.14		自動車排出ガス規制対策車	1977(この年)
スズキから軽自動車供給受ける日産	2001.4.2		**スバル・レオーネ4WDセダン**	
二輪車事業でスズキと川崎が提携	2001.8.29		富士重工業がレオーネ4WDセダンを	
スイフトがモデルチェンジ	2004.11月		発表	1975.1月
カー・オブ・ザ・イヤー	2005(この年)		**スバル・レガシィ**	
鈴木 三元			スバル・レガシィが発売される	1989.2.1
三輪車が製作される	1876(この年)		**スープラ**	
第2回内国勧業博覧会	1881.3月		トヨタがスープラを発売	1986.2月

スポーツBAA
　スポーツBAA　　　　　　　　2007.10月
すみだ
　「すみだ」が「いすゞ」に改称　1934(この年)
スミダ
　ウーズレーの車名を「スミダ」に変
　更　　　　　　　　　　　　1928(この年)
隅田川機船
　蒸気船の運行開始　　　　　　1885.8.29
隅田川汽船
　水上バス航行の再開　　　　　1950.4月
隅田川蒸気船
　隅田川蒸気船の運賃値上げ　　1906.9月
隅田乗合自動車
　隅田乗合自動車が開通　　　　1923.1月
隅田乗合バス
　京成電軌が隅田乗合バスを買収　1932.7月
住友金属工業プロペラ製造所
　住友金属工業プロペラ製造所、金属
　プロペラの製造開始　　　　1933(この年)
住友金属工業プロペラ部
　住友金属工業プロペラ部、航空機器
　の製造修理を再開　　　　　1953(この年)
住友精密工業
　住友精密工業設立　　　　　　1961.1.5
諏訪自動車
　各地でバス営業開始　　　　1919(この年)
駿豆鉄道
　各地でバス営業開始　　　　1928(この年)

【せ】

青函航路
　青函航路開業　　　　　　　　1908.3.7
　日本郵船が青函定期航路を廃止　1910.3.10
　青函航路　　　　　　　　　　1914.12.10
　日本初の車載客船「翔鳳丸」就航　1924.5.21
　青函連絡船「松前丸」就航　　1924.11.1
　青函連絡船「飛鸞丸」就航　　1924.12.30
　青函航路　　　　　　　　　　1925.8.1
　青函航路　　　　　　　　　　1927.6.8
　青函連絡船、空襲により壊滅的な被
　　害　　　　　　　　　　　　1945.7.14
　青函連絡船「洞爺丸」就航　　1947.11.21
　青函連絡船洞爺丸事故　　　　1954.9.26
　青函連絡船「十和田丸」就航　1957.10.1
　青函連絡船「津軽丸」就航　　1964.5.10

　青函連絡船「八甲田丸」就航　1964.8.12
　青函連絡船「摩周丸」就航　　1965.6.30
　青函連絡船「津軽丸」終航　　1982.3.4
　有川桟橋航送場廃止　　　　　1984.2.1
　青函トンネル開通、青函連絡船廃止　1988.3.13
青函トンネル
　本州四国連絡橋と青函トンネル
　　　　　　　　　　　　　　1969(この年)
　青函トンネル起工式　　　　　1971.11.14
　青函トンネル貫通　　　　　　1985.3.10
　青函トンネル開通、青函連絡船廃止　1988.3.13
　青函トンネルで立ち往生　　　1988.3.15
青函連絡船
　青函航路開業　　　　　　　　1908.3.7
　日本郵船が青函定期航路を廃止　1910.3.10
　青函航路　　　　　　　　　　1914.12.10
　日本初の車載客船「翔鳳丸」就航　1924.5.21
　青函連絡船「松前丸」就航　　1924.11.1
　青函連絡船「飛鸞丸」就航　　1924.12.30
　青函航路　　　　　　　　　　1925.8.1
　青函航路　　　　　　　　　　1927.6.8
　青函連絡船、空襲により壊滅的な被
　　害　　　　　　　　　　　　1945.7.14
　青函連絡船「洞爺丸」就航　　1947.11.21
　青函連絡船洞爺丸事故　　　　1954.9.26
　青函連絡船「十和田丸」就航　1957.10.1
　青函連絡船「津軽丸」就航　　1964.5.10
　青函連絡船「八甲田丸」就航　1964.8.12
　青函連絡船「摩周丸」就航　　1965.6.30
　特急「オリンピア」　　　　　1972.1.28
　青函連絡船「津軽丸」終航　　1982.3.4
　青函トンネル開通、青函連絡船廃止　1988.3.13
　函館市青函連絡船記念館摩周丸が開
　　館　　　　　　　　　　　　2003.4.19
盛宮自動車
　盛宮自動車創立　　　　　　1912(この年)
青春18きっぷ
　青春18きっぷ　　　　　　　　1983.7.20
青春18のびのびきっぷ
　青春18のびのびきっぷ　　　　1982.3.1
青年日本号
　「青年日本」号、訪欧飛行に出発　1931.5.29
西武自動車
　阪急バス、西武自動車　　　1946(この年)
西武鉄道
　西武鉄道　　　　　　　　　　1927.4.16
　武蔵野鉄道が西武鉄道を吸収合併　1945.9.22
　西武鉄道　　　　　　　　　　1946.11.16
　西武鉄道株の上場廃止　　　　2004.12.17

- 443 -

西武鉄道グループ再編	2005.12.21	セーフティー型自転車	
西武グループ再編	2006.3月	セーフティー型自転車の輸入始まる	
西武鉄道山口線			1896(この年)
西武鉄道山口線	1985.4.25	**ゼブラ自転車製作所**	
西北社		ゼブラ自転車製作所設立	1903(この年)
西北社の郵便物・旅客・貨物の馬車		**セリカ**	
輸送を開始	1882.4.1	カリーナとセリカを発売	1970.12月
関所廃止令		セリカ新モデルとカリーナが発売	1985.8月
関所が廃止	1869(この年)	**セルシオ**	
石北線		セルシオが発売される	1989.10月
石北線	1932.10.1	**セール・フレザー**	
石油需給適正化法		セール・フレザーが自動車販売に乗	
国民生活安定緊急措置法・石油需給		り出す	1909.11.22
適正化法	1973.12.22	**セレポレー式軽便車**	
瀬棚線		東京馬車鉄道がセレポレー式軽便車	
瀬棚線	1932.11.1	を試運転	1899.7.25
瀬棚線	1987.3.16	**ゼロ戦**	
世知原線		ゼロ戦の原型が完成	1939.4.1
世知原線、臼ノ浦線	1971.12.26	ゼロ戦、海軍による初のテスト飛行	1939.7.6
摂津鉄道		**遷音速風洞**	
摂津鉄道開業	1893.12.12	科学技術庁、遷音速風洞建設を決定	1956.8.15
阪鶴鉄道が摂津鉄道を買収	1897.2.16	航空技術研究所、遷音速風洞完成	1960.10.10
せとうち		**全国小型飛行機事業協同組合**	
瀬戸内海でフェリー炎上	1973.5.19	全飛協が発足	1977.4.1
瀬戸大橋開通		**全国新幹線鉄道整備法**	
瀬戸大橋開通	1988.4.10	全国新幹線鉄道整備法	1970.5.13
瀬戸電気鉄道		**全国乗合自動車運送事業組合連合会**	
瀬戸電気鉄道	1911.5.23	全国乗合自動車運送事業組合連合会	1941.9.3
セドリック		**全国乗合旅客自動車運送事業組合連合会**	
ニッサン・セドリックを発売	1960.4月	全国乗合旅客自動車運送事業組合連	
名神高速道路で走行試験	1961.5月	合会	1944.4.7
日産、セドリックとグロリアにター		**全国バス事業協同組合連合会**	
ボチャージャーを搭載	1979.10月	全国バス事業協同組合連合会	1975.12.12
ゼネラルモーターズ		**仙山線**	
米ビッグ3と提携 本格的な国際競争		仙山線	1937.11.10
時代へ突入	1971.9.10	交流電化	1957.9.5
GM、いすゞ、鈴木自が開発強力	1981.8月	仙山線	1960.11.1
トヨタとGM 共同生産	1982.3月	仙山線	1968.9.8
トヨタ、GM提携	1983.2月	**戦時ダイヤ**	
トヨタ、GM共同生産認可	1984.4.11	東海道線と山陽鉄道が戦時ダイヤに	
トヨタ、GMの新たな協調	1993.11.19	移行	1904.2.14
GMがスズキの筆頭株主に	1998.9.16	**千住吾妻急行汽船会社**	
トヨタがGMと提携	1999.4.19	千住吾妻急行汽船会社設立	1900(この年)
スズキ、GMと提携強化	2000.9.14	**千住馬車鉄道**	
社長交代2社と相次ぐ人事	2001(この年)	千住馬車鉄道会社開業	1893.2.7
GMが都内で燃料電池車の実験	2003(この年)	千住馬車鉄道	1895.11.9
日産、GMとの交渉が破談	2007.10.4	**戦時陸運非常体制**	
トヨタとGMの合弁解消	2009.6.29	「戦時陸運非常体制」実施	1944.10.11

仙台空港
仙台空港開港　　　　　　　　1957.4.22
仙台空港鉄道仙台空港線
仙台空港鉄道仙台空港線開業　　2007.3.18
全但交通
信濃鉄道他2社バス営業開始　1917（この年）
全日海スト
全日海スト　　　　　　　　　1957.10.26
全日空61便ハイジャック事件
全日空61便ハイジャック事件　　1999.7.23
全日空機雫石衝突事故
全日空機雫石衝突事故　　　　　1971.7.30
全日空下田沖墜落事故
全日空下田沖墜落事故　　　　　1958.8.12
全日空整備
全日空整備設立　　　　　　　　1970.4.10
全日空羽田沖墜落事故
全日空羽田沖墜落事故　　　　　1966.2.4
全日空羽田沖墜落事故の「機体構造
　上の墜落原因」報告　　　　1969.10.18
全日空松山沖墜落事故
全日空松山沖墜落事故　　　　　1966.11.13
全日本空輸（ANA）
全日本空輸設立　　　　　　　　1957.12.1
全日空、極東航空と合併　　　　1958.3.1
全日空、東京―大阪間直行便免許　1959.3.26
日航と全日空が提携　　　　　　1959.4月
全日空、東京―札幌線直行便の運航
　開始　　　　　　　　　　　1959.10.10
名古屋空港滑走路上で全日空機と自
　衛隊機衝突　　　　　　　　1960.3.16
全日空バイカウント744、東京―札幌
　線に就航　　　　　　　　　1960.7.15
全日空、国内全線ジェット化計画を発
　表　　　　　　　　　　　　1961.3.14
全日空バイカウント828、東京―札幌
　線に就航　　　　　　　　　1961.7.12
広島空港開港　　　　　　　　　1961.9.15
全日空赤字解消　　　　　1961（この年）
日航と全日空、提携強化のため協議
　会設置　　　　　　　　　　1962.7月
全日空と東亜航空、業務提携発表　1962.9.7
全日空機訓練機墜落　　　　　　1962.11.19
全日空と藤田航空、合併覚書に調印
　　　　　　　　　　　　　　1962.12.29
全日空、藤田航空を吸収合併　　1963.11.1
日航と全日空、ボーイング727の共同
　決定を発表　　　　　　　　1964.1.13

全日空、ボーイング727購入契約に調
　印　　　　　　　　　　　　1964.1.22
全日空のボーイング727、東京―札幌
　線に就航　　　　　　　　　1964.5.25
全日空、YS-11を3機発注　　　1964.12.29
全日空、中日本航空の定期部門を吸
　収　　　　　　　　　　　　1965.2.1
全日空貨物機が遭難　　　　　　1965.2.14
全日空自社購入のボーイング727、東
　京―札幌線に就航　　　　　1965.4月
全日空のYS-11「オリンピア」初就航
　　　　　　　　　　　　　　1965.9.20
全日空事業概況　　　　　1965（この年）
琉球民政府、日航と全日空に航空路
　開設協力を申し入れ　　　　1966.6.16
全日空、大阪―宮崎線にボーイング
　727を導入　　　　　　　　1966.10月
長崎航空、定期路線を全日空に移譲
　　　　　　　　　　　　　　1967.11.30
全日空、ボーイング727-200導入　1969.10月
国内航空会社の概況　　　1969（この年）
全日空の国際チャーター便が就航　1971.2.21
1974年度以降にエアバス導入　　1972.7月
日航はボ社、全日空はロ社に決定　1972.10.30
全日空がトライスターを導入　　1972.10.30
全日空機ニアミス続く　　　　　1973.7.13
ダブルトラックを認可　　　　　1975.4.24
航空3社予想外の好収益　　1977（この年）
ダブルトラックを本格実施　　　1978.7.20
各社で新機種導入　　　　1979（この年）
全日空 国際線進出　　　　　　1982.10月
自衛隊機と旅客機接触　　　　　1985.5.28
全日空ルート上告趣意書提出　　1987.7.28
全日空、ジェットエンジン不採用　1988.12月
機内に煙が充満　　　　　　　　1993.5.2
マイレージサービス始まる　　　1993.11月
全日空、6社とマイレージ提携　1994.10.15
マイレージ・サービス開始　　　1997.4.1
全日空首脳3人退任　　　　　　1997.6月
全日空がスターアライアンスグルー
　プ加盟　　　　　　　　1998（この年）
新幹線に対抗する航空シャトル便　2000.7.1
2強体制で激化する航空業界　2002（この年）
航空大手3社、テロ影響で減収　2002（この年）
全日空、営業・経常利益が赤字　2003（この年）
全日空経常利益3.7倍　　　　　2004.10.29
全日空初の国際線黒字発表　　　2005.4.28
全日空最高益　　　　　　2006（この年）
全日空機が胴体着陸　　　　　　2007.3.13

国産ジェット旅客機販売へ	2007(この年)	操縦室音声記録装置	
全日本航空事業連合会		ボイスレコーダー搭載を義務化	1970.12.12
全日本航空事業連合会設立	1954.2.26	相武自動車	
全日本交通安全協会		相武自動車開業	1921(この年)
全日本交通安全協会	1950(この年)	総武鉄道	
全日本自動車ショー		総武鉄道開業	1894.7.20
第6回全日本自動車ショー	1959.10.24	総武鉄道	1894.12.9
第7回全日本自動車ショー	1960.10.25	総武鉄道	1897.5.1
第8回全日本自動車ショー	1961.10.25	総武鉄道	1897.6.1
第9回全日本自動車ショー	1962.10.25	総武鉄道	1904.4.5
第10回全日本自動車ショー	1963.10.26	総武鉄道、房総鉄道、七尾鉄道、徳島鉄道を国有化	1907.9.1
全日本自動車ショウ		総武本線	
第1回全日本自動車ショウ	1954.4.20	総武本線	1932.7.1
第2回全日本自動車ショウ	1955.5.7	総武本線	1933.3.15
第3回全日本自動車ショウ	1956.4.20	総武本線	1968.3.28
第4回全日本自動車ショウ	1957.5.9	総武本線、成田線、鹿島線	1974.10.26
第5回全日本自動車ショウ	1958.10.10	総房馬車会社	
全日本選手権ロードレース		総房馬車会社設立	1872(この年)
第1回全日本選手権ロードレース	1962.11月	総房馬車会社設立	1887(この年)
仙北軽便鉄道		宗谷線	
仙北軽便鉄道	1912.10.28	宗谷線	1912.11.5
仙北軽便鉄道を国有化	1919.4.1	宗谷線	1918.8.25
泉北高速鉄道		宗谷線	1922.11.1
泉北高速鉄道	1977.8.20	宗谷本線	
釧網線		宗谷本線	1928.12.26
釧網線	1931.9.20	宗谷本線、北見線	1930.4.1
千里軒		添田線	
浅草雷門―新橋間に二階建乗合馬車が登場	1874.8.6	北海道と福岡の赤字線が姉妹に	1981.10.9
浅草に馬車待合所設置	1878.3.28	外房線	
馬車路線の延長	1880(この年)	外房線	1996.12.1
		空の回数券	
		「空の回数券」発売	1981.6月
【そ】		ゾーン運賃制	
		エコノミークラスにゾーン運賃制	1992.4月
		タクシーのゾーン運賃制度	1996(この年)
ソアラMZ10		ゾーンバスシステム	
トヨタがソアラMZ10を発売	1981.2月	大阪市バスがゾーンバスシステムを導入	1974.11月
騒音軽減運航方式推進委員会			
騒音軽減運航方式推進委員会を設置	1975.1.25		
騒音(航空機)			
航空機騒音に係る環境基準	1973.12月	【た】	
空港騒音 賠償判決	1988.12.16		
騒音(新幹線)			
新幹線騒音対策	1973.1.30	第1宇高丸	
新幹線騒音調査	1985.10.21	宇高連絡船「第1宇高丸」就航	1929.10月
総合政策研究会			
総合政策研究会、「ゆきづまる東京国際空港」を発表	1964.9.14		

第一汽車			大日本自転車設立	1916(この年)
トヨタ、第一汽車と包括提携	2002.8.29		新富士覇王号発売	1936(この年)
第一自動車			大日本飛行協会	
二井商会、第一自動車に改組	1903.12月		大日本飛行協会設立	1940.10.1
大一自動車会社			大日本飛行協会解散	1945.11.10
人力製造業者が自動車業界に進出			ダイハツBEE	
	1913(この年)		ダイハツBEEを発売	1951.10月
第1つばめ			ダイハツ工業	
国鉄ダイヤ改正	1960.6.1		発動機製造がダイハツ工業と改称	1951.12月
大河号			ミゼットDKA型を発売	1957.8月
三輪車が製作される	1876(この年)		コンパーノ・ベルリーナ800を発売	1964.2月
対華21ヶ条要求			ダイハツ工業がトヨタと提携	1967.11月
満鉄線の租借期限延長	1915.5.25		ダイハツがシャレードを発表	1977.11月
太湖汽船会社			自動車メーカー相次ぐトップ交代	
太湖汽船会社が運航を開始	1882.5.1			1992(この年)
第5北川丸沈没事故			トヨタがダイハツを子会社化	1998.8.28
第5北川丸沈没事故	1957.4.12		燃料電池車の開発進む	2002.12月
第3満恵丸			トヨタとダイハツ共同開発	2004(この年)
連絡船転覆	1960.10.29		大富士開発	
大師電気鉄道			バス営業開始と廃止	1971(この年)
大師電気鉄道	1899.1.21		ダイムラー・クライスラー	
帝釈人車軌道			マツダ、日産に続き三菱が外資の参	
帝釈人車軌道が開業	1899.12月		加に	2000.3.27
大社線			社長交代2社と相次ぐ人事	2001(この年)
大社線	1912.6.1		ダイムラー・ベンツ	
大正天皇			三菱自動車工業がダイムラー・ベン	
皇太子に自動車が献上される	1900.9月		ツ社と提携	1987.9月
大正天皇大喪列車を運転	1927.2.7		タイヤ	
大成輸送			空気入りタイヤ自転車	1893(この年)
各地でバス営業開始	1973(この年)		ダイヤモンド・フリー号	
代替車両購入費補助制度			ダイヤモンド・フリー号を発売	1953.3月
代替車両購入費補助制度	1969(この年)		ダイヤモンド・プリンセス	
第二実用自動車			ダイヤモンド・プリンセス完成	2004.2.26
第二実用自動車設立	1925.5.15		第4次中東戦争	
東京実用自動車・第二実用自動車の			中東戦争のバス業界への影響	1973.11.1
解散	1925.8.29		大陸	
第2つばめ			南満洲鉄道	1938.10.1
国鉄ダイヤ改正	1960.6.1		台湾縦貫線	
第2東京国際空港建設計画			台湾縦貫線が全線開通	1908.4.20
第2東京国際空港建設計画	1962(この年)		台湾新幹線	
大日本航空			台湾新幹線の受注内定	1999.12.28
国際航空設立	1937.5.20		台湾新幹線、日本企業7社が受注	
大日本航空設立	1938.12.1			2003(この年)
特殊法人大日本航空設立	1939.8.31		高尾山乗合自動車	
大日本航空、解散決議	1945.10.8		高尾山乗合自動車の開通	1916(この年)
大日本航空株式会社法			高崎線	
大日本航空株式会社法公布	1939.4.11		高崎線	1930.10.16
大日本自転車			高崎線	1956.11.19
大日本自転車設立	1916(この年)			

たかさき

高崎郵便馬車会社
　高崎郵便馬車会社開業　　　　1872.5.15
高砂線
　高砂線、宮原線、妻線　　　　1984.12.1
高島 嘉右衛門
　馬車鉄路建設の申請　　　　　1873.8月
高千穂鉄道
　高千穂線延岡―高千穂間廃止、第三
　セクター・高千穂鉄道　　　　1989.4.28
高橋 是清
　南満洲鉄道設立委員の任命　　1906.7.13
高幡乗合自動車
　高幡乗合自動車　　　　　1926(この年)
高松自動車道
　高松自動車道が全線開通　　　2003.3.30
高松飛行場
　高松飛行場完成　　　　　　　1957.1.27
高森線
　甘木線、高森線、漆生線　　　1986.4.1
たかやま
　「たかやま」運転開始　　　　1965.8.5
高山 幸助
　人力車が考案される　　　1868(この年)
高山本線
　高山本線　　　　　　　　　　1934.10.25
田川線
　田川線　　　　　　　　　　　1956.3.15
　日田線、田川線　　　　　　　1957.10.1
　伊田線、糸田線、田川線　　　1989.10.1
タクシー自働車
　東京初のタクシーが開業　　　1912.8.15
タクリー号
　国産ガソリン自動車第1号が完成　1907.4月
竹内 寅次郎
　国産第1号の自転車　　　　　1870.3月
　四輪大型自転車の出品　　　　1878.3.28
竹内 明太郎
　DAT(脱兎)号が完成　　　　1914.3月
竹中 恭二
　社長交代2社と相次ぐ人事　2001(この年)
田沢湖線
　田沢湖線　　　　　　　　　　1966.10.20
ターセル
　トヨタがターセル、コルサを発売　1978.8月
只見線
　只見線　　　　　　　　　　　1971.8.29
立川工場
　立川工場、新立川航空機に返還　1973.6月

立川自動車
　各地でバス営業開始　　　1929(この年)
立川飛行機
　石川島飛行機製作所、立川飛行機に
　改称　　　　　　　　　　　　1936.7月
タチヒ号
　戦後国産機第1号「タチヒ号」練習機
　完成　　　　　　　　　　　　1952.9.30
タチヒ工業
　タチヒ工業設立　　　　　　　1949.11月
ダッカ日本航空機ハイジャック事件
　ダッカ日本航空機ハイジャック事件　1977.9.28
ダット31型
　ダット31型が完成　　　　　　1915.6月
ダット41型
　ダット41号が完成　　　　　　1916.12月
　ダット41型軍用保護自動車を生産
　　　　　　　　　　　　　1927(この年)
ダット61型
　ダット61型が軍用保護自動車資格を
　取得　　　　　　　　　　　　1929.6月
ダット軍用保護自動車
　ダット軍用保護自動車が完成　1924(この年)
DAT(脱兎)号
　DAT(脱兎)号が完成　　　　1914.3月
ダットサン
　ダットサンの量産開始　　　　1934.12月
　ダットサン生産がピークに　1937(この年)
　戦後初のダットサン乗用車が完成　1947.8月
　日産「ダットサン」を「ニッサン」
　に統合　　　　　　　　　　　1978.1月
ダットサン110型
　ダットサン110型セダンを発売　1955.1月
ダットサンサニー
　ダットサンサニーを発売　　　1966.4月
ダットサン・フェアレディ1500
　ダットサン・フェアレディ1500を発
　売　　　　　　　　　　　　　1962.10月
ダットサン・ブルーバード510
　ダットサン・ブルーバード510型を発
　売　　　　　　　　　　　　　1967.8月
ダット自動車商会
　快進社が解散　　　　　　　　1925.7月
　ダット自動車製造を設立　　　1926.9月
ダット自動車製造
　ダット自動車製造を設立　　　1926.9月
　ダットソンが完成　　　　　　1930.10月
ダットソン
　ダットソンが完成　　　　　　1930.10月

辰野 金吾
　万世橋駅開業　　　　　　　　1912.4.1
　東京駅開業　　　　　　　　　 1914.12.20
立山黒部観光バス
　各地でバス営業開始　　　　　 1965(この年)
多度津線
　多度津線　　　　　　　　　　 1913.12.20
田中 毅
　自動車4社で社長交代　　　　　1996.6月
　社長交代2社と相次ぐ人事　　　2001(この年)
玉川自動車
　玉川自動車の設立　　　　　　 1919.10.30
　玉川自動車が解散　　　　　　 1925.9.4
玉川電気鉄道
　玉川電気鉄道が開業　　　　　 1907.3.6
たま自動車
　東京電気自動車を設立　　　　 1947.6月
　プリンス号が完成　　　　　　 1952.2月
　プリンス自動車工業と改称　　 1952.11月
田町仮駅
　新橋―品川間の複線化が完了　 1876.12.1
たま電気自動車
　東京電気自動車を設立　　　　 1947.6月
　たま電気自動車と改称　　　　 1949.11月
多摩都市モノレール
　多摩都市モノレール　　　　　 1998.11.27
田村丸
　青函航路開業　　　　　　　　 1908.3.7
ダラム商会
　宮武外骨が三輪車を購入　　　 1883(この年)
樽見線
　樽見線　　　　　　　　　　　 1984.10.6
樽見鉄道
　第三セクター・樽見鉄道　　　 1989.3.25
丹後自動車
　丹後自動車が乗合バス営業を開始　1908.10月
丹那トンネル
　丹那トンネル開通　　　　　　 1934.12.1
ダンプ規制法
　ダンプ規制法　　　　　　　　 1967.8月
ダンロップ
　ダンロップが神戸に工場開設　 1909(この年)

【ち】

チェイサー
　マークⅡ、チェイサー、クレスタがモ
　デルチェンジ　　　　　　　　 1984.8月
チェリーE10
　チェリーE10型を発売　　　　　1970.10月
地下鉄サリン事件
　地下鉄サリン事件　　　　　　 1995.3.20
　地下鉄サリン事件で死刑確定　 2007.7.20
　地下鉄サリン事件第2審も死刑　2007(この年)
筑肥線
　筑肥線　　　　　　　　　　　 1983.3.22
筑豊興業鉄道
　筑豊興業鉄道開業　　　　　　 1891.8.30
　筑豊興業鉄道　　　　　　　　 1892.10.28
　筑豊興業鉄道　　　　　　　　 1893.2.11
　筑豊興業鉄道　　　　　　　　 1893.7.3
　筑豊鉄道　　　　　　　　　　 1894.12.28
筑豊鉄道
　筑豊鉄道　　　　　　　　　　 1894.8月
　筑豊鉄道　　　　　　　　　　 1894.12.28
　筑豊鉄道　　　　　　　　　　 1895.4.5
　九州鉄道と筑豊鉄道が合併　　 1897.10.1
筑豊本線
　筑豊本線　　　　　　　　　　 1929.12.7
千歳空港ターミナルビル
　千歳空港ターミナルビル完成　 1963.4.1
千歳線
　千歳線、室蘭線　　　　　　　 1980.7.16
　千歳線　　　　　　　　　　　 1992.7.1
千歳バス
　各地でバス営業開始　　　　　 1967(この年)
千葉海浜交通
　各地でバス営業開始　　　　　 1973(この年)
稚泊航路
　稚泊航路開業　　　　　　　　 1923.5.1
　稚泊連絡船が避難輸送を実施　 1945.8.13
稚泊連絡船
　稚泊連絡船「亜庭丸」就航　　 1928.12.8
　稚泊連絡船が避難輸送を実施　 1945.8.13
千葉内陸バス
　各地でバス営業開始・廃止　　 1976(この年)
地方交通審議会
　運輸技術審議会、運輸政策審議会、
　地方交通審議会　　　　　　　 1970(この年)

地方道路税
　暫定税率　　　　　　　　　　　1974.4月
地方バス研究会
　地方バス研究会　　　　　　　　1979.3.15
地方バス路線維持費補助金交付要綱
　地方バス路線運行維持対策要綱・地
　方バス路線維持費補助金交付要綱　1990.6.8
地方バス路線運行維持対策要綱
　地方バス路線運行維持対策要綱・地
　方バス路線維持費補助金交付要綱　1990.6.8
池北線
　池北線　　　　　　　　　　　　1989.6.4
中央航空
　中央航空設立　　　　　　　　　1958.5.21
　中央航空、2地点間輸送認可　　　1978.3月
中央航空研究所
　中央航空研究所設置　　　　　　1939.4.1
中央高速バス伊那線
　中央高速バス伊那線　　　　1984（この年）
中央高速バス岡谷線
　中央高速バス岡谷線　　　　1987（この年）
中央自動車道
　中央自動車道案　　　　　　1959（この年）
中央西線
　中央西線　　　　　　　　　　　1900.7.25
　中央西線　　　　　　　　　　　1902.12.21
　中央西線　　　　　　　　　　　1973.5.27
中央線
　中央線　　　　　　　　　　　　1908.4.19
　中央線急行電車に婦人子供専用車　1947.5.5
　中央線　　　　　　　　　　　　1967.7.3
　中央線、東西線　　　　　　　　1969.4.8
　中央線にシルバーシートが登場　　1973.9.15
　中央線　　　　　　　　　　　　1983.7.5
中央東線
　中央東線　　　　　　　　　　　1901.8.1
　中央東線　　　　　　　　　　　1902.6.1
　中央東線　　　　　　　　　　　1902.10.1
　中央東線　　　　　　　　　　　1903.2.1
　中央東線　　　　　　　　　　　1903.6.11
　中央東線　　　　　　　　　　　1903.12.15
　中央東線　　　　　　　　　　　1904.12.21
　中央東線　　　　　　　　　　　1905.11.25
　中央東線　　　　　　　　　　　1906.6.11
　中央東線　　　　　　　　　　　1911.5.1
中央本線
　中央本線　　　　　　　　　　　1912.4.1
　中央本線　　　　　　　　　　　1919.1.25
　中央本線　　　　　　　　　　　1919.3.1

中央本線　　　　　　　　　　　　1922.11.20
中央本線　　　　　　　　　　　　1929.3.5
中央本線　　　　　　　　　　　　1929.6.16
中央本線　　　　　　　　　　　　1930.12.20
中央本線に電気機関車導入　　　　1931.4.1
中央本線　　　　　　　　　　　　1933.9.15
中央本線　　　　　　　　　　　　1950.11.19
中央本線　　　　　　　　　　　　1961.3.17
中央本線　　　　　　　　　　　　1962.5.21
中央本線　　　　　　　　　　　　1964.8.23
中央本線　　　　　　　　　　　　1965.5.20
中央本線　　　　　　　　　　　　1965.7.1
中央本線　　　　　　　　　　　　1966.4.28
中央本線　　　　　　　　　　　　1966.5.14
特急「あずさ」　　　　　　　　　1966.12.12
中央本線　　　　　　　　　　　　1968.8.16
中央模型飛行場
　中央模型飛行場オープン　　　　1969.12.7
中華航空機墜落事故
　名古屋空港で中華航空機が着陸に失
　敗、炎上　　　　　　　　　　　1994.4.26
　中華航空機事故原因　　　　　　1994.5.10
中華航空機爆発事故
　中華航空機爆発事故　　　　　　2007.8.20
中国鉄道
　中国鉄道　　　　　　　　　　　1898.12.21
　中国鉄道　　　　　　　　　　　1904.11.15
　中国鉄道　　　　　　　　　　　1904.11.15
　相模鉄道、中国鉄道、飯山鉄道を国
　有化　　　　　　　　　　　　　1944.6.1
中東危機
　中東危機による燃料費高騰　　　1990.8月
中部国際空港
　中部国際空港株式会社が発足　　1998.5.1
　成田、関空、中部が民営化　　　2002.12月
　中部国際空港開港　　　　　　　2005.2.17
中武馬車鉄道
　中武馬車鉄道が全線開通　　　　1901.9.1
張　作霖
　満蒙五鉄道建設協定　　　　　　1927.10.15
張　富士夫
　トヨタ社長交代　　　　　　　　1999.4.13
　トップ交代相次ぐ　　　　　2005（この年）
超音速風速洞
　航空技術研究所、超音速風速洞完成　1961.7.28
長州鉄道
　長州鉄道　　　　　　　　　　　1914.4.22

超電導磁気浮上式鉄道
　リニアモーターカー（超電導磁気浮上
　　式鉄道）実用化へ　　　　　1988.10.5
調布飛行場
　調布飛行場を全面返還　　　　1973.3月
長輪線
　長輪線　　　　　　　　　　　1928.9.10

【つ】

通運丸
　外輪蒸気船が建造される　　　1877.2月
津軽丸
　青函連絡船「津軽丸」就航　　1964.5.10
　青函連絡船「津軽丸」終航　　1982.3.4
築地馬車商会
　初めての貸馬車屋　　　　1897（この年）
つくば号
　つくば号　　　　　　　　　　1987.4月
辻　義文
　自動車メーカー相次ぐトップ交代
　　　　　　　　　　　　　1992（この年）
対馬丸
　稚泊航路開業　　　　　　　　1923.5.1
常石造船
　中堅造船会社が提携　　　　　1976.12.6
つばさ
　「つばさ」相次ぐトラブル　　1992.7.1
つばめ
　「つばめ」「はと」に女子乗務員　1950.6.1
　国鉄ダイヤ改正　　　　　　　1960.6.1
　九州新幹線の名称が「つばめ」と決
　　定　　　　　　　　　　　　2003.3.20
燕
　超特急「燕」運転開始　　　　1930.10.1
つばめマーク
　つばめマーク制定　　　　　　1950.10月
妻線
　高砂線、宮原線、妻線　　　　1984.12.1
ツール・ド・フランス
　日本人がツール・ド・フランスに初
　　出場　　　　　　　　　　　1926.6.20
鶴見事故
　鶴見事故　　　　　　　　　　1963.11.9
鶴見臨港鉄道
　産業セメント鉄道、鶴見臨港鉄道を
　　国有化　　　　　　　　　　1943.6.28

【て】

定期乗車券
　初の定期乗車券　　　　　　　1886.1.1
帝国運輸
　貨物自動車営業を開始　　　　1907.12月
帝国運輸自動車
　帝国運輸自動車株式会社の設立　1908.2.20
帝国自転車製造所
　帝国自転車製造所が開業　　　1888.7月
帝国自動車学校
　帝国自動車学校設立　　　　　1922.4.21
帝国鉄道庁
　帝国鉄道庁開庁　　　　　　　1907.4.1
帝国乗合自動車興業
　帝国乗合自動車興業の設立　　1917.2.24
帝国飛行協会
　帝国飛行協会設立　　　　　　1913.4.23
　帝国飛行協会、太平洋横断飛行計画
　　を発表　　　　　　　　　　1927.6.23
逓信院電波局航空保安部
　逓信院電波局航空保安部発足　1946.1.1
逓信省航空保安部
　逓信省航空保安部設置　　　　1946.7.1
「ディスカバー・ジャパン」キャンペーン
　国鉄「ディスカバー・ジャパン」キャ
　　ンペーンを開始　　　　　　1970.10.1
ディーゼルバス
　最初のディーゼルバスが登場　1934.12月
ディーゼルユナイテッド
　ディーゼル新会社　　　　　　1988.10.1
蹄鉄工免許規則
　蹄鉄工免許規則　　　　　　　1890.4.5
帝都高速度交通営団
　帝都高速度交通営団設立　　　1941.7.4
　私鉄運賃値上げ　　　　　　　1960.4.10
　帝都高速度交通営団が民営化　2004.4.1
帝都高速度交通営団法
　帝都高速度交通営団法公布　　1941.3.7
帝都電鉄
　帝都電鉄　　　　　　　　　　1933.8.1
　小田原急行鉄道と帝都電鉄が合併　1940.5.1
テクノスーパーライナー
　テクノスーパーライナー完成　1994.8月
　TSL試験運航完了　　　　1995（この年）
　TSL完成　　　　　　　　　　1996.3月

TSL実験終了	1996(この年)	改正鉄道敷設法公布		1922.4.11
天塩線		鉄道略則		
天塩線	1926.9.25	鉄道略則公布		1872.2.28
手塚 五郎平		テプネ		
馬車路線の延長	1880(この年)	初めて国内に自動車が持ち込まれる		1898.1月
鉄道院		デマンドバス		
鉄道院に鉄道博物館掛が置かれる	1911.5.4	デマンドバスの運行開始		1975.12.24
鉄道院官制		デミオ		
鉄道院官制公布	1908.12.5	マツダ・デミオが発売される		1996.8月
鉄道営業法		デミング賞		
私設鉄道法・鉄道営業法	1900.3.16	日産自動車がデミング賞を受賞		1960.6月
鉄道掛		デラックスロマンスカー		
民部・大蔵省に鉄道掛を設置	1870.4.19	デラックスロマンスカー登場		1960.10.9
鉄道記念日		照井商店		
「鉄道記念日」を「鉄道の日」と改称		照井商店開業		1892(この年)
	1994.10.14	デルタ航空		
鉄道記念物		米デルタ航空V2500搭載機発注		1989.11月
鉄道記念物	1958.10.14	田 健治郎		
鉄道記念物	1969.10.14	DAT(脱兎)号が完成		1914.3月
鉄道局		電気自動車		
工部省廃止	1885.12.22	電気自動車が輸入される		1899.5月
鉄道軍事供用令		電気鉄道		
鉄道軍事供用令公布	1904.1.25	電気鉄道の計画出願		1893.10.27
鉄道警察隊		天山丸		
鉄道警察隊発足	1986.10月	関釜連絡船「天山丸」就航		1942.9.27
鉄道建設公団		天山丸が撃沈される		1945.7.28
鉄道建設公団の工事	1964(この年)	電車とバスの博物館		
鉄道建設審議会		電車とバスの博物館		1982.4.3
鉄道建設審議会方針	1969.6月	天津豊田汽車有限公司		
鉄道国有法		天津豊田汽車有限公司設立		2000.6月
鉄道国有法公布	1906.3.31	電動アシスト自転車		
鉄道作業局官制		電動アシスト自転車		1993(この年)
鉄道作業局官制公布	1897.8.18	天北線		
鉄道整備基金		天北線		1989.5.1
鉄道整備基金制度	1990(この年)			
鉄道整備基金発足	1991.10.1			
鉄道の日		【と】		
「鉄道記念日」を「鉄道の日」と改称				
	1994.10.14	TOICA		
鉄道博物館		ICカード乗車券システム「TOICA」		
鉄道博物館開館	1921.10.14			2006.11.25
鉄道博物館、永楽町へ移転	1925(この年)	Suica・ICOCAとTOICAの相互利用		
鉄道博物館、万世橋駅構内へ移転	1936.4.25	開始		2008.3.29
鉄道博物館休館	1945.3.10	東亜航空		
鉄道博物館が開館	2007.10.14	東亜航空設立		1953.11.30
鉄道博物館掛		東亜航空に航空機使用事業免許		1954.2.2
鉄道院に鉄道博物館掛が置かれる	1911.5.4	東亜航空に不定期航空運送事業免許		
鉄道敷設法				1957.12.18
鉄道敷設法公布	1892.6.21	東亜航空、定期航空運送事業免許		1962.2月

全日空と東亜航空、業務提携発表	1962.9.7	東海道線	1950.7.15
東亜国内航空を設立	1971.5.15	東海道線	1951.2.15
東亜国内航空		東海道線	1953.7.21
東亜国内航空を設立	1971.5.15	東海道線	1955.7.20
1974年度以降にエアバス導入	1972.7月	ダンプカーが電車と衝突	1961.1.13
東亜国内航空がジェット化	1972.8.1	東海道線貨物列車が脱線	1973.8.27
東亜国内航空、幹線乗り入れ	1975.3月	東海道線で脱線	1992.6.29
ダブルトラックを認可	1975.4.24	東海道線で脱線	1997.8.12
航空3社予想外の好収益	1977(この年)	**東海道線救急隊員死傷事故**	
ダブルトラックを本格実施	1978.7.20	JR東海道線で救急隊員死傷事故	2002.11.6
各社で新機種導入	1979(この年)	**東海道線脱線事故**	
経営難の東亜国内航空	1981.3月	脱線事故	1969(この年)
東亜国内航空「ばんだい号」墜落事故		**東海道(鉄道唱歌)**	
東亜国内航空「ばんだい号」墜落事故	1971.7.3	流行歌「東海道」	1900(この年)
東海自働車		**東海道本線**	
東海自働車株式会社設立	1906.6.10	東海道本線	1910.6.25
東海自動車		東海道本線	1910.9.15
信濃鉄道他2社バス営業開始	1917(この年)	東海道本線	1913.8.1
伊豆の踊り子号	1976.6月	東海道本線復旧	1923.10.28
東海道新幹線		東海道本線に電気機関車登場	1925.12.13
東海道新幹線着工	1959.4.20	東海道本線	1928.10.15
東海道新幹線整備状況	1961(この年)	東海道本線	1937.10.10
新幹線試作車テスト開始	1962.6.26	東海道本線	1944.10.11
東海道新幹線の名称が決定	1964.7.7	東海道本線	1949.2.1
東海道新幹線開業	1964.10.1	東海道本線	1949.5.20
国鉄ダイヤ改正	1964.10.1	東海道本線	1956.11.19
作業員が新幹線にはねられる	1964.11.23	東海道本線	1957.4.1
国内線は新幹線にシェア奪われる	1964(この年)	特急「こだま」に列車公衆電話を設置	1960.8.20
東海道新幹線スピードアップ	1965.11.1	東海道本線	1998.3.20
新幹線の営業順調	1965(この年)	**東華自働車**	
東海道新幹線累積乗客数	1967.7月	堀之内自働車、東華自働車に名称変更	1918.12.24
新幹線改新工事	1976(この年)	**桃花台新交通桃花台線**	
新幹線開業20周年	1984.10.1	桃花台新交通桃花台線開業	1991.3.25
品川新駅の建設で合意	1992.4.2	桃花台新交通桃花台線が廃止	2006.10.1
東海道新幹線で事故	1993.8.6	**東金線**	
東海道新幹線品川駅が開業	2003.10.1	東金線	1973.9.26
東海道新幹線開業40周年	2004.10.1	**東急機関工業**	
東海道線		日産工機と改称	1971.6月
濃尾地震により東海道線不通	1891.10.28	**東急バス**	
東海道線	1898.4.15	東急バス株式会社設立	1991.5.21
東海道線に暖房を設置	1900.12.1	**東京石川島造船所**	
東海道線と山陽鉄道が戦時ダイヤに移行	1904.2.14	東京石川島造船所が自動車工場を建設	1920.9月
東海道線と山陽鉄道が普通ダイヤに移行	1904.7.26	**東京宇都宮間馬車会社**	
		運輸馬車会社開業	1872.10.8
山陽線、東海道線および満鉄でダイヤ改正	1912.6.15	**東京エアカーゴ・シティ・ターミナル**	
		TACTを設立	1972.3.15

とうきょ　　　　　　　　　　事項名索引　　　　　　　　　　日本交通史事典

東京駅
東京駅開業　　　　　　　　　1914.12.20
東京オリンピック
外国人観光客のバス輸送　　　　1962.10.10
YS-11、東京オリンピックの聖火輸送
　　　　　　　　　　　　　　　1964.9.9
東京瓦斯工業
東京瓦斯工業を設立　　　　　　1910.8月
東京瓦斯電気工業
東京瓦斯電気工業設立　　　　1913(この年)
東京瓦斯電気工業が軍用自動貨車試
　作を開始　　　　　　　　　　1917.4月
東京自動車工業が東京瓦斯電気工業
　自動車部を合併　　　　　　　1937.8月
東京勧業博覧会
東京勧業博覧会　　　　　　　1907(この年)
東京急行電鉄
東京急行電鉄　　　　　　　　　1942.5.1
東急電鉄、代燃車を廃止　　　　1949.9.30
東急電鉄がステンレスカーを導入　1958.12.1
東京急行電鉄新玉川線
東急急行電鉄新玉川線　　　　　1977.4.7
東京急行電鉄田園都市線
東京急行電鉄田園都市線　　　　1966.4.1
東急田園都市線・新玉川線直通運転
　開始　　　　　　　　　　　　1977.11.16
東京急行電鉄田園都市線　　　　1984.4.9
東京航空局
東京航空局、大阪航空局設置　　1967.10.1
東京航空計器
東京航空計器設立　　　　　　1937(この年)
東京国際空港管理規則
東京国際空港管理規則制定　　　1952.7.3
東京国際空港騒音対策委員会
東京国際空港騒音対策委員会、第1回
　会合開催　　　　　　　　　　1960.12.26
東京国際空港ターミナルビル
東京国際空港ターミナルビル完成　1955.5.15
東京国際空港(羽田空港)
羽田飛行場が日本側に返還、東京国
　際空港に改称　　　　　　　　1952.7.1
羽田空港へのバス便開設　　　1955(この年)
東京国際空港返還式　　　　　　1958.6.30
東京国際空港の管制業務、日本に移
　管　　　　　　　　　　　　　1958.7.1
東京国際空港拡張工事起工式　　1959.5.28
羽田空港で発のジェット機事故　1961.4.24
東京国際空港ターミナルビル拡張工
　事起工　　　　　　　　　　　1962.1.17

国際空港の整備　　　　　　　1962(この年)
東京国際空港、騒音防止措置を講じ
　る　　　　　　　　　　　　1962(この年)
東京国際空港国際線ターミナルビル
　拡張工事落成式　　　　　　　1963.7.15
東京国際空港、深夜・早朝ジェット機
　発着禁止　　　　　　　　　　1963.10.1
東京国際空港C滑走路供用開始　1964.2.11
総合政策研究会、「ゆきづまる東京国
　際空港」を発表　　　　　　　1964.9.14
東京モノレール開業　　　　　　1964.9.17
東京国際空港、拡張事業に着手　1967(この年)
運輸省、東京国際空港滑走路延長計
　画などで東京都に協力要請　　1968.1.26
大田区議会、東京国際空港B滑走路延
　長に対し反対決議　　　　　　1968.3.14
羽田の国内線増便　　　　　　　1978.7.20
羽田空港拡大　　　　　　　　　1984.1月
成田、関西新空港整備もたつく　1990(この年)
羽田新ターミナルオープン　　　1993.9.27
羽田空港新C滑走路オープン　　1997.3.27
羽田空港、夜間国際化　　　　　2000.2.16
羽田スロット配分で拡大　　　　2000.7月
羽田、夜間国際チャーター便運航　2001.2.16
事実上、羽田も国際定期便運航　2001.4月
羽田4本目の滑走路建設へ　　　2001(この年)
羽田再拡張をめぐり交渉難航　　2002(この年)
羽田再拡張事業にPFI導入　　　2003.8月
羽田空港、夜間枠が急増　　　　2003(この年)
東京国際空港第2旅客ターミナルビル
　　　　　　　　　　　　　　　2004.12.4
日中新定期チャーター便　　　　2007.9月
羽田再拡張後に国際線倍増計画　2008.5月
東京国際航空宇宙ショー
東京国際航空宇宙ショー開催　　1966.11.3
東京市営バス
東京市営バスが開業　　　　　　1924.1.18
東京市営乗合自動車(東京市営バス)
　の全路線開通　　　　　　　　1924.3.16
東京市営バス　　　　　　　　　1924.4月
東京市営バスが女子車掌を大量採用
　　　　　　　　　　　　　　　1924.11月
東京市営バスに女子車掌が乗務　1924.12.20
東京市営バスがウーズレーCP採用
　　　　　　　　　　　　　　　1925(この年)
東京市バスに木炭車が登場　　　1937.12.30
東京市バス料金の値上げ　　　　1943.6.1
東京市街自動車
東京市街自動車設立　　　　　　1918.10.1

- 454 -

東京市街自動車が東京乗合自動車株
　式会社に改称　　　　　　　　1922.6.27
東京市街鉄道
　東京市街鉄道の設立　　　　　　1889.6月
　電気鉄道の計画出願　　　　　1893.10.27
　東京市街鉄道と東京馬車鉄道に電気
　　鉄道の敷設許可　　　　　　　1900.6.10
　東京市街鉄道が開業　　　　　　1903.9.15
　馬車鉄道が廃止される　　　　　1904.3.18
東京実用自動車
　東京実用自動車株式会社設立　　1923.8.27
　東京実用自動車・第二実用自動車の
　　解散　　　　　　　　　　　　1925.8.29
東京シティ・エアターミナル
　TCATを設立　　　　　　　　　1969.3.1
東京市電
　東京市電設立　　　　　　　　　1911.8.1
東京自転車製作所
　東京自転車製作所設立　　　1910（この年）
東京自動車工業
　東京自動車工業を設立　　　　　1937.4月
　東京自動車工業が東京瓦斯電気工業
　　自動車部を合併　　　　　　　1937.8月
　東京自動車工業がヂーゼル自動車工
　　業に社名変更　　　　　　　　1941.4月
東京自働車製作所
　東京自働車製作所でバスが完成　1914.4月
東京自動車製作所
　国産自動車の試運転　　　　　　1907.9月
東京自働車製造所
　東京自働車製造所設立　　　　　1910.9.4
東京自動車鉄道会社
　東京自動車鉄道会社設立　　　　1896.3.2
東京条約
　ICAO航空法国際会議、東京条約に調
　　印　　　　　　　　　　　　　1963.9.14
東京諸車製造業組合
　東京諸車製造業組合設立　　　　1886.9月
東京第2国際空港
　東京第2国際空港の基本構想発表　1962.11.21
東京地下鉄道会社
　東京乗合自動車と東京地下鉄道会社
　　が合併　　　　　　　　　　　1937.12.28
東京地下鉄道銀座線
　東京地下鉄道銀座線が開業　　　1927.12.30
　東京地下鉄道銀座線　　　　　　1934.6.21
東京地下鉄副都心線
　東京地下鉄副都心線全線開通　　2008.6.14

東京鉄道
　東京鉄道株式会社設立　　　　　1906.9.11
東京電気自動車
　東京電気自動車を設立　　　　　1947.6月
　たま電気自動車と改称　　　　　1949.11月
東京電気鉄道
　東京電気鉄道設立　　　　　　　1900.5.1
　東京電気鉄道外濠線　　　　　　1904.12.8
東京電車鉄道
　東京馬車鉄道が東京電車鉄道へ改称　1900.10.2
　東京電車鉄道が新橋―品川駅前間で
　　運転開始　　　　　　　　　　1903.8.22
東京都営懸垂式鉄道
　日本初のモノレール　　　　　　1957.10.14
東京特殊車体
　東京特殊車体設立　　　　　　　1967.2.10
東京都電車
　都電・都バス運賃値上げ　　　　1946.3.15
　都電・都バスの運賃値上げ　　　1947.2.15
　都電・都バス運賃値上げ　　　　1948.6.1
　都電・都バス値上げ　　　　　　1949.6.1
　都バス・都電運賃値上げ　　　　1951.12.25
　都営地下鉄など値上げ申請　　　1978.7月
　都営交通機関の連絡定期券　　　1988.12.21
東京都バス活性化委員会
　東京都バス活性化委員会　　　　1993.6月
東京トヨペット
　東京トヨペットを設立　　　　　1953.3月
東京のバスガール（歌）
　流行歌「東京のバスガール」　1957（この年）
東京乗合自動車
　東京乗合自動車設立　　　　　　1918.10
　東京市街自動車が東京乗合自動車株
　　式会社に改称　　　　　　　　1922.6.27
　東京市街バスが女子車掌を採用
　　　　　　　　　　　　　　1924（この年）
　自動車会社の合併　　　　　　　1929.7.30
　東京乗合自動車がストライキ　　1936.9.1
　東京乗合自動車と東京地下鉄道会社
　　が合併　　　　　　　　　　　1937.12.28
東京乗合馬車会社
　東京乗合馬車会社設立　　　　　1888.5.5
　本所菊川町―九段下間で乗合馬車を
　　運転　　　　　　　　　　　　1889.5月
東京馬車鉄道
　東京馬車鉄道の設立　　　　　　1880.12.28
　東京馬車鉄道が開業　　　　　　1882.6.25
　東京馬車鉄道がオムニバスを運転　1889.6.6
　東京馬車鉄道の停車所が定められる　1896.8.1

− 455 −

とうきょ

東京馬車鉄道が品川馬車鉄道を買収	1899.6.19
東京馬車鉄道がセレポレー式軽便車を試運転	1899.7.25
東京市街鉄道と東京馬車鉄道に電気鉄道の敷設許可	1900.6.10
東京馬車鉄道が東京電車鉄道へ改称	1900.10.2
東京馬車鉄道の最盛期	1902（この年）

東京バス案内センター
東京バス案内センター	1992.4月

東京婦人労働組合
東京婦人労働組合結成	1924（この年）

東京フライトキッチン
東京フライトキッチン設立	1959.12.9

東京モーターショー
第11回東京モーターショー	1964.9.26
第12回東京モーターショー	1965.10.29
第13回東京モーターショー	1966.10.26
第14回東京モーターショー	1967.10.26
第15回東京モーターショー	1968.10.26
第16回東京モーターショー	1969.10.24
第17回東京モーターショー	1970.10.30
第18回東京モーターショー	1971.10.29
第19回東京モーターショー	1972.10.23
第20回東京モーターショー	1973.10.30
第21回東京モーターショー	1975.10.31
第22回東京モーターショー	1977.10.28
第23回東京モーターショー	1979.11.1
第24回東京モーターショー	1981.10.30
第25回東京モーターショー	1983.10.28
第26回東京モーターショー	1985.10.31
第27回東京モーターショー	1987.10.29
第28回東京モーターショー	1989.10.26
第29回東京モーターショー	1991.10.25
第30回東京モーターショー	1993.10.22
第31回東京モーターショー	1995.10.27
第32回東京モーターショー	1997.10.24
第33回東京モーターショー	1999.10.22
第34回東京モーターショー	2000.10.31
第35回東京モーターショー	2001.10.26
第36回東京モーターショー	2002.10.29
第37回東京モーターショー	2003.10.24
第38回東京モーターショー	2004.11.2
第39回東京モーターショー	2005.10.22
第40回東京モーターショー	2007.10.26
第41回東京モーターショー	2009.10.23

東京モノレール
東京モノレール開業	1964.9.17
モノレールが脱線	1985.7.29
モノレールがパンク	1986.2.8
東京モノレール羽田新線開通	1993.9.27

東京遊覧自動車
東京遊覧自動車の設立	1913.7.1
東京遊覧自働車の廃業	1914.9.18

東京横浜電鉄
東京横浜電鉄	1927.8.28
東京横浜電鉄	1932.3.31
東京横浜電鉄	1936.11.1

東京臨海高速鉄道りんかい線
第三セクター・東京臨海高速鉄道	2002.12.1

東京臨海高速鉄道臨海副都心線
東京臨海高速鉄道臨海副都心線	1996.3.20

東京臨海新交通臨海線（ゆりかもめ）
東京臨海新交通臨海線	1995.11.1
東京臨海新交通臨海線（ゆりかもめ）	2006.3.27

東京輪士会
東京輪士会	1908（この年）

東京湾アクアライン
東京湾アクアライン開通	1997.12.18
アクアライン土日通行料が1000円に	2009.3.20

東京湾横断道路
東京湾横断道路建設へ	1986.7.10
東京湾横断道路最後の交渉まとまる	1988.12月
東京湾横断道路起工	1989.5.27

東京湾汽船会社
東京湾汽船会社設立	1878.11.25

東西線脱線転覆事故
東西線鉄橋で竜巻により列車脱線転覆	1978.2.28

東西定期航空会
東西定期航空会、東京―浜松―大阪線開設	1923.1.11
東西定期航空会、旅客輸送を開始	1927.7月
東西定期航空会、定期路線権を日本航空輸送に譲渡	1929.3.31

東上鉄道
東上鉄道が開業	1914.5.1
東上鉄道	1916.10.27
東武鉄道と東上鉄道が合併	1920.7.22

東食
日米富士自転車と東食が合併	1996.11月
東食自転車部門がアドバンス・スポーツに引き継がれる	1997.12月

東大宇宙航空研究所
東大宇宙航空研究所設立	1964.4.1

東大航空研究所
東大航空研究所開設	1918.4.1

― 456 ―

東大航空研究所再設置	1958.4.1		東北本線	1929.6.20
東都乗合自動車			東北本線	1932.7.15
東都乗合自動車が設立	1935(この年)		東北本線	1944.11.15
東武伊勢崎線			東北本線	1958.4.14
営団地下鉄日比谷線、東武伊勢崎線	1962.5.31		東北本線	1960.3.1
東武線で踏切事故	1970.10.9		東北本線	1960.12.29
東武伊勢崎線竹ノ塚駅踏切死傷事故			東北本線	1962.4.20
東武伊勢崎線竹ノ塚駅踏切死傷事故	2005.3.15		東北本線	1962.7.1
東風汽車			東北本線	1964.9.28
日産、東風汽車と包括提携	2002(この年)		東北本線	1968.7.21
東武鉄道			東北本線	1968.8.22
東武鉄道が開業	1899.8.27		**東名高速飲酒運転事故**	
東武鉄道	1910.7.13		東名高速飲酒運転事故	1999.11.28
東武鉄道と東上鉄道が合併	1920.7.22		**東名高速道路**	
東武鉄道	1925.7.10		東名高速道路全面開通	1969.5.26
東武鉄道	1929.10.1		**洞爺丸**	
東武鉄道	1931.5.25		青函連絡船「洞爺丸」就航	1947.11.21
東武鉄道	1931.8.11		**洞爺丸事故**	
東武鉄道がバス部門を合併	1947.5.31		青函連絡船洞爺丸事故	1954.9.26
東武鉄道	1948.8.6		**東洋工業**	
デラックスロマンスカー登場	1960.10.9		東洋工業に社名変更	1927.9月
東武鉄道伊勢崎線複々線化	1974.7.2		自動車関連各社が操業を再開	1945.9月
東武鉄道日光線			マツダMAR型三輪トラックを発売	1957.11月
東武鉄道日光線全線複線化	1973.7.24		マツダK360を発売	1959.3月
東武東上線			マツダ車が累計100万台	1963.3月
営団地下鉄有楽町線、東武東上線	1987.8.25		ファミリアセダンを発売	1964.10月
東武東上本線ときわ台駅踏切事故			マツダ・コスモスポーツを発売	1967.5.30
東武東上本線ときわ台駅踏切事故	2007.2.6		米ビッグ3と提携 本格的な国際競争時代へ突入	1971.9.10
東武博物館			フォード・東洋工業 提携白紙に	1972.3月
東武博物館開館	1989.5.20		低公害車とアメリカで認定	1973.2月
東北産業航空			東洋工業がサバンナRX-7を発売	1978.3月
鹿児島交通、東北産業航空、北海道航空に航空機使用事業・不定期航空事業免許	1966.4.27		フォードと東洋工業資本提携	1979.11.1
東北新幹線			東洋工業がファミリアをモデルチェンジ	1980.6月
東北・上越新幹線起工式	1971.11.28		東洋工業がマツダに改称	1984.5月
東北新幹線開業	1982.6.23		**東洋高速鉄道**	
東北・上越新幹線上野駅が開業	1985.3.10		東洋高速鉄道	1996.4.27
東北・上越新幹線東京駅乗り入れ	1991.6.20		**東洋コルク工業**	
東北新幹線	1991.6.20		東洋コルク工業を設立	1920.1月
整備新幹線与党案通りに	1996.12.24		**道路維持修繕令**	
東北新幹線の開業日が決定	2002.5.14		道路維持修繕令公布	1921.5.28
東北新幹線開業	2002.12.1		**道路運送車両法**	
青森県へ新幹線開通	2002.12月		各道路法の施行	1951.6.1
東北線			自家用車6ヶ月点検廃止	1994.6.22
東北線	1959.5.22		**道路運送車両法施行法**	
東北線、川越線	1985.9.30		各道路法の施行	1951.6.1
東北本線			**道路運送法**	
東北本線	1922.3.5		道路運送法公布	1947.12.16

とうろう

各道路法の施行	1951.6.1
道路運送法施行法	
各道路法の施行	1951.6.1
道路構造令	
道路構造令、街路構造令	1919.12.6
道路公団民営化	
道路公団、厳しい経営実態	2002.12.6
道路公団改革審議で紆余曲折	2002(この年)
道路公団民営化推進委、分解	2003(この年)
道路公団民営化へ	2004.6.2
道路公団民営化	2005.10.1
道路交通取締法	
道路交通取締法公布	1947.11.8
道路交通法	
道路交通法公布	1960.6.25
道路交通法大改正	1964.9.1
道路交通法改正	1965.9.1
交通反則通告制度	1968.7.1
若葉マーク	1972.10.1
道路交通法改正	1978.12.1
高齢運転者標識(もみじマーク)	1997.10.30
チャイルドシート義務化	2000.10.1
飲酒運転、ひき逃げに対して罰則強化	2007.9.19
道路交通法改正	2008.6.1
道路交通法改正	2009.4.17
認知機能検査の義務付け	2009.6.1
道路築造標準	
道路築造標準の告示	1886.8.5
道路等級を廃し国道県道里道を定める件	
道路等級を廃し国道県道里道を定める件公布	1876.6月
道路取締規制	
道路取締規制	1900.6.21
道路取締令	
道路取締令の改正公布	1920.12.16
道路法	
道路法公布	1919.4.11
道路法施行令	
道路法公布	1919.4.11
都営地下鉄	
都営地下鉄など値上げ申請	1978.7月
都営交通機関の連絡定期券	1988.12.21
都営地下鉄1号線	
東京都地下鉄1号線が開業	1960.12.4
東京都交通局地下鉄1号線	1968.6.21
都営地下鉄6号線	
東京都交通局地下鉄6号線	1973.11.27
都営地下鉄大江戸線	
都営地下鉄大江戸線全線開通	2000.12.12
都営地下鉄新宿線	
都営地下鉄新宿線	1978.12.21
都営地下鉄新宿線	1980.3.16
都営地下鉄三田線	
営団地下鉄南北線、都営地下鉄三田線	2000.9.26
都営トロリーバス	
都営トロリーバス全線廃止	1968.9.29
都営バス	
都バス料金改正	1945.12.1
都電・都バス運賃値上げ	1946.3.15
都電・都バスの運賃値上げ	1947.2.15
都バスと民営バスの相互乗り入れ開始	1947.6.25
都電・都バス運賃値上げ	1948.6.1
都電・都バス値上げ	1949.6.1
都バス循環路線の新設	1950.4月
都バス・都電運賃値上げ	1951.12.25
都営バスが貸切バスの営業開始	1954.4.1
外国人観光客のバス輸送	1962.10.10
都営バスがワンマンカー導入	1965.2.16
都営バスがハイブリットバス導入	1972.11.12
都心循環ミニバス	1974.2.25
バスに優先席	1974.5.1
都営バスがワンマンバス化	1974.8.27
都バスが1日乗車券発売	1977(この年)
都営地下鉄など値上げ申請	1978.7月
都営バスが冷房導入	1979.8.1
バス初乗り値上げ	1979(この年)
都営交通機関の連絡定期券	1988.12.21
利賀村営バス	
バス営業開始と廃止	1971(この年)
ときわ丸	
ときわ丸衝突沈没	1963.2.26
徳川 好敏	
徳川・日野両陸軍大尉が日本初の動力飛行に成功	1910.12.19
徳島自動車道	
徳島自動車道が全線開通	2000.3.11
徳島鉄道	
徳島鉄道開業	1899.2.16
徳島鉄道	1899.8.19
徳島鉄道	1899.12.23
徳島鉄道	1900.8.7
総武鉄道、房総鉄道、七尾鉄道、徳島鉄道を国有化	1907.9.1

徳島本線
　徳島本線　1914.3.25
　徳島本線　1935.11.28
徳寿丸
　関釜連絡船「徳寿丸」就航　1922.11.12
特定産業振興臨時措置法
　特定産業振興臨時措置法　1962.12月
特定船舶整備公団
　特定船舶整備公団の事業概況　1962（この年）
特別着陸料
　特別着陸料問題　1975.12.18
土佐くろしお鉄道宿毛駅衝突事故
　土佐くろしお鉄道宿毛駅衝突事故　2005.3.2
土佐くろしお鉄道宿毛線
　第三セクター・土佐くろしお鉄道宿毛線　1997.10.1
土佐電鉄
　各地でバス営業開始　1929（この年）
土讃線
　土讃線　1939.11.15
都市交通審議会令
　「都市交通審議会令」公布　1955.7.19
都市新バスシステム
　都市新バスシステム　1984（この年）
　金沢で新バスシステム導入　1985.3月
利根川
　陸運会社による3河川の水運開発　1873.6月
利根川汽船会社
　利根川汽船会社開業　1871.2月
ドバイ日本航空機ハイジャック事件
　ドバイ日本航空機ハイジャック事件　1973.7.20
都バスフリーカード
　都バスフリーカードの発売　1978.10.1
トーハツPK53型
　トーハツPK53型発売　1953（この年）
とびうお
　宇高連絡船「とびうお」就航　1980.4.22
とーぶカード
　とーぶカード　1988.6.1
苫小牧軽便鉄道
　苫小牧軽便鉄道・日高拓殖鉄道を国有化　1927.8.1
富内線
　播但線、胆振線および富内線　1986.11.1
富山線
　富山線　1908.11.16

富山ライトレール
　富山ライトレール開業　2006.4.29
豊川鉄道
　豊川鉄道開業　1897.7.15
　豊川鉄道　1898.4.25
　豊川鉄道　1900.9.23
　豊川鉄道、鳳来寺鉄道、三信鉄道、伊那電気鉄道、北海道鉄道を国有化　1943.7.26
豊田 英二
　トヨタ自動車が発足　1982.7月
豊田 章一郎
　トヨタ自動車が発足　1982.7月
　トヨタ社長交代　1999.4.13
豊田 達郎
　自動車メーカー相次ぐトップ交代　1992（この年）
トヨタ1600GT
　トヨタ1600GTを発売　1967.8月
トヨタ2000GT
　トヨタ2000GTが完成　1965.8月
　トヨタ2000GTを発売　1967.5月
トヨダA1型乗用車
　トヨダA1型試作乗用車が完成　1935.5月
トヨダG1型トラック
　トヨダG1型トラックが完成　1935.8月
トヨタMR2
　トヨタMR2を発売　1984.6月
トヨタ自動車
　トヨタの東京本社ビルが完成　1982.1月
　トヨタとGM共同生産　1982.3月
　トヨタ、ビスタとカムリを発売　1982.3月
　トヨタ自動車が発足　1982.7月
　トヨタ、GM提携　1983.2月
　カローラスプリンターがモデルチェンジ　1983.5月
　トヨタ、GM共同生産認可　1984.4.11
　セリカ新モデルとカリーナが発売　1985.8月
　トヨタがスープラを発売　1986.2月
　トヨタ、乗用車エンジンをすべてDOHC4バルブに　1986.8月
　セルシオが発売される　1989.10月
　トヨタ、エスティマを発売　1990.5月
　自動車メーカー相次ぐトップ交代　1992（この年）
　トヨタ、GMの新たな協調　1993.11.19
　トヨタ、RAV4LとRAV4Jを発売　1994.5月
　トヨタ中国進出本格化　1996.5.16

トヨタ方式が裏目	1997.2月
トヨタがダイハツを子会社化	1998.8.28
トヨタ・ヴィッツが発売される	1999.1月
トヨタ社長交代	1999.4.13
トヨタがGMと提携	1999.4.19
天津豊田汽車有限公司設立	2000.6月
CCC21	2000.7月
トヨタ、フォードが提携交渉	2000.12.14
トヨタ、相次ぐ資本参加	2000(この年)
トヨタが日野の親会社に	2001.4.25
トヨタ国内最高利益を記録	2001.5.16
トヨタとプジョーが折半出資で合弁	2001.7.12
社長交代2社と相次ぐ人事	2001(この年)
トヨタ、経常利益1兆円の大台へ	2002.5.13
トヨタ、第一汽車と包括提携	2002.8.29
燃料電池車のリース開始	2002.12.2
燃料電池車の開発進む	2002.12月
トヨタ、販売台数世界2位	2003(この年)
高級車を中心に最先端技術を搭載	
	2003(この年)
トヨタ、国内シェア過去最高	2004(この年)
トヨタとダイハツ共同開発	2004(この年)
ミニバン競争激化	2004(この年)
自動車大手各社最高益	2004(この年)
トヨタ、高級車レクサスを投入	2005.8.30
トヨタ自動車	2005.10.18
トップ交代相次ぐ	2005(この年)
トヨタ、富士重工の筆頭株主に	2005(この年)
レクサス巻き返しはかる	2006(この年)
トヨタの営業利益が2兆円を突破	2007.5.9
トヨタ生産世界一に	2007(この年)
トヨタの地方雇用悪化	2008(この年)
トヨタが販売世界一に	2008(この年)
トヨタとGMの合弁解消	2009.6.29

トヨタ自動車工業

トヨタ自動車工業を設立	1937.8月
フォード車の国産化に合意	1939.12月
敗戦と自動車業界	1945.8.15
トヨタ自動車工業が累計10万台達成	1947.5月
トヨタ自動車工業の生産方式改革	1949.8月
トヨタ自動車工業に協調融資	1949.12月
トヨタ自動車工業の5ヶ年計画	1951.2月
トヨペットSF型を発売	1951.10月
トヨタ自動車工業技術部主査室が発足	
	1953.5月
トヨペット・スーパーRH型を発売	1953.9月
カンバン方式を導入	1954.7月
トヨタ自動車工業の新設備投資計画	1956.3月
元町工場が操業開始	1959.8月
トヨタ自動車工業とフォード社が提携交渉	1960.3月
豊田中央研究所が発足	1960.11月
名神高速道路で走行試験	1961.5月
パブリカUP10型を発売	1961.6月
トヨタ自動車工業が累計100万台	1962.6.17
クラウン・エイトを発売	1964.4月
トヨペット・コロナRT40型を発売	1964.9月
トヨタスポーツ800を発売	1965.4月
トヨタ2000GTが完成	1965.8月
日野とトヨタが提携	1966.10月
カローラKE10型を発売	1966.11月
トヨタ2000GTを発売	1967.5月
トヨタ1600GTを発売	1967.8月
3代目クラウンを発売	1967.9月
ダイハツ工業がトヨタと提携	1967.11月
コロナ・マークIIRT60型を発売	1968.9月
朝日新聞の欠陥車報道	1969.6月
2代目カローラを発売	1970.5月
カリーナとセリカを発売	1970.12月
日本自動車メーカー、中国進出へ	1971(この年)
トヨタとフォード 合弁交渉	1980.6月
トヨタがソアラMZ10を発売	1981.2月
トヨタの東京本社ビルが完成	1982.1月
トヨタ自動車が発足	1982.7月

トヨタ自動車販売

トヨタ自動車販売を設立	1950.4月
神谷正太郎が渡米	1950.6月
東京トヨペットを設立	1953.3月
トヨタと日産が値下げ	1957.2月
日野とトヨタが提携	1966.10月
ダイハツ工業がトヨタと提携	1967.11月
ロータリー・エンジン導入活発化	
	1972(この年)
トヨタがアメリカで輸入乗用車1位に	
	1975.12月
トヨタがターセル、コルサを発売	1978.8月
トヨタの東京本社ビルが完成	1982.1月
トヨタ自動車が発足	1982.7月

豊田自動織機製作所

豊田自動織機製作所自動車部が発足	1933.9月
豊田自動織機製作所のエンジンが完成	
	1934.9月
トヨタG1型トラックが完成	1935.8月
豊田自動織機製作所と日産自動車が許可会社に	1936.9.19
自動車製造事業法の許可会社を指定	1936.9月

トヨタスポーツ800

トヨタスポーツ800を発売	1965.4月

トヨタ争議			郵便・荷物輸送馬車の定期路線	1881.4.1
トヨタ争議	1950.4月		ナイスミディバス	
トヨタ争議が終結	1950.6月		ナイスミディバス	1983.3.20
豊田中央研究所			長井線	
豊田中央研究所が発足	1960.11月		長井線	1988.10.25
トヨタ博物館			中越鉄道	
トヨタ博物館開館	1989.4月		中越鉄道開業	1897.5.4
トヨタ方式			中越鉄道	1897.8.18
トヨタ方式が裏目	1997.2月		中越鉄道	1897.10.31
豊橋鉄道市内線			中越鉄道	1898.1.2
豊橋鉄道市内線	1982.7.31		中越鉄道	1900.12.29
トヨペットSF			中越鉄道を国有化	1920.9.1
トヨペットSF型を発売	1951.10月		長崎空港	
トヨペット・クラウン			長崎空港が開港	1975.5.1
トヨペット・クラウンを発売	1955.1月		長崎航空	
トヨペット・コロナRT40			長崎航空設立	1961.6.12
トヨペット・コロナRT40型を発売	1964.9月		長崎航空、定期路線を全日空に移譲	
トヨペット・コロナST10				1967.11.30
トヨペット・コロナST10型を発売	1957.7月		長崎新幹線	
トヨペット・スーパーRH			長崎新幹線建設	1972.11.9
トヨペット・スーパーRH型を発売	1953.9月		長崎本線	
トリプル・セブン			長崎本線	1930.3.19
ボ社ハイテク機登場	1995.12.23		長崎本線	1934.12.1
ドリーム号			長崎本線、佐世保線	1976.6.6
調布―河口湖間に高速バス	1969.3月		中島 知久平	
ドリーム号E型			飛行機研究所設立	1917.12.20
本田技研工業がドリーム号E型を開発			日本飛行機製作所設立	1918(この年)
	1951.12.1		中島式5型複葉機	
トロリーバス			中島式5型複葉機、陸軍制式機として	
日本初のトロリーバス走行	1928(この年)		採用	1919.4.15
十和田電鉄			中島飛行機	
各地でバス営業開始	1926(この年)		中島飛行機設立	1931.12.15
十和田丸			富士産業に改称	1945.9月
青函連絡船「十和田丸」就航	1957.10.1		中島飛行機製作所	
			中島飛行機製作所設立	1919.12月
【な】			中日本航空	
			中日本航空設立	1953.5.4
			全日空、中日本航空の定期部門を吸収	
内国勧業博覧会				1965.2.1
第2回内国勧業博覧会	1881.3月		中日本航空のヘリコプタ・セスナ機	
第3回内国勧業博覧会	1890.5月		衝突	2001.5.19
第5回内国勧業博覧会	1903.3.1		長野温泉自動車	
内国通運会社			長野温泉自動車が設立	1927(この年)
通運事業の一本化	1875.2月		長野新幹線	
外輪蒸気船が建造される	1877.2月		長野新幹線開業	1997.10.1
蒸気船の使用開始	1877.5月		長野原線	
川蒸気船の運航開始	1877.6月		長野原線	1945.1.2
馬車輸送と郵便輸送を開始	1879.5.1		長浜停車場	
			長浜停車場が竣工	1882.11月

中村 裕一
　三菱自工社長交代　　　　　　1997.11.27
中村線
　中村線　　　　　　　　　　　　1970.10.1
　中村線　　　　　　　　　　　　1988.4.1
中山宿駅
　中山宿駅のスイッチバックを廃止　1997.3.22
名古屋TTレース
　名古屋TTレース　　　　　　　1953.3.21
名古屋駅
　名古屋駅が移転　　　　　　　　1937.2.1
名古屋空港
　名古屋空港設置告示　　　　　　1960.2月
　名古屋空港滑走路上で全日空機と自
　　衛隊機衝突　　　　　　　　　1960.3.16
　名古屋空港と名瀬空港、国際空港に
　　指定　　　　　　　　　　　　1966.1.19
　名古屋空港国際線第1便が出発　　1966.3.2
　名古屋空港で中華航空機が着陸に失
　　敗、炎上　　　　　　　　　　1994.4.26
名古屋空港ビルディング
　名古屋空港ビルディング設立　　　1957.4.22
　名古屋空港ビル完成　　　　　　1957.9.15
名古屋市営地下鉄
　名古屋市営地下鉄が開業　　　　1957.11.15
　私鉄運賃値上げ　　　　　　　　1960.6月
　名古屋市営地下鉄　　　　　　　1981.11.27
名古屋市営地下鉄鶴舞線
　名古屋市交通局鶴舞線　　　　　1993.8.12
名古屋市営地下鉄東山線
　名古屋市営地下鉄東山線　　　　1982.9.21
名古屋自動車
　名古屋自動車に営業許可　　　　1903.8.25
名古屋鉄道
　名古屋鉄道　　　　　　　　　　1924.2.1
　名古屋鉄道　　　　　　　　　　1926.10.1
　名古屋鉄道　　　　　　　　　　1928.2.3
　各地でバス営業開始　　　　　　1928(この年)
　最初の女性車掌　　　　　　　　1944.5.10
　名古屋鉄道　　　　　　　　　　1944.9.1
　名古屋鉄道　　　　　　　　　　1948.5.16
　私鉄運賃値上げ　　　　　　　　1960.4.10
　名鉄にパノラマカーが登場　　　1961.6.12
　初のノンステップバス　　　　　1984(この年)
　パノラマカード、パストラルカード　1990.4.1
名古屋鉄道空港線
　名鉄空港線開通　　　　　　　　2005.1.29
名古屋鉄道知多線
　名古屋鉄道知多線　　　　　　　1980.6.5

名古屋鉄道豊田線
　名古屋鉄道豊田線　　　　　　　1979.7.29
名古屋鉄道羽島線
　名古屋鉄道羽島線　　　　　　　1982.12.11
名古屋電気鉄道
　名古屋電気鉄道が開業　　　　　1898.5.6
名古屋飛行場
　名古屋飛行場開場　　　　　　　1934.7.3
　名古屋空港設置告示　　　　　　1960.2月
名古屋臨海高速鉄道
　第三セクター・名古屋臨海高速鉄道　2004.10.6
名瀬空港
　名古屋空港と名瀬空港、国際空港に
　　指定　　　　　　　　　　　　1966.1.19
七尾線
　七尾線　　　　　　　　　　　　1925.12.15
　七尾線　　　　　　　　　　　　1935.7.30
　七尾線　　　　　　　　　　　　1991.9.1
七尾鉄道
　七尾鉄道開業　　　　　　　　　1898.4.24
　七尾鉄道　　　　　　　　　　　1900.8.2
　七尾鉄道　　　　　　　　　　　1904.11.10
　総武鉄道、房総鉄道、七尾鉄道、徳
　　島鉄道を国有化　　　　　　　1907.9.1
浪速鉄道
　浪速鉄道開業　　　　　　　　　1895.8.22
　関西鉄道が浪速鉄道と城河鉄道を吸
　　収合併　　　　　　　　　　　1897.2.9
那覇空港
　那覇空港国際線ターミナル完成
　　　　　　　　　　　　　　　　1986(この年)
ナビックス
　商船三井とナビックスが合併へ　1998.10.20
名寄本線
　名寄本線　　　　　　　　　　　1921.10.5
奈良観光バス
　奈良観光バスが乗合事業を廃止
　　　　　　　　　　　　　　　　1967(この年)
奈良交通
　各地でバス営業開始　　　　　　1968(この年)
奈良線
　奈良線、関西線、和歌山線　　　1984.9.30
奈良鉄道
　奈良鉄道開業　　　　　　　　　1895.9.5
　奈良鉄道　　　　　　　　　　　1895.11.3
　奈良鉄道　　　　　　　　　　　1896.1.25
　奈良鉄道　　　　　　　　　　　1896.3.13

奈良鉄道	1896.4.18		成田線	1991.3.19
奈良鉄道	1898.5.11	**成田線脱線事故**		
奈良鉄道	1899.10.14		成田線で脱線事故	1973.2.23
関西鉄道が奈良鉄道を吸収合併	1905.2.8	**成田鉄道**		

奈良電気鉄道
　奈良電気鉄道が開業　　　　　1928.11.15
奈良原式2号機
　奈良原式2号機、国産機初飛行に成功　1911.5.5
成駒屋
　日本人による乗合馬車の営業開始　1869.5月
成田・貨物機炎上事故
　成田・貨物機炎上事故　　　　2009.3.23
成田空港
　新東京国際空港候補地　　　　1963.12.11
　新東京国際空港進展せず　　1965(この年)
　新東京国際空港建設地が三里塚に決
　　定　　　　　　　　　　　　　1966.7.4
　成田空港反対闘争　　　　　1966(この年)
　成田空港測量開始　　　　　　1967.10.10
　成田空港測量開始　　　　　　1967.10.10
　新東京国際空港　　　　　　1967(この年)
　新東京国際空港任意買収成立　1968.4.6
　新東京国際空港のマスタープラン答
　　申　　　　　　　　　　　　　1968.8.7
　成田空港建設用地の強制収用へ　1969.8月
　成田空港開港へ号令　　　　　　1977.1月
　成田空港へのジェット燃料輸送を開
　　始　　　　　　　　　　　　　1978.3.2
　成田空港開港を延期　　　　　　1978.3.26
　成田空港使用料交渉が妥結　　　1978.3月
　新東京国際空港(成田空港)が開港　1978.5.20
　成田空港用地問題　　　　　　　1989.12月
　成田、関西新空港整備もたつく　1990(この年)
　日航機離陸緊急停止　　　　　　1996.9.13
　成田暫定滑走路の運用　　　　　2002.4.18
　成田、関空、中部が民営化　　　2002.12月
　成田、完全民営化へ　　　　　　2003.7.11
　成田空港は北延伸へ　　　　　　2005.7.15
　北側延伸工事開始　　　　　　　2006.9.15
成田空港反対闘争
　成田空港反対闘争　　　　　　1966(この年)
成田国際空港株式会社
　成田国際空港株式会社発足　　　2004.4.1
　成田国際空港会社に官製談合疑惑　2005.11.18
　成田への出資に規制　　　　　　2008.12月
成田線
　成田線　　　　　　　　　　　　1933.3.11
　成田線　　　　　　　　　　　　1973.9.28
　総武本線、成田線、鹿島線　　　1974.10.26

　成田鉄道開業　　　　　　　　　1897.1.19
　成田鉄道　　　　　　　　　　　1897.12.29
　成田鉄道　　　　　　　　　　　1898.2.3
　成田鉄道　　　　　　　　　　　1901.2.2
　成田鉄道　　　　　　　　　　　1901.4.1
　成田鉄道　　　　　　　　　　　1902.3.1
南海白浜急行バス
　各地でバス営業開始　　　　　1972(この年)
南海鉄道
　南海鉄道が阪堺鉄道を合併　　　1898.10.1
　南海鉄道　　　　　　　　　　　1903.3.21
　南海鉄道　　　　　　　　　　　1907.8.21
　南海鉄道　　　　　　　　　　　1911.11.21
　南海鉄道　　　　　　　　　　　1925.7.30
　南海鉄道と阪和電気鉄道が合併　1940.12.1
　南海鉄道山手線　　　　　　　　1941.4.1
　南海鉄道、宮城電気鉄道、西日本鉄
　　道を国有化　　　　　　　　　1944.5.1
南海電気鉄道
　南海電気鉄道でズームカー運行開始　1961.7.5
南海バス
　南海シャトルバス、南海コミュニ
　　ティバス　　　　　　　　　1987(この年)
南海丸遭難
　南海丸遭難　　　　　　　　　　1958.1.26
南紀航空
　膳棚山で南紀航空機墜落　　　　1969.6.25
南四国急行バス
　各地でバス営業開始　　　　　1967(この年)
南信自動車
　南信自動車株式会社の設立　　　1910.8月
南西航空
　南西航空設立　　　　　　　　　1967.6.20
ナンバープレート希望番号制
　ナンバープレート希望番号制開始　1999.5.14
南武鉄道
　南武鉄道五日市線　　　　　　　1941.2.28
　南武鉄道、青梅電気鉄道を国有化　1944.4.1
南部鉄道
　各地でバス営業開始　　　　　1931(この年)
南和鉄道
　南和鉄道開業　　　　　　　　　1896.5.10
　南和鉄道　　　　　　　　　　　1896.10.25
　関西鉄道が南和鉄道を吸収合併　1904.12.9

【に】

新潟県中越地震
 中越地震で新幹線が脱線 2004.10.23
 上越線、飯山線が復旧 2004.12.27
 中越地震の影響 2004(この年)
新潟市営飛行場
 新潟市営飛行場開業 1930(この年)
西岡 喬
 トップ交代相次ぐ 2005(この年)
西梶 元次
 日本馬車会社設立 1889(この年)
二式飛行艇
 海軍、二式飛行艇を制式採用 1942.2月
西谷自動車
 各地でバス営業開始 1965(この年)
西鉄貝塚線
 西鉄宮地岳線が西鉄貝塚線に改称 2007.4.1
西鉄バスジャック事件
 西鉄バスジャック事件 2000.5.3
西鉄宮地岳線
 西鉄宮地岳線が西鉄貝塚線に改称 2007.4.1
西東京バス
 各地でバス営業開始 1963(この年)
西成線
 西成線で電車運転開始 1941.5.1
西成線列車脱線火災事故
 西成線列車脱線火災事故 1940.1.29
西成鉄道
 西成鉄道開業 1898.4.5
 西成鉄道 1899.5.1
 西成鉄道が官設鉄道に区間貸し渡し 1904.12.1
 西成鉄道と山陽鉄道を国有化 1906.12.1
西日本空輸
 西日本空輸設立 1953.12.3
西日本鉄道
 西日本鉄道 1942.9月
 南海鉄道、宮城電気鉄道、西日本鉄道を国有化 1944.5.1
2銭蒸気
 隅田川蒸気船の運賃値上げ 1906.9月
日英航空協定
 日英航空協定見直し 1981.10月
日南線
 日南線 1963.5.8

日飛モータース
 日飛モータース、米海軍と航空機修理契約を締結 1953(この年)
日米オープンスカイ協定
 日米オープンスカイ協定 2009.12.11
日米号
 ユンカースA-50「日米号」水上機が太平洋横断飛行に出発 1931.5.14
日米航空協定
 日米航空協定調印 1952.8.11
 日米航空協定改定交渉開始 1961.5.29
 日米航空協定改定交渉調印 1965.12.28
 日米航空協定の不平等是正交渉 1977(この年)
日米航空交渉
 日米航空交渉 1958.4月
 第2次日米航空交渉開始 1964.6.22
 日米航空交渉一時休会 1964.8.6
 日米航空交渉 1976.10.4-08
 第6回日米航空交渉 1978.3.14
 日米航空交渉再開 1980.9月
 日米航空交渉断続的に再開 1981(この年)
 日米航空交渉合意 1982.6.4
 日米航空交渉暫定合意成立 1989.11月
 日米航空交渉決着 1995.7.21
 日米航空交渉で合意 1996.3月
 日米航空交渉決着できず 1997.8.4
 日米航空交渉で合意 1998.1月
日米自動車会談
 日米自動車会談ホノルル会議 1968.1月
 日米自動車会談 1968.8月
日米自動車協議
 日米自動車協議決着 1995.6月
日米商店
 日米商店創業 1899.11月
 日米商店がスターリング号の独占販売権取得 1903(この年)
 高級自転車ラーヂ号 1906(この年)
 大日本自転車設立 1916(この年)
日米富士自転車
 日米富士自転車株式会社設立 1951.8月
 富士アメリカ設立 1971(この年)
 日米富士自転車と東食が合併 1996.11月
日満中連絡運輸規則
 日満中連絡運輸規則 1940.8.31
にちりん
 ビデオカー登場 1979.11.3
日航機ニアミス事故
 日航機ニアミス事故で書類送検 2003.5.7

日航法
　日航法公布施行　　　　　　　1953.8.1
　日航法改正　　　　　　　　　1955.7.22
日産工機
　日産工機と改称　　　　　　　1971.6月
日産自動車
　日産自動車に改組　　　　　　1934.6月
　豊田自動織機製作所と日産自動車が
　　許可会社に　　　　　　　　1936.9.19
　自動車製造事業法の許可会社を指定　1936.9月
　フォード車の国産化に合意　　1939.12月
　日産自動車の生産台数が戦前最高に
　　　　　　　　　　　　　　　1941.12月
　日産自動車と改称　　　　　　1949.8月
　オースチンA40型の第1号車が完成　1953.4月
　日産争議が終結　　　　　　　1953.9.21
　トヨタと日産が値下げ　　　　1957.2月
　ブルーバード310型を発売　　1959.8月
　ニッサン・セドリックを発売　1960.4月
　日産自動車がデミング賞を受賞　1960.6月
　名神高速道路で走行試験　　　1961.5月
　ダットサン・フェアレディ1500を発
　　売　　　　　　　　　　　　1962.10月
　日産・プリンス合併　　　　　1965.5月
　ダットサンサニーを発売　　　1966.4月
　日産自動車とプリンス自動車工業が
　　合併　　　　　　　　　　　1966.8月
　ダットサン・ブルーバード510型を発
　　売　　　　　　　　　　　　1967.8月
　ローレルを発売　　　　　　　1968.4月
　日産自動車と富士重工業が提携　1968.10月
　朝日新聞の欠陥車報道　　　　1969.6月
　フェアレディZを発売　　　　1969.11月
　チェリーE10型を発売　　　　1970.10月
　ブルーバードU610型を発売　　1971.8月
　4代目スカイラインを発売　　1972.9月
　ロータリー・エンジン導入活発化
　　　　　　　　　　　　　　　1972(この年)
　日産「ダットサン」を「ニッサン」
　　に統合　　　　　　　　　　1978.1月
　日産、セドリックとグロリアにター
　　ボチャージャーを搭載　　　1979.10月
　日産、ブルーバードをモデルチェン
　　ジ　　　　　　　　　　　　1979.11月
　日産も米に工場　　　　　　　1980.4月
　日産と伊アルファロメオが合弁　1980.10月
　日産、VW車を日本で生産　　 1981.9月
　サニーのFF車が発売される　　1981.10月
　日産工場、英国での建設延期　1982.7月
　日産がプレーリーを発売　　　1982.8月
　日産がYXX開発に参加表明　　1982.9月
　日産がマーチを発売　　　　　1982.10月
　日産、英国進出　　　　　　　1983.10月
　日産、イギリス進出　　　　　1984.2.1
　日産、米国で乗用車生産　　　1984.5.11
　シーマが発売される　　　　　1988.1月
　スカイラインがモデルチェンジ　1989.5月
　日産、プリメーラを発売　　　1990.2月
　自動車メーカー相次ぐトップ交代
　　　　　　　　　　　　　　　1992(この年)
　OEM供給盛ん　　　　　　　　1994.4.12
　自動車メーカー進むリストラ　1994(この年)
　日産再建3か年計画　　　　　1995.3月
　自動車4社で社長交代　　　　1996.6月
　日産がリストラ計画を発表　　1998.5月
　各社リストラ計画発表　　　　1998(この年)
　日産とルノーが資本提携　　　1999.3.27
　日産、社長交代　　　　　　　2000.3.16
　スズキから軽自動車供給受ける日産　2001.4.2
　日産、黒字転換で復活宣言　　2001.5.17
　日産と三菱、変速機事業を統括　2001.10.4
　日産ルノー株取得で対等へ　　2001.10.13
　日産、再建計画前倒しと新たな計画　2002.2.8
　日産、東風汽車と包括提携　　2002(この年)
　高級車を中心に最先端技術を搭載
　　　　　　　　　　　　　　　2003(この年)
　日産、拡充はかる軽のOEM受給
　　　　　　　　　　　　　　　2003(この年)
　ミニバン競争激化　　　　　　2004(この年)
　自動車大手各社最高益　　　　2004(この年)
　日産の燃料電池車　　　　　　2004(この年)
　カルロス・ゴーンが日産とルノーの
　　CEOを兼任　　　　　　　　2005.5月
　日産100万台達成　　　　　　2005.9月
　日産再建プロセスが完了　　　2005.10月
　日産、GMとの交渉が破談　　 2007.10.4
　日産自動車が本社移転　　　　2009.8.18
日産重工業
　昭和天皇が日産重工業を視察　1946.2.19
　戦後初のダットサン乗用車が完成　1947.8月
　日産重工業の5ヶ年計画　　　1948.11月
　日産自動車と改称　　　　　　1949.8月
日産争議
　日産争議　　　　　　　　　　1953.5月
　日産争議が終結　　　　　　　1953.9.21
日産ディーゼル工業
　日産ディーゼル工業に改称　　1960.12月

日本自動車メーカー、中国進出へ			仁堀航路	
	1971(この年)		仁堀航路	1946.5.1
日デ、金融支援による経営再建 2003(この年)			仁堀連絡船	
日清条約			仁堀航路	1946.5.1
満洲に関する日清条約	1905.12.22		日本アジア航空	
日ソ航空協定			日本アジア航空を設立	1975.8.8
日ソ航空協定交渉	1958.4月		日本アジア航空	1976(この年)
日ソ航空協定調印	1966.1.21		DC旅客機が進入灯に接触	1984.4.19
日ソ航空交渉			日本EVクラブ	
日ソ航空交渉妥結	1969.2月		電気自動車で560km走破	2009.11.17
日ソ航空交渉妥結	1969.11.5		日本運輸株式会社	
日中海運協定交渉			日本運輸株式会社創立	1887.3月
日中海運協定交渉始まる	1974.7.8		日本エアコミューター	
日中航空協定			日本エアコミューター株式会社設立	1983.7.1
日中航空協定	1974.4.20		日本エアシステム(JAS)	
日中航空協定発効	1974.5.24		JAS機着陸失敗	1993.4.18
日中戦争			JAS機と米軍機がニアミス	1993.4.22
日中戦争が勃発	1937.7.7		マイレージ・サービス開始	1997.4.1
日東航空			新幹線に対抗する航空シャトル便	2000.7.1
日本観光飛行協会、日東航空に改称 1958.2.26			日本航空と日本エアシステムが合併 2002.10.2	
日東航空、富士航空、北日本航空が			航空大手3社、テロ影響で減収 2002(この年)	
合併契約書に調印	1963.12.25		日本学生航空連盟	
日東航空「つばめ号」墜落事故			日本学生航空連盟発足	1930.4.28
日東航空「つばめ号」墜落事故	1963.5.1		日本貨物航空	
日本初の航空機事故損害賠償判決	1967.6.12		国際貨物航空認可	1983.8月
日東航空旅客機墜落事故			NCA運航開始	1985.5.8
日東航空旅客機墜落	1964.2.18		日本観光飛行協会	
日東乗合自動車			日本観光飛行協会発足	1952.4月
日東乗合自動車の設立	1925.12.22		日本観光飛行協会、不定期航空運送	
日豊本線			事業免許	1954.8.10
日豊本線	1923.12.15		日本観光飛行協会、日東航空に改称 1958.2.26	
日豊本線	1966.10.1		日本急行バス	
日豊本線	1967.10.1		日本急行バス設立の決議	1957.11.13
日豊本線	1974.3.13		日本近距離航空	
日暮里・舎人ライナー			日本近距離航空を設立	1974.3.13
日暮里・舎人ライナー	2008.3.30		日本空港動力	
ニッポン号			日本空港動力設立	1965.2.16
「ニッポン号」世界一周飛行に成功			日本空港ビルディング	
	1939.8.26-10.20		日本空港ビルディング設立	1953.7.20
日本郵船			東京国際空港ターミナルビル拡張工	
日本郵船	1893.2.1		事起工	1962.1.17
日本郵船	1893.10月		日本空港リムジン	
日本郵船が青函定期航路を廃止	1910.3.10		日本空港リムジン設立	1954.12.16
日本郵船が昭和海運を吸収	1998.10.1		日本グランプリ	
海運大手3社、円高効果で増収	2001.9月		第1回日本グランプリ	1963.5.2
海運大手過去最高益	2004.11.11		第2回日本グランプリ	1964.5月
景気減速で活況から減便へ	2008(この年)		日本航空123便墜落事故	
2.26事件			日本航空123便墜落事故	1985.8.12
2.26事件の影響	1936.2.29		日航機事故後の影響	1985(この年)

日航機墜落事故で告訴　　　　1986.4.12
日航ジャンボ機事故 賠償・補償
　　　　　　　　　　　　　1988（この年）
日航機墜落事故不起訴　　　　1989.11.22
日航機墜落事故で和解　　　　1991.3.26
日本航空350便羽田沖墜落事故
日本航空350便、羽田沖墜落事故　1982.2.9
羽田沖事故不起訴　　　　　　1984.11.9
日航羽田沖事故で不起訴　　　1987.1.27
日本航空（JAL）
2つの日本航空が合流、新会社設立へ 1951.5.7
日本航空、国内定期航空運送事業の
　営業免許　　　　　　　　　1951.5.22
日本航空設立　　　　　　　　1951.8.1
日航、ノースウェスト航空と委託運
　航契約締結　　　　　　　　1951.10.11
再開1番機が飛ぶ　　　　　　1951.10.25
日航、パイロット要員を米国に派遣 1952.4.3
日航、パイロット要員の国内訓練開
　始　　　　　　　　　　　　1952.5.15
日航、国内定期航空運送事業免許　1952.9.20
日航、自主運航開始　　　　　1952.10.25
日航、IATA加盟　　　　　　　1953.9.17
日本航空株式会社新発足　　　1953.10.1
日航、太平洋線第1回試験飛行　1953.11.23
日航、太平洋線開設披露日米親善招
　待飛行　　　　　　　　　　1954.1.17-2.14
日航、太平洋線定期運航を開始（初の
　国際線）　　　　　　　　　1954.2.2
日航、三沢・名古屋・岩国への寄航
　を中止　　　　　　　　　　1954.10.25
日航、東京―福岡線の直行便運航開
　始　　　　　　　　　　　　1954.10.25
日航赤字助成策　　　　　　　1954（この年）
日航輸送実績　　　　　　　　1954（この年）
日航、DC-8を4機発注　　　　1955.12.15
日航、初の五輪選手団空輸　　1956.11.4
日本航空国際線増便　　　　　1957.4.3
日航、夏期深夜便「オーロラ便」営
　業開始　　　　　　　　　　1957.7.20
日本人機長による初の東京―ホノル
　ル間無着陸試験飛行　　　　1957.9.1
日航機が不時着炎上　　　　　1957.9.30
日航の赤字解消　　　　　　　1958.3月
日航と全日空が提携　　　　　1959.4月
日航、ロス乗入れへ　　　　　1959.5月
日航、大阪経由香港線の運航開始　1960.6.3
日航、深夜便「ムーンライト」の運
　航開始　　　　　　　　　　1960.6.22

日航のジェット1番機DC-8「富士
　号」、サンフランシスコ線に就航 1960.8.12
日航のDC-7、東京―札幌線に就航　1960.8.18
日本航空躍進　　　　　　　　1960（この年）
日航、北回り欧州線開設　　　1961.6.6
日航、国内線ジェット機初就航　1961.9.25
日航のコンベア880、東京―福岡線に
　就航開始　　　　　　　　　1961.10.25
日航国内線輸送量4割増　　　1961（この年）
日航と全日空、提携強化のため協議
　会設置　　　　　　　　　　1962.7月
日航国際線概況　　　　　　　1962（この年）
日航国内線概況　　　　　　　1962（この年）
日航、日本航空整備と合併　　1963.10.1
日航と全日空、ボーイング727の共同
　決定を発表　　　　　　　　1964.1.13
日航、ボーイング727を6機発注　1964.5.15
日航のコンベアCV-880、大阪国際空
　港に就航開始　　　　　　　1964.6月
日航のコンベア880、東京―大阪―福
　岡線に就航　　　　　　　　1964.10.1
日航、ジャルパックの発売開始　1965.1.20
日航のジャルパック第1便が出発　1965.4.10
日航のボーイング727、就航開始　1965.8.1
日航国際線概況　　　　　　　1965（この年）
日航、ボーイング747を仮発注　1966.6.16
琉球民政府、日航と全日空に航空路
　開設協力を申し入れ　　　　1966.6.16
日航、琉球諸島内航空路の引受けを
　回答　　　　　　　　　　　1966.6.22
日本国内航空、幹線運航権を日航に
　委託　　　　　　　　　　　1966.7.1
日航、ニューヨーク乗入れと世界一
　周線テスト飛行実施　　　　1966.8.30-9.7
日航、世界一周線開設を発表　1966.9.8
日航、ニューヨーク乗り入れ開始 1966.11.12
日航国際線運行概況　　　　　1966（この年）
日航、世界一周線を開設　　　1967.3.6
モスクワ線就航　　　　　　　1967.4月
南西航空設立　　　　　　　　1967.6.20
日航のオーロラ便、日本国内航空に
　移譲　　　　　　　　　　　1967.12.1
世界一周路線就航　　　　　　1967（この年）
日航IATA第8位へ　　　　　　1967（この年）
日航、モーゼスレークジェット乗員訓
　練所を開設　　　　　　　　1968.11.21
サンフランシスコで日航機不時着　1968.11.23
日航、代理店とジャルパック設立構
　想を発表　　　　　　　　　1969.1.7

- 467 -

日航新路線要求へ	1969.6月	日本航空、定期路線権を日本航空輸	
国内航空会社の概況	1969(この年)	送に譲渡	1929.3.30
日航シベリア線自主運行開始	1970.3.28	日本航空機関士会	
日本航空のジャンボジェット機が就		日本航空機関士会発足	1927.4月
航	1970.7.1	日本航空機駿河湾上空ニアミス事故	
日航、収益大幅低下	1970(この年)	日本航空機駿河湾上空ニアミス事故	2001.1.31
羽田で日航機が暴走	1972.5.15	日本航空機製造	
1974年度以降にエアバス導入	1972.7月	日本航空機製造設立	1959.6.1
日本航空機が北京へ特別飛行	1972.9.14	日本航空機製造、YS-11の販売活動	
日航はボ社、全日空はロ社に決定	1972.10.30	を開始	1963(この年)
世界一周路線運休	1972.12.6	YS-11量産初号機納入	1965.3.30
日航、コンコルド発注取消し?	1973(この年)	国産航空機の輸出増大	1966(この年)
18歳の少年がハイジャック	1974.3.12	次期ジェット機生産	1967.9月
名古屋市上空でハイジャック	1974.7.15	日本航空機製造が解散	1982.9.7
日本航空のDC-10が就航	1976.7.1	日本航空機操縦士協会	
日航創業25周年	1976.10月	日本航空機操縦士協会が発足	1957.1.17
航空3社予想外の好収益	1977(この年)	日本航空クアラルンプール墜落事故	
フラップ出し忘れて離陸	1982.7.18	クアラルンプールで日航機が墜落、	
日航、国際航空運送実績世界一に		炎上	1977.9.27
	1983(この年)	日本航空シェレメチェボ墜落事故	
日航、純民間会社に	1987.11.18	日本航空シェレメチェボ墜落事故	1972.11.28
日航の赤字500億円超に	1993.3.31	日本航空少年団	
マイレージサービス始まる	1993.11月	日本航空少年団結成	1958.9.14
日航機離陸緊急停止	1996.9.13	日本航空整備	
マイレージ・サービス開始	1997.4.1	日本航空整備設立	1952.7.1
日航機、志摩半島上空乱降下	1997.6.8	日本航空整備、DC-7C機体オーバー	
新幹線に対抗する航空シャトル便	2000.7.1	ホールを完了	1958.7.25
日本航空と日本エアシステムが合併	2002.10.2	日航、日本航空整備と合併	1963.10.1
航空大手3社、テロ影響で減収	2002(この年)	日本航空整備協会	
JAL、大幅赤字で緊急対策	2003(この年)	日本航空整備協会設立	1955.1.11
日航旅客需要回復	2004.11.5	日本航空宣伝協会	
日航業績不振で賃金カットへ	2005.11.7	日本航空宣伝協会設立	1952.9.13
日航、保有株売却で黒字確保	2006(この年)	日本航空ニューデリー墜落事故	
日航「再生中期プラン」発表	2007.2月	日本航空ニューデリー墜落、炎上事	
国産ジェット旅客機販売へ	2007(この年)	故	1972.6.14
日航機が許可なく離陸滑走	2008.2.16	日本航空羽田空港墜落事故	
日航シンボルマーク「鶴丸」終了	2008.5月	日本航空羽田空港墜落事故	1966.8.26
日本航空宇宙工業会		日本航空法	
日本航空宇宙工業会が発足	1974.8.20	日本航空法改正	1981.4月
日本航空開発		日本航空輸送	
日本航空開発を設立	1970.7.1	日本航空輸送設立	1928.10.20
日本航空貨物		日本航空、定期路線権を日本航空輸	
日本航空貨物を設立	1979.9月	送に譲渡	1929.3.30
日本航空(川西)		東西定期航空会、定期路線権を日本	
日本航空(川西)設立	1923.4月	航空輸送に譲渡	1929.3.31
日本航空、大阪—別府—福岡線開設	1923.7.12	日本航空輸送が郵便・貨物輸送を開	
「春風号」日本一周飛行に成功	1924.7.23-31	始	1929.4.1
日本航空、初の国際定期便を開設	1926.9.13	日本航空輸送、大阪—上海線の就航	
		開始	1929.7.1

日本航空輸送、旅客輸送開始　1929.7.15
日本航空輸送、名古屋飛行場に寄港
　開始　　　　　　　　　　　1934.10.1
日本航空輸送会社設立準備委員会
　日本航空輸送会社設立準備委員会設
　置　　　　　　　　　　　　1927.7.9
日本航空輸送研究所
　日本航空輸送研究所設立　　1922.6.4
　日本航空輸送研究所、定期航空開始
　　　　　　　　　　　　　　1922.11.15
　日本航空輸送研究所などの輸送部門
　　解散　　　　　　　1939（この年）
日本交通公社
　日本交通公社、日本通運と業務提携　1968.11.5
　海外旅行ブーム　　　　1969（この年）
日本国際航空貨物輸送業者協会
　日本国際航空貨物輸送業者協会設立　1968.2.1
日本国内航空
　日本国内航空設立　　　　　1964.4.15
　日本国内航空のコンベア240就航開始　1964.6.1
　日本国内航空、東京—福岡、東京—
　　札幌線の運航開始　　　　1965.3.1
　日本国内航空、YS-11チャーター契約
　　に調印　　　　　　　　　1965.3.8
　日本国内航空のYS-11、定期便就航
　　開始　　　　　　　　　　1965.4.1
　日本国内航空、幹線運航権を日航に
　　委託　　　　　　　　　　1966.7.1
　日航のオーロラ便、日本国内航空に
　　移譲　　　　　　　　　　1967.12.1
　東亜国内航空を設立　　　　1971.5.15
日本国内航空輸送事業運営に関する覚書
　GHQ、SCAPIN 2106通告　　1950.6.26
日本国有鉄道改革法案
　日本国有鉄道改革法案　　　1986.3.3
日本国郵便蒸気船会社
　日本国郵便蒸気船会社設立　1872（この年）
日本サイクリング協会
　日本サイクリング協会　　　1954.10.1
日本ジェットエンジン
　日本ジェットエンジン設立　1953.7.23
日本自働車会社
　日本自働車会社、15路線の営業許可
　　を受ける　　　　　　　　1905.4.15
日本自動車会社
　日本自動車会社設立　　　　1906.12.17
　蒔田鉄司が日本自動車に入社　1928（この年）
日本自動車倶楽部年鑑
　「日本自動車倶楽部年鑑」創刊　1914（この年）

日本自動車工業
　日本内燃機製造が日本自動車工業と
　　改称　　　　　　　　　　1957.4月
日本自動車製造工業組合
　日本自動車製造工業組合を設立　1938.12月
　日本自動車製造工業組合を設立　1945.12月
日本車輛製造製造
　日本車輛製造製造設立　　　1896.9.18
日本食堂
　日本食堂株式会社設立　　　1938.9.15
日本水郷観光自動車
　各地でバス営業開始　　1967（この年）
日本ゼネラルモーターズ
　日本ゼネラル・モーターズを設立　1927.1月
　日本フォードと日本GMの生産台数
　　を制限　　　　　　　　　1936.9月
　日本フォードと日本GMが生産中止　1939.12月
日本タイヤ
　ブリヂストンタイヤ、日本タイヤ
　　株式会社に改称　　　　　1942.2月
　日本タイヤ、ブリヂストンタイヤ株
　　式会社に　　　　　　1951（この年）
日本通運
　日本交通公社、日本通運と業務提携　1968.11.5
　海外旅行ブーム　　　　1969（この年）
日本デイゼル工業
　日本デイゼル工業を設立　　1935.12月
　ディーゼルバスの製造を開始　1937（この年）
日本鉄道
　日本鉄道が発足　　　　　　1881.11.11
　日本鉄道　　　　　　　　　1883.7.28
　日本鉄道　　　　　　　　　1883.10.21
　日本鉄道　　　　　　　　　1883.12.27
　日本鉄道　　　　　　　　　1884.5.1
　日本鉄道　　　　　　　　　1884.8.20
　日本鉄道　　　　　　　1884（この年）
　日本鉄道　　　　　　　　　1885.3.1
　日本鉄道　　　　　　　　　1885.7.16
　日本鉄道　　　　　　　　　1886.10.1
　日本鉄道　　　　　　　　　1886.12.1
　日本鉄道　　　　　　　　　1887.7.16
　日本鉄道　　　　　　　　　1887.12.15
　日本鉄道　　　　　　　　　1890.4.16
　日本鉄道　　　　　　　　　1890.6.1
　日本鉄道　　　　　　　　　1890.8.1
　日本鉄道　　　　　　　　　1890.11.1
　日本鉄道　　　　　　　　　1891.9.1
　日本鉄道が水戸鉄道を買収　1892.3.1
　日本鉄道　　　　　　　　　1894.1.4

日本鉄道 1894.10.1
日本鉄道 1895.11.4
日本鉄道 1896.12.25
日本鉄道 1897.2.25
日本鉄道経路変更 1897.2.25
日本鉄道 1897.8.29
日本鉄道 1897.11.10
日本鉄道 1898.4.3
日本鉄道 1898.5.11
日本鉄道磐城線 1898.8.23
日本鉄道 1903.4.1
日本鉄道 1905.4.1
日本鉄道と岩越鉄道を国有化 1906.11.1
日本鉄道建設公団
　日本鉄道建設公団発足 1964.3.26
　日本鉄道建設公団の事業 1965(この年)
日本道路公団
　日本道路公団発足 1956.4.16
　日本道路公団の事業 1959(この年)
　日本道路公団の事業 1960(この年)
　日本道路公団の事業 1961(この年)
　日本道路公団の事業 1963(この年)
　高速道路料金改定 1989.6月
　日本道路公団総裁、隠蔽で更迭 2003(この年)
日本道路公団橋梁談合事件
　日本道路公団橋梁談合事件 2005.5.23
日本内燃機製造
　日本内燃機製造が日本自動車工業と
　改称 1957.4月
日本農林ヘリコプター
　日本農林ヘリコプター設立 1961.3.1
日本乗合自動車協会
　日本乗合自動車協会 1927.4.18
　日本乗合自動車協会 1929.8.9
　日本乗合自動車協会 1931.11月
　日本乗合自動車協会発足 1948.9.28
　日本バス協会 1969.3.27
日本橋
　日本橋改造に伴う車馬道、人道の分
　離 1873.5月
日本馬車会社
　日本馬車会社設立 1889(この年)
日本バス協会
　日本バス協会 1969.3.27
日本飛行機
　日本飛行機設立 1934.10.11
日本飛行機製作所
　日本飛行機製作所設立 1918(この年)
　中島飛行機製作所設立 1919.12月

日本フォード自動車
　日本フォード自動車を設立 1925.2月
　日本フォードと日本GMの生産台数
　を制限 1936.9月
　フォード車の国産化に合意 1939.12月
　日本フォードと日本GMが生産中止 1939.12月
日本フライング・サービス
　日本フライング・サービス設立 1967.9.8
日本ヘリコプター輸送
　日本ヘリコプター輸送、極東航空、
　国際航空に航空機使用事業免許 1952.9.21
　日本ヘリコプター輸送設立 1952.12.27
　極東航空、日本ヘリコプター輸送に
　不定期航空運送事業免許 1953.5.29
　極東航空、日本ヘリコプター輸送に
　定期航空運送事業免許 1953.10.15
　日本ヘリコプター輸送、定期便運航
　開始 1954.2.5
　日本ヘリコプター輸送、東京―名古
　屋―大阪線を開設 1954.3.1
　日本ヘリコプター輸送、名古屋―小
　松間不定期路線認可 1955.9.30
　日本ヘリコプター輸送と極東航空、
　合併仮契約に調印 1956.12.28
　日本ヘリコプター輸送と極東航空、
　合併契約に調印 1957.10.30
　全日本空輸設立 1957.12.1
日本メタノール自動車
　メタノール自動車調査開始 1985.3月
日本ユニバーサル航空
　日本ユニバーサル航空株式会社設立 1991.1.11
日本輪友会
　日本輪友会設立 1893(この年)
nimoca
　ICカード乗車券システム「nimoca」
　 2008.5.18
ニューエラ号
　ニューエラ号が完成 1929.9月
ニュートラム
　無人運行電車が暴走 1993.10.5

【ね】

ネ20
　日本初のジェットエンジン「ネ20」、
　海軍に納入 1945.8月
根岸線
　根岸線 1964.5.19

- 470 -

根岸線		1973.4.9	乗合馬車営業取締規則	
燃油サーチャージ			乗合馬車営業取締規則	1889.3.8
サーチャージ過去最高額		2008(この年)	乗合馬車営業取締規則	1890.1.1
燃油サーチャージをゼロに		2009.7.1	ノンステップバス	
燃油サーチャージ再開		2009.10.1	初のノンステップバス	1984(この年)
燃油特別付加運賃				
サーチャージ過去最高額		2008(この年)		
燃油サーチャージをゼロに		2009.7.1	【は】	
燃油サーチャージ再開		2009.10.1		

【の】

			バイカウント744	
			全日空バイカウント744、東京―札幌	
			線に就航	1960.7.15
濃尾地震			排ガス規制	
濃尾地震により東海道線不通		1891.10.28	排出ガス規制を実施	1966.9月
濃飛自動車			自動車排気ガス問題規制強化	1972.8.18
濃飛自動車が乗合自動車を開業		1913.2月	1978年度排ガス規制確実に	1976(この年)
ノーカーデー			排ガス規制で買い換え需要が増	
ノーカーデーの提案		1971.10.20		2003(この年)
ノクターン号			ハイジャック再発防止6項目	
ノクターン号		1986.12.26	ハイジャック再発防止6項目	1977.10.7
ノースウェスト航空			ハイジャック等非人道的暴力防止対策本部	
日航、ノースウェスト航空と委託運			ハイジャック等非人道的暴力防止対	
航契約締結		1951.10.11	策本部を設置	1977.10.4
日米に以遠権問題		1993.9月	ハイジャック等防止対策連絡会議	
ノースロップ・グラマン・ニューポート・ニ			ハイジャック等防止対策連絡会議を	
ューズ			設置	1973.8.1
石川島が米造船所に支援		1993.11.25	ハイジャック防止法	
能勢電鉄			ハイジャック防止法公布	1970.5.18
パノラマカード、パストラルカード		1990.4.1	ハイヤー業	
能勢電鉄日生線			ハイヤー業の開始	1911(この年)
能勢電鉄日生線		1978.12.12	ハインケルHe-116	
のぞみ			国際航空のハインケルHe-116型2機、	
「のぞみ」開業		1992.3.14	ベルリン―東京間南方コースで飛	
「のぞみ」増発と料金の見直し		2003.10.1	行時間新記録	1938.4.23-29
能登島バス			はかた号	
各地でバス営業開始		1968(この年)	はかた号	1990.10.12
能登線			博多南線	
能登線		1988.3.25	博多南線	1990.4.1
のと鉄道			博多湾鉄道	
第三セクター・のと鉄道		2001.4.1	博多湾鉄道	1904.1.1
第三セクター・のと鉄道		2005.4.1	博多湾鉄道	1905.6.3
野村 吉三郎			博多湾鉄道	1905.12.29
全日空首脳3人退任		1997.6月	白新線	
乗合自動車営業取締規則			白新線	1956.4.15
乗合自動車営業取締規則		1903.8.20	羽越本線、白新線	1972.8.5
乗合自動車営業取締規則		1903.12.14	白鳥大橋	
乗合自動車営業取締規則		1903.12.30	白鳥大橋開通	1998.6.13

伯備線
伯備線 1928.10.25
博釜航路
博釜航路開業 1943.7.15
関釜航路と博釜航路が事実上消滅 1945.6.20
博釜連絡船
博釜航路開業 1943.7.15
関釜航路と博釜航路が事実上消滅 1945.6.20
白棚鉄道
富士身延鉄道と白棚鉄道を借り上げ 1938.10.1
富士身延鉄道と白棚鉄道を国有化 1941.5.1
白楊社
白楊社を設立 1912.4月
アレス号の試作が完成 1921.12月
オートモ号が完成 1924.11月
オートモ号を輸出 1925.11月
函館空港
函館空港開港 1961（この年）
函館市青函連絡船記念館摩周丸
函館市青函連絡船記念館摩周丸が開館 2003.4.19
函館ドック
函館ドック、来島ドックグループへ 1984.10月
函館本線
函館本線 1945.6.1
函館本線 1968.8.28
函館本線 1969.9.30
函館本線 1971.8.3
函館本線 1994.5.16
函館本線爆破事件
函館本線爆破事件 1960.9.10
箱根航空路監視レーダー
箱根航空路監視レーダー完成 1968.3.18
パジェロ
RV車売れ行き好調 1995（この年）
橋税徴収税則
橋税徴収税則を制定 1869.11.22
波止浜造船
中堅造船会社が提携 1976.12.6
橋本 増治郎
快進社自働車工場を設立 1911.4月
馬車営業免許道筋程限ノ事
馬車営業免許道筋程限ノ事の布告 1872.6.22
馬車規則
馬車規則を制定 1869.4月
馬車規則制定 1872.4.11
馬車交通規則
馬車交通規則 1877.6.30

馬車・人力車その他諸事の営業心得
馬車・人力車その他諸事の営業心得の通達 1875.4.8
馬車鉄道取締
馬車鉄道取締の通達 1882.6.20
馬車取締規則
馬車取締規則 1880.12.15
馬車取締規則の改正 1881.12.19
バス運行総合管理システム
バス運行総合管理システム 1981（この年）
バス活性化委員会
バス活性化委員会 1992.3月
バスガール
日本初のバスガール 1920.2.2
バス交通活性化対策費補助金交付要網
バス交通活性化対策費補助金交付要網 1987.6.3
バス新交通システム
バス新交通システム 1985（この年）
パストラルカード
パノラマカード、パストラルカード 1990.4.1
バスの日
バスの日 1987.11.10
バスまつり
バスまつり 1953.5.14
PASMO
PASMOサービス開始 2007.3.18
バス・レールシステム
バス・レールシステムの開設 1983.12月
横浜でバス・レールシステム 1984（この年）
バスレーン・キープ作戦
バスレーン・キープ作戦 1992.4.20
バスレーンシステム
バスレーンの導入 1970.3.1
バス優先レーン 1971（この年）
東京都にバスレーンシステム 1983（この年）
バスロケーションシステム
バスロケーションシステム 1978.5.1
無線方式のバスロケーションシステム 1981.12月
バスロケーションシステムの広域導入 1986（この年）
パーソン号
アサヒ号・パーソン号 1902（この年）
東京勧業博覧会 1907（この年）
播丹鉄道
播丹鉄道と富士地方鉄道を国有化 1943.5.25
八高線
八高線 1934.10.6

- 472 -

八七式重爆撃機
川崎造船所、「八七式重爆撃機」の試
作機を完成　　　　　1926(この年)
八戸線
八戸線　　　　　　　　1930.3.27
初風
「初風」「東風」が訪欧飛行に出発　1925.7.25
はつかり
特急「はつかり」　　　　1958.10.10
「はつかり」設計変更へ　　1960.12.10
八高線列車脱線転覆事故
八高線高麗川駅手前カーブで列車脱
線、転覆　　　　　　　1947.2.25
八甲田丸
青函連絡船「八甲田丸」就航　1964.8.12
バッジ・システム
防衛庁のバッジ・システム完成　1968.3.29
航空自衛隊のバッジ・システム、正
式運用開始　　　　　　1969.3.26
パッソ
トヨタとダイハツ共同開発　2004(この年)
発動機製造
発動機製造を設立　　　　1907.3月
発動機製造が軍用トラックを試作　1918.6月
三輪自動車の生産開始　　　1931.5.5
自動車関連各社が操業を再開　1945.9月
ダイハツBEEを発売　　　1951.10月
発動機製造がダイハツ工業と改称　1951.12月
はと
「つばめ」「はと」に女子乗務員　1950.6.1
国鉄ダイヤ改正　　　　　1960.6.1
はとバス富士号
はとバス富士号の運転開始　1949.3.19
塙 義一
自動車4社で社長交代　　　1996.6月
羽田空港
羽田飛行場が日本側に返還、東京国
際空港に改称　　　　　1952.7.1
羽田空港へのバス便開設　1955(この年)
東京国際空港返還式　　　1958.6.30
東京国際空港の管制業務、日本に移
管　　　　　　　　　1958.7.1
東京国際空港拡張工事起工式　1959.5.28
羽田空港で発のジェット機事故　1961.4.24
東京国際空港ターミナルビル拡張工
事起工　　　　　　　　1962.1.17
国際空港の整備　　　　1962(この年)
東京国際空港、騒音防止措置を講じ
る　　　　　　　　　1962(この年)

東京国際空港国際線ターミナルビル
拡張工事落成式　　　　1963.7.15
東京国際空港、深夜・早朝ジェット機
発着禁止　　　　　　　1963.10.1
東京国際空港C滑走路供用開始　1964.2.11
総合政策研究会、「ゆきづまる東京国
際空港」を発表　　　　1964.9.14
東京モノレール開業　　　1964.9.17
東京国際空港、拡張事業に着手 1967(この年)
運輸省、東京国際空港滑走路延長計
画などで東京都に協力要請　1968.1.26
大田区議会、東京国際空港B滑走路延
長に対し反対決議　　　1968.3.14
羽田の国内線増便　　　　1978.7.20
羽田空港拡大　　　　　　1984.1月
成田、関西新空港整備もたつく 1990(この年)
羽田新ターミナルオープン　1993.9.27
羽田空港新C滑走路オープン　1997.3.27
羽田空港、夜間国際化　　　2000.2.16
羽田スロット配分で拡大　　2000.7月
羽田、夜間国際チャーター便運航　2001.2.16
事実上、羽田も国際定期便運航　2001.4月
羽田4本目の滑走路建設へ　2001(この年)
羽田再拡張をめぐり交渉難航　2002(この年)
羽田再拡張事業にPFI導入　2003.8月
羽田空港、夜間枠が急増　2003(この年)
東京国際空港第2旅客ターミナルビル
　　　　　　　　　　2004.12.4
日中新定期チャーター便　　2007.9月
羽田再拡張後に国際線倍増計画　2008.5月
羽田周辺航空機爆音被害防止協議会
羽田周辺航空機爆音被害防止協議会
発足　　　　　　　　1960.12月
羽田飛行場
羽田東京飛行場開場　　　1931.8.25
羽田飛行場の夜間用着陸照明灯完成　1933.5.6
GHQ、羽田飛行場ほか各地飛行場接
収　　　　　　　　　1945.9.12
羽田飛行場が日本側に返還、東京国
際空港に改称　　　　　1952.7.1
パノラマカード
パノラマカード、パストラルカード　1990.4.1
ハープカード
ハープカード　　　　　　1988.3.26
パブリカUP10
パブリカUP10型を発売　　1961.6月
羽幌線
羽幌線　　　　　　　　1958.10.18
羽幌線　　　　　　　　1987.3.30

浜松自動車
　信達軌道他2社がバス営業開始　1918（この年）
林 和一
　馬車鉄路建設の申請　1873.8月
林田自動車
　各地でバス営業開始　1931（この年）
はやぶさ
　ブルートレイン「はやぶさ」・「富士」
　などが廃止　2009.3.13
ハリアー
　高級車を中心に最先端技術を搭載
　　　　　　　　　　　　2003（この年）
播磨造船所
　石川島播磨重工業設立　1960.12.1
ハリマン
　桂・ハリマン協定　1905.10.12
はるかぜ号
　警視庁、初のヘリコプター配備　1959.10.16
パワーフリー号
　パワーフリー号が完成　1952.4月
磐越自動車道
　磐越自動車道が全線開通　1997.10.1
磐越西線
　磐越西線　1967.6.15
阪堺鉄道
　阪堺鉄道開業　1885.12.29
　南海鉄道が阪堺鉄道を合併　1898.10.1
阪鶴鉄道
　阪鶴鉄道が摂津鉄道を買収　1897.2.16
　阪鶴鉄道　1897.12.27
　阪鶴鉄道　1898.6.8
　阪鶴鉄道　1899.1.25
　阪鶴鉄道　1899.3.25
　阪鶴鉄道　1899.5.25
　阪鶴鉄道　1899.7.15
　阪鶴鉄道　1904.11.3
　阪鶴鉄道　1904.11.24
　阪鶴鉄道　1905.4月
　阪鶴鉄道　1906.7.1
　京都鉄道、阪鶴鉄道、北越鉄道国有
　　化　1907.8.1
阪急電鉄
　阪急電鉄　1973.4.1
　阪急電鉄に7億円の追徴課税　2001（この年）
　阪急・阪神が経営統合　2006.10.1
阪急バス
　阪急バス、西武自動車　1946（この年）
万歳自動車
　万歳自動車が乗合自動車開業　1913.4月

阪神・淡路大震災
　阪神・淡路大震災による交通被害　1995.1.17
阪神急行電鉄
　箕面有馬電気軌道が阪神急行電鉄と
　　改称　1918.2.4
　阪神急行電鉄　1920.7.16
　阪神急行電鉄　1921.9.2
阪神国道自動車
　各地でバス営業開始　1929（この年）
阪神電気鉄道
　阪神電気鉄道が開業　1905.4.12
　ハープカード　1988.3.26
　阪急・阪神が経営統合　2006.10.1
阪神なんば線
　阪神なんば線　2009.3.20
阪神飛行学校
　阪神飛行学校設立　1938.6月
阪神飛行場
　阪神飛行場、接収解除　1954.11.10
　阪神飛行場、正式に運輸省へ移管　1955.7.8
ハンス・グラーデ機
　徳川・日野両陸軍大尉が日本初の動
　　力飛行に成功　1910.12.19
ばんだい号
　東亜国内航空「ばんだい号」墜落事
　　故　1971.7.3
播但線
　播但線　1911.10.23
　播但線、胆振線および富内線　1986.11.1
　播但線　1998.3.14
播但鉄道
　播但鉄道開業　1894.7.26
　播但鉄道　1895.1.15
　播但鉄道　1895.4.17
　播但鉄道　1901.8.29
　山陽鉄道が播但鉄道を吸収合併　1903.6.1
万里軒
　馬車路線の延長　1880（この年）
阪和電気鉄道
　阪和電気鉄道　1930.6.16
　南海鉄道と阪和電気鉄道が合併　1940.12.1

【ひ】

ビガー
　アコードとビガーがモデルチェンジ　1985.6月

東中野駅列車追突事故	
東中野駅手前で停車中の電車に後続車追突	1980.10.17
東日本観光バス	
バス営業開始と廃止	1971(この年)
東日本急行バス	
各地でバス営業開始	1968(この年)
東日本重工業	
東日本重工業がカイザー・フレーザー社と提携	1950.9月
東日本鉄道文化財団	
東日本鉄道文化財団	1992.2.17
東日本フェリー	
最大手東日本フェリーが破綻	2003.6月
東野自動車	
信達軌道他2社がバス営業開始	1918(この年)
東山事件	
東山事件	1977.5.8
簸上鉄道	
簸上鉄道を国有化	1934.8.1
ひかり	
臨時急行「ひかり」	1958.4.25
東海道新幹線の名称が決定	1964.7.7
東海道新幹線スピードアップ	1965.11.1
新幹線「ひかり」で食堂車の営業を開始	1974.9.5
エリザベス英女王が新幹線に乗車	1975.5.12
新幹線のトンネルで壁落下	1999.6.27
飛行機研究所	
飛行機研究所設立	1917.12.20
美幸線	
北海道と福岡の赤字線が姉妹に	1981.10.9
美幸線	1985.9.17
尾西鉄道	
尾西鉄道	1900.1.24
肥薩線	
鹿児島本線	1927.10.17
ビスタ	
トヨタ、ビスタとカムリを発売	1982.3月
ビスモーター	
ビスモーター	1946(この年)
日高線	
日高線	1937.8.10
日高拓殖鉄道	
苫小牧軽便鉄道・日高拓殖鉄道を国有化	1927.8.1
日田線	
日田線、田川線	1957.10.1

日立造船	
造船業界、大手3グループに統合	2000(この年)
日立電鉄	
各地でバス営業開始	1928(この年)
PiTaPa	
PiTaPaの利用地域拡大	2007.4.1
ビートル2世	
「ビートル2世」就航	1991.3.25
日野 熊蔵	
徳川・日野両陸軍大尉が日本初の動力飛行に成功	1910.12.19
日野RX10型	
高速バス第1号	1961.3月
日野産業	
日野産業に改称	1946.3月
日野産業が日野ヂーゼル工業に改称	1948.12月
日野ヂーゼル工業	
日野産業が日野ヂーゼル工業に改称	1948.12月
ルノー4CVの第1号車が完成	1953.3月
日野ヂーゼル工業が日野自動車工業に改称	1959.6月
日野自動車工業	
日野ヂーゼル工業が日野自動車工業に改称	1959.6月
日野自動車工業の長期計画	1960.11月
コンテッサ900を発売	1961.4月
日野とトヨタが提携	1966.10月
日本自動車メーカー、中国進出へ	1971(この年)
トヨタが日野の親会社に	2001.4.25
社長交代2社と相次ぐ人事	2001(この年)
日野自動車販売	
日野とトヨタが提携	1966.10月
日野重工業	
日野重工業を設立	1942.5月
自動車関連各社が操業を再開	1945.9月
日野産業に改称	1946.3月
ひので	
修学旅行用電車「きぼう」「ひので」	1959.4.20
日ノ丸自動車	
各地でバス営業開始	1930(この年)
姫津線	
姫津線	1936.4.8
兵庫電気軌道	
兵庫電気軌道が開業	1910.3.15
兵庫電気軌道	1917.4.9

標準形式自動車
標準形式自動車5種の試作完成　1932.3.10
比羅夫丸
青函航路開業　1908.3.7
飛鸞丸
青函連絡船「飛鸞丸」就航　1924.12.30
ヒルマン第1号車
ヒルマン第1号車が完成　1953.10月
広尾線
広尾線　1932.11.5
広尾線　1987.2.2
広島空港
広島空港開港　1961.9.15
広島空港ビルディング
広島空港ビルディング設立　1961.4.17
広島高速交通アストラムライン
広島高速交通アストラムライン　1994.8.20

【ふ】

ファミリア
東洋工業がファミリアをモデルチェンジ　1980.6月
ファミリアセダン
ファミリアセダンを発売　1964.10月
フィット
ホンダ、フィットを発売　2001.6月
フェアレディZ
フェアレディZを発売　1969.11月
フェリー関釜
日本初の国際フェリー就航　1970.6.19
フォード
トヨタ自動車工業とフォード社が提携交渉　1960.3月
米ビッグ3と提携 本格的な国際競争時代へ突入　1971.9.10
フォード・東洋工業 提携白紙に　1972.3月
フォードと東洋工業資本提携　1979.11.1
トヨタとフォード 合弁交渉　1980.6月
日本車逆輸入　1988.4月
マツダがフォード傘下へ　1996.4.12
トヨタ、フォードが提携交渉　2000.12.14
フォルクスワーゲン
日産、VW車を日本で生産　1981.9月
普勝 清治
全日空首脳3人退任　1997.6月

福井地震
福井地震　1948.6.28
復員列車
復員列車　1945.12.20
福岡管制所
福岡管制所、新庁舎に移転　1966.3月
福岡給油施設
福岡給油施設設立　1956.8.31
福岡空港
福岡空港国際線に外国航空会社が乗り入れを開始　1966（この年）
福岡空港第1ターミナルビル完成　1969.4月
空港騒音 賠償判決　1988.12.16
福岡空港ガルーダ航空機離陸事故
福岡空港ガルーダ航空機離陸事故　1996.6.13
福岡空港周辺整備機構
福岡空港周辺整備機構を設立　1976.7.1
福岡空港ビルディング
福岡空港ビルディング設立　1967.4.1
福岡市営地下鉄
福岡市営地下鉄　1982.4.20
福岡市営地下鉄1号線
福岡市営地下鉄1号線　1983.3.22
地下鉄が初めて空港に乗り入れ　1993.3.3
福岡市営地下鉄2号線
福岡市営地下鉄2号線　1986.11.12
福岡第一飛行場
福岡第一飛行場（雁の巣）開場　1936.6.6
福岡地区管制所
福岡地区管制所、福岡航空保安事務所福岡管制所に組織変更　1965.5月
福島交通バス
各地でバス営業開始　1962（この年）
福知山線
福知山線　1981.4.1
福知山線　1996.12.1
福知山線　1997.2.27
福北ゆたか線
福北ゆたか線　2001.10.6
富士
特急列車に愛称　1929.9.15
トレインマーク制定　1929.11.7
特急「富士」に鋼製展望車を導入　1930.3.29
特急「富士」車内で飲料販売開始　1930.8.15
ブルートレインで居眠り運転　1984.10.19
ブルートレイン「はやぶさ」・「富士」などが廃止　2009.3.13
富士アメリカ
富士アメリカ設立　1971（この年）

富士急行列車脱線転覆事故
富士急行、トラック衝突暴走脱線事
故 1971.3.4
富士号
日航のジェット1番機DC-8「富士
号」、サンフランシスコ線に就航 1960.8.12
富士航空
日本航空宣伝協会設立 1952.9.13
大和航空、富士航空に航空機使用事
業許可 1953.2.4
富士航空、南日本航空、大和航空、北
陸航空に不定期航空運送事業免許 1954.4.28
富士航空、鹿児島—種子島線を開設 1958.2.24
日東航空、富士航空、北日本航空が
合併契約書に調印 1963.12.25
富士航空、最長ローカル路線を開設
1963(この年)
富士航空機墜落事故
大分空港で富士航空機墜落 1964.2.27
富士産業
富士産業に改称 1945.9月
富士産業が「ラビット」発売 1946.8月
ラビット号の新モデルが続々登場
1951(この年)
富士山麓電気鉄道
各地でバス営業開始 1926(この年)
富士山麓電気鉄道が開業 1929.6.19
富士重工業
モノコックボディ・リアエンジンバ
ス 1949.12月
富士重工業設立 1953.7.15
すばるP-1が完成 1954.2月
富士重工業、富士工業など5社を吸収
合併 1955.4.1
国産ジェット中間練習機に富士重工
T1F1の採用決定 1956.7.11
日本ジェットエンジン、5社出資が決
定 1956.11.10
ラビットスクータースーパーフロー
1956(この年)
T1F1-801国産ジェット練習機、試験
飛行に成功 1957.12.18
ラビットS-601型発売 1957(この年)
T1F2ジェット練習機初飛行 1958.1.19
スバル360が完成 1958.3月
国産軽飛行機FA-200、初飛行に成功
1965.8.12
FA-200、型式証明取得 1966.3.2
いすゞ自動車と富士重工業が提携 1966.12月
いすゞ自動車が富士重工業との提携
解消 1968.5月
日産自動車と富士重工業が提携 1968.10月
スクーターの生産を終了 1968(この年)
富士重工業がレオーネ4WDセダンを
発表 1975.1月
新型航空機開発活発化 1975(この年)
新型機開発 1976(この年)
自動車排出ガス規制対策車 1977(この年)
富士重、いすゞがアメリカ進出 1986.5月
スバル・レガシィが発売される 1989.2.1
富士重工、立て直しへ 1990.11.16
苦境の富士重、いすゞ 1991(この年)
スバルインプレッサ発売 1992.11月
自動車4社で社長交代 1996.6月
社長交代2社と相次ぐ人事 2001(この年)
富士重工、初の栄冠 2003(この年)
トヨタ、富士重工の筆頭株主に 2005(この年)
富士精密工業
プリンス自動車工業と富士精密工業
が合併 1954.4月
プリンス自動車工業と富士精密工業
が合併 1954.4月
日本ジェットエンジン、5社出資が決
定 1956.11.10
プリンススカイラインを発売 1957.4月
富士精密工業がプリンス自動車工業
に社名変更 1961.2月
藤田航空
青木航空、藤田航空に改称 1961.6.11
全日空と藤田航空、合併覚書に調印
1962.12.29
全日空、藤田航空を吸収合併 1963.11.1
藤田航空機八丈富士墜落事故
藤田航空機八丈富士墜落事故 1963.8.17
藤田サドル
藤田サドル設立 1906(この年)
富士地方鉄道
播丹鉄道と富士地方鉄道を国有化 1943.5.25
富士登山レース
第1回富士登山レース 1953.7.12
富士身延鉄道
富士身延鉄道と白棚鉄道を借り上げ 1938.10.1
富士身延鉄道と白棚鉄道を国有化 1941.5.1
プジョー
トヨタとプジョーが折半出資で合弁 2001.7.12
婦人子供専用車
中央線急行電車に婦人子供専用車 1947.5.5

婦人専用車
中央線に婦人専用車を導入　　　1912.1.31
ふそうB46
三菱のバス1号車が完成　　　1932（この年）
ふそうBD46型バスが完成　　　1935.11月
二井商会
京都初の乗合自動車　　　1903.9.20
日本初のバス事業免許　　　1903.11.21
二井商会、第一自動車に改組　　　1903.12月
二俣線
二俣線　　　1987.3.15
物品税法
物品税法を一部改正　　　1961.4月
踏切道改良促進法
踏切道改良促進法実施　　　1961.11月
踏切道の改良　　　1968（この年）
フライイン'77
フライイン'77　　　1977.8.28
ブラック，ジョン・レディ
駅構内での新聞販売を開始　　　1872.7.20
プラット・アンド・ホイットニー
三菱重，共同生産エンジン参加比率
　引き上げ　　　1991（この年）
三菱重、PW4000参加比率拡大　　　1993.5.10
プリアムーリエ号
ソ連客船から出火　　　1988.4.18
プリウス
世界初のハイブリッドカー、プリウ
　スの販売を開始　　　1997.10月
高級車を中心に最先端技術を搭載　　　2003（この年）
プリウスが国内新車販売台数首位に
　　　2009.10月
ブリヂストンタイヤ
日本タイヤ、ブリヂストンタイヤ株
　式会社に　　　1951（この年）
日本初の乗用車用ラジアルタイヤ
　　　1964（この年）
フリー乗降サービス
フリー乗降サービス　　　1979.11月
ブリッヂストンタイヤ
ブリッヂストンタイヤ株式会社設立　　　1931.3.1
ブリッヂストンタイヤ、日本タイヤ
　株式会社に改称　　　1942.2月

ブリティッシュ・レイランド
本田技研とBL業務提携　　　1979.4月
本田と英BL社共同開発第2弾　　　1981.11月
プリメーラ
日産、プリメーラを発売　　　1990.2月
プリンス号
プリンス号が完成　　　1952.2月
プリンス自動車工業
東京電気自動車を設立　　　1947.6月
プリンス自動車工業と改称　　　1952.11月
プリンス自動車工業と富士精密工業
　が合併　　　1954.4月
富士精密工業がプリンス自動車工業
　に社名変更　　　1961.2月
名神高速道路で走行試験　　　1961.5月
グロリアS40型を発売　　　1962.9月
スカイライン1500を発売　　　1963.11月
スカイライン2000GT-Bを発売　　　1965.2月
日産・プリンス合併　　　1965.5月
日産自動車とプリンス自動車工業が
　合併　　　1966.8月
プリンススカイライン
プリンススカイラインを発売　　　1957.4月
古江線
古江線　　　1938.10.10
ブルートレイン
ブルートレインで居眠り運転　　　1984.10.19
夜行電車相次ぎ廃止　　　2008.3.14
ブルートレイン「はやぶさ」・「富士」
　などが廃止　　　2009.3.13
ブルーバード
名神高速道路で走行試験　　　1961.5月
日産、ブルーバードをモデルチェン
　ジ　　　1979.11月
ブルーバード310
ブルーバード310型を発売　　　1959.8月
ブルーバード410
ブルーバード410型を発売　　　1963.9月
ブルーバードU610
ブルーバードU610型を発売　　　1971.8月
フルムーン夫婦グリーンパス
フルムーン夫婦グリーンパス　　　1981.10.1
フレックス
新幹線定期券「フレックス」　　　1983.1.31
フレックス・パル
学生用新幹線定期券「フレックス・
　パル」　　　1986.4.1
プレーリー
日産がプレーリーを発売　　　1982.8月

プレリュード
　本田技研工業が2代目プレリュードを
　　発売　　　　　　　　　　1982.11月
プローブ
　日本車逆輸入　　　　　　　1988.4月
フローラ号
　フローラ号　　　　　　　　1988.2.17

【へ】

平穏自動車運輸
　平穏自動車運輸設立　　　　1911.8.10
平郡東線
　平郡東線　　　　　　　　　1917.10.10
平和
　特急「平和」、「さくら」に改称　1959.7.20
平和博覧会
　平和博覧会を開催　　　　　1922.3月
別大線電車埋没事故
　別大線電車埋没事故　　　　1961.10.26
ベル
　コーヒーハウス「ベル」開店　1985.3.1
ベル47-D1型ヘリコプター
　ベル47-D1型ヘリコプター国産1号
　　機、保安庁に納入　　　　1954.2.15
ベレット1600GT
　ベレット1600GTを発表　　1964.4月
ベンツ
　三菱とベンツ、航空でも提携　1990.3月

【ほ】

ボイスレコーダー
　ボイスレコーダー搭載を義務化　1970.12.12
ボーイング
　YX開発暗礁に　　　　1972(この年)
　ボーイング社とYX開発　　1973.3月
　YX機共同計画調印　　　　1978.8月
　国際共同開発優先　　　　　1985.8月
　ボーイング社とYSX機開発　1994.9.1
　ボ社ハイテク機登場　　　　1995.12.23
　三菱、ボーイングと包括提携　2000.5.16
ボーイング707
　航空騒音への関心高まる　　1959.9.6
　ジェット機就航　　　　　　1959.10月

ボーイング727
　日航と全日空、ボーイング727の共同
　　決定を発表　　　　　　　1964.1.13
　全日空、ボーイング727購入契約に調
　　印　　　　　　　　　　　1964.1.22
　日航、ボーイング727を6機発注　1964.5.15
　全日空のボーイング727、東京―札幌
　　線に就航　　　　　　　　1964.5.25
　全日空自社購入のボーイング727、東
　　京―札幌線に就航　　　　1965.4月
　日航のボーイング727、就航開始　1965.8.1
　全日空、大阪―宮崎線にボーイング
　　727を導入　　　　　　　1966.10月
　全日空、ボーイング727-200導入　1969.10月
　東亜国内航空がジェット化　　1972.8.1
　各社で新機種導入　　1979(この年)
ボーイング737
　ダブルトラックを本格実施　　1978.7.20
ボーイング747
　日航、ボーイング747を仮発注　1966.6.16
　日本航空のジャンボジェット機が就
　　航　　　　　　　　　　　1970.7.1
　ジャンボジェットが国内線に就航　1972.8.1
　日航はボ社、全日空はロ社に決定　1972.10.30
　大阪国際空港にエアバスが就航　1977.5.19
　各社で新機種導入　　1979(この年)
ボーイング777
　ボーイング777 日米共同開発　1990.4月
　ボーイング777生産へ　　1992(この年)
　B777機体部品初出荷　　　　1993.4月
ボーイング7E7
　ボーイング7E7型開発に参加　2004(この年)
ポインター・エース
　ポインター・エース発売　　1952.4月
ポインター・エースVI
　ポインター・エースVI　　　1956.12月
豊州鉄道
　豊州鉄道　　　　　　　　　1895.8.15
　豊州鉄道　　　　　　　　　1896.2.5
　豊州鉄道　　　　　　　　　1897.9.25
　豊州鉄道　　　　　　　　　1897.10.20
　豊州鉄道　　　　　　　　　1899.1.25
　豊州鉄道　　　　　　　　　1899.7.10
豊州本線
　豊州本線　　　　　　　　　1915.8.15
　豊州本線　　　　　　　　　1916.10.25
北条線
　北条線　　　　　　　　　　1919.5.24
　北条線　　　　　　　　　　1925.7.11

房総西線
　房総西線　　　　　　　　　　1968.7.13
　房総西線　　　　　　　　　　1969.7.11
　房総西線　　　　　　　　　　1971.7.1
房総線
　房総線　　　　　　　　　　　1929.4.15
房総鉄道
　房総鉄道開業　　　　　　　　1896.1.20
　房総鉄道　　　　　　　　　　1896.2.25
　房総鉄道　　　　　　　　　　1897.4.17
　房総鉄道　　　　　　　　　　1899.12.13
　房総鉄道　　　　　　　　　　1900.6.30
　総武鉄道、房総鉄道、七尾鉄道、徳
　　島鉄道を国有化　　　　　　1907.9.1
防長交通バス
　防長交通バス　　　　　　　　1935(この年)
奉天駅
　奉天駅が新築開業　　　　　　1910.10.1
豊肥本線
　豊肥本線　　　　　　　　　　1928.12.2
鳳来寺鉄道
　鳳来寺鉄道　　　　　　　　　1923.2.1
　豊川鉄道、鳳来寺鉄道、三信鉄道、伊
　　那電気鉄道、北海道鉄道を国有化　1943.7.26
北越鉄道
　北越鉄道開業　　　　　　　　1897.5.13
　北越鉄道　　　　　　　　　　1897.8.1
　北越鉄道　　　　　　　　　　1897.11.20
　北越鉄道　　　　　　　　　　1898.6.16
　北越鉄道　　　　　　　　　　1898.12.27
　北越鉄道　　　　　　　　　　1899.9.5
　北越鉄道　　　　　　　　　　1904.5.3
　京都鉄道、阪鶴鉄道、北越鉄道国有
　　化　　　　　　　　　　　　1907.8.1
北信自動車
　北信自動車設立　　　　　　　1919(この年)
北総開発鉄道
　北総開発鉄道　　　　　　　　1979.3.9
　北総開発鉄道　　　　　　　　1991.3.31
北丹鉄道
　バス営業開始と廃止　　　　　1971(この年)
僕婢馬車人力車駕籠乗馬遊船等諸税規則制定
　僕婢馬車人力車駕籠乗馬遊船等諸税
　　規則制定　　　　　　　　　1873.1.30
北陸エアターミナル
　北陸エアターミナルを設立　　1960.9.26

北陸航空
　富士航空、南日本航空、大和航空、北
　　陸航空に不定期航空運送事業免許　1954.4.28
北陸新幹線
　整備新幹線与党案通りに　　　1996.12.24
　北陸新幹線　　　　　　　　　1997.10.1
　新幹線建設、4年ぶりに新規着工
　　　　　　　　　　　　　　　2000(この年)
北陸線
　北陸線敦賀―福井間が開業　　1896.7.15
　北陸線　　　　　　　　　　　1897.9.20
　北陸線　　　　　　　　　　　1897.9.20
　北陸線　　　　　　　　　　　1898.4.1
　北陸線　　　　　　　　　　　1898.11.1
　北陸線　　　　　　　　　　　1899.3.20
北陸トンネル火災事故
　北陸本線北陸トンネル 急行列車の食
　　堂車火災　　　　　　　　　1972.11.6
北陸本線
　北陸本線　　　　　　　　　　1913.4.1
　北陸本線　　　　　　　　　　1963.4.4
　北陸本線　　　　　　　　　　1965.9.30
　北陸本線　　　　　　　　　　1966.11.30
　北陸本線　　　　　　　　　　1969.9.29
ぽけっとカード
　ぽけっとカード　　　　　　　1989.3.23
歩行者天国
　歩行者天国　　　　　　　　　1970.8.2
HOSK(ホスク)号
　山田輪盛館がHOSK(ホスク)号を発
　　表　　　　　　　　　　　　1954(この年)
細島軽便線
　宮崎本線、細島軽便線　　　　1921.10.11
細島線
　細島線　　　　　　　　　　　1972.2.1
北海道官設鉄道
　北海道官設鉄道　　　　　　　1898.7.16
　北海道官設鉄道　　　　　　　1898.8.12
　北海道官設鉄道　　　　　　　1898.11.25
　北海道官設鉄道　　　　　　　1899.9.1
　北海道官設鉄道　　　　　　　1899.11.15
　北海道官設鉄道　　　　　　　1900.8.1
　北海道官設鉄道　　　　　　　1900.8.5
　北海道官設鉄道　　　　　　　1900.12.2
　北海道官設鉄道　　　　　　　1901.7.20
　北海道官設鉄道　　　　　　　1901.9.3
　北海道官設鉄道　　　　　　　1903.3.1
　北海道官設鉄道　　　　　　　1903.3.25
　北海道官設鉄道　　　　　　　1903.9.3

北海道官設鉄道	1903.12.25	幌加内線	
北海道官設鉄道	1904.8.12	幌加内線	1941.10.10
北海道官設鉄道	1904.12.15	幌内鉄道	
北海道空港		幌内鉄道開業	1880.11.28
北海道空港設立	1961.10.30	幌内鉄道	1882.11.13
北海道航空		ホワイト車	
鹿児島交通、東北産業航空、北海道航空に航空機使用事業・不定期航空事業免許	1966.4.27	ホワイト車の輸入	1907(この年)
		ホワイト蒸気自動車	
		報知新聞社がホワイト蒸気自動車を導入	1908.11月
北海道航空設立	1966.5.30	本四備讃線	
北海道国際航空(エア・ドゥ)		本四備讃線	1988.3.20
スカイマーク運航開始	1998.9.19	本州四国連絡橋	
エア・ドゥ破たんから再建へ	2002.6.25	本州・四国連絡橋候補地	1968.2月
北海道拓殖バス		本州四国連絡橋と青函トンネル	
北海道拓殖バス	1961(この年)		1969(この年)
北海道炭礦鉄道		本州―四国架橋内定	1975.7.29
北海道炭礦鉄道、幌内太―幾春別間開業	1889.12.10	本州四国連絡橋公団法	
		本州四国連絡橋公団法	1970.4.12
北海道炭礦鉄道	1891.7.5	本田 宗一郎	
北海道炭礦鉄道	1892.2.1	本田技術研究所を設立	1946.10月
北海道炭礦鉄道	1892.8.1	本田技研工業を設立	1948.9月
北海道炭礦鉄道	1892.11.1	ホンダエアポート設立	1964.3.27
北海道炭礦鉄道	1897.7.1	本田宗一郎が米国自動車殿堂入り	1989.10月
北海道炭礦鉄道と甲武鉄道を国有化	1906.10.1	ホンダ1300	
北海道ちほく高原鉄道		ホンダ1300を発売	1969.5月
北海道ちほく高原鉄道、JR北海道	1991.11.1	ホンダS500	
第三セクター・北海道ちほく高原鉄道	2006.4.21	ホンダS500	1963.10月
		ホンダエアポート	
北海道庁鉄道部		ホンダエアポート設立	1964.3.27
北海道庁鉄道部が廃止される	1905.4.1	本田技研工業	
北海道鉄道		本田技研工業を設立	1948.9月
北海道鉄道	1902.12.10	本田技研工業が一貫生産を開始	
北海道鉄道	1903.6.28		1949(この年)
北海道鉄道	1903.11.3	本田技研工業がドリーム号E型を開発	
北海道鉄道	1904.7.1		1951.12.1
北海道鉄道	1904.7.18	本田技研工業が移転	1953.1月
北海道鉄道	1904.10.15	カブ号F型を発売	1953.5月
北海道鉄道	1905.8.1	本田技研工業がマン島TTレースに進出	1954.3月
九州鉄道と北海道鉄道を国有化	1907.7.1		
豊川鉄道、鳳来寺鉄道、三信鉄道、伊那電気鉄道、北海道鉄道を国有化	1943.7.26	本田技研工業がジュノオKB型発売	
			1954(この年)
北海道鉄道記念館		本田技研工業が二輪車生産台数トップに	1955.9月
北海道鉄道記念館	1962.11.28		
ポーツマス条約		スーパーカブを発売	1958.7月
ポーツマス条約調印	1905.9.5	アメリカン・ホンダ・モーターを設立	1959.6月
堀之内自働車			
堀之内自働車設立	1913.6.7	本田技研工業がマン島TTレースに参戦	1959.6月
堀之内自働車、東華自動車に名称変更	1918.12.24		

― 481 ―

鈴鹿製作所が発足	1960.4月
二輪メーカーが海外進出	1961.3月
本田技研工業がマン島TTレースで初優勝	1961.6月
ホンダS500	1963.10月
本田技研工業がF1初優勝	1965.10月
本田技研工業がGPメーカーチャンピオンに	1966.9月
ホンダ1300を発売	1969.5月
日本自動車メーカー、中国進出へ	1971(この年)
シビックを発売	1972.7月
マスキー法をクリア	1972.12月
ホンダがアコードを発表	1976.5.7
本田技研とBL業務提携	1979.4月
米国初の自動車工場	1980.1月
本田と英BL社共同開発第2弾	1981.11月
ホンダシティを発売	1981.11月
本田、米国内生産開始	1982.11月
本田技研工業が2代目プレリュードを発売	1982.11月
シビックがモデルチェンジ	1983.9月
ホンダ、生産倍増計画	1984.1.10
アコードとビガーがモデルチェンジ	1985.6月
日本車逆輸入	1988.4月
ホンダがNS-Xを発売	1990.9月
ホンダがスーパーカブ生産台数2000万台を突破	1992.3月
本田が英国生産開始	1992.10月
本田が北米での生産拡大	1994.7.19
ホンダ、オデッセイを発売	1994.10月
自動車メーカー進むリストラ	1994(この年)
RV車売れ行き好調	1995(この年)
ホンダステップワゴンが発売	1996.5月
本田が中国で生産開始	1997(この年)
ホンダ、フィットを発売	2001.6月
シビックハイブリッドが発売	2001.12月
燃料電池車のリース開始	2002.12.2
燃料電池車の開発進む	2002.12月
高級車を中心に最先端技術を搭載	2003(この年)
燃料電池車	2004.1月
ホンダが航空機エンジンに参入	2004(この年)
ミニバン競争激化	2004(この年)
自動車大手各社最高益	2004(この年)
非ガソリン燃料2輪車	2004(この年)
ホンダ、「インサイト」を発表	2009.2.5

本田技術研究所	
本田技術研究所を設立	1946.10月
本田技術研究所を設立	1960.7月
ホンダシティ	
ホンダシティを発売	1981.11月
ホンダステップワゴン	
ホンダステップワゴンが発売	1996.5月

【ま】

舞鶴線	
舞鶴線	1904.11.3
舞鶴線	1910.8.25
マイレージサービス	
マイレージサービス始まる	1993.11月
全日空、6社とマイレージ提携	1994.10.15
マイレージ・サービス開始	1997.4.1
薪自動車	
薪自動車の試運転開始	1934.4.2
蒔田 鉄司	
蒔田鉄司が日本自動車に入社	1928(この年)
JAC号	1928(この年)
マークⅡ	
マークⅡ、チェイサー、クレスタがモデルチェンジ	1984.8月
マグナステーションワゴン	
日本車逆輸入	1988.4月
枕崎飛行場	
枕崎飛行場開場	1991.1.21
益子 修	
トップ交代相次ぐ	2005(この年)
摩周丸	
青函連絡船「摩周丸」就航	1965.6.30
函館市青函連絡船記念館摩周丸が開館	2003.4.19
マスキー法	
自動車排気ガス問題規制強化	1972.8.18
マスキー法をクリア	1972.12月
日本版マスキー法施行	1975.4.1
マーチ	
日産がマーチを発売	1982.10月
松浦線	
松浦線	1945.3.1
松川事件	
松川事件	1949.8.17
Maxあおば	
新幹線E1系電車が登場	1994.7.15

Maxあさひ			満洲航空	
新幹線E1系電車が登場	1994.7.15		満洲航空設立	1932.9.26
Maxとき			国際航空設立	1937.5.20
新幹線E1系電車が登場	1994.7.15		万世橋駅	
Maxやまびこ			万世橋駅開業	1912.4.1
新幹線E1系電車が登場	1994.7.15		マン島TTレース	
松下電器器具製作所			本田技研工業がマン島TTレースに進	
松下電器が自転車用ダイナモランプ			出	1954.3月
発売	1933(この年)		本田技研工業がマン島TTレースに参	
マツダ			戦	1959.6月
マツダ車が累計100万台	1963.3月		鈴木自動車工業がマン島TTレースに	
東洋工業がマツダに改称	1984.5月		参戦	1960.6月
マツダ、三菱も海外進出	1984(この年)		本田技研工業がマン島TTレースで初	
マツダとスズキが提携	1987.12月		優勝	1961.6月
日本車逆輸入	1988.4月		満蒙五鉄道建設協定	
ユーノス・ロードスターが発売	1989.9月		満蒙五鉄道建設協定	1927.10.15
自動車メーカー相次ぐトップ交代				
	1992(この年)		【み】	
マツダが生産調整	1993.11月			
自動車メーカー進むリストラ	1994(この年)		三浦 環	
マツダがフォード傘下へ	1996.4.12		女子嗜輪会発足	1900.11.25
自動車4社で社長交代	1996.6月		三重乗合	
マツダ・デミオが発売される	1996.8月		各地でバス営業開始	1931(この年)
マツダ・アテンザを発売	2002.5月		三木線	
マツダRX-8発売	2003.4月		三木線	1985.4.1
カー・オブ・ザ・イヤー	2005(この年)		三国線	
カー・オブ・ザ・イヤー	2005(この年)		三国線	1972.3.1
松田 重次郎			三島駅乗客転落事故	
東洋コルク工業を設立	1920.1月		三島駅乗客転落事故	1995.12.27
マツダK360			水島丸	
マツダK360を発売	1959.3月		宇高連絡船「水島丸」就航	1917.5.7
マツダMAR型三輪トラック			みづほ自動車製作所	
マツダMAR型三輪トラックを発売	1957.11月		ビスモーター	1946(この年)
マツダ・コスモスポーツ			ミゼットDKA型	
マツダ・コスモスポーツを発売	1967.5.30		ミゼットDKA型を発売	1957.8月
松前線			ミゼットMPA型	
山野線、松前線	1988.2.1		ミゼットMPA型を発売	1959.4月
松前丸			三鷹事件	
青函連絡船「松前丸」就航	1924.11.1		三鷹事件	1949.7.15
松山空港ビル			三鷹料金所	
松山空港ビルを設立	1978.11.1		三鷹料金所工事強行	1976.1.28
マディフォックス			三井船舶	
マディフォックス・シリーズ	1983(この年)		三井船舶欧州航路同盟加入	1956.5月
丸石商会			ミッドナイト25	
丸石商会創業	1909(この年)		ミッドナイト25	1988.12.5
丸森線			三菱A型	
丸森線	1986.7.1		三菱A型が完成	1917.8月
満洲経営委員会				
満洲経営委員会発足	1906.1月			

三菱グループ
三菱とベンツ、航空でも提携　1990.3月
三菱神戸造船所
三菱のバス1号車が完成　1932(この年)
三菱自動車工業
三菱自動車工業を設立　1970.6月
米ビッグ3と提携 本格的な国際競争
　時代へ突入　1971.9.10
ランサーを発売　1973.2月
自動車排出ガス規制対策車　1977(この年)
三菱自動車がミラージュを発売　1978.3月
三菱自、不平等条約を改定　1981.9月
三菱自動車 米国で自力販売　1982.10月
マツダ、三菱も海外進出　1984(この年)
三菱自動車工業がダイムラー・ベン
　ツ社と提携　1987.9月
日本車逆輸入　1988.4月
三菱RVRが発売　1991.2月
自動車メーカー進むリストラ　1994(この年)
RV車売れ行き好調　1995(この年)
自動車4社で社長交代　1996.6月
三菱自工社長交代　1997.11.27
各社リストラ計画発表　1998(この年)
マツダ、日産に続き三菱が外資の参
　加に　2000.3.27
三菱経営再建計画の骨子を発表　2001.2.26
日産と三菱、変速機事業を統括　2001.10.4
社長交代2社と相次ぐ人事　2001(この年)
三菱自工がトラック・バスを分社化　2002.9.20
トップ交代相次ぐ　2005(この年)
三菱自動車再建　2005(この年)
三菱自動車リコール隠し
三菱自動車がリコール隠し　2000.8月
三菱自動車再びリコール隠し　2004.5.6
三菱重工業
三菱造船が三菱重工業に改称　1934.4月
三菱重工業発足　1934.6月
ゼロ戦の原型が完成　1939.4.1
三菱重工業が解散　1950.1月
三菱重工業を設立　1964.6月
MU-2A、型式証明取得　1965.2.19
MU-2B、型式証明取得　1965.9.18
三菱重工業、川崎航空機工業に航空
　機用エンジン製造許可　1966.10.24
国産航空機の輸出増大　1966(この年)
次期ジェット機生産　1967.9月
コルトギャランを発売　1969.12月
三菱自動車工業を設立　1970.6月
国産初民間ジェット機　1978.7月

XJB計画に調印　1979.12.11
民間ジェット機MU-300　1979(この年)
三菱重、共同生産エンジン参加比率
　引き上げ　1991(この年)
三菱重、PW4000参加比率拡大　1993.5.10
三菱重工旅客機開発　1996(この年)
三菱、ボーイングと包括提携　2000.5.16
トップ交代相次ぐ　2005(この年)
国産ジェット旅客機販売へ　2007(この年)
三菱造船
三菱A型が完成　1917.8月
三菱造船が三菱重工業に改称　1934.4月
三菱の名が復活　1952.5月
三菱内燃機製造
三菱内燃機製造設立　1920.5.15
三菱内燃機製造、艦上機の設計開始　1921.2月
三菱日本重工業
三菱の名が復活　1952.5月
三菱ふそうトラック・バス
三菱自工がトラック・バスを分社化　2002.9.20
三ツ矢航空
三ツ矢航空設立　1960.7.7
水戸線
水戸線　1967.2.1
水戸鉄道
水戸鉄道が営業開始　1889.1.16
日本鉄道が水戸鉄道を買収　1892.3.1
水戸鉄道が太田鉄道を吸収合併　1901.10.21
水戸鉄道を国有化　1927.12.1
緑十字飛行
緑十字飛行実施　1945.10月
みどりの窓口
みどりの窓口　1965.9.24
みどり丸
みどり丸沈没　1963.8.17
南阿蘇水の生まれる里白水高原駅
日本一名前の長い駅誕生　1992.4.1
南九州高速バス
南九州高速バス開業　1982(この年)
南日本航空
富士航空、南日本航空、大和航空、北
　陸航空に不定期航空運送事業免許　1954.4.28
南満洲鉄道
南満洲鉄道株式会社設立の勅令　1906.6.7
南満洲鉄道の営業を開始　1907.4.1
南満洲鉄道　1907.9.1
大連―旅順間で広軌運転　1907.12.1
満鉄全線で広軌運転開始　1908.5.29
南満洲鉄道　1908.10.27

南満洲鉄道が上海航路開設	1908.10月	宮崎本線	
奉天駅が新築開業	1910.10.1	宮崎本線、細島軽便線	1921.10.11
山陽線、東海道線および満鉄でダイヤ改正	1912.6.15	宮崎本線	1922.2.11
		宮崎本線	1922.5.1
満鉄線の租借期限延長	1915.5.25	宮島航路	
満鉄、経営難のため人員整理	1920.6月	山陽汽船が宮島航路を継承	1903.5.8
柳条湖事件	1931.9.18	宮島渡航会社	
満鉄が初の営業赤字	1931(この年)	宮島―厳島間航路	1902.4月
南満洲鉄道	1932.10.1	宮津線	
南満洲鉄道、国有鉄道の経営・建設受託	1933.2.9	宮津線	1924.4.12
		宮津線	1925.7.31
特急「あじあ」号	1934.11.1	宮津線	1932.8.10
南満洲鉄道	1935.9.1	宮津線	1990.4.1
南満洲鉄道	1938.10.1	宮津湾内航路	
南満洲鉄道の乗客数が急増	1938(この年)	宮津湾内航路	1909.8.5
南満洲鉄道に閉鎖命令	1945.9.30	宮田　栄助	
南満洲鉄道法定清算が完了	1957.4.13	宮田製銃所設立	1881(この年)
南満洲鉄道設立委員		宮田製銃所工場が移転	1890(この年)
南満洲鉄道設立委員の任命	1906.7.13	宮武　外骨	
南満洲鉄道附属地行政権		宮武外骨が三輪車を購入	1883(この年)
南満洲鉄道附属地行政権の委譲	1937.12.1	宮田製作所	
美禰線		アサヒ号・パーソン号	1902(この年)
美禰線	1924.3.23	東京勧業博覧会	1907(この年)
美祢線		旭号第3号車が完成	1913.12月
美祢線	1997.4.1	国華号	1916(この年)
箕面有馬電気軌道		合資会社宮田製作所設立	1926(この年)
箕面有馬電気軌道が開業	1910.3.10	二輪メーカーが海外進出	1961.3月
箕面有馬電気軌道が阪神急行電鉄と改称	1918.2.4	宮田製銃所	
		宮田製銃所設立	1881(この年)
三村　周		宮田製銃所工場が移転	1890(この年)
日本人が設計した最初の橋	1878.8月	空気入りタイヤ自転車	1893(この年)
宮城電気鉄道		アサヒ号・パーソン号	1902(この年)
宮城電気鉄道	1928.11.22	宮田線	
南海鉄道、宮城電気鉄道、西日本鉄道を国有化	1944.5.1	宮田線	1989.12.23
		宮地軽便線	
宮城バス		宮地軽便線	1916.11.1
各地でバス営業開始	1962(この年)	宮地軽便線	1918.1.25
宮崎空港		宮之城線	
宮崎空港開港	1957.4.1	宮之城線	1937.12.12
宮崎空港ビル竣工	1963.3.28	宮之城線	1987.1.10
宮崎空港線		宮原線	
宮崎空港線	1996.7.18	川俣線、宮原線	1943.9.1
宮崎市街自動車		高砂線、宮原線、妻線	1984.12.1
宮崎市街自動車が設立	1926.4.22	ミラージュ	
宮崎線		三菱自動車がミラージュを発売	1978.3月
宮崎線	1913.10.8	**民間航空廃止ニ関スル連合軍最高司令官指令覚書**	
宮崎線	1916.10.25		
宮崎飛行場		GHQ、SCAPIN 301(航空禁止令)発令	1945.11.18
宮崎飛行場、自主管制を開始	1955(この年)		

民間飛行大会
　第1回民間飛行大会　　　　　　1914.6.13-14
民間輸送機開発協会
　民間輸送機開発協会が発足　　　　1973.4.1
民衆駅
　国鉄最初の「民衆駅」　　　　　　1950.3.14
民生産業
　鐘淵デイゼル工業が民生産業に改称　1946.5月
　民生産業が解散　　　　　　　　　1950.5月
民生デイゼル工業
　日産ディーゼル工業に改称　　　　1960.12月

【む】

ムーヴFCV-K2
　燃料電池車の開発進む　　　　　　2002.12月
牟岐線
　牟岐線　　　　　　　　　　　　　1939.12.14
　牟岐線　　　　　　　　　　　　　1942.7.1
武蔵野線
　武蔵野線　　　　　　　　　　　　1973.4.1
　武蔵野線で居眠り事故　　　　　　1979.11.18
　武蔵野線西浦和付近で火災　　　　1980.8.17
武蔵野鉄道
　武蔵野鉄道が開業　　　　　　　　1915.4.15
　武蔵野鉄道　　　　　　　　　　　1929.9.10
　武蔵野鉄道が西武鉄道を吸収合併　1945.9.22
陸奥鉄道
　陸奥鉄道を国有化　　　　　　　　1927.6.1
村上 清兵衛
　第2回内国勧業博覧会　　　　　　1881.3月
村上線
　村上線　　　　　　　　　　　　　1914.11.1
室蘭線
　千歳線、室蘭線　　　　　　　　　1980.7.16
ムーンライト
　日航、深夜便「ムーンライト」の運
　　航開始　　　　　　　　　　　　1960.6.22
ムーンライト号
　ムーンライト号　　　　　　　　　1983.3.24

【め】

名岐鉄道
　名岐鉄道　　　　　　　　　　　　1935.4.29

明治護謨製造所
　明治護謨製造所設立　　　　　　1900(この年)
名神高速道路
　日本道路公団の事業　　　　　　1961(この年)
　名神高速道路一部供用開始　　　　1963.7.16
　名神高速道路が全線開通　　　　　1965.7月
　名神で追突、炎上　　　　　　　　1993.10.2
名神高速バス
　バス各社、名神高速バスの免許を得
　　る　　　　　　　　　　　　　　1964.9.4
明知線
　明知線　　　　　　　　　　　　　1985.11.16
名鉄瀬戸線脱線横転事故
　名鉄瀬戸線で脱線・横転事故　　　1948.1.5
名鉄バス
　中央道特急バスの運行開始　　　1975(この年)
　名鉄バス、追突事故で幹部を逮捕　2003.6.10
名鉄バス運転手無免許運転隠蔽事件
　名鉄バス運転手無免許運転隠蔽事件　2003.7.3
目黒蒲田電鉄
　目黒蒲田電鉄が開業　　　　　　　1923.3.11
　目黒蒲田電鉄　　　　　　　　　　1923.11.1
　目黒蒲田電鉄　　　　　　　　　　1929.12.20
メグロ号
　メグロ号　　　　　　　　　　　1923(この年)
目黒製作所
　目黒製作所設立　　　　　　　　1924(この年)
メートル法
　鉄道省が全線でメートル法実施　　1930.4.1
メトロカード
　レオカード、メトロカード　　　　1988.4.1

【も】

真岡線
　真岡線折本・寺内・西田井駅を業務
　　部外委託　　　　　　　　　　　1958.9.10
　真岡線　　　　　　　　　　　　　1988.4.11
もく星号墜落事故
　日航「もく星」号が三原山に墜落　1952.4.9
木炭自動車
　木炭自動車の試運転　　　　　　1930(この年)
　木炭自動車の製造開始　　　　　　1936.2月
木炭乗合自動車
　木炭乗合自動車が登場　　　　　　1938.3.7
木炭配給統制規則
　木炭配給統制規則を公布　　　　　1939.12.20

門司港駅
　門司港駅を重要文化財に指定　　1988.12.19
門司丸
　「門司丸」就航　　　　　　　　1914.11.6
モーゼスレークジェット乗員訓練所
　日航、モーゼスレークジェット乗員訓
　　練所を開設　　　　　　　　　1968.11.21
モーター商会
　モーター商会設立　　　　　　　1901.11月
　モーター商会の開業　　　　　　1902.6.23
　モーター商会が合資会社となる　 1904.2.12
　モーター商会が解散　　　　　　1905.2.6
MOTOトレイン
　MOTOトレイン　　　　　　　　1986.7.28
モハ52形
　モハ52形　　　　　　　　　　　1936.3.31
もみじマーク
　高齢運転者標識(もみじマーク)　1997.10.30
　もみじマーク問題　　　　　　　2009.4.17
　道路交通法改正　　　　　　　　2009.4.17
森村 開作
　自転車で神戸・東京間を旅行　　1893(この年)
森村 明六
　自転車で神戸・東京間を旅行　　1893(この年)
モレル, エドモンド
　東京―横浜間鉄道建設のための測量
　　に着手　　　　　　　　　　　1870.4.25
　エドモンド・モレル記念碑除幕式　1958.5.7

【や】

八尾飛行場
　八尾飛行場開場　　　　　　　　1956.4.1
野岩鉄道会津鬼怒川線
　野岩鉄道会津鬼怒川線　　　　　1986.10.9
やさしい駅
　「やさしい駅」実現へ　　　　　1993(この年)
矢島 作郎
　電気車の設置許可　　　　　　　1889.3.15
矢島線
　矢島線　　　　　　　　　　　　1985.10.1
八尾町営バス
　各地でバス営業開始　　　　　　1973(この年)
柳ヶ瀬隧道
　柳ヶ瀬隧道　　　　　　　　　　1884.3.30
柳ヶ瀬線
　柳ヶ瀬線　　　　　　　　　　　1964.5.11

梁瀬 長太郎
　梁瀬商会を設立　　　　　　　　1915.5月
　関東大震災と自動車業界　　　　1923.9.1
梁瀬自動車
　梁瀬自動車に改組　　　　　　　1920.2月
　関東大震災と自動車業界　　　　1923.9.1
梁瀬商会
　梁瀬商会を設立　　　　　　　　1915.5月
山形市街自動車
　各地でバス営業開始　　　　　　1925(この年)
山形新幹線
　「つばさ」相次ぐトラブル　　　1992.7.1
　山形新幹線開業　　　　　　　　1992.7.1
山口 勝蔵
　東京―大阪の自動車旅行　　　　1911.7.11
　自動車による日本全国周遊旅行　1911.7.25
山口 仙之助
　蒸気式乗合自動車の運行　　　　1919(この年)
山口宇部空港
　宇部空港が山口宇部空港に改称　1980.4月
山口線
　山口線　　　　　　　　　　　　1913.2.20
　山口線　　　　　　　　　　　　1923.4.1
山崎停車場
　吹田、茨木、山崎停車場が営業開始　1876.8.9
山田 光重
　山田輪盛館設立　　　　　　　　1909.2.11
山田輪盛館
　山田輪盛館設立　　　　　　　　1909.2.11
　山田輪盛館がHOSK(ホスク)号を発
　　表　　　　　　　　　　　　　1954(この年)
大和航空
　大和航空、富士航空に航空機使用事
　　業許可　　　　　　　　　　　1953.2.4
　富士航空、南日本航空、大和航空、北
　　陸航空に不定期航空運送事業免許　1954.4.28
やまと自動車
　やまと自動車を設立　　　　　　1953.4月
山野線
　山野線、松前線　　　　　　　　1988.2.1
山手線
　山手線で電車の運転が始まる　　1909.12.16
　山手線の環状運転始まる　　　　1925.11.1
　山手線にシルバーシートが登場　1974.9.15
山野西線
　山野西線　　　　　　　　　　　1937.12.12
ヤマハYA-1
　ヤマハYA-1発売　　　　　　　　1955.2月

ヤマハYDS-1
ヤマハYDS-1発売　　　　　1959(この年)
ヤマハ発動機
ヤマハ発動機株式会社設立　　1955.7.1
ヤマハ発動機を設立　　　　　1955.7月
ヤマハがSC-1型スクーターを発売
　　　　　　　　　　　　　1960(この年)
二輪メーカーが海外進出　　　1961.3月
日本自動車メーカー、中国進出へ
　　　　　　　　　　　　　1971(この年)
トヨタ、相次ぐ資本参加　　　2000(この年)
非ガソリン燃料2輪車　　　　2004(この年)
やまびこ
東北新幹線開業　　　　　　1982.6.23
山万ユーカリが丘線
山万ユーカリが丘線　　　　1981.11.2
山本 条太郎
満蒙五鉄道建設協定　　　　1927.10.15

【ゆ】

湯浅 浩
社長交代2社と相次ぐ人事　　2001(この年)
ゆいレール
沖縄都市モノレール開業　　　2003.8.10
夕張線
夕張線　　　　　　　　　　1981.7.1
夕張乗合自動車
夕張乗合自動車が開業　　　1930.6月
雄飛号
飛行船「雄飛号」完成　　　1915.4.21
郵便人力車
郵便人力車　　　　　　　　1872(この年)
郵便馬車会社
郵便馬車会社設立許可　　　1872.11.8
郵便物馬車
郵便物馬車逓送開始　　　　1874.12月
湧網線
湧網線　　　　　　　　　　1987.3.20
遊覧乗合自動車
遊覧乗合自動車営業開始　　1925.12.15
遊覧モノレール
遊覧モノレール運行開始　　1957.11月
輸送機設計研究協会
輸送機設計研究協会設立　　1957.5.1
ユナイテッド航空
UAが日本乗り入れ　　　　1982.10月

ユーノス・ロードスター
ユーノス・ロードスターが発売　1989.9月
ゆめはんな
近鉄けいはんな線開業　　　2006.3.27
由良 清麿
浅草に馬車待合所設置　　　1878.3.28
由良 成正
浅草雷門―新橋間に二階建乗合馬車
が登場　　　　　　　　　1874.8.6

【よ】

横須賀自動車
横須賀自動車発足　　　　　1925.7月
横須賀線
横須賀線　　　　　　　　　1944.4.1
横浜航空
横浜航空を設立　　　　　　1970.3.15
横浜航空機墜落事故
横浜航空機が墜落　　　　　1972.5.30
横浜市営地下鉄
横浜市交通局地下鉄線　　　1972.12.16
横浜市地下鉄　　　　　　　1976.9.4
横浜市営地下鉄グリーンライン
横浜市地下鉄グリーンライン　2008.3.30
横浜市営乗合自動車
横浜市営乗合自動車がフォードで運
行開始　　　　　　　　　1928.11月
横浜新都市交通
横浜新都市交通　　　　　　1989.7.5
横浜線
横浜線　　　　　　　　　　1932.10.1
横浜線　　　　　　　　　　1941.4.5
横浜鉄道
横浜鉄道　　　　　　　　　1908.9.23
横浜ベイブリッジ
横浜ベイブリッジ開通　　　1989.9月
予讃線
予讃線　　　　　　　　　　1930.4.1
予讃線　　　　　　　　　　1986.3.3
予讃線　　　　　　　　　　1992.7.23
予讃本線
予讃本線　　　　　　　　　1935.10.6
予讃本線　　　　　　　　　1939.2.6
予讃本線　　　　　　　　　1945.6.20
吉田 真太郎
自転車競走会　　　　　　　1902.4.5

日本初の自動車工場　　　　1904（この年）
自動車陳列場の新設　　　　　1913.2月
吉野鉄道
　吉野鉄道　　　　　　　　　1923.12.5
ヨタ自動車工業
　トヨペット・コロナST10型を発売　1957.7月
ヨーデル号
　ヨーデル号　　　　　　　　1985.3月
よど号ハイジャック事件
　よど号ハイジャック事件　　　1970.3.31
予土線
　予土線　　　　　　　　　　1974.3.1
米坂線
　米坂線　　　　　　　　　　1936.8.31
代々木乗合自動車
　代々木乗合自動車の設立　　　1921.9.29
ヨンサントオ
　国鉄ダイヤ白紙改正（ヨンサントオ）
　　　　　　　　　　　　　　1968.10.1
四輪ゴーハム乗用車
　4輪ゴーハム乗用車を生産　　1921.11月

【ら】

ラーヂ号
　高級自転車ラーヂ号　　　　1906（この年）
　国産ラーヂ号をラーヂ覇王号と改称
　　　　　　　　　　　　　　1927.11月
ラーヂ覇王号
　国産ラーヂ号をラーヂ覇王号と改称
　　　　　　　　　　　　　　1927.11月
ラビット
　富士産業が「ラビット」発売　1946.8月
ラビットS-25
　ラビット号の新モデルが続々登場
　　　　　　　　　　　　　　1951（この年）
ラビットS-48
　ラビット号の新モデルが続々登場
　　　　　　　　　　　　　　1951（この年）
ラビットS-601
　ラビットS-601型発売　　　1957（この年）
ラビットスーパーフロー
　ラビットスクータースーパーフロー
　　　　　　　　　　　　　　1956（この年）
ラフェスタ
　ミニバン競争激化　　　　　2004（この年）
ランサー
　ランサーを発売　　　　　　1973.2月

ランサー1200
　自動車排出ガス規制対策車　　1977（この年）

【り】

陸羽街道馬車会社
　陸羽街道馬車会社設立出願　　1872（この年）
陸羽西線
　陸羽西線　　　　　　　　　1918.9.21
　陸羽西線　　　　　　　　　1919.7.6
　陸羽西線　　　　　　　　　1922.6.30
陸羽線
　陸羽線　　　　　　　　　　1917.11.1
陸運会社
　陸運会社設立　　　　　　　1872.1.19
陸運統制令
　陸運統制令、海運統制令公布　1940.2.1
　陸運統制令改正　　　　　　1941.11.15
陸運元会社
　陸運元会社が創立される　　　1872.3月
　通運事業の一本化　　　　　　1875.2月
陸王
　陸王　　　　　　　　　　　1935（この年）
陸軍航空大隊
　陸軍航空大隊設立　　　　　1915.12月
陸軍航空部令
　陸軍航空部令公布　　　　　1919.4.14
陸軍制式1号機
　陸軍制式1号機完成　　　　1917.12月
陸軍立川飛行場
　陸軍立川飛行場開設　　　　1922.7月
陸軍所沢飛行場
　陸軍所沢飛行場開設　　　　1911.4.1
陸上交通事業調整法
　陸上交通事業調整法が公布　　1938.4.2
りっちもんど丸
　ときわ丸衝突沈没　　　　　1963.2.26
リツリン号
　リツリン号　　　　　　　　1936（この年）
リニアモーターカー
　HSST開発開始　　　　　　1974（この年）
　リニアモーターカー走行実験　1977.7.16
　リニアモーターカー（超電導磁気浮上
　　式鉄道）実用化へ　　　　　1988.10.5
　リニアモーターカー、山梨に決定　1989.8月
　リニアモーターカー実験線着工　1990.11月
　宮崎リニア実験線全焼　　　　1991.10.3

日本初のリニアモーターカー開業	2005.3.6
リニア開業目標2025年に	2007.4月
リニアモーターカー実現へ向け前進	2008.10月
リバーシブルレーン	
全国初のリバーシブルレーン	1969.6月
福岡市でリバーシブルレーン導入	1973(この年)
新潟県でリバーシブルレーン導入	1977.5.10
リムジンバス	
空港リムジンバスの運行開始	1978(この年)
琉球バス	
各地でバス営業開始	1964(この年)
琉球列島航空規則	
琉球列島航空規則施行	1967.7.1
柳条湖事件	
柳条湖事件	1931.9.18
両備運輸	
両備バスと両備運輸が合併	2007.4.1
両備軽便鉄道	
両備軽便鉄道	1914.7.21
両備鉄道	
両備鉄道を国有化	1933.9.1
両備バス	
両備バスと両備運輸が合併	2007.4.1
両毛線	
両毛線	1957.12.1
両毛鉄道	
両毛鉄道	1888.5.22
両毛鉄道	1888.11.15
両毛鉄道	1889.11.20
両毛鉄道	1889.12.26
旅客軽車営業取締規則	
旅客軽車営業取締規則	1947(この年)
旅客自動車運送事業等運輸規則	
旅客自動車運送事業等運輸規則	1956.8.1
旅行開発	
旅行開発(JCT)設立	1969.4.4
旅行業法	
旅行業法改正	1982.4月
リラー号	
リラー号が完成	1923(この年)
臨時軍用気球研究会	
臨時軍用気球研究会設立	1909.7月
臨時航空委員会	
陸軍省に臨時航空委員会設置	1919.11.4
臨戦ダイヤ	
「臨戦ダイヤ」実施	1943.2.15

【る】

ルック	
日本交通公社、日本通運と業務提携	1968.11.5
海外旅行ブーム	1969(この年)
ルノー	
日産とルノーが資本提携	1999.3.27
日産ルノー株取得で対等へ	2001.10.13
カルロス・ゴーンが日産とルノーのCEOを兼任	2005.5月
ルノー4CV	
ルノー4CVの第1号車が完成	1953.3月
留萌線	
留萌線	1910.11.23
留萌線	1921.11.5

【れ】

レインボーバス	
レインボーバス	1993.8.26
レオカード	
レオカード、メトロカード	1988.4.1
レガシィ	
富士重工、初の栄冠	2003(この年)
レクサス	
トヨタ、高級車レクサスを投入	2005.8.30
レクサス巻き返しはかる	2006(この年)
レールゴー・サービス	
レールゴー・サービス	1981.8.1
連合軍専用列車	
連合軍専用列車運行	1946.1.31
連合軍鉄道司令部	
連合軍鉄道司令部(RTO)設置	1945.9月

【ろ】

老幼優先車	
中央線に老幼優先車が登場	1957.6.20
六郷川鉄橋	
六郷川鉄橋	1877.11.26

ロータリーエンジン
　鈴木自動車工業がロータリーエンジ
　　ンを開発　　　　　　　　1970.11月
ロッキード L-1011
　日航はボ社、全日空はロ社に決定　1972.10.30
　全日空がトライスターを導入　　1972.10.30
　大阪国際空港にエアバスが就航　1977.5.19
六軒事故
　参宮線六軒駅で列車脱線、衝突　1956.10.15
六甲山乗合
　各地でバス営業開始　　　1929（この年）
ロードスター
　カー・オブ・ザ・イヤー　　2005（この年）
ロマンスカード
　ロマンスカード　　　　　　　1988.10.1
芦有開発
　各地でバス営業開始　　　1963（この年）
ロールスロイス
　XJB計画に調印　　　　　　　1979.12.11
ローレル
　ローレルを発売　　　　　　　1968.4月

【わ】

若狭 得治
　全日空首脳3人退任　　　　　1997.6月
若桜線
　若桜線　　　　　　　　　　1987.10.14
若槻 礼次郎
　南満洲鉄道設立委員の任命　　1906.7.13
若葉マーク
　若葉マーク　　　　　　　　　1972.10.1
和歌山線
　奈良線、関西線、和歌山線　　1984.9.30
渡し舟
　渡し舟廃止　　　　　　　1964（この年）
渡辺 捷昭
　トップ交代相次ぐ　　　　　2005（この年）
渡辺 はま
　女性初の自動車運転免許交付　1918.4月
稚内空港
　稚内空港供用開始　　　　1960（この年）

【英数】

0系電車
　「機械遺産」認定　　　　　　　2007.8.11
　初代新幹線「0系」引退　　　　2008.11.30
103系電車
　国鉄103系電車　　　　　　　1964.5月
　国鉄103系電車　　　　　　　1971.4.20
230形233号タンク式蒸気機関車
　「機械遺産」認定　　　　　　　2007.8.11
300X
　新幹線955形電車が最高速度を記録　1996.7.26
70系電車
　70系電車　　　　　　　　　　1951.2.5
767X
　新型機の開発変更　　　　　　1989.12月
新幹線955形電車
　新幹線955形電車が最高速度を記録　1996.7.26
ATS
　自動列車制御装置（ATS）　　　1966.4.20
　私鉄もATS設置へ　　　　　　1966.11月
ATS-P
　ATS-P設置へ　　　　　　　　2005.5月
BAA
　自転車協会認証（BAA）　　　　2004.9月
BK117
　多用途ヘリコプターBK117　1979（この年）
CVCCエンジン
　低公害車とアメリカで認定　　1973.2月
CVR
　ボイスレコーダー搭載を義務化　1970.12.12
CVS
　新交通システム導入進まず　1976（この年）
CX
　次期ジェット機生産　　　　　1967.9月
DC-10
　日本航空のDC-10が就航　　　1976.7.1
　DC-10が墜落　　　　　　　　1979.5.25
DC-7
　日航のDC-7、東京―札幌線に就航　1960.8.18
　日本航空躍進　　　　　　1960（この年）
DC-8
　日航、DC-8を4機発注　　　　1955.12.15
　日航のジェット1番機DC-8「富士
　　号」、サンフランシスコ線に就航　1960.8.12
　日本航空躍進　　　　　　1960（この年）
　日航、北回り欧州線開設　　　1961.6.6
　ダッカ日本航空機ハイジャック事件　1977.9.28

- 491 -

DC-9
　ダブルトラックを本格実施　　　1978.7.20
DD11形ディーゼル機関車
　DD11形ディーゼル機関車　　　1954.8.24
DOHCエンジン
　トヨタ、乗用車エンジンをすべて
　　DOHC4バルブに　　　　　　1986.8月
新幹線E1系電車
　新幹線E1系電車が登場　　　　1994.7.15
EF55形電気機関車
　国鉄EF55形電気機関車落成　　1936.3.30
ETC
　ETC実用化へ　　　　　　　1998(この年)
　高速道路料金大幅引き下げ　2008(この年)
　「高速道路通行料1000円」開始　2009.3.28
　高速道路通行料1000円、平日にも実
　　施　　　　　　　　　　　2009.8.6-14
F-94C
　川崎航空機工業、T-33A、F-94C製作
　　に関する権利・技術援助契約を締
　　結　　　　　　　　　　　　1954.2.24
FA-200
　国産軽飛行機FA-200、初飛行に成功
　　　　　　　　　　　　　　　1965.8.12
　FA-200、型式証明取得　　　　1966.3.2
FF車(前輪駆動車)
　FF車(前輪駆動車)が人気　　1983(この年)
FJR710 10
　国産ジェットエンジン1号が完成　1973.5.15
FR車(後輪駆動車)
　FF車(前輪駆動車)が人気　　1983(この年)
HIS
　HISが新規航空会社設立　　　1996.11月
HSST
　HSST開発開始　　　　　　　1974(この年)
ITC
　ITC第1便　　　　　　　　　1978.12.12
　ITCが日本車輸入にシロ判定　1980.11.10
J-3ジェットエンジン
　国産ジェットエンジンJ-3完成　　1956.6.29
　J-3ジェットエンジン、テスト飛行 1958.12.22
　石川島播磨重工業、J-3ジェットエン
　　ジン納入　　　　　　　　　1962.4.23
JAC号
　JAC号　　　　　　　　　　1928(この年)
JO-1ジェットエンジン
　国産ジェット・エンジンJO-1完成　1955.11.10
KAE-240
　戦後初の国産航空機エンジン完成　1954.7.16
LM-1
　国産小型連絡機LM-1第1号機完成　1956.10.3

MARS
　MARS-1　　　　　　　　　　1960.2.1
MARS-101
　MARS-101　　　　　　　　　1964.2.23
MARS-301
　MARS301　　　　　　　　　1985.3.1
MJ
　国産ジェット旅客機販売へ　　2007(この年)
MRJ
　国産小型旅客機MRJ　　　　2009(この年)
MU-2
　MU-2A、型式証明取得　　　　1965.2.19
　MU-2B、型式証明取得　　　　1965.9.18
　国産航空機の輸出増大　　　1966(この年)
MU-300
　民間ジェット機MU-300　　　1979(この年)
N700系電車
　新型車両N700系運行開始　　　2007.7.1
NKK
　造船業界、大手3グループに統合
　　　　　　　　　　　　　　2000(この年)
NS-X
　ホンダがNS-Xを発売　　　　　1990.9月
NS号
　国産オートバイ第1号　　　　1909(この年)
PAS
　電動アシスト自転車　　　　1993(この年)
PW4000
　三菱重、PW4000参加比率拡大　1993.5.10
PX-S
　PX-S飛行艇初飛行　　　　　1967.10.29
RAV4J
　トヨタ、RAV4LとRAV4Jを発売　1994.5月
RAV4L
　トヨタ、RAV4LとRAV4Jを発売　1994.5月
RE-5
　鈴木自動車工業がロータリーエンジ
　　ンを開発　　　　　　　　　1970.11月
RVR
　三菱RVRが発売　　　　　　　1991.2月
RV車
　RV車売れ行き好調　　　　　1995(この年)
RX-8
　マツダRX-8発売　　　　　　　2003.4月
SC-1型スクーター
　ヤマハがSC-1型スクーターを発売
　　　　　　　　　　　　　　1960(この年)
SSD号
　SSD号　　　　　　　　　　1930(この年)
T1F1
　国産ジェット中間練習機に富士重工
　　T1F1の採用決定　　　　　　1956.7.11

T1F1-801国産ジェット練習機、試験
　飛行に成功　　　　　　　　1957.12.18
T1F2
　日本初の国産ジェット中間練習機
　　T1F2の開発成功　　　　　1957.11.26
　T1F2ジェット練習機初飛行　1958.1.19
T-33
　川崎航空機工業、T-33A、F-94C製作
　　に関する権利・技術援助契約を締
　　結　　　　　　　　　　　　1954.2.24
　川崎航空機工業、T-33ジェット練習
　　機国産化契約に調印　　　　1955.8.5
　T-33ジェット練習機国産1号機完成　1956.1.16
　川崎航空機工業、T-33の生産完了　1959.3.12
TGE-A型貨物自動車
　TGE-A型貨物自動車が完成　　1919.3月
TGEちよだ
　TGEちよだ　　　　　　　1958（この年）
TX
　次期ジェット機生産　　　　　1967.9月
V2500エンジン
　全日空、ジェットエンジン不採用　1988.12月
　米デルタ航空V2500搭載機発注　1989.11月
VOR DME
　大阪国際空港のVOR/DMEが完成　1971.8.19
XJB計画
　XJB計画に調印　　　　　　1979.12.11
　XJB計画スタート　　　　　　1980.1月
　XJB開発がスタート　　　　　1981.10月
　XJB計画、5カ国共同開発に　　1983.3月
YS-11
　輸送機設計研究協会、YS-11の試作
　　計画を発表　　　　　　　　1958.4.24
　YS-11第1号機完成　　　　　　1962.7.11
　YS-11、初飛行に成功　　　　　1962.8.30
　YS-11完成披露・公開試験飛行実施　1962.12.18
　日本航空機製造、YS-11の販売活動
　　を開始　　　　　　　　1963（この年）
　YS-11に型式証明交付　　　　　1964.8.25
　YS-11、東京オリンピックの聖火輸送
　　　　　　　　　　　　　　1964.9.9
　全日空、YS-11を3機発注　　　1964.12.29
　航空産業概況　　　　　　1964（この年）
　日本国内航空、YS-11チャーター契約
　　に調印　　　　　　　　　　1965.3.8
　YS-11量産初号機納入　　　　　1965.3.30
　日本国内航空のYS-11、定期便就航
　　開始　　　　　　　　　　　1965.4.1
　全日空のYS-11「オリンピア」初就航
　　　　　　　　　　　　　　1965.9.20

国産航空機の輸出増大　　　1966（この年）
YS-11輸出好調　　　　　　1967（この年）
次期民間輸送機　　　　　　　　1969.7月
民間機輸出好調　　　　　　1969（この年）
YS-11生産中止決定　　　　　1971（この年）
YS機製造赤字385億円　　　1972（この年）
YS-11型機の販売終了　　　　　1973.2月
YS11機着陸失敗　　　　　　　1983.3.11
YS機、離陸に失敗し海に突入　　1988.1.10
YS-11が国内定期路線から引退　2006.9.30
「機械遺産」認定　　　　　　　2007.8.11
YSX
　ボーイング社とYSX機開発　　1994.9.1
　三菱重工旅客機開発　　　1996（この年）
YX
　次期民間輸送機　　　　　　　1969.7月
　YX計画開発費国負担へ　　　　1970.7.30
　次の民間輸送機計画（YX）は国際共
　　同開発　　　　　　　　　　1971.5月
　YX開発暗礁に　　　　　　1972（この年）
　ボーイング社とYX開発　　　　1973.3月
　民間輸送機開発協会が発足　　　1973.4.1
　次期旅客機開発、中短距離機へ変更　1974.8月
　YX開発、日米伊の3国で　　1974（この年）
　YX大量受注　　　　　　　　　1978.7月
　YX機共同計画調印　　　　　　1978.8月
　YX開発協定に調印　　　　　　1978.9.22
　YX機以降の輸送機開発　　　　1980.8月
　YX機が飛行試験　　　　　　　1981.9月
　YX機が日本就航スタート　　　1983.6月
　国際共同開発優先　　　　　　　1985.8月
YX767
　YX767が型式証明取得　　　　　1982.7月
YXX
　日産がYXX開発に参加表明　　　1982.9月
　YXX搭載エンジン開発　　　　1983.12月
　YXX共同開発、本格スタート　1984.3.15
　YXX機開発計画撤回　　　　　1994.1.26

日本交通史事典 ―トピックス1868-2009

2010年3月25日 第1刷発行

編　集／日外アソシエーツ編集部
発行者／大高利夫
発　行／日外アソシエーツ株式会社
　　　　〒143-8550 東京都大田区大森北1-23-8 第3下川ビル
　　　　電話(03)3763-5241(代表)　FAX(03)3764-0845
　　　　URL http://www.nichigai.co.jp/
発売元／株式会社紀伊國屋書店
　　　　〒163-8636 東京都新宿区新宿3-17-7
　　　　電話(03)3354-0131(代表)
　　　　ホールセール部(営業)　電話(03)6910-0519

電算漢字処理／日外アソシエーツ株式会社
印刷・製本／光写真印刷株式会社

不許複製・禁無断転載　　　　　　《中性紙三菱クリームエレガ使用》
〈落丁・乱丁本はお取り替えいたします〉
ISBN978-4-8169-2238-1　　　　Printed in Japan, 2010

本書はディジタルデータでご利用いただくことができます。詳細はお問い合わせください。

日本経済史事典 ―トピックス1945-2008
A5・660頁　定価14,490円（本体13,800円）　2008.12刊
戦後から2008年まで63年間にわたる、日本経済の出来事8,281件を年月日順に一望できる記録事典。経済政策、景気、物価、法令、企業合併や財界人事、証券・金融スキャンダル等の事件まで様々な出来事を収録。

企業不祥事事典 ―ケーススタディ150
齋藤　憲　監修　A5・500頁　定価5,800円（本体5,524円）　2007.7刊
企業の不祥事150件について、事件の背景、発端、発覚の経緯、その後の経緯、警察・検察の動き、裁判までを詳細に記述した事典。贈収賄、架空取引、異物混入、不正入札、顧客情報流出、システム障害など様々なケースを収録。

環境史事典 ―トピックス1927-2006
A5・650頁　定価14,490円（本体13,800円）　2007.6刊
昭和初頭から2006年までの日本の環境問題に関する出来事5,000件を年月日順に一覧できる記録事典。戦前の土呂久鉱害、ゴミの分別収集開始からクールビズ・ロハスまで幅広いテーマを収録。

鉄道・航空機事故全史（シリーズ 災害・事故史1）
災害情報センター,日外アソシエーツ共編　A5・510頁　定価8,400円（本体8,000円）　2007.5刊
1872年から2006年の135年間に発生した鉄道・航空機事故を多角的に調べられる事典。第Ⅰ部は大事故53件の経緯と被害状況・関連情報を詳細に解説。第Ⅱ部では2,298件を簡略な解説付きの年表形式で記載。

産業災害全史（シリーズ 災害・事故史4）
A5・450頁　定価12,810円（本体12,200円）　2010.1刊
古代から2008年までに発生した公害、炭鉱事故、産業施設の爆発・火災、原発事故など産業災害を多角的に調べられる事典。第Ⅰ部は被害の大きかった30件を詳細に解説。第Ⅱ部では2,545件を簡略な解説付きの年表形式で記載。

データベースカンパニー
日外アソシエーツ　〒143-8550　東京都大田区大森北1-23-8
TEL.(03)3763-5241　FAX.(03)3764-0845　http://www.nichigai.co.jp/